VIES ET MORTS DE JEAN MOULIN

Du même auteur

Pétrole, la 3e guerre mondiale, Calmann-Lévy, 1974.
Après Mao, les managers, Fayolle, 1977.
Bokassa Ier, Alain Moreau, 1977.
Les Émirs de la République, en coll. avec Jean-Pierre Séréni, Seuil, 1982.
Les Deux Bombes, Fayard, 1982, nouvelle édition, 1991.
Affaires africaines, Fayard, 1983.
V, l'affaire des « avions renifleurs », Fayard, 1984.
Secret d'État, Fayard, 1986.
Les Chapellières, récit, Albin Michel, 1987.
La Menace, Fayard, 1988.
L'Argent noir, Fayard, 1988.
L'Homme de l'ombre, Fayard, 1990.
Vol UT 772, Stock, 1992.
Le Mystérieux Docteur Martin, Fayard, 1993.
Une jeunesse française, François Mitterrand, 1934-1947, Fayard, 1994.
L'Extrémiste, François Genoud, de Hitler à Carlos, Fayard, 1996.

En collaboration avec Christophe Nick

TF1, un pouvoir, Fayard, 1997.

Pierre Péan

VIES ET MORTS DE JEAN MOULIN

Éléments d'une biographie

Fayard

1

6 février 1934 : ils ont failli abattre la « Gueuse »

Le matin encore, les dirigeants de l'Action française, Charles Maurras, Léon Daudet, Maurice Pujo, ont appelé le « peuple de France » à mettre dehors les voleurs, à renverser un gouvernement qui lâche la bride à l'anarchie socialiste et permet aux escrocs francs-maçons de demeurer impunis. Depuis Noël 1933, leur journal ne cesse de dénoncer le « scandale de la République », l'affaire Stavisky. Ils ont déjà eu la peau de deux ministres, puis de l'ensemble du cabinet Chautemps. Le nouveau président du Conseil, le radical Édouard Daladier, n'a pas encore constitué son ministère qu'il est accusé de vouloir massacrer le peuple de Paris. La droite et l'extrême droite se livrent à une désinformation honteuse. Le gouvernement s'apprêterait, prétendent-elles, à tirer sur la foule avec des mitrailleuses servies par des goumiers...

À 15 heures, dans un climat très tendu, Daladier tente de prononcer son discours d'investiture. Il provoque un grand chahut en réduisant le scandale à « quelques défaillances individuelles ». À droite comme à l'extrême gauche, on crie : « Démission ! démission ! » Les communistes scandent : « Vivent les Soviets ! » À l'intérieur du Palais-Bourbon comme à l'extérieur, les extrémistes veulent manifestement renverser la République.

Si l'Action française a appelé le peuple de Paris à affluer place de la Concorde, elle a convoqué les Camelots du roi boulevard Saint-Germain, non loin de l'angle du boulevard Raspail. Les tacticiens royalistes ont imaginé que leurs troupes pourraient se diriger vers le ministère de la Guerre et, si tout allait bien, c'est-à-dire si les Croix-de-Feu, les Jeunes Patriotes et autres militants de Solidarité française décidaient d'aller jusqu'au bout, ils pourraient investir par-derrière le Palais-Bourbon. Tous les membres de la « 17e équipe », avec notamment Jean Filliol, leur chef, les journalistes Pierre Bénouville, Armand Magescas, Jehan de Castellane, Michel de Camaret et Jacques Renouvin, n'ont fait que passer au lieu de rassemblement, mais ont quitté sur-le-champ leurs camarades qui attendaient les ordres de Pujo et Georges Calzant. Ils ont senti que cette décision signifiait simplement que Charles Maurras qui, « pendant cinquante ans de sa vie, avait périodiquement réuni autour de lui une bonne partie de la jeunesse française inquiète devant son destin et à qui il enseignait la doctrine du coup de force, ne souhaitait pas, au fond, la révolution qu'il ne feignait d'appeler de ses vœux que pour satisfaire à notre soif de changement », ainsi que l'a écrit plus tard Bénouville[1].

Acheteur de papier chez Hachette, Charentais d'origine, petit visage un peu sévère, toujours impeccablement mis, Camelot modèle, Filliol ne manquait jamais sa vente du dimanche de l'*A.F.* à Auteuil. Présent à toutes les convocations, en tête de toutes les bagarres, connu comme particulièrement redoutable dans les affrontements du fait de son courage, de sa force et de sa souplesse, il aimait et savait discuter et parvint, dans son milieu professionnel, chez Hachette, à gagner de nombreux employés aux idées d'Action française. Mais c'était surtout un excellent entraîneur d'hommes, bon organisateur, précis, rigoureux, honnête et fidèle en amitié. Avec cela, sobre, travailleur, ne manquant pas de sens politique. Il animait, dans le XVIe arrondissement de Paris, la « 17e équipe », composée de quelque deux cents Camelots qui l'aimaient beaucoup. Dans cet arrondissement « chic », il avait réussi à regrouper à la fois des fils de famille et des « gens de maison ». Ainsi, François Bayet, cuisinier de son état, bagarrait à côté d'un brillant polytechnicien, ingénieur du génie maritime, l'un des constructeurs du *Normandie*, Eugène Deloncle[2]... Parmi ces Camelots admiratifs de Filliol et prêts à le suivre partout pour n'importe quelle action, il y avait donc aussi le jeune Pierre

1. *Le Sacrifice du matin*, Robert Laffont, Paris, 1945.
2. *Les Mémoires de Porthos*, d'Henry Charbonneau, Éditions du Clan, Paris, 1967.

Bénouville, qui n'avait pas encore vingt ans, et ses amis Magescas, Castellane et Camaret, tous disciples de Maurice Barrès, prêts à tout pour imposer une certaine idée de la France, celle d'une « France éternelle » qui, selon eux, avait été abîmée par les Lumières et la Révolution française. Prêts à tout pour renverser une République abhorrée et mettre le comte de Paris sur le trône...

Jean Filliol et ses amis décidèrent donc de ne pas suivre des ordres qui avaient pour conséquence de les séparer du plus grand nombre des manifestants, lesquels convergeaient vers la place de la Concorde. La police disposait de nombreux barrages qui allaient isoler complètement la Concorde de la Chambre des députés. Bénouville n'était pas le moins agité de ces jeunes qui criaient contre les corrompus, les voleurs et les assassins, et rêvaient de tordre le cou à la « Gueuse ». D'abord réunis au jardin des Tuileries, les Camelots de la « 17e équipe » amassaient des projectiles : chaises de fer, pièces de fonte, pierres et pavés...

À quelques centaines de mètres de là, Pierre Cot qui, avec deux autres « jeunes radicaux », fait partie du gouvernement formé par Daladier, soutient le « taureau du Vaucluse » et se tient continuellement informé de la situation par Jean Moulin, son chef de cabinet, qui, dans les couloirs d'abord, puis au-dehors, tente d'appréhender une situation qui risque de conduire à la chute de la République. Dans l'hémicycle, André Tardieu, qui est à l'origine des rumeurs visant à impliquer Pierre Cot dans le scandale Stavisky, monte à la tribune à 18 h 30 et enflamme l'Assemblée en s'en prenant à Daladier qui a renvoyé les interpellations à une séance ultérieure : « Le jour où, sous quelque forme que ce soit, surtout quand c'est le jour de sa constitution, un gouvernement interdit par des artifices de procédure à une Assemblée souveraine de discuter, la loi est violée et le fascisme commence !... » À cet instant, Moulin est sorti pour observer depuis le pont de la Concorde le début de l'émeute : « J'ai pu voir avec quelle sauvagerie les "Croix-de-Feu" et les Camelots du roi chargeaient les gardiens de l'ordre désarmés. C'est par dizaines qu'on emportait les blessés dans les rangs des gardes mobiles et des gardiens de la paix. Les gardes républicains à cheval étaient désarçonnés par les émeutiers qui tranchaient les jarrets des chevaux avec des lames de rasoir. J'ai vu aussi que les premiers coups de feu sont partis des émeutiers... », racontera-t-il la semaine suivante à ses parents. Le sang coule. Un autobus brûle. De jeunes excités chargent sur le pont pour tenter de se diriger vers la Chambre. C'est la panique du côté des forces de l'ordre qui dégainent et, en état de légitime défense, tirent sur les manifestants. Les abords du pont sont dégagés vers 20 heures. Jean Moulin retourne rendre compte à son « patron » de la situation insurrectionnelle. Pour la troisième fois de la journée, Daladier obtient la confiance de la Chambre. La séance est levée dans un climat de grande surexcitation.

Jean Moulin, le républicain, est mortifié par ce à quoi il a assisté dans ce qui devrait être le temple de la démocratie. Les « grands prêtres » ont failli, ils sont incapables de maîtriser la situation. « Moulin se révéla avec les événements du 6 février 1934. Dans les couloirs de la Chambre des députés, il regarda passer, comme moi, Édouard Herriot sachant tout à la fois s'offrir et se réserver, et Daladier faisant naufrage. Je vis Moulin sangloter de désespoir, je sentis vibrer des cordes que j'avais jusque-là méconnues. Le cœur, chez lui, se mettait d'accord avec la conscience[1]. »

Moulin voit se renforcer son admiration pour son « patron » qui, dans la tourmente, est l'un des rares hommes politiques à faire montre de détermination. Dans la nuit, Cot soutient le ministre de l'Intérieur qui réclame la proclamation de l'état de siège. Moulin parle dans la lettre à ses parents de l'« impuissance parlementaire » et de son propre « écœurement » : « Émeutes organisées par ceux qui se disent les partisans de l'ordre, spectacle lamentable de l'effondrement du faux énergique qu'est Daladier, veulerie et affolement du président de la République [...]. La seule chose regrettable dans tout cela est que le chef de gouvernement responsable n'ait pas rétabli l'ordre comme c'était son devoir. »

La fermeté de Cot est connue de ses ennemis. Elle accroît la haine de l'extrême droite à son encontre : elle a compris qu'elle le trouverait toujours face à elle. Ses journaux s'emploient à marteler que Cot porte une lourde responsabilité dans la « tuerie » du 6 février, qui a fait 15 morts et 1 435 blessés. *L'Action française* évoque la « fin sanglante du ministère Cot » ; elle parle de lui

1. Louis Joxe, *Victoires sur la nuit, Mémoires, 1940-1946*, Flammarion, Paris, 1981.

comme d'un « faisan, doublé d'une brute sanguinaire » ; elle l'affublera du surnom de « galopin sanglant ». L'apothéose est pour le 10 février, avec un article de Léon Daudet intitulé « Du vol par bandes politiciennes à l'assassinat collectif » : « Comme le gueulait Cot à de Tastes, devant vingt témoins, dans les couloirs de la Chambre maudite, alors que de Tastes lui annonçait les fusillades du pont de la Concorde : "Des mitrailleuses... des mitrailleuses ! ! ! IL FAUT QU'ILS Y PASSENT TOUS !" Paroles enregistrées par les collègues. Cot ajoutait, extatique : "Les troupes noires... il faut faire donner les troupes noires !" [...] Moi, je demande avec Henri Béraud que tout ce fumier rouge et semé de débris humains, Daladier, Cot, Frot, Boncour avec sa grue, Barthe, Lucien, Blum, du Popufront, et les autres, TOUS LES AUTRES [...], il importerait au salut du pays que Daladier, Cot, Frot, Blum, Lucien, Barthe et tous les responsables de la tuerie de mardi dernier fussent passés le plus tôt possible par les armes ! »

Dans ce contexte, il n'est pas étonnant que Moulin en arrive à penser qu'on ne peut sortir de cette crise « avec des moyens parlementaires ». Il est convaincu que ceux qui ont excité les hordes de la place de la Concorde veulent renverser la « Gueuse », comme à Rome et à Berlin, et instaurer le fascisme. À l'exemple de son « patron », sa seule obsession, désormais, est de savoir comment défendre la République : « Soyons prêts à résister au fascisme *par tous les moyens* », écrit Pierre Cot dans *Le Démocrate* du 24 février 1934. Ainsi va s'imposer à lui, le strict républicain, l'idée qu'il peut être légitime, pour protéger la République, d'utiliser des moyens illégaux ou, en tout cas, clandestins.

En ce 6 février 1934 qui va tant marquer Jean Moulin, où se trouvaient les principaux acteurs de l'histoire que nous commençons ici à conter ?

Ludwig Brecher-Udeanu, rédacteur en chef roumain du journal communiste *Monde*, d'Henri Barbusse, ne s'est pas trop « mouillé », dans son éditorial qui a suivi les émeutes. Pas question pour lui de voler au secours de la gauche modérée. Il se contente de condamner les fascistes qui veulent renverser la République. Il analyse ces émeutes comme une étape franchie par la bourgeoisie française pour passer « des formes démocratiques de domination aux formes fascistes. Mais le prolétariat ripostera sans cesse, jusqu'à sa victoire. On ne peut s'arrêter ni d'un côté, ni de l'autre. »

Henri Manhès, héros de la guerre de 14-18 bardé de décorations, qui vient d'abandonner ses fonctions de patron chez l'un des plus grands éditeurs populaires de l'époque, Tallandier, est probablement du côté des Croix-de-Feu du colonel de La Rocque qui, comme Maurras, n'a pas voulu jeter ses forces dans un affrontement sanglant visant à renverser la République. Mais il n'a sans doute pas promené sa crinière blanche d'homme de quarante-cinq ans sur la place de la Concorde.

Pendant que l'on débat ferme au Palais-Bourbon, Gaston Cusin, trente ans, douanier et syndicaliste CGT, qui a sympathisé quelques mois plus tôt avec Jean Moulin lors de son rapide passage à la sous-préfecture de Thonon (Savoie), discute aux Deux Magots avec Robert Lacoste, lui aussi responsable à la fédération des fonctionnaires affiliée à la CGT, dirigée par Léon Jouhaux. Cusin et Lacoste se rendent immédiatement chez Charles Laurent, patron de la fédération des fonctionnaires. « Le 6 février, le père Laurent, qui a toujours été un jacobin très dur, a dit[1] : "Ce Daladier est un taureau aux cornes d'escargot, il n'est pas capable de tenir devant le fascisme qui monte, il faut absolument que les syndicats fassent barrage." Mais les syndicats étaient divisés. Alors Charles Laurent, Pierre Neumeyer, Robert Lacoste et moi, nous prenons un taxi que Charles Laurent répugnait toujours à payer, et nous commençons notre tournée. Nous allons voir Victor Basch qui présidait les ligues antifascistes[2]. Nous sommes allés voir ensuite Léon Jouhaux ; nous avons vu ensuite des ouvriers, et nous sommes allés voir René Cassin qui présidait l'Union fédérale des anciens combattants. Nous avons décidé de réunir tous

1. Ce témoignage est le premier d'une longue série que j'utilise dans ce livre grâce à l'obligeance de Michèle Cusin, fille de Gaston Cusin. Ces interviews ont été réalisées au printemps 1990 par Sophie Cœuré. Nous les citerons désormais sous la référence « Interview Cusin ».

2. Il était aussi président de la Ligue des droits de l'homme et membre de la SFIO.

nos commettants et d'appeler à une manifestation commune. Mais tout le monde n'a pas marché ; la CGTU, la fédération autonome avec Pierre Boursicot, les douaniers en uniforme ont manifesté avec les communistes, le 9 février : une manifestation très dure où il y a eu des morts... Notre manifestation a eu lieu le 12 février. Elle a réussi. Les deux cortèges, le nôtre et celui des militants qui n'étaient pas de la CGT, se sont réunis, et l'unité s'est faite sur le terrain. Une unité s'est concrétisée ensuite au congrès de Toulouse, grâce à Robert Lacoste. » Le 12 février a ainsi marqué le début du processus de rapprochement des forces de gauche jusque-là éclatées. « Avec Jean [Moulin], nous avions donc communié dans le grand élan qu'avait entraîné la défaite que les syndicats infligèrent aux factieux, le 12 février », a raconté[1] beaucoup plus tard Pierre Meunier, alors tout récent collaborateur de Jean Moulin. Depuis deux jours, les deux hommes ont quitté le ministère de l'Air et ont pu aller manifester et « communier » dans ce « grand élan ».

Jean Moulin part bientôt en vacances dans le Tyrol avec son ami Pierre Cot, puis revient à Paris. Sa situation lui laissera le loisir d'aider son père, qui prépare une biographie de la seconde femme de Joseph Fouché, Ernestine de Castellane, nom qui lui est familier puisqu'il y a un château Castellane à Saint-Andiol, berceau de sa propre famille. Le nom des comtes de Castellane n'évoque pour lui que des images du passé. Pourtant, le 6 février, le comte Jehan de Castellane, gaillard de vingt-neuf ans, Camelot du roi, était parmi les plus excités, avec Pierre Bénouville et ses amis, contre les forces de l'ordre, à quelques dizaines de mètres du pont de la Concorde. Ceux-là, on le verra, n'ont pas fini de traverser l'horizon de Moulin...

Jehan de Castellane, Bénouville, Filliol, Deloncle et les membres de la « 17e équipe » ne pardonneront jamais à Pujo, Calzant et Maurras d'avoir eu peur de la révolution — ou plutôt de la contre-révolution — qu'ils appelaient de leurs vœux. Si Léon Daudet avait été prêt à tenter un coup de force dans la soirée du

---

1. *In Jean Moulin, mon ami*, avec la collaboration de Maurice Voutey, Éditions de l'Armançon, 1993.

6 février, Maurras l'en avait dissuadé, estimant que leur meilleure arme restait le journal. Les dirigeants de l'Action française étaient donc partis tranquillement se coucher, sauf Maurras qui travailla jusqu'à l'aube à un poème provençal en hommage à la femme de son ami Daudet.

2

Un père âgé, radical, anticlérical, franc-maçon et... écrasant

Une des « vies » les plus importantes de Moulin est celle qui englobe ses relations avec un père à la personnalité particulièrement forte.

Jean Moulin est né le 20 juin 1899 à Béziers. Il est le petit dernier de la famille, celui qu'on n'attendait plus. Son frère aîné, Joseph, a douze ans ; sa sœur, Laure, sept ans. Son père en a quarante-deux, sa mère, dix de moins. Tout sépare Blanche, la mère, d'Antonin, le père. Elle est la fille d'un paysan de Saint-Andiol. « Elle avait peu d'instruction, mais possédait de l'éducation et un bon naturel. Elle n'avait pas sa pareille pour la conduite de la maison, l'économie et les travaux de ménage, particulièrement ceux de couture », a écrit Laure[1]. Autant dire que sa mère, pour effacée qu'elle ait été, a probablement donné beaucoup d'amour à son petit Jean et atténué les effets dévastateurs d'un père trop « parfait » et « âgé ». Lui est un notable républicain, conseiller municipal de Béziers depuis quinze ans, professeur de littérature et d'histoire au collège de la ville, caractérisé par un attachement viscéral aux valeurs d'une République encore toute jeune. En effet, la troisième du nom allait sur ses vingt ans. Elle était encore assiégée de toutes parts par les partisans d'un régime autoritaire. Papa était un soldat de la République et s'était déjà engagé dans les deux grands combats des dix dernières années : contre le boulangisme et, plus récemment,

1. *Jean Moulin*, Presses de la Cité, 1969.

en faveur d'Alfred Dreyfus que l'état-major accusait d'être au service de l'Allemagne. Dans la vie courante, Antonin « bouffait du curé » comme tous les radicaux de la fin du siècle dernier. Pas facile d'être le fils d'un homme de devoir et de principes pour qui l'amour paternel se manifestait par une volonté farouche de faire du garçon un homme de bien, un citoyen responsable. « Le premier devoir civique est de s'occuper des affaires publiques, c'est-à-dire, en un mot, de faire de la politique... Un peuple qui cesse d'en faire et s'endort dans les plaisirs est mûr pour le despotisme et la servitude[1]. »

Antonin est un homme dont on se plaît à lire les discours et la biographie ; on aurait aimé militer avec lui, partager ses agapes... mais surtout pas être son fils ! « Quelle perfection ! » dira néanmoins Laure de son père[2]. « Ses convictions étaient profondes et sincères, mais il admettait très bien qu'on en eût de différentes. Il ne fut jamais un sectaire. » Il cherche tous les chemins pour mieux vivre dans ce qu'il estime être une véritable démocratie. Fasciné par Louis Lafferre, professeur, président du Grand Orient, député de l'Hérault depuis 1898, il adhère ainsi à la franc-maçonnerie en 1902. La demande d'admission à la loge de l'Action sociale de Béziers, préparée par sept parrains, reflète bien sa personnalité :

> M. Moulin, professeur au collège de Béziers, est une personnalité politique dont est fière à juste titre la démocratie bitterroise.
>
> Depuis vingt-deux ans que M. Moulin habite notre ville, il lutte par la parole et la plume, avec un talent égal, pour l'affermissement progressif et ininterrompu d'une République vraiment démocratique et surtout anticléricale.
>
> En 1889, au moment du boulangisme, il combat avec ardeur la monstrueuse coalition qui, marchant derrière le cheval noir d'un Saint-Arnaud de concert, cherche à renverser la République, et il contribue pour une large part à l'écrasement du candidat du marquis de Rochefort et de la duchesse d'Uzès.
>
> Il y a quatre ans, alors que la France républicaine se débat dans une crise terrible, que tous les pouvoirs s'acharnent contre un innocent, que tout faillit sombrer dans ce pays, même son bon

1. *L'Union républicaine* du 24 mars 1900, « La conférence de M. Moulin ».
2. Laure Moulin, *op. cit.*

renom à l'étranger, il fait partie de cette poignée d'hommes de cœur qui prend en main la défense de la vérité et de la justice, sachant qu'en luttant pour le droit violé, il lutte pour la République elle-même, menacée dans son existence par tous les débris des régimes déchus et tous les suppôts du trône et de l'autel. Son attitude courageuse, en plein ministère Méline, lui vaut d'être appelé à la présidence de la section bitterroise de la Ligue des droits de l'homme et du citoyen.

Aujourd'hui que le Nationalisme et le Cléricalisme tentent un dernier et suprême assaut contre la République et mènent une campagne aussi acharnée que déloyale contre tous les députés radicaux-socialistes et socialistes qui, fidèles à leur foi républicaine, ont voté la loi contre les congrégations et la motion Brisson relative à l'abrogation de la loi Falloux, M. Moulin est au premier rang, dans le Comité de concentration radicale-socialiste et socialiste, pour défendre le ministère de défense républicaine et pour assurer la réélection du député Lafferre qui, durant trois ans, lui a accordé sa confiance.

En un mot, M. Moulin est un vaillant parmi les vaillants. Son vif amour pour la République n'a d'égal que son aversion profonde pour le cléricalisme. Nos républicains bitterrois le savent si bien qu'à trois reprises ils l'ont envoyé au conseil municipal.

En faisant les déclarations ci-dessus, les soussignés n'ont d'autre souci que de rendre hommage à la vérité.

Exigeant, Antonin l'est autant pour lui que pour le petit Jean. Il lui martèle des principes assurément magnifiques, mais difficiles à assimiler. Il disserte et décline à l'infini sur les thèmes « Instruction, Travail, Justice, Vérité, Tolérance, Solidarité[1] », indispensables à la dignité du citoyen. Ces formules à l'emporte-pièce, qui ne laissent guère place à la fantaisie enfantine, ont balisé le chemin de Jean Moulin. Comment ne pas s'effrayer à l'idée de n'être pas à la hauteur d'un pareil père ? « Quels que soient les excès, les folies et les crimes de l'intolérance politique qui se nomme ostracisme, et de l'intolérance religieuse qui se nomme fanatisme, vous avez la fermeté d'âme de ne pas vous

1. Daniel Cordier, *Jean Moulin, Une ambition pour la République*, Lattès, 1989. C'est l'occasion de dire combien je me suis souvent reporté aux quelque 3 000 pages des trois premiers tomes de cette gigantesque biographie de Moulin.

en départir et d'user de tolérance, même et surtout à l'égard des intolérants[1]. » Jean va devoir vivre à l'ombre de la statue du Commandeur. Admirable mais lointaine et, plus grave, inimitable.

L'amour câlin, les petits mots doux, les caresses sont l'apanage de la mère. Maman contrebalance les excès du Père-la-Vertu, surtout ceux de son anticléricalisme. Papa est obligé de se souvenir de la promesse qu'il fit à sa femme, fervente catholique, lors de leur mariage religieux : élever leurs enfants dans la foi du Seigneur, avec baptêmes et premières communions. C'est aussi Blanche, la paysanne, qui rend le monde des adultes accessible, car imitable à défaut d'être attractif. Maman est effacée, économe, elle ne s'occupe que des affaires de la maison. Jean n'a d'autre choix, dans un premier temps, que de se conformer aux injonctions paternelles. À l'école, domaine du père, il est « très appliqué et laborieux », et, pour ne rien gâter, « charmant ». Pour ce qui est de sa première communion, domaine de la mère, il n'est guère convaincu, mais, selon sa sœur, il y met une certaine application.

Le plaisir et la futilité n'ont guère de place dans cet univers régi par la Raison, les Lumières, la recherche de la vérité. Il est d'autant plus difficile d'être le fils d'Antonin qu'il aime manifestement ses enfants, mais à sa façon, exigeante et sévère. Jean, gamin frêle, très nerveux, affublé d'un terrible tic à la mâchoire inférieure, qu'il ne corrigera qu'à l'âge de treize ans, puise un certain équilibre dans la création d'un monde qui lui appartient et qui n'a rien à voir avec l'univers paternel. Il trouve du plaisir et peut-être même du bonheur dans le tête-à-tête solitaire avec ses jouets. Que peuvent comprendre Laure, déjà adolescente, ou Joseph, un « grand », de la passion de Jean pour ses folles et interminables randonnées avec son cerceau ? « Qui dirait qu'un simple cerceau de bois peut procurer autant de joie[2] ? » Ou encore pour cette toupie qu'il prend plaisir à faire ronfler, à cingler de coups de fouet, et qui lui vaut « de bonnes corrections pour quelques carreaux cassés » ? « Mais ce qui, plus que mes

1. Daniel Cordier, *op. cit.*
2. Dans un devoir de Jean Moulin cité par Daniel Cordier, *op. cit.*

autres jouets, était l'objet de mes passions, c'était un fort plein de soldats, plein d'une véritable garnison, que j'avais trouvé dans la cheminée, un beau jour de Noël ! Que ces petits bonshommes aux couleurs bariolées me semblaient beaux ! Et cette forteresse, avec son pont-levis, ses canons et ses tours crénelées, qu'elle me plaisait ! Combien d'heures je restais à les contempler, à les aligner, à les passer en revue, ces soldats de plomb, je ne saurais le dire ! Que de combats sans fin j'ai livrés avec eux[1] ! » Jean peut donner libre cours à ses rêveries et à son imagination dans la belle nature provençale, pendant les vacances qu'il passe toujours dans la maison familiale de Saint-Andiol. Mais son occupation préférée, qu'il ne tient ni du père, ni de la mère, c'est le dessin, pour lequel il manifeste le plus grand intérêt dès l'âge de cinq ans, et dont la passion ne le quittera plus...

Le 2 mars 1907, Joseph, le frère aîné, meurt à l'âge de dix-neuf ans. Forte secousse pour la famille Moulin. La vie reprend après le chagrin. Antonin reporte ses espoirs de perpétuer sa lignée et son combat sur le petit Jean, qui n'a pas encore huit ans. Le poids du père se fait encore plus écrasant. Le bel ordonnancement de son éducation se fissure dans l'année qui suit la mort du frère aîné. Il commence à bavarder, à négliger son écriture. Les professeurs constatent qu'il est distrait. Progressivement, tout se détériore, tant dans son travail que dans sa conduite. À douze ans, il « manque d'énergie » et « sera un excellent élève quand il voudra bien se guérir de sa légèreté et de son étourderie, ou au moins les atténuer ». Il rend désormais des devoirs qui sont « souvent mauvais ». Il affronte son professeur de père. Inconsciemment, il a choisi, pour le défier, le terrain qui fait le plus mal : l'école. Mais il doit en supporter les conséquences à la maison. Antonin manifeste fortement son mécontentement, voire sa colère. « Papa, écrit Laure Moulin[2] que cela contrariait, voulut le reprendre en main. Le soir, il lui faisait répéter ses déclinaisons et lui expliquait les difficultés de syntaxe. Jean ne pouvait fixer son attention. Son esprit s'évadait.

1. Dans le même devoir, écrit alors qu'il avait quinze ans.
2. *Op. cit.*

Son père le grondait et essayait de le ramener à la question. C'était en vain. Alors Papa s'impatientait et en arrivait à le frapper. Jean pleurait. C'étaient des scènes pénibles pour l'un et pour l'autre. D'un commun accord, au bout de quelques mois, les répétitions cessèrent. Jean se débrouilla tout seul, plus ou moins mal... » Laure explique le comportement de son frère par « sa constitution physique et [...] sa grande nervosité ». Cette réaction est en fait la seule façon, pour le jeune Moulin, de respirer. Son père l'étouffe.

À l'école, il exprime peu ses rêves ou ses goûts. Une composition de français, quand il a douze ans, lui permet néanmoins de dire qu'il voudrait être aviateur, parce qu'en planant au-dessus de tous il verrait « la vie comme dans un rêve » et traverserait les nuages « comme dans un conte de fées [...]. Le danger qui accompagne ces exploits est un attrait de plus pour mon imagination ». Bref, il « aime tout ce qui se rapporte à l'aviation », grâce à quoi il pourrait s'échapper de sa vie présente. Dans un autre devoir, il dit aimer les « aventures dans des pays lointains et inconnus, comme celles que raconte Jules Verne ». Mais cette attitude est difficile à cultiver face au Père-la-Morale : il a mauvaise conscience d'être « paresseux ». Dans une autre composition sur la conversion au travail d'un jeune fainéant, il raconte qu'une abeille lui a fait honte en lui montrant toutes les personnes acharnées à travailler autour de lui. L'enfant retourne alors à l'école plein de joie : « Il faut aimer le travail, car avec le travail et la volonté, on vient à bout des plus grandes difficultés. » Moulin s'échappe dans ses rêves et devient dissimulateur. Interrogé sur le rôle qu'il préférerait jouer dans la fable du Corbeau et du Renard, il répond : « J'aime mieux jouer le rôle d'un animal intelligent et rusé que celui d'un vaniteux qui se laisse prendre aux flatteries. » Il aurait naturellement fallu répondre, selon les canons du professeur et du père : « Aucun des deux. »

Jean n'aime rien de ce que son père aime et voudrait lui inculquer. Le jeune Renard aime en revanche ce que son père considère comme accessoire : en particulier le dessin, qui lui permet de s'exprimer avec des outils n'appartenant qu'à lui. Il a un regard, il observe l'autre, sait le caricaturer. Il a une vision plutôt caustique de la nature humaine, ce qui le porte à l'exagération et à la caricature, faisant la joie de ses condisciples du collège. Il a seize ans quand un de ses dessins est publié pour la première fois dans un journal satirique d'audience nationale, *La Baïonnette* (28 octobre 1915). Ses parents ne voudraient pas que sa culture artistique se limite à ce genre mineur. Ils tentent de le frotter à la bonne et vraie culture bourgeoise. Jean suit des cours de piano, mais n'y brille pas davantage que dans les matières officielles. On l'emmène aussi beaucoup au théâtre municipal de Béziers, voir et écouter de nombreuses œuvres du répertoire théâtral aussi bien que musical.

En 1913, c'est le couronnement de la carrière politique d'Antonin : il est élu conseiller général de l'Hérault. Les idées du notable ont évolué vers le conservatisme social. Il soutiendra Clemenceau, le « briseur de grèves », parce qu'il a peur des syndicats révolutionnaires qui prônent la violence. Il est devenu un républicain modéré et, plus tard, sera opposé au Cartel des gauches et au Front populaire.

À l'été de 1914, Jean a quinze ans. Comme tous les étés, il se trouve en vacances à Saint-Andiol quand est placardé l'ordre de mobilisation générale. Son père est trop vieux — il a cinquante-sept ans — pour partir à la guerre ; Jean est trop jeune, mais ne peut ignorer l'importance de l'événement. Sur la route, devant la maison, passent les convois de troupes coloniales qui montent au front. Il se joint aux gamins du village pour acclamer les soldats. Après cette effervescence, Saint-Andiol retrouve son visage d'avant — les hommes jeunes en moins. Laure va tous les jours suivre à Avignon ses cours d'infirmière, et son père est reparti pour Montpellier assister à la session du conseil général. Jean fait des devoirs de vacances et s'amuse comme les enfants de son âge, avant de retrouver son collège et ses mauvaises notes. Il n'a la moyenne qu'en anglais.

Après avoir quelque peu travaillé pendant les vacances de 1915, il passe de justesse en première. Les discours des adultes — notamment ceux du père —, le drame que vit la nation, et l'imminence de l'examen provoquent un sursaut chez l'élève Moulin. Dans un devoir sur la leçon de patriotisme contenue dans la tragédie *Horace*, il a l'occasion de montrer qu'il a bien intégré les valeurs paternelles : « C'est au vieux père surtout qu'on doit le premier rang. Chef de famille, il a formé ses fils à son image. Il leur a communiqué son ardeur généreuse, son grand amour pour Rome. Dès leur jeunesse il leur a dit les luttes qu'elle a dû soutenir pour conquérir son indépendance et s'agrandir... Ils savent, grâce à lui, que la patrie est tout, que les sujets ne sont rien ; qu'elle a le droit de leur demander tous les sacrifices nécessaires à son salut, et même davantage. Lorsqu'elle parle, il ne doit plus y avoir ni amis, ni parents, ni maîtresses... »

Déjà, Jean Moulin s'affirme comme un personnage complexe. Il est capable de reproduire les discours du père et de donner l'impression qu'il les fait siens, mais d'autres de ses devoirs révèlent une personnalité duale, tenant plusieurs discours avec la même sincérité, promettant de se soumettre à la loi, à l'ordre dominant, pour avoir la paix et se replier sur son monde secret. Un devoir sur le thème « Premiers moments de liberté » lui permet d'étaler quelques-unes de ses ambiguïtés. Il raconte l'histoire d'un chardonneret qu'il tenait enfermé dans une cage, qui semblait « contempler avec un œil d'envie les grands arbres de la place où les moineaux voltigeaient » ; Jean pense alors « combien la liberté est chère, combien je souffrirais si j'étais contraint à vivre seulement quelques jours dans une telle prison ». Il a honte et rend la liberté au chardonneret. L'oiseau se pose alors sur un arbre dont il est immédiatement chassé par des moineaux, puis est attrapé et dévoré après s'être posé un peu plus loin sur un fusain. « Décidément, mon pauvre chardonneret était voué à la mort [...]. Je me repentis pendant tout le jour d'avoir fait échapper cet oiseau. Mais, au fait, je n'étais pas la cause de sa mort et j'avais cru faire une très bonne action en lui rendant la liberté... » Jean est tout à la fois le propriétaire de la cage et le chardonneret. Il aime la liberté et rêve aux grands arbres, mais porte le carcan forgé par son père. Le Moulin intime, celui du dessin et des grandes aventures rêvées, c'est le chardonneret. Mais le chardonneret n'a pas appris la liberté, il ne fait qu'en rêver. S'échapper de sa cage, c'est briser les repères à l'intérieur desquels on n'est peut-être pas heureux, mais où on vit hors de danger. La liberté, c'est la mort...

Jean a obtenu sa première partie de bac avec la mention « passable » et attaque la philo avec le même désintérêt et la même mauvaise conduite. « La méningite ne le menace pas pour l'instant », écrit son père à Laure[1]. Dans un dernier sursaut, il est reçu, le 12 juillet 1917, à son baccalauréat. Malgré ses déclarations patriotiques, il ne s'engage pas pour sauver la nation en guerre. Le 1er septembre 1917, aidé par les relations de son père, il entre comme attaché au cabinet du préfet de l'Hérault et s'inscrit en même temps à la faculté de droit de Montpellier. Aucune passion dans ce choix, mais probablement une tentative de concilier les exigences du père et son très fort besoin de liberté. Une liberté qui, de surcroît, ne mène pas à la mort...

Pour la première fois, il s'éloigne de sa famille en s'installant à Montpellier dans une chambre (quand même louée par sa sœur). Il est libre de ses mouvements et de son temps, et va instaurer un nouveau type de relations avec les siens : jusqu'à la veille de sa mort, il écrira régulièrement à ses parents des banalités, « variations sur la pluie et le beau temps, demandes d'argent à son père, nouvelles de la parentèle, comptes rendus anodins de ses distractions, fort éloignés du journal intime[2] ». Mais ne leur dira jamais rien d'essentiel : rien sur l'usage de sa liberté, rien de ses émotions, de ses passions, et, surtout, rien de sa vie privée dont il fera volontairement une part d'ombre. Il montre un souci du détail exaspérant. Il va jusqu'à décrire ses menus, et le pain qui est « épatant, très blanc, petit, frais », il s'éternise sur le pantalon que ses parents lui ont payé et qui « n'est pas du tout joli », « trop long ». Jean Moulin aime déjà et aimera les beaux costumes, les chaussures, les cheveux bien lustrés. Il affiche déjà un côté dandy.

Toute sa vie il sera obsédé par les problèmes d'argent. Il n'en aura jamais assez, mais, surtout, il en parle constamment, donne à ses proches comme à ses amis le prix de tout ce qu'il voit, de tout ce qu'il achète. Dans la première lettre à ses parents : « J'ai trouvé combien, la pension : 90 francs par mois ; [j']ai fait remarquer que je ne buvais pas de vin ; après quelque hésitation, [on] m'a promis de me faire payer 80 francs seulement... »

Il écrit en novembre 1928 à son ami Marcel Bernard :

---

1. Laure Moulin, *op. cit.*
2. Daniel Cordier, *op. cit.*

J'ai dansé ici il y a quelques jours au son du gramophone "La Voix de son maître", qui a baissé de prix : 1 000 au lieu de 1 300. Il est très bien et très bien présenté.

Il lance au même ami, le 23 avril 1930 :

Je t'envoie un SOS ! ! ! Pourrais-tu me prêter pour dix jours (jusqu'au 31 de ce mois) 2 ou 300 francs ? Tu me rendrais le plus grand service, car j'ai peur de manquer une très belle affaire de meubles anciens pour cette bagatelle... Malheureusement, je reviens de Paris et je suis quelque peu désargenté... comme toujours.

Toujours au même, le sous-préfet de Châteaulin écrit le 21 mars 1931 :

Mon ami Saint Paul, qui a un atelier très chic et très moderne, mais de dimension assez réduite, paie 8 000 francs de loyer + les charges (chauffage, etc.). Ce qui en met le prix à 12 000 francs... Arrêt à Paris, ainsi que tu le vois, et achat aux non moins démocratiques Galeries Lafayette d'un costume de ski "Ever smart", qui me coûte plus de 600 francs... Bien que le portefeuille assez sérieusement nanti (une fois n'est pas coutume), je décidai d'être prudent et de réduire les frais pour commencer !... Après un moment d'enthousiasme sur le décor, je cherche un hôtel dans les prix doux... Mais, dès le lendemain, j'ai ma chambre, très Touring Club : ch.C, eau C., etc. Coût : 26 francs par jour avec petit déjeuner, beurre, confiture, etc. On a tort de dire que Megève est cher... Pour te donner un aperçu des prix pratiqués, je te dirai que j'ai payé 120 francs par jour. Je m'excuse de toujours citer des prix, mais c'est pour te montrer que Megève n'est pas si cher qu'on veut bien le dire ; et c'est aussi pour te documenter, le cas échéant. Inutile de te dire que la chambre était très chic : salle de bains, WC particulier, etc. Je connais les prix d'Aix-les-Bains et de Chamonix l'été, où c'est moins cher, puisqu'il n'y a pas de frais de chauffage ; eh bien, je suis persuadé que j'aurais payé plus cher...

En novembre 1917, Georges Clemenceau obtient la confiance de l'Assemblée à une large majorité après avoir trouvé dans son discours d'investiture les accents propres à mobiliser les énergies de la France : « Quand vous me demandez mes buts de guerre, je vous réponds : mon but, c'est d'être vainqueur... » Antonin approuve cette nomination et se réjouit que le « Tigre » nomme son ami Lafferre ministre de l'Instruction publique et des Beaux-Arts. Il y voit un appui possible pour la carrière de son fils. À l'université comme à la préfecture, l'étudiant-fonctionnaire est bien protégé par les relations de son père. Ses amis sont d'ailleurs prompts à le moquer d'être un « privilégié ».

Pendant huit mois, Moulin apprend sans efforts les techniques de la note administrative, car il écrit naturellement ennuyeux, sans s'impliquer. Il a toujours su se protéger pour ne pas laisser deviner le fond de ses pensées, la réalité de ses sentiments. Ses lettres, même à ses amis, sont très descriptives, ne livrent rien de ses sensations ni de ses émotions. Il reste toujours extérieur à lui-même. Déjà, il instaure une organisation de son emploi du temps complètement cloisonnée, dans laquelle pourront s'exprimer ses deux principales « vies ». Dans la journée, il devient un étudiant et un fonctionnaire « appliqué et sérieux ». Le soir, il n'est plus le même : l'artiste qu'il aspire à devenir et qu'il commence à être fait la fête, laisse son imagination vagabonder. Il dessine, se lie d'amitié, voit des filles, sort de sa cage...

L'incorporation de la classe 1919 et la mobilisation immédiate coupent court aux états d'âme. Jean est mobilisé le 17 avril 1918 au... 2e Génie à Montpellier ! Près de sa famille et de ses amis. Il apprécie modérément la vie de caserne, trouve la tenue affreuse. Sapeur de 2e classe, certes, mais toujours dandy, il se fait confectionner un « costume fantaisie noir souligné d'un brun de soutache rouge... et des jambières de cuir noir[1] ». Le 18 septembre, son régiment monte au front. Après une semaine de voyage en train, il arrive à Socourt, village de la vallée de la Moselle situé bien en retrait du front. L'armistice intervient deux mois plus tard sans que Jean Moulin ait combattu. Les lettres qu'il envoie à ses parents pendant ces deux mois sont toujours d'une insignifiance aussi affligeante, malgré l'importance d'un tel événement pour un jeune qui n'a jamais quitté sa région et qui risque de se retrouver d'un instant à l'autre au corps à corps avec l'ennemi. « Nous sommes bien nourris, nous avons du pain délicieux. Puis il y a beaucoup de vaches ici. Le lait n'est pas

---

1. Laure Moulin, *op. cit.*

cher. » Il n'a manifestement pas conscience de ce qui est en train de se jouer dans les tranchées, à quelques dizaines de kilomètres de lui. Il est toujours un privilégié, un fils à papa qui a appris par cœur les leçons de patriotisme paternelles, mais n'a pas réussi à les traduire en actes.

Le soldat, devenu 1re classe, n'est pas tout de suite démobilisé. Il s'ennuie mais achète « un imperméable à un Américain. Il m'a coûté 10 francs. Ce n'est pas cher. Bien sûr, il n'a rien d'extraordinaire... » Il ne décrit jamais les horreurs de la guerre, dont il prend connaissance au hasard de ses mutations. Au fil de ses pérégrinations militaires, il découvre Paris, mais on ne sait rien de ce qu'il éprouve. Il est resté provincial, il visite les amis de la famille, tombe amoureux d'une fille de l'un d'eux. Il continue les descriptions insipides de ses menus, de ses achats, et exige de temps à autre des envois d'argent. Ainsi, après réception d'un mandat d'octobre 1919 : « Je suis allé hier à la coopérative militaire et j'ai fait une bonne affaire. J'ai acheté une paire de souliers 47 francs. Ce n'est pas cher. Je crois qu'ils seront très bons. Ils sont en veau souple. La forme est très bien, avec claque courte. J'y ferai mettre des talonnettes et des chevilles[1]. » Finalement, son père obtient sa démobilisation et il rejoint dès le 1er novembre 1919 la préfecture de l'Hérault et la faculté de droit.

Il a repris sa vie double, voire triple si on dissocie ses vies de travail — celle d'étudiant et celle d'attaché de cabinet. Le personnage nocturne est plus débridé : lors d'un carnaval, on le voit apparaître en Arlésienne, le visage masqué. « Fin et élancé, il jouait à merveille son rôle de fille au point que les amis de son cavalier lui enviaient sa conquête[2]. » Il publie des dessins humoristiques dans des revues étudiantes : *La Lanterne de Diogène* et *L'Écho des étudiants*. Il peint également ses premières aquarelles, inspirées des paysages de Saint-Andiol.

Au cours de l'année 1921, il adhère aux Jeunesses laïques et républicaines, de sensibilité « radicale » et « républicaine socialiste ». C'est le seul engagement politique de Jean Moulin que

1. *In* Daniel Cordier, *op. cit.*
2. *In* Laure Moulin, *op. cit.*

l'on connaisse. Il passe sans brio sa licence de droit et est appelé par l'ancien secrétaire général de la préfecture de l'Hérault comme chef de cabinet du préfet de Savoie, à Chambéry. Il y débarque le 10 mars 1922. Il a vingt-trois ans. Il va passer du rôle d'exécutant à celui de responsable et devenir un personnage important de la vie politique locale. En même temps qu'une nouvelle vie, il découvre un environnement d'un luxe qu'il n'a encore jamais connu. Aix-les-Bains exerce une fascination sur l'enfant du Midi qui découvre pour la première fois la montagne, les sports d'hiver, la « faune » qui s'y rend.

Pour le jeune chef de cabinet, cette nouvelle vie ouvre des horizons qu'il n'aurait même pas imaginés. Il trouve là un accord entre les multiples facettes de son personnage : le temps libre dont il dispose (le travail n'est guère harassant à la préfecture) lui permet de se remettre à dessiner et, suprême folie, de pratiquer les « sports d'hiver ». En observateur averti, il en fera le sujet favori de ses croquis ; à la fois, il se moque de cette jeunesse dorée et est attiré par le « monde » que sa nouvelle position lui permet de fréquenter. Soucieux de sa personne, il sollicite encore souvent sa famille pour améliorer sa tenue vestimentaire à l'entretien de laquelle son modeste salaire ne suffit pas.

Moins de quatre mois après son arrivée, le 3 juillet 1922, les Savoyards peuvent découvrir les œuvres de « Romanin » au salon de 1922 organisé par la Société des beaux-arts. Un jury a en effet sélectionné quelques œuvres du jeune dessinateur. Romanin était le nom d'un château moyenâgeux en ruine, près de Saint-Andiol, sur lequel le petit Jean avait pu fantasmer et à l'assaut duquel il avait lancé ses soldats de plomb — à moins qu'à l'inverse ceux-ci n'eussent jeté de la poix brûlante du haut du mâchicoulis sur les ennemis qui tentaient de prendre d'assaut le cadre de ses rêves. Le chardonneret, l'enfant craintif et malingre qui fait le tour du monde en quatre-vingts jours, l'Arlésienne, le « double » a maintenant un nom et va pouvoir suivre un chemin parallèle. L'« artiste » est officiellement né.

Il expose un pastel, *Picadors*, une série de croquis représentant les habitués d'un café de quartier, un croquis montrant *Des gosses*, deux aquarelles sur une leçon de danse, un dessin au noir à la plume représentant des *Vieilles* se retenant pour ne pas s'esclaffer. Des œuvres qui montrent un bon contrôle de la technique, mais plutôt académiques. Il aime alors le style « pompier » et s'extasie devant les croûtes du Salon des artistes français. On est encore bien loin des dessinateurs et peintres avant-gardistes que Jean Moulin rencontrera dans les années folles de Montparnasse...

À l'exposition, ses œuvres sont placées à côté de celles de Jean Saint-Paul, un peintre habitant Paris, qui va devenir l'un de ses meilleurs amis. Saint-Paul vit dans le cercle des « Montparnos » et initiera Jean aux petits secrets de la vie parisienne. Le jeune provincial est immédiatement subjugué, même si son goût d'alors ne lui permet pas de juger si son ami a du talent : « Il fait de la peinture moderne et appartient aux groupements d'avant-garde. Je crois qu'il a du talent. Il a d'ailleurs obtenu du succès. Il a été reçu au Salon d'automne et il y a exposé également cette année... », écrit-il à sa sœur.

Fasciné aussi par le monde qu'il découvre pendant la saison estivale à Aix-les-Bains : vrais et faux riches, grandes dames et femmes de petite vertu, milieu interlope dont les moyens ne sont pas en rapport avec les maigres revenus du chef de cabinet du préfet. Ses dessins (et les textes qui les accompagnent) montrent l'ambiguïté de ses sentiments à l'égard de ce milieu qu'il découvre. Il n'est pas insensible au luxe et à l'argent facile. Pas insensible non plus aux jolies femmes :

> *La gare d'Ixe-les-Bains* — Des porteurs sanglés de courroies, tels des chasseurs à l'affût, attendent le « Luxe ». Sifflets, brouhaha. Le train stoppe et les compartiments vomissent des flots de voyageurs et de bagages. C'est bientôt un amoncellement de sacs, valises... couverts de pittoresques insignes aux couleurs des palaces des deux continents : autant de citations à l'ordre du jour du tourisme ! Mots croisés où se retrouvent éternellement les Majestic, les Splendid, les Cecil et autres Carlton !... Papillons de papier apportant sur leurs ailes multicolores une vision d'arc-en-ciel cosmopolite...
>
> *Sleeping-Concert* — Le lunch est terminé. Le Old England est au concert. On est bien pour dormir dans ces fauteuils larges et frais, à l'ombre propice du Grand Cercle, au son de cette musique si douce... À la fin du morceau, un monsieur, peu familiarisé avec

les coutumes du lieu, ose applaudir. Rupture d'équilibre dans ce temple du confortable !... Une nuée de faces-à-main se braquent, vengeurs, sur l'intrus qui a troublé le sommeil de ces respectables dames.

Le Thé — Rolls, Hispano... Mercedes... Nous voici devant la Potinière. On revient du golf, du tennis : larges, larges culottes, à la limite du Large. Pull-overs, clubs, raquettes. De jeunes Anglais graves et dignes, et de vieilles Américaines très gaies. Des Brésiliens aux cheveux noirs et plats ondoient entre les tables... Dans cette Babel sucrée, une voix jeune et claire parle du Lac : c'est à ne pas y croire ! Le Lac ! C'était bon pour Lamartine. Est-ce que l'on va à Deauville pour voir la mer ?

Le Dancing —... Lumière... brillants... Cocktails. Champagne. Qu'ils sont tendres ! Lui, vingt ans. Elle... Elle... beaucoup de perles et de diamants. Elle est heureuse. Le jazz finit comme si on lui avait coupé le sifflet. C'est dix dollars, Madame. Merci, Madame...

Le Jeu — Re-lumière et re-brillants : « Messieurs, faites vos jeux »... « Un banco de trente mille »... « Je dis banco de trente mille »... Les croupiers à l'accent corse lancent dans l'air saturé de parfums et de fumées blondes leurs phrases laconiques, toujours les mêmes. On leur répond en anglais, en russe, en espagnol, en iroquois. Impassibles, ils continuent à faire jongler cartes et jetons au bout de leur large couteau noir. Des marchands de porcs de Chicago, gras comme leur bacon, des lords anglais corrects et prudents, des Madrilènes grasses et loquaces, des Hellènes aux mains fines, des Maharadjas aux yeux profonds, pontent. Des femmes, beaucoup de femmes et même de jolies femmes.

Le provincial se déniaise. Il admire Germaine Lubin qui chante dans *Lohengrin* de Wagner, et tout ce qui passe ou séjourne dans la station. Sa deuxième vie se partage entre Aix et Montparnasse que Saint-Paul lui a fait découvrir et dont il hantera les nuits dès qu'il en aura l'occasion. Ses dessins y font beaucoup référence.

À côté de ses délires et exaltations de « Montparno », il continue d'être tout aussi prosaïque dans ses lettres à Laure : « Le lait, qui valait comme je vous disais 16 sous le litre, ne vaut plus que 12 sous. C'est avantageux. Avec mes 30 centimes de lait, j'ai le matin un déjeuner délicieux, car il est très bon et renferme beaucoup de crème. » Cette obsession du prix des choses est associée à une certaine folie des grandeurs. Il économise sur les petites choses du quotidien mais dépense bien au-delà de ses moyens. Il considérera comme naturel de réclamer de l'argent — souvent de manière impérieuse — à ses parents jusqu'à l'âge de trente-huit ans ! Blanche l'économe devait beaucoup aimer son fils pour accepter ses exigences sans rien dire. Quant au père, il fut probablement obligé de liquider une partie de son capital pour répondre aux besoins d'un rejeton aussi tyrannique. Façon, pour celui-ci, de lui faire inconsciemment payer l'éducation sévère et exigeante qu'il lui avait infligée ? En même temps, le fils se montre respectueux et soumis, et se croit tenu de raconter tout ce qu'il fait — hormis, bien sûr, ce qui relève de son jardin secret...

Il ne se révolte pas quand Antonin prend en main ses amours et veut le marier à Jeanne Auran, fille de commerçants fortunés, dont il était vaguement amoureux. Si l'affaire ne se fait pas, c'est à cause d'une situation pécuniaire jugée trop précaire par le père de la promise. Il est difficile de savoir quelle est alors la nature des relations de Jean Moulin avec les femmes. C'est un des sujets sur lesquels il se montre plus que discret. « Moulin était secret tant sur ses évasions sentimentales que sur sa tâche administrative : il prenait plaisir à cultiver le mystère et, quand on le regardait causer avec un ami, il avait l'air de comploter[1]. » En tout cas, il n'a pas encore éprouvé le coup de foudre. À preuve : il se console vite et rencontre quelque temps plus tard une jeune fille de dix-huit ans, Marguerite Cerruty, lors d'un bal masqué donné à la préfecture de Chambéry. Elle était en vacances avec sa mère dans leur propriété de Betton-Bettonnet. Les jeunes gens se reverront souvent — y compris à Paris —, mais avec suffisamment de discrétion pour éviter l'intervention des deux familles.

Jean connaît sa première opposition frontale avec son père en 1924. Il est favorable au Cartel des gauches alors qu'Antonin, devenu méfiant envers les socialistes, y est opposé. Il ose écrire :

1. Robert Milliat, « Souvenirs sur Jean Moulin », *Administrations* n° 98, décembre 1977.

« Votre grosse erreur, à quelques-uns, c'est de n'avoir pas cru au succès du Cartel [...]. Ton opposition au Cartel des gauches, alors que tu n'étais pas directement intéressé à la lutte, t'a sûrement aliéné beaucoup d'électeurs bitterois. » Il a alors vingt-cinq ans, son père en a soixante-sept. Cela ne l'empêchera pas de le mobiliser pour qu'il mette toutes ses relations à son service afin de devenir sous-préfet dans l'Hérault. Après qu'il s'est dépensé en faveur du Cartel, il estime que la nouvelle donne politique lui est favorable à la suite de la chute du cabinet Poincaré et de son remplacement par Édouard Herriot. Camille Chautemps, radical-socialiste, franc-maçon, militant de la Ligue des droits de l'homme, est nommé ministre de l'Intérieur, donc patron de la « préfectorale ». Jean n'ignore pas, en effet, qu'il n'a aucune chance de devenir sous-préfet par son seul mérite.

Antonin Moulin se donne sans compter pour venir en aide à son fils, écrire, solliciter toutes ses relations de l'Hérault, mais il s'aperçoit bien vite que l'avancement de Jean ne soucie guère ses amis, eux-mêmes préoccupés par leur propre avenir politique. Quant à Jean, il comprend que les édiles du département ne souhaitent pas le voir poursuivre sa carrière préfectorale sur leurs terres ; il entreprend alors une campagne pour obtenir une promotion en Savoie, à la sous-préfecture d'Albertville qui se libère. Il développe une incroyable énergie pour arriver à ses fins. Il connaît maintenant les arcanes de la machine étatique et n'a aucun scrupule à solliciter les « pistons ». Il fait ce qu'il faut sur le plan local, mais, à tout hasard, en parle aussi à son père, lui enjoignant de demander un dernier coup de pouce à Lafferre qui, de Paris, peut faire basculer la décision. Ce qui se produit... Le décret nommant Jean Moulin à Albertville est signé le 26 octobre 1925. Jean a alors vingt-six ans et devient le plus jeune sous-préfet de France.

Sa nomination à Albertville a compliqué ses relations avec Marguerite Cerruty. Jean décide de précipiter les choses sans en parler à sa belle : il sollicite un rendez-vous avec sa mère, se rend à Aix-les-Bains où Mme Cerruty est en cure, demande tout bonnement la main de Marguerite... tout en fixant le mariage à la seconde quinzaine d'août ! Nous sommes alors en juin. La sous-préfecture d'Albertville est à la fête : monsieur le sous-préfet organise une soirée à l'occasion de son arrivée en poste et profite des circonstances pour couper court aux racontars et annoncer ses fiançailles avec Marguerite.

Marguerite décrit[1] un Jean Moulin beaucoup moins collet monté qu'il y paraît. « Après la chanson :

Au moulin, le matin,
On chante, on rit, on danse,
Est-ce vous le jeune meunier
Qui aimez la jolie meunière ?

alors que vient tout juste de s'éteindre la dernière note du dernier couplet, monsieur le sous-préfet embrasse sa jolie meunière — moi-même, autrement dit — sous les vivats des invités[2]. » Que Béziers est loin ! Il ose chanter, il danse bien. Volontiers mondain, il séduit tout le monde et laisse son double s'affirmer. Comble de changement : il avise ses parents de son prochain mariage avec une jeune fille qu'ils ne connaissent pas. La famille Moulin est offusquée : « Je dois dire que nos parents furent choqués de ce procédé. Eux qui avaient toujours chéri et épaulé ce fils, il les mettait, avec beaucoup de désinvolture, devant le fait accompli, sans leur avoir demandé leur consentement ni même conseil[3]. » Laure elle-même est hostile à ce mariage, ainsi que le raconte Marguerite : « Mais pourquoi Laure prend-elle cette mine effarée ? [...] Elle a toujours été du nombre des personnes opposées à notre mariage. Elle qui n'a eu ni mari ni enfant, a reporté depuis longtemps ses sentiments maternels sur son jeune frère dont elle a d'abord voulu parachever l'éducation, puis qu'elle a ensuite prétendu guider sur la voie du bonheur[4]... »

Fin juillet 1926, la famille Moulin débarque du train en gare d'Albertville : « Un petit homme [Antonin], sec et triste, mais sachant se composer un visage plus engageant quand il le faut, courtois mais ne tolérant la contradiction que dans des limites bien précises ; une femme un peu empâtée et déjà fanée, au sourire timide, campagnarde dans ses manières et évitant la

1. Marguerite Storck-Cerruty, *J'étais la femme de Jean Moulin*, Horwarth, Roanne, 1976.
2. *Ibid.*
3. *In* Laure Moulin, *op. cit.*
4. *J'étais la femme de Jean Moulin, op. cit.*

conversation ; une fille sans grâce, au-delà de la trentaine, aux airs pincés, volontiers volubile et certainement intolérante[1]... » — ainsi les voit Marguerite qui n'aime pas plus les trois Moulin qu'ils ne l'apprécient. Mais elle est prête à passer sur tout, car elle aime son sous-préfet.

Les deux familles n'ont rien en commun. Mme Cerruty a hérité une belle fortune de son ancien trésorier-payeur général de mari. Elle fréquente les endroits à la mode et le milieu artistique parisien. Elle veut faire de sa fille une grande cantatrice. Elle a tout fait pour empêcher cette union ; Jean a dû lui écrire plusieurs fois et même menacer de rompre, pour décider madame mère ! Marguerite et Jean se marient finalement le 27 septembre 1926. Le jour des noces, il pleure de bonheur. Puis, pour faire plaisir à sa jeune femme qu'il souhaite emmener sur les lieux de son enfance, il emprunte — à Laure — pour s'acheter un cabriolet, une Amilcar rouge.

Qu'est-ce que Marguerite avait donc pour séduire Jean Moulin, s'il ne s'agit pas d'un nouveau coup de foudre ? Marguerite a plu à « Romanin » qui rêve toujours d'être artiste, malgré l'ambition dévorante dont son double fait preuve dans la carrière préfectorale. Pour Jean, Marguerite est tout l'opposé de sa mère et de sa revêche de sœur. Elle est futile, elle rit, elle est jeune, elle est belle et elle chante : c'est une artiste, ou, en tout cas, elle le deviendra... De son côté, Marguerite croit en « Romanin » et l'aide. Très introduite, elle a obtenu, avant leur mariage, la publication de ses dessins dans *Le Rire*, journal satirique de l'époque. « Romanin » livre son premier dessin le 31 janvier 1926 et devient un collaborateur très apprécié de la rédaction. Même après leur divorce, Marguerite continuera à prêter main-forte à Jean en le faisant connaître de ses relations.

Mais il n'est pas sûr que cela suffise pour fonder un foyer. Rapidement, le couple brinquebale. Mme Cerruty n'est toujours pas d'accord avec cette union. Mais, surtout, la jeune Marguerite s'ennuie ferme pendant les longues journées où elle attend son sous-préfet à Albertville, elle qui, de surcroît, était habituée à la vie parisienne. Elle s'ennuie également dans les interminables

1. *J'étais la femme de Jean Moulin, op. cit.*

banquets et trouve insupportables les obligations de sous-préfète. Mauvais signe : l'Amilcar échappe au contrôle de son conducteur et tombe dans un ravin. Marguerite est longtemps immobilisée par une blessure à la jambe. Maman Cerruty en profite pour revenir à la charge. Finalement, Jean décide d'instaurer un nouvel équilibre dans leurs relations et l'encourage, pour donner suite à sa vocation de cantatrice, à prendre des cours d'abord en Savoie, puis à Paris. La jeune femme l'accompagne à la capitale et décide de ne pas rentrer avec lui, prétextant un « futile motif de toilette » pour y rester deux jours de plus. Elle ne rentrera plus.

Outre le rôle néfaste joué par la mère de Marguerite, les absences répétées de son mari et quelques autres motifs, une histoire mérite attention et révèle probablement la vraie raison de la fin de leur amour. La voici[1]. [Dans un sous-bois, Marguerite fait du cheval].

> C'était l'année dernière à Aix-les-Bains. Je n'ai pas atteint le sentier : une douleur fulgurante m'a contrainte à me plier en deux, courbée sur la crinière de ma monture. J'ai encore eu la force de tirer brutalement les rênes pour stopper le trot de l'animal qui, à chaque secousse, semblait me déchirer intérieurement davantage. Puis j'ai mis pied à terre, me suis assise sur le talus.
>
> — Simple petit malaise, ai-je dit en m'efforçant de sourire à Jean, immédiatement venu s'informer. Dans un moment, cela ira mieux.
>
> Pourtant, quand les autres cavaliers ont eu passé leur chemin, c'est à pied, en guidant lentement nos chevaux par la bride, que nous avons fait demi-tour. J'ai marché péniblement jusqu'au haras, jusqu'à notre hôtel. Je suis restée alitée jusqu'au lendemain.
>
> Ce n'est que plus tard que j'ai appris exactement ce qui venait de m'arriver. Ce que j'avais cru n'être qu'un événement naturel pour une femme, un événement seulement un peu plus attendu cette fois-là que d'ordinaire, était en fait d'une tout autre gravité. La vie toute récente que je portais en moi, encore à mon insu,

1. *J'étais la femme de Jean Moulin, op. cit.*

venait de s'éteindre. Et jamais plus une autre ne pourrait lui succéder. Jamais Jean ne verrait le fils qu'il attendait de moi.

Qu'il n'attendait pas aussi tôt, il est vrai. Après moins de deux ans de mariage, la venue d'un enfant n'entrait pas dans nos prévisions. Les aspirations de Jean à faire carrière, mon rêve de devenir cantatrice ne nous conduisaient pas à souhaiter pouponner rapidement. Bien plus, chose curieuse entre fiancés puis entre jeunes époux, nous n'avions que rarement parlé de descendance. Néanmoins, si l'événement s'était produit, nous l'aurions accepté avec joie. *Que, désormais, il soit vain pour nous de l'attendre, n'entre-t-il pas pour une part non négligeable dans la dégradation de notre union*[1] *?*

Je voudrais me persuader du contraire. Néanmoins, je dois au moins reconnaître que cet enfant que nous n'aurons jamais est un lien qui manque entre nous, le lien qui aide tant d'autres couples à franchir les caps difficiles. Et j'ajoute que Jean, de son côté, a certainement tiré des conclusions similaires.

Marguerite avait raison : le fait que sa femme ne puisse plus lui donner d'enfant a probablement été la cause essentielle du détachement de Jean. Ce n'est pas tant de la perte de l'enfant qu'il n'a pas eu à ce moment-là qu'il a souffert, que de l'idée que son épouse ne pourrait plus lui donner de descendance. Nous verrons plus tard que Jean Moulin était obnubilé par sa « continuité », sa « descendance », et qu'il était à ses yeux impossible de rester avec une femme qui ne pouvait lui donner d'enfant...

Marguerite et Jean divorcent le 19 juin 1928, « aux torts et griefs de la femme pour abandon du domicile conjugal ». Dès que le divorce est prononcé, Laure réclame à Marguerite la restitution de son cadeau de mariage : une trousse de toilette[2] !

Cette fois encore, Jean se console vite. Après un voyage à Béziers, il revient avec son ami d'enfance Marcel Bernard à Albertville, fin juillet, et se lance dans une nouvelle vie, futile et mondaine, faite de plaisirs sous toutes leurs formes. Il se passionne notamment pour le ski. Le 26 novembre, au même Marcel, il raconte sa vie d'un ton guilleret, lui envoie un bouquin sur les sports d'hiver : « Culotte-le à loisir, et j'espère que cela

1. Souligné par l'auteur.
2. *J'étais la femme de Jean Moulin*, *op. cit.*

t'incitera à passer de la théorie à la pratique et qu'ainsi j'aurai le plaisir de te voir cet hiver... J'ai vu samedi dernier, ici, le film *Casanova*, avec Mosjoukine qui est un bel artiste. Il y a aussi de belles choses, mais je n'aime pas beaucoup les films dits à grand spectacle. Et puis, il y a dans le film des parties coloriées qui sont vraiment trop "chromos". Tu vois qu'à Albertville, on n'est pas trop en retard. À côté de ça, il faut dire (pour rendre hommage à la vérité, comme on dit au Palais) qu'on nous a passé des actualités du 1er octobre environ (Doumergue inaugurant le Salon de l'auto !) » Quelque temps plus tard : « Je vais suivre cet hiver à Chambéry des cours de danse avec un professeur qui vient de Genève et qui est, paraît-il, très bon et très au courant des nouveautés. Nous commencerons mercredi. J'ai dansé ici, il y a quelques jours, au son du gramophone "La Voix de son maître"... »

« Romanin » poursuit aussi sa carrière d'artiste. Peintre, dessinateur, le voici qui publie sa première caricature politique, le 10 juin 1928, dans le *Carnet de la Semaine* : il y croque Georges Mandel en diable sortant d'une boîte, avec cette légende : « Coucou, le revoilà ». Comme d'habitude, le trait montre une observation aiguë de ses contemporains, mais il est loin de frôler le génie. Et quand il se lance dans les légendes, c'est plutôt affligeant de ringardise : lourd, très *Almanach Vermot*, souvent misogyne...

Décrire au cours de cette période ses faits et gestes de sous-préfet serait fastidieux. Il fait bien son travail, il est bien noté, il prépare des élections, il va aux banquets, remet des médailles, retient les noms des gens qu'il salue ou décore... et se lie de plus en plus à celui qu'il a rencontré quand il était encore à Chambéry et qui devient, en mars 1928, candidat du Parti radical, puis, le mois suivant, député de Savoie : Pierre Cot. Un homme au rôle capital dans la vie de Jean Moulin, dont la fréquentation constitue à elle seule une de ses « vies ».

Répondant à un questionnaire du Comité d'histoire de la Seconde Guerre mondiale, Cot a raconté : « J'avais apprécié Jean Moulin dans ses fonctions administratives. Je connaissais ses qualités intellectuelles, son autorité, son sens politique. Ses opinions [...] étaient toutes proches des miennes. Était-il inscrit au Parti radical, je n'en sais rien ; mais je sais qu'à cette époque il faisait partie des radicaux de gauche, que l'on appelait les "jeunes radicaux". D'autre part, Jean Moulin était un charmant camarade et est devenu très rapidement un de mes meilleurs amis. C'était un homme cultivé et artiste. De plus, nous étions jeunes, nous avions en commun le goût de la montagne, du ski, des sports de plein air. C'est pourquoi je me suis rapidement lié d'amitié avec lui. »

En 1929, il réédite ses grandes manœuvres pour obtenir une promotion et fait une nouvelle fois appel à son père. Il est finalement nommé sous-préfet de Châteaulin (Finistère) et, le 2 février 1930, arrive dans ce nouveau poste à bord de son Amilcar rouge...

3

De Châteaulin à Montparnasse

À Châteaulin, Jean Moulin prend possession des lieux et donne tout de suite le ton à ses collaborateurs : il exigera précision, rapidité et efficacité. Son principal collaborateur est Jean-Baptiste Lucas, du même âge que lui, qui confirmera plus tard les méthodes de travail du sous-préfet et son attachement aux dossiers « bien ficelés » : « La taille moyenne, brun de cheveux et d'yeux, le teint mat, le type du Méridional. Où il l'était moins, c'était dans son parler. Peu ou pas d'accent ; son maintien, son attitude d'un naturel froid et calme. Il était pondéré, poli, discret, mais assez distant. Toujours impeccablement habillé et de manières parfaites[1]. » L'administrateur efficace va néanmoins laisser « Romanin » s'épanouir.

Châteaulin est le foyer d'une intense activité intellectuelle et artistique. Cette petite ville de Bretagne (5 000 habitants) abrite des personnalités étonnantes par leurs connaissances et leur goût de l'art en général. Par l'intermédiaire de son ami Lucas, Jean Moulin fait la connaissance du docteur Tuset. Collectionneur éclairé en même temps que médecin chef à la préfecture de Quimper, celui-ci l'invite chez lui avec des artistes de la région. Le maire de Locronan, Charles Daniélou, politicien radical qui a occupé quelques postes de secrétaire d'État et qui a soutenu Jean Moulin pour l'obtention de la sous-préfecture de Châteaulin, tient lui aussi salon littéraire en son manoir, et invite

1. Daniel Cordier, *op. cit.*, p. 546.

le tout nouveau sous-préfet. L'hôtel de l'Épée, à Quimper, fait également office de café littéraire ; Max Jacob en est la figure de proue. Moulin le rencontre, ainsi que le sculpteur italien Giovanni Leonardi (ami de Picasso, de Modigliani, d'Apollinaire et de Max Jacob) avec qui il se lie d'amitié, et le peintre Lionel Floch qui réalisera son portrait en 1932[1], mais aussi Céline et bien d'autres.

C'est grâce à ses conversations et essais avec Leonardi « qu'il découvrit l'âme bretonne, les ressorts de son âme ; ce qui lui a donné d'atteindre en Bretagne le sommet de son talent. De son côté, Leonardi conserva précieusement les épreuves d'eaux-fortes cédées par Jean Moulin », raconte l'abbé Pierre Tuarze[2].

Moulin croit en Leonardi et l'aide financièrement. Il se lie aussi d'amitié avec Max Jacob. Ce dernier, alors âgé de cinquante-quatre ans, est un poète d'avant-garde célèbre et reconnu, et aussi un peintre et dessinateur éclairé, quoiqu'au talent moins connu. Juif converti au catholicisme, homosexuel, il oscille entre élans mystiques et débauches. Originaire de Quimper, il vit à Paris, mais, à la suite d'un grave accident de voiture, il est venu, au printemps 1930, se reposer chez ses parents antiquaires. Les deux hommes échangent des vues sur l'art contemporain. Moulin fait part de ses réticences vis-à-vis des tendances « modernistes » de l'époque, mais, fasciné par ce personnage beaucoup plus âgé que lui, qui sent le soufre et représente le fantasme de « Romanin », il se laisse convaincre et s'ouvre du même coup au cubisme et au surréalisme. Il existe quelques témoignages sur la réciprocité de cette amitié. Après avoir déjeuné ou dîné dans un moulin de Pont-Aven transformé en restaurant, Max Jacob compose un bien étrange quatrain :

Je suis ce soir, la chose est claire,
L'heureux meunier du Finistère :
J'ai le moulin de Pont-Aven
Et le Moulin de Châteaulin.

1. Lire *Chemins*, Cahiers de littérature, 5, Librairie Calligrammes, Quimper, 1998.
2. *Chemins*, 3.

Quelle que soit la nature exacte de leur relation, elle continuera. Les deux hommes s'écriront. Dans l'une de ses lettres, datée de Quimper, le 6 novembre 1935, Max Jacob dit des mots très gentils à Moulin sur son talent « si direct, et votre œil si juste, votre imagination à la fois si terrestre et si céleste, et cette vaste compassion tendre... » Cette relation marquera Moulin à tel point qu'il utilisera le prénom de Max pour identifier le résistant qu'il deviendra. L'amitié du poète est bien une de ses « vies ». Max Jacob a fait des confidences à son amie Camille Armel[1] sur ses rencontres avec Moulin, notamment chez Céline :

> C'est le salon de mon ami docteur... il y fait chaud, je suis bien parmi les visages intelligents. À ce moment, la porte s'ouvre et Jean Moulin entre... Il n'était pas là depuis cinq minutes que l'on introduisait le docteur Destouches, c'est-à-dire Céline lui-même. Notre hôte savait que Céline et moi avions des idées opposées auxquelles nous tenions farouchement, que Jean Moulin avait les siennes, et il eut un drôle de sourire... vaguement inquiet.
>
> ... Cependant, rien ne se produisit. Céline et Jean Moulin étaient intelligents : oh ! combien... moi, un peu... et du choc des idées ne jaillit qu'une lumière douce. Nous avons parlé : magie, prémonition, graphologie... moi, je crois au langage des mains, Céline était à peu près de mon avis et Jean Moulin m'approuvait.
>
> Vous vous souvenez, ma petite enfant, de ce que je vous ai raconté à propos du nom choisi par Jean Moulin, eh bien, il en a parlé dernièrement avec quelqu'un que je connais bien... et que j'estime. Voici ce qu'il a dit : « ... Quand on m'appelle Max, c'est toujours au poète, écrivain, peintre, mystique (Max était tout cela) que je pense. C'est lui que je revois, il est seul dans mon esprit, dans ma pensée, il est bien l'unique... »
>
> Et Max Jacob de poursuivre : « Je suis fier de cette confidence. Jean Moulin, c'est... comment le décrire, comment le définir ? Certains disent de lui avec emphase : c'est une "lumière"... Mais non, bêtises, bêtises, une lumière n'est parfois qu'un lumignon fumeux et malodorant. Jean Moulin, c'est, je le prétends, un cierge qui peut monter jusqu'au ciel, nous ne savons pas, et dont la flamme est une étoile que personne ne soufflera jamais. Un baptême comme le sien [il s'agit toujours du choix du nom de

1. Extraits d'une conférence faite à Quimper et reproduite dans *Voix et Visages*, n° 134, juillet à octobre 1972.

> Max], qui a fait de moi son parrain, délibérément choisi, c'est un baptême de préférence, d'inclination voulue, raisonnée... Je crois que Dieu bénit de tels baptêmes et qu'il porte bonheur aux âmes du parrain et du baptisé...

Tout en prenant une part active à la vie intellectuelle et artistique du Finistère — il réalise même une Pietà à la faïencerie de Quimper —, Moulin fait également la connaissance du poète symboliste Saint-Pol-Roux qu'André Breton salue comme un des précurseurs du mouvement surréaliste. Saint-Pol Roux influence également les goûts littéraires du sous-préfet et lui fait probablement découvrir les œuvres de Tristan Corbière, poète maudit qu'aimait Verlaine et qui va envoûter à son tour Moulin au point qu'il illustrera d'abord avec des eaux-fortes un de ses recueils intitulé *Armor*, puis qu'il entreprendra une biographie de lui à la fin des années 30, et se servira enfin d'une de ses strophes comme clef de déchiffrement de ses messages avec Londres :

Prends pitié de la fille mère,
Du petit au bord du chemin...
Si quelqu'un leur jette la pierre,
Que la pierre se change en pain[1] !

Seul un écorché vif pouvait se prendre de passion pour Tristan Corbière. Celui-ci a fait dans *Les Amours jaunes* « l'impitoyable relation d'une passion, rarement heureuse, le plus souvent torturante... pour une jeune Italienne », écrit Henri Thomas, spécialiste du poète. Mais, surtout, dans les parties « Armor » et « Gens de mer » qui ont surtout retenu l'attention de Jean Moulin, Corbière, solitaire, malade, qui attend la mort dans le Finistère, évoque avec compassion la détresse humaine, notamment « le supplice du besoin d'aimer ». Dans « La Rhapsodie foraine et le pardon de Sainte-Anne », il décrit ce pardon qui a lieu tous les 27 août à La Palud : des paroisses environnantes, tous les pauvres hères viennent pendant trois nuits et trois jours, selon un antique rituel, planter leur tente en espérant que la sœur de Marie soulagera leurs misères. Après avoir décrit cette

1. *Les Amours jaunes*, Gallimard, « Poésie », Paris, 1973.

« rhapsodie foraine » de gueux, boiteux, épileptiques, rachitiques et idiots de naissance, Corbière termine ainsi :

— Femme : on dirait hélas — sa nippe
Lui pend, ficelée en jupon ;
Sa dent noire serre une pipe
Éteinte... — Oh, la vie a du bon ! —

Son nom... ça se nomme Misère.
Ça s'est trouvé né par hasard.
Ça sera trouvé mort par terre...
La même chose — quelque part.

— Si tu la rencontres, Poète,
Avec son vieux sac de soldat :
C'est notre sœur... donne — c'est fête —
Pour sa pipe, un peu de tabac !...

Tu verras dans sa face creuse
Se creuser, comme dans du bois,
Un sourire ; et sa main galeuse
Te faire un vrai signe de croix.

L'extrême pudeur de Moulin vole en éclats de temps à autre pour laisser à son tour filtrer sa compassion pour la détresse humaine. Nous le verrons plus tard pleurer quand André Labarthe lui racontera ce qu'il a vu pendant la guerre d'Espagne. Dans les eaux-fortes avec lesquelles il illustre « Paysage mauvais », « Un riche en Bretagne », « La Rhapsodie foraine et le pardon de Sainte-Anne », la mort est omniprésente. Plus surprenant est son attachement au thème de « La Pastorale de Conlie » qui évoque la mobilisation par Gambetta, en 1870, de cinquante mille Bretons dans la boue du camp de Conlie, près du Mans, par peur d'un complot royaliste. C'est un poème violent contre Gambetta à l'égard duquel son père Antonin nourrissait un véritable culte, contre le jacobinisme, contre la République qui traite les Bretons comme des chiens : *« Bestiaux galeux qu'on rosse,/On nous fournit aux Prussiens ;/Et, nous voyant rouler-plat sous les coups de crosse,/Des Français aboyaient — Bons chiens ! »* Dans ce vif intérêt pour « La Pastorale de Conlie » réside peut-être une des clés qui permettent de définir *a contrario* la République à laquelle Moulin aspire : une République tolérante, montrant plus de compassion pour tous ses citoyens.

De ce poème d'une violence évocatrice inouïe, je ne citerai que ce passage :

— Un grand enfant nous vint, aidé par deux gendarmes,
— Celui-là ne comprenait pas —
Tout barbouillé de vin, de sueur et de larmes,
Avec un biniou sous son bras.

Il s'assit dans la neige en disant : Ça m'amuse
De jouer mes airs ; laissez-moi. —
Et, le surlendemain, avec sa cornemuse,
Nous l'avons enterré pourquoi ?...

Pourquoi ? dites-leur donc ! Vous, du Quatre-Septembre !
À ces vingt mille croupissants !...
Citoyens-décréteurs de victoires en chambre,
Tyrans forains impuissants !

« Romanin » se sent bien dans cette Bretagne qu'il découvre et qu'il aime, au milieu d'artistes qui épanouissent une part essentielle de sa personnalité — la créatrice, l'originale, mais aussi la marginale, celle qui lui permettra de devenir au fil des ans ce qu'il est. C'est dans sa période Châteaulin qu'il attrape le virus du collectionneur d'art. Il court antiquaires et brocanteurs pour trouver de beaux meubles anciens et achète, même quand il n'a plus assez d'argent. Il commence à engranger des toiles et devient connaisseur. Au fil du temps, il acquerra des Suzanne Valadon, Utrillo, Maurice Dufy, Friesz Kars, Giorgio De Chirico, Survage, Tal Coat, Marie Laurencin, Rouault, Soutine, etc. Éclectique mais éclairé, il sait découvrir les talents.

Le grand temps libre que lui laisse son travail à Châteaulin lui permet également de s'adonner en quasi-professionnel aux dessins humoristiques jusqu'en 1932, notamment dans *Le Rire*. Son ami Jean Fayard lui place aussi des dessins dans *Candide*. « Romanin » a ajouté un thème à ses sujets habituels : Montparnasse. Il vient le plus souvent possible à Paris et si, dans la journée, il court les galeries d'art et les expositions — rétrospective Pissaro, Salon d'automne, Art nègre au théâtre Pigalle... —, il passe toutes ses nuits dans la capitale de la bohème où il retrouve celui qui l'y a introduit : Jean Saint-Paul, ainsi que beaucoup d'autres artistes dont les noms se sont envolés. Saint-Paul a un atelier très chic et très moderne où il donne des cocktails ; Jean Moulin y fait la connaissance ou y retrouve la faune de « Montparno ». Il hante les cafés à la mode, comme Le Dôme et La Coupole. Pour être plus près de ces lieux, il descend d'ailleurs toujours au Raspail Hôtel : choix symbolique, puisque cet hôtel, situé au carrefour du boulevard Raspail et du boulevard Edgar-Quinet, avait été élu par Kiki, la reine de Montparnasse ! Montparnasse est un village qui possède depuis 1929 son propre journal, *Paris Montparnasse*, dirigé par Henry Broca, un humoriste qui a un coup de crayon très proche de celui de « Romanin ». Broca est devenu littéralement fou — il faudra l'enfermer — de Kiki, le modèle qui a mis le feu au quartier dans les années 20. Plébiscitée « reine de Montparnasse » en 1929, le modèle adulé est devenu chanteuse. Man Ray, Foujita, Hemingway la portaient aux nues. Kiki a symbolisé cette époque où l'on croisait aux terrasses des cafés Soutine, Giacometti, Anaïs Nin, Henry Miller, Derain, Aragon, Sadoul, Elsa Triolet, Prévert, Cendrars, entre bien d'autres. Dans ses Mémoires[1], parus alors que « Romanin » s'y installe, elle décrit ce Montparnasse si pittoresque, si coloré. Tous les peuples de la Terre y ont planté leur tente, et pourtant c'est une grande famille :

> Le matin, des jeunes gens en pantalon large, des jeunes filles fraîches courent aux Académies, chez Watteau, chez Colarossi, à la Grande Chaumière, etc. Plus tard, les terrasses des cafés s'emplissent, et les porridges des belles Américaines voisinent avec les « picon citron » français. On cherche un rayon de soleil au Dôme, au Select. Des modèles se rencontrent. Ils sont fidèles à leur métier : Aïcha, Bouboule, Clara... Il en reste très peu d'aussi gentils ! Le soir, je retrouve mes bons copains : Foujita et la jolie Youki, Derain qui sourit aux histoires qu'il se raconte, Kisling aux chemises à la Tom Mix, et sa femme qui a le rire le plus gai de Paris. Il y a Desnos qui est affairé parce qu'il y a plusieurs

1. *In Souvenirs*, Henry Broca, Paris, 1929.

> personnes qui lui ont demandé un service ; ça lui donne l'air de se dépêcher de vivre. Et Koyanagui Sessue Hayakawa tirant impassible sur sa vieille bouffarde ; et Fernande qui s'agite, et crie, sourit et fait plus de bruit à elle seule qu'un banquet de cent dix couverts. Elle a de beaux yeux, et qui voient bougrement loin. Elle forme avec Marga, Édouard Ramond, Arbens et bien d'autres copains que je n'oublie pas, mais que je ne peux pas citer parce qu'il y en a trop, un groupe très sympathique et très en vue à Montparnasse.
>
> Il y a Man Ray qui a le regard perdu dans des morceaux de cristal — en imagination — ou bien qui rêve à de nouveaux appareils de prises de vues.
>
> Voilà Lucy et Pascin, le melon de plus en plus sur l'oreille. Il parle tout doucement et surveille sa petite troupe. Il est taquin, mais il garde un œil tendre malgré ses blagues. Il est bon comme du pain. C'est le talent de tous ces amis qui a fait Montparnasse.
>
> En deux mots comme en cent, Montparnasse est un village qui est rond comme un cirque. On y entre, mais ensuite, sans qu'on sache vraiment pourquoi, ce n'est pas si facile d'en ressortir !
>
> Il y a des gens qui sont descendus par hasard à la station « Vavin » et qui n'ont plus jamais quitté le quartier [...]. Quant aux bourgeois qui passent par là, ils ne remarquent rien, et ils ont tellement la trouille qu'ils ne s'attardent pas plus qu'ils n'en ont besoin !

S'installer à Montparnasse, comme le fait « Romanin », c'est affirmer sa marginalité, montrer qu'on n'est pas un « bourgeois ». Mais, s'il a « croqué » avec talent Montparnasse dans des aquarelles où l'on sent l'ambiance cosmopolite des bars et des salons, et dans de nombreux dessins humoristiques, sur l'un de ceux-ci, on devine qu'il n'est peut-être pas aussi bien intégré qu'il l'aurait voulu. Le dessin s'intitule *Les Faméliques de Montparnasse* ; on y voit un personnage qui ressemble au peintre Foujita, avec pour légende : « Lui, au moins, il a de la veine de ressembler à Foujita ; il peut se faire inviter de temps en temps par les Américains... » Dans quelques autres de ses croquis, « Romanin » se moque du côté cosmopolite de Montparnasse : dans un café rempli d'artistes, un couple est attablé ; la femme s'adresse à l'homme qui manifestement n'est pas français ; légende : « Alors, vous faites de la peinture ? » dit la femme ; « Oui, jé souis dé l'école dé Paris », répond l'homme. Au cours de cette période, Moulin esquisse et publie ainsi divers dessins prétendument humoristiques mais qui frisent le dénigrement raciste, notamment à l'égard des Noirs.

Dans ses lettres à Marcel Bernard, « Romanin » évoque fréquemment ses « virées » parisiennes : « Peut-être as-tu eu de mes nouvelles par Bourdel que j'ai rencontré au Dôme entre 3 et 4 heures du matin. Montparnasse for ever[1] ! » Mais on connaît fort peu de chose sur les « nuits chaudes » de Moulin...

Montparnasse est notamment un lieu d'élection des homosexuels. Un dessin de « Romanin » dans *Le Rire* évoque le sujet. Il représente un attroupement de jeunes gens efféminés marchant devant une boutique intitulée, « L'Envers vaut l'Endroit » ; titre : « À la suggestion de l'enseigne, ces petits messieurs ont trouvé un excellent emplacement. » Les femmes ne paraissent pas encore marquer la vie de Moulin, ni avant ni pendant cette période flamboyante. Il semble seulement les collectionner, avec moins de plaisir que les tableaux. Il aime en revanche raconter en détail ses conquêtes. En février 1931, il est allé aux sports d'hiver à Megève, s'est mis en chasse et raconte ensuite à son ami Marcel Bernard, tout en illustrant son propos de dessins :

> Mes amis étant très tranquilles et très réservés sur le chapitre de la « gaudriole », c'est à peine si je fis quelques courtes apparitions à l'*Isba*, thé, dancing, etc., que je connaissais d'ailleurs pour y être allé pas mal de fois lors de mon séjour à Albertville.
>
> Une fois seul, je me dis que c'était beau de faire du ski, mais qu'il ne serait pas incompatible de se livrer à d'autres genres d'exercices, et Megève sent terriblement le sex-appeal ! Grosse proportion de jolies femmes et surtout de jeunes femmes. Ce serait une erreur de croire cependant qu'il n'y a pas d'hommes. Il y en a aussi beaucoup, mais en général de tout jeunes gens et des messieurs d'âge mûr. Notre génération fait frime !
>
> Je me mets donc à danser avec entrain, amorçant un peu partout. Je fais la connaissance de quelques jeunes gens. Je retrouve un type très lancé à Megève (gros boute-en-train) que j'avais rencontré dans Aix, et avant au casino de Chamonix. Porto, cocktails, poker d'as. Coût premier soir : 70 francs d'apéritifs !

1. Lettre du 16 avril 1930 adressée à Marcel Bernard.

Le soir, je fais un « brin de cour » à une bonne femme arrivée la veille et qui arbore un superbe costume de cosaque vert. [Un dessin humoristique avec un commentaire : « La dadame en vert avè les bottes »]. Elle est, paraît-il, propriétaire d'une 5 litres Bugatti ! Néanmoins, elle n'est plus de la première fraîcheur et je ne suis pas très emballé. Ça rend pourtant terriblement. Il faut dire que j'ai repéré depuis la veille une jeune femme très chic, mais simple et très jolie, qui est avec une femme brune que j'ai fait danser plusieurs fois. Je l'invite à danser et elle me répond : « Excusez-moi, monsieur, je viens de refuser cette danse. » Un peu vexé, je fais danser son amie plusieurs fois dans la soirée et feins à dessein de ne plus l'inviter ; et, comme elle avait l'air de ne pas connaître grand monde, elle restait sur sa chaise.

Le lendemain à l'apéritif, je vais tout de même l'inviter ; elle commence à me dire que je ne suis pas gentil de ne pas l'avoir fait danser, que son excuse était vraie, que son amie lui avait dit que je dansais bien (tu parles, moi qui danse comme un pied). Bref, je fais plusieurs danses de suite avec elle. Elle est à Combloux, à l'hôtel du PLM, mais elle s'ennuie dans ce palace et elle vient ici. Justement, ce soir, il y a une espèce de gala à l'*Isba*. [Dessin : un nègre. Commentaire : « Émile, le chasseur de l'*Isba* »]. C'est le moment de l'inviter. « Oui, mais c'est que je n'aurais peut-être pas d'auto pour retourner à Combloux. — Mais si, mais si ! » Soit ! [Dessin : un personnage. Commentaire : « La petite dame de Combloux (en moins moche). »]

Le soir, qq tangos langoureux, quelques coupes de champagne (à 120 francs la bouteille !). Tout va bien ; 2 heures du matin : en gens sages, nous nous apprêtons à sortir. Je fais semblant de chercher une auto. Je demande au chasseur, au vestiaire. Mais nous sommes fixés tous les deux. Nous savons fort bien qu'il ne peut être question de trouver une auto à 2 heures du matin. D'ailleurs, les hôtels ne manquent pas ! En face de ma petite pension, il y a un très chic hôtel où, depuis qq jours, je prends mes repas (une fois qu'on est lancé, n'est-ce pas !). « À quel hôtel êtes-vous ? — À l'Hermitage (c'est là où je mange). — Croyez-vous qu'il y a de la place ? — Mais certainement. » Nous arrivons. On réveille en sursaut le concierge, on lui demande une chambre. « Ah oui, dit la dame, mais je n'ai rien, pas de pyjama. — Qu'à cela ne tienne, je vous en prêterai un. »

Il ne reste qu'une chambre, la plus belle... Moi je sors. « Où allez-vous, Jean (!) ? — Je vais vous chercher un pyjama. — Mais vous n'êtes pas ici ? — Heu !... Non, je suis... à l'annexe ! » Cinq minutes après, je suis dans la chambre. Baisers américains, explorations superficielles. Mais rien à faire ! Absolument rien. Enfin, demain matin, je dois revenir et nous verrons bien.

Effectivement, le lendemain matin, sur le coup de dix heures et demie, le crime fut consommé.

Amours, délices et orgies ! Ce n'est d'ailleurs pas une vertu. C'est une femme très richement entretenue par un gros industriel parisien. Elle fait du cheval tous les matins au Bois, etc.

Maintenant, il faut dire que toutes les femmes qui sont à Megève et qui sont toutes parisiennes déclarent qu'elles font du cheval. N'empêche qu'elles skient en général très mal.

Époque de la vie facile où il claque de l'argent. Avant de finir ce séjour-là à Megève, il se retrouve la bourse vide et doit faire une fois de plus appel d'urgence à l'un de ses amis de Chambéry. Il ne peut plus se passer du luxe, des belles choses, des jolies femmes, des belles voitures. Il ne supporte plus sa vieille Amilcar rouge et achète finalement, en 1931, un cabriolet décapotable Citroën C4, après avoir « tapé » son père. Les parents sont obligés de se « taper » à leur tour la description de la voiture qui a coûté 1 400 francs : « Une roue supplémentaire (en tout, six), un Ciccaphone en plus du klaxon ordinaire, des pare-chocs, des feux de position, une housse à radiateur pour l'hiver... »

4

Pierre Cot, grand frère admiré, patron idéal[1]

Au printemps 1913, à Saint-Jean-de-Bournay, modeste bourgade de l'Isère, un jeune homme prend la parole devant quatre cents adolescents. Il a dix-huit ans et est membre de la Jeunesse catholique. Vingt ans après, ce jeune orateur qui a pour nom Pierre Cot est nommé sous-secrétaire d'État aux Affaires étrangères dans le gouvernement présidé par Joseph Paul-Boncour. Il s'attache alors les services de Jean Moulin, sous-préfet à Châteaulin. Les deux hommes se connaissent depuis le milieu des années 20. Ils se sont rencontrés à Chambéry où Moulin faisait ses débuts dans la carrière préfectorale. Tous deux s'apprécient. Ils appartiennent à la même génération, même si la Grande Guerre a laissé chez eux des traces différentes. De sensibilité radicale, l'un et l'autre sont férus de montagne et partagent le même goût pour les plaisirs de la vie. D'abord occasionnelles, leurs relations se sont intensifiées à partir de 1929. Elles sont suffisamment fortes pour qu'en décembre 1932 Pierre Cot fasse du sous-préfet, dont il a pu juger les qualités d'administrateur, le chef adjoint de son cabinet. Pour Moulin, d'un point de vue professionnel, l'intégration à un cabinet ministériel est une aubaine ; elle doit grandement faciliter son avancement dans la

1. Ce chapitre a été écrit avec l'aide de Sabine Jansen qui va prochainement soutenir une thèse d'État intitulée *Pierre Cot. Un itinéraire politique (1895-1977)*, sous la direction du professeur Jean-Marie Mayeur. Sabine Jansen a accepté de nous livrer au cours de plusieurs interviews les éléments du parcours de Pierre Cot jusqu'en 1934.

carrière. Mais ce qui peut n'apparaître que comme une simple opportunité scelle en vérité le destin de Jean Moulin. Dans la personnalité brillante de son aîné de quatre ans, il trouve un modèle, une sorte de grand frère. Sa relation avec Pierre Cot a incontestablement été la principale « vie » de Jean Moulin. Pourtant, les deux hommes, de l'enfance à la maturité, ont connu des parcours bien différents.

Né à Grenoble le 20 novembre 1895, Cot a des origines savoyardes et dauphinoises. C'est à Coise-Saint-Jean-Pied-Gauthier, entre Tarentaise et Grésivaudan, que la famille a son fief. L'un des ancêtres, Martin Savey, a acheté, en 1794 ou 1795, « Longemale », la propriété du seigneur de Coise, vendue au titre de bien national. Cette vieille bâtisse austère à flanc de coteau est encore aujourd'hui propriété familiale. Pierre Cot y passe toutes les vacances de son enfance et gardera à Longemale, sa vie durant, un attachement indéfectible.

Bourgeois, les Cot possèdent mais ne cultivent pas la terre. Simon Cot, grand-père de Pierre, rentier de son état, est en 1884 le premier maire élu de Coise. C'est un fervent républicain qui transmet à son fils Léon ses convictions et sa passion de la chose publique[1]. Léon Cot, représentant de commerce, exerce à son tour, à la fin du siècle dernier, les fonctions de maire et de conseiller d'arrondissement. Plus âgé que son épouse et en mauvaise santé, il meurt en 1901. C'est Léonie Cot qui assume alors seule l'éducation de ses deux enfants : Marguerite, l'aînée, et Pierre, le cadet. L'un et l'autre sont élevés dans une atmosphère religieuse par une mère très pieuse[2].

Après avoir fait toute sa scolarité à Grenoble à l'externat Notre-Dame, établissement catholique fort réputé, Pierre s'inscrit en 1912 à la faculté de droit. Il s'y révèle un élément particulièrement doué. Son assiduité aux études se double d'un ardent militantisme catholique. Membre de la Conférence Saint-

1. Sabine Jansen, *Pierre Cot. Un itinéraire politique (1895-1977)*, *op. cit.* Et Sabine Jansen, « Pierre Cot. La formation d'un jeune républicain catholique », *Jean-Jaurès. Cahiers trimestriels*, avril-juin 1996, n° 140, pp. 67-80.

2. « Pierre Cot. La formation d'un jeune républicain catholique », *op. cit.*

Hugues, le cercle catholique universitaire de Grenoble, il en devient vite l'une des chevilles ouvrières[1].

En 1914, les événements internationaux bouleversent la vie du jeune Cot. Appartenant à la classe 1915, il se porte volontaire dès le 21 août 1914 et s'engage comme cavalier dans le 9e régiment de hussards de Chambéry. D'abord simple aspirant, il termine la guerre avec le grade de lieutenant. De 1915 à 1917, il est de tous les engagements ; il se bat dans la Somme, en Champagne, à Verdun, au Chemin-des-Dames et à Craonne. En 1920, c'est un jeune « ancien combattant » couvert de médailles. Titulaire de cinq citations, nommé chevalier de la Légion d'honneur pour sa conduite au front, l'étudiant en droit a livré une guerre de vrai patriote au service de la République. Son sang-froid, son intelligence et son sens de l'organisation ont fait merveille. En 1919, ses supérieurs soulignent qu'il deviendra « un officier de réserve bien au-dessus de la moyenne[2] ». Néanmoins, il réintègre avec joie la vie civile, rêvant d'exercer le métier d'avocat.

Après la soutenance de sa thèse de doctorat ès sciences juridiques à la faculté de droit de Grenoble, il « monte » à Paris. C'est le début d'une nouvelle ère. Pensionnaire de la Fondation Thiers — un établissement qui accueille et héberge des étudiants méritants peu fortunés —, il part à la conquête de la capitale. En 1921, il concourt devant la Conférence du stage qui distingue chaque année, sous l'autorité du bâtonnier, les douze meilleurs plaideurs du barreau de Paris[3]. L'un de ses camarades du Palais se souvient du premier discours qu'il prononça en la circonstance : « Personne ne connaissait ce petit provincial timide et réservé, et, dès les premiers mots, ce fut dans la vieille salle une véritable stupeur : la voix chaude et grave, la forme impeccable, la diction nuancée qui fait à chaque mot le sort qui lui convient — et cela, mis au service des idées les plus fermes et de la pensée la plus clairement juridique. Rien n'y manquait, et, dès ce moment, sans qu'il fût besoin d'attendre le deuxième

1. « Pierre Cot. La formation d'un jeune républicain catholique », *op. cit.*
2. Archives de l'armée de terre, 88975/41, dossier Pierre Cot.
3. « Pierre Cot. La formation d'un jeune républicain catholique », *op. cit.*

discours, qui ne fit que confirmer l'effet de celui-ci, tout le monde sut que Pierre Cot serait premier secrétaire de la Conférence[1]. »

De fait, il est reçu premier à la Conférence du stage des avocats à la cour. Il intègre également la Conférence des avocats aux conseils (Conseil d'État et Cour de cassation), encore plus sélective. En 1922, il soutient sa deuxième thèse de doctorat et, la même année, consécration ultime, il est reçu premier à l'agrégation de droit.

Ces succès sont déterminants pour sa carrière. La reconnaissance de son excellence professionnelle lui assure une réputation et des moyens qui mettent le jeune boursier à l'abri du besoin. Mais, au-delà, sa distinction au sein du barreau parisien lui ouvre les portes de la politique. Dans la « République des avocats », être reconnu par le barreau destine *de facto* aux plus hautes charges de l'État[2]. Entre 1919 et 1939, cinquante-trois anciens secrétaires de la Conférence du stage des avocats ont été députés[3]. En 1922, Pierre Cot a d'ailleurs quelques prédécesseurs illustres pour lui servir de modèles : Alexandre Millerand, président de la République, Joseph Paul-Boncour, député, Anatole de Monzie, ancien ministre et sénateur, ou encore Raymond Poincaré, ancien président de la République et alors président du Conseil. Au demeurant, c'est ce dernier qui donne sa chance à Pierre Cot. Impressionné par son talent oratoire lors de la cérémonie de rentrée du Palais de justice, le 2 décembre 1922, le président du Conseil invite le premier secrétaire de la Conférence du stage des avocats à lui rendre visite. Quelques semaines plus tard, Pierre Cot devient l'un des plus jeunes jurisconsultes du ministère des Affaires étrangères. Il compte désormais parmi les poulains de l'« écurie Poincaré ». C'est d'ailleurs en son nom et sur une liste du Bloc national qu'il se présente en 1924 à la députation.

---

1. Paul Weill, « Pierre Cot », *La Quinzaine*, 25.12.1922, n°s 25-26, pp. 12-13.

2. Gilles Le Béguec, *L'Entrée au Palais-Bourbon : les filières privilégiées d'accès à la fonction parlementaire, 1919-1939*, thèse pour le doctorat d'État, dactylographiée, 1989, p. 477.

3. *Ibid.*

Parachuté dans les Hautes-Alpes, il fait ses premières armes comme candidat de la droite modérée. En dépit de leurs efforts, Pierre Cot et ses colistiers sont battus par la liste du Cartel des gauches. Le jeune avocat connaît sans doute, ici, le premier échec de sa vie. Loin de le décourager, cette défaite est le signal d'un engagement accru et d'une réorientation politique. C'est durant cette période où Pierre Cot prépare déjà les prochaines législatives qu'il rencontre à Chambéry un certain Jean Moulin, chef de cabinet du préfet. À l'instar d'un autre protecteur de Moulin, Charles Daniélou, député du Finistère, Pierre Cot passe alors de la droite à la gauche. En 1928, c'est sous l'étiquette radicale qu'il se présente devant les électeurs savoyards.

Son précédent échec électoral n'est naturellement pas étranger à cette métamorphose. Il n'en est pas la seule cause. Son évolution trouve aussi ses racines dans sa fréquentation, depuis 1923, des milieux pacifistes. Il est particulièrement actif au sein du Groupement universitaire pour la Société des Nations (GUSDN) qui entre dans la mouvance radicale après les élections de mai 1924[1]. Le GUSDN ne ménage pas son soutien à Édouard Herriot. Se démarquant de la politique de Raymond Poincaré qui a conduit à l'occupation de la Ruhr, le nouveau président du Conseil travaille au renforcement de la sécurité collective. Il fait approuver à l'unanimité par la SDN, dès le 6 septembre 1924, son triptyque « Arbitrage, Sécurité, Désarmement », qui repose sur la signature d'un protocole d'arbitrage obligatoire en cas de conflit. Tout manquement à cette procédure serait censé entraîner des sanctions immédiates de la part de la communauté internationale.

C'est d'abord au Parti républicain socialiste, petite formation du centre gauche, que Pierre Cot trouve refuge[2]. Sans doute y serait-il demeuré un certain temps si des contraintes électorales locales ne l'avaient obligé à changer d'étiquette. Après son échec dans les Hautes-Alpes, il vise pour les prochaines législatives une circonscription qui lui est chère, la Savoie. Mais la partie

1. Gilles Le Béguec, « La paix au miroir de la jeunesse », *Provinces contemporaines*, Pulim, n° 2, 1990, pp. 59-77.

2. Sabine Jansen, *Pierre Cot. Un itinéraire politique (1895-1977)*, *op. cit.*

n'est pas jouée, comme il l'explique dans une lettre à son ami Robert Lange, un avocat radical qui a fondé le GUSDN : « Les radicaux en Savoie sont assez bien disposés à mon endroit. Je puis espérer être leur candidat contre Delachenal [...]. Mais il faut que je sois radical, et non républicain socialiste. Il y a déjà deux républicains socialistes dans le département (Borrel et Falcoz)[1]. »

Grâce, entre autres, à Robert Lange et à ses bonnes relations avec Georges Bonnet, député radical, plusieurs fois ministre des Finances et profondément pacifiste[2], Pierre Cot peut adhérer en 1927 au Parti valoisien. C'est même avec le soutien de son président, Édouard Daladier, que Pierre Cot se présente comme candidat dans la circonscription sud de Chambéry. Son programme est fidèle à la doctrine officielle du parti. Il y défend la liberté de conscience, la neutralité de l'État, la recherche de la paix fondée sur la SDN et sur le désarmement. Le retour au pays prend des allures de triomphe : Pierre Cot bat le candidat de la droite modérée, Joseph Delachenal, pourtant l'une des personnalités politiques les plus en vue du département[3]. Son énergie et son éloquence font forte impression. Un rapport de police rend ainsi compte des effets produits par l'une de ses prestations pendant la campagne électorale : « Les réflexions après la réunion lui étaient toutes favorables, même chez ses ennemis politiques, non pas qu'ils aient été ébranlés dans leurs convictions, mais qui ont reconnu que M. Cot était un homme supérieur[4]. »

1. Archives privées de Robert Lange, lettre de Pierre Cot à Robert Lange, 10.9.1927.

2. Ministre des Affaires étrangères en 1938 et partisan de la politique d'apaisement à l'égard de l'Allemagne, il est l'un des maîtres d'œuvre des accords de Munich. Dans les années 30, Georges Bonnet et Pierre Cot se retrouvent ensemble au gouvernement. Leurs divergences sont croissantes : elles portent à la fois sur la politique intérieure et sur la politique extérieure. Ils incarnent chacun une tendance du radicalisme. Ancré à droite, Georges Bonnet est un adversaire du Front populaire.

3. Joseph Delachenal avait déjà été élu député en 1910 et 1919.

4. Archives départementales de Savoie, M 354, Préparation à l'élection, élections législatives : Renouvellement des 22-29 avril 1928, lettre du commissaire de police de Chambéry au préfet de Savoie, 24.3.1928.

Il est élu le 22 avril 1928, dès le premier tour, avec environ cinq cents voix d'avance sur son rival. Son programme, axé sur la défense de la paix et la justice sociale, a emporté l'adhésion d'une majorité de Savoyards. À l'occasion d'un banquet républicain à Albertville, le sous-préfet Jean Moulin félicite publiquement le jeune élu dont il a pu admirer la pugnacité[1]. Personne ne peut plus douter alors du destin national de cet avocat de trente-quatre ans qui fait son entrée au Parlement.

De fait, très rapidement, avec sa voix pleine et chaude et son intelligence fulgurante, le « bleu » se fait un nom à la Chambre. Ardent défenseur de la politique de sécurité collective, notamment à la commission des Affaires étrangères dont il est membre, il gagne la confiance de Joseph Paul-Boncour, président de cette commission. Délégué de la France à la SDN de 1924 à 1928, Joseph Paul-Boncour est lui aussi un ancien premier secrétaire de la Conférence du stage des avocats. Enfin, le ministre des Affaires étrangères en personne, Aristide Briand, porte à Pierre Cot suffisamment d'estime pour le recommander ainsi à Philip Noel-Baker, délégué de la Grande-Bretagne à la Société des Nations : « Je veux que vous rencontriez quelqu'un. Pierre Cot vient d'être élu à notre Chambre des députés ; faites-vous-en un ami ; il sera sûrement, et plus d'une fois, président du Conseil[2]. »

En 1928, il a la charge de rapporter le pacte Briand-Kellogg devant la Chambre des députés. Ce pacte, proposé par le secrétaire d'État américain Kellogg, prône la renonciation à la guerre pour résoudre les conflits entre États. Pierre Cot défend avec ardeur et conviction cette tentative de mise hors la loi du recours aux armes dans les relations internationales. Le pacte, déjà signé par les représentants de quinze nations à Paris, et qui recueillera finalement l'adhésion de cinquante-quatre pays, est adopté par la France. C'est un succès personnel pour le député de Chambéry.

En 1929, il est nommé délégué de la France à la SDN, à Genève. Il y retrouve tout ce que l'Europe compte de partisans de la sécurité collective. Il noue des liens particulièrement

1. Daniel Cordier, *L'Inconnu du Panthéon*, *op. cit.*, p. 529.
2. Philip Noel-Baker, *Pierre Cot (1895-1977)*, hors commerce, 1979, p. 30.

durables avec Philip Noel-Baker et lord Robert Cecil qu'il avait rencontrés, dès 1923, dans le cadre des activités du GUSDN. Ces deux sujets de Sa Majesté Britannique vont jouer un rôle important dans notre histoire.

Le baron Noel-Baker est né en 1889. Son père était parlementaire. Après de bonnes études, il fait une brillante guerre et en sort bardé de médailles. Comme Pierre Cot, il ne veut « plus jamais ça ». Il entre dans la représentation britannique à la Société des Nations lors de la conférence de la paix de 1919 et est affecté ensuite au secrétariat de la SDN. Il devient député travailliste de 1929 à 1931 tout en restant membre de la délégation anglaise à la SDN, puis principal assistant du président de la conférence du désarmement à Genève en 1932-1933.

Le vicomte Cecil of Chelwood, né en 1864, est lui aussi un grand combattant de la paix. Il a été président de l'Union britannique de la Ligue des nations de 1923 à 1945. Après avoir étudié à Eton et Oxford, il a d'abord travaillé comme secrétaire particulier du marquis de Salisbury, son père. Il est devenu parlementaire conservateur en 1906 et a entamé une carrière ministérielle pendant la Première Guerre mondiale. Lord du Sceau privé en 1923-1924, malgré de très nombreuses responsabilités, il déploie beaucoup d'ardeur et d'énergie à soutenir le désarmement et la sécurité collective.

Les convictions de Pierre Cot en matière de paix ont l'ambition de marier réalisme et idéalisme. Il se réfère à un « pacifisme intelligent, à base de patriotisme et d'internationalisme », qui passe par un désarmement moral et militaire, seule façon de lutter contre « l'impérialisme germanique, le fascisme italien, le nationalisme-intégral français et le bolchevisme russe[1] ». Outre diverses personnalités qui partagent ses idées, Pierre Cot, jeune célibataire studieux, retrouve à Genève, où l'on donne de nombreuses fêtes, une ambiance à la fois mondaine et joyeuse.

Au sein du Parti radical, sa position est confortée par ses succès électoraux : il réalise un beau doublé en 1929 en conquérant un siège de conseiller général et la mairie de Coise. C'est

1. Pierre Cot, « L'école pacifique », *La Renaissance politique, littéraire, artistique*, 15.10.1927.

le retour du fils prodigue dans sa « petite patrie ». Le modeste étudiant en droit qui avait quitté la Savoie est désormais un homme politique de stature nationale.

En tant que jeune élu « cumulard », il trouve au sein du parti valoisien une structure d'accueil particulièrement favorable. Rattaché à l'aile la plus avancée du parti, il se reconnaît dans le mouvement « Jeune Radical » ou « Jeunes-Turcs », où se retrouve toute une génération marquée par la guerre[1]. Elle compte, entre autres, Émile Roche, Bertrand de Jouvenel, Jacques Kayser, Pierre Mendès France ou encore Jean Zay. Pour ces hommes, le monde ancien, responsable de la tuerie de 1914, doit laisser la place à un monde nouveau, conçu par la « génération que la guerre a faite, non celle qu'elle a détruite, ni celle des jeunes gens nés à la vie spirituelle après 1922 et 1923[2] ». Les changements auxquels aspirent les Jeunes Radicaux passent par une rénovation profonde du parti. Sur le plan intérieur, ils réclament une modernisation du régime républicain, avec notamment un renforcement du pouvoir exécutif. Ils portent également une grande attention aux questions économiques et souhaitent voir l'État y jouer un rôle accru. Enfin, sur le plan extérieur, ils sont favorables au projet d'Union européenne formulé par Aristide Briand. Leurs positions les éloignent de la droite et les rapprochent des socialistes. Ils proclament leur fidélité à un radicalisme exigeant et font leur la célèbre formule de Camille Pelletan : « Pas d'ennemi à gauche. » Dans le sillage d'Édouard Daladier, député du Vaucluse et rival d'Édouard Herriot au sein du parti, Pierre Cot apparaît comme l'une des étoiles montantes du radicalisme. Les élections législatives de 1932, en modifiant la donne politique et en ramenant le Cartel des gauches au pouvoir, lui offrent enfin l'occasion d'accéder aux plus hautes charges de la République.

En décembre 1932, on l'a vu, il est nommé sous-secrétaire d'État aux Affaires étrangères dans le cabinet de Joseph Paul-Boncour et s'attache les services de Jean Moulin qui prend les

1. Serge Berstein, *Histoire du Parti radical*, tome 2 : *Crise du radicalisme*, Presses de la FNDSP, Paris, 1982, pp. 94-125.

2. Émile Roche et Jean Luchaire, « Frontières spirituelles », *Notre Temps*, 20.10.1927.

fonctions de chef adjoint de son cabinet. Au Quai d'Orsay, le travail est intense. Cumulant la présidence du Conseil et les Affaires étrangères, Joseph Paul-Boncour se décharge sur son jeune sous-secrétaire d'État. Après le règlement du problème des réparations et la reconnaissance par la France de l'égalité des droits pour l'Allemagne, la question du désarmement domine. Quoique très bref, son passage au Quai d'Orsay offre à Pierre Cot un tremplin vers d'autres fonctions : Édouard Daladier choisit de lui confier, en janvier 1933, le ministère de l'Air. Depuis quelques années, Cot exerçait en effet ses talents sur les questions aéronautiques à la Chambre, au sein de la commission de l'Air. Cette nomination est bien accueillie. Il succède là à Paul Painlevé, malade. Il apparaît à nombre d'observateurs, y compris dans les milieux professionnels, comme l'homme de la situation. Créé en 1928, ce ministère souffre de nombreux maux, dont l'absence de légitimité n'est pas le moindre. Jusqu'à Pierre Cot, il n'existait pas, en effet, d'aviation militaire autonome. L'armée de l'air était d'abord conçue comme une arme auxiliaire au service de l'armée de terre et de la Royale. L'allure sportive du jeune ministre, ses yeux bleu vif, son menton volontaire font bonne impression. Il semble en mesure de donner une nouvelle dimension à un ministère à la croissance difficile. En décidant, sitôt nommé, de passer son brevet de pilote, il exprime clairement à son administration, comme à la profession, son intention de s'investir pleinement dans sa charge. Enfin, il dispose pour accomplir sa tâche d'une équipe dévouée, constituée en partie lors de son entrée au Quai d'Orsay. Jean Moulin a préféré pour sa part rejoindre la sous-préfecture de Châteaulin afin de ne pas hypothéquer sa future promotion à la première classe[1]. Les hommes choisis par Cot viennent d'horizons divers. Aux côtés de Daniel Haguenau, ingénieur général des Ponts-et-Chaussées, qui exerce les fonctions de directeur de cabinet, on trouve un trésorier-payeur, René Corbin, chef de cabinet, un agrégé d'histoire et journaliste, Louis Joxe, ou encore un avocat, André Garnault. Cot s'est aussi adjoint les services d'un camarade de promotion de l'agrégation de droit, conseiller d'État,

1. Daniel Cordier, *L'Inconnu...*, *op. cit.*

Henry Puget ; ce dernier a la haute main sur la direction des études administratives et financières. Qu'il ait fait appel à cet homme du centre droit montre l'importance qu'il accorde aux compétences, indépendamment de toute considération d'appartenance politique. Le 7 octobre 1933, Jean Moulin rejoint finalement Pierre Cot après avoir passé quatre mois comme sous-préfet de Thonon où il est resté en étroites relations avec son « patron ». Il devient alors chef de cabinet et remplace René Corbin, qui reste chargé de mission.

L'action de Pierre Cot s'oriente dans deux directions. Il s'efforce d'abord de consolider la position de son ministère, contesté dès l'origine par les départements de la Guerre et de la Marine. Dès 1928, l'état-major de l'armée de terre s'est opposé à l'existence d'un ministère spécifique consacré à l'Air. Pour les chefs de l'armée, Pétain et surtout Weygand, hostile à la création du Conseil supérieur de l'air en 1931, l'aviation est une arme d'appoint qui, à l'exception d'une petite flotte de réserve générale, doit être placée sous leur propre commandement. C'est cette conception exclusive d'une « aviation de coopération » que Pierre Cot conteste, au risque de se mettre à dos tout l'*establishment* militaire. Le décret du 1er avril 1933 change tout en donnant naissance à une armée de l'air distincte. Elle se substitue désormais aux aviations terrestre, maritime et autonome qui existaient jusqu'alors. Pour restructurer les forces aériennes et leur donner les moyens de remplir leur mission de défense nationale, le ministère de l'Air élabore en outre un projet de statut organique qui est déposé à la Chambre le 31 mars 1933 ; il sera définitivement adopté en juillet 1934 après le départ de Pierre Cot. En réalité, la question de l'emploi de l'armée de l'air, qui recouvre celle de la doctrine stratégique globale, reste une source de conflit entre les trois départements de la Défense nationale.

Le ministre radical ne délaisse pas pour autant l'aviation civile, qui constitue son deuxième grand chantier ministériel. Le scandale de la Compagnie aéropostale, en liquidation judiciaire depuis mars 1931, a servi de révélateur de l'état inquiétant du secteur de l'aéronautique marchande. Vivant moins des recettes commerciales que des subventions de l'État, les cinq compagnies qui se partagent l'exploitation du réseau aérien français n'ont pas été en mesure de procéder aux investissements nécessaires pour résister à la concurrence des grandes sociétés étrangères. L'un des prédécesseurs de Pierre Cot, André Laurent-Eynac, avait jeté les bases d'une réorganisation des transports aériens. Le Savoyard mène à bien cette réforme, en gestation depuis 1929. Elle aboutit à la création d'une compagnie nationale, Air France, regroupant l'exploitation de l'ensemble des lignes aériennes régulières subventionnées par l'État. Pour le ministre de l'Air, cette société unique doit concilier les exigences de la rentabilité et celles de l'intérêt national. Pierre Cot fait une fois encore la démonstration de son efficacité : Air France est officiellement créée en août 1933. Mais cette politique énergique lui vaut les premières attaques de la droite, qui prend fait et cause pour les compagnies privées, plus particulièrement pour la Compagnie générale aéropostale dirigée par Marcel Bouilloux-Lafont, frère du député et vice-président de la Chambre, Maurice Bouilloux-Lafont

Les actions de fond qu'il entreprend n'empêchent pas Cot de porter un regard attentif sur les réalités internationales. Depuis la fin des années 20, il s'alarme de la montée du fascisme. En Savoyard et en montagnard, il s'inquiète dès 1927 des mesures prises par Mussolini. Le climat qui règne à la frontière entre la France et l'Italie a un parfum de guerre. L'arrivée au pouvoir de Hitler confirme ses pires craintes. En octobre 1933, après avoir quitté la conférence du désarmement, l'Allemagne sort de la SDN. Très vite, d'ailleurs, les interventions de Pierre Cot à Genève et ses mesures de renforcement de l'armée de l'air lui valent d'être classé parmi les ennemis du Reich particulièrement suivis et surveillés par les dirigeants nazis.

Conscient du caractère belliqueux et raciste de la doctrine nazie, Cot considère que le maintien de la politique de sécurité collective est nécessaire. Mais en aucun cas il ne la juge suffisante. Pénétré des vérités élémentaires mais incontournables de la géopolitique et des leçons de la guerre de 14-18, il mise sur la coopération avec la seule grande puissance continentale qui ait les moyens humains et matériels de s'opposer en Europe au Reich allemand : l'URSS. Depuis la fin des années 20, celle-ci manifeste la volonté de sortir de son isolement diplomatique. La présence des Soviétiques à la conférence du désarmement qui se tient à Genève en 1932 favorise les contacts. L'arrivée au pouvoir d'Édouard Herriot, qui s'est rendu en URSS dès 1922 et qui a reconnu le nouveau régime en 1924, donne une impulsion décisive à la politique de rapprochement entre Paris et Moscou. Le 29 novembre 1932, un pacte de non-agression est signé entre les deux pays. Il est ratifié par la Chambre des députés en mai 1933. Pour la première fois, en février 1933, sur l'idée du lieutenant-colonel de Lattre de Tassigny, membre du cabinet du général Weygand, vice-président du Conseil supérieur de la Guerre, un attaché militaire français, le colonel Mendras, est nommé à l'ambassade de France à Moscou[1].

Si Pierre Cot n'est pas l'initiateur de cette politique de rapprochement, il en est un chaud partisan. Le « Jeune-Turc » manifeste un vif intérêt pour l'URSS et entretient des relations suivies et amicales avec le conseiller d'ambassade Rosenberg[2]. Alors qu'il était encore pour quelques jours sous-secrétaire d'État à la Présidence, il envoya une note comminatoire au président du Conseil Paul-Boncour après avoir reçu l'ambassadeur Dovgalevski : « M. Dovgalevski serait heureux qu'on ratifiât le plus tôt possible le pacte de non-agression. Herriot avait promis de ratifier très vite. On envisageait une ratification avant la fin de l'année. La procédure la plus rapide serait de ratifier, quitte à vous faire interpeller après. En droit, vous n'avez pas besoin de l'autorisation du Parlement... Il faudrait aller vite. C'est la troisième demande de Dovgalevski. Herriot avait pris ses engagements[3]. »

Le 4 juin 1933, Pierre Cot, devenu ministre de l'Air, envoie une courte note à Édouard Daladier, ministre de la Guerre : « Rosenberg m'a proposé un voyage en Russie. Si ça colle avec notre politique, je serais heureux d'y aller... Cela permettrait de se procurer des débouchés extérieurs pour l'industrie aéronau-

1. Jean-Baptiste Duroselle, *Politique étrangère de la France. La Décadence, 1932-1939*, Seuil, « Points Histoire », Paris, 1983.

2. *Le Colonel Mendras et les relations militaires franco-soviétiques (1932-1935)*, mémoire soutenu à l'université de Paris I par le chef de bataillon André Bach en juin 1981. Le colonel André Bach, qui est maintenant patron du SHAT (Service historique de l'armée de terre) m'a aidé dans mes recherches.

3. N 218, 20 janvier 1933, Pierre Cot/Paul-Boncour DDF, tome II.

tique[1]. » L'invitation officielle est signée Litvinov, commissaire du peuple aux Affaires étrangères, que Pierre Cot a rencontré à Genève. Les positions prises par Litvinov en faveur d'un désarmement général et total ne pouvaient, dans leur principe, que séduire le jeune ministre français. Mais, outre ces préoccupations d'ordre militaire dans un contexte tendu, ce dernier a aussi des préoccupations économiques. Il voit dans le vaste marché soviétique un moyen de porter remède aux maux de l'industrie française, touchée depuis 1931 par la Grande Crise. Ce voyage doit aussi servir de faire-valoir de l'aéronautique française : c'est avec soin que la délégation choisit pour son déplacement un Dewoitine 332T, un Wibault Penhoët 282T ou encore un Bloch 120...

Le 13 septembre 1933, Pierre Cot s'envole pour l'URSS. Il est particulièrement bien reçu. Ses conversations avec Litvinov, Alksnis, commandant des forces aériennes de l'Armée rouge, et le général Toukhatchevski, adjoint du commissaire du peuple à la Guerre et à la Marine, le convainquent des bonnes intentions soviétiques à l'égard de Paris. Enfin, ce qu'il voit en Russie, ou plus exactement ce qui lui est donné à voir, achève de le persuader de l'intérêt d'une coopération approfondie. Il est accompagné d'une délégation de vingt-sept personnes qui comprend, outre des membres de son cabinet, des ingénieurs, des techniciens et des militaires de haut rang — au risque de mécontenter l'Allemagne —, tels Albert Caquot, directeur du département technique de l'Aviation, Chaumié, directeur de l'Aéronautique civile, le lieutenant-général Jauneaud, chef des services militaires du cabinet, ou encore le général Barrès, inspecteur général de l'armée de l'air. Leur appréciation favorable de la puissance aéronautique soviétique conditionne naturellement le propre jugement de Pierre Cot. Lui-même revient enthousiaste de ce voyage.

Le colonel Mendras, l'attaché militaire, l'est moins. Il se plaint de la mauvaise préparation du voyage et de la désinvolture de Pierre Cot : « Il improvisait chaque soir vers minuit son programme du lendemain. » Son enthousiasme pour les « réali-

1. L 358, 4 juin 1933, Cot/Daladier DDF, tome III.

sations sociales » soviétiques l'a étonné. Mendras note dans ses mémoires que, lors de sa visite à l'ambassade de France à Moscou, Cot a écrit sur le livre d'or : « Je souhaite à Mlle Alphand [fille de l'ambassadeur] de devenir une parfaite komsomol ! » Il a découvert un ministre qui n'en fait qu'à sa tête, qui semble plus sensible à la charge idéologique du régime qu'à l'intérêt de profiter du voyage. Étonné, Mendras, qui voit Pierre Cot traiter le général Barrès « par-dessus la jambe, tandis que les civils papillonnent autour de leur patron », et suivre « son impulsion, qui est parfois heureuse mais qui est aussi parfois tout le contraire[1] ».

L'impression générale de Pierre Cot est donc positive. Elle est confortée par l'avis de ses experts. Dès le 14 octobre 1933, dans un rapport au ministre des Affaires étrangères, il expose les motifs d'un développement prioritaire des relations avec l'Union soviétique[2]. La politique de coopération lui apparaît comme une nécessité dans le domaine militaire, une opportunité dans le domaine économique, enfin un atout pour la paix en Europe. Cot reconnaît certains retards russes dans le domaine civil, notamment dans le secteur des technologies avancées comme la radiogoniométrie ou le pilotage sans visibilité. Mais ces lacunes lui paraissent précisément offrir des possibilités de débouchés intéressants pour les entreprises françaises. Sur le plan militaire, il juge que le matériel soviétique est au moins équivalent, voire légèrement supérieur au matériel français en service. Mais il souligne aussi que, d'ores et déjà, l'aviation de bombardement de l'Armée rouge, constituée de quadrimoteurs métalliques, est l'une des plus puissantes d'Europe. La délégation française est également frappée par la qualité de l'instruction et par les moyens mobilisés au service de la recherche scientifique. Ses conclusions réitèrent clairement la nécessité d'accorder la priorité à l'alliance franco-soviétique : « Nous sommes en présence d'une puissance industrielle relativement récente, sans doute, mais qui vit dans un état de mobilisation perpétuelle. L'effort

1. André Bach, *op. cit.*

2. Ministère des Affaires étrangères, Europe, 1918-1940, URSS, vol. 934, Missions militaires et techniques soviétiques et françaises, 1933-1935. Note du ministre de l'Air au ministre des Affaires étrangères, 14.10.1933.

dont nous avons été témoins nous a tous profondément frappés. C'est en constatant l'importance de cette puissance industrielle que nous sommes amenés à tirer des conclusions politiques. Les faits sont là dans leur brutalité. D'ici quelques années, au cours d'un conflit qui durerait plus d'un mois, la puissance industrielle de la France serait égale à 1, celle de l'Allemagne se chiffrerait par le coefficient 2, celle de la Russie par le coefficient 4 ou 5. Dans ces conditions, une collusion entre l'Allemagne et la Russie aboutirait à l'écrasement de la France ; une entente industrielle entre la France et la Russie donnerait la victoire à notre pays[1]. »

La crainte manifestée par Pierre Cot d'une collusion entre l'Allemagne et l'URSS trouve ses racines dans la politique de rapprochement germano-russe formalisée dès 1922 par le traité de Rapallo. Durant toutes les années 20, l'alliance du vaincu (l'Allemagne) et du « pestiféré » (la Russie bolchevique) s'est traduite de façon très concrète par des échanges commerciaux préférentiels et par une coopération militaire importante. Le redressement des deux puissances, après les années de crise et de reconstruction, redouble le péril d'une entente entre ces deux grandes entités continentales. S'allier avec l'URSS permettrait d'une part d'éviter de l'avoir contre soi et, d'autre part, de s'assurer la victoire en cas de conflit avec l'Allemagne. Les réalités de la géographie dictent l'application du principe de la « tenaille », mis en œuvre dès 1894 avec la conclusion de l'alliance franco-russe. Dès la fin de la Première Guerre mondiale, le soutien apporté par la France, lors de la négociation des traités de paix, à la création de nouveaux États sur la frontière orientale de l'Allemagne, a obéi à la même logique. Les accords passés avec la Pologne en 1921, la Tchécoslovaquie en 1924, enfin la Roumanie en 1926, ont visé à maintenir, sans la Russie, cette fameuse politique des alliances de revers. En 1933, Pierre Cot reste d'ailleurs également favorable au resserrement des liens avec la Pologne et avec les pays membres de la « Petite Entente » qui regroupe la Tchécoslovaquie, la Yougoslavie et la Roumanie. Néanmoins, compte tenu du rapport des forces, des fragilités internes de ces pays, voire de leurs faiblesses, notam-

1. *Ibid.*

ment sur les plans économique et militaire, Cot considère que leur aide en cas de conflit serait nettement inférieure à celle que pourrait apporter l'URSS. C'est la raison pour laquelle, dès son retour de Moscou, il propose les quatre mesures suivantes :

« 1°) la négociation de contrats de collaboration technique [...] ;

2°) des échanges de missions militaires ;

3°) la mise à l'étude d'un contrat d'assistance industrielle pour le cas de conflit ;

4°) la mise à l'étude d'un pacte d'assistance mutuelle[1]. »

Même s'il n'en fut plus, après le 6 février 1934, que le témoin indirect, le voyage de Pierre Cot eut des conséquences importantes. Outre l'envoi d'un attaché de l'air à l'ambassade de France à Moscou, sont décidés l'échange de stagiaires, la visite d'une escadrille soviétique en France en août 1934, l'envoi d'une mission militaire française en URSS, qui a effectivement lieu quelques mois plus tard. Conscient du péril allemand, l'état-major de l'armée est naturellement intéressé par ces prises de contact qu'il suit de près grâce à une étroite liaison entre le colonel Mendras et le lieutenant-colonel de Lattre, membre influent de l'entourage du général Weygand ; mais il reste dans l'expectative. En fait, les avis sur la puissance de l'Armée rouge divergent, faute d'informations suffisantes. Pour la plupart des militaires, même ceux chez qui l'aversion idéologique envers le communisme ne l'emporte pas sur toute autre considération, il est urgent d'attendre.

En janvier 1934, Dovgalevski, ambassadeur des Soviets à Paris, fait officiellement part du désir de son pays d'adhérer à la SDN, et surtout de signer une convention de défense mutuelle incluant l'URSS, la France mais aussi la Belgique, la Tchécoslovaquie, la Pologne, la Lituanie, la Lettonie, l'Estonie et la Finlande. Enfin, un accord commercial, dont les bases ont été jetées dès août 1933, est signé : il répond aux vœux de Pierre Cot en ouvrant l'espace économique français aux produits soviétiques et en favorisant la conclusion de contrats entre les deux pays, notamment en matière aéronautique. L'entrée de l'URSS

1. *Ibid.*

à la SDN en septembre 1934 consacre la réintégration de ce pays dans le jeu européen, et surtout son soutien au système genevois.

La dynamique de la coopération franco-soviétique est désormais lancée. Elle est reprise et amplifiée par Louis Barthou, qui s'installe aux commandes du Quai d'Orsay le 9 février 1934. Cet homme de la droite modérée, réaliste et patriote, voit dans l'alliance avec l'URSS la seule riposte au réarmement allemand. Son action débouche sur la signature par Pierre Laval, le 2 mai 1935, d'un pacte d'assistance mutuelle franco-soviétique. C'est à ce pacte que Pierre Cot, de retour au ministère de l'Air en juin 1936, s'efforce de donner un contenu concret et précis.

La simple énumération des actions engagées et menées à bien par le ministre de l'Air et son équipe éclaire l'observateur sur l'extraordinaire capacité de travail de Pierre Cot. Une ardeur qui s'assortit d'une faculté rare : l'aptitude à mobiliser les hommes. Daniel Haguenau se souvient d'avoir vécu avec Pierre Cot « les heures les plus exaltantes[1] » de sa carrière. Jean Moulin ne pouvait échapper à l'attraction exercée par cette personnalité dont Haguenau témoigne ainsi : « Il en imposait à tous par son intelligence exceptionnelle, son originalité d'esprit, sa puissance de travail, son éloquence émouvante... » Pleine et trépidante, la vie aux côtés de Pierre Cot a sans nul doute plus de charme pour Moulin que le labeur quotidien dévolu au fonctionnaire de la République dans une sous-préfecture de province.

Mais l'émeute du 6 février 1934 vient mettre un terme brutal à cette entreprise ministérielle. Plongés au cœur des événements parisiens, Pierre Cot et son chef de cabinet en sortent profondément marqués. Pour la première fois, ils considèrent que la République française est en danger.

1. Daniel Haguenau, dans un livre d'hommage à Pierre Cot, avec les témoignages de ses collaborateurs et amis, intitulé : *Pierre Cot 1895-1977*, 1979.

5

Le kominternien Dolivet[1] rencontre Pierre Cot

Après s'être battu à la SDN pour la sécurité collective et pour le désarmement, Pierre Cot donne pleinement sa mesure quand Mussolini envahit l'Éthiopie, en avril 1935. Avec lord Cecil et Noel-Baker, il essaie de mobiliser l'opinion internationale. Un jeune homme de vingt-sept ans le contacte à la fin de l'année 1935, sur ordre de son organisation, pour l'aider, le pousser, l'orienter dans son combat. Avec ses 190 centimètres, son brio et sa séduction, celui qui se fait depuis peu appeler Louis Dolivet conquiert l'ancien ministre de l'Air, apprécié par Moscou pour ses idées et son antifascisme militant.

Louis Dolivet est un cadre brillant du Komintern, il y connaît une ascension fulgurante. Il travaille avec Willi Münzenberg, ancien député allemand qui a fui l'Allemagne nazie après l'incendie du Reichstag. Münzenberg s'est installé à Paris où il dirige un appareil de propagande antinazie pour le compte de Moscou. L'occasion pour Staline, qui craint de plus en plus Hitler, de promouvoir une nouvelle politique d'alliance avec des éléments « bourgeois ». L'affaire éthiopienne constitue une belle opportunité. Pierre Cot accepte avec enthousiasme les propositions de ce jeune et sympathique antifasciste, et devient président d'honneur du Comité international pour la défense du peuple éthiopien et de la paix. « Münzenberg et Dolivet noyautent l'ini-

1. J'ai lu avec intérêt l'article de Sabine Jansen sur Dolivet dans *Communisme* n°s 40-41, publié par L'Âge d'homme, Paris, 1995.

tiative pour élargir le mouvement en faveur de la paix », écrit le policier de la préfecture de police qui suit l'affaire[1].

C'est le début d'une longue amitié entre Pierre Cot, qui est déjà l'un des hommes les plus haïs de l'extrême droite, et Dolivet. Fin 1935, début 1936, on les voit beaucoup ensemble à Genève, lancés dans des discussions qui semblent passionnées, quai des Bergues, quai Wilson, sur les ponts... Quelque temps plus tard, Louis Launay, un collaborateur de Dolivet, peut écrire : « Louis Dolivet est au mieux avec Pierre Cot. Il a ses entrées chez Cot à toute heure et lui fait signer des papiers tout préparés... »

Il est important pour notre histoire de connaître un peu mieux ce jeune homme qui, évidemment, va bientôt rencontrer Moulin et devenir à son tour le protagoniste principal d'une de ses « vies »... Il porte le nom de Dolivet depuis un peu plus d'un an, mais s'appelle en réalité Ludwig Brecher. Il est né hongrois, de parents juifs autrichiens, est devenu roumain à dix ans pour cause de traité de Trianon, puis a pris la nationalité française à vingt-neuf ans. Qui est-il ? « Encore une énigme », écrivait l'OSS en 1944 après avoir enquêté plusieurs mois sur cet étrange personnage. Il est né à Sant, en Transylvanie, le 28 mars 1908. Il faut beaucoup chercher pour trouver Sant sur une carte : ce hameau est situé dans le comté montagneux de Bristrita, dans le nord-est de la Roumanie, tout près de l'Ukraine. Les montagnes de Rodna, dans le massif des Carpates, le surplombent, et le bourg le plus proche, avec ses magnifiques forteresses, s'appelle lui aussi Rodna. La région, magnifique, est hantée par le personnage de Dracula. Quand il s'appelait Ludwig Brecher et travaillait à Genève à l'Institut universitaire d'études internationales, Dolivet mentionnait comme lieu de naissance Rodna-Nowa, car personne ne connaissait Sant, petit village qui hébergeait alors des chercheurs d'or... Lui qui s'acharnait à expliquer tout à tout le monde, y compris l'indicible, est toujours resté mystérieux sur ses origines, et quasiment muet sur sa propre enfance. Il n'a ainsi jamais révélé à sa première femme qu'il était né en

1. Dossier RGPP. Archives centrales n° 33412.

Transylvanie[1]. Ou que son père avait émigré de Vienne, puis était devenu une sorte de chef de village, se préoccupant surtout de donner une bonne éducation à ses quatre enfants, mais mort d'une attaque cardiaque en déchargeant des bottes de foin alors que le petit Ludwig n'avait que deux ans. La principale raison de ce silence est un engagement clandestin qu'il n'a jamais voulu assumer... Il s'est même beaucoup battu, dans les dernières années de sa vie, pour se construire un « curriculum vitae » vierge de tout engagement communiste. Dans les années 80, il a bataillé contre les journaux, en Angleterre comme en France, contre les RG français, et a même rédigé quelques dizaines de pages à l'intention de son fils pour le jour où celui-ci atteindrait sa majorité. Des pages contenant très peu de faits vérifiables, peu de dates, certaines fausses. Elles constituent un plaidoyer *pro domo* sur ses engagements en faveur de la paix. J'ai néanmoins utilisé ici quelques passages de ces « souvenirs » sur des points qui ne posent guère de problèmes[2].

Reprenons depuis le début, mais, cette fois, avec lui. Ludwig Brecher est donc né dans une « vallée encaissée de Transylvanie ». Ses voisins étaient principalement des petits fermiers et des bergers dont, écrit-il, il gardera toute sa vie la nostalgie. « Les rêves, les légendes et les histoires sont essentiels à la survie, et ce sont ces rêves et ces légendes qui encourageaient l'enfant à connaître des histoires... Dans le monde des montagnes et des bergers, il n'y a pas de notion de frontières, et cependant une sorte de monde de fraternité plutôt instinctif... Il n'y a ni classe, ni distinction, et chacun a des conditions de vie identiques, les mêmes chants et contes, le même environnement familial, les mêmes conditions de santé.... À chaque période de ma vie et en présence des hommes les plus puissants de la planète, les images des hommes de la montagne ne me quitteront jamais... »

Ludwig Brecher passe son enfance à côté d'une mère malade, atteinte d'un cancer, qui mourra quand il aura seize ans. Il n'en a que dix, en 1918, quand la famille déménage pour un autre

1. *After Long Silence*, de Michael Straight, Collins, Londres, 1983.
2. Documents consultés grâce à l'obligeance de Mme Dolivet.

village de la province roumaine de Bucovine où s'est établie depuis des siècles une forte communauté juive protégée par les puissances occidentales. Louis Dolivet ne précise pas le nom de ce village. De crainte qu'on y enquête ? Il s'agit en réalité de Banila, qui avait fait partie de l'Autriche-Hongrie jusqu'au traité de Saint-Germain, et était en train de passer sous la tutelle roumaine après avoir subi des combats entre Russes et Roumains.

De l'autre côté des collines, apprend-on dans les mémoires de Louis Dolivet, il y a un village peuplé d'Allemands, appelé Augustindorf, où exerce un professeur de littérature française qui influença beaucoup le jeune Ludwig en l'aidant à découvrir le monde des lettres et des arts, ce monde qui ne connaît pas davantage de frontières que celui des montagnes... Il fréquente ensuite le collège d'une bourgade voisine qui le prépare à entrer à l'université. Puis il fait des études de droit à Cernauti (qui s'est ensuite dénommée Czernowitz et s'appelle aujourd'hui Tchernovty, mais en... Ukraine). Les émigrés qui ont vécu en Bucovine dans les années 20 en ont été marqués à jamais. Tous les livres du romancier Gregor von Rezzori tournent autour de la Bucovine et de sa capitale. Czernowitz, rebaptisée Tchernopol par l'écrivain, constitue même le personnage principal de *L'Hermine souillée*[1] :

> Une fois la Double Monarchie écroulée, la Bucovine fut attribuée à la Roumanie en 1919. Si, au temps de la vieille Autriche, le mélange bigarré des peuples, aussi bien que celui des langues et des costumes, s'était avéré être un supplément de couleur plein d'attrait étalé sur la surface de la vie quotidienne, civilisée et opulente, tout à fait caractéristique de cette florissante terre de la Couronne, il en fut désormais bientôt l'inverse. Cette surface représentée par la civilisation semblait posée de la façon la plus superficielle sur un conglomérat ethnique confus, fait de bric et de broc, qui s'écaillait à vue d'œil.
>
> [...] Il est un fait avéré que je suis bien né à Czernowitz, dans l'ancienne Autriche, et cette information aussi a dû se répandre. [...] Quand on me demandait de révéler mon origine, qu'hélas

1. Gallimard, Paris, 1977.

> maintenant je ne puis plus nier, j'avais l'habitude d'hésiter sur la réponse à fournir. Les raisons qui me faisaient tergiverser étaient de deux sortes. D'abord, l'annonce qu'on vient de Czernowitz entraîne toujours comme commentaire un irrépressible « Ah ! je vois », et cela ne se limite pas au vaste espace de l'ex-monarchie impériale-et-royale où le nom de Czernowitz jouit d'une solide réputation, car même dans des régions moins attardées cette ville semble connue comme scène de la plupart des histoires juives venant de Galicie et comme sol nourricier d'un type d'individus impossible à confondre avec aucun autre. Ma ville natale a acquis une renommée mondiale comme creuset d'une bonne douzaine de groupes ethniques, de langues, de croyances, de tempéraments et de mœurs qu'elle a fondus et sublimés en une sorte de quintessence d'habile garnement. Dans quelle mesure cette appartenance peut être considérée comme un avantage, cela reste en suspens. Tout au long de ma vie je me suis efforcé d'en tirer le meilleur parti. Le poète Paul Celan y a mieux réussi, lui qui définit cette ville comme un endroit où vivaient des hommes et des livres[1].

Pourquoi Dolivet quitte-t-il Cernauti ? « Ayant pris connaissance de l'existence de la Ligue des nations, je décide de partir à Genève en 1927. » Ses écrits du début des années 30 montrent que cette affirmation est fausse : pendant quelques années, il a en effet beaucoup critiqué la SDN, avant de la louer. Quant à la date, elle est également inexacte : les Suisses ne lui ont accordé un permis de séjour que le 26 novembre 1929...

Dès le premier soir de son arrivée à Genève, il se serait précipité pour voir le palais Wilson, où siège la Société des Nations. Dans ses mémoires, le vieil homme affirme que c'est ce soir-là, de retour dans sa petite chambre d'hôtel, que son destin s'est scellé. Il aurait écrit son premier article, affirmant que du succès ou de la faillite de cette institution dépendrait la guerre ou la paix... Pendant quelques semaines, il suit des cours d'économie à l'université de Genève où professeurs et étudiants se seraient moqués de son enthousiasme pour la SDN. Il s'inscrit alors à l'université de Grenoble où enseignent des professeurs renommés en droit international. Il y passe son doctorat le

1. *Neiges d'antan*, de Gregor von Rezzori, Salvy, Paris, 1993.

24 avril 1933. Dans le même temps, il noue des contacts à l'Institut des hautes études internationales de Genève, dirigé par deux professeurs renommés, William Rappard et Montoux, qui l'aident à postuler pour une bourse de la Fondation Rockefeller-Guggenheim. Persuadé qu'il n'a pas été admis, raconte-t-il dans ses mémoires, alors qu'il n'a plus que deux francs en poche, il est embauché pour faire les marchés aux côtés d'un fermier d'origine roumaine. Il se lève à 3 heures du matin, le lendemain de son embauche. Après sa journée de travail, il repasse devant l'Institut ; son secrétaire général, qui quitte alors l'établissement en voiture, s'arrête et, un sourire heureux aux lèvres, l'apostrophe : « Félicitations ! Vous avez obtenu votre bourse... » Avec les 2 000 francs annuels promis, il se sent, poursuit-il, aussi riche que les Rockefeller. Mais le jeune Ludwig n'a pas le temps de se fatiguer à faire les marchés, car le secrétaire général de l'Institut, comprenant qu'il est sans le sou, lui ouvre son gousset et lui avance 100 francs. Fou de joie, il retourne embrasser son employeur roumain qui lui donne quatre pommes en guise de cadeau d'adieu. Il se dirige alors vers le bistrot Landolt que fréquentent ceux qui rêvent de libérer leur pays, comme le fit en son temps Vladimir Ilitch Lénine, et dilapide en un rien de temps plus d'argent qu'il n'en a dépensé au cours des derniers mois. Puis il prend une chambre au fameux Hôtel des Bergues pour passer sa première nuit de boursier là où descendent tous les ministres, ambassadeurs et autres personnalités qui se réunissent à Genève pour tenter de régler les problèmes du monde. Il entame un nouveau cycle d'études pour s'initier à l'univers complexe de la Société des Nations.

Ce roman vrai explique comment le jeune Ludwig rencontra par la suite les deux écrivains Romain Rolland et Henri Barbusse, lesquels à l'époque étaient occupés à lancer leur fameuse pétition qui aboutira à la tenue du Congrès mondial contre la guerre à Amsterdam, du 27 au 29 août 1932, auquel lui-même participera. Mais, dans la transcription de son « roman », Louis Dolivet a apparemment oublié l'engagement politique qui fut le sien au début des années 30...

Un jour, avec ses amis de l'Institut, raconte-t-il, il se retrouve devant la maison de Romain Rolland[1]. Tous ont lu *Jean-Christophe* et l'admirent. La femme de l'écrivain va au-devant des jeunes gens et les invite à venir prendre le café. Romain Rolland porte une lourde cape noire ; il se montre très gentil avec les quatre étudiants. Dans le cours de la conversation, il leur demande quel est leur principal but dans la vie. Fidèle au personnage qu'il tentera d'imposer au soir de sa vie, Brecher répond : « La plus noble tâche de tout être humain est de sauver la paix du monde. » Rolland dit au jeune Ludwig d'approcher et l'embrasse. Puis lui demande de revenir de temps à autre lui rendre visite.

Toujours aussi passionné, Brecher a réussi à prodiguer un conseil de droit international à un membre de la SDN qui, en guise de remerciement, lui fournit un laissez-passer pour le palais Wilson. Bien des années après, il se souviendra de la première séance à laquelle il lui aura été donné d'assister. C'était après l'agression du Japon contre la Mandchourie ; le délégué nippon devait répondre au rapport de lord Lytton, ex-vice-roi des Indes, qui avait conclu son intervention en désignant Tokyo comme responsable. Le délégué nippon, se souvient Dolivet, grommela dans un dialecte de son pays qu'aucun interprète n'était en mesure de traduire... Une astuce pour gagner du temps ! La semaine suivante, dans un langage fort clair, le même délégué annonça triomphalement qu'après avoir installé une marionnette comme empereur de Mandchourie, le Japon avait signé avec ce pays un traité de paix et d'amitié...

C'était également le temps où se déroulait la première grande conférence sur le désarmement. Brecher en suivit tous les travaux avec grande attention et admira des hommes comme Arthur Henderson et lord Robert Cecil, représentant l'Angleterre, Joseph Paul-Boncour, représentant la France, et Philip Noel-Baker, le secrétaire d'Henderson. Il rêvait, écrit-il, de les rencontrer.

« Quelques semaines plus tard », selon ses souvenirs toujours aussi imprécis, Brecher rendit une nouvelle fois visite à Romain

1. Romain Rolland réside alors effectivement en Suisse, à Lucerne.

Rolland qui lui remit une lettre d'introduction pour son ami Henri Barbusse... Muni de ce viatique, Ludwig Brecher prit le train pour Paris. Il avait obtenu un rendez-vous avec l'éditeur de *Monde*, un après-midi à 16 heures. Quand il s'annonça à la secrétaire, celle-ci lui dit que Barbusse était très occupé et qu'il devrait patienter. À 10 heures du soir, Barbusse, qui l'avait oublié, sortit de son bureau et tomba sur le jeune homme qui attendait toujours. Pour réparer son oubli, il invita le Roumain à dîner. Ainsi débute une solide et étroite amitié. Ils se revoient souvent. Barbusse lui confie qu'il milite dans une organisation où l'on retrouve aussi l'écrivain André Malraux, et qu'il est proche du communisme, tout en rencontrant quelques difficultés avec certains leaders qui refusent de lui accorder les moyens financiers dont il aurait besoin pour faire fonctionner normalement *Monde*. La situation financière du journal n'est pas bonne, les abonnements diminuent. Barbusse embauche sur-le-champ le jeune et brillant Brecher qui commence par s'occuper de la relance des souscriptions. « Quelques semaines plus tard », de plus en plus séduit par son nouveau collaborateur, Barbusse lui demande de prendre sa place au sein du comité éditorial du journal. Les rédacteurs sont surpris et regardent d'un œil mauvais ce jeune ambitieux qui vient d'arriver alors qu'eux-mêmes n'ont pas été payés depuis longtemps. L'un d'eux, Altman, lui demande à brûle-pourpoint : « Êtes-vous ici en tant que membre du Komintern ? »

Le commentaire que fait Dolivet cinquante ans plus tard est assez amusant : « C'était la première fois que j'entendais ce nom. J'expliquai à Altman et aux autres que je n'étais là qu'en tant que représentant de Barbusse, qui m'avait demandé de l'aider à sauver le journal, et que j'étais déterminé à y réussir. Quelques semaines plus tard, Barbusse m'imposa comme rédacteur en chef. Je me battis pour garder *Monde* vivant pendant que Barbusse finissait un nouveau roman. »

Barbusse l'invita dans sa résidence du sud de la France et lui parla longuement de son prochain voyage à Moscou à l'invitation de Staline. C'est au cours de ce séjour en URSS que Barbusse va passer de vie à trépas... Dolivet arrêtera alors la publication du journal.

Au bout de tant d'années, Dolivet croit-il lui-même à une version qui fait complètement l'impasse sur son engagement politique de l'époque ? À l'évidence, cette version ne tient pas debout, car Barbusse, communiste convaincu, très lié au Komintern, n'aurait pas embauché un proche collaborateur qui n'eût pas partagé ses propres idées.

Reprenons donc le fil de sa vie au moment où Ludwig arrive à Genève et Grenoble, en novembre 1929 — cette fois à la lumière de ce que nous ont progressivement révélé les archives de Moscou, Amsterdam, Washington, Londres et Paris, et en précisant qu'il reste certainement des aspects qui se trouvent encore enfermés dans des cartons à Moscou et Washington. Le jeune Ludwig donne alors vraiment l'impression de savoir très exactement ce qu'il veut et où il va, comme s'il était chargé d'une mission. Malgré sa jeunesse, il est manifestement déjà rompu aux pratiques de la clandestinité. C'est ainsi qu'à Grenoble où il prépare un doctorat, il utilise le nom de Louis Legrand pour s'inscrire à la section du Parti communiste dont il devient rapidement le secrétaire. Il ne semble donc pas déraisonnable de penser qu'il était déjà engagé politiquement avant même d'arriver en Suisse. « Depuis 1927, lié à divers mouvements étudiants de gauche », est-il écrit dans sa notice biographique[1] envoyée de Paris au siège du Komintern, à Moscou, le 21 avril 1936. Il n'est pas surprenant que, tout jeune, Brecher ait été tenté par le communisme. La nation n'a pour lui pas grand sens, puisqu'il est juif autrichien par ses parents, hongrois de naissance, et qu'il s'est retrouvé, par les hasards des traités qui ont suivi la Première Guerre mondiale, avec un passeport roumain, vivant son adolescence à Cernauti, capitale d'une Bucovine où coexistaient une demi-douzaine de peuples et de religions. On peut imaginer qu'il regrettait le temps de l'Empire austro-hongrois, qui faisait vivre ensemble tous les peuples de la Mitteleuropa, et qu'il a vu dans le communisme dirigé depuis Moscou une possibilité de dépasser le problème lancinant des nationalités.

1. *In Le Grand Recrutement* de Thierry Wolton, Grasset, Paris, 1993.

S'il est Legrand à Grenoble, il est Brecher à Genève où, inscrit à la faculté de droit et à l'Institut des hautes études internationales à partir de l'automne 1929, il mène également une activité politique aux côtés du socialiste Léon Nicolle, d'ailleurs proche de Moscou[1]. « Depuis 1929, il est à la tête du théâtre prolétaire et militant dans différentes organisations de masse à Genève. Membre du PC suisse depuis 1931. En 1932 et début 33, membre de la direction cantonale du parti », affirme la note du Komintern déjà citée. À l'Institut, on le décrit comme « extrêmement doué et intelligent ». Raison pour laquelle il bénéficie d'une bourse. Son dossier d'étudiant (N° 116/34)[2] fournit des indications intéressantes sur sa vie. On le voit apparaître en novembre 1929, date à laquelle il demande l'équivalence de sa licence obtenue à l'université de Cernauti, pour préparer un doctorat ès sciences politiques. D'entrée de jeu, on a le sentiment que toutes ses études se concentrent sur la connaissance des rouages de la SDN, sur les problèmes de désarmement et de sécurité collective. En février 1931, il fait une tentative pour aller se perfectionner à Washington, à la Brooking Institution, et il prépare une thèse sur « les problèmes de l'agresseur ». En 1932, il est à la faculté de droit de Genève en même temps qu'à l'Institut où, cette fois, il prépare un travail sur... le « marxisme et le problème de la guerre ». Il obtient d'ailleurs encore 1 000 francs en 1932-1933 pour le mener à bonne fin, ce qu'il ne fera jamais... Son dossier permet de constater également son extrême mobilité : à l'automne 1929, il habite 12, rue Vallin, à Genève ; en juin 1930, il est en vacances à Pojarieta, en Bucovine ; en novembre 1930, le voici installé 4, rue des Vieux-Grenadiers à Genève. Il affirme être alors inscrit au barreau de Cernauti. En mai 1931, il est à nouveau à Pojarieta. Toujours en mouvement, Brecher bouge autant physiquement que dans sa tête. On peut néanmoins remarquer que toutes ses adresses à Genève se situent dans un même quartier, celui de La Plaine, là où se concentrent les pôles d'intérêt de Ludwig : l'université, la salle communale

1. *In* NARA, *Louis Dolivet*, anonyme, non daté. Records of Charles Bohlen, RG 59.

2. Consulté à l'Institut universitaire des hautes études internationales.

d'où partent tous les mouvements impulsés par les communistes et par les socialistes, et la famille Kleinmann qui est devenue à Genève son foyer d'adoption. Le couple Kleinmann[1] constitue assurément une clé importante pour comprendre la trajectoire de Ludwig Brecher, même si lui aussi présente de grandes zones d'ombre, en dépit de la volonté de ses deux enfants de faire la lumière sur leurs parents, sachant que, quoi que ceux-ci aient fait, c'était à n'en pas douter pour la bonne cause...

Paul Kleinmann est né en 1893 à Pietrokov, ville tantôt russe, tantôt polonaise, ce qui ne change pas grand-chose pour les Kleinmann : les Juifs sont aussi mal vus d'un côté quc de l'autre. Le grand-père de Paul était rabbin, mais lui est athée. À Pietrokov comme dans toute l'Europe de l'Est, la communauté juive bouge ; elle se partage entre l'adhésion au sionisme, au communisme ou au Bund (qui a pour objectif de regrouper le prolétariat juif). Paul, qui parle yiddish et apprend le métier d'horloger, a rejoint les Jeunesses du Bund. Il est même trésorier de sa section ; il apprend là les techniques élémentaires de la clandestinité. Il a en effet la redoutable charge de protéger la liste des adhérents de sa section. Pour ne pas être enrôlé dans l'armée tsariste, il fuit Pietrokov. Il ne sait pas encore quelle sera sa destination finale : la France, l'Amérique ou la Palestine... ? En attendant, il se retrouve clandestin à Bienne, capitale horlogère de la Suisse, où il va exercer son métier.

En 1915, il rencontre Marie-Élise Lerch qui prépare une école hôtelière. Fritz, le père de la jeune fille, ne voit pas cette rencontre d'un mauvais œil, car il repère tout de suite que le jeune Paul, outre qu'il a l'air travailleur et de bonne constitution, a des idées « avancées ». Ce n'est pas pour lui déplaire. Fritz est un ancien ouvrier des Ateliers centraux des Chemins de fer fédéraux (CFF), maintenant garde-barrière à côté de Bienne. C'est un syndicaliste engagé qui a monté une coopérative dans son petit village et qui participera activement à la grève générale de 1918.

1. Entretien du 27 novembre 1997 à Genève avec André et Georges Kleinmann.

Paul est follement amoureux de Marie mais n'a pas de papiers et ne peut donc l'épouser. D'un commun accord entre les jeunes tourtereaux et les Lerch, on convient qu'il est préférable pour Paul et Marie de partir se fondre dans l'anonymat de Genève pour éviter le scandale. Paul voudrait néanmoins régulariser sa situation et essaie d'obtenir des papiers au consulat de Pologne. Sans succès. Il prend conseil à l'hôtel de ville où un fonctionnaire compatissant lui conseille de se marier religieusement : « On sera bien obligé de vous marier civilement, si vous vous mariez religieusement... » Paul et Marie se concertent : va-t-il devenir luthérien, comme Marie ? Catholique ? Non, impossible ! Ils décident d'aller voir un rabbin. Pour Paul, Marie est prête à devenir juive. Le rabbin se montre compréhensif, mais dit à Marie qu'il lui faudra cinq ans d'études. Ils discutaillent ; le rabbin ramène le délai à trois ans. C'est trop long. Ils souhaitent se marier le plus rapidement possible. Paul et Marie retournent alors voir le jeune fonctionnaire de l'état civil : « Nous n'avons pas envie d'attendre trois ans pour nous marier ! » Le fonctionnaire les emmène visiter la salle des mariages. Il leur dit : « Je ne vous parle pas, je parle aux murs... Si la demoiselle tombait enceinte, le rabbin réduirait sans doute les délais de conversion... » Paul et Marie suivent le conseil et se retrouvent bientôt devant le rabbin. Les choses sont alors rondement menées. Marie se convertit au judaïsme, puis épouse Paul, et légalise enfin leur union le 1er mai 1920. Paul obtient ensuite la nationalité suisse, mais, malheureusement, Marie fait une fausse couche...

Paul reprend son métier d'horloger et monte un petit magasin. Durant les années 20, les Kleinmann sont plutôt heureux, sauf à subir quelques assauts d'antisémitisme, ce qui était, à Genève comme dans le reste de l'Europe, monnaie courante. Paul a gardé ses idées, mais veille à ne pas en faire état. En 1923 naît le petit André, et, sept ans plus tard, Georges.

La crise de 1929 touche directement les Kleinmann. L'horloger est obligé de fermer boutique pour cause de faillite. Les temps sont alors très durs, mais Fritz Lerch fait ce qu'il peut pour venir en aide aux enfants. Marie décide de reprendre son métier et ouvre, en 1932, une pension au 1, rue de la Muse, en face de l'université. Une époque « hautement émotionnelle », se souvient André Kleinmann. Avec des manifestations violentes réprimées par la violence. D'un côté, les nationaux fascistes, avec Georges Oltramare ; de l'autre, les forces antifascistes, avec Léon Nicolle.

Un jour, un jeune étudiant arrive rue de la Muse. Il cherche une « pension bon marché ». Tout de suite, Marie est séduite par Ludwig Brecher qui a beaucoup de points communs avec le jeune Paul débarquant de Pietrokov. Ludwig lui raconte son histoire — enfin, une partie, car il n'a jamais confié toute sa vérité à une seule et même personne...

Il manque en effet des enchaînements dans la vie de Ludwig Brecher entre 1929 et septembre 1933, date de son arrivée en France. Par exemple, a-t-il débarqué par hasard chez les Kleinmann ? Il s'est rendu plusieurs fois à Paris à la suite du congrès d'Amsterdam : quand et pourquoi ? Il était à Berlin d'octobre 1932 à janvier 1933, officiellement pour consulter des ouvrages à la Librairie prussienne en vue de terminer son mémoire sur le marxisme et la guerre. Or, on sait par la consultation de son dossier d'étudiant qu'il ne s'agissait là que d'un alibi, puisqu'il n'a jamais terminé son travail à l'Institut. Il est probable qu'il se trouvait à Berlin, siège du Komintern pour l'Europe, afin de travailler avec Willi Münzenberg et un kominternien hongrois, Louis Gibarti.

Quand Ludwig Brecher s'installe à Paris, en septembre 1933, c'est déjà un cadre rompu du Komintern. Il travaille désormais en étroite relation avec Münzenberg[1]. Il a été remarqué depuis longtemps pour sa vive intelligence, son aptitude à pénétrer tous les milieux, son don des langues, ses capacités dialectiques, sa fougue, sa séduction, son désir éperdu de convaincre. Marie Kleinmann est la personne qui savait ; mais les enfants de Marie ignorent ce que Ludwig racontait à leur mère. Pour eux, il avait des « atomes crochus avec la famille et, très rapidement, il s'est insinué » en elle. André se montre le plus loquace sur cette période : il avait en effet une dizaine d'années quand le Roumain s'est installé à la pension. Il le voit comme une sorte de grand frère devenu, pour lui et son cadet, un modèle. Ludwig est en

1. *In* NARA, *Louis Dolivet*, anonyme, *op. cit.*

effet un grand séducteur ; il refait continuellement le monde, le décrivant comme un paradis possible si les forces de progrès viennent à l'emporter, ce qui ne dépend que de l'action et de la force de conviction des hommes. André et Georges ne se souviennent pas que Ludwig ait parlé de son engagement communiste, mais ils pensent que leurs parents ont reçu cette confidence, entre beaucoup d'autres. D'autant plus que je leur fais découvrir un aspect de leur père qu'ils ne connaissaient pas.

Je leur fais lire une note[1] du 11 janvier 1937 écrite par l'agent Prokesch, qui relate son « enquête sur le nommé Besuchet Lucien, pour émigration horlogère en URSS ». Besuchet est un ouvrier qui a été arrêté par la Sûreté de Genève. Il était porteur d'une convocation à l'Umsiedler-Bund lui enjoignant de se trouver le 8 janvier, à 11 heures, à l'hôtel des Bains d'Annemasse, pour discuter de son émigration en URSS avec une délégation russe du « Commissariat du peuple ». Besuchet, au chômage, avait décidé de s'expatrier en URSS. Il savait qu'il y avait déjà eu des départs en juillet et décembre 1936 ; que les candidats au voyage se rendaient à Marseille et y prenaient un bateau pour Odessa. L'Umsiedler-Bund, ou « Association de colonisation collective », créée par le docteur Marti, ancien chancelier de la ville de Bienne, capitale horlogère de la Suisse, avait pour but de faire venir de Suisse à Kouïbychev (anciennement Samara) quelques centaines d'ouvriers horlogers. La note de l'agent Prokesch révèle que Paul Kleinmann était le responsable de cette assocation prosoviétique pour Genève et que, lors d'un contrôle de police effectué en novembre 1932, les Kleinmann hébergeaient un étudiant communiste bulgare, Athanas Teodoroff Loukanoff. L'accueil réservé à Ludwig n'était donc probablement pas dû au hasard. La pension Kleinmann était pour le moins favorablement disposée à l'égard des envoyés de Moscou et des communistes...

Cette pension, telle que la décrivent les fils Kleinmann, était en tout cas ouverte aux chômeurs qui savaient trouver là un couvert, même s'ils n'avaient plus d'argent. « La pension offrait générosité et discrétion. » Ouvriers et intellectuels savaient qu'on

1. Archives fédérales de Berne, E 4320 (B) 1990/26.

pouvait venir y discuter en toute tranquillité. Au siège du Parti communiste suisse, on affirme aujourd'hui que les vieux militants parlent encore de ce lieu de rencontre. En tout cas, Ludwig trouve chez les Kleinmann une seconde famille. « Il y avait trois groupes de gens qui fréquentaient la pension : les pensionnaires ; les gens qui venaient là comme à la soupe populaire, parce qu'ils étaient dans le besoin ; les gens qui débarquaient avec une introduction. Sans parler des ouvriers et des étudiants qui étaient voisins. »

Marie devient la confidente de Louis et le restera jusqu'à sa mort : « C'était un activiste. Il discutait âprement, cherchant toujours à imposer sa façon de voir les choses. Mais il y avait un côté secret chez lui, voire un côté dissimulateur. C'était vraiment un intellectuel sûr de son fait, avec un très grand enthousiasme. Il lisait beaucoup et était un admirateur d'Alain... La séduction était pour lui comme un jeu. En une soirée, ça collait pour la vie entière. Le fait qu'il était favorable à l'émancipation des femmes avait facilité les relations avec ma mère. Louis était un grand séducteur. Nous avons connu nombre de ses conquêtes. Son grand amour a été Martha[1]. » André Kleinmann a une délicieuse expression pour parler de Dolivet : « C'était un *scotch* naturel. Il *scotchait* aux femmes ! » Louis était certes considéré comme un enfant de la maison, mais André était en général déjà au lit quand Louis faisait des confidences à sa mère. Il n'a donc pu en retenir que quelques bribes. Il se rappelle quand, en 1933, son père alla chercher un exemplaire de *Monde* et réapparut tout fier annoncer à Louis la publication de son premier article dans le journal d'Henri Barbusse... Après son installation à Paris, Ludwig reviendra souvent à Genève et descendra toujours à la pension Kleinmann. S'y installeront alors en même temps que lui des personnages qui ne recherchent pas la publicité : des Soviétiques comme Chvernik[2], par exemple...

En s'établissant à Paris, Brecher ne décide pas de devenir du jour au lendemain transparent, mais son engagement politique est tel qu'il a laissé de nombreux « petits cailloux » permettant

1. Probablement Martha Jansen, alias Lecoutre, Kac et autres.
2. Membre du comité central exécutif de l'URSS.

dès lors de suivre plus facilement son parcours, malgré des mémoires oublieux.

Après avoir été la cible de Moscou et du PC français, Barbusse et son journal *Monde* font l'objet de toutes les attentions du Komintern à la suite de l'énorme succès du congrès d'Amsterdam qui a réuni, certes, beaucoup de communistes, mais aussi un certain nombre de pacifistes et de socialistes sur le thème de la paix, décliné comme un soutien à l'URSS. Le Komintern a donné son accord pour que le congrès soit prolongé par la constitution d'un « Comité contre la guerre », basé à Paris.

Münzenberg, patron de la propagande du Komintern à destination de l'Ouest, est alors député communiste à Berlin. Il a d'abord été social-démocrate et a participé notamment à la création, avant la Première Guerre mondiale, de l'Internationale des Jeunesses socialistes aux côtés de Karl Liebknecht. Opposé farouchement à la guerre, il s'est rallié à la IIIe Internationale lors de la scission de la social-démocratie. Münzenberg n'a jamais été un communiste orthodoxe et s'est toujours intéressé aux campagnes paracommunistes. Il a ainsi joué un rôle déterminant dans le lancement de l'œuvre de secours aux affamés de Russie en 1921, et créera par la suite le Secours ouvrier international avec le concours du Komintern. Génie de la manipulation et de la propagande, il a lancé deux quotidiens et un journal illustré dont le principe sera repris ensuite en France par Lucien Vogel avec la création de *Vu*. Ces journaux obtinrent un immense succès. On put parler du « trust Münzenberg », qui comprenait également une grosse boîte de production de films. L'infatigable Willi, qui roulait à bord de somptueuses limousines, fonda également l'Internationale contre l'impérialisme et le colonialisme, dont l'action visait tout spécialement les possessions françaises... Au fur et à mesure de l'ascension de Hitler vers le pouvoir, il entra en désaccord avec la direction du KPD — le Parti communiste allemand —, prônant l'unité d'action avec les socialistes allemands et s'opposant notamment à Thälmann, le numéro un communiste. Le succès du congrès d'Amsterdam, qui était largement son œuvre, le remit en selle auprès du Komintern à un moment où il se trouvait fort contesté.

En 1932, voire probablement avant, Ludwig s'est trouvé intégré au « système Münzenberg », mais on ignore comment. Il est donc devenu à son tour un protagoniste de la cause. Installé à Berlin, Münzenberg compte la France parmi ses terrains d'action. Il se rend souvent à Paris, rencontre Barbusse, assure les liaisons avec Moscou. L'arrivée au pouvoir de Hitler en janvier 1933, puis l'incendie du Reichstag dans la nuit du 27 février, bouleversent complètement ce dispositif, et, par contrecoup, vont infléchir la vie de Ludwig Brecher, puis le devenir de Pierre Cot et celui de son entourage politique, à commencer par Jean Moulin.

L'arrestation du suspect Martin Van der Lubbe, qui avoue son appartenance au Parti communiste allemand, le KPD, déclenche aussitôt une chasse aux communistes dans toute l'Allemagne. Georgi Dimitrov, responsable du Komintern pour l'Europe, est arrêté, tout comme Ernst Thälmann, leader du KPD, et des centaines d'autres. Willi et sa femme Babette réussissent à s'enfuir et débarquent quelques jours plus tard à Paris. Willi contacte alors ses amis français, Lucien Vogel, le puissant propriétaire de *Vu* et du *Jardin des modes*, le diplomate Pierre Comert, qu'il a connu à Berlin, Barbusse, qui le met en rapport avec Gaston Bergery, député radical et membre d'« Amsterdam », lequel obtient du président du Conseil, Camille Chautemps, le statut de réfugié politique pour Münzenberg. Paris va dès lors devenir le siège occidental du Komintern et le centre de la lutte antifasciste. Des milliers de communistes allemands viennent s'installer en France et y bénéficient d'un ample élan de solidarité, notamment de la part des intellectuels. Willi va exploiter cette lame de fond contre Hitler, le nazisme et plus généralement le fascisme. André Gide, André Malraux, entre beaucoup d'autres, animent un grand meeting contre le fascisme, le 21 mars 1933. Le slogan « Libérez Thälmann ! » est mobilisateur. Willi rachète les Éditions du Carrefour et fait paraître le *Livre brun*, terrible réquisitoire contre le fascisme et Hitler, qui devient un best-seller. Il décide également avec Barbusse de réorienter le Comité contre la guerre vers une lutte unitaire contre le fascisme. Les deux hommes envisagent d'organiser un autre congrès du genre « Amsterdam », en y associant cette fois les socialistes. Moscou et le PCF n'apprécient pas cette initiative : les sociaux-démocrates demeurent à leurs yeux des ennemis irréductibles, des « social-fascistes » qu'ils disent responsables de l'arrivée au pouvoir de Hitler. Ils réussissent à récupérer le mouvement et imposent la tenue à Paris de ce qu'on appellera le Congrès de Pleyel, au début de juin 1933. Un congrès qui reste sous leur contrôle. Barbusse et Münzenberg arrivent néanmoins à faire fusionner « Amsterdam » et « Pleyel » : le Comité mondial de lutte contre la guerre et le fascisme voit le jour à la fin d'août 1933.

Dans le même temps éclate une violente bataille pour le contrôle de *Monde* entre, d'un côté, Georges Monnet, de la SFIO, et Angelo Tasca, ancien fondateur du Parti communiste italien et ex-cadre important du Komintern, et, de l'autre, les chevau-légers de Münzenberg et Barbusse, parmi lesquels le jeune Brecher qui s'installe à demeure au début de septembre 1933. Brecher change une nouvelle fois de nom : il devient Udeanu et signe « L.-B. Udeanu ». Il est chargé de la normalisation de *Monde* et joue un rôle du même type au sein du nouveau Comité mondial. Il fait ses griffes alors que Barbusse est parti pour quelques semaines aux États-Unis afin d'y collecter de l'argent. Preuve, s'il en était besoin, de la confiance que placent en lui ses patrons : il devient le vrai responsable de *Monde* à l'âge de vingt-cinq ans ! Sitôt revenu de New York, Barbusse part en effet dans sa propriété du Midi pour entamer la rédaction de sa biographie de Staline, et laisse Brecher-Udeanu aux commandes. L'étonnement que celui-ci simule dans ses mémoires à l'énoncé de son appartenance au Komintern ne peut donc que faire sourire : Udeanu est devenu un grand cadre kominternien dans la mouvance de Münzenberg. Il réorganise *Monde*, idéologiquement et financièrement. En quelques mois, il chasse Angelo Tasca, Monnet et tous ceux qui souhaitaient lutter unitairement contre le fascisme. Fin 1933, début 1934, la ligne « classe contre classe » est toujours d'actualité, en dépit de quelques ratés. Le nettoyage et le renouvellement complet de l'équipe rédactionnelle de *Monde* prendront une année au terme de laquelle Udeanu aura embauché Nizan, Aragon, Fréville, Jean Lurçat, Moussinac et Jean Cassou ; le journal a retrouvé santé financière et prestige. Udeanu a encore le temps de marquer son propre espace idéologique : il commence par un petit papier, le 23 septembre 1933, pour arriver, à l'automne 1934, à publier de très grands articles. Il troque alors son nom d'Udeanu, en novembre, pour celui de Louis Dolivet.

Il n'y a pas de gros efforts à fournir pour interpréter les messages idéologiques de ses articles. Il est tout simplement le gardien de l'orthodoxie moscovite. Son premier papier, intitulé « Les jeunesses contre la guerre », publié le 23 septembre 1933, est terne, poussif, mais explicite. Après avoir raconté l'élan des jeunes arrivés à Paris pour assister au congrès mondial des Jeunesses contre la guerre et le fascisme, il pose la question : « Mais par quoi répondre à ce magnifique élan ? Répondre par un Front commun avec le capital français, sous quelque forme qu'il se cache, ou répondre par l'action commune de toutes les forces opposées à la guerre ? Les jeunes qui viennent à Paris ont opté pour la solution Anti-Capital, Anti-Guerre et Anti-Fascisme ! » Puis il termine par une apologie des jeunes venus d'URSS : « Les jeunes de l'URSS, les délégués de l'État qui a prouvé la vitalité du socialisme, sont des piliers de la lutte contre le fascisme et la guerre. C'est pour la première fois dans l'histoire de l'humanité qu'une telle fraternité entre les jeunes du monde entier a lieu... »

Le 28 octobre 1933, il fait la critique d'un livre d'un transfuge du Parti socialiste dans laquelle le « soldat de Moscou » classe Blum comme un « ennemi » qui ne mène pas une politique antifasciste, car une « politique antifasciste ne peut être qu'une politique anticapitaliste, une politique révolutionnaire ». Il explique que le plus grand espoir des socialistes dans le domaine international est la SDN, « la même qui, depuis sa fondation, est restée un instrument impérialiste, la même — est-il nécessaire de le répéter ? — qui a non seulement couvert, mais facilité une série de guerres de brigandage. C'est dans l'ère de cette même SDN que s'est effectuée la plus grande course aux armements, que la nouvelle guerre se prépare... » Brecher est alors un opposant violent à la SDN, quoi qu'il ait dit plus tard dans ses mémoires. Une SDN qu'il connaît bien, après une solide initiation à Genève dans un institut dont la spécialité était l'étude de cette organisation...

Dans un article du 11 novembre 1933 intitulé « Trois anniversaires », après avoir parlé de ceux de Mussolini et de Kemal Atatürk, il s'attarde longuement sur celui de la Révolution russe. Udeanu se livre à un éloge sans nuance de la patrie du socialisme, parce que le communisme russe a tenu les promesses qu'il avait faites : « Pourquoi cet anniversaire est-il plus heureux que les autres ? Parce qu'il est l'anniversaire d'une vraie révolution. C'est parce que toute possibilité d'oppression, toute possibilité d'exploitation, toute possibilité d'entraver le développement scientifique et culturel étaient abolies. »

L'éditorial de *Monde* qui suit les émeutes du 6 février 1934, approuvé évidemment par Udeanu, les analyse comme une étape pour la bourgeoisie française en vue de passer « des formes démocratiques de domination aux formes fascistes. Mais le prolétariat rispostera sans cesse, jusqu'à sa victoire. On ne peut s'arrêter ni d'un côté, ni de l'autre. »

Le 17 février, Udeanu consacre un papier à l'Autriche du chancelier Dollfuss ; le 24, à « la réforme de la Constitution », contre quoi il appelle à un large rassemblement opposé aux « forces de la réaction » ; le 3 mars, face aux menaces de guerre autour de l'Autriche, il demande de « se dresser contre tous les impérialismes, à commencer par le sien ».

Monde jubile quand Dimitrov est libéré « sous la pression des forces antifascistes ». Il publie une lettre de ce chef du Komintern, adressée le 31 mars 1934 à Henri Barbusse. Dans la même page, Udeanu manifeste sa joie d'ouvir les colonnes du journal au grand Dimitrov et appelle une nouvelle fois à la mobilisation pour faire libérer Ernst Thälmann : « Nous répondrons présents à votre appel, camarade Dimitrov !... »

Udeanu est maintenant bien installé dans son rôle de cadre kominternien et étend ses réseaux avec une aisance stupéfiante. Son caractère clandestin ne permet évidemment pas une étude exhaustive de son action. Toutefois, son principal collaborateur dans les années 1934-1936, le pacifiste et ex-vénérable du Grand Orient Louis Launay, a levé une partie du voile dans un document intitulé « *Communisme. L'influence communiste russe en France* », écrit en mars 1937 et destiné aux dirigeants de la SFIO[1]. Vis-à-vis de ce personnage qui l'a manifestement subjugué, Launay est partagé entre l'admiration et la peur : « Il est d'une intelligence remarquable et d'une activité qui, pour se montrer assez désordonnée, n'en est pas moins de premier ordre.

1. Münich. Institut für Zeit Geschicht. MA.700.

Il parle douze langues. Il est de caractère autoritaire et même violent, bien qu'il sache rester maître de lui dans les circonstances importantes... Nous n'avons pas, en vingt-cinq ans de vie politique, rencontré d'agitateur mieux doué ni plus redoutable. » Une action qui s'inscrit dans la perspective de la révolution mondiale, le « Komintern servant avant tout la politique de l'URSS dont la sécurité est considérée comme primordiale et passe avant les aspirations propres de toute section nationale communiste ».

Dolivet est devenu un des grands soldats de l'antifascisme, concept lancé à Moscou et qui est repris de bonne foi par beaucoup de ceux qui veulent vraiment combattre Hitler et le nazisme. Nombre d'antifascistes du milieu des années 30 auraient eu en effet la nausée s'ils avaient su que Staline les considérait comme des pions avancés de sa politique extérieure... Nous verrons plus tard comment Dolivet a développé un art d'utiliser ou de créer des associations visant à leur tour à contrôler des organisations plus vastes où sont attirés des personnalités et groupes non communistes. En dehors des comités et de *Monde*, il met ainsi sur pied le Centre international de documentation antiguerrière (CIDA) qui a pour mission de distribuer des papiers à tous ceux qui se lancent dans le combat antifasciste ; il se rend à Genève au nom de ce centre pour présenter des travaux à l'Institut des hautes études internationales.

C'est très probablement sur les ordres du Komintern qu'il a également tenté une pénétration de la franc-maçonnerie[1]. Louis Launay raconte que c'est lui qui mit en relation Charles Laurent, président du comité de la paix du Grand Orient, avec Louis Dolivet. On peut déceler ce rapprochement entre les francs-maçons et le pacifisme manipulé par Moscou en feuilletant le journal *La Paix* dont Louis Launay est un collaborateur. En février-mars 1934, on y relève un long article de Karl Radek sur la politique extérieure de l'URSS ; en juillet-août, Litvinov écrit un article sur « L'URSS et la sécurité » ; en août 1935, *La Paix* n'émet aucune réserve sur le *Staline* d'Henri Barbusse... Le Grand Orient aide le kominternien Dolivet dans son action inter-

1. Dossier Louis Launay, *op. cit.*

nationale en faveur de la paix, qu'il entreprend à compter de la mi-1936. Plus secrètement encore, Dolivet demande à sa grande amie Marie Kleinmann de venir à Paris se faire initier à la Grande Loge de France dans une loge d'adoption. Marie a été initiée le 9 juin 1934 à la « Nouvelle Jérusalem », loge qui prendra son autonomie en 1935 pour s'intégrer à l'Union maçonnique féminine de France qui, à son tour, deviendra le noyau de la GLFF. Dans sa loge, Marie fera la connaissance d'artistes comme Joséphine Baker. C'est avec un groupe de « sœurs » qu'elle partira, comme nous le verrons, en URSS en 1936...

Signe de son ascension, Udeanu, devenu Dolivet, est envoyé en Espagne pour « couvrir » la révolution et porter la bonne parole à ceux qui tentent, en septembre-octobre 1934, de renverser le pouvoir après des mois de grèves, de révoltes, d'annulation des acquis sociaux, de menaces de putschs carlo-fascistes. Les révoltes sont matées facilement les unes après les autres, sauf dans les Asturies. Là, toutes les forces de gauche sont unies. Cette fois, le Komintern ne prend pas peur et, le 10 octobre, son comité exécutif propose une action concertée à la IIe Internationale socialiste pour soutenir les mineurs espagnols. Mais trop tard : la rébellion de quelque 30 000 hommes armés est matée ce jour-là par le général Franco, la Légion étrangère espagnole et les troupes marocaines. Une répression sauvage va s'ensuivre.

On ignore ce que fit au juste Dolivet en Espagne. La plupart des fiches de police et les notes des services secrets disent qu'il est allé dans les Asturies faire la révolution, mais ne donnent guère de détails. Le seul témoignage que Dolivet ait laissé est un grand reportage consacré à l'Espagne et publié en novembre 1934 dans un numéro spécial de *Monde*. Sur deux pages, il raconte l'« épopée de Sabadell », cité voisine de Barcelone, que lui a narrée un membre du comité révolutionnaire. Reportage d'une grande orthodoxie idéologique. Les ouvriers anarchistes de Sabadell sont respectables « parce qu'ils n'ont pas voulu se contenter d'une phraséologie de communisme libertaire qu'on atteindrait une fois, un jour, on ne sait par quel moyen. Sur la base des expériences de leur vie même, de la classe ouvrière de tous les pays du monde, ils ont appris qu'aspirer à une société communiste, aspirer avec raison et non avec un mysticisme absurde, signifiait organisation syndicale forte, lutte par la revendication quotidienne, unité et action de classe. Action de classe sur le plan local aussi bien que sur le plan national... » Dolivet raconte combien ces ouvriers ont été heureux de prendre le pouvoir, qu'ils n'ont rien détruit, rien pillé — « pas une roue de cassée dans le mécanisme des appareils de transmission de nouvelles » —, comment ils ont entonné *L'Internationale*, puis comment la troupe a repris la ville. « Mais Sabadell n'est pas vaincue, car à Sabadell les ouvriers ont empêché que leurs camarades qui s'exposaient dans les premiers rangs soient congédiés. » Udeanu questionne alors son mentor du comité révolutionnaire :

« Et vous-même, que pensez-vous faire ?

— Moi, je voudrais aller en Union soviétique car, pendant quelque temps, je ne pourrai guère militer ici. Je voudrais, pendant un temps très court, voir ce pays qui constitue l'espoir des travailleurs de tous les pays, et ensuite je reprendrai avec plus de vigueur encore ma place dans la lutte. »

Dans *Monde*, on ne sent pas encore l'évolution vers le Front populaire prise par Maurice Thorez sous la pression des socialistes. On en est encore au « front unique » des ouvriers et des intellectuels. Pourtant, le 14 juin 1934 a eu lieu la première réunion depuis le congrès de Tours entre une délégation du PCF et une autre de la SFIO au siège de cette dernière, cité Malesherbes. Le 27 juillet, un pacte d'unité d'action contre le fascisme a été signé entre les deux partis pour faire face aux événements qui se précipitent en Europe. Hitler et Mussolini, eux, se sont rencontrés en juin ; le lendemain, le chancelier autrichien Dollfuss a été assassiné. En octobre, Jacques Duclos rencontre le chef historique du Parti radical, Édouard Herriot, et, peu après, Maurice Thorez se rend à Nantes, à la veille du congrès radical, pour lancer, malgré l'inquiétude du Komintern[1], un vibrant appel à la constitution d'un Front populaire englobant aussi ce parti. En fidèle cadre kominternien, Dolivet, lui, attendra les instructions de Moscou pour tendre la main aux valoisiens...

1. Voir *Histoire de l'Internationale communiste*, de Pierre Broué, Fayard, Paris, 1997.

La position de Dolivet à l'intérieur de l'appareil international est suffisamment assurée pour qu'il se sente en mesure de donner des leçons de révolution non seulement aux intellectuels et aux pacifistes français, mais aussi à des personnalités étrangères comme Léon Nicolle, le socialiste suisse qui préside aux destinées du canton de Genève. Celui-ci vient de subir un échec à un référendum sur les impôts, et cet échec pousse la droite à réclamer sa démission. Dolivet souligne que les difficultés de Nicolle doivent retenir l'attention du prolétariat international, car il a été l'un des premiers membres de l'Internationale socialiste à adhérer au congrès d'Amsterdam et à adopter une attitude favorable à l'URSS. La timidité des réformes est, selon lui, responsable de sa défaite : « Il fallait imposer la politique socialiste... Ainsi l'organisation de comités d'usine légaux et la lutte contre toute baisse des salaires, la formation d'une garde ouvrière antifasciste... » Dolivet reproche surtout à Nicolle — rappelons-nous qu'il a travaillé avec lui quelques années plus tôt — de ne pas avoir réalisé l'unité avec le Parti communiste. Il lui demande de rectifier le tir, d'avoir une politique révolutionnaire : « Il faut que Nicolle dénonce, devant le monde, de quelle manière les banques veulent diriger l'État, et comment les gouvernements sont à leur service... Le citoyen Nicolle et ses camarades comprendront que, dans la période où nous vivons, chaque place que la classe ouvrière a arrachée à la bourgeoisie est un avant-poste de la révolution mondiale, et qu'il faut la garder pour cette même révolution. »

Au fil des semaines, la lecture de *Monde* montre à quel point Louis Dolivet s'est affirmé comme le seul patron. Il prend position sur tous les problèmes français et internationaux : la rencontre Laval-Mussolini, le plébiscite de la Sarre, et, plus intéressant pour notre propos, l'activité de la Société des Nations. Nous avons vu comment, dans ses « souvenirs », Louis Dolivet affirme qu'il est venu à Genève, attiré par le « phare » de la SDN. Or, à cette époque, il n'y a pas pire adversaire de la SDN que Dolivet ! Le 25 janvier 1935, il y consacre un grand éditorial qui ne fait pas dans la dentelle : « Il est parfois ingrat, écrit-il, de devoir toujours détruire les illusions, d'avertir les peuples des dangers qui les menacent et de contribuer, sans pitié, à ce qu'une situation donnée soit véritablement comprise... Combien de fois des milieux pacifistes ne nous ont-ils pas reproché d'avoir attaqué trop fortement la Société des Nations et d'avoir constamment fait appel aux masses populaires pour sauvegarder la paix ?... » Tout le papier est de la même encre. Dolivet fait même de l'humour grinçant sur les hôteliers de Genève qui « sont restés les seuls à croire non pas en l'efficacité de l'institution du quai Montblanc, mais en sa force attractive pour les touristes ». Le kominternien pointe malgré tout le nez lorsqu'il signale un « événement important » qui s'est produit il y a quelques mois : « L'Union soviétique a adhéré à la SDN pour isoler davantage les deux puissances les plus provocatrices : l'Allemagne et le Japon. »

Le 15 mars 1935, Dolivet a une nouvelle poussée d'admiration pour l'URSS où « les commandants et les généraux ne sont pas issus de classes riches et possédantes, mais sont fils de paysans, d'ouvriers et d'intellectuels... Il n'y a pas des milliardaires qui deviennent fous de jouissance de leurs richesses et, d'autre part, des hommes qui meurent de misère ; il n'y a pas de chômeurs. C'est qu'en URSS, il n'y a pas de propriétaires d'usines automobiles, comme M. Citroën, de Paris, qui dépense des millions en une nuit dans un casino de Monte-Carlo pour faire ensuite faillite ; il n'y a pas de comtes ni de marquis qui vivent depuis deux, trois générations des richesses et des privilèges que leurs ancêtres ont arrachés à la société... »

En avril 1935, il se pose la question que la direction du PCF a tranchée sans avoir obtenu l'aval du Komintern : « Comment éviter une nouvelle guerre, comment s'opposer au fascisme sans renforcer l'impérialisme français ? » Il résiste à l'idée d'une alliance avec les bourgeois antifascistes. Il ne veut pas « abandonner les principes sacrés de la lutte révolutionnaire contre la guerre ». Le « principe sacré » suprême est d'appuyer l'URSS et sa politique de désarmement total.

Fin avril, il s'engage résolument dans la défense de l'Éthiopie agressée par Mussolini. Henri Barbusse considère que « laisser les mains libres à Mussolini, cela veut dire laisser les mains libres à Hitler. La guerre en Afrique, dans les circonstances actuelles, cela veut dire : guerre mondiale[1]. » L'idée émane-

1. Discours de Barbusse du 14 juillet 1935.

t-elle du Komintern ? Probablement. Barbusse est la haute figure qui lance les idées dans le public, et Dolivet les met en musique. Avec, cette fois, sa casquette de membre du Comité mondial contre le fascisme et la guerre, ce dernier prépare le mémorandum que Barbusse doit déposer à la SDN. Il fonce à Genève et organise son voyage. Avec ses amis communistes et pacifistes, il prépare un meeting privé en l'honneur de Barbusse, mais, quand l'écrivain se présente à la frontière, les policiers lui signifient qu'il est indésirable. Dolivet négocie avec les autorités de Berne qui accordent à son « patron » un permis de visite de douze heures, que Barbusse refuse. Finalement, l'auteur de *Jésus* et de *Staline* vient à Genève, parle aux 200 délégués réunis par Dolivet dans un café, puis remet son mémorandum au directeur de l'information de la SDN.

Paris est devenu la capitale de l'antifascisme. Moscou et ses agents ont de plus en plus de mal à canaliser toutes les initiatives, toutes les énergies mobilisées. Même les meetings organisés par des associations contrôlées par le Komintern débordent leur ordre du jour. La gauche en France est exaltée, solidaire, prête à se battre ensemble, en bousculant les vieilles haines et sans écouter les appareils. Les milliers de victimes du nazisme réfugiées à Paris sont pour beaucoup dans cette mobilisation. À l'exception de quelques dizaines d'apparatchiks du KPD, ces Allemands poussent à l'union de toutes les forces démocrates pour éviter l'erreur criminelle commise en Allemagne.

Le 14 juillet 1935 est une des journées d'exaltation qui ont jalonné cette période. À l'appel du Rassemblement populaire, récemment créé et présidé par Victor Basch, professeur à la Sorbonne et président de la Ligue des droits de l'homme, les « forces résolues à défendre la liberté », c'est-à-dire toute la gauche, se retrouvent en très grand nombre entre la Bastille et le cours de Vincennes. À l'issue de la manifestation, Victor Basch, encadré par le radical Daladier, le socialiste Blum et le communiste Thorez, lit le serment suivant :

« Nous faisons le serment de rester unis pour défendre la démocratie, pour désarmer et dissoudre les ligues factieuses, pour mettre nos libertés hors de l'atteinte du fascisme. Nous jurons, en cette journée qui fait revivre la première victoire de la République, de défendre les libertés démocratiques conquises par le peuple de France, de donner du pain aux travailleurs, du travail à la jeunesse, et au monde la grande paix humaine. »

Le 25 juillet 1935, jour où s'ouvre le VIIe congrès du Komintern, Dolivet publie un éditorial sur la « Politique internationale des antifascistes ». Il n'est pas à l'heure de Moscou. Si, comme à son habitude, il distribue ses conseils aux intellectuels et aux pacifistes, son discours est toujours aussi révolutionnaire. Le mot d'ordre demeure pour lui « lutte contre notre propre impérialisme... L'ennemi est dans notre pays... Oui, l'ennemi est dans notre pays, c'est le capitalisme, c'est le fascisme, ce sont les alliés d'Hitler dans notre propre pays ! » Il faut attendre le 22 août et surtout le 29 pour que Dolivet répercute le changement de stratégie opéré par le Komintern. Moscou est maintenant favorable au Front populaire pour lutter contre le fascisme. Thorez, acclamé comme une vedette, revendique *La Marseillaise* aussi bien que *L'Internationale*, et souligne que Dimitrov s'est prononcé pour une éventuelle participation à un gouvernement antifasciste. Virement de bord à 180 degrés, déterminé par le seul Staline pour les besoins de sa politique extérieure.

Ce changement de politique du Komintern a pour conséquence d'accélérer la négociation d'un « programme commun » entre le PCF et le reste de la gauche. Ce programme devient réalité en septembre. Les communistes en ont retiré tout ce qui pouvait heurter les radicaux. Le mois suivant, le président Daladier, appuyé par les « Jeunes-Turcs » — notamment Pierre Cot, Jean Zay et Pierre Mendès France —, fait approuver par leur congrès l'entrée des radicaux dans le « Front populaire du travail, de la paix et de la liberté ».

Après tous ces bouleversements, on sent Dolivet embarrassé, obligé de se livrer à des contorsions dialectiques. Il est vrai qu'il n'est guère facile de présenter maintenant les socialistes, hier complices des fascistes, comme de véritables alliés pour lutter contre le fascisme. Afin de ne pas commettre d'impairs, il cite beaucoup Dimitrov et prend son temps. Il affirme que Thorez a fait des déclarations très importantes, mais préfère attendre encore avant de les livrer à ses lecteurs...

Le travail de Dolivet n'est pas pour autant fini. Münzenberg, à qui Moscou a cette fois donné pour instruction de mener le combat antifasciste avec des organisations et des individualités

« bourgeoises », demande à Dolivet de prendre contact avec des personnalités susceptibles de populariser « son » combat. Ainsi, celles qui se battent depuis des années pour la sécurité collective, pour le désarmement à la SDN, notamment lord Cecil, Philip Noel-Baker et Pierre Cot[1], et qui s'intéressent également aux questions éthiopiennes. C'est donc en service commandé, après l'abandon du « classe contre classe », qu'il rencontre et séduit Pierre Cot, élargissant ses réseaux déjà étendus et puissants par cette recrue de marque. N'oublions pas qu'il n'a encore que vingt-sept ans et n'est arrivé à Paris que deux ans auparavant ! Dolivet a toujours été un activiste, mais, durant cette année 1935, il se multiplie. Il s'occupe aussi bien des intellectuels — il organise un prix littéraire de *Monde* à partir d'avril 1935 et siège comme secrétaire du jury aux côtés de Barbusse, Malraux, Aragon, Gide, Giono, Romain Rolland, entre autres écrivains antifascistes — que de l'évolution politique en Angleterre où il se rend maintenant fréquemment, muni de différents passeports. S'il rencontre clandestinement des membres de la direction du Parti communiste anglais[2], toute son activité officielle est axée sur le Parti travailliste, « parce que c'est de l'Angleterre que dépend, dans une certaine mesure, la solution », ainsi qu'il l'écrit dans *Monde* du 10 octobre 1935 : « Où va l'Angleterre ? Voilà la question que je me suis posée et que j'ai posée à ces nombreux Anglais du mouvement travailliste, du mouvement pacifiste — considérable en Angleterre —, à des personnalités des puissants syndicats anglais, à des intellectuels. » Dolivet estime que les Britanniques ont changé. Le congrès du Parti travailliste, à Brighton, semble l'avoir enthousiasmé. Il y a rencontré le docteur Hugh Dalton, membre de l'exécutif du parti, mais aussi sir Stafford Cripps. S'il regrette l'absence d'actions ouvrières envisagées par le parti, il souligne que deux facteurs lui sont apparus importants : l'amour pour l'Union soviétique — Litvinov y a prononcé un discours important — et le fait que « le Front populaire français apparaît aux Anglais comme la

1. Il est probable que Dolivet et Cot se soient déjà rencontrés, avant l'affaire éthiopienne, autour de Münzenberg, Gaston Bergery et Lucien Vogel.

2. Le contre-espionnage britannique a remarqué ses allées et venues et ses rencontres clandestines.

barrière la plus solide contre la menace fasciste... » Et Dolivet de terminer ainsi son article : « Vous me demandez où va l'Angleterre ? Eh bien, elle va vers nous ; son peuple l'engage sur le chemin lumineux de la paix et de la liberté ! »

Les différentes fiches le concernant, reprises par l'étude réalisée sur lui par l'OSS[1], affirment en outre que Dolivet est allé à Moscou en 1935, et plusieurs fois en Tchécoslovaquie.

1. *American Peace Organizations and Foreign Influence*, OSS, NARA.

6

La « 17e équipe » contre Blum

Depuis février 1934, les membres de la « 17e équipe » et quelques « nationaux », parmi lesquels le docteur Martin, se battent sur un double front : contre les dirigeants de l'Action française, largement responsables, selon eux, du maintien de cette « Gueuse » abhorrée, et contre les politiciens de gauche qui sont en train de former un Front populaire, encore plus honni puisque lié à Moscou et aux communistes. Ils poursuivent notamment de leur haine Pierre Cot, qu'ils disent être « appointé par les Soviets ».

Un conflit plus grave que les autres surgit à la fédération de Paris de l'AF entre les dirigeants royalistes et le groupe de Filliol. Ce dernier rédige un long mémoire qu'il fait signer par 97 Camelots, parmi lesquels Bénouville, Castellane, Magescas, Camaret, accusant les hiérarques Pujo, Calzant et Maxime Réal del Sarte de laisser le mouvement dépérir. Les excités du XVIe arrondissement sont aussitôt exclus du mouvement[1].

Peu de temps après, l'historien royaliste Jacques Bainville meurt. Le 13 février 1936, ses obsèques sont l'occasion d'une extraordinaire concentration réunissant l'Académie française, l'Action française, l'extrême droite et une bonne partie de la droite. Pierre Laval, Philippe Pétain, Paul Reynaud, Angelo Chiappe, Léon Bailby, Simon Arbellot et des centaines d'autres personnalités ont tenu à rendre hommage à l'ami de Maurras.

---

1. Eugen Weber, *L'Action française*, Fayard, 1985.

Le cortège emprunte la rue de Bellechasse, la moitié du boulevard Saint-Germain, le quai d'Orsay, et doit se disloquer sur le pont de l'Alma. En dehors des personnalités, des dirigeants de l'AF et des Camelots du roi, on remarque surtout les étudiants de l'AF, les Dames et jeunes filles royalistes, les interminables colonnes des sections AF de Paris et de la banlieue derrière un certain Raymond Richard dont nous reparlerons, et, fermant la marche, Maxime Réal del Sarte, Georges Calzant et les colonnes de Camelots du roi commandées par Pierre Juhel. À midi et demie, Léon Blum et le député socialiste Georges Monnet sortent du café Le Bourbon, situé à l'angle de la place du Palais-Bourbon et de la rue de l'Université, où ils sont allés serrer la main au maire de Laon et à ses adjoints. Monnet s'installe au volant de sa voiture ; sa femme et Léon Blum se glissent sur la banquette arrière. Monnet démarre vers le boulevard Saint-Germain mais est arrêté au carrefour par l'embouteillage provoqué par le cortège qui suit les obsèques de Bainville. Léon Blum est immédiatement reconnu. Des cris fusent : « Blum à mort ! Assassin, assassin ! » « Au poteau ! », « On va le pendre ! » Un attroupement malveillant se forme autour du véhicule. Des excités commencent à taper sur la voiture, à arracher les phares, à briser les vitres. Blum est blessé par les éclats de verre ; le sang excite les furieux qui tentent de lui assener des coups à l'arrière de la voiture. Des policiers tentent de s'interposer. Des ouvriers en bleu, juchés sur les échafaudages d'un chantier, au 98, rue de l'Université, en descendent et viennent protéger Léon Blum, puis le conduisent à l'abri de l'immeuble où ils travaillent...

Cette affaire crée un choc parmi la classe politique qui semblait jusque-là accepter toutes les outrances de la droite nationale. Elle réagit cette fois avec violence : « Une situation intolérable pour l'honneur de la République et l'honneur de la France touche à sa fin », déclare Édouard Herriot à l'Assemblée. Quelques heures seulement après l'agression perpétrée contre Blum, le Conseil des ministres décrète la dissolution de l'Action française, des Camelots et des Étudiants d'Action française. Les agresseurs de Blum ne sont autres que des dissidents de ce mouvement, pour l'essentiel des anciens de la « 17e équipe » regroupés autour de Filliol et de Castellane[1]. Bénouville, lui, suivait le cortège « parce qu'il sortait avec les nièces de l'historien », il a entendu les cris, a remonté le boulevard Saint-Germain et assisté, prétend-il, à la fin de l'agression. *L'Action française* du lendemain tente d'imputer cet acte aux « Faucons rouges » socialistes. L'événement contribue à radicaliser encore les positions des deux France. Si Moscou a abandonné le dogme « classe contre classe », une autre logique d'affrontement va désormais s'affirmer entre les « nationaux », qui rejettent en bloc la Révolution française et ses acquis, et, depuis l'avènement de Hitler, balancent entre sympathie pour le nazisme et peur de l'Allemand, et les antifascistes du Front populaire.

Le 16 février, ces derniers organisent une manifestation de masse pour soutenir Blum, provoquant l'ire des journaux conservateurs, notamment *Le Temps* qui dénonce les partisans du Front comme « les soutiens de la révolution, les adeptes du désordre social, les ennemis de la meilleure tradition française », dont les excès risquent de déchaîner à leur tour les pires violences. Pour les « nationaux » et une partie de l'armée, l'arrivée annoncée du Front populaire au gouvernement est une tragédie pour la France. La dissolution de l'AF les conforte dans l'idée que le temps des discussions est révolu, qu'il faut passer à l'action, car la gauche a engagé contre eux une lutte sans merci. Ceux qui partagent la même fièvre antibolchevique estiment qu'il est temps d'entrer en clandestinité pour relever le défi qui, selon eux, est lancé à l'Occident par le Komintern, l'organisation secrète communiste dont le siège est à Moscou. La victoire du *Frente popular* à Madrid est d'ailleurs analysée comme une victoire bolchevique, annonciatrice d'une victoire analogue de la gauche et de l'extrême gauche en France. Au sein de l'armée, le commandant Loustaunau-Lacau, qui dirige le cabinet du maréchal Pétain (lequel, après avoir été ministre de la Guerre dans le cabinet Doumergue, est membre du Conseil supérieur de la guerre), et le colonel Groussard, qui occupe une position clé à l'état-major, organisent des réseaux clandestins pour lutter contre la subversion communiste. L'organisation est baptisée « Corvignolles » et

1. Eugen Weber, *op. cit.*

s'infiltre dans toute l'armée avec la bienveillance de ses chefs. Les militaires observent de près les tentatives parallèles des « nationaux », notamment celle des anciens de la « 17e équipe » de l'AF, autour de Filliol qui a mis en avant Eugène Deloncle, un ingénieur à l'imagination aussi débordante que son ambition.

Comme tous ses frères d'armes, Deloncle rêve de reproduire le schéma exposé dans le livre qui fait fureur parmi eux, *Les Réprouvés* d'Ernst von Salomon : la création d'une fédération secrète des centaines de mouvements nationaux dispersés à travers le pays, de telle sorte qu'une véritable armée se tienne, à l'insu de ses propres membres, à la disposition d'un noyau clandestin. Déjà, début février 1936, Deloncle et ses amis ont créé le Parti national révolutionnaire et social (PNRS) avec l'aide financière de l'industriel Lemaigre Dubreuil. Quelques semaines plus tard, Deloncle, Groussard et le docteur Henri Martin lancent les bases de ce qui deviendra la « Cagoule », dont l'objectif ultime est de renverser la République au profit d'un régime fort de type fasciste, avec par exemple un Pétain à sa tête. Tout en conservant l'idéologie de Charles Maurras et Léon Daudet, cette organisation secrète terroriste témoignera peut-être d'une vigilance encore plus soutenue dans la lutte anticommuniste.

Quelques jours après le dîner fondateur réunissant le docteur Martin, le colonel Groussard et Eugène Deloncle, un conseil supérieur secret est créé. Il est entendu que chacun amènera un ou deux hommes sûrs, capables d'assumer le rôle de chefs. Après quoi, chacun recrutera de son côté pour l'organisation ou le groupe qui est ou deviendra le sien. Ce ne sont donc pas les représentants de mouvements, comités ou associations, mais des individualités qui doivent faire partie du conseil secret.

Le premier conseil supérieur qui siège après la victoire du Front populaire est composé de la manière suivante : Eugène Deloncle et celui qui était le chef de la « 17e équipe », Jean Filliol ; le général Henri Dusseigneur, héros de la Grande Guerre — sa croix de guerre s'orne de neuf palmes —, qui vient de demander sa mise à la retraite pour se consacrer à son combat national ; le colonel Groussard et son ami le colonel Heurteaux, lui-même très proche du Deuxième Bureau de l'air ; deux amis du docteur Martin, le professeur Vaudremer (proche du Deuxième Bureau) et Raphaël Alibert, alors maître des requêtes au Conseil d'État, lequel est entré dans l'entourage du maréchal Pétain par l'intermédiaire d'Henry Lemery, sénateur de la Martinique, garde des Sceaux dans le cabinet Doumergue (un Lemery qui a Bénouville comme chargé de mission). Ces chefs ne devront en aucun cas révéler à leurs organisations légales ou illégales leur appartenance à ce noyau secret. Dans ce type de système, des milliers de gens ne sauront jamais pour qui ni pour quoi ils travaillent : « Chaque nouveau cagoulard doit demeurer dans son parti ou mouvement, s'y créer une position privilégiée et pouvoir entraîner, le jour "J", des militants de bonne volonté qui seront cagoulards sans le savoir[1]. »

Il est intéressant de souligner que, dans ce club fermé, deux membres sont proches de la haute hiérarchie de l'armée de l'air : le général Dusseigneur et le colonel Heurteaux ; et que le « noyau dur » de cette organisation secrète est constitué pour une bonne part d'anciens de la « 17e équipe », les Bénouville[2], Castellane, Camaret, Magescas, tous amis de Filliol, lequel deviendra en quelque sorte le patron de son service « Action », chargé de perpétrer les coups de main, voire les meurtres.

1. *In* Henry Charbonneau, *Les Mémoires de Porthos*, Clan, 1967.

2. En 1936, Pierre Bénouville publie son premier livre, *Baudelaire le trop chrétien*, et ajoute une particule à son patronyme.

7

Le Front populaire

Quatre mois après la victoire du *Frente popular* outre-Pyrénées, le Front populaire remporte en France une victoire éclatante aux élections des 26 avril et 3 mai 1936, et le Parti socialiste, pour la première fois, devient le premier parti de France. Les conditions de l'exercice du pouvoir s'annoncent difficiles. Hitler vient de remilitariser la Rhénanie, Mussolini a conquis l'Éthiopie, et, avant même la constitution du gouvernement, un mouvement de grève se déclenche à l'usine Bloch[1], puis s'étend à l'automobile et à l'aviation. On dénombre près d'un demi-million d'ouvriers en grève quand Léon Blum, le 6 juin, forme son gouvernement qui ne comprend ni communistes ni cégétistes, mais au sein duquel les radicaux sont surreprésentés.

Un des premiers actes du gouvernement consiste à dissoudre les ligues factieuses. Les journaux de droite protestent et tempêtent et, autour des excités de la « 17e équipe », les « nationaux » entrent en clandestinité. Pour eux, c'est l'« Antéchrist » qui est au pouvoir. « Tout va très bien, monsieur le rabbin ! » crient les royalistes qui n'ont pas de mots assez sordides pour parler de Blum, ce « Juif névropathe »... Pierre Cot et ses amis se réjouissent de la dissolution de mouvements qui n'ont cessé de se déchaîner contre lui.

1. Marcel Bloch deviendra plus tard Marcel Dassault et le patron de Pierre de Bénouville.

Cot, qui aurait aimé occuper un poste politique, comme le Quai d'Orsay, est appelé à reprendre le travail de réforme qu'il avait amorcé au ministère de l'Air, d'autant plus qu'il n'a pas dû perdre la main, puisqu'il est à la Chambre le président de la commission de l'Aéronautique depuis juin 1935. Il demande aussitôt à son ami Jean Moulin, alors secrétaire général de la préfecture de la Somme, de le rejoindre comme chef de son cabinet civil. Il sait qu'il peut compter sur lui en toutes circonstances et que, de surcroît, Moulin est très proche de ses conceptions politiques : « ... il était le plus proche de ma pensée ; je dirai volontiers qu'il était le plus à gauche parmi les plus à gauche[1]... » Il fait également venir Pierre Meunier, lui aussi radical-socialiste, qui avait été appelé au ministère quelques jours avant la chute du cabinet, en février 1934. Meunier a gardé le contact avec Cot et Moulin au cours de ces deux dernières années, puisqu'il a été le secrétaire parlementaire de Pierre Cot tout en travaillant au ministère de l'Air. Celui-ci reprend également Henry Puget, conseiller d'État, qui n'est pas en politique sur la même longueur d'ondes que lui, mais est un serviteur de l'État très compétent et à qui le lie une très vieille amitié nouée sur les bancs de l'école. Dans le cabinet civil figurent aussi Jacques Kayser, journaliste réputé du *Temps*, Jean Langevin, fils du grand savant. Robert Chambeiron, un jeune socialiste qui faisait ses classes au 1er bataillon de l'air, viendra bientôt aider Pierre Meunier, malade, et restera à ses côtés. Nous verrons que de fortes personnalités rejoindront encore une équipe soudée autour d'un Pierre Cot qui est à la fois leur aîné, leur maître à penser, leur ami. Ils sont si unis qu'ils se voient en dehors du boulevard Victor, sortent ensemble, rient ensemble, s'enthousiasment ou s'indignent ensemble. Les haines que suscitent le Front populaire et plus particulièrement leur ministre les rapprochent encore davantage : « Des haines inexpiables s'exprimèrent en termes d'une violence inouïe, haines qui se nourrissaient non seulement d'antisémitisme, mais aussi du refus horrifié de la politique de progrès social qu'allait imposer le gouvernement : limitation de la durée hebdomadaire du travail à

1. Lettre de Pierre Cot à Henri Michel du 23 octobre 1963, CARAN.72 AJ 33.

40 heures, congés payés qui, pour la première fois, permettraient aux salariés de bénéficier de quelques journées de repos. “Plutôt Hitler que le Front populaire !” proclamèrent certains. Le ministre Salengro fut diffamé d'une manière si odieuse que, désemparé par tant de mauvaise foi, il se suicida... », se souvient Pierre Meunier[1]. Une certitude : toute l'équipe de Pierre Cot vit avec exaltation ces débuts du Front populaire, persuadée qu'ils vont peser sur le cours de l'histoire.

Le premier dossier que Jean Moulin traite en arrivant boulevard Victor est celui des grèves. Dans les usines d'aéronautique comme ailleurs, les ouvriers ont arrêté le travail pour toucher tout de suite les dividendes de leur soutien au Front populaire. Homme d'ordre et serviteur de l'État, il règle le problème en deux jours. Du coup, il est accusé par les négociateurs syndicaux de traiter les ouvriers en dictateur fasciste !

Ce problème réglé, il peut s'attaquer aux autres dossiers dont Pierre Cot l'a chargé. Il gère les questions de presse[2], les fonds secrets, les relations politiques et parlementaires, tous domaines qui donnent la mesure de la confiance que le ministre place en lui. Il participe activement avec un avocat, André Garnault, membre officieux du cabinet et intégré à la « bande », à la réorganisation de la production aéronautique. Tous deux préparent la nationalisation des principaux avionneurs, dans l'intention de bâtir un secteur moderne et décentralisé, à même de répondre aux besoins d'une armée de l'air capable de relever le défi nazi. Ce rôle de Jean Moulin explique que les accusateurs du procès de Riom lui feront porter une part de la responsabilité imputée par eux à Pierre Cot dans la défaite de 1940 du fait de la faiblesse de l'aviation française.

Il ouvre immédiatement un chantier qui lui tient beaucoup à cœur : la promotion de l'aviation populaire, avec la collaboration d'un ancien et glorieux pilote, devenu parlementaire, Sadi Lecointe. Il s'agit de susciter chez les jeunes un enthousiasme pour les sports aériens, réservés jusque-là aux milieux les plus

---

1. *In Jean Moulin, mon ami*, Éditions de l'Armançon, Paris, 1993.

2. C'est peut-être ce qui explique que les journalistes l'aient épargné, alors qu'ils chargeaient volontiers son patron.

fortunés. L'équipe Cot rêve de l'aviation pour tous, avec son école unique, sa gratuité, une sélection échappant aux critères de l'argent. Il y a évidemment là une arrière-pensée politique : les Croix-de-Feu du colonel de La Rocque ont beaucoup investi les aéroclubs et sont capables de faire survoler leurs manifestations, « comme une armée de campagne, par des pilotes amis », écrit Pierre Meunier. Celui-ci ajoute « qu'à l'époque, on était persuadé que les avions civils pouvaient facilement se muer en avions militaires. Il convenait donc de donner une formation aérienne aux jeunes issus des classes désargentées que nous estimions attachés à la République. » Jean Moulin affirma que cette action « allait enfin nous fournir une pépinière de pilotes qui nous manquaient face à ceux qui s'armaient outre-Rhin[1] ». Il convient tout de suite de souligner que les résultats furent loin de répondre aux espérances. Si l'aviation populaire « fabriqua » quelques milliers de pilotes brevetés, très peu entrèrent dans l'armée de l'air.

Afin de populariser l'aviation, Jean Moulin s'occupa beaucoup de raids aériens. Il soutint notamment la grande aviatrice Maryse Bastié (dont certains font au passage une de ses nombreuses conquêtes). Il lui envoya de l'argent pour continuer son voyage après qu'elle eut réussi la traversée Natal-Dakar. Et il la soutiendra encore dans ses futures entreprises. Mais il sera obligé d'assumer une rude défaite médiatique, en août 1937, quand trois Italiens surclassèrent les pilotes français dans une course Istres-Damas-Paris organisée par le ministère de l'Air.

La volonté de démocratisation d'une armée de l'air jusque-là ultraréactionnaire pousse l'équipe de Pierre Cot à monter tout un plan de restructuration par la promotion de nombreux sous-officiers, l'intégration d'officiers de réserve dans l'armée d'active et la libération de postes d'officiers supérieurs. Inutile d'épiloguer sur la façon dont cette « républicanisation » fut accueillie par une hiérarchie qui comptait parmi elle le général Dusseigneur, un des fondateurs de la Cagoule !

Tout ce que faisait Pierre Cot ne pouvait que provoquer des « haines inexpiables », pour reprendre la formule de Pierre

1. Pierre Meunier, *op. cit.*

Meunier, à l'intérieur comme à l'extérieur du ministère. Cohérent avec lui-même, Pierre Cot, l'antifasciste militant, croit plus que jamais que la seule façon de faire barrage aux ambitions de Hitler et d'empêcher la guerre est de s'allier militairement à l'URSS. Pour bien comprendre la suite de notre histoire, il conviendra de ne jamais oublier cette toile de fond. Pierre Cot et son collaborateur Jean Moulin avaient cette conviction chevillée au corps et militèrent pour que la France allât au-delà du pacte franco-soviétique initié par Laval et ratifié seulement en février 1936, en dépit des pressions du haut commandement militaire. Sans qu'ils fussent pour autant des « agents » soviétiques, ils ont souhaité avec la plus grande énergie que la France signe un pacte militaire avec l'URSS qui était alors une nation amie, puisque Paris avait conclu officiellement un accord politique avec Moscou. Cot et Moulin souhaitaient également qu'une intense collaboration industrielle s'instaurât entre les deux pays afin que la France se dotât rapidement d'une aviation capable de surclasser la Luftwaffe. À cette fin, les collaborateurs de Pierre Cot ont rencontré des responsables soviétiques, y compris bien sûr des « agents ». Ils partageaient l'empressement des Soviétiques à établir une étroite concertation, comme l'avait manifesté au mois de mars précédent le maréchal Toukhatchevski qui, lors d'une visite à Paris, avait plaidé auprès du haut commandement français pour une alliance militaire en bonne et due forme contre l'Allemagne. Leur choix était lucide et s'inscrivait dans une analyse géopolitique qui n'avait pas les connotations qu'on peut lui prêter aujourd'hui. Il traduisait à n'en pas douter une volonté farouche de défendre la France.

Pierre Cot fut donc le premier à préconiser la recherche d'un soutien soviétique. Dès juillet 1936, il reçoit une mission de représentants de l'aéronautique soviétique. Il encourage les relations entre industriels français et russes. Il participe avec Jean Moulin à un dîner organisé par son ami l'avionneur Michel Wibault, qui reçoit les trois membres les plus importants de la délégation soviétique. Le 27 juillet, il écrit à Yvon Delbos, ministre des Affaires étrangères, pour lui demander de saisir le Conseil des ministres afin qu'il soit autorisé à mettre en œuvre une collaboration aérienne internationale. Cot n'a pas attendu la réponse de Delbos pour encourager trois missions de parlementaires et d'industriels envoyées en URSS en août 1936. Les industriels Michel Wibault, Louis Breguet, Henri Potez et Kergustel composent l'une d'elles. Wibault, constructeur d'une trentaine de prototypes, revient enthousiaste de son voyage. Dans *Les Ailes*, il se dit « estomaqué par l'échelle de la technique aéronautique » soviétique. Mais, échaudé par les réactions de la droite à la tentative du gouvernement d'aider la République espagnole — sur laquelle nous reviendrons longuement —, Delbos répond le 23 septembre : il se dit d'accord, mais demande à Cot de prêter grande attention à la forme, de sorte qu'elle entraîne « le minimum d'inconvénients au point de vue politique ». Le ministre des Affaires étrangères insiste pour que les discussions soient limitées à l'aspect technique et soient entourées du « maximum de discrétion ». En fait, Cot souhaite ni plus ni moins demander aux Soviétiques de mettre certaines de leurs usines au service de l'effort de guerre français. La prudence de Delbos s'explique non seulement par sa peur des manchettes de *L'Écho de Paris* ou de *Gringoire*, mais par le fait qu'il est lui-même hostile à une extension du pacte franco-soviétique au domaine militaire, et parce qu'il sait que l'état-major y est lui aussi violemment opposé.

Début octobre 1936, Léon Blum, qui s'est déjà engagé secrètement auprès du PCF, du Komintern et de l'URSS à aider les républicains espagnols contre leurs adversaires nationalistes, rencontre en cachette à Genève, en marge d'une conférence de la SDN, Litvinov, ministre soviétique des Affaires étrangères. Le Soviétique a exigé que Delbos n'assiste pas à la rencontre, à la grande fureur du responsable du Quai d'Orsay. Les deux hommes ont beaucoup de choses à se dire. Blum et Litvinov abordent deux volets du même problème : la lutte antifasciste. Ils parlent de l'aide aux républicains espagnols, destinée à contrer Hitler et Mussolini, engagés auprès de Franco. Ils discutent également de la nécessité d'étendre le pacte franco-soviétique au domaine militaire afin de contenir la politique agressive du Führer. Le Deuxième Bureau, qui suit cette affaire de près, écrit deux jours après la rencontre que « Litvinov aurait obtenu que des conversations soient ouvertes d'ici deux ou trois semaines entre les deux états-majors ». Un rapprochement militaire Paris-Moscou semble cette fois en bonne voie, pour la plus grande satisfaction de l'équipe de Pierre Cot.

Quelques jours plus tard, le Comité permanent de la Défense nationale approuve la nouvelle politique qui doit aboutir à la conclusion d'accords d'états-majors avec l'URSS, mais aussi avec les pays de la Petite Entente : Pologne, Angleterre, Belgique et États-Unis. Cot, moteur de cette affaire, s'agite beaucoup. Le 6 novembre, à l'hôtel Matignon, sous la présidence de Léon Blum, une réunion entérine sa proposition de sonder le gouvernement de l'URSS « sur la nature et l'importance des appuis de divers ordres que ce gouvernement serait décidé à apporter, en cas de conflit, à la France et à ses alliés de l'Europe centrale et orientale ». Dans une lettre à Daladier, ministre de la Guerre, Cot écrit le 19 novembre : « D'autre part, et comme à vous, il me paraît également indispensable que ces conversations soient entourées du secret le plus absolu afin de ne provoquer de réactions d'aucune sorte[1]. »

Cot désigne l'inspecteur général de l'air Martinot-Lagarde pour se rendre à Moscou en mission temporaire. L'armée de terre nomme de son côté un représentant qui va s'installer lui aussi temporairement dans la capitale soviétique. Cot communique à Daladier les instructions qu'il donne à Martinot-Lagarde. Ce dernier posera aux Soviétiques les questions suivantes :

> « 1) Quelles sont les possibilités d'appui que le gouvernement de l'URSS envisage :
>
> a) au cas où l'Allemagne attaquerait la France seule ;
>
> b) au cas où l'Allemagne attaquerait la Tchécoslovaquie seule ;
>
> c) au cas où l'Allemagne attaquerait à la fois la France et la Tchécoslovaquie ?
>
> 2) Dans chacun de ces cas, quelles seraient, en détail, les possibilités du gouvernement de l'URSS en ce qui concerne :
>
> a) l'intervention de formations aériennes ;
>
> b) la livraison de matériels (avions, armement, matériels divers) ;

1. Ces notes figurent aux archives du Deuxième Bureau, au SHAT.

c) la livraison de matières premières ?

3) Ces interventions et ces livraisons seraient-elles envisagées seulement au profit de la France, ou simultanément au profit de la France et de ses alliés d'Europe centrale et orientale ? »

Cot se montre inlassable dans son combat. À ses yeux, il le pense et le répète, seule une alliance avec Moscou est à même de préserver la paix. Or, l'aviation soviétique est alors la plus puissante du monde...

Le 20 novembre, il écrit à Léon Blum afin de lui rendre compte de l'activité qu'il a déployée pour riposter au réarmement accéléré de l'Allemagne et de l'Italie. Il rappelle notamment qu'il a fait voter un plan triennal au terme duquel la puissance offensive de l'armée de l'air française doit être quadruplée...

8

Pierre Cot, coprésident du Rassemblement universel pour la paix[1]

Selon les vœux de Moscou, Dolivet a donc donné de l'ampleur au mouvement « Amsterdam-Pleyel » pour la paix et au Comité pour la défense du peuple éthiopien. Il a attiré dans ses filets trois personnalités non communistes : le conservateur anglais lord Cecil, le travailliste Philip Noel-Baker, et Pierre Cot. Mais le Komintern veut conférer maintenant une autre dimension au Mouvement pour la paix et faire de lui un vaste « Rassemblement universel pour la paix » dans l'esprit du VIIe congrès. Si toutes les démarches et manœuvres qui ont abouti au congrès de Bruxelles qui a créé officiellement le RUP en septembre 1936, puis l'a lancé sur la scène internationale, ne sont pas connues, on sait néanmoins certains aspects clandestins de cette opération qui s'inscrit dans la politique extérieure de Staline.

Louis Launay, principal collaborateur de Louis Dolivet à cette époque, a participé à l'une des premières réunions tenue début 1936 à Genève, et l'a racontée dans le document[2] qu'on a déjà cité. À l'occasion de la réunion du conseil général du RUP en formation, de discrètes rencontres ont eu lieu au 1, rue de la Muse, chez Marie Kleinmann, auxquelles assistèrent, outre Dolivet et Launay, Julien Racamond, ancien secrétaire de la CGTU, Nicolas Chvernik, secrétaire général de l'Union des

1. L'essentiel des informations sur le RUP provient de l'Internationaal Instituut voor Sociale Geschiedenis, à Amsterdam.

2. Munich, Institut für Zeit Geschicht. MA-700.

syndicats de l'URSS et patron de l'Internationale syndicale rouge, accompagné de son interprète, et quelques Suisses. « Les relations de Dolivet avec les Russes devenaient chaque jour plus évidentes », note Louis Launay à propos de ces rencontres.

André Kleinmann se souvient lui aussi du passage de Nicolas Chvernik à la pension. C'est d'ailleurs au cours de cette réunion que ce dernier lança à sa mère une invitation à se rendre en URSS. Marie, très consciencieuse, apprit le russe pendant six mois et trouva une occasion de se joindre à un voyage de six semaines organisé par les « sœurs » de la « Nouvelle Jérusalem ». À son retour, Marie, selon son fils, était très critique, racontant que dans les gares allemandes, les banderoles louaient « notre grand Führer », alors que dans les gares soviétiques elles louaient « le grand Staline ». « Tout ça, c'est la même saleté », disait-elle. « Elle n'en a pas pour autant perdu la foi socialiste », conclut André Kleinmann, convaincu que sa mère contribua à éloigner plus tard Louis Dolivet du communisme. Mais nous n'en sommes pas encore là...

Pour mettre sur pied le Rassemblement universel pour la paix, le Komintern a également organisé une réunion clandestine à Paris, à laquelle participent Willi Münzenberg et Louis Dolivet. Parmi les kominterniens convoqués figure le Suisse Humbert-Droz qui a raconté[1] les dessous de la constitution du RUP : « L'Internationale ne m'oubliait pas. Elle me donna l'ordre de participer, à Paris et à Bruxelles, à la préparation et au contrôle du grand rassemblement pour la paix du Mouvement Amsterdam-Pleyel, qui devait avoir lieu à Bruxelles en septembre 1936 [...]. Officiellement, le Mouvement Amsterdam-Pleyel contre la guerre était organisé par lord Robert Cecil et Philip Noel-Baker, mais, en réalité, par Münzenberg et l'Internationale communiste. Lord Cecil, Noel-Baker, Édouard Herriot, Pierre Cot et d'autres hommes de gauche faisaient partie du præsidium du congrès, ignorant naturellement qu'ils n'étaient que des marionnettes dont un comité d'organisation clandestin tirait les ficelles pour avoir en main la direction politique du

1. *In Dix ans de lutte antifasciste, 1931-1941*, La Baconnière, Neuchâtel (Suisse), 1972.

congrès de Bruxelles. Je puis l'affirmer, puisque j'en étais membre ! La réunion de Paris prit connaissance des instructions de Moscou : éviter toute attaque contre l'URSS et ses préparatifs de guerre, contre l'Armée rouge et le militarisme soviétique. Le congrès ne devait pas être pacifiste, mais exclusivement dirigé contre le danger de guerre nazi, contre les militaristes japonais, contre la rébellion de Franco en Espagne[1] et contre les États impérialistes. Münzenberg, qui passait pour être suspect à Moscou à cause de son indépendance, avait obtenu d'un groupe de personnalités cherchant la popularité et désirant voir leur nom figurer dans toutes les actions humanitaires et pacifiques le droit de signer les appels et les textes préparés à Moscou et publiés par lui au nom du Secours ouvrier international ou du Mouvement pour la paix, sans les soumettre à leur approbation préalable. Il avait ainsi réussi à obtenir les signatures de lord Robert Cecil, d'Édouard Herriot, de Pierre Cot et de beaucoup d'autres. Il choisissait, suivant le contenu du document, parmi les personnalités qui lui faisaient confiance, celles qui produiraient le plus d'effet... À la rencontre préliminaire de Paris, Smoliansky, alors rédacteur de *L'Internationale communiste*, Münzenberg et quelques autres militants communistes étrangers formaient la direction occulte du congrès ; parmi eux, un jeune communiste roumain, devenu secrétaire de lord Robert Cecil et qui, sous le nom d'emprunt de Dolivet, s'occupait très activement de l'organisation et de l'orientation politique du congrès... »

Avant de poursuivre, le lecteur aura compris que si, aux yeux de Humbert-Droz, Cot n'est qu'une « marionnette », la réalité est beaucoup plus complexe. L'antifasciste Pierre Cot étant d'accord avec les objectifs et les analyses de Moscou, peu lui importe que le RUP soit ou non contrôlé et encouragé par Moscou. De son côté, il est persuadé qu'il dispose d'une large marge de manœuvre à la tête d'un mouvement qu'il va coprésider avec un homme beaucoup plus réservé que lui à l'égard de Moscou. Il voit dans le RUP un puissant levier politique qui lui permettra

1. Nous pensons que cette référence à la « rébellion » de Franco est un anachronisme, car cette réunion racontée par Humbert-Droz se situe très probablement au plus tard en mai 1936. Le 22 mai, en effet, la *Pravda* parle longuement de l'appel pour le RUP.

d'élargir son champ d'action, lui qui n'a obtenu qu'un ministère réputé « technique ».

Laissons de nouveau la parole à Louis Launay qui a, dans un premier temps, tout assumé, puisque le siège du RUP, installé 6, rue de la Paix, est à son nom et que c'est lui qui a introduit Dolivet dans les milieux pacifistes : « Dolivet a été le véritable fondateur du RUP... Il en a été le pivot et l'animateur. Il agissait à Londres et à Genève, laissant croire à chaque endroit et à chaque personnalité que “les autres” marchaient. La rapidité et l'habileté de ses démarches [...] déterminèrent un petit mouvement de notabilités, suffisant pour lancer, de Genève, un premier manifeste qui prenait date et servait lui-même de tremplin... Les premières personnalités françaises qui appuyèrent effectivement le mouvement furent Pierre Cot, Salomon Grumbach, Léon Jouhaux, Julien Racamond... Les agents russes montraient une réelle discrétion, s'effaçant constamment afin de masquer davantage l'action russe... »

Louis Launay, qui a cru quelques mois que cet effacement tactique permettrait de faire avancer sa propre conception du pacifisme, a dû rapidement se rendre à l'évidence : « Le RUP avait pour but exclusif de servir la politique extérieure de l'URSS. » Il sert un Staline persuadé que la guerre est devenue inévitable avec les puissances fascistes : Japon, Allemagne et Italie. « Le RUP, poursuit-il, doit servir à déterminer un vaste et puissant courant d'opinion dans les démocraties contre les fascismes, et, sous couvert de la défense de la SDN, d'organisation de la paix, prépare une entente du maximum possible de tendances pacifistes et politiques autour de l'idée de lutte contre les ennemis de la paix, contre les fascismes. » À partir du moment où l'URSS a adhéré à la SDN, Moscou a changé son fusil d'épaule : de cible principale, elle est devenue l'objet de toutes les sollicitudes. Dans ses confidences à Louis Launay, Dolivet parlait d'« envelopper » ou de « pénétrer » la SDN en y installant des hommes favorables à ses thèses[1]. Le RUP ne va pas être le seul instrument de cette politique, même s'il restera le principal. À la même époque, un diplomate américain, Noel

1. *In* document cité.

Field, acquis aux idées communistes — et que nous retrouverons ultérieurement —, se fera nommer à Genève et y jouera également un rôle important.

Les raisons profondes qui sous-tendent la création du RUP ont été rapidement cernées, à Genève, Londres et Paris, par les milieux d'extrême droite aussi bien que par les socialistes qui se méfient des manœuvres moscovites. Pendant toute la durée de la vie du RUP, les attaques se multiplieront contre son inféodation à Moscou et au communisme... Poussées par les activistes d'extrême droite, les autorités helvétiques se montrent très méfiantes envers le Rassemblement qui doit tenir son premier congrès au début de septembre 1936[1]. Un bulletin de presse genevois, *L'Entente internationale anticommuniste*, publié par la Ligue Aubert, très étroitement liée au Deuxième Bureau[2] et dont l'objectif principal est la lutte contre Moscou, voit dans le RUP une « entreprise du Komintern ». Il cite un écrit de Dimitrov dans son numéro du 6 juin 1936 : « La lutte pour le maintien de la paix ne sera efficace que si les partisans de la paix dirigent leurs coups contre les instigateurs directs de la guerre dans l'arène internationale : contre le fascisme allemand et la clique militaire fasciste du Japon et contre les forces qui, à l'intérieur de chaque pays, les appuient directement ou indirectement. » Le gouvernement fédéral pose au RUP des conditions telles que Dolivet et ses amis décident de tenir leur premier congrès à Bruxelles, mais vont néanmoins installer leur secrétariat international dans les locaux de la SDN. Le RUP sera dès lors sous surveillance permanente, mais la lecture des dossiers de la police fédérale[3] montre qu'en dehors de la compilation des numéros de *L'Agence télégraphique*, l'organe du RUP, ses agents n'ont pas trouvé grand-chose. Les Suisses ne seront vraiment inquiets que lorsque de hauts responsables soviétiques voudront se rendre à Genève, par exemple Nicolas Chvernik, secrétaire général des syndicats ouvriers de l'URSS, devenu un des piliers du Rassem-

1. *In* Archives fédérales, E 4320(B) 1990/266, cartons 23 et 24. Pour Dolivet : E 4320(B) 1975/4 Bd 6.

2. Lire à ce sujet *Le Mystérieux Docteur Martin*, Pierre Péan, Fayard, Paris, 1993.

3. Archives fédérales de Berne, E 4320(B) 1990/266, cartons 23 et 24.

blement. Ils ne feront que le « tolérer » quelques jours. Inquiétude aussi quand le RUP décidera de créer à Genève une école spéciale de cadres pour l'étude de la propagande en faveur de la paix et de la SDN...

Autant l'acceptation de la coprésidence du RUP par Pierre Cot ne surprend personne — et ne fait qu'attiser la haine de ses adversaires —, car elle est cohérente avec ses engagements, autant celle de lord Cecil le conduit à se défendre, notamment contre les attaques d'*Univers*, journal catholique : « Il est vrai que les communistes participent à la propagande en faveur des quatre principes du RUP. Mais notre pays est encore libre, et même des communistes ont le droit de défendre la paix. Mais il est faux de dire que, d'une façon quelconque, des communistes contrôlent ou dirigent le RUP... Le secrétariat international a deux présidents, deux vice-présidents et deux secrétaires. Tous, sauf Dolivet, l'un des secrétaires, sont des non-communistes[1]. »

Genève n'a donc pas voulu du congrès fondateur du RUP, mais Bruxelles, après beaucoup de tractations et quelques restrictions, a accepté. Laissons une nouvelle fois la parole à Humbert-Droz qui était dans les coulisses pour le compte du Komintern : « Nous partîmes pour Bruxelles et logeâmes dans un grand hôtel où nous attendions les rapports sur la marche du congrès. Quand un orateur avait fait dévier la discussion ou critiqué la politique de Staline, nous chargions Dolivet de suggérer à lord Robert Cecil de prendre la parole pour s'opposer à ce que la discussion s'engageât dans cette voie. Ces mêmes suggestions pouvaient être faites aussi à Herriot ou à Cot. À la fin du congrès, un grand meeting eut lieu dans un des stades de Bruxelles où, à côté d'autres orateurs, Marcel Cachin magnifia la politique de paix et de lutte antifasciste de l'Union soviétique. »

Trois mille délégués de trente-deux nations ont applaudi pendant trois jours des slogans pour la paix dont la meilleure définition fut alors donnée par Victor Basch, président de la Ligue des droits de l'homme : « Ce Rassemblement sera à l'échelle mondiale quelque chose d'analogue au rassemblement

1. Dans une édition spéciale de *L'Agence télégraphique* de février 1937.

populaire que nous avons réalisé ici[1]. Nous allons faire un rassemblement mondial avec un objectif : la lutte contre la guerre. Cela implique au bout du compte deux autres objectifs, savoir : la lutte contre le fascisme et la lutte contre la misère[2]. » La charte officielle se résume en quatre principes :

> « 1) inviolabilité des obligations des traités ;
>
> 2) réduction et limitation des armements par accord international et suppression des profits résultant de la production des armes ;
>
> 3) renforcement de la SDN pour prévenir et arrêter les guerres par l'organisation la plus efficace de la sécurité collective et de l'assistance mutuelle ;
>
> 4) établissement dans le cadre de la SDN d'un mécanisme pour remédier aux situations internationales susceptibles de provoquer la guerre. »

Si tous les délégués — parmi lesquels André Malraux — sont d'accord sur ces principes, les non-communistes comme lord Cecil ont du mal à être enthousiasmés par certaines manifestations décidément trop « rouges ». « Le délégué de l'Espagne, Carlos Alvarez, salue, le poing fermé. Une partie de la salle lui répond du même geste. Toute la salle l'acclame en criant : "Vive l'Espagne !" C'est en vain que lord Robert Cecil, affolé, rouge de honte, étend les bras dans un geste qui réclame le silence. Les clameurs redoublent. Elles ne cesseront que pour reprendre quand l'Espagnol, poing toujours dressé, réclamera la paix à tout prix[3]. » Quand le pasteur Jézéquel annonce l'arrivée de la « Pasionaria », « des acclamations enthousiastes et prolongées accueillent la fameuse député des Asturies et trois miliciens espagnols. Ceux-ci prennent place parmi les autorités. À ce moment, des cris s'élèvent de la foule : "Des avions pour l'Espagne ! Des canons pour l'Espagne ! Vive l'Espagne !" L'émotion de la multitude et le bruit s'apaisent quand Marcel Cachin se lève pour prendre la parole. Mais voilà que des groupes de

---

1. Le Front populaire.
2. *In Paix et Liberté* du 7 juin 1936.
3. *In La Nation belge* du 4 septembre 1936.

congressistes entonnent *L'Internationale.* On les rappelle à l'ordre, car l'hymne révolutionnaire a été proscrit de cette manifestation[1] ».

Le congrès mondial de Bruxelles duquel sort le RUP est un succès, malgré les tensions internes entre lord Cecil — qui devient coprésident du Rassemblement avec Pierre Cot — et les kominterniens pour le contrôle de l'appareil. Cecil veut imposer au secrétariat Mme Rose Manus, qui passe pour être de l'Intelligence Service. Manus est éliminée par Dolivet. En guise de compensation, un centre est créé à Genève, dirigé par miss Allen pour satisfaire les Anglais (Allen aurait aussi appartenu à l'Intelligence Service, selon Thierry Wolton). Un centre est également créé en Belgique à la demande de la IIe Internationale et du militant socialiste de Brouckère.

Le RUP est une réalité. Dolivet a réussi à rassembler un nombre impressionnant d'associations et de groupements du monde entier, de dimensions inégales, dans un savant patchwork qui réunit des syndicalistes, des coopérateurs, des hommes d'église, des femmes, des universitaires, des anciens combattants, des aviateurs, des écrivains et artistes, et parmi lequel seul l'immigré juif roumain parvient à s'y retrouver. Ce rassemblement sera d'autant plus efficace que, sur le devant de la scène, des personnalités attirent sur elles la lumière et laissent dans l'ombre ceux qui agissent et dirigent dans la coulisse. Parmi elles, lord Cecil, Pierre Cot, Philip Noel-Baker, le pasteur Jézéquel, Gabrielle Duchêne, présidente du Comité mondial des femmes, Gaston Prache, socialiste, membre de l'Union internationale des coopératives, Léon Jouhaux, patron de la CGT, etc.

Bientôt, Dolivet pourra revendiquer « 5 millions de syndiqués ; 3 d'anciens combattants ; 2,5 de familles de coopérateurs ; 1,5 de paysans en France, et 400 millions dans le monde entier... » Dès septembre 1936, il installe le secrétariat international du RUP dans les locaux genevois de la SDN, au 39, quai Wilson. Le RUP ne soutient-il pas toutes les causes de la SDN, et vice versa ? Il monte bientôt un service d'information. Le dossier de Dolivet figurant dans les archives de la SDN montre

1. *In Lettres de Rome* du 11 décembre 1936.

qu'il était vraiment chez lui au palais Wilson. Il fait la navette entre Paris et Genève. En quelques mois, « monsieur Dolivet » fait figure de personnage important, même s'il en agace beaucoup. Son carnet d'adresses est impressionnant. À partir de septembre 1936, il passe pour un proche collaborateur du ministre de l'Air — « il peut le déranger à toute heure du jour et de la nuit[1] » —, même si cette collaboration n'est pas alors du même type que celle d'un Jean Moulin, puisqu'il est là sur ordre, en mission pour le compte du Komintern. Dolivet a donc deux patrons. Situation qui ne peut être que provisoire, surtout pour un homme aussi intelligent et ambitieux. Quoi qu'il en soit, pour Pierre Cot, le RUP est une affaire de haute importance, et Dolivet devient donc un personnage de premier plan parmi son entourage. Cautionné par Cot et lord Cecil, ce dernier peut contacter ministres, députés, responsables syndicaux et tous ceux, nombreux, qui se sont engagés dans le combat antifasciste, en France et dans le reste du monde. On le verra sur les estrades aux côtés des officiels, il deviendra l'ami de plusieurs ministres espagnols, du pandit Nehru, du président Beneš, de lord Cecil et de Philip Noel-Baker, de Joseph Paul-Boncour, ancien président du Conseil, délégué permanent de la France à la SDN et fervent supporter du RUP. Il devient proche d'Abel Gance, qui s'ajoute aux Malraux, Romain Rolland, Aragon, Julien Benda et autres écrivains et artistes de gauche à Paris. Intime aussi du grand journaliste américain Edgar Ansel Mowrer, du *Chicago Daily News*, qui milite lui aussi au RUP et s'intégrera à la « bande » de Pierre Cot. Mowrer est connu dans le monde entier pour ses chroniques sur la montée de l'hitlérisme, pour lesquelles il a obtenu le prix Pulitzer. Bref, Dolivet s'est constitué un exceptionnel réseau de relations et, malgré son jeune âge — il a sept ans de moins que Moulin —, il est devenu socialement une « personnalité ».

Pour gérer l'instrument de propagande qu'est le RUP, Louis Dolivet recrute d'abord des kominterniens fidèles, tisse une toile efficace dont la pension genevoise de la rue de la Muse et les

1. Dossier RGPP. Archives centrales n° 33412.

Kleinmann constituent un des relais importants, et réussit à réunir les moyens de mettre en œuvre sa politique.

Johanna Jurr, ensuite connue sous le nom de Herta Tempi, [1], va être l'assistante-secrétaire-traductrice-maîtresse dévouée que l'on retrouvera régulièrement à ses côtés au fil de notre histoire. Elle est arrivée en France avec un passeport allemand au nom de Maria Sonn, mais se fait appeler Johanna Jurr. Née le 19 août 1907 à Berlin, elle a été licenciée de la Reichsbank et poursuivie par la Gestapo. Son ex-mari est condamné à la prison perpétuelle pour propagande communiste et détenu à la prison de Brandebourg, à Berlin. Elle vit rue Saint-Jacques avec Louis Dolivet. C'est elle qui va assurer les liaisons avec le RUP de Genève et les milieux de la SDN. C'est dans le cadre de ces liaisons qu'elle rencontrera Noel Field, le diplomate américain communiste. Elle deviendra secrétaire du bureau du RUP de Genève en novembre 1939. À cette date, Herta Tempi vivra avec Cyrille Znosko-Borovsky, né le 20 juillet 1912 à Saint-Pétersbourg, lui aussi agent appointé du Komintern.

Plus importante (du point de vue de Moscou) que Herta sera Martha Jansen[2], née le 15 novembre 1903 à Varsovie. Elle s'est mariée à Vienne avec un autre Polonais d'origine, Stanislas Szymanczyk, dit « Staro », alors journaliste et économiste. Le couple kominternien s'installe ensuite à Berlin. Elle travaille comme traductrice à l'ambassade d'URSS ; lui collabore à un journal communiste. Tous deux sont inscrits au KPD, le Parti communiste allemand, mais Staro est un esprit indépendant, souvent en difficulté avec le parti. Martha arrive à Paris le 6 février 1934 et Staro la rejoint un mois plus tard. Après avoir travaillé à la représentation de l'Internationale syndicale rouge à Paris, elle entre au RUP comme « collaboratrice politique[3] ». Martha Jansen a également été la maîtresse de Louis Dolivet

1. Elle s'appellera aussi Sommerfelt Berthe Émilie. Dossier RGPP déjà cité.

2. Alias Martha Staschek, ou Martha Kac, ou Martha Maloscyk. Elle a épousé le 26 janvier 1939 Roland Lecoutre, un mari de complaisance trouvé par Robert Chambeiron et Pierre Meunier.

3. Document daté du 19 décembre 1936, du kominternien Buhomil Smeral, chargé de superviser les différentes organisations pacifistes de Paris, parmi lesquelles le RUP, et publié par Thierry Wolton, *op. cit.*

avant de devenir celle d'André Labarthe. Elle est aussi un relais de Moscou à l'intérieur du RUP. Le mélange des genres pratiqué dans les milieux du RUP et du ministère de l'Air entre travail, idéologie et vie privée va provoquer de temps à autre des problèmes, comme la dénonciation, par une Martha Jansen jalouse, des pratiques financières de Dolivet en tant que commissaire du pavillon de la Paix à l'Exposition internationale de juillet 1937.

Maurice Panier est également un collaborateur dévoué du RUP qui va d'abord travailler pour Martha Jansen avant de le faire en prise directe avec Dolivet. Kominternien lui aussi, il a, selon Robert Chambeiron, fait ses preuves en Allemagne dans la propagande contre Hitler. Il faisait circuler et vendait des pellicules qui, au développement, laissaient apparaître des slogans opposés à Hitler et au nazisme. Il s'était fait prendre et expulser vers la France. De retour à Paris, il travaille d'abord aux Éditions Carrefour de Willi Münzenberg, puis est affecté au RUP. Il est membre du parti communiste français. Son engagement kominternien va se compléter d'un engagement clandestin aux côtés de Harry Robinson, cadre kominternien de l'OMS, branche du Komintern chargée des liaisons internationales, devenu le patron du réseau militaire soviétique de renseignement en France[1]. Pour bénéficier d'un large réseau opérationnel, Harry Robinson est devenu en outre, au sein du PCF, le patron de la MOI (Main-d'œuvre immigrée) qui regroupe les communistes étrangers en France.

La grosse machine du RUP nécessite de l'argent pour payer un personnel nombreux et faire face à de très gros frais de propagande. Ainsi le budget officiel pour 1937 est-il supérieur à un million de francs. Grâce à Pierre Cot, Dolivet obtient des subventions officielles, dont 100 000 francs du Quai d'Orsay, et fait rentrer un peu de liquidités grâce aux cotisations des associations. Dolivet affirme qu'il reçoit des fonds de généreux donateurs comme Langevin, Joliot-Curie ou Henri Barbusse. Louis Launay, premier collaborateur de Dolivet, affirme que le Komin-

---

1. Lire à ce sujet le livre de T. Wolton qui a révélé son importance, et l'article de Guillaume Bourgeois dans *Communisme* n°s 40-41, 1995.

tern se sert en réalité de deux banquiers amis pour ses opérations : le Suédois Olaf Aschberg et le Russe Dimitri Navachine, tous deux installés à Paris.

« Olaf Aschberg est manifestement un des financiers qui servent au Komintern pour ses opérations de transfert de fonds. Il est en relations étroites avec Louis Dolivet, qui fait avec lui des opérations de change et autres pour le RUP, et qui a déclaré en avoir reçu des subventions », écrit Launay[1]. Aschberg a monté pour le compte des Soviets la Banque commerciale russe, dont la filiale à Berlin a joué un rôle important dans les relations soviéto-allemandes, et plus généralement a aidé Moscou à sortir de son isolement financier. Il a été en relations étroites avec Münzenberg à Berlin et l'a aidé à se réinstaller à Paris. C'est par Münzenberg que Dolivet est entré en contact avec le banquier suédois.

Le banquier Navachine[2] rend lui aussi des services au Komintern et au RUP. Né à Moscou le 30 août 1889, marié en 1911, il a quitté son pays en 1921 pour s'installer à Paris. Les services français sont convaincus qu'il a été enrôlé à Rapallo, en avril 1922, par la Tcheka, ancêtre du KGB. Pour discuter de ses relations futures avec l'Allemagne, la délégation soviétique à la conférence de Gênes, dirigée par Christian Rakovski et Krassine, avait établi son quartier général à la villa Mimosa, à Rapallo : une maison d'apparence modeste, entourée d'un vaste jardin orné de glycines. Pour amadouer les « bourgeois » conduits par Poincaré et Lloyd George, Rakovski et Krassine, avec la bénédiction de LénineVladimir Ilitch, songèrent à recruter Navachine, émigré à Paris depuis l'année précédente. L'homme était bien introduit en Occident, notamment en raison de ses liens maçonniques. On disait qu'il avait été grand maître des loges de Kiev avant guerre ; qu'il avait de surcroît rendu d'insignes services à son pays, en 1917 et 1918, en Suisse et en Suède. Connu pour son intelligence et son ambition, il leur semblait être l'homme de la situation... Rakovski lui propose d'entrée de jeu de devenir l'agent officieux de la délégation soviétique. Navachine finit par

1. Document déjà cité.
2. D'après *Le Mystérieux Docteur Martin*, *op. cit.*, et CARAN F7/15987.

accepter la proposition. Et se retrouve bientôt face à Arthur Artouzov, patron du KRO, département du contre-espionnage de la Tcheka. Parmi ses attributions, Artouzov est chargé de surveiller les « contre-révolutionnaires » et s'occupe donc de la chasse aux « Russes blancs ». Le Letton lui fait immédiatement le signe de reconnaissance des maçons et lui rappelle l'importance du KRO en citant la phrase de Lénine à Dzerjinski : « Chaque membre du Parti communiste devra se souvenir que sa première tâche est d'assister le KRO dans son travail. » Comme Navachine semble hésiter, Artouzov lui parle du dossier très complet qu'il possède sur son compte : il sait que Navachine est un esprit distingué, qu'il est doué d'une intelligence ouverte, d'un caractère particulièrement souple, sans omettre bien d'autres détails plus précis[1]... Navachine n'a plus le choix : il accepte de faire parvenir un rapport chaque semaine à Artouzov. À compter de ce jour, il est inscrit sur le registre des agents sous le numéro 121... et propose d'emblée un plan destiné à relancer les échanges commerciaux entre l'Occident et l'URSS.

En 1924, Navachine revient à Moscou : preuve, s'il en faut, qu'il est bien vu des autorités bolcheviques. Puis il se réinstalle à Paris en 1926. Il prend un peu plus tard la direction de la Banque commerciale pour l'Europe du Nord dont les bureaux sont installés au 26, avenue de l'Opéra. Cette banque est totalement inféodée à Moscou et sert notamment aux transactions officielles et occultes entre l'Occident et l'URSS. Navachine entreprend dès lors de séduire le monde parisien de la politique et des affaires. Il peut revenir en URSS comme il l'entend. Ses amitiés sont éclectiques ; sa position de grand dignitaire de la franc-maçonnerie les facilite. Il a les mains encore plus libres après avoir quitté, en 1930, son poste à la « banque des Soviets ». Officiellement, il entend désormais se consacrer aux études économiques, au conseil de nombreux organes de presse, en même temps que de diverses sociétés, notamment la firme américaine Matford. Il se lie avec les planistes Jean Coutrot et Charles Spinasse, et surtout avec Anatole de Monzie et Pierre

1. Histoire racontée par *Candide*, qui a manifestement bénéficié des confidences des « services » français.

Cot. Depuis le début des années 20, en effet, Navachine a fréquenté le salon de Mme Decori où se réunissaient Painlevé, Herriot, Monzie, rejoints plus tard par Cot. En quelques années, Navachine s'est imposé dans le monde politico-économique, au point de faire partie de clubs de réflexion et d'émettre des propositions remarquées en matière économique. Il est devenu un homme d'influence dont les idées se situent, semble-t-il, à mi-chemin entre le capitalisme et le communisme, et seront largement reprises à l'époque du Front populaire. Il est si bien introduit que nul ne s'étonne de voir arriver ce Russe aux côtés d'un agitateur d'idées, un patron aux idées avancées, ancien polytechnicien, Jean Coutrot, dans le *brain-trust* du ministre de l'Économie du gouvernement de Front populaire, Charles Spinasse. Navachine a de l'entregent. On le voit chez les dirigeants des grandes banques de la place, en particulier Paribas et Worms. Normal puisqu'il est bien connu, dans les cénacles de la haute finance, qu'il est le meilleur sésame pour conclure des affaires avec le pays des Soviets. Notamment en matière pétrolière. Les barrières idéologiques ne sont jamais trop hautes pour les banquiers. Beaucoup, au début des années 30, ont envie de faire du *business* avec un pays aux si grosses potentialités. Avec son talent inimitable, Navachine ôte toute mauvaise conscience aux patrons qui pourraient encore hésiter à travailler avec les rouges, en diffusant dans les milieux économiques — notamment avec la bande de polytechniciens de Jean Coutrot — une image on ne peut plus présentable de l'URSS.

Navachine est affilié à la Grande Loge de France et s'est hissé au grade de chevalier Kadosch : 30ᵉ degré. Il a également des liens avec le Grand Orient de France et le Droit humain. Le 29 janvier 1934, il prononce à la loge « Akademos » du Grand Orient une conférence intitulée : « Quelques considérations sur la Révolution russe ». Le 16 janvier 1936, il parle devant les frères de la loge « Louise-Michel » du Droit humain sur le thème : « L'économie de demain ». Navachine devient le conseiller du journal radical-socialiste *La République* et de son rédacteur en chef Émile Roche. Il aide le périodique *Vu*, de Lucien Vogel.

Il n'est pas négligeable de savoir que le personnage est également lié à l'Espagne. C'est lui, en effet, qui a réglé la question du pétrole dans ce pays après le conflit opposant l'État espagnol aux « Majors » : le monopole espagnol s'approvisionne désormais exclusivement avec du naphte russe.

Personnage apparemment éclectique, Navachine navigue aussi dans les milieux russes blancs et pénètre ceux d'extrême droite. Les services français n'ont pas changé d'avis à son endroit depuis que le Bureau de contrôle des étrangers écrivait dans une note du 8 mars 1926 : « Le sieur Navachine est lui aussi un agent secret des Soviets. C'est un homme intelligent et fin qui peut leur rendre beaucoup de services. À surveiller de près[1]. » En 1932, à l'occasion d'un procès, on s'aperçoit que Navachine n'a pas du tout rompu avec les Soviets. Le Deuxième Bureau estime en 1935 qu'il est l'un des distributeurs de fonds des Soviets à Paris.

Le travail de Dolivet relève de la schizophrénie puisque ses patrons officiels sont le conservateur lord Cecil et surtout — pour des raisons de proximité — le radical Pierre Cot, alors qu'il n'occupe ce poste que par la volonté du Komintern et doit d'abord rendre compte à Willi Münzenberg, puis à Smeral, chargé tout spécialement par Moscou de surveiller le RUP à partir de décembre 1936. L'intelligence, l'activisme et l'incroyable séduction qu'il exerce lui permettent de s'acquitter avec brio de ses fonctions de grand chevalier de l'antifascisme. On remarque de plus en plus ses 190 centimètres dans l'entourage du ministre de l'Air, dont il devient un familier. Il abandonne au début de l'année 1937 ses bureaux de la rue de la Paix pour s'installer avec son équipe au 7 bis, place du Palais-Bourbon, dans des locaux dont une partie est louée par Pierre Cot pour abriter sa permanence parlementaire. Celui-ci lui a enlevé, en ce début 1937, un gros fil à la patte que le Komintern pouvait utiliser contre lui : sa nationalité roumaine. Grâce à son intervention et à celle de deux francs-maçons, Charles Laurent et le garde des Sceaux Marc Rucart, il obtient la nationalité française le 28 janvier.

1. CARAN F7/15987.

Avec Pierre Cot pour patron, le secrétariat du RUP français et le cabinet civil du ministre de l'Air se trouvent de plus en plus intimement mêlés. On voit de plus en plus souvent Dolivet boulevard Victor, au ministère de l'Air. « Herta », « Martha », « Maurice » et « Louis » se joignent à Jean Moulin, Pierre Meunier, Robert Chambeiron, puis, un peu plus tard, à leur retour d'Espagne, à André Labarthe et Henri Manhès dont nous reparlerons amplement. Il y a symbiose entre le Rassemblement et le cabinet civil du ministre. Au premier congrès français du RUP, présidé par Cot, toute la « bande » est dans la salle. Dolivet figure à la tribune aux côtés de Jouhaux, Cachin, Menant, Jézéquel. Moulin fait partie de la commission des aviateurs (avec Bossoutrot, Fonck, Bloch, Gindre, Sautereau, Divon). Tous ces militants antifascistes sortent ensemble, partagent parfois les mêmes femmes. Martha passe des bras de Dolivet à ceux de Labarthe. L'œil malicieux de Chambeiron, quand le sujet est évoqué, donne à penser que ça se « mélangeait » beaucoup, au sein de ce groupe qui fréquentait les mêmes lieux, partageait les mêmes enthousiasmes, sinon la même dépendance à l'égard de Moscou.

Sous la banderole de l'antifascisme, la composition de la « bande à Pierre Cot » est assez surprenante : des radicaux, des kominterniens, un kominternien qui devient « agent », sans oublier un André Labarthe qui est passé du statut de militant antifasciste à celui d'honorable correspondant du GRU (service d'espionnage soviétique) et que nous retrouverons ultérieurement.

La séduction de Dolivet fonctionne moins bien à Londres qu'à Paris. L'ambassadeur de France en Grande-Bretagne a raconté[1] dans une dépêche du 22 octobre 1936 les difficultés rencontrées par Dolivet pour faire adhérer la « League of Nations Union » à l'International Peace Campaign, la section britannique du RUP : « M. Dolivet était arrivé en Angleterre dans des conditions assez fâcheuses. À peine avait-il débarqué qu'on propageait sur son compte des rumeurs peu propres à faciliter sa mission. Plusieurs

1. Dépêche reprise pour l'essentiel dans une lettre « très confidentielle » du 23 novembre 1937.

personnalités travaillistes m'affirmèrent notamment qu'il était porteur d'un faux passeport. Sa nationalité était d'autre part douteuse, personne ne paraissant savoir au juste s'il était tchécoslovaque ou français. Ce facteur personnel, joint à la méfiance qu'inspire toujours aux Anglais toute tentative de les associer à une action internationale de caractère politique, explique l'accueil réservé que rencontrèrent les premières démarches de M. Dolivet. Le Conseil des Trade-Unions, pressenti par celui-ci, lui avait notamment refusé tout appui. Les premières ouvertures faites par M. Dolivet à la "League of Nations Union" avaient été également infructueuses. Cependant, certains hommes politiques français ayant recommandé M. Dolivet à lord Cecil et à M. Philip Noel-Baker, ces derniers prêtèrent plus d'attention à son entreprise et finirent même par s'y associer entièrement... Quoi qu'il en soit, il est certain que l'International Peace Campaign n'a pas rencontré le moindre succès. Elle est ignorée du public et traîne une existence obscure. Les adhérents sont une poignée de travaillistes indépendants, de pacifistes isolés et surtout de communistes qui constituent d'ailleurs un passif bien plus qu'un actif. »

Réquisitoire impitoyable, même si l'on tient compte de l'inévitable conservatisme diplomatique vis-à-vis de tout ce qui sort des chemins battus...

Est-ce à l'automne 1936 ou lors d'un de ses nombreux voyages qu'il rencontre Winston Churchill ? Dans ses mémoires non publiés, Dolivet consacre quelques lignes à cette anecdote valorisante : « Je vois également devant mes yeux le personnage formidable, même quand il n'était pas au pouvoir, de Winston Churchill. C'était pendant une visite avec lord Robert Cecil et Pierre Cot, hôtes chez lui. Il jugea dans les termes les plus sévères la politique de faiblesse du monde démocratique vis-à-vis des agresseurs. Il déclara tout de suite qu'il ne pouvait pas faire beaucoup car — disait-il — "je suis à présent l'homme le moins influent du Royaume-Uni". Et il a ajouté : "Ne dites surtout pas à Whitehall[1] — où vous vous rendez demain — que

1. Désigne le Foreign Office.

vous m'avez vu, car ils s'opposeront davantage à vos idées s'ils savent que vous m'avez rencontré." »

Rompu aux méthodes conspiratives, Dolivet s'exerce avec talent aux jeux d'homme de l'ombre : « Louis était un collectionneur. Il écrivait tout sur des petits bouts de papier qu'il mettait dans des sacs et des valises qui ne franchissaient jamais les frontières. Il avait ainsi des succursales nombreuses qui gardaient ses secrets. Je suis sûr qu'il existe encore des valises dans des hôtels de Genève, de Londres et d'ailleurs. Des secrets sont sûrement encore cachés dans des coffres de banque, notamment à Genève... », raconte aujourd'hui André Kleinmann.

Début 1937, Louis Dolivet a réussi à convaincre Paul Kleinmann — homme de toute confiance, qui possédait de surcroît un passeport suisse — de venir le rejoindre à Paris pour assurer la sécurité du chantier de construction du pavillon de la Paix, à l'Exposition internationale. Paul Kleinmann a donc vécu huit ou neuf mois seul à Paris, sa femme Marie continuant à gérer sa pension. André Kleinmann se souvient d'être allé avec sa mère et son jeune frère rendre visite à son père à Paris. « Maman nous avait demandé à chacun ce qui nous ferait plaisir. Moi, je voulais voir *Quai des brumes*, et mon frère voulait faire tout Paris en métro aérien. J'ai un bon souvenir du film, et un moins bon du métro... »

La mission de Paul Kleinmann n'est pas de tout repos, puisque, le 7 juillet 1937, se déclenche un incendie suspect au pavillon de la Paix, quelques jours avant son inauguration. Deux jours plus tard, néanmoins, Joseph Avenol (secrétaire général de la SDN, très proche du RUP), Léon Blum, président du Conseil, le sénateur communiste Marcel Cachin, Pierre Cot, lord Cecil, Édouard Herriot et Léon Jouhaux inaugurent le pavillon. Ses fonctions de haut commissaire du pavillon de la Paix ouvrent à Dolivet de nouvelles portes. Celle de Léon Blum comme celle d'Avenol. Selon les archives de la préfecture de Police[1], c'est à l'occasion de la construction du pavillon de la paix que Dolivet resserre ses liens avec Cot et son équipe. Après avoir été mis en cause dans le passif lié à cette construction, « Dolivet chercha

1. Dossier RGPP. Archives centrales, n° 33412.

alors à échapper, lit-on dans la note policière, d'abord en compromettant le plus possible Pierre Cot et son entourage, puis en prenant en main toutes les initiatives d'aide à l'Espagne républicaine. C'est ainsi qu'il devint un élément influent au ministère de l'Air où Meunier, secrétaire particulier de Cot, et Moulin, plus tard, sont devenus ses instruments... C'est sur l'insistance de Dolivet que Cot prend le ministère du Commerce. Dolivet avait pour plan de faire liquider par le ministère du Commerce l'énorme passif du pavillon de la Paix, ainsi que celui du RUP. »

Document qu'il convient de lire avec circonspection, mais qui fournit néanmoins une indication supplémentaire sur la proximité de Louis Dolivet avec Cot et son équipe.

9

Jean Moulin commence la guerre en juillet 1936

Son rôle dans la Résistance et sa mort tragique ont amené ses biographes à regarder à la loupe tous les faits et gestes de Jean Moulin qui ont pu le conduire vers un tel destin. Et donc de les grossir. Jusqu'à la guerre d'Espagne, on peut regrouper toutes ses activités publiques sous deux rubriques : l'une, somme toute banale, serait celle du bon fonctionnaire de la préfectorale dont la carrière est accélérée par son passage au cabinet de Pierre Cot ; l'autre regrouperait les actions qui pourraient artificiellement porter sa marque parmi celles du ministre de l'Air qu'il seconde. Plus simplement, Jean Moulin n'est, jusqu'à fin juillet-début août 1936, que le collaborateur de Pierre Cot, et vit dans son ombre. La guerre d'Espagne va lui fournir l'occasion de jouer un rôle spécifique, même si la responsabilité politique de son action demeurera encore assumée par Pierre Cot. Il va en effet devenir pendant vingt mois l'un des deux responsables français du plus important trafic clandestin en faveur des républicains espagnols. Plus que toutes ses expériences passées de bon administrateur et d'artiste provincial, celle-ci va se révéler déterminante pour la suite de sa vie. Pour lui et quelques autres, la guerre civile espagnole a marqué le vrai début de la guerre des fascismes contre les démocraties. Sa lutte contre Hitler commence en juillet 1936. Il va y forger des habitudes, des réflexes mentaux, des réseaux. Avec lesquels il renouera le jour venu...

Le putsch des généraux espagnols déclenché le 19 juillet 1936 contre un gouvernement frère est un mauvais coup pour le nouveau Front populaire et une épreuve difficile à gérer pour Léon Blum : celui-ci va rapidement se trouver pris en tenailles entre les exigences contradictoires de Londres, qui considère que l'aide aux républicains espagnols est dangereuse pour la paix, de sa propre conscience morale, qui l'exhorte à respecter les accords passés avec la République espagnole, et d'un engagement perçu différemment à l'intérieur de son propre camp — le tout dans un climat haineux entretenu par la droite et l'extrême droite qui soutiennent les putschistes d'outre-Pyrénées...

Léon Blum a raconté[1] comment et pourquoi l'affaire d'Espagne avait été pour lui un véritable coup de théâtre. Le samedi 18 juillet, un de ses amis espagnols, Jimenez de Azua, vice-président des Cortes, de passage à Paris, lui avait dit : « Oh, la situation est excellente, nous sommes très satisfaits. » Le lundi matin, soit le surlendemain, en arrivant à son bureau, il trouve, ouverte sur sa table, une dépêche officielle sur papier jaune, en clair, du président du Conseil espagnol Giral : « Sommes surpris par dangereux coup de main militaire. Vous demandons de vous entendre immédiatement avec nous pour fournitures d'armes et d'avions. Fraternellement à vous, Giral. » Dans les deux jours, Blum et les ministres concernés arrêtent un plan de secours et de fournitures de matériels à la République espagnole.

Les deux Fronts populaires, le français et l'espagnol, se sentent solidaires. Ils sont parvenus au pouvoir à quelques semaines d'intervalle, et les deux régimes se ressemblent : l'un et l'autre reposent sur une coalition entre classe moyenne et monde ouvrier — républicains, socialistes (anarchistes en Espagne) et communistes. Solidarité légitime, puisque les deux gouvernements sont issus d'élections démocratiques.

Clara Malraux se souvient[2] qu'André et elle se trouvaient le dimanche soir au théâtre en compagnie de leurs amis Léo[3] et Madeleine Lagrange, quand ils apprirent la nouvelle du soulè-

1. Le 23 juillet 1947, devant la Commission Jacquet, chargée d'enquêter sur les événements survenus en France de 1933 à 1945.

2. *In Le Bruit de nos pas.*, t. IV, *La Fin et le commencement,* Grasset, Paris, 1963.

3. Ministre des Sports du gouvernement Blum.

vement militaire. À l'entracte, Pierre Cot, qui assistait au même spectacle, fit venir les deux couples dans sa loge et les informa. Rendez-vous fut pris pour le lendemain afin d'étudier les actions qui devaient être entreprises. Avant même qu'une décision officielle soit adoptée, ces cinq-là avaient déjà résolu de s'engager à fond dans ce nouveau combat qui n'était pour eux que la continuation de leur engagement antifasciste. Tout excité, persuadé qu'il a peut-être rendez-vous avec le destin, Malraux se propose pour aller sur place et revoir les amis qu'il s'est faits lors d'un voyage effectué deux mois plus tôt. Il veut « enquêter pour faire rapport aux démocrates français », comme il le dit lui-même. Il parle avec emphase de sa mission à son amie Alice Alley. « Il se voyait déjà quelque chose comme le gouverneur de l'Espagne[1] ! » écrit-elle. Il part pour l'Espagne et tend à se prendre effectivement pour le sauveteur de la République...

Avant même que les premières armes ne soient envoyées au gouvernement légal espagnol, Raymond Cartier, dans *L'Écho de Paris*[2] du 23 juillet, révèle tous les détails de la mission de deux commandants espagnols venus acheter des armes à la France, et met en garde le gouvernement contre ce « crime contre la nation ». Le lendemain, c'est au tour d'Henri de Kerillis, dans le même journal, d'enfoncer le clou. Il tient pour sûr que Paris s'apprête à livrer 12 millions de cartouches, 25 avions Potez et 12 000 bombes aériennes. Le 25, Kerillis fournit encore plus de détails sur les « avions livrés par Pierre Cot ». La page 2 de *L'Écho* permet de comprendre comment lui sont parvenues ces fuites : par le chargé d'affaires d'Espagne, M. Cristobal del Castillo, qui vient de donner sa démission parce que « sa conscience lui interdit de collaborer à un envoi d'armes destinées à tuer ses malheureux compatriotes ». L'ambassadeur Cardenas a également démissionné. Le même jour, l'attaché militaire Antonio Barroso refuse de signer le chèque établi en règlement des avions que Pierre Cot a réussi à débloquer. Barroso démissionnera à son tour quelques jours plus tard. Il était l'âme du

1. *In Malraux* de Jean Lacouture, Seuil, Paris, 1973.
2. Un journal dans lequel le jeune François Mitterrand signe des articles à la fin de 1936 et en 1937.

complot franquiste à Paris. Grâce à ses complicités parisiennes, il provoque un choc à l'échelle internationale et met le gouvernement français dans le plus grand embarras. Franco lui doit assurément beaucoup. Sans lui, les armes françaises auraient pu être acheminées rapidement et auraient peut-être contribué à infléchir le cours de l'histoire. Les deux Espagnols acquis dès le début aux militaires rebelles avaient donné (et continuèrent à donner) à leurs amis français de droite tous renseignements utiles sur la mission des républicains à Paris.

Pour parer à ces démissions en chaîne et à ces trahisons, le président du Conseil espagnol, Giral, nomme Fernando de Los Rios, ami de Léon Blum et de Jules Moch, secrétaire général du gouvernement, pour s'occuper du dossier délicat mais essentiel des livraisons d'armes. Kerillis va continuer à distiller ses révélations sur Pierre Cot et l'aide française. Les fuites espagnoles sont à présent relayées par des fuites françaises. Kerillis est bénéficiaire d'informations qui ne peuvent provenir que du ministère de l'Air. Le 26 juillet, il décrit par exemple le départ de Malraux, avec Corniglion-Molinier, sur un Lockheed (« Deux caisses d'or envoyées par le “Secours rouge international” étaient à bord »), et celui de 17 avions Potez, à partir d'Étampes, avec des pilotes civils sous la direction de Sadi Lecointe. Kerillis souligne le rôle moteur de Cot dans ces envois : « C'est bien Pierre Cot qui a pris sur lui, après un simple coup de téléphone à M. Blum (à Londres), d'accorder les appareils demandés. » Le même Kerillis s'en prend violemment à Cot de vouloir livrer à Moscou un canon de 23 fabriqué par Hispano-Suiza. Les journaux de droite relaient et amplifient les accusations de *L'Écho de Paris*. De graves dissensions surgissent à l'intérieur même du cabinet Blum, malgré les preuves, rapidement connues, que l'insurrection espagnole n'est pas un simple pronunciamiento, mais un véritable complot fomenté depuis longtemps avec le concours de Mussolini et de Hitler.

Blum est alors obligé de reculer. La violente campagne de presse et l'attitude anglaise le conduisent à signer, le 8 août, le pacte de non-intervention aux côtés de l'URSS, qui n'a pas encore pris la décision de se lancer à fond aux côtés des républicains, de la Grande-Bretagne, ainsi que de l'Italie fasciste et de l'Allemagne nazie qui ont pourtant commencé à aider les rebelles. Seuls Maurice Viollette, ministre d'État républicain, Pierre Cot, Marx Dormoy et Vincent Auriol, ministre des Finances, s'élèvent contre cette décision. Auriol a même fait passer un mot à Blum au moment où il était en train de la prendre : « Je t'aime beaucoup, tu sais combien je te suis fidèle, mais je crois que tu commets une erreur ; je te reste attaché, je te défendrai toujours, mais je ne suis pas de ton avis en cette matière. » Officiellement, le gouvernement Blum va donc stopper ses livraisons d'avions et d'armes. En réalité, les choses vont être toutes différentes : il donne pour instructions de mettre en place une structure clandestine à l'intérieur de l'appareil d'État afin d'aider les républicains espagnols tout en respectant dans la mesure du possible les lois en vigueur. C'est ce qu'on appellera la « non-intervention relâchée », en place dès la fin de l'été 1936 après des tractations secrètes avec Moscou. Beaucoup de matériel sera ainsi acheminé en Espagne. Jean Moulin, couvert par Pierre Cot, va jouer un rôle important dans cette structure clandestine.

Notre intention n'est pas de raconter ici tous les dessous de la guerre d'Espagne[1], mais de souligner à quel point Moulin s'est trouvé engagé dans ce combat antifasciste clandestin, y a pris des habitudes et noué des relations d'un certain type, tout en suscitant par son action de grandes animosités.

Moulin n'a pas mené cette action en fonctionnaire fidèle à son patron, il l'a assumée complètement, comme une nécessité vitale pour la France. « Si les pays démocratiques et nous-mêmes ne portons pas secours aux républicains espagnols, ils ne tarderont pas à être écrasés. Les dictateurs, grisés par ce succès, poursuivront de plus belle leur politique d'agression, Hitler surtout. Il s'attaquera à l'Autriche, à la Pologne, à la Tchécoslovaquie, et ce sera notre tour d'être menacés », écrit-il à son ami le docteur Mans[2] qui s'inquiétait des attaques lancées à droite à propos des envois de matériel à l'Espagne. « Jean Moulin avait pressenti que la guerre d'Espagne n'était que le prélude d'une guerre du

1. Lire *La Guerre d'Espagne*, de Hugh Thomas, Robert Laffont, collection « Bouquins ».

2. Jean Moulin avait connu Antonin Mans pendant son séjour à Amiens comme secrétaire général de la préfecture de la Somme.

nazisme et du fascisme contre les démocraties, y compris la France. Pour apporter notre soutien aux républicains espagnols, il a fallu agir clandestinement, quoique appartenant à des postes très officiels. On peut dire que Jean Moulin et moi-même nous avons fait là notre apprentissage de résistants clandestins... », a expliqué Pierre Meunier[1], l'un des plus proches collaborateurs de Moulin. La reconstitution de ce combat clandestin ne peut se faire que par touches, de manière impressionniste, au moyen de témoignages nécessairement fragmentaires, puisque, par définition, il est censé ne pas avoir eu lieu et n'a donc pas laissé de traces écrites.

Il convient de faire ici un bref retour en arrière pour comprendre comment et pourquoi cette structure clandestine s'est mise en place. Nous avons vu que les journaux de droite ont tout de suite été informés du rôle déterminant de Pierre Cot dans l'envoi d'avions et d'armes à l'Espagne, qui, jusqu'au 8 août 1936, s'effectuait légalement dans le cadre d'accords de gouvernement à gouvernement. Tandis que Pierre Cot attirait sur lui le feu des projecteurs et celui de la presse d'opposition, un petit nombre de personnes essayaient, dans l'urgence, d'organiser le plus discrètement possible une aide efficace aux républicains espagnols assiégés. Le ministre de l'Air désigna d'emblée son homme de confiance, Jean Moulin, pour « mettre en musique » les relations avec les industriels, avec les responsables de la Délégation à l'armement, avec le ministère de l'Intérieur, avec les douanes, avec les pilotes... et avec André Malraux.

Jean Gisclon, qui a fait partie des pilotes recrutés par Moulin, a raconté[2] quelques bribes de cette action discrète. Muni d'une lettre d'introduction de son ancien professeur, un certain Bernay, aviateur, s'était présenté à l'huissier du ministère, boulevard Victor.

— Monsieur Jean Moulin vous attend.

1. Centre Jean-Moulin. Archives municipales de Bordeaux.
2. *In La Désillusion. Espagne 36*, France-Empire, Paris, 1986.

Un peu intimidé par le cadre austère, Bernay fut introduit dans le bureau du chef de cabinet. Mais ce sentiment s'estompa rapidement devant l'accueil souriant de celui-ci :

— Prenez place, mon garçon, dit-il en lui désignant un siège.

Bernay obéit, la casquette sur les genoux, en fixant Jean Moulin qui parcourait la lettre remise. La chaleur de l'accueil contrastait avec celui de son colonel, deux mois plus tôt. [NDLA : Bernay avait été mis aux arrêts de rigueur.] Sa lecture achevée, le chef de cabinet observa un instant son visiteur. Puis, avec une légère pointe de malice dans la voix :

— Alors, vous ne saviez pas qu'il est contraire aux bons usages de troubler quiconque à l'heure du thé ? Même si celui-ci n'est pas un respectable gentleman de la “perfide Albion” ?

La question prit Bernay un peu au dépourvu, mais Jean Moulin poursuivit :

— Allons, ce n'était pas si grave. Ce colonel manquait vraiment d'humour !... Et, comme cette lettre d'un vieil ami ne fait que des compliments de vous, je vous demande de m'exposer ce que vous attendez de nous.

— J'ai appris que le ministère donnait des facilités aux pilotes pour convoyer des appareils en Espagne. Je suis volontaire.

— Quelle est votre situation ?

— En permission de trente jours, actuellement.

— Pour ce qui concerne le convoyage, c'est suffisant. Il vous suffira de passer par le cabinet militaire qui vous mettra au courant des formalités à remplir, très simples d'ailleurs. Mais, éventuellement, si le gouvernement espagnol vous sollicitait, resteriez-vous plus longtemps ? Accepteriez-vous de combattre pour lui ?

— Si c'est possible, oui.

— Je vois que vous avez un caractère aventureux. Je ne vous en blâme pas, bien au contraire. Mais, avant de prendre une décision définitive, je vous conseille de vous livrer à une petite introspection sérieuse. Si vous avez l'idée de participer à une sorte de croisade, comme un chevalier, vous avez toute ma sympathie. Sinon, si vous êtes, comme beaucoup, attiré par l'appât du gain, il vous manquera peut-être là-bas la foi, l'ardeur combative, cette sincérité instinctive qui vous persuadera que cette cause républicaine est juste. Alors je vous conseille de réfléchir...

— Monsieur, j'ai bien réfléchi. L'aventure me tente, et comme j'aime le risque, je veux être témoin de ce qui se passe. Si je suis déçu, je reviendrai.

— J'attendais cette réponse. Elle est conforme à ce que votre professeur pensait de vous. Je vous souhaite bonne chance, mon garçon.

Il se leva et lui serra la main en appelant son huissier. Il lui dit quelques mots et ce dernier conduisit Bernay au cabinet militaire. Une heure plus tard, sa permission était transformée en congé de trois mois, avec lequel il se rendit à l'ambassade d'Espagne où attendaient déjà quelques-uns de ses futures compagnons de route, dont Véniel...

Cette anecdote illustre bien la mise sur pied par Jean Moulin d'un détachement de spécialistes de l'aviation pour le convoyage d'une trentaine d'appareils qui partirent finalement de Toulouse, fin juillet, sous la direction de Véniel, lui-même recruté dans les mêmes conditions. Véniel était pilote de chasse de réserve, avec le grade de capitaine, et s'entraînait à Orly quand il avait été contacté par Moulin sur la recommandation du capitaine Rouzet. Ils étaient toute une bande de « fondus » qui avaient contracté le virus de l'aviation pendant la guerre de 14-18 et qui se retrouvaient sur le terrain d'Orly. Avec Véniel, Moulin n'y était pas allé par quatre chemins :

— Voilà, je sais que vous avez une bonne réputation de pilote de chasse. Nous avons pris des renseignements sur vous. Ça vous intéresserait d'aller en Espagne et de nous fournir un rapport sur ce que vous verrez ? Je vous ferai établir un contrat par Malraux[1]...

Véniel ne connaissait pas Malraux. Il l'a effectivement rencontré, a signé un contrat et s'est ensuite retrouvé dans le bureau de Moulin qui lui a donné les directives. Dans l'esprit de Véniel, il était clair que Malraux dépendait de Moulin. Il est intéressant de noter que cette proximité entre les deux hommes ne fut jamais revendiquée après la guerre par l'écrivain qui allait sacraliser le souvenir de Jean Moulin à l'occasion de l'entrée de ses cendres au Panthéon...

1. Témoignage de Véniel au SHAA.

Jean Moulin a facilité l'émergence d'autres filières, comme celle du député radical Jean-Baptiste Bossoutrot, qui avait monté également une officine de recrutement, et celle de Sadi Lecointe. Sans parler de celle de Malraux lui-même, qui aboutira à la formation de l'escadrille España. Moulin s'est occupé également de la formation de pilotes à Meaux. À partir de cette période, il a noué d'autre part des relations étroites avec quelques avionneurs comme Michel Wibault et les frères Farman. Des relations peu conformes aux règles traditionnelles de la fonction publique. Pour contourner l'interdiction de livrer des avions à l'Espagne, des sociétés-écrans sont créées en France et en Suisse. La plus importante est la Société française de transports aériens (SFTA), alias « Air-Tropic », société franco-belge dont les bureaux sont situés sur les Champs-Élysées et qui vend des avions civils à l'Espagne. Air-Tropic expédie par exemple des avions civils facilement transformables en appareils militaires, ou envoie des avions militaires à des pays qui n'adhèrent pas au pacte de non-intervention et qui acceptent d'établir de faux certificats de destination, comme le Mexique. Cette société est dirigée par Marcel Farman, un des frères Farman qui avaient dû céder leur usine de Billancourt après la nationalisation de l'industrie aéronautique. Les frères avaient conservé l'aérodrome de Toussus-le-Noble qui servit de base clandestine pour envoyer les avions à destination de l'Espagne...

Moulin fait flèche de tout bois. Dans le cadre de ses discrètes activités d'expéditeur de matériels de guerre à un pays étranger, il renoue avec Gaston Cusin, qu'il a connu à l'époque où il était sous-préfet à Thonon ; ce vérificateur des Douanes CGT a été désigné par la centrale syndicale pour la représenter au sein du cabinet du ministre des Finances, Vincent Auriol, dans la perspective de la nationalisation de la Banque de France. Fils de douanier, Cusin est né en 1903. Boursier du département, il a fait ses études secondaires au lycée d'Annecy où il a côtoyé la mère de Michel Rocard. Gaston passe ensuite le concours de contrôleur des Douanes. Admis, il adhère presque aussitôt au syndicat des Douanes qui fait partie de la fédération des fonctionnaires. Il en devient vite un leader. Il fait alors la connaissance de toutes les têtes du syndicalisme CGT : Léon Jouhaux, Charles Laurent, Robert Lacoste, Pierre Neumeyer...

Gaston Cusin est le principal rédacteur du nouveau statut de la Banque de France qui va venir en discussion dans les prochains jours à la Chambre. Il est connu pour être un des meilleurs connaisseurs des textes et règlements de la douane. Rien ne le prédisposait à s'occuper des affaires espagnoles ; de par son lieu de naissance, il se sentait plutôt un homme de la frontière allemande : « L'Allemagne est là, derrière les montagnes qui vous offrent un spectacle magnifique, avec la Suisse interposée... J'étais obsédé par la question allemande et la montée de l'hitlérisme[1]. » Il estimait que le traité de Versailles, avec ses réparations trop coûteuses, était largement responsable de la militarisation de l'Allemagne et de l'essor du nazisme. Quant à l'affaire espagnole, il « n'en pensait rien du tout », mais son ministre était hispanophile et avait été bouleversé par la rébellion des militaires nationalistes. Auriol était donc très favorable à ce que ses services fissent l'impossible pour livrer les armements déjà commandés par les Espagnols, mais dont la livraison devenait très délicate du fait de la trahison de Barroso et de la campagne de presse qui avait suivi. Jean Moulin approche donc Gaston Cusin pour qu'il mette sa connaissance de la réglementation douanière au service du cabinet, en sorte que l'exportation de matériels de guerre s'effectue le plus légalement et le plus discrètement possible, sans provoquer ni crise intérieure ni incident international. « Les décisions se prenaient essentiellement au ministère des Finances où Vincent Auriol me couvrait toujours ; il disait : “Cusin, qu'est-ce qu'il faut que je dise au directeur général des Douanes, comme instructions ?” Alors, je répondais : “Suggérez-lui tel truc”... » Le syndicaliste Cusin et le républicain intransigeant Moulin s'entendent bien. Ils ont beaucoup de choses en commun, notamment une certaine idée de la France et du service de l'État. Tous deux sont pragmatiques, rapides et efficaces.

Pendant ces quelques semaines, Cusin fait également la connaissance de Léon Blum qui lui a demandé à plusieurs

1. Interview Cusin, déjà citée.

reprises de venir chez lui, à son appartement privé du 25, quai de Bourbon. Le président du Conseil a besoin de connaître tout le champ des possibles pour donner des instructions au ministre de l'Intérieur, à celui de la Guerre, pour répondre aux Anglais et à la presse... Le contact entre Blum et le jeune fonctionnaire syndicaliste de trente ans est excellent : « J'attendais comme un petit garçon bien sage dans le couloir et je voyais passer les interlocuteurs qui étaient prévus. Il recevait chez lui des diplomates, etc., etc. Et puis, au bout d'un mois, trois semaines, comme, toutes les fois que nous étions en conversation, je sortais pour ne pas être témoin de ses rendez-vous, il m'a dit : "Écoutez, ça va bien, vous n'allez pas sortir et entrer à chaque fois. Vous n'avez qu'à rester là, et puis vous n'entendrez rien." C'est comme ça qu'est venue une coopération intime avec lui. J'étais un petit garçon. Il avait cinquante ans, j'en avais trente... Je l'ai vu dans sa pratique quotidienne, très rapidement. J'ai même été associé à sa vie intime, à sa famille[1]. »

Pas étonnant, dans ces conditions, que Blum, après avoir signé le pacte de non-intervention sans pour autant avoir renoncé à aider le *Frente popular*, lui demande de devenir le chef d'orchestre de la « non-intervention relâchée ». Le 12 août, il envoie un petit mot à Gaston Cusin, libellé comme suit :

> Mon cher Cusin,
>
> Maurice Thorez viendra cet après-midi vous voir de ma part — à moins que vous ne dormiez encore.
>
> Bien amicalement vôtre,
>
> Léon Blum.

Par ces quelques mots, Gaston Cusin est donc intronisé « Monsieur Intervention » par le président du Conseil. Très vite, il va devenir l'un des hommes les plus puissants de France, avec pouvoir d'imposer ses vues aux ministres comme à tous les membres de l'appareil d'État. Si Blum fait allusion à l'éventualité qu'il se lève tard, c'est que le président du Conseil n'ignore pas que Cusin passe ses nuits au Parlement pour y rédiger les statuts de la Banque de France. Blum connaît depuis quelques

1. Interview Cusin, *ibid.*

semaines les remarquables capacités intellectuelles de Cusin. Un douanier comme lui est bien l'homme de la situation, puisque sa mission essentielle va consister à frauder les douanes françaises tout en feignant de respecter la loi et les procédures réglementaires...

Heureusement pour l'histoire, Gaston Cusin a parlé à la fin de sa vie et ainsi permis de connaître un peu mieux cet épisode important des années d'avant guerre. Dans plusieurs textes et interviews, il a dépeint l'organisation clandestine d'État dont Jean Moulin fut un élément clé jusqu'à son départ au cabinet du ministre du Commerce, en avril 1938. C'est la raison pour laquelle nous allons laisser ici simplement la parole à Gaston Cusin, l'un des acteurs principaux d'une des « vies » principales de Jean Moulin en précisant toutefois que nombreuses de ses affirmations n'ont pu et ne seront jamais vérifiées. Toutefois, Pierre Cot, Gaston Paleski, Léon Blum, Jules Moch et quelques autres ont témoigné de son rôle très important pendant la guerre d'Espagne.

« ... Je fus chargé[1], en étroite coopération avec Jean Moulin, de coordonner, successivement dans les cabinets de ces deux ministres [Vincent Auriol et Pierre Cot], les services civils et militaires impliqués dans de délicates opérations... Le dispositif ainsi mis en place devait demeurer en action après la chute du gouvernement du Front populaire, essentiellement pour assurer alors le transit à travers la France, vers les Pyrénées, des matériels débarqués dans les ports de l'Atlantique, en provenance pour la plus grande partie de l'URSS et du Mexique... Mais, jusqu'à l'arrivée, à la mi-septembre 1936, du premier bateau soviétique à travers la Méditerranée, où le trafic fut d'ailleurs bientôt interrompu par la menace des sous-marins italiens et du cuirassé *Deutschland*, c'est incontestablement l'intervention des avions français, décidée sans une hésitation par Pierre Cot, qui permit, avec l'organisation des Brigades internationales, de sauver Madrid. La résistance de la capitale de l'Espagne, dans

1. Texte de Gaston Cusin dans *Pierre Cot, 1895-1977*, *op. cit.*

le style de Verdun et de Leningrad, devait durer jusqu'à la veille de la Seconde Guerre mondiale. »

Dans le premier gouvernement Blum, la structure de l'organisation clandestine est dirigée par le chef de cabinet adjoint, Gaston Cusin travaillant en étroite collaboration avec Jean Moulin, chef de cabinet du ministre de l'Air. C'est l'époque où l'on peut voir, attablés ensemble aux Deux-Magots, Moulin et Cusin avec les aviateurs Saint-Exupéry, Marmier et Serres... Le principal relais des deux hommes dans l'appareil d'État est Jules Moch, secrétaire général du gouvernement[1], qui est de surcroît complètement acquis à la « non-intervention relâchée ». Les autres relais importants sont André Blumel, directeur de cabinet de Blum ; Jacomet, contrôleur général de l'armée et conseiller technique d'Édouard Daladier, ministre de la Défense nationale ; Roger Salengro, puis Max Dormoy, à l'Intérieur, sont des militants de la cause espagnole et prêteront donc main forte à Cusin et à Moulin. Les deux opérateurs clandestins pourront également compter sur la compréhension d'Henri Laugier, directeur de cabinet d'Yvon Delbos, ministre des Affaires étrangères qui, lui, est opposé à l'aide. À la Marine, Cusin trouve une oreille attentive auprès du directeur de cabinet, lequel n'est autre que le vice-amiral Darlan — craignant pour les communications avec l'Algérie, celui-ci voulait même occuper Minorque[2] ! — et du chef de cabinet, le capitaine de vaisseau Charles Tavera. Le général Noguès souhaitait faire entrer ses Tabors dans le Rif et le colonel Morel, attaché militaire à Madrid, nourri d'Action française, déclarait qu'« un roi, plus conscient que la République du destin de la Nation, en invoquant Richelieu serait immédiatement intervenu en Espagne... » À partir du 14 novembre 1936, Louis Hyon, nouveau directeur des Douanes, plus proche des idées du Front populaire que son prédécesseur, et ami d'un ami syndicaliste de Cusin, devient un rouage important du dispositif dirigé par Gaston.

---

1. *In* Jules Moch, *Rencontres avec Léon Blum*, Plon, Paris, 1970.
2. Allocution de Gaston Cusin à la Direction nationale des enquêtes douanières, le 26 mai 1977.

Quand Blum quitte Matignon en juin 1937 pour laisser la place à Chautemps, il subordonne la participation socialiste au gouvernement à la poursuite de l'aide aux républicains espagnols et impose un membre de son parti, René Brunet, comme sous-secrétaire d'État aux Finances, à la surprise indignée des socialistes qui ne comprennent pas la présence de cet obscur député de la Drôme comme seul et unique représentant de la SFIO au sein du gouvernement ! Brunet est installé rue de Rivoli, car le nouveau ministre, Georges Bonnet, est opposé à la « non-intervention relâchée » et n'acceptera pas de « couvrir » les actions de Cusin. Au demeurant, Brunet lui-même « couvrira » l'organisation Cusin sans même savoir ce que son directeur de cabinet fabrique avec les Espagnols, en dépit de ses nombreuses interrogations. Le système est d'autant mieux bouclé que Dormoy reste à l'Intérieur et que Max Hymans, lui aussi militant antifasciste, est nommé sous-secrétaire d'État au Commerce.

« Durant cette deuxième période, sans responsabilités gouvernementales, Léon Blum s'est paradoxalement révélé le plus efficace soutien des républicains. Il était le seul, par son autorité personnelle, à pouvoir imposer à ses successeurs de poursuivre des opérations complexes avec des hommes de son choix. Sa vigilance et ses interventions pressantes sur Georges Bonnet et sur Édouard Daladier étaient, en dernier recours, les garanties des missions d'Air-Pyrénées et de France-Navigation[1] sous notre pavillon[2]. »

Le retrait de la participation socialiste au gouvernement Chautemps, à la mi-janvier 1938, va-t-il faire disparaître l'organisation Cusin ? Nenni : Blum conditionne à nouveau le soutien parlementaire de son parti à la continuation de l'aide aux républicains espagnols. Chautemps acquiesce et impose Pierre Cot comme ministre du Commerce, alors que celui-ci avait déclaré haut et fort que, écarté de l'Air, il n'accepterait pas de nouveau poste ministériel. « Aussi, après le retrait des socialistes du gouvernement Chautemps, Pierre Cot, bien qu'écarté du minis-

1. La compagnie française *ad hoc* montée par le Komintern pour expédier les matériels soviétiques aux républicains espagnols.

2. Texte de Gaston Cusin, déjà cité.

tère de l'Air, recevait-il logiquement la mission clandestine d'orienter, depuis le ministère du Commerce[1], le dispositif d'intervention dirigé par Jean Moulin, dont je devenais l'adjoint. L'antenne indispensable de la rue de Rivoli était alors confiée à Max Hymans qui, en sa qualité de sous-secrétaire d'État, exerçait son autorité sur la Direction générale des Douanes où Louis Hyon conduisait une action délibérée en faveur des républicains. » Sous ce deuxième gouvernement, qui dura un peu moins de deux mois, Jean Moulin est donc devenu le patron de l'organisation clandestine.

Blum revient aux affaires du 14 mars au 8 avril 1938. C'est pendant ces trois semaines que sont acheminées les plus grandes quantités d'armes destinées aux républicains espagnols. Pour reprendre son dispositif, Cusin est nommé chef de cabinet de Vincent Auriol, ministre chargé de la coordination des services à la présidence du Conseil. Il peut s'appuyer sur Paul-Boncour, partisan de la sécurité collective, nommé aux Affaires étrangères.

Cusin continuera son action sous le gouvernement Daladier. D'avril à novembre 1938, j'ignore quel est l'environnement de l'organisation, sauf que Cusin est détaché, le 22 juillet, comme directeur de l'Imprimerie nationale, d'où il dirige ses opérations. Après la nomination de Paul Reynaud aux Finances, c'est celui-ci qui couvrira politiquement les actions de Gaston en déléguant cette responsabilité à son directeur de cabinet, Gaston Palewski, antifasciste convaincu lui aussi. Palewski a raconté[2] brièvement cet épisode :

« En arrivant au ministère des Finances en novembre 1938, Paul Reynaud me confia la direction de son cabinet ; je lui dis :

— Si vous le voulez bien, je vais vous demander délégation de signature pour tout ce qui concerne la Direction des Douanes. Ainsi, c'est moi qui prendrai la direction et la responsabilité des envois d'armes à l'Espagne républicaine.

Ces opérations, je le précise, se faisaient par l'intermédiaire d'un fonctionnaire de haute qualité, très syndicaliste, et qui avait la confiance du Parti socialiste, M. Gaston Cusin. Cusin venait

1. De janvier à mars 1938.

2. *In Mémoires d'action*, Plon, Paris, 1988.

lui-même du service des Douanes. Il y avait un grand crédit, il en connaissait tous les rouages, et il fut l'infatigable exécutant de cette politique dont il a lui-même parlé. »

Cette protection de Palewski durera jusqu'à la chute des républicains espagnols, à la fin de l'hiver 1938-1939.

Évoquant sa collaboration avec Palewski, Cusin se souvient[1] :

« En voyant l'action que nous avons menée, Palewski a inventé ce mot d'*archéo-résistance*. Nous étions devenus très amis, parce que, dans le cabinet de Paul Reynaud, le chef de cabinet, c'était Bouthillier, mais c'est pas chez Bouthillier que j'allais demander une intervention quelconque ! Leca lui-même n'était pas un partisan de cette politique, et donc il n'y avait que Palewski. Palewski était le correspondant que j'allais voir, et je le voyais seul, et il prenait directement son téléphone pour convoquer le directeur général des Douanes qui avait été remplacé, qui n'était plus notre copain. C'est Palewski qui donnait les instructions. Des instructions que je lui donnais dans le cadre de choses qui étaient juridiquement possibles... Je servais d'informateur, je servais de conseiller, il prenait la responsabilité. C'est pour ça que nous étions devenus très, très amis... »

« J'étais absolument couvert et totalement libre de mes mouvements, explique ailleurs Gaston Cusin[2]. J'avais, de plus, des moyens que les ministres auraient pu m'envier : je disposais d'un poste téléphonique en liaison protégée d'écoutes avec tous les ministères, le 200 (réservé aux seuls ministres), et d'un autre, le 400, réservé au cabinet. J'étais en contact direct avec les Premiers ministres Blum, Daladier ou Chautemps, et avec les états-majors militaires, les Affaires étrangères et la Sûreté nationale au plus haut niveau. J'obtenais ce dont j'avais besoin, je pouvais donner les instructions nécessaires, et si j'avais la moindre difficulté avec un ministre ou un haut fonctionnaire

1. Interview Cusin, *op. cit.*

2. *In Les Brigades de la mer*, de Dominique Grisoni et Gilles Herzog, Grasset, Paris, 1978. Le premier livre sur le sujet. Quand j'ai écrit *Le Mystérieux Docteur Martin*, Gaston Cusin m'a confirmé ce qu'il avait déjà déclaré aux auteurs de ce livre, et m'a fourni quelques informations supplémentaires.

récalcitrant, j'avertissais Blum. Le lendemain, j'avais droit au plus chaleureux accueil… »

Pendant toute cette période de la « non-intervention relâchée », Cusin a été le plus formidable chef contrebandier de France :

« Chaque fois que nous montions une grosse opération d'armement lourd dans un port, par exemple, c'était extraordinairement calé. Il fallait une harmonie et une coordination parfaites des décisions entre Colson, au ministère de la Guerre, et la police de l'endroit, le préfet local, les Douanes, les chemins de fer, enfin les chefs de région militaire, pour nous couvrir en cas de coup dur ou d'incident. Il ne devait y avoir aucune erreur, aucune fuite, pour ne pas impliquer la responsabilité du gouvernement. S'il s'était en effet avéré que non seulement les autorités françaises fermaient les yeux, mais prêtaient bel et bien main forte à ces transits en parfaite violation de nos engagements internationaux, on risquait de graves complications diplomatiques avec la Grande-Bretagne, qui nous faisait le chantage à l'alliance, sans parler des pays fascistes, trop heureux de l'aubaine ! J'étais donc au plus haut point conscient que le moindre incident serait immanquablement exploité pour remettre en cause toute l'aide à l'Espagne. »

Comment échapper à la surveillance du Reich ? Cusin raconte[1] :

« Il faut avoir présent à l'esprit que les consuls allemands ou italiens, ou les agents nazis en Baltique et ailleurs, signalaient tous les départs de bateaux suspects, aidés en cela par les contrôleurs de la non-intervention. Mais je connaissais à l'avance toutes les dénonciations auprès du Comité de non-intervention de Londres, qui m'étaient secrètement transmises par le directeur de cabinet du ministre des Affaires étrangères. Je recevais donc toutes les informations des espions italiens et allemands. Et, selon que le bateau était plus ou moins menacé, nous l'envoyions à Bordeaux, si les Allemands l'attendaient au Havre, ou bien nous faisions changer le chargement en cours de route, lors d'une escale improvisée […]. Il fallait la complicité de tous : consuls français à

1. *In Les Brigades de la mer*, *op. cit.*

l'étranger, marins, armateurs, transitaires, Douanes, police, préfets, commissaires étaient réveillés à n'importe quelle heure de la nuit, en absolue priorité. Tout le monde sur le pont : dockers, cheminots, camionneurs, douaniers, gendarmerie locale ! »

Gaston Cusin illustre ainsi son propos :

« Il est arrivé par exemple de décharger à Bordeaux, pendant la nuit, un bateau d'obus : des caisses s'ouvrent accidentellement en tombant sur le quai. Kerillis, un journaliste de *L'Écho de Paris*, était là, à l'affût. On signale immédiatement la chose. Tous les agents allemands se mettent en branle : direction Bordeaux. On charge un train à toute allure et on le fait filer sur Cerbère, par une ligne indirecte et de petites gares. Les Allemands perdent sa trace, mais les agents italiens prennent le relais et l'attendent à la frontière. On préfère alors prendre la décision de faire vérifier au grand jour la nature du convoi par les militaires, afin de répondre aux accusations de la presse de droite, en moins de deux déchaînée sur l'affaire, plutôt que de laisser, en se dérobant, les choses s'accréditer et le climat s'envenimer. On ouvre donc le train à l'arsenal de Toulouse ; et quand, devant le consul allemand et les observateurs de la non-intervention, on a ouvert les caisses, il y avait des biscuits, des capotes militaires, du lait condensé... Ce ne fut pas un mince travail que de trouver au pied levé des tonnes et des tonnes de ces produits, de les emballer, de leur donner des marques étrangères, des fiches de provenance de maisons de commerce du port d'embarquement, etc. La moindre erreur d'étiquette ou la moindre indiscrétion, et on était fichus ! Mais il n'y en a pas eu... »

Pour réussir ces opérations éminemment compliquées, Gaston Cusin avait ses propres hommes, en qui il avait une confiance absolue. Il s'appuyait ainsi, à Bordeaux et à Perpignan, sur les chefs de cabinet des préfets à qui il téléphonait chaque nuit. Il s'agissait de Doublet et Laporte, qui deviendront plus tard préfets de région. Gaston créa son propre service de renseignement à l'intérieur même des Douanes en recrutant des hommes choisis au sein du SRFD, véritable SR des Douanes[1] :

---

1. Service qui deviendra la Direction nationale des enquêtes douanières (aujourd'hui la DNERD).

« Le service de renseignement des Douanes était composé de gens que nous avions repérés et que nous affections aux ports d'importations et aux gares d'exportations pour y remplacer des fonctionnaires non pas douteux, mais qui n'étaient pas au parfum, si vous voulez. C'étaient tous des engagés volontaires. Leur rôle était de procéder à des passages de mitrailleuses, que l'on appelait “pommes de terre”, et de munitions, qu'on appelait “machines à coudre”, etc. Il fallait tout le temps être prêt à monter ce genre d'opérations. Quand, par exemple, les trains arrivaient à Marseille et qu'on transférait les “marchandises” sur des bateaux, soi-disant à destination d'un émirat ou de la République mexicaine, les ambassades des pays officiellement destinataires envoyaient des certificats d'arrivée alors que les bateaux s'arrêtaient à Barcelone ou à Valence[1]... »

L'antenne des Douanes de la Tour de Carol, à la frontière franco-espagnole, jouait un rôle clé dans le « système Cusin ». Ce dernier avait sélectionné pour la diriger deux hommes sûrs du SR des Douanes, Raymond Bizot et Jean Dorval. Les deux « gabelous » étaient en relations étroites avec Georges Pé à Bordeaux et avec les responsables douaniers de Honfleur, du Havre, de Dunkerque et de l'entrepôt de Pantin[2].

« C'était un jeu subtil qui nécessitait une connaissance absolument parfaite de la réglementation nationale et internationale, ce qui faisait que j'étais devenu un contrebandier hautement qualifié... Del Vayo, qui était à l'époque ministre des Affaires étrangères, a estimé que l'intervention du service de renseignement des Douanes que nous avions créé équivalait à une division espagnole. »

Cusin conclut ainsi : « De temps en temps, la douane feignait tout de même de découvrir quelques caisses suspectes et avertissait en grande pompe les contrôleurs de la non-intervention qui ouvraient les caisses et saisissaient les marchandises délictueuses : quelques vieux fusils ou des canons hors d'usage. Il y avait aussi Marceau Pivert et les militants de l'aile gauche du Parti socialiste, déchaînés contre la non-intervention, qui

1. *In Les Brigades de la mer, op. cit.*
2. Allocution de Gaston Cusin à la DNERD, déjà citée.

proclamaient leur intention de passer outre, ouvertement. Ils mettaient effectivement quelques revolvers dans un camion, avec des drapeaux espagnols, une grande banderole... et ils descendaient vers Perpignan. Bien entendu, la douane les attendait et les cueillait en grand appareil, avec force journalistes. Ces fois-là, on en profitait tout spécialement pour faire passer, ailleurs, des choses moins dissimulables... »

Gaston Cusin a distribué des appréciations sur certains de ses partenaires, parfois récalcitrants vis-à-vis de son combat clandestin :

« Daladier était très prudent, comme il l'a toujours été, c'était “le taureau aux cornes d'escargot”, comme on l'avait appelé après le 6 février. Si, le 6 février, on avait eu un vrai gouvernement, on n'aurait pas eu besoin du 12. Daladier était toujours réticent, il avait toujours la frousse. J'avais des contacts avec son cabinet où travaillait d'ailleurs un de mes camarades du lycée d'Annecy, plus jeune que moi, mais très efficace comme contact. Je pouvais aller chez Daladier quand je voulais. C'était la même chose chez Bonnet. Et puis, je vous ai déjà sans doute surpris en vous disant qu'à mes yeux, le résistant de l'archéo-résistance, c'était Darlan, alors qu'aujourd'hui la Résistance apparaît comme la propriété privilégiée d'un ou deux partis politiques. Je vous ai dit pourquoi ? Parce que Darlan, ministre de la Marine, commandant de la deuxième marine d'Europe, avec des navires mieux classés, plus efficaces, meilleurs, bien meilleurs que les allemands, supérieurs à ceux de la vieille marine anglaise — enfin, tous ces bateaux qui ont été perdus à Toulon... —, Darlan était conscient de ses responsabilités, il savait qu'il devait assurer le transport des divisions africaines du Maroc, d'Algérie, de Tunisie, et les divisions coloniales formées de soldats engagés les mieux formés... Il estimait qu'il fallait absolument empêcher les Italiens d'occuper les Baléares. Il a fait également la chasse aux sous-marins italiens qui coulaient les bâtiments russes qui apportaient le matériel en Méditerranée[1]... »

« Aux Colonies, poursuit Gaston Cusin, un homme m'a beaucoup aidé : un certain capitaine Salan, alors du Deuxième Bureau...

1. Interview Gaston Cusin. Je rappelle au lecteur que beaucoup de propos de Gaston Cusin ne sont pas corroborés par d'autres témoignages.

J'étais en relation avec le général Colson qui commandait le Quatrième Bureau au ministère de la Guerre, c'est-à-dire la direction du transport et des infrastructures ; également avec le général Descamps, directeur du cabinet de Daladier ; avec le secrétaire général à la Guerre, Jacomet, qui contrôla tout l'armement en France ; avec le secrétaire général de la Sûreté, Moitessier, second flic de France après le ministre de l'Intérieur[1]... »

L'appareil clandestin et son environnement politico-administratif étant ainsi sommairement décrit, il est important de souligner qu'en la circonstance, Cusin, et donc Moulin, ont travaillé en étroite collaboration avec d'autres organisations clandestines liées à Moscou, comme le Komintern et les services secrets soviétiques, mais aussi avec le RUP, qui ne tarde pas à s'engager à son tour complètement dans ce combat. La franc-maçonnerie aussi l'appuiera, sans qu'on connaisse le détail de ce soutien ni, plus généralement, le rôle qu'elle a joué dans la vie de Jean Moulin. Pierre Meunier, Henri Manhès, Marie Kleinmann en ont fait partie, et Louis Dolivet en était proche. Robert Chambeiron reconnaît l'importance des « liens fraternels » dans leur équipe. Il estime que Moulin était probablement affilié à la franc-maçonnerie, ou en tout cas en était proche. Jean Moulin est « revendiqué comme franc-maçon par les obédiences françaises. Bien que son dossier maçonnique n'ait pas été retrouvé après la Libération, il est établi qu'il assistait aux réunions de la fraternelle des hauts fonctionnaires », écrit pour sa part Jean-André Faucher[2]. Pierre Chevallier, auteur reconnu de l'*Histoire de la franc-maçonnerie française*[3], parle également du « frère » Jean Moulin...

Sur le front espagnol, Jean Moulin se sera fait de nouveaux amis, des combattants comme André Labarthe et Henri Manhès, dont nous avons déjà entr'aperçu les profils, et il aura renforcé ses liens avec Louis Dolivet, Maurice Panier et toute l'équipe du RUP...

1. *In Les Brigades de la mer, op. cit.*
2. *In Dictionnaire maçonnique*, Jean Picollec, Paris, 1981.
3. Fayard, Paris, 1975.

10

Jean Moulin collabore avec des agents soviétiques et se fait de nouveaux amis

« Blum m'avait donc chargé[1] personnellement de prendre contact avec tous ceux — des communistes français aux Soviétiques en passant par les autorités espagnoles, les socialistes belges au gouvernement, entre autres — qui étaient, à un titre ou à un autre, intéressés à mettre à profit la "non-intervention relâchée", par le bénéfice qui leur était offert de la collaboration et du soutien cachés de l'appareil d'État français. » L'aspect le plus passionnant dans cette affaire, à la fois pour notre histoire et pour l'Histoire avec un grand H, c'est la coopération extraordinairement étroite qui s'est instaurée entre cet appareil clandestin français, couvert par le président du Conseil en personne, et une organisation soviétique également clandestine, y compris, on le verra, par rapport au Parti communiste français. Ainsi, pour le compte de la République, Gaston Cusin et son principal collaborateur, Jean Moulin, multiplient dans la clandestinité les contacts quotidiens avec des agents du Komintern, du NKVD et du GRU...

À la suite de la note de Léon Blum, Thorez, accompagné de Duclos, est venu secrètement au domicile de Cusin pour parler de l'aide aux républicains espagnols et ils lui ont demandé de prendre contact avec l'ambassade soviétique. Cusin s'y rend et y rencontre Gretchko qui deviendra plus tard maréchal, puis ministre de la Défense de son pays. Celui-ci lui dit : « Oui, je suis informé par Moscou et par votre gouvernement de votre

1. *In Les Brigades de la mer, op. cit.*

démarche, mais, maintenant, je vous demande de n'avoir aucun contact avec le Parti communiste français[1]. » Et je suis toujours dépendant du seul Gaston Cusin pour continuer mon récit.

L'homme des services secrets soviétiques lui désigne alors celui qui sera désormais son interlocuteur : Giulio Cerreti, alias Pierre Allard, Jacques Martin, Lucien Flavien, Monsieur Pierre... Cadre important du Komintern, Cerreti sera pendant quelques années le relais de Moscou qui, après avoir hésité, a décidé d'adopter une position similaire à celle de Blum : adhésion au pacte de non-intervention tout en facilitant l'octroi d'une aide massive en armes aux républicains espagnols. Staline, qui vivait dans la hantise de Hitler, avait d'abord donné pour instruction au Komintern de mettre de côté les mots d'ordre de lutte « classe contre classe » afin de permettre un commun combat contre le fascisme, devenu prioritaire aux yeux du Kremlin. À partir de cette nouvelle décision de Staline de venir massivement en aide aux républicains espagnols, en septembre-octobre 1936, tout l'appareil secret soviétique se met en branle : le Komintern, le NKVD, la Banque commerciale de l'Europe du Nord basée à Paris, les sociétés et organisations diverses plus ou moins secrètement inféodées à Moscou se trouvent mobilisées. Une gigantesque toile d'araignée est tissée dans toute l'Europe. À partir de la Hollande, le général Krivitski, un des principaux agents du NKVD en Occident, coordonne l'action des espions soviétiques et crée pour leur protection des sociétés-écrans. Ces agents vont et viennent dans l'Europe entière, particulièrement en France. Pour le Komintern, partie prenante dans l'aide aux républicains espagnols, Cerreti est le personnage le plus visible, puisque c'est lui qui a le contact avec Cusin ; il est nommé président du Comité d'aide à l'Espagne et crée une compagnie *ad hoc*, France-Navigation, pour acheminer les armes russes en Espagne. L'argent transite par la Banque commerciale de l'Europe du Nord, fondée en 1921 grâce à l'argent tsariste rendu aux bolcheviks, à Paris, par le général Ignatieff. Tous les responsables de la BCEN sont évidemment des hommes d'une absolue confiance. Tel fut le cas de Dimitri Navachine, son directeur de 1928 à

1. Interview Cusin.

1930. Ainsi, avec la bénédiction de Léon Blum et dans le cadre de la lutte antifasciste, une kyrielle d'agents soviétiques, du NKVD ou du Komintern s'installent à Paris ou y transitent à compter d'octobre 1936. Cerreti, en relation permanente avec Gaston Cusin, lui annonce les envois et les convois d'armements en provenance d'Union soviétique. Pour faciliter leurs liaisons, le Komintern lui a adjoint un homme qui avait un « culot d'acier, un militant de base très fidèle qui était capable, s'il le fallait, d'aller en Roumanie voir le directeur de la Securitate pour exiger la relâche des bateaux arrêtés. C'est lui qui conduisait les convois. Auparavant, il avait été le garde du corps de Thorez », raconte Cusin[1] qui résume : « J'ai eu à ce moment-là des contacts quotidiens au téléphone, pour les expéditions d'Allard, avec des gens qui ont ensuite fait partie de l'"Orchestre rouge". Des gens de l'"Orchestre rouge" que j'ai retrouvés ultérieurement dans les mouvements de Résistance. » Cusin est également en relation étroite avec « Pierre » ou « Pedro » en Espagne[2].

Cette étroite collaboration avec les gens du Komintern et les agents de Moscou n'entraînait pas pour autant, de la part des responsables de l'organisation Cusin-Moulin, une approbation de l'ensemble de la politique de Staline. Elle se déroule en effet à l'époque des procès de Moscou et des gigantesques purges qui s'ensuivent. Purges qui connaîtront une extension en Espagne où les agents de Moscou vont se livrer à une véritable chasse aux sorcières, notamment à l'encontre des militants du POUM. Cusin et Moulin estiment pour leur part que défendre les républicains espagnols est la seule façon efficace de défendre la France qui, rappelons-le, était liée de surcroît à l'URSS par un pacte d'amitié que le gouvernement Blum essaya de transformer en pacte de défense militaire. Cusin maintiendra des contacts étroits avec les représentants de Staline jusqu'à la signature du pacte germano-soviétique.

---

1. Interview Gaston Cusin.

2. « Pedro » est Ernö Singer Gerö, impliqué dans l'assassinat de Andréas Nöir, leader du POUM, en mai 1937. Gerö deviendra secrétaire du Parti communiste hongrois, appellera les tanks soviétiques en 1956, provoquant le soulèvement.

Cusin — et sûrement Moulin — était au courant de la façon pour le moins brutale dont les Soviétiques liquidèrent des militants du POUM accusés d'entraver l'acheminement des armes destinées au gouvernement central :

« Ce qui était grave en Espagne, c'est que, lorsqu'on envoyait du matériel à Madrid, il fallait qu'il traverse la Catalogne. Les Catalans n'étaient pas des gens très sérieux. Largo Caballero était anarchiste et n'acceptait pas la discipline du commandement général. Par exemple, sur les matériels destinés à Madrid, les Catalans en prélevaient pour eux, non pas pour se battre, mais pour se promener avec deux fusils au lieu d'un ! Et, lorsqu'il y avait une corrida, si la division montait au front, ils votaient pour savoir s'ils montaient ou s'ils allaient voir la corrida. C'était pas sérieux. Alors, quand Negrín[1] est arrivé, ç'a été très dur. J'ai su par Pierre Allard ce qui allait se passer : les gens du POUM espagnol ont été liquidés physiquement. Les Russes ont consenti à un envoi massif de matériel à condition qu'il arrive. C'était l'une des conditions : il fallait que Negrín assure qu'il arriverait bien à Madrid, et non pas à Barcelone. Comme il y avait des obstacles physiques, ils ont été levés d'une façon brutale. J'étais informé de tout cela. Moi, j'appliquais ; j'ai fait des choses qui étaient quelquefois difficiles. J'ai engagé la vie des gens... La discipline était brutale. Ainsi, pendant que les bateaux étaient en réparation, qu'on leur mettait par exemple une cheminée supplémentaire, les marins descendaient au port, allaient dans des cafés. Un service de renseignement veillait à ce que les marins restent discrets, et, quand on apprenait que certains avaient trop parlé, ils étaient signalés... Un jour, j'appris l'existence de fuites ; dans la conversation, je dis : "Vous n'avez pas prévu de pépins ?" On m'a répondu tranquillement : "Oh non, ils ne parleront plus jamais." On avait balancé les marins trop bavards par-dessus bord... C'était une organisation très disciplinée, une organisation à mon avis modèle, qui m'avait d'ailleurs beaucoup impressionné sur la discipline et la puissance des Soviétiques... Je pensais que c'étaient des gens efficaces, qui, s'ils n'étaient pas

1. Juan Negrín Lopez, député du PSOE, marié à une Russe, installé par Moscou à la tête du gouvernement en mai 1937.

avec nous, étaient dangereux. Dans la Résistance, par exemple, lorsqu'il nous arrivait d'avoir un contact avec des communistes pour une raison quelconque, la première question était : "Qui est responsable ?" Ils étaient responsables. Et si vous aviez un engagement avec des communistes, il était à la limite exécuté au péril de la vie des gens. Dans les affaires d'Espagne, c'était l'efficacité en silence. Par exemple, la mobilisation des marins, à l'arrivée à Bordeaux, pendant la nuit, s'effectuait dans les deux heures ; le déchargement commençait aussitôt. C'était d'une efficacité exemplaire... »

Gaston Cusin a noué des liens très étroits avec les responsables espagnols, notamment avec Negrín qu'il tutoyait :

« Lorsque Negrín a dû quitter le gouvernement, il a emporté avec lui les archives du ministère de l'Intérieur espagnol qui auraient été une source dangereuse pour tous les gens qui étaient là ; toutes ces archives sont restées, pendant l'Occupation, chez un ami douanier[1] à Bordeaux. Negrín est revenu les chercher à la fin de la guerre. Il s'agissait d'une coopération étroite... Vous savez, lorsqu'on fait des choses comme ça et qu'on subit des épreuves, on se trouve engagé vis-à-vis des gens. Je n'avais pas de réticence, je faisais ça sans réserve. Je considère encore aujourd'hui qu'il aurait fallu faire mieux, et qu'on aurait peut-être ainsi évité la guerre... »

Les amitiés forgées au combat, surtout quand celui-ci est censé ne pas exister, sont évidemment les plus fortes. Cusin est conquis par l'équipe du boulevard Victor. Il se range à ses idées en matière de parachutisme et s'initie en sautant pour l'Expo de 1937. Deux nouveaux personnages, André Labarthe et Henri Manhès, entrent alors dans la « bande » à la faveur de l'aide à l'Espagne, et vont devenir des intimes de Jean Moulin.

C'est au retour d'une mission outre-Pyrénées, probablement pour le compte du RUP, en tout cas avec la bénédiction de

1. Il s'agit de Georges Pé, secrétaire de l'Union départementale des syndicats de Bordeaux, qui a ainsi caché dix tonnes d'archives espagnoles. Cusin le nommera sous-préfet quand lui-même sera commissaire de la République à Bordeaux à la fin de la guerre.

Moscou, qu'André Labarthe rencontre Moulin pour la première fois en présence de Pierre Meunier :

« En août 1936, un jour, revenant d'Espagne, j'ai rencontré pour la première fois un préfet qui était alors directeur de ministère. Je me suis dit avant d'entrer dans son bureau : "Encore un comme les autres, un qui me dira administrativement que je l'ai intéressé, qu'il prend bonne note et qu'il parlera à qui de droit ; un jeune vieux, en somme, un de ce long troupeau de la frousse hiérarchique qui gagne des galons dans les couloirs blafards des cabinets de ministres..." Moi, je venais à lui comme l'impuissance du monde devant la guerre qui menaçait. Et, au lieu d'un masque, j'ai trouvé un homme ; au lieu d'une poignée de main de confection me poussant dans l'entrebâillement d'une porte capitonnée, j'ai senti ses doigts tout chauds serrant les miens, j'ai vu un visage, de beaux yeux noirs. L'homme pleurait. C'était Jean Moulin. "Vous êtes maintenant mon ami", m'a-t-il dit. Il y a eu entre lui et moi une de ces conversations qui sont la raison d'une vie. Je lui racontai, entre autres, l'enterrement d'un soldat dans les rues de Madrid. Quatre gosses hauts comme Bara, qui marchaient en tête en battant le glas au tambour, quatre vieux qui portaient le cercueil, et un autre homme qui suivait derrière en portant le fusil du disparu. Celui-là, c'était le remplaçant. Et puis, derrière, le long cortège de femmes toutes brunes, toutes noires, toujours en deuil, d'un malheur vécu, d'un malheur qui passe, d'un malheur qu'on attend. La France était heureuse, à l'époque, le soleil fondait sur ses moissons. Il en fallait, du cœur et de l'intelligence, pour sentir le drame tout proche... Comme ça, toute sa vie, Jean Moulin a eu le cœur à vif devant les événements du monde... »

À la suite de cette rencontre dont Jean Moulin fit part à Pierre Cot avec enthousiasme, André Labarthe fut intégré à la petite équipe regroupée autour de Moulin. Pierre Cot demanda alors en effet à Andraud, sous-secrétaire d'État au ministère de l'Air, de le prendre comme chef de cabinet[1].

---

1. *In* Pierre Meunier, *Jean Moulin, mon ami*, Éditions de l'Armançon, Paris, 1993.

Si l'on en croit les écoutes « Venona[1] », Labarthe était déjà un agent soviétique quand il rencontra pour la première fois Moulin. Il avait été recruté par son ami Maurice Panier, qui lui-même travaillait pour Harry Robinson. André Labarthe est d'origine plébéienne. Sa mère était femme de ménage. Son engagement politique passionné trouve là ses origines. Il aura toujours des comptes à régler avec la société. Imprégné des idées révolutionnaires, il se réclame des conventionnels, plus précisément de Robespierre qui est son grand modèle. Il cultive sa ressemblance avec le « coupeur de têtes ». Il est brillant, ambitieux. Il a fait son service militaire au laboratoire de physique du ministère de l'Air en 1927-1928. Élève du grand Koenigs, il a accompli un remarquable travail au laboratoire de mécanique de la Sorbonne, lieu d'études pratiques particulièrement accueillant pour les chercheurs. Il est devenu un homme précieux pour Harry, car il peut avoir accès à toutes les recherches et à tous les brevets dans le domaine aéronautique. Il est probablement le mystérieux « François » signalé dans les archives soviétiques comme étant un agent au ministère de l'Air. Il est également en relations avec l'attaché militaire soviétique à Paris. C'est vraisemblablement lui qui met en relation « Harry » avec de très nombreuses personnalités dans le milieu de l'aéronautique. Il est payé en fonction de sa production. Le 12 août 1937, il devient donc un « gros poisson » pour les Soviétiques : il vient d'être nommé chef de cabinet d'Henri Andraud, sous-secrétaire d'État à l'Air. Il travaille désormais quotidiennement avec Jean Moulin, chef de cabinet du ministre, et avec Pierre Meunier, chef du secrétariat particulier.

Quelque temps plus tard, Henri Manhès, l'« homme à la crinière blanche », rencontre également le chef de cabinet de Pierre Cot après un séjour d'une année dans le nord-est de l'Espagne. On ne connaît sa campagne espagnole que par bribes. Dans un CV[2] établi par lui-même, il écrit : « Lors de l'agression de l'Espagne républicaine par les forces fascistes de Hitler, de

1. Gigantesque programme américain de décryptage des liaisons clandestines entre Moscou et ses agents à travers le monde.

2. *In* Archives de la FNDIRP.

Franco et de Mussolini, apporte ses connaissances et son soutien à la jeune République espagnole. » Dans un autre CV destiné à l'armée de l'air, il parle de « sa collaboration avec le cabinet civil du ministre de l'Air et [des] services rendus à l'attaché de l'air en Espagne pendant la guerre d'Espagne ». Le colonel Eychène, du mouvement de résistance Patriam Recuperare, a de son côté écrit[1] : « Rentré dans la vie civile, la guerre d'Espagne lui avait offert une nouvelle occasion d'affirmer ses talents ; simple reporter d'un journal français, il avait, un beau jour, pris un fusil pour montrer aux républicains la manière de s'en servir. Émerveillés, les Espagnols en avaient fait un chef. »

Naïf comme une BD, ce type de récit donne envie de chercher plus loin. Ce que j'ai fait avec un succès mitigé. L'enchaînement des faits qui jalonnent la vie de Manhès pose des problèmes que je n'ai pas tous résolus. Une certitude : c'était un personnage flamboyant, aventurier, mais aussi secret... Né à Étampes le 9 juin 1889, Henri-Frédéric Manhès, après deux années de droit, est un véritable héros de la Première Guerre mondiale qu'il a faite dans les chasseurs à pied. Il la commence comme sergent, la finit comme lieutenant. Blessé une première fois le 2 octobre 1914 à l'épaule droite avec fracture de la tête de l'humérus et de l'omoplate, il reçoit un an plus tard un nouveau projectile dans l'épaule droite, et, trois mois avant l'armistice, se blesse plus légèrement au cours d'un lancer de grenade. Chevalier de la Légion d'honneur en 1918, le chasseur à pied Manhès avait rêvé de faire la guerre dans les airs. En 1916, il avait demandé sa mutation dans l'aviation comme observateur, mais ce transfert lui avait été refusé à cause de son état physique. En 1918, il est accepté comme pilote, mais ne peut finalement partir en raison de l'engagement de sa division dans la bataille de Reims. À la sortie de la guerre, il est embauché comme secrétaire de direction aux Messageries Hachette, la toute-puissante organisation de distribution de journaux. Puis il passe chez le grand éditeur

1. CARAN, 72 AJ 71.

populaire Jules Tallandier comme directeur commercial[1]. Il travaille là en équipe avec Victor Bassot, son beau-frère par alliance : ils étaient mariés avec les deux sœurs Gentilly. Manhès a été l'artisan de l'intégration de Tallandier dans les « Exclusivités Hachette ». Il était considéré comme l'« homme d'Hachette » dans cette maison. Le distributeur avait à la fois besoin d'éditeurs d'ouvrages à très grande diffusion et d'éditeurs de prestige. Avec ses 500 nouveautés annuelles et ses 27 à 28 millions d'exemplaires vendus par an, Tallandier répondait le mieux au premier critère. Gallimard rejoignit également alors les « Exclusivités ». Les deux éditeurs obtinrent des conditions de distribution extrêmement favorables, qui restèrent en vigueur jusqu'au début des années 50. Manhès fut le grand négociateur de ces opérations et contribua à faire vendre des actions Tallandier à Hachette, mouvement qui aboutit finalement à la prise de contrôle de l'un par l'autre.

Parallèlement à cette activité éditoriale, Manhès a mené une activité syndicale (du côté patronal) importante. D'abord secrétaire du Syndicat des industries du livre et du Syndicat des éditeurs, il est également le secrétaire du Comité de contrôle à l'importation des pâtes et papiers, et celui du Bureau de la propriété littéraire. Dans l'ombre du grand Jules Tallandier, il est devenu un personnage incontournable du monde de l'édition. Il se dépense beaucoup pour faire connaître le livre français à l'étranger. En tant que secrétaire du Comité permanent des expositions du livre et de l'estampe, il a organisé des expositions à Stockholm, Saint-Sébastien, Florence, Amsterdam, Madrid, Barcelone, Rio de Janeiro, Lvov, Copenhague, Bucarest, Le Caire, Alexandrie, Prague... C'est également lui qui a organisé l'Exposition du livre au Salon des arts décoratifs de Paris.

Manhès appartient alors à la droite nationale. Le héros de la Grande Guerre est naturellement et ouvertement Croix-de-Feu. Il est proche du pasteur Édouard Soulier, député et conseiller municipal de Paris, lui-même proche de Pierre Taittinger, patron

1. La description des activités d'Henri Manhès dans l'édition ont été puisées à l'IMEC, dans les archives Hachette et auprès de Maurice Dumoncel, petit-fils de Jules Tallandier.

des Jeunes Patriotes, et du colonel de La Rocque, chef des Croix-de-Feu.

Comme Pierre Meunier et probablement Jean Moulin, Manhès est aussi franc-maçon[1]. Pour Maurice Dumoncel, héritier de la maison Tallandier, cette appartenance va même plus loin : Manhès était d'abord et avant tout un dignitaire maçon du Grand Orient de France. Victor Bassot, son beau-frère, et le colonel Eychène, qui gravitaient autour de la maison Tallandier, étaient aussi tous deux des dignitaires du Grand Orient. Dumoncel affirme que Manhès a édité nombre d'auteurs francs-maçons chez Tallandier et qu'après la guerre Bassot aurait noué beaucoup d'intrigues politiques radicalo-maçonnes financées par la maison d'édition. L'équipe maçonne Manhès-Bassot-Eychène était complétée par le « frère » Kirchmeyer, qui, parrainé par Bassot et Eychène, avait été initié à la Loge « Les Travailleurs » de Levallois-Perret.

En 1930, Jules Tallandier installe Manhès comme numéro 2 de la maison. Devant le conseil d'administration du 15 mai, Tallandier demande à tous de tenir Henri Manhès au courant, au jour le jour, de ce qui relève du fonctionnement général de la maison, y compris les propositions d'édition et les préparatifs d'ouvrages. Pour résumer sa pensée, il déclare : « J'ai besoin qu'Henri Manhès soit désormais un véritable coadjuteur. »

En octobre 1931, toujours poussé par Hachette, Manhès devient administrateur de Tallandier aux côtés de Jeanne Prévost. Il exerce alors officiellement le rôle de numéro 2 avec un bon contrat de dix ans. En fait, il est le vrai patron. Il touche 48 000 francs par an et est intéressé au chiffre d'affaires : 1/1 000 jusqu'à dix millions de francs, 2/1 000 après. Il bénéficie de surcroît de jetons de présence substantiels : plus de 100 000 francs par an. Riche et puissant, c'est lui qui fait marcher la boutique : en cas de désaccord entre Jules Tallandier et lui, c'est le conseil d'administration qui tranche. Victor Bassot prend sa place à la direction commerciale.

---

1. Pierre Chevallier, *Histoire de la franc-maçonnerie française*, *op. cit.*, tome III. Nous n'avons pu vérifier cette appartenance au Grand Orient.

Maurice Dumoncel a bien conscience qu'il n'a pas complètement percé à jour la vraie nature des liens entre Hachette et Manhès ; il reste en effet convaincu qu'il existait entre eux une « liaison occulte » et que Manhès a été le cheval de Troie d'Hachette dans la maison de son grand-père : « Hachette s'est toujours servi de Bassot et de Manhès pour ses relations avec la franc-maçonnerie. Même après son départ, Manhès a toujours été un défenseur d'Hachette. »

Maurice Dumoncel se montre encore aujourd'hui amer à l'idée des dérives éditoriales amenées par Henri Manhès chez Tallandier. C'est lui, dit-il, qui a notamment introduit l'érotisme dans son catalogue, avec Nicolas Ségur et *Le Lit conjugal*, Raymond de Rienzi et *La Femme éperdue*. Manhès s'occupa également beaucoup du lancement du *Journal de la Femme*, en étroite collaboration avec le couple Machard. « Mme Raymonde Machard était considérée alors comme une auteur sulfureuse, car elle décrivait de manière crue les relations hommes-femmes. » Sa « gestion désastreuse » et sa « mauvaise politique éditoriale », selon Dumoncel, conduisirent-elles Manhès à quitter son poste ? Ou plutôt les effets conjugués de la reprise de la maison par l'éditeur Arthème Fayard et de la mort de Jules Tallandier ? Probablement toutes ces raisons ont-elles incité Hachette à trouver un arrangement pour que Manhès puisse quitter tranquillement Tallandier, sans esclandre, après y avoir rendu de si éminents services. Manhès négocie durement son départ en novembre 1933. N'a-t-il pas en poche un contrat valable jusqu'en 1941 ? Il recourt alors aux services de Kirchmeyer et obtient finalement une indemnité de 100 000 francs, et surtout un journal en toute propriété, *Réalisme*, spécialisé dans les « reportages et études de mœurs », un journal populaire du genre *Détective*, avec beaucoup de faits divers et une forte illustration. À compter du 1er décembre 1933, Manhès devient donc patron de presse. Pas pour longtemps car, selon lui, « *Réalisme* est bientôt tué par les Messageries Hachette[1] ». Vrai ou faux ? Le *Réalisme* de Manhès est mort en tout cas en février 1934.

1. Dans un CV écrit par lui et figurant dans les archives de la FNDIRP.

Que fait Manhès jusqu'en juillet 1936 ? C'est à cette époque qu'il rencontre Lucie Montoursy, qui deviendra sa femme en 1938 après que son divorce aura été prononcé. Le Registre du commerce garde trace de ses relations avec sa première épouse et sa maîtresse : Manhès crée en effet le 16 juin 1936 la Société d'exploitation des brevets AB, se rapportant à l'industrie alimentaire, avec l'une et l'autre. Que fait-il dans l'industrie alimentaire ? Mystère... Sous le nom de Louis Dorca, il mène une campagne pour l'organisation de la Défense aérienne dans le journal de droite *L'Excelsior*, puis, toujours sous ce même « pseudo », il signe trois articles comme envoyé spécial de *L'Excelsior*, les 24, 25 et 29 juillet 1936, sur la guerre civile espagnole.

Louis Dorca était arrivé en voiture à Madrid avant même le début de la rébellion, puisqu'il a quitté la capitale le samedi 19 juillet 1936 à 17 heures, alors que les « speakers venaient d'annoncer à la population massée autour des haut-parleurs que le calme le plus complet régnait dans tout le pays et qu'aucun citoyen espagnol ne tenterait d'imiter les rebelles qui avaient commis la folie de s'insurger dans le protectorat [marocain] ». Était-il à Madrid pour le compte de *L'Excelsior* ou bien a-t-il proposé à ce journal ami un reportage parce qu'il se trouvait précisément à Madrid pour d'autres raisons ?

Il prend alors la route de Saragosse et est interpellé constamment par les forces gouvernementales. Il arrive enfin au contact avec les rebelles — son objectif. Il subit un interrogatoire serré à Alcala de Henares. Des rebelles l'accompagnent jusqu'à la maison d'un de ses amis, à Guadalajara. Il se promène dans la ville et voit des insurgés assener des coups de crosse à des soldats et à des ouvriers bras en l'air. Il reprend la route pour Saragosse, remarque la débandade chez les rebelles. Ceux-ci lui déconseillent fortement de se diriger vers Irun et Pampelune, comme il le souhaitait. Il fonce alors vers Barcelone. Décrit sans complaisance les patrouilles de gouvernementaux qui « arrachent les suspects des maisons, les jettent littéralement dans les camions. Je vois des hommes et des femmes qui se hissent sur les camions où sont recroquevillés les suspects, et qui les frappent et leur crachent au visage. Durant un arrêt, je distingue très nettement, sur la joue de l'un de ces prisonniers, les marques produites par les clous d'une chaussure ferrée. Un autre, qui comprime à deux mains sa poitrine d'où le sang coule, vomit du sang. Un autre glisse, tombe du camion. Des femmes se jettent sur lui et lui écrasent le visage à coups de talon sans que les gardes interviennent. D'autres femmes chantent à tue-tête :

> *¡ España, España*
> *La Monarchía, La Monarchía*
> *es destruida !*

Escorté par deux gardes, j'avance péniblement dans la ville bouleversée... » Il voit des officiers rebelles qui se dirigent vers le peloton d'exécution, d'autres qui vont creuser leur propre tombe. « J'ai vu une ville dévastée, incendiée, ensanglantée et à demi détruite par des forcenés qui, ivres de fureur, ont ajouté des deux côtés le saccage au massacre... » Manhès roule ensuite vers la France ; à la frontière, il est fouillé pendant trois quarts d'heure, ses photos sont confisquées.

De retour à Paris, il écrit encore deux articles pour raconter plus en détail ce qu'il a vu. Difficile de savoir dans quel camp il se range à ce moment-là. Il n'apparaît absolument pas comme un militant. Et semble plutôt dégoûté par tout ce à quoi il a assisté : « Dans tout mouvement, il y a des neutres. C'est même, en général, la majorité... Ceux-là ne m'ont rien dit. Ils étaient trop occupés à pleurer sur leur pays déchiré, sur les morts dont la liste s'allonge, sur la misère qui rampe déjà dans le noir sillage de cette atrocité sans nom : la guerre civile. Et c'est en pensant à ces gens-là que je pardonne aux autres les inutiles rudesses qu'ils n'ont pas cru devoir épargner à certains étrangers... dont je fus. »

Le troisième article signé Louis Dorca, publié le 25 juillet 1936, est consacré à la Légion étrangère espagnole, commandée par le général Franco, chef du mouvement insurrectionnel. On y apprend qu'Henri Manhès était quelques mois auparavant à Ceuta et à Tetouan, qu'il a pu y voir évoluer cette fameuse Légion qui, explique-t-il, n'est formée d'étrangers que pour une très faible part : 12 à 15 %. Il parle de la discipline qui y règne, très brutale : « Les injures, les brutalités qu'on ne leur ménage pas, constituent encore la “bonne part”, celle des non-punis. Le traitement ordinaire, en somme. Les punis, eux, connaissent la torture... Une chose est sûre : l'entraînement terminé, l'homme affecté à une *bandera* y arrive maté, assoupli, transformé en véritable automate, en parangon d'obéissance. » Au fil de cet article, Louis Dorca laisse-t-il percer Henri Manhès ? Il décrit les légionnaires comme n'ayant pas d'esprit de corps, en butte au mépris de la population civile coloniale. Puis, prenant la précaution de souligner qu'il est impartial dans ce qu'il va dire, il ajoute que cette Légion jouissait naguère d'un certain prestige, mais que, « malheureusement, les opérations de police répressives qu'on a eu le tort de lui faire exécuter dans les Asturies ont anéanti à peu près complètement ce prestige et ont valu à la Légion la haine des classes laborieuses ». On dirait presque du Louis Dolivet, le kominternien, envoyé spécial du journal *Monde*. Y a-t-il alors déjà un lien entre les deux Louis dont le « pseudo » commence par les deux mêmes lettres ?

Qui est donc Manhès ? Que fait-il à son retour à Paris ?

Du 5 au 8 août, en tant que réserviste, il prend part à la « convocation de trois jours », montrant qu'il tient à préserver son lien avec l'armée. Il repart quelque temps plus tard en Espagne où, comme nous le savons, il va rendre des services à un attaché de l'air à Madrid et au cabinet civil de Pierre Cot. Est-il alors envoyé en mission ou ne deviendra-t-il missionnaire qu'une fois retourné sur place, en Espagne ? Une certitude : il est en relation avec le commandant Cahuzac qui appartenait en 1933-1934 aux services dépendant du cabinet de Pierre Cot et s'occupait de renseignement. Officier républicain — fait plutôt rare dans ce ministère —, de surcroît franc-maçon — ce qui était au moins aussi rare —, il avait gardé de bonnes relations avec Jean Moulin. En 1935, il avait cassé la figure à un colonel à la retraite dans les couloirs de l'état-major tout en le traitant de « fasciste »... Au début de la rébellion franquiste, Cahuzac est attaché de l'air à l'ambassade de Madrid où il travaille pour le Deuxième Bureau de l'air. Manhès est donc un honorable correspondant du « SR » Air, un homme du renseignement. Il assiste probablement Cahuzac, en rapport étroit avec Malraux pour monter son escadrille et initier des transferts d'avions et d'armes. Manhès aide de surcroît la République espagnole. Comment ? Mystère. Il semble en tout cas être pendant quelques mois l'agent de Jean Moulin en Espagne.

Dès son retour, comme cela s'est passé pour Labarthe, Manhès est intégré à l'équipe Cot, autour de Moulin. Comme il l'a fait pour Labarthe, Moulin le pousse alors à redevenir militaire en situation d'activité dans le cadre d'un décret Cot visant à « républicaniser » l'armée de l'air. Il est effectivement admis en situation d'activité le 1er novembre 1937 avec le grade de capitaine, puis proposé à celui de commandant et affecté immédiatement au bataillon de l'air 107, c'est-à-dire au ministère où il travaille — cette fois officiellement — avec Moulin.

Quand Cot et Moulin quittent les affaires de l'État, au printemps 1938, Manhès intègre l'état-major de la base aérienne de Saint-Cyr et recommence sérieusement une carrière militaire à l'âge de... quarante-neuf ans ! Tout comme Labarthe, il restera en relation étroite avec Jean Moulin.

Avec l'affaire espagnole, Louis Dolivet entre à son tour dans le « premier cercle » des amis de Jean Moulin. Durant le dernier trimestre de 1936, le RUP, encouragé par Pierre Cot, son co-président, et par un Dolivet qui suit les instructions de Moscou, fait de l'aide aux républicains espagnols une priorité. Le Komintern a décidé de mobiliser dans la bataille toute la puissance de la machine du RUP, le 4 décembre 1936, au cours d'une réunion à laquelle assistaient Marcel Cachin, Willi Münzenberg, Louis Dolivet et Martha. Si l'on en croit le dossier de la préfecture de police[1], Louis Dolivet va alors rattraper le temps perdu : « Le RUP a réclamé la livraison de vivres et de matériel de guerre à l'Espagne [...]. Pendant les événements révolutionnaires espagnols, il fut à la base de toutes les initiatives d'aide aux républicains... » Les documents du RUP encore accessibles[2] gardent trace de cet engagement.

Dolivet réussit ainsi à envoyer le pasteur Jézéquel en mission en Espagne républicaine durant l'été 1937 pour témoigner que les républicains ne sont pas les barbares bolcheviques et anticléricaux que décrivent les journaux de droite. Le RUP diffusera ensuite largement son témoignage : « ... Population et gouver-

1. Dossier RGPP. Archives centrales, n° 33412.
2. Surtout à Amsterdam.

nement (j'ai vu presque tous les membres du gouvernement), tous sont remplis de la plus admirable confiance... J'ai tenu à étudier tout particulièrement la situation religieuse... Les pasteurs m'ont affirmé qu'ils n'avaient eu à souffrir d'aucune manière, ni n'avaient été inquiétés d'aucune façon... Au point de vue catholique, [le rite] n'est plus célébré que clandestinement, d'une façon privée, et le gouvernement ferme les yeux... » Le pasteur Jézéquel a demandé au ministre de la Justice et des Cultes s'il permettrait le rétablissement du culte. Le ministre lui explique pourquoi celui-ci a été suspendu, mais répond qu'il a l'intention de le rendre à nouveau public. « Mais il ne faut rien brusquer ; la tâche est très difficile de faire comprendre que tous les évêques et tous les prêtres ne sont pas les mêmes. Vous voyez, conclut le pasteur Jézéquel, que le gouvernement espagnol, à l'heure actuelle, n'est pas composé, comme on le prétend, de rouges extrémistes, mais d'hommes remplis de bon sens, respectueux de la liberté de conscience et de religion... »

Un autre document mentionne que le RUP a envoyé, en novembre 1937, 12 000 tonnes de charbon, 40 tonnes de farine, 80 tonnes de sucre, 120 tonnes de légumes secs à l'Espagne républicaine.

Dolivet n'hésite jamais à mettre les Kleinmann à contribution pour la cause espagnole. La pension genevoise de la rue de la Muse va devenir un discret relais dont les futurs brigadistes, en route pour l'Espagne afin d'y aller combattre Franco, se passent le nom sous le manteau. Le RUP organise des « voyages » en Espagne *via* Genève, donc *via* la pension.

Au fur et à mesure de l'avancée et des succès franquistes, le RUP va s'employer à aider prioritairement la SDN dans ses efforts visant à retirer les troupes étrangères du sol espagnol. Efforts de propagande, mais également action clandestine dont on ne connaît pas, aujourd'hui encore, tous les dessous, si ce n'est qu'elle s'appuya probablement sur deux hommes qui, tous deux, étaient liés à Moscou : Dolivet et le diplomate américain Noel Field. Ce dernier deviendra en 1941 un acteur de premier plan sur la scène où évolue Jean Moulin, notre personnage central.

Noel Field est né le 23 janvier 1904 à Londres, et passe son enfance à Zurich où son père, un quaker, dirige le Concilium Bibliographicum, un institut international qui se donne pour tâche de collecter le maximum de travaux de recherche à travers le monde. Il va pour la première fois aux États-Unis à l'âge de dix-huit ans, fait de brillantes études à Harvard, puis entre au département d'État. Altruiste, plein de compassion pour la misère du monde, très sensible à la montée du nazisme, il se rapproche alors du Parti communiste. La direction du Parti lui fait savoir qu'il peut travailler pour lui sans adhérer formellement. Il écrit des articles sous pseudonyme pour le *Daily Worker*. Contacté par Alger Hiss, un agent soviétique, il accepte de travailler pour Moscou et est transféré dans l'appareil d'espionnage européen quand il prend ses nouvelles fonctions à la SDN en 1936. Le général soviétique Walter Krivitski, patron du GRU en Europe, a affirmé, après sa défection à la fin de 1937, que Noel Field était une de ses sources à Genève.

Field a laissé beaucoup de traces au palais des Nations à Genève. Son nom apparaît dans divers documents de 1936 à 1945. De 1936 à 1940, il a travaillé à la section du désarmement sous l'autorité de Th. Aghnides, lui-même nommé par sir Eric Drummond. Il habitait Vandœuvres, à la villa « La Chotte ». Dans une interview[1] réalisée au printemps de 1966, Aghnides raconte naïvement qu'il croyait en la loyauté de son subordonné, tout en ayant remarqué qu'il ne respectait pas les instructions qu'il lui donnait et glissait toujours dans ses notes des points de vue plus favorables aux Soviétiques : « Un papier devait être distribué aux membres de la 3e commission... Le matin, il m'apporte ce document et je vois que, malgré mes instructions, il y avait toujours un *slant*, comme on dit en anglais, un *slant* vers le point de vue des Soviétiques... J'ai noté cette chose plusieurs fois, je ne comprenais pas, et il s'est trouvé qu'un jour je lui ai parlé du système marxiste tel qu'il était mis en pratique... Alors il m'a répondu que j'avais tort.

— Est-ce que vous y avez été ?

1. Par le Centre de recherches sur les institutions internationales.

— Oui, nous avons été d'un bout à l'autre de la Russie, et nous avons vu exactement tout ce que nous voulions voir. »

Aghnides raconte que c'était certes un élément brillant, mais qu'il avait des « absences inexcusables de deux ou trois jours, périodiquement : où allait-il, que faisait-il ? On me disait qu'il allait à Marseille et quelquefois à Lyon, visiter des amis de l'extrême gauche, qu'il consultait. » À propos de son efficacité dans le travail, Aghnides confirme que Field « était un homme remarquable ».

Dans un CV rédigé par Field lui-même et déposé à l'Institut d'histoire politique de Budapest, on relève qu'après des vacances passées en 1938 en URSS, il avait demandé son adhésion à la section américaine du Komintern ; sans succès. Puis à la section suisse ; toujours sans succès.

Field a surtout travaillé sur deux dossiers : le contrôle national des industries d'armement, et, au sein de la commission militaire internationale chargée d'y veiller, le retrait des combattants étrangers du territoire espagnol. Field se livre d'abord à un travail historique sur la suppression de la fabrication privée des armes, munitions et matériels de guerre. À ce titre, il étudie les mesures prises en France pour contrôler la production d'armes, notamment la nationalisation des usines d'armement du 11 août 1936. C'est dans le cadre de cette étude qu'il a probablement rencontré des membres du cabinet de Pierre Cot, on ne peut plus concernés par le sujet. Dès le début de 1937, Field s'intéresse aussi à l'évolution de la guerre d'Espagne et rédige une impressionnante chronologie sur la situation outre-Pyrénées, spécialement sur les mesures d'embargo.

Dans le cercle des amis de Jean Moulin sont ainsi entrés Henri Manhès dont les états de services connus sont loin de refléter la vraie nature et la stature ; André Labarthe, qui appelle Moulin sa « chère pomme » ; Maurice Panier et Louis Dolivet, liés à l'URSS. Non loin de ce « premier cercle », d'autres, comme Herta, Martha, Noel Field, etc., sont également proches de Moscou.

11

La « 17e équipe » contre l'équipe Cot

La victoire du Front populaire et la dissolution des ligues factieuses qui en a résulté ont donné un coup de fouet à la machinerie clandestine que les anciens de la « 17e équipe » sont en train de mettre en place. Le climat de haine est alors à son comble. *L'Action française* a ressassé depuis des mois à longueur de colonnes qu'une victoire électorale du Front populaire provoquerait la ruine économique du pays et entraînerait probablement une guerre civile et la guerre étrangère dans les plus brefs délais. Maurras a publié une liste de 142 personnes qui devraient être abattues « si elles osaient provoquer une guerre franco-italienne » ; il n'a cessé de dénoncer le complot d'un Front populaire soutenu par Staline, par les socialistes, par les francs-maçons, par les « puissances occultes », évidemment aussi par les Juifs, censés pousser la France à la guerre contre les forces de l'Axe. Les grèves, les manifestations, les occupations d'usines sont vécues comme autant d'agressions par tous les partisans de l'ordre.

Le 10 juin 1936, la police effectue une perquisition au siège du PNRS, l'organisation des dissidents de la « 17e équipe ». Elle y découvre des plans des divers quartiers de Paris portant l'indication des ministères, des ambassades, des casernes de pompiers, des postes de police. Ces papiers ne laissent planer aucun doute sur les intentions de Deloncle, Corrèze et Filliol.

Le CSAR (Comité secret d'action révolutionnaire), ou OSARN, qui sera baptisé ensuite « Cagoule » par le royaliste

Pujo qui détestait ces « dissidents », regroupe une nébuleuse de groupuscules plus ou moins importants comme le Centre d'information et de coopération, le Cercle d'études nationales, l'Office de documentation nationale et sociale, l'Union des enfants d'Auvergne, les Chevaliers du Glaive dirigés par Joseph Darnand, etc. La structure de l'OSARN est calquée sur celle de l'armée. Tous les membres sont tenus à un secret absolu. Y déroger signifie la mort. Les Cagoulards usent et abusent des codes, des mots de passe, pratiquent le cloisonnement. Des groupes de combat sont armés. Deloncle complète son organisation clandestine par un paravent légal, une association déclarée à la préfecture de police : l'Union des comités d'action défensive (UCAD), présidée par le général Dusseigneur, personnalité emblématique de l'armée de l'air qui a fait partie, on l'a vu, du cabinet du ministre de l'Air[1]. Cette association a pignon sur rue ; son objectif est de regrouper à leur insu les milieux nationaux et les militaires derrière la Cagoule. Conçue en juillet 1936, c'est-à-dire au lendemain de l'interdiction de toutes les ligues factieuses, à l'issue d'une rencontre entre Deloncle et le général Dusseigneur, elle est enregistrée à la préfecture au début de novembre ; elle se propose : « 1) de montrer les conséquences qu'aurait l'installation du bolchevisme en France ; 2) de s'efforcer de combattre la confiance trop absolue en un développement sans frein de la démocratie — dont la limite géométrique est le communisme ; 3) d'étudier les axes d'attaque probables des communistes et leurs objectifs successifs. » L'UCAD est si bien intégrée au système Deloncle qu'en cas d'absence ou d'indisponibilité du général Dusseigneur, c'est celui-là qui en devient automatiquement le patron.

Pour faire fonctionner cette nébuleuse, il faut beaucoup de fonds. L'argent n'a jamais constitué un problème pour les cagoulards. Une partie du grand patronat, violemment hostile au Front populaire, effrayée par les grèves et les manifestations ouvrières, se montre on ne peut plus généreuse envers la Cagoule.

1. Il fut chef de cabinet d'André Laurent-Eynac d'avril 1930 à juillet 1931.

Si celle-ci, à ses débuts, s'intéresse à l'URSS, c'est essentiellement à cause des implications que peuvent avoir les décisions de Moscou sur la politique française, et de la volonté qu'on lui prête de prendre prétexte des agissements des communistes et du Komintern pour perpétrer un putsch à Paris. Elle va donc tout mettre en œuvre pour empêcher d'aboutir le projet de pacte militaire franco-soviétique qui constituait alors, aux yeux de la gauche, la seule chance de faire barrage à Hitler et d'empêcher la guerre. À ce titre, la Cagoule va se trouver en permanence en butte à Pierre Cot, l'homme politique qui est le plus ardent défenseur du pacte.

L'insurrection franquiste contre le *Frente popular* modifie assez peu les priorités et objectifs des mouvements nationaux, notamment de la Cagoule. Les cagoulards sont tout à fait solidaires des nationalistes espagnols. Ils souhaitent instaurer à la fois un nouvel ordre en France et, en Europe, un nouvel équilibre fondé sur une entente Rome-Madrid-Paris qui ferait, selon eux, contrepoids à l'Allemagne. Cagoulards et fascistes mènent le même combat contre l'Internationale communiste et il leur paraît tout naturel d'aider directement ou indirectement les franquistes à renverser le *Frente popular*. Pierre Cot et Eugène Deloncle ont des démarches diamétralement opposées, mais, pour l'un comme pour l'autre, la guerre à venir se gagnera ou se perdra à Madrid.

L'attitude des cagoulards et autres nationaux recèle néanmoins une importante contradiction : par ricochet, ils se retrouvent alliés de leurs principaux ennemis, les Allemands. Le réflexe idéologique — la peur du bolchevisme — devient chez eux plus puissant que le réflexe national. Cette contradiction, qui ne fera que s'exacerber au cours des années suivantes, sera à l'origine de nombreuses ambiguïtés et surtout de grands drames.

En attendant, les cagoulards se livrent à un combat féroce et souterrain pour empêcher l'organisation clandestine de Cusin et Moulin, couverte par Blum, Cot et Auriol, de mener à bien sa mission. Ils se comportent comme les agents conscients de Franco, mais aussi de Mussolini et de Hitler, engagés tous deux aux côtés des putschistes espagnols. Ils mettent leurs propres officines de renseignement au service de Franco et en viennent à créer des structures *ad hoc* pour traquer les antifascistes français et détecter leurs actions en faveur des républicains. Ils vont jusqu'à assassiner leurs adversaires considérés comme les plus dangereux et à monter des actions de sabotage pour empêcher l'acheminement des armes vers l'Espagne.

Les anciens de la « 17e équipe » se montrent très actifs dans ce combat clandestin aux côtés des franquistes et contre l'équipe Cot. Pierre[1] de Bénouville a été « mêlé à toutes les histoires de la Cagoule », car il était « convaincu qu'on sabotait l'armée pour nous livrer sans armes [...]. Oui, j'ai connu et apprécié les efforts des cagoulards qui voulaient ouvrir les yeux de leurs compatriotes afin de voir les périls qui s'annonçaient, qui condamnaient les jeux et les poisons du régime parlementaire de l'époque, qui comprenaient que la France était seule, sans alliés face à un ennemi prêt à tout », a-t-il expliqué à Alain Griotteray[2]. Quand je lui demande s'il a appartenu à la Cagoule, le vieux compagnon de Marcel Dassault, l'œil toujours aussi vif malgré ses 84 ans[3], esquive : « J'étais complètement du côté d'une action contre ceux qui avaient accepté de perdre la rive gauche [du Rhin]. » Il parle de Filliol, « une sorte de Jacques Clément », et de Deloncle avec respect et admiration : « Des gens très sympas, qui ne voulaient pas céder. » Et, s'il prend ses distances vis-à-vis de meurtres inutiles commis par la Cagoule, comme celui de Lætitia Toureau, « morte pour rien », il comprend en revanche l'assassinat de Navachine qui « essayait de pénétrer *Le Courrier royal* » et qui fut exécuté par Filliol. Bénouville est également discret sur son engagement espagnol : « Seulement six mois aux côtés des carlistes ». Il a pourtant été de tous les combats de la « droite musclée » et antisémite. En 1937 et 1938, tout en signant Guillain de Bénouville, il devient un collaborateur régulier du *Pays libre*, l'organe du Parti français national-communiste, dirigé par Pierre Clémenti. Un journal très violemment antisémite. Le 20 février 1937, répliquant à une déclaration de Léon Blum devant les ouvriers qui travaillent sur le chantier de l'Exposition, à qui il demande de se mobiliser pour que l'ouverture se déroule

1. Nous utiliserons désormais le premier nom de plume de Pierre Bénouville.
2. In *1940 : la droite était au rendez-vous*, Robert Laffont, Paris, 1985.
3. J'ai rencontré le général de Bénouville les 21 octobre 1997, 5 décembre 1997, 22 avril 1998, 4 mai 1998, 29 septembre 1998.

le 1er mai ; tout en les adjurant de gagner la « bataille des ouvriers et du Front populaire contre le fascisme », Bénouville écrit : « Ayant promulgué la loi des quarante heures si préjudiciable à notre industrie, il sait fort bien que la rapporter serait se suicider [...] il constate d'autre part qu'appliquée sur les chantiers, elle ruinerait l'Exposition [...]. Alors ? Cet Hébreu qui, comme tous ceux de sa race, a une tendance particulière à se substituer à Dieu — Jéhovah n'ayant fait qu'un dimanche, M. Léon Blum a jugé bon de le "doubler" en en instituant un deuxième —, se lance dans la démagogie... ». En gros caractères on peut lire dans le numéro du 20 juin que « le capitalisme c'est l'exploitation de l'homme par le Juif ». Bénouville, qui fait une chronique littéraire dans chaque numéro, consacre sa critique — élogieuse — du 20 mars 1937 à un texte de Maurice Bedel qui affirme que les Juifs ruinent la spiritualité en France, et attaque le député socialiste Salomon Grumbach : « ... vos écoles laïques où on apprend aux enfants que l'Histoire de France commence en 1789. Date qui, par une singulière coïncidence, est celle de l'accession aux affaires des gens de votre race... ». Le même Bénouville fait, sur deux numéros de mai 1937, une apologie sans nuances de Salazar... Toutes positions qui, parmi les siens, n'ont rien de très original.

Michel de Camaret n'a pas laissé beaucoup de traces. Jehan de Castellane, en revanche, en a laissé davantage. Son nom figure dans la fameuse « liste Corre », retrouvée par la police. Son numéro matricule était le 322, et son affectation, « SA », comme « Service Action ». Le nom de Castellane a été plusieurs fois évoqué dans l'affaire Navachine, ce meurtre que Bénouville « comprend », exécuté sur ordre de la Cagoule par l'ami Filliol. Rappelons que Navachine était un agent soviétique lié à Pierre Cot et impliqué dans les affaires espagnoles.

En cette fin d'année 1936, le maréchal Franchet d'Esperey, protecteur quasi officiel de la Cagoule, demande aux membres du « Conseil supérieur » une « preuve par le sang » de la détermination et de l'efficacité de l'organisation de Deloncle : « Je veux être sûr que vous êtes sérieux, et le sang est le critère le plus sûr. Donnez-moi la preuve que vous êtes capable de tuer un ennemi, et je vous aiderai », explique tout tranquillement le maréchal. S'il a besoin de cette preuve, c'est pour obtenir l'aide de milieux financiers et donner un gage de sérieux à certains milieux militaires. Le docteur Martin griffonne trois petits papiers avec un nom inscrit sur chacun, les laisse tomber dans un chapeau et une main « innocente » tire le nom de Navachine... Le 25 janvier 1937, par une glaciale matinée d'hiver, vers 10 heures du matin, M. Leveuf, comptable sans emploi, rentre chez lui, rue Le Marois. Il emprunte l'avenue du Parc-des-Princes, en bordure du bois de Boulogne. Il tombe en arrêt sur le cadavre d'un homme gisant dans un bain de sang. À ses côtés, un chien, mort également. M. Leveuf va prévenir la police. L'homme étendu est Dimitri Navachine, qui vient d'être exécuté à coups de baïonnette par l'ancien chef de la « 17e équipe », Filliol.

Policiers et militaires suivaient de près Navachine depuis son arrivée en France : pour eux, il est sans l'ombre d'un doute un agent soviétique. Le Deuxième Bureau estime en 1935 qu'il est l'un des distributeurs de fonds des Soviets à Paris[1]. Les « SR » de la Cagoule savent tout cela, et bien davantage. Mais, comme le souligne Pierre de Bénouville, Navachine avait entrepris une approche des milieux « nationaux », et notamment du *Courrier royal*. Il est ainsi vu dans les locaux du *Courrier* qui reçoit de lui, dit-on, des subsides et même des articles. On l'aperçoit aussi dans le sillage du colonel de La Rocque...

Ami de Boris Gourévitch, secrétaire général du Comité de défense des droits des Israélites en Europe centrale et orientale, Navachine luttait par ailleurs activement contre la montée de l'antisémitisme en Allemagne. Il s'occupait beaucoup des Juifs venus d'outre-Rhin.

L'agent des Soviets — aux uns il déclare qu'il a rompu avec Moscou dès 1930, aux autres que Moscou ne peut rien lui refuser — œuvre ainsi sur tous les fronts, mais, depuis quelques années, il est avant tout l'infatigable promoteur du resserrement des relations franco-soviétiques, avec le concours de son ami intime Anatole de Monzie. Monzie, radicalisant, qui a appartenu à quatorze gouvernements entre les deux guerres, a été, avec Édouard Herriot puis Pierre Cot, l'un de ceux qui se sont dépensés sans compter pour la signature, en 1935, du pacte

1. CARAN, F7/15987.

franco-soviétique par Laval, puis qui ont milité pour son extension. Le docteur Martin et son groupe surveillaient de près ceux qui travaillaient en faveur d'un tel rapprochement.

Navachine se savait aussi visé par Moscou. L'homme qui l'avait installé à la tête de la banque des Soviets à Paris, Iouri Piatakov, ancien ami de Trotski, avait été arrêté, ainsi que d'autres membres importants du Komintern, par Iagoda, patron du NKVD, sur ordre de Staline. À partir de 1934, le « petit père des peuples » avait entrepris une vaste épuration parmi les cercles dirigeants, considérés comme truffés d'ennemis réels ou potentiels. Son obsession est l'ancien chef de l'Armée rouge et il ne tarde pas à voir partout des amis de Trotski. Le premier procès à juger ces « dégénérés » se tient en août 1936. Celui des amis de Navachine qui, selon l'accusation, font partie de la « centrale trotskiste antisoviétique » dont le but, en liaison avec les nazis, est de renverser Staline, commence au début de janvier 1937. Navachine sait également qu'Artouzov, l'homme qui l'a recruté au KRO[1], n'en a plus lui-même que pour quelques semaines avant de tomber.

La rumeur circule dans la capitale française que Navachine a été instamment « invité » à se rendre à Moscou, mais qu'il a refusé. Il aurait confié à l'un de ses amis, médecin à Paris : « Je suis "visé"... — Alors, prenez des précautions ! — Je ne suis pas Koutiepov[2] et ne mettrai à mon enlèvement aucune bonne volonté... »

Navachine s'intéresse également de près à ce qui se passe en Espagne. Quelque temps avant l'avènement à Madrid du *Frente popular*, il a présenté des responsables catalans à divers dirigeants de banques parisiennes et leur a fait obtenir des subsides. Il est plus que probable qu'il a joué encore, après le début de l'insurrection franquiste, un rôle dans l'aide aux républicains espagnols.

Navachine est ainsi le symbole — presque la caricature — de tout ce qu'abhorrent les « nationaux » comme Filliol et ceux de

---

1. Département du contre-espionnage de la Tchéka.
2. Le général Alexandre Koutiepov, chef à Paris de l'Union russe des forces combinées (ROUS), avait été enlevé en 1930 sur ordre de Staline après avoir refusé de rentrer à Moscou.

la « 17e équipe » : il est juif, franc-maçon, bolchevique, lié à la finance « apatride » et ami de ministres du cabinet de l'« infâme » Léon Blum, notamment de Pierre Cot. À lui seul, il est ainsi la figure emblématique du « grand complot judéo-bolchevique » qui, avec le Front populaire, est, à leurs yeux, en train de gangrener la France...

Les policiers ne mettront pas un zèle extraordinaire à trouver les coupables du meurtre. Ils auraient pu lire avec profit *L'Insurgé*, journal de la Cagoule financé par l'industriel Lemaigre Dubreuil, qu'anime avec fougue le futur académicien Thierry Maulnier. Dans le numéro qui suit l'assassinat, celui-ci signe un éditorial qui en expose les mobiles : « L'assassinat de Dimitri Navachine, quels qu'en soient les auteurs, révèle les conversations, les tractations, les intrigues qui liaient mystérieusement, par l'intermédiaire de Navachine et par quelques autres sans doute, nos politiciens conservateurs, les Reynaud, les Flandin, et la diplomatie secrète des Soviets... En vérité, les Français qui acceptent de se faire les agents de l'étranger ne sont pas tous au Parti communiste. L'opération est simple, et les profiteurs en sont connus : il s'agit, pour les chefs de la Russie soviétique, d'obtenir du centre et de la droite de l'opinion française l'adhésion à l'alliance franco-soviétique — fût-ce au prix de quelques sacrifices momentanés sur le plan révolutionnaire. Il s'agit, pour la droite française et les grands intérêts économiques qu'elle représente, d'obtenir à l'intérieur un sursis pour le capitalisme en acceptant à l'extérieur l'alliance soviétique et sa conséquence : la prochaine guerre franco-allemande... »

Jehan de Castellane, adjoint de Filliol à la « 17e équipe » et ami de Bénouville, était au courant par les frères Derville du projet de meurtre visant Carlo Rosselli. Il a été auditionné à ce sujet par la justice à plusieurs reprises.

Filliol a également exécuté les frères Rosselli, en juin 1937, à la demande des services secrets de Mussolini. Carlo Rosselli était un militant antifasciste très actif. Il vivait à Paris depuis son évasion des geôles italiennes. Ami de Malraux, familier des milieux antifascistes de la capitale française, il avait monté une brigade, baptisée *« Giustizia e Libertà »*, qui combattit en Espagne à partir de la fin août 1936.

Armand Magescas est de neuf ans l'aîné de Bénouville. Il est né à Pau dans une « excellente famille », avec un père avocat réputé. Grand, brun, beau ténébreux, sûr de lui et de son pouvoir de séduction, il est officiellement journaliste, mais consacre beaucoup de temps aux jeux de l'ombre. Royaliste, abonné à *L'Action française* et au *Courrier royal*, il est toujours disposé à faire le coup de canne contre tout ce qui n'est pas de son bord. Colette Pons, une jeune femme que l'on retrouvera bientôt aux côtés de Moulin, se souvient de Magescas vendant *L'Action française* à la sortie des églises en compagnie de son ami « Bénou », ou encore traînant à Sciences-Po : « C'était un homme séduisant, beau, aux yeux terribles. Il avait beaucoup d'influence sur "Bénou". C'était la part d'ombre de Bénouville. Il m'a emmenée à une de leurs messes noires... Il était proche de Franco et a même été au Vatican faire bénir son épée par le pape. Il connaissait tous les dictateurs européens... » Ce portrait, plus martelé au burin que ciselé, n'en paraît pas moins proche de la réalité. Armand Magescas a été un cagoulard important qui jouissait de la confiance absolue des chefs de l'organisation. Dans ses carnets secrets, Aristide Corre cite souvent Magescas, surnommé « Kiki », et raconte qu'après la chute de la Cagoule il fut l'un de ceux qui assurèrent la liaison entre Deloncle (en prison), sa femme Mercédès et les cagoulards réfugiés en Espagne, comme Filliol, Corre et Jacques Corrèze[1]. Magescas s'occupe alors des problèmes de financement et assure la liaison avec les milieux franquistes dont il est très proche, notamment pour ce qui est du patron d'*Epoca*, le marquis de Villa Urrutia, et celui qui deviendra le premier ambassadeur franquiste à Paris, José-Felix de Lequerica.

Comme Bénouville, Magescas est sympathisant des carlistes. De 1934 à 1936, il a été correspondant du journal royaliste *Epoca* et de l'« Acción Española ». Il connaît bien le personnel de l'ambassade d'Espagne à Paris en place au début de l'année 1936. Il est notamment proche du commandant Antonio Barroso, l'attaché militaire, l'homme de Franco à Paris quand ce dernier

1. In *Dagore, les carnets secrets de la Cagoule*, de Christian Bernadac, Éditions France-Empire, Paris, 1977.

déclenche son *pronunciamiento*, le même Barroso qui a refusé de signer le chèque en règlement des avions destinés au gouvernement légal de son pays et qui a prévenu la presse de droite des faits et gestes de Pierre Cot et de son équipe. Barroso et son collègue attaché naval ont créé à Paris un « Comité nationaliste » étroitement lié à leurs homologues de l'ambassade d'Allemagne. Le capitaine de l'Abwehr Lietzmann assure discrètement la liaison entre les diplomates espagnols et allemands. Magescas fait flèche de tout bois pour venir en aide aux nationalistes espagnols. Quand Barroso est finalement expulsé de France, malgré l'avis contraire du Quai d'Orsay, ses amis cagoulards veilleront à lui assurer un retour en toute sécurité dans son pays. À son tour, Barroso présentera Magescas au général Franco.

Après le départ de son ami Barroso, Magescas fera souvent la navette entre Paris et Salamanque pour apporter les renseignements qu'il a collectés sur les républicains en mission à Paris. Selon les policiers français qui surveillent l'« oiseau » de près, il monte en fait un véritable service de renseignement pour le compte de Franco. Dans une note[1] du 27 janvier 1937, Pétain écrit que Magescas (28, rue Le Sueur) est resté quelques mois en Espagne, a été introduit auprès de Franco par Barroso et a « fait de l'espionnage au profit des Allemands ». Pétain connaissait Barroso pour l'avoir décoré de la Légion d'honneur en 1925, pendant la campagne du Rif, « pour services éminents rendus à la collaboration franco-espagnole ». Est-ce lui qui fin 1936-début 1937, est en liaison avec l'Abwehr pour aider ses amis espagnols à obtenir des armes ? [2]. C'est probablement lui l'agent dont Franco parle souvent à l'ambassadeur allemand à Salamanque et qui assure la liaison avec Laval ? Ce dernier fait des offres de services au Caudillo pour collaborer avec lui dans l'action contre le communisme. Il lui fait savoir que le salut de la France passera par le maréchal Pétain, qui est prêt à prendre ses responsabilités, et qu'il est en discussion à ce sujet avec Doriot, le colonel de La Rocque et Pétain lui-même. Laval propose à Franco d'orga-

1. Archives personnelles.

2. Documents on German Foreign Policy, 1918-1954. Série D. Volume III. Germany and the Spanish civil war. Department of State, p. 234.

niser une intense propagande en faveur des nationalistes et de monter une station radio de grande puissance à Saint-Sébastien[1]. On a dit que Magescas était très proche du marquis de Villa Urrutia, patron d'*Epoca*, devenu le secrétaire de la légation installée à Salamanque avant que Franco ne devienne officiellement chef de l'État espagnol. Il connaît également fort bien le tout-puissant Nicolas Aurelio, frère du Caudillo, lui aussi ami des Allemands.

À la mi-juillet 1937, Magescas crée, en association avec un autre royaliste, l'Agence de presse universelle et d'action espagnole (appelée aussi Bureau universel de presse), installée à Paris, rue du Faubourg-Saint-Honoré. Cette agence devient l'un des outils de propagande qui, avec d'autres, comme le « service de renseignement » du docteur Martin, va alimenter la presse de droite et d'extrême droite *(L'Écho de Paris, Gringoire, L'Action française...)* en informations visant à mettre le gouvernement Blum en difficulté. Ces informations émanaient pour beaucoup d'organes d'État qui, de par leur position, étaient plus ou moins au courant des agissements de Gaston Cusin : Deuxième Bureau, SR Air, aviateurs ont largement approvisionné les cagoulards et ce type de journaux. Pierre Cot a été évidemment leur principale tête de Turc. Tout ce qu'il faisait ou prônait provoquait leur ire : la nationalisation des industries de l'aéronautique, l'aviation populaire, la républicanisation de l'armée de l'air, les efforts de rapprochement franco-soviétique... En voici quelques exemples :

L'Action française mensuelle de septembre 1936 fait sa une sur les « Trahisons et mensonges du Front populaire », et commence de la façon suivante : « Il est difficile d'imaginer comédie plus répugnante que celle dont le Front populaire judéo-communiste nous a donné l'ignoble spectacle depuis le début de la guerre civile espagnole. » Le 25 septembre 1936, *Gringoire* écrit de Cot : « Un névropathe est assurément un malheureux, mais, en politique, il devient un danger mortel, surtout s'il est aussi juriste. M. Cot peut à son aise codifier l'extravagance, légaliser l'ineptie, mettre en articles de loi toutes les scories de son cerveau malade. Ses "idées", ou ce que l'on appelle ainsi,

1. *Ibid.*, p. 270.

devraient porter une camisole de force. Il les a coiffées d'un chapeau de gendarme. » Suivent treize paragraphes de la même encre. En octobre 1936, *L'Écho de Paris* fournit une liste complète des avions militaires fournis par Pierre Cot au gouvernement de Madrid. Il publie également une interview du général Franco qui jette de l'huile sur le feu à Paris en affirmant que le Front populaire ne représente pas la « vraie France ». « Pierre Cot va-t-il tout soviétiser et tuer l'industrie libre ? » se demande Jean Routhier dans *L'Écho* du 6 novembre 1936. « Avant de songer à devenir commissaire du peuple, soyez, monsieur Pierre Cot, un bon ministre de l'Air ! » ironise le même journaliste, le 19 novembre. Et *Gringoire* de réclamer « la Haute Cour pour M. Pierre Cot ! [...] Poussé par quelques-uns de ses conseillers militaires, les "Jeunes-Turcs" de l'Aviation, notamment son chef de cabinet, M. Pierre Cot, sectaire, brutal, déséquilibré, bolchevique dans l'âme, atteint de mégalomanie par surcroît, décida de sacrifier à la création d'un puissant corps aérien, entièrement soumis à son bon plaisir, absorbant à lui seul toute la substance, les globules rouges, si l'on peut dire, de notre aviation ! » Le même journaliste s'en prend ensuite violemment à l'aide accordée aux « rouges » d'Espagne, s'agissant notamment de l'avion Bloch 210, ultramoderne, entièrement secret. « Les étrangers d'abord, la France ensuite ! En agissant de la sorte, M. Pierre Cot s'est rendu coupable d'un crime véritable, d'un ACTE DE TRAHISON qui relève de la HAUTE COUR ! » *L'Action française* de décembre 1936 réclame également « la Haute Cour pour Pierre Cot ». Dans *L'Insurgé* du 28 avril 1937 paraît un long article intitulé « Pierre Cot, saboteur de l'aviation ». Le même journal cagoulard, dans son numéro du 10 mars 1937, a fourni avec une précision diabolique tout le détail des livraisons françaises à l'Espagne républicaine, et celui du 16 mai continue à dénoncer en une : « Le scandale des marchands de canons à la frontière franco-espagnole », avec en guise de sous-titre : « Entre les trafiquants d'armes et les amis de Blum, membres de la SFIO, de singulières complicités se révèlent. » L'organisation de Cusin est largement dévoilée : « Car, à Perpignan, l'illégalité est reine... et notre gouvernement y tient la main... Qui n'a pas été aidé, comme moi, par un douanier français pour charger des caisses d'armes sur un raffiot pour l'Espagne ne peut pas comprendre : mais je raconterai cette histoire à son heure... »

Magescas a alors pour maîtresse Maria Bascaran dont le mari a été fusillé par les républicains. Vendeuse de la maison Patou, elle collecte des renseignements sur les républicains espagnols, qu'elle transmet à son ami. Celui-ci abandonnera bientôt la mère pour la fille, Maria del Carmen, qu'il épousera en septembre 1942. Agent de Franco (comme l'indiquent toutes ses fiches de la préfecture de police), agent de l'Abwehr (comme l'écrit Pétain), Magescas est également considéré comme un agent de l'Office de vigilance et de répression de l'antifascisme (OVRA), organisme secret fasciste italien, dans un rapport de la Sûreté nationale daté du 20 avril 1939, confirmé par le cabinet du préfet de police[1] dans une note du 20 janvier suivant. Magescas était ainsi au centre de l'« Internationale blanche » au moment de la guerre d'Espagne et à l'heure où la Cagoule déployait ses sinistres exploits.

Rien d'étonnant à cela. Après l'arrestation des principaux chefs de la Cagoule, des enquêtes approfondies furent menées par la Sûreté et le contre-espionnage militaire français pour connaître les connexions de la Cagoule avec diverses organisations étrangères. Le commissaire Mondanel et le commandant Paillole travaillèrent en étroite collaboration sur le sujet. Malheureusement, les archives du CE ont été brûlées par Paillole durant l'hiver 1941-1942. Il se souvient néanmoins des conclusions de leur commun travail : « La Cagoule a été largement sous-tendue, financée, armée par l'OVRA, organisation proche du Duce et des services spéciaux italiens qui aidait les fascistes en Europe et traquait leurs adversaires, avec pour objectif de participer à la déstabilisation du régime républicain en France. Je me demande même si la Cagoule ne fut pas d'inspiration "OVRA". Ce sont les fascistes italiens qui avaient armé les oustachis croates qui assassinèrent à Marseille, le 9 octobre 1934, le roi Alexandre de Yougoslavie et le ministre Barthou. La Cagoule avait des contacts avec l'OVRA, le SIM [service de renseignement militaire italien] et l'Abwehr de l'amiral Canaris... » Le SIM servait

1. Préfecture de police, Archives du cabinet, 1.00.443.12.

de trait d'union entre l'Allemagne nazie et les nationalistes espagnols. Le très germanophile général Roatta était lié à l'amiral Canaris et aidait Franco pour le compte de l'Abwehr. De par ses relations étroites avec le SIM, et donc indirectement avec l'Abwehr, on peut affirmer que la Cagoule constituait une pièce maîtresse de l'« Internationale blanche ».

Magescas ne représente pas une exception : tous les « pontes » de la Cagoule se sont engagés dans le conflit espagnol. Pour faciliter ses allées et venues, Eugène Deloncle disposa à partir du 30 avril 1937 d'un passeport diplomatique délivré par l'ambassade du Chili en Espagne au nom de « M. le Conseiller de légation Hector Davila Solis ». François Méténier s'est également souvent rendu en Espagne au cours de cette même année 1937. Dans sa déposition du 9 janvier 1940 devant ses juges, il a déclaré avoir été en Espagne en juin 1937 avec un passeport espagnol au nom d'Amadeo Cros-Salvan et y avoir mené des négociations qui, selon lui, auraient abouti à la neutralité de l'Espagne durant la guerre. Il aurait mené ces pourparlers le 11 septembre avec deux officiers supérieurs ; tous trois seraient allés à cette fin dans un « bureau militaire » où ils auraient rencontré une « personnalité française ». Cette réunion se serait déroulée en présence de Borghetti, qui, avec l'aide de François Méténier, avait sauvé la vie de la famille du général Molla, prisonnière des gouvernementaux espagnols. Autrement dit, cependant qu'une partie de l'appareil d'État français, coordonnée par Gaston Cusin, aidait l'Espagne républicaine, une fraction au moins du haut commandement français était en pourparlers avec les hommes de Franco ! « Le Deuxième Bureau me fournissait des renseignements sur l'Espagne... J'ai dirigé les conférences du mercredi avec les gens du Deuxième Bureau et, parmi eux, il y avait des cagoulards. En sortant, mes gens étaient suivis, mais ils avaient plus d'un tour dans leur sac pour semer leurs poursuivants, en prenant notamment la dernière voiture du métro... », m'a raconté Gaston Cusin.

Le service « Action » de la Cagoule, dirigé par Filliol, a été mis à la disposition des insurgés espagnols. Le colonel franquiste Ungrilla a par exemple demandé à Deloncle de saboter des appareils destinés au gouvernement républicain ; Filliol et ses gens exécutent le contrat : le 20 août 1937, trois avions sont détruits sur le tarmac de Toussus-le-Noble, aérodrome réservé par Jean Moulin auprès de Dick Farman pour servir de base discrète au départ des avions à destination de l'Espagne. Les hommes de la Cagoule auront également fait dérailler des trains et commis divers autres actes de sabotage.

La Cagoule surveillait aussi le RUP de Louis Dolivet et Pierre Cot. Dans les archives du docteur Martin saisies à Vichy, on a retrouvé 97 pièces consacrées au RUP. Deloncle fantasmait sur cette organisation comme levier d'un probable putsch communiste : « Il faut de plus signaler que le RUP à base communiste occupe tous les étages d'une maison qui touche le jardin particulier de l'hôtel des ministres de la Guerre. Il suffisait donc de laisser dans la soirée une cinquantaine d'hommes armés dans cet hôtel pour que l'occupation du ministère soit favorisée par leur action », a déclaré Deloncle à ses juges, le 28 décembre 1937.

Les cagoulards avaient également à l'œil leurs pires ennemis du Front populaire afin que, le jour J, quand ils renverseraient la République, ils puissent rapidement les mettre hors d'état de nuire. En bonne place, à côté de Léon Blum et Marx Dormoy, figuraient Pierre Cot et Gaston Cusin au domicile duquel une couturière, envoyée par la Cagoule, avait déjà relevé l'empreinte de la serrure...

Sans attendre, il est important de situer dans ce contexte deux personnages qui n'entreront que plus tard sur la scène où évoluera Jean Moulin.

Il s'agit en premier lieu du général Davet, que l'on retrouvera, pendant la guerre, aux côtés de Bénouville. Lui aussi s'est beaucoup occupé des affaires d'Espagne. Officier de l'armée de l'air, il a succédé à Jean Moulin au poste de chef de cabinet du ministre de l'Air en février 1934. Il a connu son heure de gloire en traversant l'Atlantique avec Mermoz en 1934. Fin 1938, début 1939, il a été par deux fois en Espagne. D'abord du côté républicain, sous couvert d'une mission de la Croix-Rouge chargée de retrouver et de secourir 70 aviateurs franquistes prisonniers. Cette mission officielle était doublée par celle, secrète, confiée à lui par Georges Bonnet, alors ministre des Affaires étrangères, désireux de préserver l'avenir en gardant le contact avec l'un et l'autre camps. Davet a effectué une troisième mission très spéciale, confiée par le colonel de Vitrolles, chef du Deuxième Bureau de l'air, pour se procurer des informations sur les procédures tactiques des franquistes, ainsi que sur des éléments de blindage d'avion. Il a ainsi rencontré Negrín et del Vayo. Malgré ces rencontres « républicaines », lui-même était résolument profranquiste. Il était également bien vu pour avoir participé activement au sauvetage du musée du Prado, avec le peintre Jose Sert et le duc d'Albe. Davet connaissait le maréchal Pétain. Comme Magescas, c'était un grand ami de José-Felix de Lequerica, futur ambassadeur d'Espagne en France.

Second personnage : Raymond Richard, relation de Jehan de Castellane, n'est pas non plus resté inactif durant cette période. Lui aussi a été Camelot du roi. Secrétaire de la Ligue d'Action française pour la région parisienne, chargé de la propagande (c'est à ce titre qu'on l'a déjà vu aux obsèques de Bainville), il s'occupait également du SR de l'AF. Lui aussi est devenu cagoulard, via l'UCAD, avec le général Dusseigneur et le colonel Cachier. Il rencontre alors le colonel Thierry. À l'UCAD, il est chargé d'une mission : détecter les fonctionnaires nationalistes. Il crée à cette fin *Le Fonctionnaire de France* qui lui permet d'élaborer un fichier destiné à l'embrigadement de fonctionnaires[1]. Il porte également une autre casquette au sein de la Cagoule : il dirige la septième brigade, l'ODNS, qui incorpore les troupes de grande banlieue. Quand la Cagoule éclate, à la fin de 1937, il adhère, *via* Loustaunau-Lacau, à « Ordre national et Prestige », qui, comme la Cagoule, traque les communistes et leurs alliés. Il entre au service de renseignement de ce mouvement, sous les ordres de Mme Méric.

La plupart des cagoulards et surtout leurs alliés au sein de l'armée ne furent guère poursuivis après la découverte du complot. Aucun officier d'active ne fut inquiété. « Mieux, si d'aventure l'un d'eux est convoqué par un juge d'instruction, il lui suffit de décliner sa qualité pour qu'aussitôt le magistrat s'excuse, détruise les pièces ébauchées et lui confie : "Nous avons des ordres venus de très haut de n'impliquer dans cette affaire

1. Interview de Jacques de Place, le 4 mars 1998.

aucun officier d'active" », écrit Pierre Ordioni[1]. Les suites à donner à l'affaire de la Cagoule et surtout à l'implication de l'armée firent l'objet de nombreux débats entre Marx Dormoy, Vincent Auriol, alors ministre de la Justice, Édouard Daladier et Pierre Cot. Laissons sur ce sujet la parole à Pierre Cot[2] :

« La question fut évoquée devant le Conseil des ministres. La discussion fut dramatique ; je n'en avais pas connu de plus émouvante depuis les séances qui avaient précédé et suivi l'émeute du 6 février 1934 et les décisions que nous avions dû prendre à ce moment pour éviter la guerre civile et sauver le régime. Deux thèses s'affrontèrent. Avec mes amis Marx Dormoy, Jean Zay et bien d'autres ministres [...], j'étais partisan de faire une enquête complète, de vider l'abcès et de laisser la justice suivre son cours en inculpant, s'il était coupable, le maréchal Pétain. Le président de la République et le président du Conseil, qui était Camille Chautemps, émirent un avis différent qui fut accepté par Daladier. Celui-ci fit observer que l'inculpation éventuelle du Maréchal créerait un grand émoi dans le pays et dans l'armée : "Je suis responsable de la défense nationale et du moral de l'armée, dit-il. Je ne puis laisser poursuivre un maréchal de France, le vainqueur de Verdun, pour complot contre la sûreté de l'État, c'est-à-dire pour trahison." À la majorité, le Conseil des ministres se rangea à cette opinion ; Daladier fut chargé de convoquer Pétain et de faire appel à son sens de l'honneur et à son patriotisme. En sortant du Conseil, je causai quelques instants avec Daladier : "Vous avez eu tort, lui dis-je. Vous savez mieux que personne que Pétain est un fourbe." Je le revois encore ; il s'arrêta, posa sa main sur mon bras, me regarda longuement de son œil bleu, et, me tutoyant — ce qu'il faisait seulement quand il était ému —, me dit : "Je crois que tu as raison ; mais je ne pouvais faire autrement ; Pétain a près de quatre-vingts ans, il n'est plus tout à fait responsable de ses actes ; il reste le drapeau de l'armée ; à son âge, il n'a été qu'un jouet aux mains des fascistes." Je le sentis aussi bouleversé par

1. *In Le Pouvoir militaire en France*, *op. cit.*
2. *In Le Procès de la République*, *op. cit.*

la décision qu'il venait de prendre que par le regret qu'il avait déjà de cette décision. »

À l'époque et depuis lors, les liens compliqués entre l'armée et la Cagoule n'ont pas été — tant s'en faut — mis au jour. Cette histoire est encore loin d'avoir livré tous ses secrets.

12

Un faux amour pour en cacher un vrai

Jean Moulin est sensible, vulnérable. On l'a déjà vu pleurer, le 6 février 1934, puis en écoutant Labarthe raconter la souffrance du peuple espagnol. Il place l'amitié au-dessus de tout. Il est prêt à sacrifier sa carrière pour défendre Pierre Cot. Derrière son aspect « gai et liant », il cache de grands secrets. L'artiste qui aime aller au bout des nuits de Montparnasse vaut plus que ses dessins. Derrière son goût un tantinet obsessionnel pour la poésie de Tristan Corbière se cache un anticonformiste fasciné par la mort. S'il aime s'abîmer dans la nuit de la capitale, c'est pour se battre avec des chimères et des fantasmes qui demeurent bridés toute la journée dans l'uniforme de préfet ou dans le costume de chef de cabinet. La rigueur obligatoire qui sied à l'administrateur a toujours contenu « Romanin ». Il a besoin, pour vivre, d'appartenir à plusieurs cercles différents, voire contradictoires. Il se recompose un personnage avec chacune ou chacun de ses amis, chacun des petits groupes auxquels il appartient. Dans chacun de ces cercles, il a une histoire. L'un d'eux, on l'a vu, est la franc-maçonnerie.

Avec Henri Manhès, il a probablement noué une très forte relation grâce à un personnage qui le fascine toujours : Tristan Corbière. Au début de l'année 1938, en pleine bourrasque espagnole, il continue en effet à se passionner pour les textes et le destin du poète maudit. Il projette d'écrire sa biographie et mobilise Manhès pour lui obtenir des informations inédites sur l'auteur des *Amours jaunes*. Manhès lui a en effet raconté que Robert

Noir, vieil ami de la mère de son collègue Vignaud (ex-président du Syndicat général de la librairie), un bohème désabusé, avait connu Corbière. Mme Vignaud avait d'ailleurs hérité d'objets ayant appartenu à Noir, parmi lesquels un album que Jean Moulin racheta à la vieille dame. Les renseignements ne venant pas assez vite, Moulin relance Manhès. Le commandant promet de se remettre en chasse pour trouver des informations supplémentaires auprès de ses anciens amis de l'édition, car il n'a « guère confiance dans les investigations auxquelles va se livrer cette bique de madame Vignaud, qui n'est plus une jeunesse[1] ».

« Jean était un Provençal, fils du soleil, aimant la vie, la plaisanterie, un bon et joyeux compagnon dont le charme ne laissait personne indifférent et dont les succès féminins étaient nombreux. Il n'avait rien d'un ascète... » Ainsi s'exprime Pierre Meunier, le seul compagnon de cette époque à avoir écrit sur Moulin. Meunier ne va malheureusement pas plus loin dans l'évocation des relations de ce dernier avec les femmes. Il se borne à raconter que, malgré son travail accablant au cabinet du ministre, Moulin continuait à aimer la vie. Ils vont ensemble à La Coupole, au Dôme, ou dans un petit bistrot de l'avenue d'Italie manger une entrecôte « marchand de vin ». Pierre Cot réussit parfois à entraîner sa bande voir des westerns. Moulin aime assister avec d'autres à des matchs de boxe, et, avec d'autres encore, aux « Six Jours » du Vel'd'Hiv'. Chacun le trouve « provençal », ouvert, mais ne connaît bien qu'une seule de ses facettes. Le dernier à l'avoir rencontré avant la guerre, Robert Chambeiron, parle de sa très grande discrétion. Il n'a été au courant que très tard de l'existence d'une femme comptant dans la vie de Moulin[2].

Le « côté des femmes » abrite certainement les « vies » les plus secrètes de Jean Moulin. Il a probablement eu des relations difficiles et compliquées avec elles. Un petit amour fugitif pris en main par son père, un mariage raté avec une jeune fille qui rêvait d'être cantatrice, des « gaudrioles » faciles dont il faisait le récit à Marcel Bernard : tout cela ne comptait guère pour l'an-

---

1. Fonds Laure Moulin, BN/NAF 17863.
2. Entretien avec l'auteur, le 25 juin 1998.

cien plus jeune sous-préfet de France, ami de Max Jacob et principal collaborateur du ministre de l'Air... Chambeiron n'a rien su, et Meunier pas grand-chose. Pourtant, durant cette période haletante, Moulin a rencontré deux femmes qui ont beaucoup compté pour lui (l'une d'elles a même été son grand amour caché). Deux femmes qui ne se connaissaient pas et qui ont emporté avec elles un précieux éclat de la personnalité de Jean Moulin. Ces deux femmes, qui ont contribué à révéler son côté « Romanin », sont elles aussi, à leur manière, des « artistes » : l'une l'est vraiment, puisqu'elle est peintre ; l'autre arrive dans ses bras avec un passé romanesque.

Marie-Rose Wibault, femme de l'avionneur, trouva qu'il manquait vraiment de femmes à son dîner donné en l'honneur de la première délégation aéronautique de l'URSS à venir en France[1]. Elle se voyait déjà seule, entourée de sept hommes : les quatre Russes, Pierre Cot, ministre de l'Air, Jean Moulin, son chef de cabinet, et son propre mari, Michel. Et si son amie Antoinette était libre ? Elle l'était. Elle allait sûrement mettre de l'animation dans la belle salle à manger du vaste appartement parisien de la rue Guy-de-Maupassant, dans le VIIIe arrondissement. Antoinette Sachs — du nom de son premier mari — était artiste peintre de son état. Née le 18 juin 1897 à Paris, elle frôlait la quarantaine, mais ne la faisait pas. Petite, elle n'était pas d'une beauté fracassante, avec son visage de pâtre grec et ses boucles brunes, mais elle faisait fondre les hommes. Depuis quelque temps déjà, elle avait accroché une belle pièce à son tableau de chasse : Paul Géraldy, devenant ainsi l'égérie du poète de l'amour. Connu pour *Toi et Moi*, recueil écrit pour la célèbre cantatrice wagnérienne Germaine Lubin avec qui il s'était marié le 13 mars 1913, Géraldy avait fait rêver le monde entier sur celle qui avait pu générer un tel sentiment. Mais, si *Toi et Moi* continuait à vivre dans les cœurs, « la féerie s'était consumée. Tout était cendres ». Comme d'autres, Paul et Germaine, le poète

1. Probablement en novembre 1936 à l'occasion du XVe Salon de l'aéronautique au Grand Palais, où les Soviétiques avaient un stand pour présenter l'Antonov 25, l'Antonov 35 et le biplace Stakanovetz. Michel Wibault avait fait partie d'une des missions françaises en URSS en août 1936.

et la cantatrice, avaient divorcé. Géraldy affirma[1] alors *urbi et orbi* qu'il n'était pas question pour lui de refaire sa vie : « La foi ne se recommence pas. Il était tard pour moi, d'ailleurs. Je travaillais... Je n'étais plus qu'un écrivain. » Puis il advint ceci :

> J'avais, dans mon Midi païen, des amis qui réunissaient chaque matin, au bord de l'eau, quelques personnes pour le bain, et en retenaient une partie à déjeuner. Un de ces matins-là, la maîtresse de maison me prit à part :
>
> — Mon mari est absent, dit-elle. Voulez-vous présider ce déjeuner avec moi ? Vous prendrez à votre droite et à votre gauche les deux jeunes femmes les plus attachantes, selon vous.
>
> Ce que je fis... Ainsi fut assise à ma droite une émouvante jeune femme, l'intelligence, la beauté, la fraîcheur et le charme mêmes : une tête bouclée de petit pâtre grec, un corps insexué d'Artémis amazone ou de Diane chasseresse, à la fois si noble et si pur que j'avais dû, pour l'aborder, vaincre une épaisse modestie. Un sourire qui faisait penser à celui de l'Ange de Reims, à ceux des Madones de Vinci. La voix avait un timbre chaud, comme doré. Il m'arrive encore aujourd'hui, en l'écoutant au téléphone, d'en être surpris, enchanté.
>
> — Quelle jolie voix, dis-je, vous avez !
>
> Après le déjeuner, comme je me retirais, je la trouvai sous le portail de la villa, soucieuse, me parut-il, de sa voiture, ou d'une voiture qui la reconduirait chez elle.
>
> — Vous attendez quelqu'un, madame ? demandai-je.
>
> — J'attends toujours quelqu'un, fit-elle.
>
> Moi aussi, j'attendais quelqu'un...

Cette Diane chasseresse se retrouva donc assise à côté de Jean Moulin au dîner officiel et passablement ennuyeux donné chez les Wibault. Vers 23 h 30, Antoinette s'apprêtait à rentrer chez elle quand Moulin, toujours galant, lui proposa de la raccompagner. Elle accepta. Il la quitta devant son domicile.

Antoinette n'avait pas été insensible au charme de Jean Moulin, mais il y avait Paul Géraldy... Quelque temps plus tard, il vint la voir chez elle, lui fit des propositions galantes. Elle le repoussa presque brutalement. « Il me semblait que je devais à

1. Texte d'une interview à la télévision réalisée par Pierre Cardinal et reproduite dans *Paris-Match* du 31 décembre 1960.

Paul Géraldy l'intégrité de ma personne », confia-t-elle bien des années plus tard à ses carnets[1].

Cette rebuffade n'empêche pas Jean et Antoinette de se revoir de plus en plus souvent et de nouer une relation de plus en plus étroite. Moulin s'arrange pour que ses déplacements dans le Sud, chez ses parents, à Montpellier, Saint-Andiol ou Rodez, coïncident avec les siens pour organiser des rencontres avec elle à Saint-Chély-d'Apcher, à Carqueiranne... Jean adore le port de Toulon. Il lui fixe un jour rendez-vous à 17 h 30 devant l'hôtel de Noailles. Lui arrive de Rodez, où il est alors préfet, en Renault ; elle, en Peugeot, de Beauvallon. Ils arrivent tous deux juste à l'heure. Il l'emmène sur le port et lui achète deux costumes marin blancs et bleus. Elle est parfois triste de voir cet homme qu'elle n'aime pas si bien l'aimer. Elle croit en tout cas qu'il l'aime. Elle en est rassurée. Lui, la sait fidèle à son poète et apparemment n'en est pas jaloux.

Peu de temps après la chute du cabinet, le 8 avril 1938, ils se retrouvent une fois de plus en Provence. Ils passent la nuit ensemble, mais tout va mal. Jean casse un vase. Mauvais présage. Le retour sur Paris est pénible. Moulin lui a profondément déplu. Elle a décidé de ne plus le revoir. Puis elle apprend la mort de son père, Antonin, le 17 avril 1938, à qui elle le savait très attaché. Elle lui envoie un petit mot gentil. Il la revoit. Elle cède. Tout repart comme avant, dans une relation très compliquée.

Jean s'installe à la préfecture de Rodez. Ils se donnent souvent rendez-vous à Marseille, devant le Grand Hôtel, à 16 heures. Elle vient de Sainte-Maxime ; lui, de Rodez. Presque tous les dimanches de l'été 1938, ils se retrouvent ainsi et, certains soirs de la semaine, dînent en pleine campagne, incognito.

Imperceptiblement, elle a fini par s'en éprendre et s'accrocher à lui : « Ce qu'il pensait, elle le disait ; ce qu'il disait, elle le pensait. Ça collait si entièrement entre eux que le besoin de sa présence s'était installé en elle sans qu'elle s'en aperçût. Il la consolait sans le savoir (et elle le subissait inconsciemment sans

1. *In* Fonds d'Antoinette Sachs, conservé au musée Jean Moulin, dans lequel nous avons beaucoup puisé pour raconter l'histoire des relations entre Jean et Antoinette.

le vouloir) du drame qu'elle vivait à vouloir se faire aimer et comprendre de l'homme à qui elle avait tout sacrifié pour attendre son amour. Mais cet homme n'avait pas d'amour[1]. »

Jean et Antoinette ne limitent pas leurs rencontres au sud de la France. Depuis leur première rencontre, il a pris l'habitude de l'emmener à des conférences et à... des matchs de boxe ! C'est ainsi qu'Antoinette a fait la connaissance des principaux amis de Jean : les Chatain de Grenoble ; celui qu'elle appelle « Brechet d'Olivet », qui n'est autre que Ludwig Brecher, alias Louis Dolivet... Jean Moulin l'emmène partout. Chez lui d'abord, au 7e étage du 26 de la rue des Plantes, dans l'ancien appartement de Croisset aux murs tapissés de toile cirée noire ! Elle s'installe dans sa vie au point qu'il accepte qu'elle lui achète sa ménagère en argent chez Risler et Carré, pour la bagatelle de 25 000 francs, et lui fasse livrer à Chartres, quand il y sera nommé préfet, son champagne Suarès, d'Aular et Heidsieck, grâce à son ami Jean d'Aular. Elle aimait confier à ses carnets les moments d'intimité qu'elle a connus alors avec lui : « Que de fois j'étais dans sa chambre lorsqu'il appelait son petit déjeuner. Au moment précis où la bonne frappait, apportant le thé simple avec un peu d'eau chaude, je me glissais derrière la porte du cabinet de toilette... » Après avoir décrit leurs relations, Antoinette raconte : « Un jour de 1939, il lui dit : "J'aimerais un enfant de vous. Voulez-vous m'épouser ?" Elle répondit : "C'est impossible, j'aime quelqu'un, vous le savez bien !" Cela n'avait pas paru lui faire de peine. Il ne lui en reparla jamais plus. Il ne lui laissa même jamais croire qu'il l'aimait. Était-ce par pudeur ? Non, il ne l'aimait pas. Il pensait à une association. Et ce refus n'avait établi entre eux aucun lien sentimental. »

Étrange : au fond, Jean Moulin n'aime pas Antoinette, mais, semblant donner raison à sa première femme, il veut un enfant d'elle et est prêt à se marier pour avoir une descendance, lui qui n'a pas partagé la vie d'une femme depuis plus de dix ans. Mais cette proposition est d'autant plus singulière qu'il la lui fait à un moment où il est amoureux, très amoureux, probablement pour la première fois de sa vie, d'une autre femme qu'il cache et qui

1. Fonds Antoinette Sachs, déjà cité.

ne peut, elle, lui donner d'enfant. Antoinette, que ses amis connaissent, lui sert en fait de leurre pour dissimuler un amour qui doit être on ne peut plus difficile à vivre...

Aujourd'hui encore, cette femme a gardé une grande partie de son mystère. Elle est morte le 10 octobre 1993 en emportant presque tous les secrets d'une « vie » parmi les plus importantes de Jean Moulin. C'est seulement vers la fin de ses jours, à la suite d'un accident cérébral, que « Mme Lloyd » a « déliré » en présence de son infirmière et révélé malgré elle son grand amour, car elle avait décidé en 1943 d'occulter à jamais son passé et les blessures qui allaient avec.

Ceux de la « bande à Pierre Cot » qui la connaissaient l'appelaient « Mme Lloyd » et savaient qu'elle occupait à Paris un appartement rue de Lübeck. Elle était jolie, certains disaient même « une des plus jolies femmes de Paris ». Elle avait des relations et ne souffrait manifestement pas de soucis d'argent. C'est Me Gabriel Delattre, le meilleur ami de Pierre Cot, qui la connaissait le mieux et était un peu au courant de son passé. « Mme Lloyd » l'avait en effet choisi pour plaider son divorce. Delattre était alors un avocat de renom, fréquentant le Tout-Paris artistique, littéraire et politique. Il était une des rares personnes à tutoyer Moulin.

« Mme Lloyd » est née Marie-Gilberte Riedlinger, à Mulhouse, le 16 janvier 1897, de Marie-François Xavier Riedlinger, un transporteur florissant, et de Marie-Esther Jeannin, fille d'un constructeur de bateaux de Dampierre-sur-le-Doubs. Elle est donc née Allemande. Ses parents sont liés à la famille de Jules Spengler qui a fondé Manurhin et deviendra un grand de l'armement. Marie-Gilberte est amie de Paul Spengler, le fils de Jules. Il semble que son père ait subi un revers de fortune, probablement au moment de la guerre. Gilberte se retrouve avec ses parents à Berlin en 1914. Ils habitent chez Henri Jeannin, le frère de sa mère, qui avait la concession Peugeot en Allemagne. La légende familiale l'installe ensuite à Saint-Pétersbourg où elle va vivre les derniers fastes de la cour de Russie[1]. Elle tombe amou-

1. Est-ce à cette époque qu'il faut situer sa participation à une chasse à l'ours ? Une photo longtemps gardée par la famille témoignait de cette chasse.

reuse d'un bel et brillant officier de la Garde impériale. Boris porte également un grand nom : comte Kapnist, il est né le 18 novembre 1888 à Poltava, en Ukraine où la famille a depuis plusieurs siècles des terres reçues en guise de remerciement pour services rendus au tsar. Les Kapnist sont d'origine grecque. Ils ont été chassés de Byzance par le dernier empereur et se sont réfugiés à Sante, île de la mer Ionienne qu'ils ont sillonnée pendant des dizaines d'années, corsaires redoutés des Turcs qu'ils poursuivaient de leur haine. Un Kapnist a été anobli en 1702 à Venise, alors en lutte contre la puissance ottomane. Depuis cette époque, une branche des Kapnist vit en Italie alors qu'une autre réside toujours dans son île grecque. Un comte Kapnist est néanmoins venu offrir ses services mais surtout ses deux navires à Pierre le Grand pour l'aider à lutter contre les Turcs en mer Noire. Il a été récompensé par des terres en Ukraine et y a fait souche. Le beau Boris fait partie de cette branche. Il a été le premier amour de la superbe Marie-Gilberte.

Pas plus la famille Kapnist que les cousins éloignés des Riedlinger ne savent comment la belle jeune enamourée de Mulhouse a fui la révolution bolchevique et s'est retrouvée en France. La fuite de Boris n'est guère mieux connue. Serge Kapnist, son neveu, dit qu'il s'est battu dans l'Armée blanche et a quitté la Russie par la Sibérie, la Mandchourie et la Chine. Il semble que Marie-Gilberte habite la demeure familiale de sa mère, à Dampierre-sur-le-Doubs, entre 1918 et 1920. Boris l'y rejoint. Après quels détours ? L'Allemande, devenue française après la guerre, épouse le comte russe le 16 juillet 1920. Les deux jeunes mariés s'installent à Mulhouse le 1er septembre. Après cette date, je ne dispose plus d'aucun élément sûr. La légende prétend que les deux tourtereaux partent pour Nankin, chez la sœur Lucie, de dix ans l'aînée de Marie-Gilberte, qui a épousé un consul américain. La même légende fait mourir en Chine le beau Boris d'une balle de revolver, « parce qu'il ne peut plus subvenir aux besoins de sa jolie femme ». C'est formidablement romanesque, mais c'est faux. Boris est mort de tuberculose au Splendid Hôtel de Hauteville-Lompnes, dans l'Ain, le 2 février 1929, et il était déjà divorcé de la « splendide » Gilberte. Une autre légende semble plus proche de la réalité : « Le comte russe lui a rendu sa liberté parce qu'il avait dilapidé les restes de sa fortune et ne pouvait plus subvenir aux besoins de sa jolie femme. » Avant de respirer l'air des cimes pour soigner sa tuberculose, Boris habitait à Paris, rue Jacob, et se disait journaliste. Le 14 août 1930, sa dépouille a été transportée au cimetière russe du Caucade, à Nice, et y a rejoint le caveau où reposaient ses parents.

Comment Gilberte — elle a abandonné « Marie » — se retrouve-t-elle dans les bras de Ralph Lloyd pour le meilleur et pour le pire. Un Américain ? Ou plutôt un Anglais de la famille de George Lloyd, comme le prétend un pan de la famille ? Une certitude : la comtesse russe est devenue à Manille dame Lloyd, femme du propriétaire d'une grosse agence de voyages. Tout l'*establishment* des Philippines court son magasin de mode et son salon. Mme Lloyd est toujours aussi belle ; elle fait tourner la tête des diplomates. Mais sa vie est moins agréable qu'il y paraît, car Ralph boit comme un trou et a le whisky mauvais. Il la frappe. Elle quitte la vie facile et Manille en 1933. Elle s'installe à Paris et renoue avec ses deux grandes copines, Tillette de Motort et Joséphine Seguin, la femme d'Amédée Seguin, allié aux Montgolfier par les femmes. Gilberte est toujours une femme flamboyante. « Très mondaine », brillante, elle parle couramment l'allemand, le russe, l'anglais et évidemment le français. Elle court le Tout-Paris et rencontre ainsi naturellement Me Gabriel Delattre, le meilleur ami de Pierre Cot.

Me Delattre lui obtient son divorce le jeudi 28 juin 1936, soit quelques jours après l'installation de Jean Moulin boulevard Victor. Un divorce qui rapporte gros : avec les indemnités de Lloyd, elle peut s'acheter deux appartements au 32 de la rue de Lübeck. Elle rencontre alors Moulin au cours d'une réception donnée au ministère de l'Air. Par qui y a-t-elle été emmenée ? Mystère. Plusieurs personnes de son entourage pouvaient l'y avoir entraînée : Gabriel Delattre, l'ami de Pierre Cot, Jules ou Paul Spengler, gros fournisseurs de l'armée de l'air, Amédée Seguin...

Je ne sais rien sur l'amour caché entre Jean et Gilberte. Ce livre sera donc très loin d'épuiser cette « vie »-là. Je sais seulement qu'il lui aura offert un service à thé en argent, conservé précieusement aujourd'hui par une de ses cousines. Et que la peur d'être trahi par elle l'aura fait pleurer...

Dolivet vivait un étage au-dessous de l'appartement de Moulin. Ils échangeaient leurs clés et se rendaient souvent visite. Dolivet était donc parfaitement au courant du grand amour de Moulin. Un jour de 1938, celui-ci le pria même de monter dans son appartement pour attendre « Mme Lloyd », lui-même devant aller à l'Opéra et pensant n'être de retour qu'aux alentours de 23 heures. Finalement, il rentra beaucoup plus tôt que prévu et retrouva Louis Dolivet chez lui. Les deux amis attendirent alors ensemble l'élue de Jean Moulin. « Comme nous regardions par la fenêtre, un taxi stoppa devant l'immeuble. Le grand journaliste américain Edgar Ansel Mowrer en descendit en même temps que l'amie de Jean et ils s'embrassèrent plutôt un long moment, je dois dire. Jean Moulin était si élégant qu'il ne dit pas un mot à son amie quand elle arriva en haut[1]. »

1. *In Mémoires* de Dolivet, *op. cit.*

13

Vers la guerre

En mars 1938, alors que Pierre Cot est redevenu ministre du Commerce pour s'occuper des affaires espagnoles, Louis Dolivet ouvre le « Cercle des nations », rue Casimir-Périer. Le Cercle des nations est une nouvelle organisation qui a pour objectif de « développer l'action du RUP parmi l'élite », une sorte de Club de la Paix où viennent manger et discuter des personnalités du monde entier, dans un lieu agréable proche du Palais-Bourbon. Il est financé par le banquier suédois Olaf Aschberg. Dolivet a fait venir son amie Marie Kleinmann pour tenir le restaurant et assurer la gérance du Cercle. À son tour, Marie a fait venir sa famille à Paris. André et Georges, ses enfants, ne nous sont pas d'un grand secours pour reconstituer l'ambiance du Cercle, car ils n'ont gardé que de fugaces souvenirs de cette époque. Il s'est pourtant passé beaucoup de choses en ce lieu de retrouvailles des derniers antifascistes. Un lieu considéré comme si « chaud » que la Gestapo y avait un espion qui rendait compte des principaux conciliabules.

André Kleinmann se souvient que son père, après un certain temps d'inactivité, avait alors repris son métier d'horloger. Il se rappelle être allé avec sa mère rue des Plantes, quand Louis habitait le même immeuble que Jean Moulin. Dolivet avait tellement confiance en Marie qu'« il l'envoyait mettre un peu d'ordre dans ses papiers, malgré sa peur maladive d'être espionné ». André, qui aimait les livres, était fasciné par le nombre de volumes possédés par Louis Dolivet qui recevait les services de presse des grands éditeurs. « Un jour, ma mère a téléphoné à Louis pour lui demander si je pouvais emprunter quelques livres. Je suis parti avec une douzaine de volumes sous le bras… »

Marie est un personnage capital de cette histoire, mais elle est partie en emportant ses secrets. Elle était la seule confidente de Louis Dolivet. Elle seule aurait pu décrire son cheminement et son évolution politique au cours de cette période. Il semble bien que le kominternien rigide ait progressivement laissé la place à un antifasciste résolu aux yeux duquel son combat était la seule façon de résister à Hitler. Dolivet s'est peu à peu détaché de Moscou et a suivi un destin parallèle à celui de Willi Münzenberg. En décembre 1936, Moscou envoya Bohumil Smeral contrôler l'ensemble des organisations pacifistes, spécialement le RUP[1]. Cette « vérification » mettait en évidence le caractère de plus en plus indépendant, voire « déviationniste » de Dolivet et de ses « créatures », Herta et Martha. À cette époque, le GRU soupçonnait Dolivet d'être lié à l'Intelligence Service, et Herta Tempi de travailler pour les nazis. Une « découverte » alimentée par les suspicions du Parti communiste français à son endroit. Smeral estima que Dolivet menait un jeu politique trop personnel. Une réunion du RUP du 3 décembre 1936 avait particulièrement irrité le contrôleur moscovite, Dolivet, selon lui, y ayant manifesté un trop grand attachement à lord Cecil et plus généralement à la SDN. Début 1937, ordre est donné de le discréditer politiquement, de sorte qu'il puisse être ultérieurement exclu. D'où, probablement, les attaques lancées par les uns et les autres à propos de sa gestion des fonds du pavillon de la Paix. Mais Dolivet n'est pas si facile à mettre à la porte, car il s'est rendu indispensable et constitue le seul lien de Moscou avec le RUP.

En côtoyant des démocrates qui lui ont témoigné de l'amitié malgré ses attaches kominterniennes, Louis Dolivet a pris du champ par rapport aux Soviétiques. L'engagement immédiat de Cot et Moulin en faveur de l'Espagne, sans attendre le « feu vert » de Moscou, l'a sûrement impressionné. Il est de surcroît sensibilisé à la question allemande par Herta dont il partage la

1. Voir à ce sujet l'article de Sabine Jansen dans *Communisme, op. cit.*

vie. Comme Münzenberg, celle-ci en veut à Staline d'avoir maintenu le mot d'ordre de « classe contre classe » qui a conduit le KPD à privilégier ses attaques contre les sociaux-démocrates et fait ainsi le lit du nazisme.

La création du Cercle des nations est probablement une initiative personnelle de Dolivet, en accord avec Münzenberg, pour mener une politique antifasciste largement indépendante de Moscou. Il a tenu à y installer la personne en qui il a le plus confiance, Marie Kleinmann. Le Cercle se présente d'emblée comme le lieu de propagande le plus virulent contre Hitler, où anciens du KPD et sociaux-démocrates ont œuvré ensemble, en dépit des anathèmes de Moscou. Tant et si bien qu'il est devenu une cible aussi bien de Berlin que de Moscou.

Dolivet y a abrité son ancien « patron » Willi Münzenberg, que Moscou cherche à éliminer à partir de 1937. Une note de Münzenberg[1] au ministère de l'Intérieur, non datée mais postérieure à septembre 1938, rend compte de ses activités à Paris contre l'Allemagne « grâce à l'appui des autorités françaises », et se termine par une offre de services : « Je serais heureux de pouvoir continuer une activité qui sert la libération du peuple allemand, la cause de la France et de l'humanité entière. » Il déclare avoir été accusé de complaisance vis-à-vis des socialistes et d'attitude francophile dès 1934-1935. Il a alors accepté de prendre la place d'Henri Barbusse au Comité mondial, à condition d'avoir à ses côtés le social-démocrate Breitscheid, entre autres. En décembre 1936, il est contraint de laisser son siège à Smeral. En 1937, il lutte contre Walter Ulbricht, l'homme de confiance de Staline, représentant du KPD en France. Critiqué pour son livre *L'Arme de la propagande*, il fonde le « Deutsche Freiheitpartei » qui opère un très large regroupement des opposants à Hitler. Au printemps de 1937, un agent du GRU (Beletzki) le contacte et l'exhorte à se rendre en URSS. Il le voit à quatre ou cinq reprises, mais refuse d'aller à Moscou. En 1938, il crée le journal *Die Zukunft* et l'Union franco-allemande avec Paul-Boncour, Yvon Delbos, Pierre Viénot... Il quitte le PC en janvier 1939. Au début de cette année-là, il fonde les « Amis de

1. F7/15129.

l'unité socialiste en Allemagne ». Puis il est employé à la radio française pour préparer la propagande anti-hitlérienne en Allemagne. Certains affirment qu'il a alors été récupéré par le Deuxième Bureau. Le 18 mai 1940, il est interné au camp de Buffalo, puis à celui de Nîmes. Il est assassiné alors qu'il tente de s'échapper vers la Suisse, probablement sur ordre de Moscou.

Il aurait pu l'être sur ordre de Berlin, tant il était suivi depuis longtemps par la Gestapo et considéré par elle comme un dangereux adversaire. Dans les documents récupérés à Berlin par les Américains à la fin de la guerre, on trouve trace de surveillances du Cercle des nations par les agents V.10 et V.49 de la Gestapo. Ceux-ci rendent compte des réunions de « Neu Beginnen » et s'intéressent particulièrement à Münzenberg et à son groupe anti-hitlérien, avec notamment Julius Deutsch, Franz Dahlem et Breitscheid. Le dernier document de la série[1] est daté du 25 août 1939 et adressé à Helmut Knochen que les résistants français apprendront malheureusement à bien connaître quelques mois plus tard.

Labarthe, Moulin et Meunier viennent souvent au Cercle, car ils sont devenus au fil des mois des militants exemplaires du RUP et aiment à s'y retrouver entre amis. Moulin et Meunier sont même allés avec Dolivet à des réunions à Londres. À l'époque où ils étaient au ministère du Commerce, voire après, ils déjeunaient souvent au Cercle : « On recevait quantité de personnalités : Jouhaux, Cachin, Paul Reynaud faisaient partie du RUP. C'était vraiment l'antifascisme, quelque chose de très large… Churchill est venu rue Casimir-Périer, on a déjeuné avec lui[2]… » En avril 1938 et pendant quelques semaines, avant de rejoindre la préfecture de Rodez, Moulin dispose d'un petit bureau au RUP et participe activement à la campagne pour l'ouverture des frontières de l'Espagne afin de permettre aux républicains de s'approvisionner. Ensuite, il reprend son habit de préfet et suspend ses activités militantes. Il se tiendra néanmoins informé de celles de ses amis qui lui écriront, viendront lui rendre visite, ou qu'il verra en se rendant lui-même à Paris.

---

1. Munich, Institut für Zeit Geschicht. M.A. 700.
2. Interview de Pierre Meunier par Vittori. Déposée à la FNDIRP.

Si l'on en croit Dolivet, Jean Moulin ne croyait pas, en août 1939, à l'imminence de la guerre. Tous deux devaient partir en vacances ensemble, mais la situation internationale devenant de plus en plus sérieuse, Dolivet décida de surseoir au voyage. Moulin se moqua de lui quand ce dernier lui fit part de ses graves préoccupations. « Il était un des êtres les plus gentils que j'aie connus. Pas très impliqué politiquement, mais avec un sens profond de l'humanisme », commente Dolivet[1].

Ce dernier poursuit inlassablement son activité entre Paris et Genève. Début 1938, il a lancé le boycott des produits japonais et vient en aide à la Chine avec l'appui d'Albert Einstein, Bertrand Russell et Romain Rolland. La section locale du RUP chinois est très importante ; le professeur Li Yu Ying en est le président. Il y a une délégation permanente chinoise auprès du RUP, 2, place de Chateaubriand, à Genève, comprenant, outre le professeur Li, T.V. Soong, ex-Premier ministre, et le docteur Wu... Un journaliste américain se trouve très engagé dans ce combat : Edgar Ansel Mowrer, devenu, comme on l'a vu, un grand ami de Dolivet et de Moulin. Mowrer a publié en 1938 un livre sur la montée de l'hitlérisme, *Germany Puts the Clock Back*. Il fréquente beaucoup le Cercle des nations. Dolivet l'a envoyé en Chine avec Pierre Scize, de *Paris-Soir*, pour le compte du RUP. Ses chroniques ont été rassemblées dans un livre, *The Dragon Wakes. A Report from China* (W. Morrow, 1939).

Le 6 juillet 1938, une Conférence universelle contre les bombardements est organisée au théâtre des Ambassadeurs. Cot, très actif au sein du RUP depuis qu'il n'exerce plus de responsabilités ministérielles, et Dolivet se rendent à Londres pour décider avec lord Cecil de ce que le RUP peut faire pour aider à la résolution de la crise tchécoslovaque. Puis tous deux partent ensemble pour Prague. Le 3 septembre, Cot fait une conférence dans laquelle il parle de la Tchécoslovaquie comme pièce maîtresse de l'alliance avec l'URSS. Fidèle à lui-même et à ses analyses, le coprésident du RUP reste le plus fort symbole de l'antinazisme. Il sent le malheur arriver et redoute d'avoir

1. *In Mémoires* de Dolivet, *op. cit.*

raison : la guerre lui semble de plus en plus inéluctable, car la classe politique n'a pas pris la mesure du danger hitlérien. Le Führer ne s'y est pas trompé : dans son discours du 12 septembre où il se fait de plus en plus menaçant à l'égard de la Tchécoslovaquie, il cite l'ancien ministre de l'Air : « On a essayé d'imposer à l'univers l'idée que cet État [la Tchécoslovaquie] avait une mission politique et militaire spéciale. L'ancien ministre de l'Air français, Pierre Cot, nous a récemment expliqué cette mission. Selon lui, la Bohême est là pour attaquer avec des bombes, en cas de guerre, les localités et les industries allemandes. Il s'agit là sans doute d'explosifs bien connus qui ont un effet civilisateur ! Mais cette tâche s'oppose aux conceptions vitales, aux intérêts fondamentaux et aux vœux de la majorité des habitants de cet État ! »

Au lendemain de Munich, le RUP proteste contre l'omission de la Russie et de la Tchécoslovaquie parmi les participants à la conférence et avertit du danger que présenterait un pacte des quatre puissances excluant la Russie. Il exprime sa profonde appréhension qu'une trahison finale de l'Espagne démocratique ne soit le prix payé pour la participation de Mussolini aux négociations de Munich.

Si Pierre Cot se montre toujours aussi actif, il est pessimiste et sait que son action pacifiste a échoué. Dans une lettre adressée au secrétaire national du RUP, Robert Lange, à l'occasion de la naissance d'un enfant, il écrit : « Hélas, nous lui préparons un piètre avenir. Il souffrira d'être né au moment où la France, grâce à M. Bonnet, se déshonorait. Nous arrivons à l'effondrement de tout ce qui fut l'idéal de notre jeunesse[1]... »

Le RUP organisa le 30 octobre 1938 une journée nationale de la Paix à Paris pour soulager la misère en Espagne et en Chine et venir en aide aux réfugiés tchécoslovaques. Pendant ce temps, Noel Field veille à l'application du plan du Comité de non-intervention pour le retrait des troupes étrangères d'Espagne. Le 12 novembre 1938, Dolivet signe une lettre du RUP réclamant le retrait complet et immédiat des troupes et du matériel étrangers du sol espagnol. Sur ce problème comme sur la préparation

1. Archives Robert Lange, cité par Daniel Cordier, *op. cit.*

de l'Expo de New York[1], Field et Dolivet se rencontrent, travaillent ensemble[2] et nouent des rapports étroits.

Fin 1938, début 1939, Field est à Barcelone en tant qu'assistant de la Commission militaire internationale présidée par le général Jalander, pour constater et aider le départ d'Espagne des combattants non espagnols. Il est assisté du lieutenant-colonel Bach et a des relations avec Arnal, du Quai d'Orsay[3]. Il collabore avec le gouvernement républicain pour recenser les combattants et trouver une solution à leur départ d'Espagne : dans leur pays d'origine, quand c'est possible ; en d'autres, quand cela ne l'est pas (notamment pour les Italiens et les Allemands). 14 707 combattants sont identifiés, dont 2 903 Français et 868 Allemands. Du 5 au 10 février 1939, 6 838 d'entre eux sortent d'Espagne pour être regroupés en France[4].

Dolivet, qui continue d'étendre ses réseaux dans le monde entier, a noué une relation avec Robert C. Dexter, unitarien de Boston, lors de la conférence de Genève pour la paix par la religion, qui s'est tenue du 1er au 3 septembre 1937. Il l'a probablement connu par le pasteur Jézéquel, très engagé, on l'a vu, dans le combat en faveur des républicains espagnols.

Le 21 novembre 1938 se tient une conférence nationale restreinte pour l'Espagne, organisée par le comité français du RUP au Cercle des nations. Léon Blum y participe et déclare que le ministre des Affaires étrangères l'a assuré que le gouvernement français n'a pas l'intention d'accorder à Franco les droits de belligérance. La résolution finale est approuvée par Georges Bidault, rédacteur en chef de *L'Aube*, par Blum et Paul-Boncour. Le Parti radical-socialiste fait sien le manifeste du RUP.

À la même époque, le comité exécutif du RUP anglais exprime son ardent espoir que le gouvernement français gardera ouverte la route de l'Indochine pour l'envoi de matériel aux

1. Field voyage fin novembre 1937 aux États-Unis pour une mission dans le cadre de l'Expo de New York de 1939. Il est en rapport avec Dolivet, puisqu'il s'agit d'y édifier un pavillon de la Paix (voir SDN File 26744).

2. *Cf. La Fin des innocents*, de Stephen Koch.

3. Archives de la SDN, 1/35809/17950.

4. *Idem*, Final Report of IMC du 8 mai 1939, 1/35860/17850.

forces chinoises. Il envoie un télégramme dans ce sens au ministère français des Colonies.

L'Agence télégraphique du RUP, dirigée par Maurice Panier, publie le 7 décembre 1938 le rapport de la commission de la SDN sur le retrait des volontaires d'Espagne républicaine, dont la cheville ouvrière est Noel Field. On peut lire dans le numéro du 26 janvier 1939 : « Il faut livrer des armes à l'Espagne ! Le RUP français tient une réunion sur ce sujet, ce même jour, à la Mutualité avec sept députés qui reviennent d'Espagne. Un message de lord Cecil est lu, où il évoque le rapport de l'armement entre les républicains et Franco, "qui est de 1 à 20". Où est le véritable intérêt français ? » Mais il est déjà trop tard : les républicains espagnols sont en train de perdre définitivement le combat, malgré les efforts du RUP et de l'organisation de Cusin qui a continué seul son travail après le départ de Moulin pour Rodez.

Après avoir organisé avec le ministère de la Guerre et celui de l'Air des tests sur des matériels nouveaux en Espagne, comme le canon antichar qui a été essayé contre les Italiens, ou l'avion de chasse Morane 406 qui a été testé contre les Italiens et les Allemands, Cusin, lors de la déroute des républicains espagnols de février 1939, a envoyé ses camarades douaniers de la Tour de Carol, avec à leur tête Bizot et Dorval, sur le front rechercher du matériel afin qu'Italiens et Allemands ne le récupèrent pas. Les gabelous sont allés jusqu'à Ségovie effectuer cette mission très dangereuse. Laissons la parole une nouvelle fois à Gaston Cusin :

> Tous les modèles ont été rapatriés. Au moment même où les Espagnols se sont affrontés, les Soviétiques avaient décidé une aide exceptionnelle, en pensant qu'ils allaient résoudre le problème. Ils avaient envoyé en Espagne 300 avions X-16 : c'était l'équivalent de la moitié de la flotte française, et c'était des appareils qu'ils sacrifiaient, parce qu'ils avaient déjà en cours la préparation d'un appareil X-17, celui qui a sauvé Moscou. Les appareils X-17, ils allaient les essayer eux-mêmes. Ils étaient en cours de construction en Espagne lorsque les franquistes ont percé

le front. Alors, on a ramené tout ce matériel et on l'a envoyé chez les Soviétiques. Quant aux autres matériels récupérés[1]...

Mais ce qui est le plus surprenant — et également inédit —, c'est l'utilisation qu'a faite Gaston Cusin des autres armes ramassées. En accord avec ses amis antifascistes du RUP et de la SDN, il a poursuivi la guerre antifasciste sur tous les fronts en attendant que le front nazi soit lui-même ouvert :

> Les blindés ont été envoyés en Tunisie sur des fortifications qui étaient une sorte de ligne Maginot. Il y avait par ailleurs des matériels complètement hétéroclites provenant d'aides du monde entier. On a trié ces matériels. Toutes les fois qu'il y avait des lots cohérents qui permettaient d'armer une armée conventionnelle, on les envoyait aux Chinois qui combattaient les Japonais. Toujours dans la même optique : aider les gouvernements qui étaient contre le fascisme, contre les Japonais, contre les hitlériens et contre les Italiens. C'était un problème international... C'était très compliqué à organiser. Pour envoyer les armes en Chine, nous avions comme complice le général Bührer, qui commandait l'armée coloniale et était un collaborateur de Georges Mandel. Georges Mandel était à fond dans cette affaire. Le dernier résistant, jusqu'au bout ! Il avait l'héritage de Clemenceau. Georges Mandel était un ami de Paul Reynaud. C'était d'ailleurs fait en accord avec la SDN qui avait incité toutes les démocraties à soutenir le gouvernement chinois contre les Japonais. Les protagonistes de ces opérations étaient Jean Monnet, Jean Laurent. J'ai eu des contacts très directs et personnels avec Monnet, avec lequel j'avais fait des choses. Alors, quand vous avez des complicités comme ça, vous vous sentez engagé. C'est à la suggestion de Jean Monnet, qui s'occupait de l'aide à la Chine, que l'on a envoyé le matériel, *via* l'Indochine, par chemin de fer, qui était à l'époque le seul moyen d'accès, par Hanoi, par Haiphong, par Chongqing...
>
> Parmi les armes récupérées, il y avait aussi des fusils hétéroclites qui pouvaient être utilisés par des maquisards. Le capitaine Salan, qui était alors au cabinet du général Bührer, coopérait avec mon service pour recevoir ces matériels et les réexpédier, à travers le Soudan anglais, aux tribus éthiopiennes qui se battaient

1. Interview Cusin citée. Je rappelle au lecteur que si je crois à ce témoignage comme aux précédents, je n'ai pu, là non plus, le vérifier.

contre les Italiens. On exportait également vers ces tribus des billets italiens fabriqués par la Banque de France, de façon à provoquer une inflation en Éthiopie. C'était très intéressant et ça n'avait rien à voir avec l'optique de la direction du Budget ni de celle du Trésor !... Rien de tout cela ne devait bien entendu apparaître...

À la suite de ces opérations clandestines, j'ai été pressenti pour participer à une conférence qui devait se tenir à Singapour, le 1er septembre 1939, à l'invitation d'Alexander Cadogan, sous-secrétaire d'État au Foreign Office, et de lord Cavan, Chief of the Imperial General Staff, l'homologue du général Bührer, qui commandait les services spéciaux anglais. Il s'agissait d'organiser pour la Chine et pour les territoires italiens des méthodes d'infiltration pour les dissidents... Disons qu'il s'agissait de provoquer une guerre souterraine et une résistance interne dans ces pays-là, avec une organisation fortement appuyée sur les productions d'armes.

Nous avons en même temps décidé de développer les expériences aériennes du Morane 406, et d'acheter un avion américain que l'on appelait le P-45, qui a été immédiatement commandé et dont les premières caisses sont arrivées au Maroc pour être montées rapidement au moment de l'armistice. Si ces envois étaient arrivés deux mois plus tôt, on aurait eu la supériorité aérienne. C'est vous dire que nous avons mené une bagarre extrêmement serrée, sur le fil du rasoir, et que l'on n'a pas eu de chance avec l'offensive allemande. Les affaires d'Espagne ont débordé sur les affaires internationales. À la fin, nous n'avions plus l'appui de Chamberlain, les Anglais étaient pour la neutralité dans ces affaires... Par ailleurs, j'ai maintenu mes relations avec les Soviétiques jusqu'à la signature du pacte germano-soviétique...

Fin 1938, les bruits de bottes sont de plus en plus perceptibles. Pierre Cot désigne Louis Dolivet comme délégué du RUP aux États-Unis afin de collecter des fonds et d'étendre le champ d'action du Rassemblement. Il s'agit de mobiliser et unir tous les mouvements pacifistes et de les arrimer au RUP. Dolivet part pour les États-Unis en janvier 1939. Il est accueilli à New York par Henry Atkinson, président du comité américain du RUP, et Clark M. Eichelberger, directeur de l'Association de la Ligue des nations. Il enchaîne réunions et dîners pour sensibiliser les

Américains à la situation qui prévaut en Europe. Le clou de son voyage est un dîner organisé le 23 janvier à Washington devant la conférence annuelle du Comité national sur les causes et la prévention de la guerre. Il y a là 800 délégués d'associations libérales. Dans la salle, on remarque Cordell Hull, le secrétaire d'État. Louis Dolivet est l'un des trois conférenciers avec la *First Lady*, Mrs Franklin D. Roosevelt, et lady Layton, la femme de sir Walter Layton, rédacteur en chef du *New Chronicle*. Dolivet fait un triomphe et noue une relation avec l'épouse du président des États-Unis.

Dans les Mémoires[1] destinés à son fils, il affirme même qu'elle l'a introduit dans le Bureau ovale :

> La lumière de la mémoire se braque maintenant sur le portrait de Franklin Roosevelt et en souligne l'importance historique, qui ne pourra jamais s'atténuer ou disparaître. [Dans la version anglaise de ses « mémoires », Dolivet précise que Roosevelt l'a reçu sur la recommandation de sa femme, qui l'avait entendu parler lors d'un meeting de l'Association américaine de la Ligue des nations : « Il m'écouta attentivement quand je lui dis que beaucoup, en Europe, étaient convaincus que la guerre était inévitable et que la cruauté nazie et l'expansionnisme, au lieu de diminuer, grandissaient à chaque concession faite à l'Allemagne. "Quelle est alors la solution ?" me demanda-t-il avec un sourire indulgent. »] Il m'a reçu à la Maison-Blanche avec la plus grande simplicité et avec une gentillesse extrême. Tout de suite il s'est efforcé de me rassurer, d'arrêter mon trouble, me demandant de parler librement et sans crainte. J'en fus davantage troublé, jusqu'à en trembler, et je lui ai d'abord dit gauchement : « Monsieur le Président, Excellence... En votre majestueuse présence, je ne saurais formuler une quelconque analyse, encore moins exposer des suggestions sur la gravité de la situation mondiale. Vous disposez de tellement d'informations et de connaissances qu'il serait plus que prétentieux de vous soumettre des propositions... » Il a insisté. Avec un sourire pétri de tolérance, il m'a dit : « Allez, parlez-moi très librement... Dites-moi ce que vous pensez en vous-même de la situation internationale !
> — Puisque vous m'en donnez la faculté, Monsieur le Président

1. *Mémoires* de Louis Dolivet, *op. cit.*

(j'avais enfin trouvé le titre juste !), je vous dis ma conviction profonde : si l'Allemagne et en particulier son état-major ne sont pas convaincus dès maintenant que l'Amérique, à un moment donné, se trouvera aux côtés des Alliés, Hitler ne songera même pas à arrêter ses plans d'agression. » Roosevelt a beaucoup réfléchi et n'a pas répondu tout de suite. Mais, à la fin de l'audience, il m'a dit : « Si vous avez d'autres pensées, d'autres conceptions, n'hésitez pas à en faire part à nos ambassadeurs à Paris et à Londres. Ils ne manqueront pas d'être informés que vous ferez peut-être appel à eux. »

Cet entretien a-t-il bien eu lieu ? Nous avons tendance à le penser, même si les recherches faites à la Franklin Roosevelt Library parmi les agendas du président n'en ont pas révélé la trace et si le conservateur qui les a menées estime cet entretien fort peu probable. À défaut, il faudrait croire que Dolivet était un extraordinaire et génial mythomane qui aurait réussi à se persuader lui-même de l'existence de cette rencontre au point de la narrer dans ses moindres détails afin que son propre fils en soit à son tour convaincu.

Qu'il ait vu ou non le président, il est certain que Dolivet a réussi une fois de plus à exercer ses talents de séducteur et a fait impression sur des personnalités américaines qui vont venir enrichir un carnet d'adresses déjà impressionnant. À son retour, il rédige un rapport, édité par les éditions du RUP, daté de New York, février 1939. Il est intitulé *La Collaboration entre les États-Unis et l'Europe. Le problème d'une conférence internationale. Rapport d'un voyage d'études aux États-Unis.* Il est préfacé par deux anciens ministres et prix Nobel, lord Robert Cecil et Jean Perrin. « On peut dire avec raison que la clé du problème de la paix internationale se trouve en Amérique », écrit le premier.

En mars 1939, le RUP français continue sa campagne en faveur des réfugiés espagnols. Fin mai, tous les responsables du Rassemblement estiment que le « Front de la Paix semble être définitivement constitué, et la conclusion du pacte anglo-franco-soviétique [paraît] imminente ». Le 20 juillet 1939 est organisée à la Mutualité une manifestation pour la conclusion du pacte franco-britannique avec l'URSS, en présence de Cot, Dolivet, Paul-Boncour, Delbos, Bidault et bien d'autres — mais il y a longtemps que Staline a deux fers au feu et qu'il négocie également avec Hitler. Le 23 août, Molotov et Ribbentrop signent le pacte germano-soviétique. Hitler n'a plus à se préoccuper des menaces à l'Est et peut se consacrer à l'Ouest.

Tous les espoirs de Pierre Cot et du RUP s'effondrent brutalement. Ils n'ont pas empêché la guerre, qui est désormais imminente. Dolivet demande l'expulsion des communistes du RUP. Cot prend vigoureusement parti contre le pacte germano-soviétique dans un article publié dans *L'Œuvre* et intitulé « Les faux calculs de Staline », dans lequel il persiste néanmoins à croire en la victoire des démocraties et conclut : « En 1931, Staline, appréciant les forces respectives du communisme allemand et de Hitler, s'est trompé. Résultat : le triomphe de Hitler et tous les malheurs qui en découlèrent. En 1939, Staline apprécie mal ses propres forces, celles de Hitler et celles des démocraties. L'avenir nous dira de quelles souffrances la Russie et l'humanité vont payer cette erreur. »

« Jean, qui avait eu confiance en l'Union soviétique, tenue par lui pour une alliée sûre et indispensable contre l'Allemagne hitlérienne, avait été révulsé par le pacte de non-agression germano-soviétique et il s'était élevé vigoureusement contre l'attitude de la direction du Parti communiste français qui soutenait le fameux pacte. Je m'en souviens d'autant mieux que je ne partageais pas entièrement son point de vue », écrit Pierre Meunier[1]. Meunier pensait « qu'il ne s'agissait que d'un repli tactique que Staline, pactisant avec le diable, avait voulu accorder à son pays afin de parfaire sa capacité à lutter contre les nazis ». Cusin, semble-t-il, est dans les mêmes dispositions que Meunier, car il est encore très marqué par sa collaboration étroite avec les Soviétiques.

Le jour même où la signature du pacte était annoncée, il est allé voir Daladier pour lui demander s'il avait encore besoin de lui. Daladier l'a questionné sur le point de savoir si sa mission était terminée. Cusin lui a répondu : « Bien sûr, tout est réglé. »

Le RUP n'interrompt pas tout de suite ses activités. C'est Herta Tempi qui « garde la maison » à Genève. Fin novembre 1939, elle demande un permis de séjour aux autorités genevoises,

1. *In Jean Moulin, mon ami, op. cit.*

qui le lui accordent. Mais les responsables militaires s'inquiètent de la parution de *L'Agence télégraphique* et le lui font savoir. Le 19 avril 1940, Herta écrit à l'état-major de l'armée : elle explique que *L'Agence télégraphique* n'a aucun but commercial et qu'elle ne paraîtra plus en français et en anglais, qu'il ne subsistera que *L'Agence* en chinois. Herta Tempi reste en relation avec Noel Field, toujours aussi actif. Celui-ci a continué de s'occuper du fichier des brigadistes à son retour de Barcelone et jusqu'en mars-avril 1940. C'est à lui qu'aboutissent les demandes de recherches du CICR ou les demandes d'attestations d'anciens brigadistes qui n'ont plus de papiers. On trouve par exemple une demande concernant Pierre Nicolle. Field ne le trouve pas dans son fichier. Quelques semaines plus tard, les fonctionnaires de la SDN prétendent que le fichier des brigadistes a été détruit[1]. Vu l'intérêt que Field y portait, on peut logiquement penser qu'il en avait conservé un double.

Field assiste par ailleurs au XXVe congrès sioniste, réuni du 16 au 24 août 1939, et travaille beaucoup sur la réponse à donner à l'attaque soviétique contre la Finlande[2]. L'Assemblée de la SDN demande à tous les États de venir en aide à la Finlande agressée. Aghnides, le patron de Field, prépare une lettre contre Moscou à la signature d'Avenol, lequel rechigne à la parapher. Après une heure d'une très dure intervention d'Aghnides, Avenol finit par se résigner. L'attitude d'Avenol, d'abord très violemment opposé à la condamnation de l'URSS, était probablement due à l'influence de Field. Ce dernier continue à traiter du problème : il est au centre de l'action de coordination de la solidarité internationale en faveur d'Helsinki. Il rédige un long document sur la « procédure adoptée par le secrétariat à la suite de l'appel du gouvernement d'Helsinki ». Le 5 janvier 1940, Aghnides lui demande de préparer un Livre blanc sur la question finnoise et propose, en mars, qu'il aille à Paris discuter de la question avec le gouvernement français[3].

1. *Idem*, 1/17950/17950.
2. 30 novembre 1939.
3. Archives de la SDN, 1/40260/39392 et 1/40257/39392.

Field, toujours de cœur avec Moscou en dépit du pacte germano-soviétique, s'active ensuite pour que le personnel du secrétariat de la SDN soit employé durant la guerre à des œuvres humanitaires. Depuis le bureau 249, il dirige un sous-comité du personnel chargé de s'occuper de cet aspect. La question, pour lui, est de savoir dans quel organisme il va désormais travailler. Il est en contact avec les Américains Hiram Bingham, vice-consul à Marseille, qu'il a connu à Londres, et Donald Lowrie, patron de l'YMCA en France. Son amie Herta Tempi a également noué des contacts avec la Croix-Rouge.

Quant au RUP, il va cesser toute activité le 8 juillet 1940.

14

Premiers combats

La bande à Pierre Cot ne va pas jouer un rôle important pendant la « drôle de guerre ». Lorsque le conflit éclate, Pierre Cot, Jean Moulin, Louis Dolivet et Gaston Cusin ont le même réflexe : ils veulent être affectés dans une unité combattante. Pour Henri Manhès, le problème est différent, puisqu'il est de nouveau, grâce à l'intervention de Jean Moulin, militaire de carrière ; la guerre le prend alors qu'il est major de la base aérienne de Saint-Cyr, à quelque soixante kilomètres de Chartres. Gaston Cusin, officier de réserve, préfère être affecté dans un régiment d'infanterie, malgré toutes les propositions qui lui sont faites pour occuper un poste à l'étranger. Pierre Meunier et Robert Chambeiron sont affectés dans les services du ministère de l'Air.

Louis Dolivet, de son côté, est mobilisé dans l'armée de l'air. Il voudrait devenir mitrailleur. Avec beaucoup d'autres, il se retrouve d'abord sur un court de tennis de la banlieue parisienne. Il devient caporal-chef, le 1er novembre 1940, et est affecté à l'École auxiliaire d'électricité-radiotélégraphie de Cachan où il est employé comme secrétaire, à l'entière satisfaction de ses chefs. À cause de sa connaissance des langues étrangères, il est ensuite affecté au Deuxième Bureau de l'air, sous les ordres du colonel Gigodot. Il n'a pas gardé un souvenir impérissable de ce passage chez les espions de l'armée de l'air. Il racontera en effet plus tard[1]

1. À Lisbonne, au représentant du général de Gaulle et aux militaires anglais. (Note du BCRA.)

que, « au Deuxième Bureau, les gens étaient trop nombreux, avaient un esprit prohitlérien. Le général Testut, chef d'état-major, était, selon lui, acquis au nazisme. Écœuré, Dolivet quitta le ministère, suivit enfin le peloton de mitrailleurs et sortit premier sur soixante. Il fut envoyé à Cazaux pour devenir mitrailleur sur avion. Il passa la première partie du PN, mais ne put voler dans une formation combattante, faute d'appareils disponibles. » Son livret militaire ne fait pas mention de ce stage à Cazaux. Dolivet raconta également à Lisbonne qu'en janvier 1940 il soumit au cabinet de M. Oscar Frossard[1] un système de paiement du prêt aux soldats, et insista en même temps sur la nécessité de leur expliquer les motifs de la guerre. Preuve, s'il en était besoin, que Louis Dolivet continuait à s'agiter, fût-ce sous un simple uniforme de caporal-chef. Son livret militaire fait ensuite mention de son affectation au bataillon 107 de Villacoublay pendant quatre jours, début février 1940. Ses papiers militaires ne disent plus rien de ses activités jusqu'à sa démobilisation, effectuée par le capitaine Berthoin le 27 juillet à Nérac, dans le Lot-et-Garonne.

Le 27 septembre 1939, Jean Moulin envoie à Antoinette Sachs une carte dans laquelle il exerce son humour genre *Rire* : une carte allemande où l'on voit deux amoureux ; l'homme se tient derrière la femme et lui souffle *« Sag mir dass du mich liebst »* (Dis-moi que tu m'aimes). Façon de lui signifier qu'il n'est pas insensible à son charme, mais l'humour qui accompagne cette déclaration en montre en même temps les ambiguïtés...

> Cette carte des temps pacifiques vous apportera mes bons souvenirs et mes remerciements pour votre lettre reçue hier. Elle vous dira combien je suis touché des marques de sympathie que vous me prodiguez (pour employer quelques expressions bien consacrées). J'ai peut-être eu tort de vous conseiller de ne pas venir à Paris ces derniers temps, car depuis plus de quinze jours nous bénéficions d'un calme absolu. Ainsi vous auriez pu, à loisir, régler vos affaires — et me voir ! — et regagner le Midi avant que le « badaboum », selon l'expression si fine de Maurice Chevalier (voir *Paris-Soir*), commence sérieusement.

1. Ministre de l'Information dans le cabinet Paul Reynaud.

Il y a un monde fou en ce moment à Paris. Beaucoup trop, certainement, au gré de votre ami Albert. À son sujet, ou plutôt au sujet de B., j'aurais des tas de choses à vous dire !

Nous sommes le 27. Mon ordre de mobilisation prévoit que je dois rejoindre le 30e jour et, malgré mes démarches et mes supplications, rien n'est fait pour la nomination de mon successeur ! Je commence à croire que je suis de plus en plus un empêcheur de danser en rond et que les petits copains de l'administration, confortablement enfouis dans leurs pantoufles dans les ministères et en province, sont furieux après moi qui émets la prétention de faire mon devoir.

D'où haro sur ce pelé, ce galeux, ce pied-plat, etc., qui vient déranger toutes les petites combinaisons des affectations spéciales, des maintiens des chefs de service « indispensables », et autres balançoires...

Pour couvrir tout cela, on va me donner l'ordre de rester à mon poste. C'est écœurant ! J'ai envie d'aller voir S. (le Président). Mais B. va certainement m'en empêcher.

Comme Dolivet, Jean Moulin voulait devenir sergent mitrailleur, malgré un dépassement de la limite d'âge de neuf ans. Il parvient à être convoqué à un examen d'aptitude, ne fume plus, ne boit plus, se couche de bonne heure pour le réussir. Son cœur est finalement jugé aussi bon que celui d'un homme de trente ans. Il obtient son affectation officielle de sergent aviateur et revêt la combinaison tant désirée. Il est prêt à rejoindre son unité quand il reçoit une note du ministère de l'Intérieur lui enjoignant de ne pas partir. Il demande alors à être reçu par Berthoin, le directeur du personnel de l'Intérieur (le « B » de la carte postale). « B » le reçoit de façon discourtoise, ne le fait pas asseoir et lui désigne la porte au bout de quelques secondes en disant :

— Il n'y a rien à faire, la décision est irrévocable.

— Pourtant, vous, monsieur le directeur, qui avez si brillamment compris votre devoir pendant la dernière guerre — témoin votre boutonnière —, pourquoi m'empêchez-vous à mon tour de faire le mien ? Vous brisez ma carrière. Je tiens à partir au front. Je suis un homme jeune. Comment puis-je prétendre avoir de l'autorité sur mes administrés si je ne leur donne pas l'exemple du devoir ? Mon devoir n'est pas de rester à l'arrière. J'en rougis de honte !

La porte claque sur ces derniers mots. Après cette entrevue orageuse, Moulin retrouve Antoinette qui est entre-temps remontée à Paris. C'est la première fois qu'elle le voit en colère. Elle décide de contacter Albert Sarraut, ministre de l'Intérieur (le « S » de la carte). Le ministre reçoit Jean, l'écoute, le félicite, approuve ses sentiments patriotiques et lui dit qu'il va voir ce qu'il peut faire. Quelques jours plus tard lui arrive l'ordre de se faire démobiliser. Finalement, Moulin se convainc que son département, l'Eure-et-Loir, a grand besoin d'un chef dans les circonstances présentes... Le préfet Jean Moulin sera à la hauteur de la situation et fera son devoir.

Pendant toute la « drôle de guerre », Jean Moulin vient de temps à autre à Paris. Pierre Meunier, qui a d'abord été mobilisé au Premier bureau du ministère de l'Air, puis affecté à l'état-major de l'armée de l'air, ne rencontre pas son ami au cours de cette période, mais est resté en relations épistolaires avec lui jusqu'en mai 1940. Pour les vœux de la fin 1939, Jean Moulin lui raconte un déjeuner qu'il vient d'avoir à l'état-major de l'amiral Darlan, installé à Maintenon, dans « son » département, et manifeste son écœurement devant les propos échangés à table : « La marine française, du moins ses chefs, semblait plutôt en guerre contre la Royal Navy que contre la Kriegsmarine[1]. »

À la fin de l'année 1939, Pierre Cot a été opéré et est allé en convalescence chez l'ami Mowrer, à Moret-sur-Loing.

Chartres est tout près de Paris : Moulin dispose toujours de son appartement de la rue des Plantes. Il revoit probablement Gilberte Lloyd, mais nous n'avons pas trouvé la moindre trace de lettres de sa part, que ce soit à Paris ou à Chartres. Antoinette Sachs, en revanche, a confié à ses carnets qu'elle est allée voir son ami Jean à la préfecture de Chartres durant cette période.

Au cours de ces sombres semaines, la flamme de l'antifascisme et de l'antihitlérisme est maintenue autour de Paul Reynaud, le ministre des Finances, et de son directeur de cabinet, Gaston Palewski, ceux-là mêmes qui ont toujours soutenu les actions clandestines de Gaston Cusin. Willi Münzenberg

1. *In Jean Moulin, mon ami*, de Pierre Meunier, *op. cit.*

continue à venir le voir rue de Rivoli. Il sait qu'il peut compter sur le haut fonctionnaire dans sa lutte contre Hitler. Palewski n'hésite pas à puiser dans les fonds spéciaux pour l'aider. Infatigable, ce dernier maintient des liens entre ceux qui, par-delà les clivages traditionnels, ont la même idée de la France et sont prêts à se battre pour elle. C'est lui qui assure la liaison avec Léon Blum et la direction de la SFIO, mais aussi avec Georges Mandel et son directeur de cabinet, André Diethelm, avec le général Bührer, patron de l'armée coloniale, avec le ministre de l'Armement, Raoul Dautry, avec César Campinchi, ministre de la Marine, avec Jean Monnet qui s'occupe toujours de l'aide à la Chine...

Au cours de cette période, Paul Reynaud et Léon Blum se sont considérablement rapprochés. À la mi-janvier 1940, le colonel de Gaulle est l'hôte à dîner de Reynaud, et Blum assiste au repas. Le colonel raccompagne le leader socialiste chez lui, quai de Bourbon, et lui confie : « Croyez-moi, tout reste à faire chez nous... Si nous ne réagissons pas à temps, nous perdrons misérablement cette guerre. Si vous êtes en mesure d'agir de concert avec Paul Reynaud, faites-le, je vous en conjure[1] ! » Avant de prendre congé de Blum, il lui annonce l'envoi d'un mémoire qu'il a intitulé *L'Avènement de la force mécanique.* Quelques jours plus tard, Blum le lira d'une traite. « Et c'est alors, dit-il, que j'appris, que je compris tout. Il fallait organiser à tout prix, et sans autre délai, l'armée mécanique[2]... » Blum fera tout pour soutenir de Gaulle dans les mois qui suivent.

Palewski consacre lui aussi beaucoup de temps à imposer son ami de Gaulle et ses idées. C'est lui qui a présenté le colonel à Paul Reynaud. Lequel, dès le milieu des années 30, a été convaincu du bien-fondé des idées de cet officier anticonformiste, malheureusement combattues par l'état-major. Il mène campagne pour que le colonel de Gaulle soit nommé général, et n'y réussira qu'en mai 1940. Il souhaite le pousser vers le ministère de la Guerre, « afin d'appliquer enfin la tactique de la divi-

1. *In Mémoires* de Léon Blum.
2. *In De Gaulle. 1. Le rebelle*, de Jean Lacouture, Seuil, Paris, 1984.

sion cuirassée et d'en fabriquer les moyens[1] ». Au cours de ce même mois de janvier 1940, Palewski et de Gaulle se rencontrent pour discuter de la « forme que devrait prendre le gouvernement pour faire face au devoir qu'imposaient les hostilités ». De Gaulle a imaginé un « ministère de la conduite de la guerre » comportant « les directions les plus actives de la rue Saint-Dominique, celles du ministère du Blocus et certaines directions des Affaires étrangères ». Palewski travaille dans l'hypothèse d'une accession de son « patron » à la présidence du Conseil, quand une lettre adressée à lui par de Gaulle est interceptée par le « cabinet noir » du chef du gouvernement et ministre de la Guerre, Édouard Daladier. Pour ne pas gêner Paul Reynaud qui a besoin de l'accord de Daladier pour imposer un nouvel effort de guerre, Palewski demande alors à rejoindre la 34e escadre de bombardement de nuit...

Fin mars 1940, après la poussée de Sedan, Paul Reynaud, grâce au soutien de Léon Blum, devient président du Conseil et ministre des Affaires étrangères. Palewski n'est pas à ses côtés quand il prépare son équipe gouvernementale, mais il réussit néanmoins, grâce à l'appui de Pierre Lazareff, directeur de *Paris-Soir*, à imposer de Gaulle au poste de sous-secrétaire d'État à la Guerre. Un petit poste, certes, mais qui laisse espérer que le parti de la résistance aura une chance de s'imposer.

Gaston Palewski a également poussé son ami Gaston Cusin à entrer au ministère du Blocus et à en prendre la direction effective. Il connaît suffisamment ses talents d'homme de l'ombre pour deviner qu'il mènera à bien des actions de sabotage de l'économie allemande. De fait, Cusin travaille tout de suite en harmonie avec Jean Laurent, directeur de cabinet du général de Gaulle, lui-même camarade de promotion du directeur de cabinet du ministre du Blocus, avec qui travaille Gaston Cusin. Celui-ci réveille un service qui a somnolé tout l'hiver. Il bat le rappel de ses amis douaniers qui l'ont naguère épaulé dans l'aide aux républicains espagnols. Il s'appuie complètement sur le SR des Douanes. Sur son impulsion, des tankers italiens qui ont constitué durant l'hiver des réserves d'essence pour les Panzer-

1. *In Mémoires d'action*, de Gaston Palewski, Plon, Paris, 1988.

divisionen sont arraisonnés à Gibraltar. Il met fin à des exportations de ferraille à destination de la Belgique. Mettant à profit sur place les liaisons de Bizot avec les Douanes belges, il commence à implanter un réseau de renseignement à la frontière allemande. Cusin noue également des relations avec Hugh Dalton qui va devenir le patron du SOE, le service anglais chargé de la subversion en Europe occupée[1].

Le 10 mai, Hitler lance ses divisions blindées contre la Hollande et la Belgique. Trois jours plus tard, l'armée de Guderian atteint Sedan. Gamelin, le chef d'état-major, est tombé dans le piège tendu par le Führer. Le 15 mai, Daladier, ministre de la Guerre, téléphone à Reynaud : « Tout est perdu, la trouée dans les Ardennes est irrésistible. » Paul Reynaud téléphone à son tour à Churchill pour l'avertir que « la route de Paris est ouverte. La bataille est perdue. » C'est la panique. Dans la soirée, le chef du gouvernement demande au général Pujo de partir sur-le-champ pour Madrid et d'en ramener Pétain : « Dites-lui qu'il prendra les fonctions qu'il voudra, mais sa présence immédiate est indispensable. » Le lendemain, le général Hering, gouverneur de Paris, suggère à Reynaud d'évacuer le gouvernement hors de la capitale.

Gamelin ordonne aux troupes engagées en Hollande et en Belgique de se replier. Le général, qui sait que l'heure de sa disgrâce a sonné et que Weygand va le remplacer, en profite pour lancer un ordre du jour belliqueux : « Toute troupe qui ne pourrait avancer doit se faire tuer sur place plutôt que d'abandonner la parcelle de sol national qui lui a été confiée. Comme toujours aux heures graves de notre histoire, le mot d'ordre aujourd'hui est : vaincre ou mourir. Il faut vaincre. »

Le 18 mai, Pétain arrive à Paris et se rend aussitôt au domicile de Paul Reynaud. Le chef du gouvernement propose au vieux maréchal la vice-présidence du Conseil. Le soir, le cabinet est remanié. Daladier perd le portefeuille de la Guerre, Gamelin, son poste de général. La gestion de la débâcle commence. Le 10, c'est au tour de l'Italie d'entrer en guerre. Le soir même, la

1. *In* Allocution de Gaston Cusin à la DNED, le 26 mai 1977, déjà citée.

radio diffuse un communiqué officiel annonçant : « Le gouvernement est obligé de quitter la capitale pour des raisons militaires. Le président du Conseil se rend aux armées. » En réalité, Paul Reynaud quitte Paris pour Brière en compagnie du général de Gaulle, sous-secrétaire d'État à la Guerre.

Le 23 mai 1940, Pierre Cot a été chargé d'une mission spéciale à Moscou. Parallèlement, nommé ambassadeur à Moscou, sir Cripps — ami de Cusin et probablement de Cot —, était chargé d'une mission analogue par le cabinet britannique. Le projet de Reynaud, consistait à nommer Cot ambassadeur à Moscou si sa mission était couronnée de succès. Mais, le lendemain, la mission de Cot est suspendue. Les Anglais ignorent pourquoi il n'est pas parti. Il s'agissait à l'évidence d'une mission visant à esquisser un nouveau rapprochement avec l'URSS. La lecture de *L'Alerte*[1], journal antisémite dans lequel travaillera Bénouville, fournira quelques mois plus tard l'explication de cette annulation : « Le bruit de cette nomination, pourtant tenue aussi secrète que possible, courut dans Paris. On fut bien contraint de débarquer M. Cot au dernier moment. Quelques nationaux, avertis à temps, réussirent à faire échouer ce projet. »

Le jour où Pierre Cot devait partir pour Moscou, Louis Launay, l'ancien ami et collaborateur de Dolivet, se présente à la police et se dit prêt à « fournir des renseignements au sujet de la propagande communiste aux armées » dont le principal animateur ne serait autre que le « nommé Louis Dolivet, âgé de 30 ans environ, d'origine roumaine [...], membre du Komintern », qui jouait « un rôle prépondérant au sein du Parti communiste ». À l'appui de ses déclarations, Launay remet une masse de documents parmi lesquels une note rédigée en mars 1937, intitulée *L'Influence communiste en France*, qui avait servi à empêcher l'unité d'action des partis socialiste et communiste[2]. Launay termine sa dénonciation en lançant : « Dolivet, naturalisé français, en prévision de la guerre considérée comme fatale,

1. *L'Alerte* n° 3 du 8 octobre 1940.
2. Cette note a déjà été abondamment citée pour décrire les activités de Louis Dolivet.

visait sûrement — les autres agents secrets, presque tous étrangers, étant de ce fait éliminés — à être le chef du mouvement en France. Il a été effectivement mobilisé, et nous ne doutons pas un instant que son rôle ait pu être important dans l'organisation de la propagande communiste au sein de l'armée. Remarquablement intelligent, brave, doué d'une énergie exceptionnelle et d'une considérable activité, il est même capable d'afficher le plus pur patriotisme pour se couvrir. Nous n'avons pas, en vingt-cinq ans de vie politique, rencontré d'agitateur mieux doué ni plus redoutable. » Les policiers qui traquent les communistes accueillent volontiers ce bon gros dossier destiné à chasser le kominternien et qui vient grossir celui qu'ils possèdent déjà... Un dossier que les policiers s'empresseront de communiquer quelques mois plus tard à leurs collègues allemands[1]. La démarche de Louis Launay aboutira quatorze mois plus tard : le 5 juillet 1941, le *Journal officiel* publiera un décret (page 2807) du mois précédent privant Dolivet de la nationalité française du fait de son soutien aux Français libres contre Vichy...

Le 25 mai 1940, Georges Mandel, ministre de l'Intérieur, explique à Spears, l'homme de confiance de Churchill en France, que « le pays est divisé en factions, chacune considérant l'autre comme vaguement inféodée à une puissance étrangère. Rien n'a été fait pour unir la Nation. »

Le 9 juin, Cot se présente au ministère de la Guerre pour défendre son pays, bien qu'il soit exempté. Il ne réussit pas à rejoindre le centre de mobilisation de Nemours, qui s'est déjà replié.

Le 11 juin, Paris est déclaré officiellement « ville ouverte » et un Conseil suprême interallié se tient à Briare à l'initiative de Churchill. Le Britannique essaie de galvaniser les Français pour qu'ils continuent de se battre, mais déjà certains — Pétain en tête — veulent solliciter un armistice. En rentrant à Londres, Churchill rend compte de sa mission au cabinet de guerre : « Il n'y a aucun doute qu'en cette circonstance Pétain s'est révélé un homme dangereux. Il a toujours été défaitiste, même pendant la dernière guerre. D'un autre côté, M. Reynaud a paru être tout

1. Nous avons retrouvé ce dossier à Munich, Institut für Zeit Geschicht.

à fait décidé à continuer la lutte et le général de Gaulle, qui avait assisté à la conférence à ses côtés, était partisan d'une guerre de guérilla. »

Le 13 juin vers 18 heures s'ouvre le Conseil des ministres. Le général Weygand prétend avoir reçu de ses services la nouvelle qu'« un gouvernement s'est constitué à Paris et que Thorez devrait s'installer le soir même à l'Élysée. — On vérifie les informations avant d'en saisir le gouvernement ! » lance brutalement Mandel. Weygand enchaîne par un furieux plaidoyer en faveur de l'armistice, puis quitte la salle en claquant la porte. Pétain entame alors la lecture d'une note qu'il a préparée :

> Nous reconnaissons tous que la situation militaire est aujourd'hui très grave. Elle est telle que, si le gouvernement français ne demande pas l'armistice, il est à craindre que les troupes, n'écoutant plus la voix de leurs chefs, ne se laissent entraîner à une panique qui mettrait l'armée hors d'état d'entreprendre la moindre manœuvre.
>
> Il faut bien examiner les conséquences qui résulteraient de la continuation de la lutte. Si l'on admet l'idée de persévérer grâce à la constitution d'un réduit national *[allusion à l'idée du réduit breton que de Gaulle essaie d'imposer depuis la fin du mois de mai]*, on doit reconnaître que la défense de ce réduit ne pourrait être organisée par des troupes françaises en débandade, mais par des troupes anglaises fraîches.
>
> Mais si ce réduit, établi dans une région maritime, pouvait être organisé, il ne constituerait pas, à mon avis, une garantie de sécurité et exposerait à la tentation d'abandonner ce refuge incertain.
>
> Or, il est impossible au gouvernement, sans émigrer, sans déserter, d'abandonner le territoire français. Le devoir du gouvernement est, quoi qu'il arrive, de rester dans le pays, sous peine de n'être plus reconnu comme tel. Priver la France de ses défenseurs naturels dans une période de désarroi général, c'est la livrer à l'ennemi. C'est tuer l'âme de la France, c'est par conséquent rendre impossible sa renaissance.
>
> Le renouveau français, il faut l'attendre en restant sur place, plutôt que d'une conquête de notre territoire par les canons alliés dans des conditions et dans un délai impossibles à prévoir.
>
> Je suis donc d'avis de ne pas abandonner le sol français et d'accepter la souffrance qui sera imposée à la patrie et à ses fils. La renaissance française sera le fruit de cette souffrance.

Ainsi la question qui se pose en ce moment n'est pas de savoir si le gouvernement demande l'armistice, mais s'il accepte de quitter le sol métropolitain.

Je déclare, en ce qui me concerne, que, hors du gouvernement s'il le faut, je me refuserai à quitter le sol métropolitain. Je resterai parmi le peuple français pour partager ses peines et ses misères.

L'armistice est, à mes yeux, la condition nécessaire à la pérennité de la France.

Après la très cagoularde annonce d'un pseudo-coup d'État communiste, Pétain a entamé un putsch tranquille qui s'oppose frontalement à la solution préconisée par de Gaulle.

Depuis quelques jours, Chartres vit intensément le drame de la défaite. Le dimanche 9 juin 1940, Moulin appelle Antoinette à Paris. Elle vient immédiatement[1]. Elle le trouve grave, entouré du docteur Mans, replié de la Somme, et de plusieurs infirmières, dont Jane Boullen, que l'on retrouvera. Il y a beaucoup de choses à faire. L'exode a commencé. Près de la gare, Antoinette voit des files de camions remplis d'archives. D'autres camions sont pleins d'avions en pièces détachées. Puis c'est le bombardement de la base aérienne. Moulin semble impassible. La vie de la préfecture n'est pas désorganisée. Sa femme de chambre anglaise, Kathleen, continue à vaquer à ses occupations, prépare le dîner... Lui est partout à la fois, réconfortant, pansant, donnant des ordres. Il demeure l'Autorité. Il laisse ses invités et Antoinette pour partir dans la nuit.

Le 10 juin, l'angoisse est plus perceptible. Moulin a l'air préoccupé. Il est harassé, car il n'a pas fermé l'œil depuis plusieurs jours. À la fin de la matinée, après s'être beaucoup agité, il prend Antoinette en aparté et lui demande de le conduire au plus vite à Paris, car il ne souhaite pas que l'on s'aperçoive de son absence, qui créerait aussitôt la panique. La petite voiture remonte la marée de l'exode et les barrages grâce à la carte blanche ministérielle qui agit encore. Ils montent rapidement

1. Les éléments servant à décrire la vie à Chartres sont tirés des papiers d'Antoinette.

dans l'immeuble de la rue des Plantes, prennent un grand drap et mettent dedans un placard entier de documents de Moulin et de Pierre Cot, ainsi que divers objets, puis repartent dare-dare pour Chartres. Le préfet n'a guère été absent plus de deux-trois heures.

Le même après-midi, Moulin demande à Antoinette de répéter l'opération. La route est plus difficile. Les revoici à Paris. En quelques heures, la capitale a changé. Elle est déserte. Il ne faut à aucun prix que les Allemands retrouvent les derniers documents ni les armes.

Le lendemain mardi 11 juin, Moulin établit un ordre de mission à Antoinette en le faisant signer par le docteur Mans. Les routes sont si encombrées que, souvent, seuls les services de la Croix-Rouge sont autorisés à circuler. Elle part donc avec sa Peugeot 11 CV pour mettre les papiers de Moulin et ses tableaux en lieu sûr. Elle se rend d'abord à Saint-Aignan (Loir-et-Cher), chez son ami Paul-Boncour. Puis elle va à Mâcon, chez le préfet Thomasini. Elle y reste jusqu'au dimanche 16, et aide le préfet à canaliser le flot des réfugiés.

Malgré les bombardements, le départ de ceux qui faisaient marcher les services de la ville, le passage de la cohorte de réfugiés qui fuient les Allemands, Jean Moulin décide, le 14 juin, de rester à son poste avec une poignée de Chartrains : sept à huit cents sur les vingt-trois mille habitants que comptait la ville. Ce matin-là, dans une atmosphère dramatique, il reçoit son ami le commandant Henri Manhès, qui passe par Chartres pour évacuer le matériel encore en état malgré le bombardement, le 3 juin, de la base aérienne de Saint-Cyr, située à quelque soixante kilomètres de là. En tant que major de la base, il s'était occupé jusque-là de sa défense. Excédé par son inaction, il a ensuite demandé à être reversé dans l'infanterie pour exercer un commandement sur le front. Sa demande a été rejetée, malgré l'appui du cabinet du président du Conseil. Lorsque le général de Picquendar, directeur du matériel, a demandé un groupe pour aller récupérer du matériel sur le front, voire à l'intérieur des lignes allemandes, c'est le commandant Manhès qui s'est porté volontaire pour diriger cette mission périlleuse, malgré ses cinquante et un ans. Celle-ci s'est déroulée du 21 au 24 mai et a été couronnée de succès.

Manhès a évoqué, dix-sept ans après les faits, cette brève rencontre du 14 juin 1940 avec Jean Moulin. Il écrit que, dès ce matin-là, Moulin avait prévu « la nécessité » de travailler pour la Résistance. On peut supposer qu'ils ont fait un tour d'horizon des hommes sur lesquels ils pourraient compter un jour et sur le matériel dont ils pourraient disposer. Manhès a sûrement fait état de sa mission pour la Direction du matériel et des possibilités qu'ouvrirait sa liaison avec Picquendar pour obtenir des armes, le jour venu...

Le 14 juin, les troupes allemandes entrent dans Paris et défilent sur les Champs-Élysées. Le lendemain, le Conseil des ministres se tient à Bordeaux. Il est houleux. Paul Reynaud présente sa démission, car il sent qu'une majorité se dessine pour demander à l'Allemagne les conditions d'un armistice. Le président de la République brandit la même menace en cas de départ du chef de gouvernement. Pour maintenir l'unité du cabinet, le Conseil décide en fin de compte de demander ses conditions à l'Allemagne. Unité de façade... Entre-temps, l'armée allemande continue à s'enfoncer davantage et menace maintenant Lyon.

Le 15 juin, Jean Moulin écrit à sa mère et à sa sœur :

> Je vous ai peu donné de mes nouvelles ces derniers jours. La faute en est aux événements tragiques que j'ai vécus. J'ai vu bien des misères humaines. Mon réconfort a été de voir bien des dévouements obscurs, des dévouements que tout le monde ignorera toujours, hormis quelques spectateurs.
>
> Mon pauvre département est mutilé et saignant de toutes parts. Rien n'a été épargné à la population civile.
>
> Quand vous recevrez ces lettres, j'aurai sans doute rempli mon dernier devoir. Sur ordre du gouvernement, j'aurai reçu les Allemands au chef-lieu de mon département et je serai prisonnier.
>
> Je suis sûr que notre victoire prochaine — grâce à un sursaut d'indignation du reste du monde et à l'héroïsme de nos soldats (qui valent mieux souvent que l'usage qu'on en fait) — viendra me délivrer.
>
> Je ne savais pas que c'était si simple de faire son devoir quand on est au danger.
>
> Si, par hasard, je ne revenais pas de cette aventure, je voudrais que vous réalisiez un souhait que je formule de tout cœur. Je voudrais que Laure adoptât un tout jeune orphelin parmi les réfugiés français. Ce serait pour moi comme un prolongement.

> Je sais que vous le ferez. Je suis en parfaite santé, malgré les fatigues de ces derniers jours.
>
> Je pense à vous de tout mon cœur,
>
> Jean.
>
> PS. Si les Allemands — ils sont capables de tout — me faisaient dire des choses contraires à l'honneur, vous savez déjà que cela n'est pas vrai.

Il est intéressant de remarquer que Jean Moulin croit encore à la victoire, qu'il est toujours préoccupé par son « prolongement », c'est-à-dire par sa descendance, et qu'il a peur de parler sous la torture.

Le 16 juin, Pierre Cot reçoit l'ordre de rejoindre le 93e régiment d'artillerie de Grenoble...

Nouveau Conseil des ministres : Paul Reynaud propose d'attendre la réponse de Churchill à son télégramme avant de prendre langue avec les Allemands. Le Maréchal se lève et lit encore une fois une note toute préparée dans laquelle il demande de mettre immédiatement fin aux hostilités ; il refuse de s'associer aux « manœuvres dilatoires » du gouvernement, remet sa démission et fait mine de quitter la salle.

— Ah non ! Vous n'allez pas nous faire ça en ce moment ! lance le président Albert Lebrun.

Le Conseil est ajourné jusqu'à 17 heures. Londres accepte d'abord que Paris ouvre des négociations avec Berlin à condition que la flotte française ait préalablement été mise à l'abri dans des ports britanniques. À 16 h 30, en mission à Londres, le général de Gaulle, du 10, Downing Street, dicte par téléphone au chef du gouvernement un projet d'Union franco-britannique. Paul Reynaud exulte. Tout devient possible ! Quelques minutes plus tard, il informe le Conseil des ministres. La réunion se passe mal. Les invectives succèdent aux injures. Le Conseil est reporté à 22 heures. Reynaud refuse de plier devant les Allemands. « Pour faire cette politique, adressez-vous au maréchal Pétain ! » lance-t-il au président de la République dès la reprise du Conseil, avant de se lever et de quitter la salle. Lebrun demande alors au vieux Maréchal de constituer le gouvernement. Sans aucune hésitation, Pétain sort alors de sa poche une feuille de papier avec la liste complète de ses ministres.

Les deux anciens cagoulards Alibert et Lemery ont tout lieu d'être fiers : ils ont enfin réussi à installer leur vieux protégé à la tête du pays. Immédiatement après avoir pris le pouvoir, le Maréchal prie l'ambassadeur d'Espagne, Lequerica, de s'enquérir auprès d'Hitler des conditions de l'armistice.

Le lendemain 17 juin, après avoir réuni son premier Conseil, Pétain lance un incroyable message à la radio, déclarant notamment : « C'est le cœur serré que je vous dis aujourd'hui qu'il faut cesser le combat. » Alors même que l'armistice n'est pas encore signé, l'effet est désastreux sur les troupes françaises. La Wehrmacht, qui n'a pas ralenti son avance, peut ainsi faire quelques centaines de milliers de prisonniers supplémentaires.

Ce même 17 juin, de Gaulle décide de rester à Londres, et le cagoulard Alibert, sous-secrétaire d'État à la Présidence du Conseil, fait arrêter celui qui avait traqué les hommes de la Cagoule et s'opposait maintenant à l'armistice, Georges Mandel, avant de le relâcher sous la pression de quelques parlementaires.

Ce même jour où la France est humiliée, un homme, Jean Moulin, refuse l'inadmissible. Quelques mois plus tard, entré en clandestinité, il écrira le récit des événements qu'il a vécus entre le 14 et le 18 juin 1940. Nous lui laisserons d'autant plus volontiers la parole que ce texte est souvent superbe[1]. Jean Moulin a changé de stature face à l'ennemi contre lequel il s'est préparé depuis longtemps. Il n'écrit plus de la même façon. Il atteint au sublime pour décrire sa résistance et son sacrifice. Ce 17 juin, un héros est né.

Le préfet Moulin est plein d'admiration pour ceux qui sont restés à ses côtés, tout particulièrement pour les sœurs de Saint-Paul « qui s'élèveront, en ces heures tragiques, à la hauteur de leurs plus belles traditions d'héroïsme et de bonté. Animées par la foi de Mgr Lejards, qui est partout où il y a du danger, partout où il y a de la peine, elles seront les bons anges de notre

---

1. Ce récit, préfacé par le général de Gaulle, a été publié aux Éditions de Minuit en 1947 sous le titre *Premier Combat*. Nous remercions particulièrement M. Jérôme Lindon d'en avoir autorisé ici la reproduction de larges extraits.

misère. » Le laïc militant non seulement n'est pas sectaire, mais admire ceux qui savent se tenir dans l'adversité, quelles que soient leurs opinions ou leurs croyances. Moulin est plein de compassion pour la misère de ces cohortes de personnes déplacées qui défilent à Chartres par centaines de milliers. Il enrage contre le comportement d'une partie de l'armée française, particulièrement contre la maréchaussée...

Le 17 juin, Mgr Lejards, Besnard, l'unique conseiller municipal à être resté sur place, et Jean Moulin, face au drapeau français flottant à l'entrée de la préfecture, attendent l'arrivée des Allemands. À 7 heures, une grosse voiture stoppe devant eux et plusieurs officiers saluent. Jean Moulin se présente, présente ses deux assesseurs, puis, s'adressant au militaire allemand le plus gradé :

« La fortune des armes vous amène en vainqueurs dans notre ville. Nous nous inclinons devant la loi de la guerre, et je puis vous affirmer que l'ordre ne sera point troublé si, de votre côté, vous nous donnez l'assurance que vos troupes respecteront la population civile, et spécialement les femmes et les enfants. »

À 18 heures, en fin de cette journée qui a vu les Allemands s'installer dans la ville, deux officiers le demandent d'urgence. Jean Moulin finit de manger, puis endosse son uniforme pour n'avoir avec les Allemands que des relations officielles. On est censé le conduire au général qui souhaite lui faire une communication urgente. Avant cette rencontre, un des officiers lui annonce ce que le général attend de lui :

> — Des femmes et des enfants, des Français, ont été massacrés après avoir été violés. Ce sont vos troupes noires qui ont commis ces crimes dont la France portera la honte. Comme ces faits sont prouvés de façon irréfutable, il convient qu'un document soit dressé, qui établisse les responsabilités. C'est dans ces conditions que les services de l'armée allemande ont rédigé un « protocole » qui doit être signé par notre général, au nom de l'armée allemande, et par vous, comme préfet du département.
>
> Je manifeste ma stupéfaction et proteste contre les accusations portées contre l'armée française, notamment contre les troupes noires.
>
> — Nos tirailleurs, ajouté-je, combattent, certes, avec une énergie farouche sur le champ de bataille, mais ils sont incapables

de commettre une mauvaise action contre des populations civiles, et moins encore les crimes dont vous les accusez.

Je sens que nous allons nous heurter durement.

— Je regrette, me dit-il d'un ton sec, mais nous sommes abso lument certains de ces faits. En tout cas, suivez-moi chez le général.

J'obéis.

Nous arrivons à l'entrée de la rue du Docteur-Maunoury. On me fait pénétrer dans une vaste et belle maison, un peu en retrait de la rue. Dès que nous franchissons le seuil, deux soldats se précipitent sur leur fusil, mettent baïonnette au canon et m'examinent de la tête aux pieds. Décidément, mon arrivée est annoncée. L'officier me laisse entre les mains de ces deux hommes et pénètre dans la première pièce à droite. Il ressort aussitôt et m'invite à entrer à mon tour. Je suis maintenant en présence de trois officiers, dont deux sont ceux-là mêmes qui sont venus me chercher à la préfecture. Le troisième est derrière une table sur laquelle se trouvent des serviettes en cuir et un certain nombre de papiers.

D'une façon beaucoup plus brutale, celui qui m'a conduit ici, et qui semble chargé de mener toute l'affaire, me signifie à nouveau ce qu'on attend de moi : « Voici le protocole que vous devez signer. » Et l'homme qui est assis à la table, sans se lever, me tend une feuille dactylographiée.

— Pensez-vous vraiment, leur dis-je en refusant de prendre le papier, qu'un Français, et, qui plus est, un haut fonctionnaire français, qui a la mission de représenter son pays devant l'ennemi, puisse accepter de signer une pareille infamie ?

La réaction est immédiate. Le meneur de jeu nazi se précipite sur moi et, rouge de colère, me menace du poing :

— Nous n'accepterons pas, me crie-t-il, que vous vous moquiez de l'armée de la grande Allemagne ! Vous allez signer, m'entendez-vous, vous allez signer !

Il m'a pris maintenant par le revers de ma vareuse et me secoue furieusement. Je ne me défends pas.

— Ce n'est pas, croyez-moi, répliqué-je, en me brutalisant que vous obtiendrez davantage que je commette une indignité.

Alors, avec une force peu commune chez un petit bonhomme de cette espèce, il me projette violemment contre la table. Je titube un peu pour rétablir mon équilibre, ce qui déchaîne les rires des trois nazis.

Celui qui était assis tout à l'heure s'est maintenant levé et essaie, dans un mauvais français, mais sur un ton plus calme, de me convaincre de l'obligation dans laquelle je suis de signer le « protocole ».

Le nazi : Nous avons toutes les preuves que ce sont vos soldats qui ont commis ces atrocités.

Moi : Je veux bien que vous m'indiquiez ces preuves.

Le nazi, prenant la feuille qu'il m'a tendue tout à l'heure : Aux termes du protocole, des effectifs français, et notamment des soldats noirs, ont emprunté dans leur retraite une voie de chemin de fer près de laquelle ont été trouvés, à 12 kilomètres environ de Chartres, les corps mutilés et violés de plusieurs femmes et enfants.

Moi : Quelles preuves avez-vous que les tirailleurs sénégalais sont passés exactement à l'endroit où vous avez découvert les cadavres ?

Le nazi : On a retrouvé du matériel abandonné par eux.

Moi : Je veux bien le croire. Mais, en admettant que des troupes noires soient passées par là, comment arrivez-vous à prouver leur culpabilité ?

Le nazi : Aucun doute à ce sujet. Les victimes ont été examinées par des spécialistes allemands. Les violences qu'elles ont subies offrent toutes les caractéristiques des crimes commis par des nègres.

Malgré l'objet tragique de cette discussion, je ne peux m'empêcher de sourire : « Les caractéristiques des crimes commis par des nègres. » C'est tout ce qu'ils ont trouvé comme preuves !...

Mon sourire les met en rage et mon interlocuteur m'injurie furieusement en allemand.

Alors le jeune nazi dit quelques mots à voix basse au troisième officier qui est resté immobile et silencieux.

Ce dernier sort son revolver et, se plaçant derrière moi, appuie le canon de son arme dans mon dos. Il me pousse ensuite brutalement vers la table où, d'un geste autoritaire, une plume m'est tendue pour que je signe.

— Signez, me dit l'officier blond, ou vous saurez ce qu'il en coûte de narguer des officiers allemands.

Comme je ne me résous pas à me pencher pour prendre la plume, je reçois entre les omoplates un coup qui me fait chanceler. C'est l'officier qui se trouve derrière moi qui m'a frappé violemment avec le canon de son arme.

Je proteste contre ces odieux traitements :

— On m'a amené ici pour voir le général. Où est le général ? C'est avec lui que je veux traiter.

Mon appel au général est accueilli par des rires bruyants, accompagnés de plaisanteries en allemand que je n'arrive pas à saisir.

— Il n'est plus question du général, me dit enfin le jeune officier blond, mais nous allons vous conduire à un autre officier.

Et il appelle un des factionnaires de l'entrée, auquel il donne un ordre. Le soldat me saisit par l'épaule et me pousse, plutôt qu'il ne me dirige, vers une autre pièce de la maison. Comme, à son gré, je ne franchis pas assez vite le seuil de cette pièce, il m'assène un tel coup de crosse dans les reins que, cette fois, je m'affale sur le plancher. Avant que j'aie eu le temps de me relever, des coups de botte pleuvent sur moi. C'est l'officier à qui l'ont m'a conduit qui vient de me frapper ainsi.

Je me demande si j'aurai la force de me remettre sur pieds.

Devant moi, j'ai maintenant l'officier blond qui nous a suivis, l'officier qui m'a reçu à coups de botte, et le soldat, baïonnette au canon.

Le petit officier blond, que j'appelle désormais mon bourreau n° 1, fait un geste au soldat qui pointe sa baïonnette sur ma poitrine en criant en allemand : « Debout ! »

Dans un sursaut douloureux, je me redresse. J'ai terriblement mal. Je sens que mes jambes me portent difficilement. Instinctivement, je m'approche d'une chaise pour m'asseoir. Le soldat la retire brutalement et me lance sa crosse sur les pieds. Je ne peux m'empêcher de hurler :

— Quand ces procédés infâmes vont-ils cesser ? dis-je après avoir repris quelque peu mes esprits.

— Pas avant, déclare mon bourreau n° 1, que vous n'ayez signé le « protocole ».

Et, à nouveau, il me tend le papier.

Moi : Je ne comprends pas que vous vous acharniez ainsi, et surtout que vous vous abaissiez à de pareilles méthodes. J'ai été soldat, moi aussi, pendant la Grande Guerre, et j'avais appris à respecter le soldat allemand. Mais la besogne que vous faites en ce moment déshonore votre uniforme.

À ces mots, les deux officiers bondissent sur moi en me criant qu'ils ne se laisseront pas injurier.

L'un d'eux, celui qui m'a frappé lorsque j'étais à terre, un grand brun au corps d'athlète et à la face de brute, m'a saisi à la gorge et me serre à m'étouffer. Sur l'intervention de mon bourreau n° 1, il me lâche enfin.

Pendant que je retrouve péniblement mon souffle, continuent à fuser à mon adresse, en français et en allemand, de grossières injures.

Ils me traînent maintenant jusqu'à une table où a été placé le « protocole ».

Moi : Non, je ne signerai pas. Vous savez bien que je ne peux pas apposer ma signature au bas d'un texte qui déshonore l'armée française.

Mon bourreau n° 1 : Mais il n'y a plus d'armée française ! Elle est vaincue, lamentablement vaincue. La France s'est écroulée. Son gouvernement a fui. Vous n'êtes plus rien. Tout est fini.

Moi : Soit, mais il y a une chose qui, pour l'armée française, même vaincue, comptera toujours : c'est son honneur, et ce n'est pas moi qui contribuerai à l'entacher... D'autre part, si, comme vous le dites, je ne représente plus rien, pourquoi tenez-vous tant à ce que je signe votre « protocole » ?

L'Allemand : Uniquement parce qu'il est conforme à la vérité, et pour établir les responsabilités.

Moi : Mais si vous avez des preuves de ce que vous avancez, personne ne pourra accuser l'armée allemande, et ce n'est pas une signature arrachée à un ennemi qui conférera à votre récit un surcroît d'authenticité.

L'Allemand : Vous n'êtes qu'un raisonneur de Français !

Je sens mes forces me lâcher. Plusieurs fois, j'ai failli m'affaisser et, chaque fois, le soldat m'a frappé de son fusil sur les chevilles et le bout des pieds.

C'est l'autre officier qui maintenant me reprend.

Il m'accuse d'avoir été partisan de cette guerre injuste contre l'Allemagne, d'avoir fait apposer des affiches incitant la population à la résistance.

— J'ai fait mon devoir, dis-je, vous étiez l'ennemi.

Il me reproche aussi avec emportement d'être resté à Chartres pour provoquer les Allemands.

— Je suis resté parce qu'il était également de mon devoir de ne pas abandonner mes administrés. D'ailleurs, j'en avais reçu l'ordre de mon chef, le ministre de l'Intérieur.

C'est alors mon bourreau n° 1 qui intervient dans un état de surexcitation considérable :

— Ah ! vous osez parler de votre chef ! Vous osez parler du Juif Mandel ! De cet immonde Juif qui a voulu déchaîner la guerre contre l'Allemagne ! De ce pourceau de Juif vendu aux Anglais ! Avouez, avouez que vous étiez à la solde de ce sale Juif...

Je rectifie :

— Pas à la solde, sous les ordres...

Et il poursuit avec fureur :

— Vous êtes un pays dégénéré, un pays de Juifs et de nègres...

Ils se relaient ainsi constamment pour m'épuiser de plus en plus et m'arracher ma signature.

À un moment, le grand officier brun, mon bourreau n° 2, qui a un fox-terrier à ses côtés, se précipite sur moi, au cours de la discussion, et me frappe sauvagement avec la laisse de son chien. Pas un instant ils ne m'ont permis de m'asseoir. Je me demande combien de temps je pourrai tenir...

Nous reparlons des « preuves ». Je ne cesse de dire que leurs preuves ne sont pour moi que des affirmations et ne peuvent me convaincre.

Mon bourreau n° 1 déclare alors :

— Ah ! vous voulez vraiment des preuves ? Eh bien, suivez-moi !

Nous quittons la maison. Dehors, il fait encore grand jour. Le temps m'a pourtant paru bien long !

Une auto est là, qui nous attend. Les deux officiers montent devant avec le chien. On me fait asseoir derrière, à côté du soldat. Nous roulons maintenant dans la campagne. Route de Châteaudun d'abord, puis, après avoir obliqué à gauche, route de Saint-Georges-sur-Eure. Pas un civil : les fermes, les champs, tout est désert. Où mes bourreaux me conduisent-ils ? Et quelle lugubre opération complotent-ils ? Je devrais être très inquiet, et pourtant je me sens presque heureux de pouvoir encore, après les scènes épuisantes de tout à l'heure, respirer l'air des champs et être enfin assis ! Les soubresauts de l'auto, qui file à bonne allure, réveillent à tout instant mes douleurs. Mais je suis assis... Je n'aurais jamais cru que de s'asseoir, quand on est si las, procurerait un tel bien-être.

Nous laissons le village de Saint-Georges à notre gauche et nous nous dirigeons vers le hameau de La Taye. Bientôt j'aperçois une voie de chemin de fer. C'est bien ce que je pensais. On m'emmène sur les lieux du crime. À moins de cinquante mètres de la voie, la voiture tourne à droite comme pour aller à la petite station de La Taye, et s'arrête devant un vaste immeuble, miferme, mi-café ; c'est le seul bâtiment existant aux abords de la gare.

Nous descendons. Le fox va flairer le corps d'un chien qui gît le long du mur avec une balle dans la tête.

Mon bourreau n° 1 va directement vers une porte et, sortant de sa poche une clé, nous ouvre le passage. Nous accédons à une banale cour de ferme encombrée d'instruments agricoles et d'objets ménagers.

L'officier s'approche d'un hangar, à main droite, au fond de la cour, et l'ouvre à deux battants :

— Voici, me dit-il en se tournant vers moi, voici nos preuves.

Et, d'un geste de la main, il montre, alignés côte à côte, neuf pauvres cadavres, tuméfiés, défigurés, informes, dont les vêtements déchirés et maculés permettent à peine de distinguer les sexes. Il y a plusieurs corps d'enfants. Chez deux ou trois des victimes, la convulsion des membres indique une agonie douloureuse.

Dans ce silence de mort, c'est une bien triste vision. Mais j'en ai tant vu, hélas, depuis un mois, des paysans tués à côté de leurs chevaux, des réfugiés carbonisés dans leur voiture, des femmes massacrées avec leurs enfants dans les bras... J'en ai tant vu que je n'ai pas grand-peine à maîtriser mon émotion.

Le nazi : Voilà ce qu'ont fait vos bons nègres !

Et il me fait remarquer que ces cadavres sont bien ceux de femmes et d'enfants.

Moi : Je ne conteste pas ce dernier point.

Le nazi : Dans ces conditions, j'espère que vous ne ferez plus de difficulté pour signer le protocole.

Moi : De deux choses l'une : ou votre bonne foi a été surprise, ou c'est une effroyable mise en scène. Il ne faut pas être grand clerc pour voir que ces malheureux, dont le corps est criblé d'éclats, sont simplement des victimes des bombardements.

Hélas, j'ai trop parlé, trop bien découvert leur jeu macabre. Alors, avec des regards chargés de tout ce qu'un être humain peut contenir de haine, ils se jettent sur moi et, à plusieurs reprises, leurs poings s'abattent sur ma tête, sur mes épaules, sur ma poitrine. Le soldat qui était un peu à l'écart accourt, la crosse en avant, pour participer à la bagarre, mais on l'arrête d'un geste. Il convient, pour l'instant, de ne pas trop m'abîmer. Un genou et un bras à terre, j'essaie de reprendre des forces qui m'abandonnent de plus en plus. Je me relève enfin pour m'asseoir sur une caisse. On me laisse faire. Sans doute ai-je l'air assez abattu.

Mais, bientôt, ils s'approchent à nouveau et m'invitent à les suivre jusqu'à une espèce de petit bâtiment bas dont ils ouvrent la porte toute grande.

— Vous voyez, me dit alors mon bourreau n° 1, ceci est le tronc d'une femme dont les membres ont été coupés par les Noirs.

Je vois en effet, à l'intérieur, étendu sur une sorte de tréteau qui tient à peu près tout le réduit, une chose qui avait dû être un corps de femme, une chose horrible, à moitié nue, avec une chemise que le sang a plaquée par endroits sur la chair, et qui laisse apparaître, dans le bas, deux énormes plaques rondes où le sang s'est figé, la section des jambes tranchées au haut des cuisses. Plus de bras non plus. À leur place, deux moignons sanguinolents. Quant à la tête, ce n'est plus qu'une boule informe où le sang a collé les cheveux partout, et qui pend lamentablement.

— Est-ce le bombardement, ricane un de mes bourreaux, qui a si bien tranché ces membres ?

Et, me saisissant par les épaules, il me jette violemment sur le cadavre mutilé. La porte se referme sur moi, vivement.

J'ai été projeté sur ce débris humain et son contact froid et gluant m'a glacé jusqu'aux os.

Dans l'obscurité du réduit, avec cette odeur fade de cadavre qui me prend aux narines, j'ai comme un frisson de fièvre. Alors je sens que je ne pourrai pas résister.

J'essaie d'ouvrir la porte : en vain ! Combien de temps resté-je ainsi, affalé, à attendre qu'on m'arrache à cette présence macabre ? Dix minutes, une demi-heure ? Je ne sais. Mais, quand je sors enfin, la nuit commence à tomber.

On ne m'a délivré que pour me présenter le papier, l'ignoble papier. J'ai encore la force de refuser.

Pendant que je me débats ainsi au milieu de la cour, le grand nazi lève le poing sur moi... Pour éviter ce bras qui va retomber, je m'écarte et cours vers la porte ouverte. Trois coups de feu résonnent coup sur coup à mes oreilles. Je ne suis point touché, mais je m'effondre, incapable de faire un pas de plus. Je n'ai parcouru que quelques mètres. Je n'ai plus la force. Les deux officiers rentrent alors leurs revolvers. Le grand prend la laisse de son chien et, avec l'aide du soldat, m'attache solidement les mains derrière le dos.

On me traîne jusqu'à la voiture où l'on me jette sur la banquette arrière. Le soldat monte à mes côtés. Nous rentrons à Chartres. Pendant le trajet, le soldat saisit la laisse qui me sert de menottes et prend un plaisir sadique à resserrer l'étreinte chaque fois qu'un cahot m'arrache un soupir.

Nous voici de retour place des Épars. La nuit est tombée. La voiture stoppe devant l'hôtel de France. Un des officiers entre dans l'établissement et revient peu après. Au moment où la voiture démarre, j'aperçois à trois mètres de nous, dans la lueur de la porte de l'hôtel, un civil que je reconnais bien vite. C'est Vidon. Je l'appelle et lui crie que je suis arrêté.

Un vigoureux coup de poing s'abat sur ma mâchoire, suivi de plusieurs coups de crosse dans les jambes. Les officiers pestent après moi.

La voiture fait le tour de la place pour aller se ranger devant la maison où j'ai eu mes premiers contacts avec mes bourreaux. Les officiers pénètrent dans l'immeuble et me laissent dans l'auto à la garde du soldat.

Au bout d'un quart d'heure environ, on vient me chercher pour m'introduire dans la première pièce de droite. Dans cette pièce, éclairée maintenant par des bougies, je trouve un officier qui n'est pas celui que nous avons laissé tout à l'heure. Il est plus âgé et, sans doute, d'un grade plus élevé. Malgré l'état dans lequel je suis, j'essaie de protester auprès de cet officier contre les traitements dont j'ai été l'objet. J'invoque mon uniforme sali et ma lèvre tuméfiée, ma main gauche en sang... Il ne veut rien entendre et, dans un mauvais français, se borne à répéter :

— Vous devez signer.

Je ne réponds pas. L'officier sort avec mon bourreau n° 2, laissant avec moi son camarade et le soldat. Sur un signe de son supérieur, le soldat vient délier la laisse qui enserre mes mains.

Mon bourreau n° 1 sort une fois de plus de sa serviette le protocole, l'étale sur la table et me dit :

— Pourquoi cette résistance inutile ? Nous savons très bien que nous vous ferons signer... Je vous laisse réfléchir.

Je ne dis rien. À quoi bon ?

Il sort.

Le soldat qui est resté avec moi me fait vite comprendre que je ne dois ni m'asseoir, ni m'éloigner de la table. Il frappe régulièrement le plancher avec la crosse de son fusil pour me rappeler qu'à la moindre défaillance, il aura la joie de m'écraser les pieds. Nous ne disons rien, ni l'un ni l'autre. De temps en temps, quand nos regards se croisent, il me montre d'un doigt impératif l'odieux « protocole ».

Le temps passe. Je souffre affreusement et je me demande comment j'arrive à tenir encore.

Enfin mes bourreaux reparaissent, jettent un coup d'œil sur la feuille et font signe au soldat de m'emmener.

La voiture est toujours là, tous phares éteints. Nous montons. Où va-t-on encore me transporter ? La voiture fait quatre à cinq cents mètres dans la nuit et, après avoir passé une grille, s'arrête sous un massif d'arbres.

On m'extrait de l'auto et, après quelques pas, on m'introduit dans un immeuble isolé. Un *Feldwebel* nous accueille, une lanterne à la main. À l'intérieur, une salle assez grande transformée en corps de garde. Des soldats allemands, dont quelques-uns baïonnette au canon. Dans un coin, un nègre, qui doit être un tirailleur sénégalais, fait prisonnier. Pieds nus, en manches de chemise, il mange un morceau de pain noir.

Je suis toujours debout, debout depuis des heures, avec des douleurs intolérables, dans les reins surtout. Et mes pieds, mes pauvres pieds n'arrivent plus à me porter !

Je sens que si bientôt on ne me permet pas de m'asseoir ou de me coucher, je m'effondrerai comme une masse.

Le sous-officier qui semble être le chef de poste vient vers moi, sur un signe de ses chefs, et me fouille de haut en bas. Je n'ai rien dans les poches. D'ailleurs, j'ai fait vite pour me changer et j'ai tout laissé dans mon costume civil.

L'opération terminée, mon bourreau n° 1 se place devant moi et me déclare en martelant tous ses mots :

— Écoutez-moi bien. Je vais vous donner une dernière chance : demain, nous vous ferons signer. Seulement, en signant ce soir, vous vous éviterez quelques ennuis supplémentaires qui vous feront regretter d'avoir tant tardé.

Il tient le « protocole » dans la main. Je le regarde sans rien dire. Mes yeux doivent être chargés de tant de mépris qu'il n'insiste pas. Il se tourne brusquement vers le *Feldwebel* et lui donne un ordre bref. Le sous-officier fait signe à deux soldats, prend un trousseau de clefs et se dirige vers un couloir étroit en se guidant à l'aide d'une lampe électrique. Les deux soldats me poussent à sa suite et profitent de l'obscurité pour me frapper sauvagement avec leurs fusils. Au bout du couloir, le *Feldwebel* ouvre une porte à gauche, et projette le faisceau lumineux de sa lampe à l'intérieur d'une petite pièce carrée. C'est une salle à manger au mobilier modeste. Les tiroirs du buffet sont ouverts et ont été visiblement fouillés. La table et les chaises sont poussés dans un coin pour faire place à un petit matelas. Sur celui-ci est déjà allongé le Sénégalais qui se trouvait tout à l'heure dans le corps de garde.

Mes deux bourreaux, que j'entends derrière les soldats, ont suivi pour jouir du spectacle. Avec un ricanement, mon bourreau n° 1 me crie :

— Comme nous connaissons maintenant votre amour pour les nègres, nous avons pensé vous faire plaisir en vous permettant de coucher avec l'un d'eux.

Et les soldats, sur injonction de leurs officiers qui continuent à rire bruyamment, me saisissent à bras-le-corps et me jettent violemment sur le malheureux tirailleur qui recule, effrayé. Ma tête va heurter le mur. La porte se referme alors.

Malgré le choc que j'ai reçu, je n'ai pas perdu connaissance et je perçois encore, derrière la porte, la voix du chef nazi qui donne des instructions sévères aux gardiens pour qu'il soit veillé attentivement sur nous. À plusieurs reprises il répète, et je m'excuse de citer : *« ... sehr interessanten Leute, sehr interessanten Leute... »*

Dans l'obscurité, le brave Sénégalais m'a cédé sa place sur l'unique matelas et s'est couché un peu plus loin. Je lui passe les couvertures, car le sol est rempli de morceaux de verre provenant des vitres brisées pendant le bombardement.

Mais je ne peux prendre aucun repos. Tout à l'heure, le réveil placé sur la table du *Feldwebel* marquait 1 heure du matin. Pendant sept heures, j'ai été mis à la torture physiquement et moralement.

Je sais qu'aujourd'hui je suis allé jusqu'à la limite de la résistance. Je sais aussi que demain, si cela recommence, je finirai par signer.

Le dilemme s'impose de plus en plus : signer ou disparaître...

Fuir ?... C'est impossible. J'entends le pas régulier des sentinelles, non seulement dans le couloir, mais aussi devant notre unique fenêtre.

Et pourtant, je ne peux pas signer. Je ne peux pas être complice de cette monstrueuse machination qui n'a pu être conçue que par des sadiques en délire. Je ne peux pas sanctionner cet outrage à l'armée française et me déshonorer moi-même.

Tout plutôt que cela, tout, même la mort !

La mort ?... Dès le début de la guerre, comme des milliers de Français, je l'ai acceptée. Depuis, je l'ai vue de près bien des fois... Elle ne me fait pas peur.

Il y a quelques jours encore, en me prenant, elle eût fait un vide ici, dans le camp de la résistance.

Maintenant, j'ai rempli ma mission, ou plutôt je l'aurai remplie jusqu'au bout quand j'aurai empêché nos ennemis de nous déshonorer.

Mon devoir est tout tracé. Les Boches verront qu'un Français aussi est capable de se saborder...

Je sais que le seul être humain qui pourrait encore me demander des comptes, ma mère, qui m'a donné la vie, me pardonnera lorsqu'elle saura que j'ai fait cela pour que des soldats français ne puissent pas être traités de criminels et pour qu'elle n'ait pas, elle, à rougir de son fils.

J'ai déjà compris le parti que je pourrai tirer de ces débris de verre qui jonchent le sol. Je pense qu'ils peuvent trancher une gorge à défaut d'un couteau.

Quand la résolution est prise, il est simple d'exécuter les gestes nécessaires à l'accomplissement de ce que l'on croit être son devoir.

....

Le Sénégalais dort profondément, sans se douter du drame qui se joue à moins d'un mètre de lui, et un peu pour lui.

....

Cinq heures sonnent à une horloge. J'ai perdu beaucoup de sang. Il a coulé, lent et chaud, sur ma poitrine, pour aller se figer en gros caillots sur le matelas... Mais la vie n'a pas fui... Pourvu que tout soit fini quand ils reviendront, et qu'ils ne retrouvent plus à ma place qu'une chose inerte, qui ne peut signer !

Mais bientôt des serrures grincent, des pas approchent. Déjà !... Puisqu'il en est ainsi, c'est debout que je les recevrai.

La porte s'ouvre. Ce sont deux soldats, baïonnette au canon, qui nous annoncent en allemand que nous pouvons faire certaine opération matinale. Ils ne se sont aperçus de rien au premier abord. Puis, tout à coup, je les vois s'agiter, affolés de la vision qu'ils ont eue de cet homme aux passementeries brillantes, qui les regarde, debout, couvert de sang, un trou béant à la gorge...

Au cours de ce même 17 juin, dramatique pour la France et pour Jean Moulin, l'ami Manhès est en train de cacher du matériel de la base de Saint-Cyr, Pierre Cot et Gaston Cusin sont à Bordeaux, et Dolivet à Saint-Malo. Celui-ci entend son colonel dire : « C'est logique. Hitler est le plus fort. Dans dix jours, il sera à Londres. C'est lui qui, ensuite, organisera l'Europe. » Il développera quatre ans plus tard ses souvenirs de Saint-Malo dans une conférence[1] qu'il fera à Palmer House, le 2 mai 1944 :

> Il y a des dates, dans la vie, qu'on n'oublie jamais. Elles reviennent à la mémoire à certains moments ; elles reprennent force dans la réalité quotidienne. Il y a ainsi une date que je n'oublierai jamais et qui est écrite en grosses lettres noires dans mon cœur et dans ma tête : le 17 juin 1940.
>
> Nous étions arrivés à 5 heures du matin avec une formation de l'armée de l'air au bord de la mer, en Bretagne. Nous savions que la guerre allait mal pour nous, mais nous étions convaincus que nous irions en Angleterre ou en Afrique du Nord pour continuer le combat pour la liberté de la France et pour la liberté du monde. Aux environs de midi, quelques soldats étaient en train de camoufler nos installations avec des branches pour les rendre invisibles des avions ennemis. Je remarquais que, comme par accident — mais je ne pense pas que c'était un accident —, les soldats n'avaient pas camouflé un grand mur près de la tour de la mairie, sur lequel on pouvait lire : *« Liberté, Égalité, Fraternité »*, les trois grands principes qui, je pense, avaient fait la grandeur de la France et qui sont devenus le but commun de l'humanité.
>
> Puis, dans l'après-midi, nous écoutions la radio et entendîmes le vieil homme annoncer qu'il était obligé de demander l'armistice et qu'il était en négociation avec les Allemands pour l'obtenir.
>
> Je me souviens d'avoir regardé le visage de mes camarades dont certains avaient déjà fait la première guerre, qui étaient, comme nous disions dans notre langage militaire, *hard-boiled*, à la limite des forces humaines, mais qui n'hésitaient jamais devant le danger. J'ai vu des larmes dans leurs yeux ; j'ai vu des visages blancs ; mais je jure que je n'en ai pas vu un seul approuver le discours du Maréchal.
>
> J'ai senti à ce moment, malgré la grande confusion qui régnait, que, dans leur profond silence et dans leurs larmes, il y avait du désespoir et la prise de conscience de la signification du mot *ennemi*...

---

1. Conférence organisée par le Chicago Council on Foreign Relations.

Le mardi 18 juin, les troupes allemandes continuent à progresser et de Gaulle lance à la BBC son fameux appel à résister et à le rejoindre.

Le 22, Pétain accepte les conditions humiliantes posées par Hitler. L'armistice devient effectif le 25 juin à 0 h 35.

Pendant les tragiques semaines qui ont précédé cette humiliation, un homme a tout concocté dans l'ombre du vieux Maréchal : le cagoulard Alibert. C'est lui qui a mené les négociations secrètes avec Hitler[1]. Lui qui a été le principal artisan de l'accession du Maréchal au pouvoir.

Il n'empêche que cette humiliation est plutôt dure à avaler pour les « nationaux » qui avaient inscrit la défense de la patrie en tête de leurs commandements. La plupart n'en nourrissent que plus de haine envers les politiciens d'hier et la République, et sont tout heureux de voir désormais leur protégé à la tête du pays.

Pendant que Jean Moulin se soigne à l'hôpital, Antoinette Sachs se faufile sur les routes et arrive à Bordeaux le mardi 18 juin à 8 heures du matin. Elle se rend à la préfecture où l'on brûle des tonnes de papiers. Elle cherche des amis de Moulin. Elle rencontre probablement Gaston Cusin qui, sans aucun mandat, hormis celui de l'amitié, représente la République, l'espace de quelques heures. Le préfet, qu'il a bien connu quand il faisait son « trafic espagnol », n'a pas fermé l'œil depuis plusieurs jours et lui a demandé d'occuper son poste, le temps de se reposer... Antoinette passe la nuit à Bordeaux, retourne voir à la préfecture pour préparer son départ à bord du paquebot *Massilia*, voit l'amiral Dumesnil qui est installé dans une école de filles. Munie de tous les papiers et documents de Moulin et Cot, elle embarque sur le *Massilia*[2] au Verdon. Elle y rencontre Mendès France, remarque Alexandre Wiltzer et son fox blanc,

1. Documents Jean Rist du procès du CSAR aux assises de Paris.

2. A l'origine, le *Massilia* devait emmener une partie du gouvernement à Alger, pour garantir la libre discussion des conditions d'armistice. Par d'habiles manœuvres, les 27 députés (parmi lesquels Daladier, Mandel et Gabriel Delattre, l'ami de Cot et Moulin) furent considérés comme des « fuyards ».

le général Michel, sa sœur, Suzanne Kohn, qui est la compagne d'une vieille connaissance, le fameux colonel Groussard, Mme Crémieux (la femme du sénateur décédé), sa fille Suzanne qui pleure dans le hall d'embarquement. Le bateau lève l'ancre le vendredi 21 juin à midi. Trois jours de mer, arrivée à Casablanca. Antoinette ne descend pas à terre, car le commandant le lui a déconseillé. Elle continue sur Alger et réussit à forcer la porte du général Noguès pour être rapatriée sur-le-champ, car elle est persuadée qu'il lui arrivera du mal si elle reste à Alger, malgré ou à cause de la présence de sa sœur qui a été accueillie par des hommes du colonel Groussard. En attendant un hypothétique bateau, elle loge à l'hôtel Excelsior, déjeune avec Max Hymans, un ami de Moulin, dîne avec du Plessis. Elle rembarque le dimanche 30 juin pour Marseille, toujours avec ses valises et malles remplies de documents. Je ne sais ce qu'Antoinette fait de ces papiers compromettants en arrivant. Mais une partie sera finalement récupérée par Laure Moulin, une autre probablement cachée à Marseille où Antoinette et Laure trieront et brûleront le reste entre la fin novembre et le début décembre de cette année-là...

Le jour où Antoinette partait pour Casablanca, Pierre Cot embarquait lui aussi à Bordeaux sur le *SS Madura* à destination de Londres. Il sait qu'il n'a rien à attendre de bon de Pétain et de ses amis cagoulards qu'il a combattus avec la dernière énergie, et encore moins des Allemands, lui que Hitler a désigné depuis 1933 comme un de ses adversaires les plus acharnés. Il propose alors ses services au général de Gaulle[1] : « M. Pierre Cot, bouleversé par les événements, m'adjurait de l'utiliser à n'importe quelle tâche, "même à balayer l'escalier". Mais il est trop voyant pour que cela fût désirable », a raconté plus tard le Général[2] qui a eu peur de la réaction des militaires qui l'avaient rejoint et qui étaient pour l'essentiel aussi anti-Front populaire

1. Pierre Cot est le premier parlementaire à rejoindre la France libre. Jusqu'à la fin de 1942, ils ne seront que trois. Après Cot, Pierre-Olivier Lapie, et Paul Autier viendront à leur tour offrir leur service au général de Gaulle.

2. *Mémoires de guerre*, tome 1, *L'Appel*, Plon, Paris, 1954.

qu'antiparlementaires. « Mes aviateurs me quitteraient tous », explique alors de Gaulle.

L'avocat Weil-Curiel a raconté ce triste épisode :

> Pierre Cot, par sa seule présence, posait un problème. [...] Aux yeux de la majorité des Français, il passait pour le naufrageur de l'aviation française, l'homme qui avait pillé nos stocks en faveur des Rouges espagnols et qui avait vendu nos secrets de fabrication aux Soviets [...]. Dès son arrivée à Londres, il avait offert ses services au général de Gaulle. Ce dernier ne l'avait pas éconduit, mais il ne lui avait donné aucun emploi et le tenait à l'écart. Pierre Cot avait proposé de partir comme pilote, mais il avait quarante-trois ans, il était myope, et les rares avions disponibles étaient réservés à des aviateurs plus jeunes et mieux entraînés.
>
> Il vivait dans une modeste pension de South Kensington, à moins de dix shillings par jour, car il ne savait pas ce que lui réservait le lendemain ; et, se rendant compte, non sans amertume, combien sa présence était compromettante pour le général de Gaulle, il songeait à partir pour les États-Unis afin d'éclairer le peuple américain sur les événements d'Europe et sur le devoir qui s'imposait à lui de venir, par les armes, au secours de la civilisation menacée.
>
> Je le voyais parfois et jamais ma sympathie pour lui ne fut plus grande qu'en ces heures de détresse où même le droit de se battre à son rang lui était marchandé.
>
> Il m'accompagnait parfois jusqu'aux bureaux de St. Stephens House où le général de Gaulle s'était installé. Cependant que je faisais de rapides visites aux personnes que j'y allais voir, il restait accoudé au parapet du quai, le long de la Tamise, regardant mélancoliquement l'immeuble où s'était réfugiée la France en exil et où, à lui seul, il était interdit de pénétrer[1].

Humilié, désœuvré, Pierre Cot va rester à Londres jusqu'à la fin août, date à laquelle il partira pour les États-Unis.

A-t-il rencontré André Labarthe pendant son séjour londonien ? Probablement, mais rien ne vient étayer cette éventualité. Lui aussi est parti immédiatement pour Londres après l'arrivée des Allemands. Début 1940, le gouvernement Daladier l'avait

---

1. *In Le Temps de la honte* – I. *Le soleil se lève à Londres*, Éditions du Myrte, Paris, 1945.

nommé directeur de l'Office de recherches et inventions, avec les laboratoires du CNRS de Bellevue sous sa coupe. Il avait été invité par le gouvernement de Bordeaux à être l'un des plénipotentiaires à Compiègne... Avec l'avancée allemande, il est traqué comme tous les responsables du Front populaire et les communistes. Il s'échappe à bord d'un petit bateau transportant une cargaison de cuivre. À Londres, il se présente à de Gaulle en qui il voit « le seul emblème de la résistance à l'hitlérisme ». Ce « technicien des idées générales » amuse de Gaulle qui voit l'usage qu'il peut faire de cet homme brillant, éloquent, capable d'attirer d'autres ingénieurs et scientifiques pour créer en Grande-Bretagne un secteur de fabrications et des laboratoires français dont il deviendrait le directeur. Un engouement qui ne durera pas, car « il est aussitôt décrié par les notables scientifiques repliés à Londres, dont le commandant Barangé, professeur à Polytechnique, qui ont répandu qu'il n'était ni un savant, ni un administrateur[1] ».

Dès le début juillet, un représentant du GRU contacte Labarthe et son assistante Martha Lecoutre pour leur demander de reprendre le travail qu'ils accomplissaient depuis cinq ans. Labarthe accepte immédiatement et expose à son nouvel officier traitant les « vues très à droite » du général de Gaulle. Il est en mesure de donner une description complète de ce que représente militairement la « France libre » : 5 000 soldats, 300 pilotes, quelques avions et les bateaux qui mouillent dans les ports anglais[2]. L'auteur du télégramme envoyé à Moscou rappelle que Martha Lecoutre était membre du PC allemand et que Labarthe lui-même, s'il n'était pas membre du PCF, faisait néanmoins du « renseignement politique » pour Moscou et avait été en Espagne.

Le vendredi 12 juillet, quatre jours après que Moscou eut appris qu'il reprenait son travail pour le « petit père des peuples », Labarthe rencontre à Adelphia, non loin de Londres, le ministre anglais qui va devenir son correspondant pour ce qui

1. *In La France libre* de Jean-Louis Crémieux-Brilhac, Gallimard, Paris, 1996.

2. Télégramme « Venona » entre Londres et Moscou. Pour décrire l'activité conspirative d'André Labarthe, nous utilisons la collection de télégrammes « Venona » consultés au PRO de Londres.

a trait aux fonctions qu'il occupe auprès du général de Gaulle, ainsi que le docteur Grough, directeur de la recherche scientifique britannique. Labarthe exprime le souhait de voir les 3 à 400 ingénieurs et techniciens dont il est responsable pour le compte du général de Gaulle servir les Anglais. « De Gaulle, explique-t-il, préfère peu de gens qualifiés à plein de gens peu qualifiés. » Il va jusqu'à proposer une façon de les utiliser pour saboter l'industrie française. D'où ce plan en trois points :

— Réveiller l'opinion publique en Angleterre ;
— Se servir des parachutistes ;
— Faire de la propagande parmi les ouvriers français[1].

On voit que Labarthe outrepasse largement ses fonctions de directeur de l'armement pour faire de la politique...

Quelques jours plus tard, Martha Lecoutre rencontre leur officier traitant soviétique à au moins deux reprises. Il est convenu que les contacts ne se feront que par son entremise. « Politiquement, elle est plus forte que Jérôme et l'influence », écrit l'officier[2]. Martha explique qu'André — appelé « Jérôme » par les agents du GRU — consolide sa position à l'intérieur du groupe français et auprès du gouvernement anglais. « Il reste aux côtés du général de Gaulle tant que Moscou le souhaite, mais il est prêt à aller ailleurs », confie l'ancienne maîtresse de Louis Dolivet, ajoutant qu'autour de Labarthe et de son mari il y a un groupe de Français qui sont d'accord « pour négocier contre le fascisme ». Labarthe essaie de faire nommer à la tête des forces aériennes de la France libre un de ses amis qui n'est autre que l'amiral Muselier. Malgré son engagement envers le Centre, il est surpris de la nature des exigences formulées par Moscou, car il n'a travaillé jusque-là que dans le renseignement politique. L'officier traitant lui demande en effet à présent des plans d'avions, de moteurs, des renseignements d'ordre militaire... Pour abriter toute son activité clandestine et justifier des questions qui débordent son champ d'activités officiel, Labarthe a décidé de se lancer dans la rédaction d'un livre. Ce livre verra

1. PRO.FO/371/2439.
2. Venona du 17 juillet 1940.

effectivement le jour en 1944 sous le titre *L'Année cruciale*, publié à Londres chez Hamish Hamilton. Le 16 juillet, Martha fournit du « matériel » à l'officier traitant, notamment sur une invention destinée à améliorer l'efficacité des bombardements. Labarthe en a volé les documents au ministère de l'Air. Désormais, Labarthe et Martha seront payés pour leur travail d'espionnage.

Une semaine plus tard[1], l'officier traitant annonce au Centre que Martha va leur fournir une copie du « statut du général de Gaulle » à Londres tel qu'il résulte de sa négociation avec Churchill. Elle expose également le « plan irréaliste » d'André Labarthe dont celui-ci a fait part au ministre anglais quelques jours auparavant. Il veut

— pousser le général de Gaulle vers la gauche ;
— organiser le sabotage industriel en France ;
— monter un journal antifasciste.

Ce plan révèle d'une certaine façon la naïveté de Labarthe qui espère que Moscou pourra l'aider à mener une action politique antifasciste alors qu'il n'est qu'un modeste pion dans la stratégie de Staline. Avec diplomatie, l'officier traitant lui explique que la « seule façon d'aider la France est de nous aider en nous renseignant ». Martha et André avalent la pilule et s'offrent même à faire du recrutement pour Moscou.

Ainsi, André Labarthe est le premier de l'ancienne « bande à Pierre Cot » à jouer un rôle important dans ce qui deviendra la Résistance, mais en servant deux maîtres : le Général et Staline, lequel est encore l'allié de Hitler.

Une « bande » qui vient d'éclater avec le départ de Pierre Cot pour l'étranger.

Robert Chambeiron, lui, a quitté Bordeaux le 16 juin pour Périgueux, puis son groupement aérien a reçu l'ordre de faire mouvement vers la Tunisie et, après quelques pérégrinations, s'est retrouvé au Maroc, fin juillet, avec Gaston Palewski. Un Gaston Palewski très affligé par l'attitude de son « patron » Paul Reynaud qui n'a pas eu le caractère suffisamment affermi pour résister aux défaitistes et leur a offert sa démission au lieu d'em-

1. Venona du 24 juillet 1940.

mener le gouvernement en Afrique du Nord pour y organiser la résistance. Triste, aussi, de n'avoir pas réussi à joindre de Gaulle avant son départ pour Londres. Il n'avait trouvé que Jean Laurent, son directeur de cabinet, qui lui avait dit :

— De Gaulle est à Londres. Il essaie de trouver des bateaux pour aller en Afrique du Nord[1].

Dans sa précipitation, de Gaulle avait d'ailleurs emporté avec lui la clé du studio de Jean Laurent...

Palewski essaie d'abord de mobiliser toutes les énergies pour résister derrière de Gaulle. Il voit Peyrouton, gouverneur de Tunisie, puis le général Noguès, commandant en chef de l'Afrique du Nord française, qui lui dit qu'il ne peut maintenir celle-ci dans la guerre dans la mesure où Darlan lui a refusé ses bateaux. Puis il rejoint Meknès avec le 9e groupement de bombardement. Il rencontre Mandel[2], qui est en résidence surveillée, et essaie de le convaincre — sans succès — de venir avec lui rejoindre le Général à Londres. Palewski discute également avec un autre combattant antifasciste, Robert Chambeiron, ancien du cabinet Cot. Il le convainc dans un premier temps de le suivre à Londres, mais l'autre se ravise ; il veut auparavant prendre l'avis de ses amis Jean Moulin et Pierre Meunier, restés en France. Chambeiron est démobilisé à Marseille en septembre. Il y apprend que la Gestapo a perquisitionné le domicile de Pierre Cot. Il remonte finalement sur Paris où il retrouve Meunier. Celui-ci lui donne des nouvelles de Moulin qu'il a rencontré quelques jours plus tôt à Chartres...

Imperturbable, Gaston Cusin, quant à lui, a continué la guerre qu'il a commencée il y a si longtemps. Après avoir organisé les liaisons interministérielles à Bordeaux — ce qui n'était pas évident, les ministères s'étant installés aux quatre coins de la ville dans des hôtels, des écoles, etc. —, il a repris ce qu'il estimait être « sa mission », celle que lui avait confiée Paul Reynaud

---

1. *In Mémoires d'action, op. cit.*

2. Georges Mandel, en débarquant du *Massilia*, à Casablanca, le 24 juin, a cherché à diffuser une proclamation : « En accord avec les alliés britanniques, et dans cette heure de détresse nationale, j'ai pris le pouvoir. L'armée coloniale et la flotte française poursuivront la guerre à mes côtés, jusqu'à la victoire. » L'agence Havas a refusé de transmettre...

et Gaston Palewski, et qui demeurait valable, y compris après que Reynaud eut démissionné. « Je n'ai jamais considéré que c'était fini. Je pensais que j'avais reçu la mission de saboter l'économie allemande, puis de planquer les résistants potentiels et le matériel. Je continuais la guerre... Mon rôle au Blocus avait été celui d'un déménageur avant l'incendie[1]. » Il participe à l'évacuation d'avions basés à Mérignac ; favorise l'embarquement de l'or de la Banque de France vers la Martinique et la Guinée ; s'occupe avec les Britanniques de la destruction de raffineries, du transfert en Angleterre des stocks français d'eau lourde, de l'évacuation de chevaux qui auraient pu être utilisés par les Allemands... Pour cela, il utilise ses anciens réseaux, rodés pendant la guerre d'Espagne, et notamment « ses » douaniers. Gaston Cusin se met sans états d'âme au service — apparent — du premier gouvernement Pétain en poursuivant son travail pour le compte d'un nouveau ministre. « J'étais un traître », dit-il en souriant, bien des années plus tard. Cusin va pouvoir continuer ses « coups » jusqu'à l'installation du gouvernement à Vichy.

Quant à Jean Moulin, la gorge cachée par une écharpe ou un foulard, il administre son département et se demande comment et quand il va pouvoir se remettre au service de la France. La vraie France, la France debout. Pas celle de Vichy...

1. Tout ce passage est écrit à partir des interviews de Gaston Cusin, déjà citées.

15

Les nationaux dans la guerre

Accompagné de son fidèle « Pierrot » Mussetta, Pierre de Bénouville a fait la « drôle de guerre » à Orléans, puis est monté en Alsace sur la ligne de front, dans la VIIIe armée. Après le 10 mai, il se bat avec l'énergie du désespoir alors que les signes de la défaite s'accumulent. Dans le petit village de Faize, les Allemands déambulent déjà en vainqueurs. Ils sont trois derrière un rideau de verdure, autour d'une mitrailleuse ; Bénouville est le tireur, Pierrot, le chargeur. « Je me penche sur ma pièce, je l'arme, je vise le groupe le plus compact, et puis, soudain, j'ouvre le feu. Entre mes jambes, la mitrailleuse trépidante frémit comme une bête. Nous voyons le sol se joncher de cadavres. Dans toute sa longueur, je balaie maintenant la rue de Faize que je tiens sous mon feu... » Ouvrier traceur en chaudronnerie, Pierrot a fait cinq ans de Légion étrangère. C'est un « dur » dont les idées sont proches de celles de l'ancien Camelot du roi. Avec deux autres camarades, ils s'échappent... Bénouville échoue à Nice d'où il part en quête de ses anciennes relations.

Ses amis cagoulards sont en grand nombre à Vichy, autour du Maréchal, noyautant, infiltrant, tirant des plans sur la comète. Alibert, devenu ministre de la Justice, a donné le coup de grâce à la IIIe République en faisant adopter par les deux Chambres, les 9 et 10 juillet, un texte conférant tous pouvoirs au maréchal Pétain en vue de doter la France d'une nouvelle Constitution qui devra garantir « les droits du travail, de la famille et de la patrie ». Quatre-vingts parlementaires seulement ont eu le courage de s'opposer à la création de l'« État français ». Même Édouard Herriot, le vieux leader radical, qui a jusque-là défendu sans faillir les valeurs républicaines, s'est abstenu après avoir pris la parole, le matin, pour louer le Maréchal : « Autour de Monsieur le Maréchal Pétain, dans la vénération que son nom inspire à tous, notre nation s'est groupée en sa détresse. Prenons garde de ne pas troubler l'accord qui s'est établi sous son autorité. » La Révolution nationale que la Cagoule attendait est lancée ; elle sera en grande partie l'œuvre de ses anciens membres.

« Je t'écris aujourd'hui plein de joie dans ma douleur, écrit de Vichy, le 10 juillet, Eugène Deloncle à sa femme. La République n'est plus. J'ai vu aujourd'hui ses pantins se suicider. J'ai assisté à leur agonie, moi qu'ils avaient persécuté. Mon rêve est à demi réalisé, celui pour lequel toi et moi nous avons tant souffert. Si tu avais vu leurs faces grimaçantes de peur et suant l'infamie, quelle n'eût pas été ta joie ! Je ne puis te dire mon rôle dans l'affaire, tu dois le comprendre à demi-mot. Il ne fut pas nul, je te le dis ; l'avenir dira si j'ai eu raison. » De fait, les cagoulards sont nombreux autour du Maréchal. Outre Deloncle, qui affirme avoir joué un rôle qui ne *« fut pas nul »* dans la chute de la République, il y a l'exubérant, le violent et mégalomane Alibert, l'homme-orchestre du changement institutionnel ; Lemery, ministre des Colonies et ancien patron de Bénouville ; le commandant Bonhomme, toujours dans l'ombre de l'octogénaire Maréchal, et le docteur Ménétrel qui va devenir son plus proche collaborateur. Bien d'autres ne vont pas tarder à s'agglutiner autour du chef de l'État français...

Le jour du vote fatal de l'Assemblée, trois hommes devisaient en riant sur les marches du Casino, à quelques mètres de l'endroit où les parlementaires se faisaient hara-kiri : Deloncle, Méténier et le colonel Groussard, tous trois de vieilles connaissances de Bénouville. La photo qui immortalise cet instant montre mieux que tout discours que, ce jour-là, l'entente était parfaite entre eux trois. Leurs objectifs n'ont pas changé depuis 1936, mais une partie est déjà en voie de réalisation.

Afin que la nation recouvre sa santé physique et morale, les premières réformes sont lancées dès juillet : répression de l'alcoolisme, organisation des camps de jeunesse, promotion des sports, compagnonnage, revalorisation du rôle du père de famille, législation restrictive sur le divorce et révision des naturalisations. Alibert est aussi à l'origine du dispostif législatif qui, du 22 juillet au 3 octobre 1940, va aboutir à la promulgation du statut des Juifs, avant même que l'occupant en ait fait la demande. Ce statut donne une définition raciale du Juif, exclut les Juifs de certains emplois publics. Il est immédiatement suivi d'une loi sur les ressortissants juifs étrangers, qui donne aux préfets le droit de les interner ou de les assigner à résidence. C'est le même Alibert qui fait déchoir de Gaulle de la nationalité française.

Dans le courant de ce mois d'août, le colonel Groussard, le capitaine d'artillerie Méténier, le caporal Jeantet et Eugène Deloncle cherchent à protéger ce qui s'accomplit sous leurs yeux et avec leur aide : la Révolution nationale. Ils approuvent l'idée de Deloncle de créer des « groupes de protection ». Méténier et lui convainquent Groussard de mettre en œuvre ce projet. Deloncle a en réalité un projet global de contrôle de l'appareil d'État et entend bien mener une action en zone occupée avec ceux qui partagent grosso modo ses idées, ceux qui sont déjà engagés dans la collaboration : l'ex-communiste Doriot et Déat, ancien ministre de l'Air.

Durant tout ce mois d'août, les conciliabules succèdent aux réunions secrètes, à Paris comme à Vichy, entre les anciens chefs de la Cagoule, sur la façon de prendre en main la Révolution nationale. À Paris, on revoit ensemble Deloncle, Lavigne-Delville, Harispe, Corrèze, Jeantet, Dusseigneur, Eugène Schueller (créateur de Monsavon et de ce qui deviendra l'empire L'Oréal) et l'ancien patron de la « 17e équipe », Filliol. À Vichy, Groussard, Méténier, Jeantet et le docteur Martin... Entre août et novembre 1940, Deloncle crée ou fait créer quatre organisations cagoulardes qui ont pour objectif de contrôler, tant en zone occupée qu'en zone libre, la population mais aussi l'appareil d'État, afin d'imposer la Révolution nationale : le MSR en zone occupée, le CIE, la Légion des combattants et l'Amicale de France en zone libre. Ce projet néo-cagoulard de mainmise sur la France ne fonctionnera pas comme l'a imaginé Deloncle, à cause de l'existence même des deux zones, des conceptions politiques divergentes et des profondes rivalités entre chefs. Du fait même du poids des institutions allemandes, toutes les organisations de zone occupée deviendront collaborationnistes, alors que celles de zone libre pourront, pendant deux ans encore, développer une relative logique nationale...

Le MSR : « Aime et sers »

Dès le 20 mars 1939, Deloncle avait créé le « Mouvement du Faisceau d'action nationale populaire ». Le 13 avril suivant, il enlève du sigle le mot « Faisceau », devenu probablement trop sulfureux, et, le 15 septembre 1940, la guerre commencée, après de nombreuses discussions rassemblant autour de lui les cagoulards Harispe, Corrèze, Jeantet et Filliol, la dénomination devient Mouvement social-révolutionnaire.

Le MSR « reprend le vieux programme traditionnel de néo-nationalisme xénophobe, d'antisémitisme systématique, de conservatisme intellectuel, social et économique, de lutte anti-républicaine et antimarxiste », pour reprendre les termes d'un rapport de la PJ d'après la guerre. Son caractère antisémite et antidémocratique apparaît dans le fait que ses adhérents doivent justifier de leur ascendance « française » sous peine formelle d'exclusion, et s'engager à n'appartenir à aucune société secrète. Le programme du MSR est très exactement celui que Deloncle développait en 1936. Pour « Marie » (pseudo de ce dernier), il ne fait aucun doute — comme on a déjà pu le constater dans une de ses lettres à sa femme — que le maréchal Pétain, en lançant la Révolution nationale, n'a fait que reprendre les thèses de la Cagoule, et qu'il appartient au MSR de créer le climat nécessaire à cette révolution. À la tête comme à la base, les anciens cagoulards encadrent le mouvement. Au sein du comité exécutif, on retrouve Gabriel Jeantet (qui fait néanmoins annoncer très vite qu'il ne participe en aucune façon à l'activité du MSR), le général Lavigne-Delville, André Tenaille. Deloncle est bientôt entouré, comme au bon vieux temps, de Corrèze, Filliol, Fauran, Harispe et quelques autres...

Le 4 septembre, le comité exécutif du MSR exprime au maréchal Pétain sa confiance et affirme que la défaite du pays a été la conséquence de l'impéritie, de l'ignorance, de la jactance et de la lâcheté des hommes qui l'avaient auparavant dirigé ; il demande le châtiment des responsables, la création d'un État fort, le refoulement d'un matérialisme écœurant. Les cosignataires annoncent enfin leur entrée dans la lice politique à Paris. Comme au temps de la Cagoule, Deloncle commence à organiser des groupes armés. Il entend se servir à cette fin des armements cachés à la frontière franco-espagnole. Il trouve des bailleurs de fonds, notamment Laederich, industriel à Épinal, et Eugène Schueller.

Le CIE (Centre d'informations et d'études)[1]

Avec la bénédiction de Deloncle, le colonel Groussard va d'abord voir les deux cagoulards Alibert et Lemery pour leur « vendre » son projet de super-police politique. C'est d'autant plus facile que les nouveaux gouvernants ont très peur d'une agitation extrémiste, en particulier communiste. Des bruits courent selon lesquels le PCF masse ses sections d'assaut secrètes dans le Massif central... Vichy n'a guère confiance dans la police qui, de surcroît, n'est ni nombreuse ni bien équipée. L'armée d'armistice a prouvé ses limites. Quant à la gendarmerie et à la Garde mobile, elles sont désorganisées.

Le CIE est divisé en deux branches : une civile, chargée du renseignement, l'autre militaire, les « GP » (groupes de protection), en uniforme (pantalon bleu foncé, veste de cuir et casque de tankiste). La direction de cet ensemble est entièrement cagoularde, puisque Groussard prend pour adjoint le commandant Labat qui, en même temps qu'il exerçait les fonctions de chef du Deuxième Bureau à Toulon, était chef de la Cagoule militaire pour la région de Marseille où il s'était distingué dans la surveillance des loges maçonniques de la ville. Le docteur Martin est chargé de l'organisation, du recrutement et du renseignement. Quant à François Méténier, il devient chef opérationnel des GP. Pour assurer la recrutement, ces quatre cagoulards vont à leur tour puiser par priorité dans les réserves cagoulardes et, dans une moindre mesure, dans celles des anciens partis nationaux. « Trois qualités essentielles devaient être recherchées : cran, aptitude

1. Les informations sur le CIE et sur l'activité du docteur Martin pendant les années 1940-1942 émanent pour l'essentiel des dossiers du versement *21217913*, tout particulièrement des cartons 13.47 et surtout 53 des Archives de Paris.

physique, et bien entendu patriotisme. Où pouvais-je le mieux trouver ces qualités réunies que chez les personnes qui avaient appartenu — et, plus : qui *avaient milité dans les partis dits nationaux* d'avant-guerre ? » témoigne le colonel Groussard[1].

Профиль Méténier recrute les frères Camaret. Fin juillet 1940, Michel de Camaret a retrouvé ses amis de toujours, Renouvin et Bénouville, et a discuté avec eux de leurs positions politiques. Il va ensuite à Vichy avec son frère Alain de Camaret (celui qui deviendra Nizan, le collaborateur de Bénouville). Les deux frères rencontrent Méténier et Groussard et, après avoir parlé à Bénouville, acceptent de rentrer au CIE « aussi longtemps que nous n'aurons pas réussi à mettre sur pied notre organisation de départ », écrira Michel de Camaret, le 4 mars 1947, dans une lettre au juge d'instruction. Michel de Camaret devient le garde du corps et principal collaborateur de Méténier, patron des GP.

D'autres noms cagoulards bien connus se retrouvent ainsi dans l'organigramme du Centre : Jacques Duge de Bernonville devient chef des GP de Lyon ; Degans, chef des GP de Montpellier ; Darnand est à la fois chef du CIE pour le Sud-Est et installe son commandement à Marseille. Cette super-police politique poursuit également des objectifs très cagoulards. Les instructions rédigées par Groussard et ses amis ne laissent planer aucune ambiguïté sur les buts du CIE :

> La mission générale du CIE est d'assurer la paix du pays en surveillant et en réprimant les menées antinationales : 1) des extrémistes internationalistes ; 2) des autonomistes et agents de l'étranger ; 3) des opposants au nouveau régime et des individus ayant appartenu aux sociétés secrètes dissoutes.
>
> De plus, il faudra, par une propagande de tous les instants, lutter contre la diffusion des idées de ces trois catégories d'ennemis.
>
> Le principe est que tout agent du CIE fait du renseignement, y compris les membres des groupes de protection qui doivent être instruits à cet effet par le chef du réseau régional. Les membres des groupes de protection doivent gagner la confiance des patriotes, provoquer et recueillir leurs avertissements au sujet des

1. *In Chemins secrets, op. cit.*

menées antinationales avec assez de doigté pour ne pas faire figure de mouchards.

À partir du 20 octobre, les orientations de la recherche de renseignements au sein du CIE ont été les suivantes :

1) Sur l'activité du Parti communiste : les anciens chefs ou les anciens militants du parti, les anciens parlementaires ou élus ont-ils repris leur activité, et où ? Quels sont les mots d'ordre, consignes, arguments, slogans ?

2) Sur l'opposition politique : préalablement à toute enquête sur un foyer d'opposition politique déterminé, les chefs de réseau de renseignement devront procéder au relevé exact, dans chacun des arrondissements de leur région, des personnalités politiques en exercice ou susceptibles de représenter une activité : actuels ou anciens sénateurs, députés, conseillers généraux, conseillers d'arrondissement, maires. Ils établiront sur chacun des notes courtes et précises résumant à quel parti politique ils ont appartenu, et leurs attaches politiques marquantes.

3) Sur les initiatives maçonniques : le fait d'avoir appartenu à la franc-maçonnerie, s'il n'a pas été déclaré, est un délit pouvant, pour un fonctionnaire, entraîner des conséquences graves. En conséquence, chaque chef de réseau régional de renseignement devra recruter des indicateurs parmi les ex-membres des sociétés secrètes dissoutes, dans la mesure du possible rechercher les annuaires des loges, listes et publications maçonniques qui permettent seuls d'établir sûrement l'affiliation maçonnique d'un individu. À défaut, recueillir et regrouper des témoignages de « frères » qui se sont trouvés en loges avec eux.

Il est intéressant de noter pour la suite de notre histoire que dans le SR du docteur Martin, à l'intérieur du CIE, il y avait une section anticommuniste dirigée par Charles Detmar, un ancien du PPF. Detmar animait au PPF un bureau de documentation chargé de détecter les formations clandestines de la section française du Komintern.

Pour être complet sur la tentative de mainmise des anciens cagoulards sur l'appareil d'État, il faut également mentionner la création de deux autres organismes : d'une part, la **Légion française des combattants**, dirigée par Xavier Vallat et contrôlée par Groussard (au bureau de direction de cette Légion est installé le colonel Heurteaux, ancien du grand conseil de la Cagoule, ami du colonel Groussard, et Loustaunau-Lacau, autre ami du colonel, comme délégué général à la propagande), et, d'autre part, l'**Amicale de France**, dirigée par Gabriel Jeantet, qui est un centre de propagande de la Révolution nationale.

L'édifice monté par Deloncle ne va pas résister aux ambitions personnelles et aux ambiguïtés idéologiques des anciens cagoulards, accentuées au surplus par leur positionnement géographique : ceux de Paris vont, pour beaucoup, basculer sans aucune équivoque dans la collaboration ultramilitante.

Dans *Chemins secrets*, le colonel Groussard affirme que, dès la conception de cette police, il y avait, derrière sa mission officielle de maintien de l'ordre intérieur, un autre objectif : « Je ne leur cachai pas, tout en prenant garde de ne pas m'avancer davantage, que je ne pouvais songer à prendre la responsabilité de cette force que si j'avais l'assurance de n'avoir aucun contact direct ou indirect avec les Allemands. Mes deux interlocuteurs [Alibert et Lemery] furent compréhensifs, et, dès ce temps-là, je fus à même d'avoir la certitude qu'ils entendaient agir uniquement dans l'intérêt national, c'est-à-dire en ne perdant pas de vue que le véritable but était avant tout de chasser le plus tôt possible et par tous les moyens l'ennemi qui campait sur notre sol. » Les annotations du docteur Martin en marge du livre de Groussard laissent planer des doutes certains sur l'esprit de résistance qui était censé habiter les trois cagoulards en ce mois d'août 1940. Groussard en fut probablement animé, mais un peu plus tard. Au cœur de l'été 40, il a en réalité fait la chasse aux gaullistes et, pour se justifier après la guerre, il a déclaré : « Il a pu arriver aussi que je signe des demandes d'enquêtes sur des gaullistes. Dans ce cas, je dois dire que j'avais été prévenu par de vrais gaullistes de ce qu'un certain nombre de Français faisaient du gaullisme une affaire, et mes soupçons étaient éveillés pour une raison ou une autre ; je pensais alors à dépister ces faux gaullistes. » Les archives du CIE démentent ces propos[1] : on y trouve en effet de nombreuses traces de la bataille entre anciens cagoulards et résistants.

1. Archives de Paris. Dossier 212/79/3.

Le 15 octobre 1940, Groussard écrit au préfet de Marseille pour qu'il empêche d'appareiller le navire *Storm* qui transporte des volontaires gaullistes désireux de rejoindre l'Angleterre. Le CIE a élaboré une note sur « l'entourage juif du général de Gaulle », citant Boris, ex-chef du cabinet de Blum, Akoun, le lieutenant Weil, le lieutenant Rabinovitch. Groussard s'intéresse de fort près aux politiciens juifs : il demande à Joseph Darnand — le cagoulard de Nice — d'enquêter à Marseille sur Daniel Mayer « qui doit vouloir partir en Angleterre ». Darnand est alors le chef des GP à Marseille et le chef régional du CIE, avec pour adjoint le lieutenant de vaisseau Borghetti, engagé aux côtés de Méténier dans l'aide aux fascistes espagnols.

Les gens de la SFIO sont également dans le collimateur du CIE. Groussard dénonce Blum et Grumbach. Le 10 décembre, il écrit au garde des Sceaux pour demander l'inculpation de Salomon Grumbach pour trafic d'influence, et réclame une enquête à son sujet pour espionnage au profit de l'URSS.

Le général Cochet, camarade de promotion de Groussard, est venu le voir pour le sonder à l'automne de 1940. Groussard accepte alors la défaite : « Pour l'instant, il s'agit de s'entendre avec *eux*... », explique-t-il à Cochet, en attendant de reprendre des forces grâce à la Révolution nationale. Dans l'immédiat, il ne faut donc rien faire pour *les* énerver.

Le 24 octobre, Groussard écrit à Darnand de mener des recherches sur Cochet : « Organisez immédiatement une surveillance serrée sans que la police en ait connaissance. » L'instruction de Groussard du 5 décembre 1940 parle du « parti de Gaulle, parti de trahison ». Parle aussi de la propagande gaulliste, intense sur la Côte d'Azur : « Le mouvement Cochet est très anglophile. L'émigration est organisée avec l'appui, entre autres, des Républicains espagnols et du consulat des USA[1]. »

Fin 1940, Groussard effectue des briefings de mobilisation dans lesquels il déclare : « Il faut se serrer les coudes pour lutter contre le communisme » ; il effectue des démarches pour priver de sa chaire le professeur Pierre-Henri Teitgen, parce que celui-

---

1. Dossier d'instruction du procès de la Cagoule, cote 54, scellé n° 9.

ci a travaillé avec le ministre Spinasse et que ses cours ne sont pas dithyrambiques pour le régime de Vichy.

L'activité du CIE à Marseille est impressionnante si l'on en croit le nombre de scellés contenus dans le dossier d'instruction du procès de la Cagoule. L'organisation « Combat » est complètement repérée, dès sa création, comme un centre de propagande et de recrutement gaulliste. De nombreux agents de liaison, des lieux de rassemblement, des points d'embarquement, des lieux de passage pour l'Espagne sont signalés. Manifestement, l'Unitarian Service Committee de Noel Field est repéré : dans le même dossier, la cote 41 du scellé n° 23 est intitulée « Surveillance de quakers et de francs-maçons espagnols ».

Méténier, qui est à Vichy, n'en écrit pas moins, le 12 novembre 1940, à Knochen, patron du SD :

> 1) Chargé de l'organisation et de la direction en zone libre des Services de Protection dont le mécanisme sera expliqué dans la note ci-jointe, j'ai reçu la mission de prendre avec les autorités allemandes les contacts nécessaires pour être autorisé à établir des services analogues en zone occupée.
>
> 2) Les buts recherchés sont les suivants :
>
> a) par une liaison secrète mais réelle, assurer l'exploitation rapide des renseignements concernant la propagande gaulliste qu'il est de l'intérêt commun de l'Allemagne et de la France de réprimer avec la plus grande sévérité ;
>
> b) assurer l'autorité intérieure du gouvernement français ;
>
> c) en cas de répression politique nécessaire, éviter que celle-ci soit exercée par les autorités allemandes, mais uniquement par des éléments répressifs français ;
>
> d) par une propagande intelligente, arriver au rapprochement franco-allemand.
>
> 3) Pour que la collaboration que je demande soit efficace, elle doit être basée sur une confiance réciproque.
>
> Je prends la responsabilité des éléments recrutés pour les services français en zone occupée. J'affirme que les idées qui me guident et qu'appliqueront les services sont uniquement celles indiquées au paragraphe 2 de la présente lettre.
>
> Ayant depuis de nombreuses années affirmé mes idées politiques, j'ai été en 1937 emprisonné vingt-huit mois pour cela. Tout le personnel recruté par mes soins, persuadé que la France ne sera sauvée que par un gouvernement autoritaire national et

social, et par une collaboration loyale avec l'Allemagne, est prêt à lutter jusqu'au bout pour ses idées.

4) Il n'est pas possible, dans le cadre de cette lettre, de donner toutes les explications nécessaires sur ce qui précède. Il est, je crois, indispensable que je puisse être autorisé à les exprimer à Son Excellence M. Himmler.

5) Je tiens à insister sur le secret qu'il importe de garder sur cette négociation. Toute divulgation rendrait inopérante la propagande française que j'entends faire dans le sens du rapprochement franco-allemand qui est le but définitif que nous poursuivons.

6) J'insiste également sur l'urgence qu'il y a à mettre en place ce service, chaque semaine perdue accroissant les difficultés de la tâche.

7) Un contrôle permettant aux autorités allemandes de s'assurer que l'activité des services français en zone occupée est bien conforme à celle indiquée aux paragraphes précédents, est facile à établir.

8) La nécessité des Groupes de Protection est provoquée par la composition actuelle de la police française et plus généralement des administrations. Depuis un demi-siècle, les administrations françaises ont été essentiellement recrutées parmi les éléments maçonniques et judaïsants. Elles ne constituent pas, pour le gouvernement et la politique du maréchal Pétain, une armature sûre.

La besogne d'épuration qui s'impose est faite avec lenteur, parce qu'il n'existe pas encore de force de remplacement. Les Groupes de Protection, par leur composition, constitueront non seulement une force de répression et de surveillance, mais aussi un réservoir où le gouvernement pourra puiser des hommes pour remplacer ceux qu'il convient d'écarter.

Le lieutenant Moritz fait immédiatement porter à Méténier un pli dans lequel il lui fixe un rendez-vous, le lendemain à 11 heures, au 72, avenue Foch, avec le patron de la Gestapo à Paris. Michel de Camaret, le collaborateur le plus proche de Méténier, accompagne ce dernier chez Knochen.

Bénouville, de son côté, a rejoint le journal *L'Alerte*, l'hebdomadaire de la Rénovation nationale dirigé par Léon Bailby. Le premier numéro est publié à Nice le 24 septembre 1940. Le premier éditorial de Léon Bailby est un plaidoyer vibrant pour la politique du Maréchal intitulé « Avec Pétain ou contre la

France ». Le journal est évidemment antimaçonnique, antijuif, antigaulliste, antirépublicain, anticommuniste... Dans ce premier numéro, Guillain de Bénouville[1] écrit un article sur la croix de guerre, parce que cette croix a été distribuée à des soldats qui ne la méritaient pas. Et il conclut : « Il faut réviser toutes les croix de guerre. Il faut réviser toutes les citations et ne pas confondre la croix avec une médaille commémorative. » On relève dans le même numéro plusieurs papiers sur les incarcérés du château de Chazeron situé au-dessus de Châtelguyon, dans le Massif central : Daladier, Blum, Mandel, Reynaud. L'un d'eux s'intitule « Le bluff colonial de M. Mandel » et commence par : « Pour ce petit Juif de naissance incertaine... » Un autre se réjouit de la façon dont Léon Blum et Paul Reynaud ont été arrêtés. Avec ses initiales, Bénouville signe quelques articulets sur les inculpés de Chazeron. On peut lire dans le dernier :

> On remarquera que le gouvernement n'a décidé d'inculper ces criminels qu'après une enquête des plus sérieuses. On notera en outre que la résidence du Chazeron n'est en rien comparable à celle de la Santé. Et l'esprit fera de lui-même, une fois de plus, la différence entre le régime humain, qui ne peut pécher que par bonté, et l'ancien, qui fit mettre au cachot de grands Français tels que le général Dusseigneur — celui-ci devait mourir des suites de son incarcération—, le lieutenant Darnand, le capitaine de Bernonville, le commandant Deloncle, et d'autres encore...

À côté de la signature de Bénouville, on pouvait voir celles d'Henry de Montherlant et de Maurice Martin du Gard.

Le 8 octobre, Bénouville s'adresse aux combattants :

> Si nous étions les enfants de la Victoire, le Maréchal qui, aujourd'hui, nous convie à l'aider, en était un des créateurs. « Je fais le don de ma personne à la France, a-t-il dit, pour atténuer ses malheurs. »
>
> Voici l'appel qu'il faut entendre. Ici, nous voulons vous montrer, heure par heure, les réalisations de cet homme paternel qui, chaque jour, crée avec l'amour que lui donnent les Français, et qui chaque jour créera davantage, puisque chaque jour vous l'aimerez mieux.

1. Il reprend le nom de plume qu'il utilisait dans *Pays libre*.

> L'heure de la justice est venue. Enfin, vous êtes véritablement représentés par des organismes purs. Aujourd'hui, la Légion française des combattants ; demain, le rassemblement de tous les Français.
>
> Les coupables vont être jugés. La vie reprend. Avec vous, le Maréchal veut reconstruire. Donnez-vous avec foi et confiance !

Dans la même veine, Bénouville signe la semaine suivante un papier intitulé « La mort pour les traîtres est un châtiment bien faible ». Le châtiment de Bénouville vise évidemment les Cot, Mandel, Reynaud, Blum et autres républicains désignés comme les responsables de la défaite. À quelques pages de là, un « journaliste » s'en prend à Marx Dormoy pour avoir pourchassé les « nationaux » de la Cagoule.

Dans le numéro 5, après un grand papier vengeur contre Pierre Cot, accusé d'avoir « bâti sa carrière et sa fortune aux dépens de la France », Bénouville raconte un souvenir de guerre. En parcourant les numéros de *L'Alerte*, on voit aussi apparaître les signatures du général Davet et de Jehan de Castellane, deux amis de Bénouville.

Les cagoulards gardiens fidèles de la pensée du Maréchal — c'est le cas, on l'a vu, de Guillain de Bénouville — ont conscience, dans le courant de l'automne, que leur influence auprès du vieux Maréchal est battue en brèche par Laval et son entourage. Le mini-coup d'État des GP, qui arrêtent Laval le 13 décembre 1940, et la réaction des Allemands font éclater le CIE. Les cagoulards vont dès lors prendre des chemins différents, mais garderont toujours des liens affectifs étroits. On verra bientôt Groussard et Loustaunau-Lacau basculer du côté des Anglais, Heurteaux et quelques autres rejoindre la Résistance, alors que ceux de Paris, autour de Deloncle, s'enfonceront dans la collaboration. De leur côté, Bénouville et Michel de Camaret — libre, après la dissolution des GP —, qui n'ont rien abandonné de leurs idées, veulent continuer à se battre pour la France et rejoindre, pour ce faire, un de Gaulle « mal entouré ».

Bénouville a décrit son projet dans *Le Sacrifice du matin*. Il s'agissait de constituer un corps franc spécial composé du « plus grand nombre de camarades d'avant guerre » pour rééquilibrer l'entourage du général de Gaulle décrit par la radio de Vichy et la presse comme étant composé de « politiciens corrompus et de journalistes juifs ». Effectivement, dit Bénouville, « la radio de Londres citait souvent, comme ayant trouvé refuge outre-Manche, un certain nombre de noms qui ne provoquaient pas l'enthousiasme des Français ». Avec ce corps franc spécial, « nous donnerions sans rechigner à la radio de Londres des occasions de mêler nos noms à ceux des batailles de la France libre, et, ainsi, nous lui fournirions des moyens supplémentaires de prouver aux Français que les soldats de la délivrance n'étaient pas des émules de Bela Kun, et que la **Libération ne serait pas la Révolution rouge où des terroristes sans foyer dévasteraient le patrimoine national**... » On retrouvera cette idée derrière tous les combats de Bénouville.

Outre les deux anciens de la « 17e équipe », le groupe comprend Humbert de Croy, Alain de Chavagnac, Roger de La Grandière, Albert Bénard, Armand de Tinguy du Pouët et « beaucoup d'autres porteurs de noms de notre terroir ». Bénouville fait alors la connaissance d'Henri Frager, qui a de son côté le projet d'acheter un chalutier pour faire route avec quelques amis vers Gibraltar, et tous deux décident de faire équipe.

Dans son livre, Bénouville affirme que, dans un premier temps, il est allé à Vichy à cause d'une rumeur persistante selon laquelle « dans l'entourage du Maréchal et du ministre de la Guerre, on s'occupe secrètement de faire partir ceux qui le désirent pour les colonies qui, jour après jour, sont libérées par les Forces françaises libres ». Et Bénouville de faire de la capitale de l'État français une description à la pointe sèche, mais probablement anachronique, car, à cette époque, il était certes anti-Laval, comme ses amis cagoulards, mais aussi très pro-Révolution nationale :

> L'État français, cela ne pouvait pas se discuter, n'était qu'une des nombreuses affaires commerciales de M. Pierre Laval... À Vichy, il ne venait qu'en passant, pour donner ses ordres et recevoir la valetaille. Tout bien considéré, les nombreux hôtels de Vichy, plus que des annexes de Chateldon, en étaient en effet les communs. La foule qui s'agitait dans les rues figurait la basse-cour du gitan déguisé en Auvergnat, lequel s'appropriait la partie de la France que l'ennemi lui avait concédée et lui infligeait un conseil d'administration de son choix... On rencontrait aussi beaucoup de vaillants officiers qui avaient sauvé de la débâcle de

> Bordeaux leurs bottes, toutes leurs médailles et leurs képis rutilants. Déjà se dessinait la mode que la plupart de ces vaincus, heureux d'être battus, allaient imposer jusqu'au moment où les Allemands, en franchissant la ligne de démarcation, les feraient se terrer : tous portaient l'uniforme aussi longtemps qu'ils le pouvaient faire après avoir été démobilisés... L'horrible peur des bombardements passée, la fatigue du honteux exode dissipée, les pantalons repassés et les chemises — kaki, bien sûr ! — nettoyées, ces ardents seigneurs, dans le décor, familier aux guerriers de leur genre, des bars américains, avaient retrouvé toute leur superbe depuis que le canon s'était tu...

Finalement, Bénouville comprit vite que ses « recherches à Vichy seraient inutiles », et regagna la Côte.

Lui-même rectifie aujourd'hui cette affirmation. Il a été voir Lémery, ministre des Colonies du Maréchal, « mais qui était resté un patriote », pour lui dire son intention de partir vers Gibraltar afin de rejoindre de Gaulle « sans être désarmé ».

« On va appeler mon chef d'état-major », lui répond Lémery.

Arrive le général Bührer, « un général républicain, franc-maçon, tout ce que j'exécrais ». Lémery lui explique la situation de son « ami » Bénouville. Le général n'en rédige pas moins sur-le-champ une lettre de recommandation à Salan, qui se trouve à Marseille.

« C'est Salan qui m'a expédié chez de Gaulle. Je suis parti vers Alger avec des gens très à droite, comme moi-même. Mais aussi avec deux anciens ministres républicains espagnols dont j'ai eu pitié, malgré que j'exécrais leur cause[1]. »

Mais, auparavant, Bénouville se rend à Paris dans la deuxième quinzaine de décembre : il est inquiet de n'avoir pas revu Michel de Camaret. Les GP sont alors pourchassés par les Allemands qui n'ont pas apprécié l'éviction de Laval. Camaret se cache à Paris chez Armand de Tinguy. Bénouville affirme dans son livre qu'il se méfie alors de ses anciens camarades qui, pour répondre au défi de l'Internationale rouge, avaient choisi « l'Internationale de l'ordre », et « étaient passés à l'ennemi » :

---

1. L'occasion de raconter en incidente que c'est grâce à son ami Pacciardi, ancien chef de la Légion italienne, qui combattait aux côtés de Franco, qu'il soustrait Soustelle à un de Gaulle qui le faisait traquer pour cause d'OAS...

> Les Allemands, avec une habileté diabolique, spéculant dès l'abord sur le culte des valeurs déifiées qui était celui des partisans de l'Ordre à tout prix, leur avaient donné une apparence de liberté dans le choix, laissant le soin à ces maniaques de tenter, à la faveur de l'effondrement de la République, la création d'un « ordre nouveau » — alors qu'il était évident, pour quiconque pensait à la France et à son rôle spirituel dans le monde, qu'il fallait commencer par se coaliser dans la catastrophe pour s'affirmer en s'opposant. En s'opposant à quoi, dira-t-on ? Mais précisément à cet ordre que l'ennemi voulait faire régner pour s'assurer la jouissance paisible de sa conquête, à cet ordre qui n'avait d'autre but que d'entraîner les Français en les empêchant de participer corps et âme à leur libération...

Un témoignage qui, là aussi, doit être relativisé : le lecteur sait que le 12 décembre, Michel de Camaret était en effet dans le bureau de Knochen. Il apprendra plus tard que Bénouville n'a — c'est le moins qu'on puisse dire — pas été très perspicace dans ses rencontres avec les anciens nationaux. Quoi qu'il en soit, Bénouville et Camaret faillirent être pris par les Allemands, au matin du 25 décembre, à l'ancien domicile du premier, avenue Victor-Hugo. Ils filèrent alors tous deux vers la Côte d'Azur et reprirent les préparatifs de leur départ.

Vers le 15 février 1941, Bénouville se dirige vers Marseille, rencontre Salan et embarque à bord du *Gouverneur-Général-Grévy* avec quelques Belges et deux Espagnols — dont un ancien député républicain, de Jaca.

16

Alexander descend à l'hôtel Lutétia

En ce beau mois de juin 1940, Alexander von Kreutz était heureux de revenir dans « son » cher Paris après quelques années d'absence. Il allait enfin retrouver sa fiancée et les nombreux amis qu'il avait laissés tant au lycée Janson-de-Sailly que dans les rangs de l'Action française. Il était maintenant *Sonderführer* à l'Abwehr IIIC, le service de contre-espionnage militaire qui dépendait du général von Stülpnagel. Alexander s'installa promptement à l'hôtel Lutétia.

Alexander est né à Saint-Pétersbourg le 29 novembre 1907 dans une famille dont les premières traces remontent à 1152. Kreutz, cela veut tout simplement dire « Croix ». Un nom acquis lors des croisades. Ses ancêtres récents étaient installés dans les pays baltes. Son père faisait partie du même régiment de la Garde à cheval que son cousin, le colonel Bobrikov, fils du gouverneur de Finlande assassiné en 1904. Sa grand-mère maternelle était la princesse Olga Paley, veuve du grand-duc Paul de Russie. Alexander va à l'école à Petrograd de 1915 à 1917 en retournant pendant les vacances dans la propriété familiale située en Pologne. Quand la révolution éclate, Alexander a dix ans. Sa mère et lui sont sauvés par Maurice Paléologue, l'ambassadeur de France, futur membre de l'Académie française. En 1917 et 1918, ils vont vivre en Suède où ils ont de la famille. Ses parents divorcent. Le père perd son immense propriété à cheval sur l'Union soviétique et la Pologne et s'installe à Berlin, puis à Breslau où il tombe amoureux d'une belle et jeune Polonaise qui le quittera bientôt, en même temps qu'elle aura dépensé ses derniers sous. Il émigre dans le Var où il travaille pour une comtesse hongroise excentrique.

Alexander a quitté la Suède en 1918 et s'est installé avec sa mère à Paris. Il poursuit sa scolarité à l'École des Roches et passe son bac au lycée Janson-de-Sailly. Sa mère s'est remariée avec le prince Kondrachev. Alexander rencontre sa petite cousine Olga Bobrikov, de huit ans sa cadette, dont le père s'est réfugié à Paris et s'est lié avec le maréchal Foch. Le colonel Bobrikov a fait la guerre aux côtés des Français en 1917 et 1918 ; blessé au front, il a été décoré de la Légion d'honneur par Foch en 1922. Il était alors adjoint au général chef de la mission militaire russe au grand quartier général. Alexander, qui parle désormais le russe, l'anglais, un peu de suédois et le français, part compléter ses études en Allemagne à l'École française de Mayence, puis à Godesberg, enfin à l'École commerciale de Brême. Il devient ensuite employé à la compagnie d'assurances Allianz, à Berlin. Entre-temps, en 1930, il a pris la nationalité allemande. Il fréquente assidûment l'église orthodoxe russe de Berlin. En 1932, il est même élu membre du Comité de l'Église. Bien des années plus tard, le révérend-évêque John, entre-temps émigré aux États-Unis, recommandera le comte Kreutz, qui l'a « toujours impressionné comme un homme aux très grands idéaux et à l'intégrité insoupçonnable ». Inutile de préciser que le jeune Alexander est violemment anticommuniste.

Olga se souvient[1] qu'Alexander a passé quelques jours à Paris en 1928 en allant rendre visite à son père qu'il n'avait pas revu depuis quinze ans. Elle l'a rencontré une autre fois en juillet 1939. Sa mère tenait alors une pension de famille rue Duguay-Trouin ; elle était vendeuse et mannequin dans un magasin chic de chapeaux, rue de la Paix. Elle se rappelle que sa mère ne lui avait pas laissé le choix :

— Tant que tu n'es pas mariée, c'est moi qui commande. Tu dîneras donc avec ton cousin Kreutz.

Le dîner forcé s'est transformé en enchantement. La mère a autorisé les deux jeunes gens à aller danser au « Poisson rouge ».

1. Rencontres avec l'auteur, les 3 février et 28 mai 1998.

Alexander est parti voir son père, et lui a écrit tous les jours. Une semaine plus tard, Olga l'attendait à la gare de Lyon et lui tombait dans les bras : « Ç'a été le coup de foudre. » Avec au bout de trois jours des fiançailles à l'église orthodoxe de la rue Daru et la promesse d'un prompt retour d'Alexander pour célébrer le mariage, prévu pour le 15 septembre. Olga vit alors un conte de fées. Elle entame ses démarches au consulat d'Allemagne, rue Huysmans. Il lui faut en effet un certificat de non-appartenance à la race juive, et un certificat médical que lui délivre le docteur Glass.

Et puis c'est le début de la guerre. Alexander est mobilisé. Les lettres des deux amoureux font des détours compliqués. Au début par la Finlande, puis par la Suisse, enfin par la Bulgarie. Alexander a été mobilisé à l'Abwehr de Hambourg à cause de ses relations familiales et de sa connaissance des langues. Il travaille dans le bureau du neveu de l'amiral Canaris (patron de l'Abwehr), le commandant Adolf von Feldmann. Olga ne revoit Alexander qu'en juin 1940. Il est d'abord *Sonderführer* à l'Abwehr IIIC, travaillant sous les ordres du lieutenant-colonel Giskes, avant d'être affecté à l'Abwehr IIIF, sous les ordres d'Oscar Reile. Il retrouve son Olga, toujours amoureuse. Les deux cousins seront obligés d'attendre jusqu'au 23 février 1941 pour convoler. Les Allemands tenaient en effet à prendre toutes leurs précautions : ils avaient peur qu'Olga ne soit une espionne des rouges. Deux pontes de l'hôtel Lutétia, le lieutenant-colonel H.J. Giskes (l'auteur de *Londres appelle pôle Nord*, publié chez Plon) et Kramer, sont les témoins de la cérémonie civile.

Qu'une « grosse pointure » comme Giskes soit le principal témoin montre que le comte est très bien considéré par sa hiérarchie. Dans ce métier de seigneurs, il n'est pas mal vu d'avoir de nombreux quartiers de noblesse et un carnet d'adresses impressionnant. Né en 1897, Giskes est élancé, très élégant, il arbore des yeux bleus perçants et parle un excellent français. Il est responsable des enquêtes sur les cas d'espionnage à Paris et dans le département de la Seine-et-Oise. Toutefois, quand les investigations montreront l'implication de puissances étrangères, Giskes devra passer le dossier à l'Abwehr IIIF dirigée par le major Oscar Reile.

Kreutz va ainsi enquêter activement et montrer ses talents à propos d'une affaire qui met au jour le rôle de l'ambassade des États-Unis à Paris dans une filière d'évasions vers l'Angleterre. Il travaille à partir de février 1941 au démantèlement du plus important réseau de résistance, celui du Musée de l'Homme ; la police secrète a confié à l'Abwehr un pan du dossier qu'elle traitait, celui des connexions entre le Musée de l'Homme et un réseau polonais. Dans le courant du printemps 1941, Alexander conduit une enquête qui mène à l'arrestation du capitaine Courtois et de Pierre d'Harcourt, et à la découverte d'un important réseau. Les résultats de ces opérations et d'autres aboutissent sur le bureau d'Oscar Reile qui prend en estime le jeune Alexander et le récupérera à l'automne 1941, quand Giskes sera appelé à travailler en Hollande[1].

En bon espion — ou plutôt « contre-espion » —, Alexander utilise beaucoup de pseudonymes. Le plus usité est Pierre Wagner, mais il emploiera aussi Harder, Adner, Lacroix, Arder, Koudacheff Pierre... Aux affaires classiques décrites plus haut, il apporte sa touche personnelle qui repose sur son anticommunisme viscéral et sur un très bon carnet d'adresses. Dès son arrivée à Paris, « Pierre Wagner » a contacté Raymond Richard (c'est en effet sous ce nom que Richard connaît Kreutz) qu'il a connu en août 1933 dans une manifestation Action française. Raymond Richard est violemment anticommuniste, comme lui, et connaît beaucoup de monde dans les milieux nationaux, puisqu'il a exercé des responsabilités d'abord à l'AF, puis au sein de la Cagoule. Au début de la guerre, il avait mis ses compétences au service d'un ancien cagoulard, le colonel Thierry, et lui avait transmis des renseignements sur la sécurité dans les usines d'armement. Richard était également très lié à Bernard Ménétrel, médecin et secrétaire particulier du maréchal Pétain, mais aussi à Bernard Platon, Bernonville, Darnand, Loustaunau-Lacau, au général Lavigne-Delville, tous à Vichy en train de mettre en place la Révolution nationale. Dans tous ces milieux, Raymond Richard est une personnalité connue. Lui aussi utilise

1. Ce récit s'appuie sur le débriefing d'Erich Peifer effectué par le CIC.NARA.RG 319,XE 002935, Box 174 A.

beaucoup de pseudos : il est Marvilly dans les milieux AF, il devient Médéric pour Pierre Wagner, il est « le Gros » pour Ménétrel et Bernonville qui n'ont pas eu d'intenses efforts intellectuels à fournir pour trouver cet *alias*, tant Richard est corpulent ; il est enfin le « Gros Ponte » pour les gens qui travaillent directement sous ses ordres.

Raymond Richard accepte tout de suite de collaborer avec l'Abwehr, puisqu'il est enregistré dès le 15 juillet 1940 sous le code « E.7.122 » et touchera des émoluments du contre-espionnage militaire allemand à partir de cette date. Son officier traitant est évidemment Pierre Wagner, qu'il verra pendant toute l'Occupation au moins deux fois par semaine. En cas d'urgence, Raymond Richard dispose même du numéro privé de Wagner (Élysées 24-25) qui, après avoir habité un studio, rue Saint-Honoré, s'est installé avenue Montaigne. Il est chargé dans un premier temps d'espionner les milieux nationaux de Paris, et plus précisément les groupements collaborationnistes. Il reprend également les activités d'espionnage anticommuniste qu'il avait d'abord menées pour l'AF, puis pour l'UCAD et pour les groupes de Loustaunau-Lacau et Groussard. Un de ses premiers actes consiste ainsi à renouer avec Mme Puireux, une « ex » de l'AF qui est maintenant attachée au SR du MSR, le groupement monté par Eugène Deloncle. Il revoit Léon de Poncin qui, lui, appartient au PPF de Doriot.

Richard, la première recrue d'Alexander von Kreutz, est un excellent élément puisqu'il va devenir un « gros poisson » dans les eaux vichystes et collaborationnistes. En effet, peu de temps après avoir été recruté par l'hôtel Lutétia, il est d'abord nommé président de la Délégation spéciale de Margency, petit village situé près d'Enghien, et il est contacté par le commissaire spécial Pelletier (le policier vichyssois qui va enquêter sur Pierre Cot) pour le compte de Ménétrel. Ce dernier lui demande lui aussi des renseignements sur les groupements collaborationnistes et leurs leaders, les anciens cagoulards, ainsi que sur les communistes dont on ne connaît pas alors précisément les intentions. Raymond Richard accepte et devient ainsi agent double. À compter de l'automne 1940, c'est un homme très dangereux...

17

Le recensement des résistants potentiels

Les pouvoirs publics quittent Bordeaux avant que les Allemands n'arrivent. Ils s'installent d'abord à Clermont-Ferrand, le 26 juin 1940, mais, au bout d'une journée, quittent la ville dont les capacités hôtelières sont trop faibles. Le 1er juillet, le gouvernement s'installe à Vichy.

L'armistice a entraîné la disparition du ministère du Blocus. Gaston Cusin aussi a quitté Bordeaux avant que les Allemands n'y rappliquent. Il n'a plus qu'à rejoindre le ministère des Finances pour connaître sa nouvelle affectation. Que lui importent ces changements conjoncturels : depuis 1936, il continue la guerre et sa « mission ». Hier, celle de Léon Blum ; aujourd'hui, celle de Paul Reynaud, à moins que ce ne soit tout simplement celle de la France... Avant de se rendre à Vichy, il rejoint Léon Jouhaux qui fête ses soixante et un ans au château de Querrac, une maison de repos des syndicats des contributions indirectes. Il y a là quelques grandes figures du syndicalisme autour du « Vieux » : les Charles Laurent, Robert Lacoste, Pierre Neumeyer (ces deux derniers sont de hauts dirigeants de la fédération des fonctionnaires). « Là, nous avons fait le point sur toutes les possibilités de compter sur tel ou tel syndicaliste. Certains s'étaient compromis au moment de Munich... On a dressé un inventaire des gens sur lesquels on pouvait compter, ou tout au moins chez qui on pouvait tenter d'éveiller une coopération sans se compromettre[1]... » Cela ne s'appelait pas encore la Résistance, mais toutes les discussions de Querrac tournent autour des voies et moyens de dire *non*.

Après ce tour d'horizon, Cusin est parti chez Vincent Auriol, son ancien patron, à Muret où étaient rassemblés quelques parlementaires qui n'acceptaient pas l'armistice, parmi lesquels Léon Blum. S'y trouvait également une délégation belge autour de Paul-Henri Spaak.

Puis Cusin a gagné Vichy afin de reprendre contact avec son administration. Il a un accrochage avec Bouthillier, le ministre des Finances, qui le poursuit de sa haine, depuis le ministère Paul Reynaud, pour cause d'aide à l'Espagne :

— Occupez-vous de votre mission, qui est d'aller à l'Imprimerie nationale, lui dit le ministre d'un ton peu aimable.

— Je n'ai pas encore rencontré de directeur des Finances. Il n'y a personne, là-bas, à Paris.

Un échange devant témoins : le temps d'arriver à Paris, le directeur en question, soupçonné d'être un ami de Cusin, a perdu son poste.

Paris était dangereux pour Cusin, car l'Abwehr connaissait ses activités en faveur des républicains espagnols. Dès leur entrée dans Paris, les Allemands avaient demandé son dossier au service du personnel du ministère des Finances auprès d'un fonctionnaire syndicaliste, un certain Carrot : pas de dossier... Ils étaient allés ensuite aux Douanes. Mais, quand Cusin avait été nommé à la Cour des comptes, son dossier des Douanes avait été transféré et, par la suite, lui-même l'avait conservé... Les Allemands ne trouvèrent donc aucun dossier. Cusin fut informé immédiatement de ces recherches, puis de leur abandon.

Arrivé à Paris, il se rend d'abord à l'Imprimerie nationale où il est censé reprendre en main le personnel. Un personnel qui avait été évacué et pour lequel se posaient toutes sortes de problèmes sociaux... Mais, sitôt sur place, un problème surgit : le voici convoqué par l'un des nouveaux secrétaires généraux du ministère, Jean Filippi, qu'il connaît bien.

---

1. *In* interviews Gaston Cusin, *op. cit.*

— Je préfère que tu ne me dises pas la mission dont tu es chargé, c'est-à-dire de me relever de mes fonctions, lui dit-il, car nous avons des raisons de nous retrouver, et je suis sûr que nous pensons tous les deux de la même façon...

Au ministère, tout un chacun était au courant des engagements de Gaston Cusin et, selon lui, on lui avait « toujours facilité ses missions, tout en soupçonnant très bien quelles étaient ces missions ».

Bouthillier a ensuite commis l'« erreur » de nommer Cusin à l'Office de la navigation comme contrôleur d'État. Le patron de l'Office était Brousse qui, avant la guerre, avait été le président de la Société des remorqueurs du Rhin, installée à Strasbourg. Quand la capitale de l'Alsace avait été évacuée, il avait été aussitôt nommé à l'Office de la navigation, créé après le traité de Versailles pour gérer les sociétés de navigation du Rhin et du Danube qu'Allemands et Autrichiens avaient été obligés de céder. Sous la couverture de Brousse, Cusin a constitué un noyau de résistants et travaille en étroite relation avec Robert Lacoste et Charles Laurent sous l'ombre tutélaire de Léon Jouhaux.

Cusin a évidemment renoué aussi avec ceux de la « bande à Cot » qui sont restés à Paris. Il rencontre notamment Pierre Meunier, qui a rejoint son ministère d'origine, les Finances, à la Direction de la comptabilité. Meunier lui donne des nouvelles de Jean Moulin qu'il est allé voir à Chartres en septembre. Le préfet l'a accueilli dans le grand immeuble de la préfecture presque vide : « Je fus surpris et je pensai d'abord qu'il souffrait d'une angine : bien qu'il fît chaud, il portait autour du cou une grande écharpe[1]. »

Moulin lui a parlé de la promesse échangée avec Manhès de ne jamais abandonner la lutte. Il a dit à Meunier qu'il fallait marcher derrière de Gaulle.

« Mais de Gaulle, c'est la droite, l'armée de métier ! Jean m'a répondu : "En temps de guerre, celui qui ne se rend pas est un homme, quel qu'il soit, d'où qu'il vienne et quel que soit son parti..." C'est du Péguy ! "Et, avant de juger cet homme qui ne se rend pas, il faut le voir..." »

1. *In Jean Moulin, mon ami, op. cit.*

Meunier était beaucoup plus réservé à l'égard du général de Gaulle. Parce qu'il était, comme Cot et Moulin, un farouche partisan de l'armée de conscription ; parce qu'il le situait dans la mouvance de Maurras. À ces réserves, il en ajouta une autre : il l'estimait entouré de cagoulards. Moulin « brûlait d'envie de participer au combat clandestin » et demanda à Meunier de commencer à rassembler les amis. Lequel Meunier lui déconseilla de démissionner, car il attirerait immanquablement l'attention de Vichy, ce qui nuirait à sa future action...

Meunier peut donc dire à Cusin dans quelles dispositions est leur ami. À son poste, il peut d'autre part fournir des renseignements importants sur les Allemands :

« Son bureau était chargé de payer les prestations dues aux municipalités du fait de l'occupation. Lorsque les militaires se déplacent, ils réquisitionnent des logements, des produits, ils produisent à la comptabilité leurs débits, et ceci est ensuite payé à la municipalité. Comme toutes les armées du monde, les Allemands avaient surtout prévu que toutes leurs dépenses soient payées. Quand, par exemple, les maires des communes du Pas-de-Calais produisaient massivement des factures, quand les maires de la Loire-Inférieure faisaient de même, on en déduisait que les rassemblements militaires des Allemands se faisaient à tel endroit, et nous le transmettions aussitôt à des services de renseignement français qui existaient encore et qui avaient des relations avec les Anglais[1]. »

Il renoue avec les réseaux communistes utilisés pendant la guerre d'Espagne, notamment celui qu'on appellera plus tard l'Orchestre rouge[2]. Il revoit sûrement Harry Robinson et Maurice Panier, deux membres éminents des services soviétiques qu'il a connus quelques années plus tôt. On se rappelle que, de surcroît, Panier était totalement intégré à la « bande à Cot », *via* le RUP.

Maurice Panier n'est revenu dans le « circuit » qu'au début d'octobre, grâce aux efforts de son officier traitant. Harry Robinson, qui « traitait » également Labarthe avant la guerre, a

1. Interviews Cusin.
2. *Idem.*

eu beaucoup de mal à reconstituer son réseau[1]. Il est complètement coupé de ses membres en Angleterre et ne peut fournir de nouvelles directes de « Jérôme » — c'est-à-dire Labarthe —, mais il a néanmoins appris que « l'ami de MP » — autre façon de désigner Labarthe — occupe « une des fonctions les plus hautes et des plus importantes pour nous. Mon plan est de trouver MP et de l'envoyer à Londres. » Harry ne sait pas encore que le Centre a noué une relation étroite avec Labarthe et son amie Martha en dehors de lui.

Dans les premiers jours d'août, Labarthe décrit à Moscou l'attitude des Anglais qui ont voulu envoyer des troupes pour reprendre Dakar, ce qui a provoqué l'ire du général de Gaulle. Labarthe aurait bien voulu suivre le Général en Afrique, mais Moscou l'a convaincu de rester à Londres, précipitant ainsi la chute de l'« œil de Moscou » dans l'entourage du général de Gaulle. Malgré ses difficultés, Labarthe promet néanmoins au Centre de lui procurer un passeport français grâce à l'obligeance de son ami le consul[2].

De l'autre côté de la Manche, Harry, installé à Paris, décrit avec force détails les signes de l'offensive allemande contre l'Angleterre : « J'attends l'arrivée d'un de mes amis dans un état-major d'aviation pour être renseigné plus amplement. » Parmi la masse de télégrammes envoyés, on se rend compte à quel point Harry Robinson avait pénétré les milieux de l'aéronautique, les aviateurs comme les avionneurs, les ingénieurs du ministère de l'Air comme le haut commandement. Dans le dossier constitué par le CIC américain et appelé « Rote Kapelle[3] », il est précisé que Harry avait également des contacts avec le Deuxième Bureau, les gaullistes et même les Allemands...

1. *In Le Grand Recrutement, op. cit.* Les activités de « Harry » sont évoquées d'après les documents de Harry Robinson reproduits dans l'ouvrage de Thierry Wolton.

2. Télégramme « Venona » du 10 août 1940. Les activités de Labarthe à Londres sont décrites à partir des télégrammes « Venona » consultés au PRO.

3. NARA, RG 228.

Le 24 août, l'officier du GRU raconte que Labarthe a eu un entretien avec le secrétaire privé de Churchill, que le moral des Britanniques est à la hausse en raison du succès de la RAF (878 avions allemands abattus entre le 8 et le 20 août), que la cadence de fabrication des appareils augmente rapidement, que — c'est important — « Jérôme » reste à Londres et ne suit pas le général de Gaulle dans les colonies, qu'enfin il envoie son lot de renseignements techniques sur le matériel d'aviation.

Le 26 août, c'est au tour de Harry de fournir des renseignements supplémentaires sur la préparation de l'offensive, notamment le fait que 80 000 soldats allemands ont débarqué dans les gares parisiennes. On s'aperçoit à quel point le Centre est bien renseigné par le réseau du boulevard Victor.

Avant de partir, le 31 août 1940, pour Dakar avec une part importante de ses collaborateurs, le général de Gaulle fixe l'organisation du commandement de la France libre pendant sa longue absence. L'ami de Labarthe, l'amiral Muselier, commandant des forces navales et aériennes et numéro 2 de la France libre, n'obtient pas l'intérim, car le Général et Churchill se méfient de lui. Il garde certes le commandement supérieur des forces militaires stationnées en Grande-Bretagne, mais le Deuxième Bureau du capitaine Passy reste autonome, et les services civils sont confiés à un nouveau venu, le commandant Fontaine, polytechnicien, ingénieur des Ponts et administrateur de sociétés. Fontaine devient le supérieur de Labarthe, qui ne l'accepte pas et le dit. Le 9 septembre, le commandant Fontaine lui adresse un blâme, que Labarthe n'accepte pas davantage. Avec l'accord du général de Gaulle, l'ami de Jean Moulin est relevé de ses fonctions le 14 septembre.

Moscou est tenu au courant de ce grave conflit. Trois jours avant le blâme infligé par le commandant Fontaine, l'officier traitant écrit au Centre : « Ça va mal pour Jérôme. Quelqu'un a bavardé : il est de gauche et était en Espagne. Il espère néanmoins que les Britanniques le mettront dans l'organisation d'approvisionnement des troupes alliées dans les colonies françaises. » Cette fois, l'homme du GRU envoie les plans du canon 404 Hispano-Suiza que Labarthe avait volés au ministère de l'Air. Labarthe trouve d'ailleurs que les cinquante livres par mois que lui versent les Soviétiques sont insuffisantes. Le GRU est d'accord pour lui accorder davantage si sa « production » augmente...

Alors que l'on discute sur ses émoluments, Labarthe est dans la tourmente. Bien que, théoriquement, tout le monde soit là, à Londres, pour trouver la meilleure façon de bouter les Allemands hors de France, les vieux démons d'avant guerre ont resurgi. L'armistice est rompu entre les quelques « nationaux » qui ont rallié de Gaulle et les anciens du « Front popu ». Le vieux combat entre la Cagoule et les « bolcheviks » a repris. Tous les coups sont permis. Labarthe est devenu la tête de Turc des « nationaux » parce qu'ils ont trouvé que sa collaboratrice était une Juive varsovienne, que lui-même était un ami et collaborateur de Pierre Cot, le « galopin sanglant » du 6 février 1934, l'ami des Soviétiques et des républicains espagnols. Ces coups sont bien relayés par les Français libres dont la majorité vomit les politiciens en général et ceux du Front populaire en particulier, responsables de la défaite. « Les officiers d'active qui sont les premiers cadres de la France libre [...] sont en majorité de droite, volontiers antisémites et d'accord pour imputer la défaite au Front populaire, voire au régime parlementaire », explique Jean-Louis Crémieux-Brilhac[1]. C'est la crainte de la réaction de ces officiers qui a conduit de Gaulle à décliner les offres de services de Pierre Cot. Le premier chef d'état-major du Général a refusé, le 30 juin, l'accès du bureau à Georges Boris , ancien patron du journal *La Lumière*, collaborateur de Léon Blum et de Pierre Mendès France. À la demande du colonel de Larminat, la devise « Liberté-Égalité-Fraternité », considérée comme trop politique, est remplacée par « Honneur et Patrie ». Il faudra plus d'un an au Général pour rétablir la devise républicaine. Le commandant Fontaine, l'homme qui a eu la peau de Labarthe, résumera cet état d'esprit dans une note au général de Gaulle rédigée quelques mois plus tard à propos des positions, qu'il estime trop partisanes, du journal *France* :

> Il faut comprendre une fois pour toutes que les Français [...] ne désirent plus voir participer au pouvoir des hommes ayant joué

1. *In La France libre, op. cit.*

> un rôle actif dans la politique d'avant 1940, quelle que soit leur nuance (cette remarque étant valable aussi bien pour Louis Marin que pour Cot, par exemple). Ils ne veulent pas davantage voire reprendre après guerre la lutte des partis et la lutte des classes...

Soutenu par l'amiral Muselier et les socialistes du groupe Jean Jaurès (autour de Louis Lévy) et du journal *France*, Labarthe dénonce le commandant Fontaine, collaborateur d'une société du baron Empain, comme un suppôt de Vichy et de la réaction ; s'appuyant sur l'ancienne appartenance à la Cagoule d'un collaborateur de Passy, Saint-Jacques, il part en guerre contre l'entourage « cagoulard » du Général. La rumeur selon laquelle Passy serait lui-même un ancien de la Cagoule prend naissance à cette époque... Ce combat ne cessera pas de toute la durée de la guerre.

Les Britanniques sont aux premières loges. Les agents du contre-espionnage entendent tous les bruits qui courent sur Labarthe et entament une enquête. Très vite, Labarthe va ainsi faire l'objet de l'« extrême suspicion » du MI.5[1].

Moscou a suivi tout ce qui précède avec une grande attention. Le Centre expédie un message à « Harry » pour lui dire qu'ils ont un lien direct avec « Jérôme » et qu'il est donc inutile d'envoyer à Londres son camarade Maurice Panier, que « Harry » a enfin retrouvé à la mi-septembre, d'autant moins que « son ami [il s'agit de Labarthe] est en querelle avec sa direction et ne peut plus apporter beaucoup de profit ». De fait, « Jérôme » n'est plus « profitable ». Éjecté des centres du pouvoir gaulliste, il monte la revue *La France libre* avec Raymond Aron comme rédacteur en chef et s'occupera désormais essentiellement de la développer. Il ne renouera avec son antigaullisme militant qu'à l'été 1941. Pendant quelques mois, on ne verra plus le nom de « Jérôme » figurer dans les échanges entre le GRU, à Londres, et le Centre, à Moscou...

Il est intéressant de noter les pseudos utilisés par le GRU pour désigner Labarthe, Martha Lecoutre et Maurice Panier. Au début, Labarthe est « Jérome », ou « l'ami de MP » ; Martha est « Marthe », et Maurice Panier, « MP ». Plus tard, « MP » devient

1. Voir PRO, CFR40(59), séance du 2 octobre 1940, CAB.85/22.

indistinctement « Jérôme » ou « Marthe », comme si ces trois personnages ne faisaient plus qu'un pour le Centre. Les archives américaines vont encore plus loin, puisqu'elles baptisent Harry Robinson « Jérôme » ou « MP », et le curriculum qu'ils prêtent à « Harry » est un mélange de ceux de Labarthe et de Panier !

Toujours est-il que « Harry » prévient Moscou, le 6 octobre 1940, que Maurice Panier a commencé à travailler pour lui. Son premier travail consiste à enquêter du côté de Fontainebleau où se trouve un groupe d'état-major. C'est toujours sur l'aviation française que « Harry » se montre le plus prolixe. Ainsi, le 3 novembre 1940, il parle de sa source au ministère de l'Air, qui est « en opposition avec la politique du ministère. Je ne sais pas encore si je peux obtenir tout ce que je veux ; en attendant, je lui ai donné la tâche de me fournir des indications sur la fabrication. Il est détenteur de tous les prototypes et jouit dans le monde des ingénieurs de l'estime générale. » Huit jours plus tard, il reconnaît comme exceptionnel le fait de n'avoir pu obtenir des renseignements sur la cellule du Morane 410.

Dans toutes ses interviews — y compris avec moi —, Cusin s'en prenait toujours à la conception « résistantialiste » de l'histoire de cette époque, qui donnait, selon lui, une fausse idée de ce qu'avait été la Résistance en présentant les mouvements et réseaux comme intégrés au sein d'une vaste armée. Pour lui, tout était fait de relations personnelles, chacun pouvant appartenir à plusieurs réseaux sans parfois même le savoir d'ailleurs. Il insistait beaucoup sur la complexité de cette période où la frontière entre le Bien et le Mal n'était pas si définie que les historiens l'avancent aujourd'hui. Il racontait qu'il avait discuté avec le « Diable » et que des « méchants » l'avaient aidé. Le lecteur se rappellera que, quelques années plus tard, Gaston Cusin, nommé commissaire de la République à Bordeaux, confirma Maurice Papon dans ses fonctions et le défendra jusqu'à sa propre mort.

Au cours de cette période, Cusin renoue avec un vieux complice de l'Intelligence Service, le Suisse René Berthollet, avec qui il a travaillé pendant la guerre d'Espagne. Pendant toute la guerre, il restera d'ailleurs « branché » avec les Anglais. Au Blocus, il a travaillé avec Hugh Dalton, nouveau patron du SOE, et il connaît bien, par le biais du syndicalisme, son chef de cabinet, Hugh Gaitskell. Un peu plus tard, Gaston nouera une relation étroite avec Tony Brooks, patron du réseau anglais Pimento.

> Immédiatement après l'armistice en France, Dalton était chargé de soulever l'Europe — de "mettre le feu en Europe", c'était la formule. Mais ils ne nous jetaient pas prématurément dans l'affaire. Par exemple, tant qu'ils n'ont pas eu les moyens, ils nous ont interdit de faire des attaques à l'explosif, qui provoquaient des représailles et même l'arrestation des gens qui s'étaient lancés dans cette aventure…

Les affirmations de Cusin sont importantes, et j'ai la conviction qu'elles sont exactes, mais, à la fin de sa vie, il ne datait pas les faits qu'il racontait, et, comme les histoires auxquelles il a été mêlé ont laissé très peu de traces, j'ai des difficultés à les situer avec précision. Une certitude, cependant : Cusin s'est beaucoup agité pendant ce second semestre de 1940 et a, semble-t-il, été mêlé à la « grande » politique.

> Nous avons convaincu Weygand de l'erreur qu'il avait commise en croyant à la possibilité d'un débarquement rapide ; nous l'avons persuadé que cela valait la peine d'organiser en Afrique du Nord une base solide de départ à l'abri des Allemands et des investigations de la Commission d'armistice… Ludovic Tronc (qui était directeur financier de Noguès) et moi nous avons, si je puis dire, briefé le colonel Guillaume, qui fut ensuite d'ailleurs lui aussi au Maroc, pour que Noguès, qui avait le commandement de l'Afrique du Nord, se raidisse et prenne une position absolument solide et déterminée, en accord avec Weygand, pour interdire aux Allemands l'accès de l'Afrique. Ce qui permettait de sauvegarder une base de départ essentielle en vue d'un débarquement allié. Pour tout ça, je pense très sincèrement que nous avons pris des responsabilités très grandes…

En septembre 1940, Cusin est mis au fait de choses si importantes que, même cinquante ans plus tard, il ne souhaitait toujours pas en faire état :

> À ce moment-là, tout le monde pensait que l'on était au fond de l'abîme et qu'il n'y avait aucune possibilité de remonter rapidement. Notre attitude était tout à fait différente de la panique,

parce que nous avions examiné un compte rendu qui, pour le moment, est encore confidentiel. Quatre personnes seulement en ont eu connaissance, et je pense que cela permet de comprendre les origines de la paléo-Résistance...

Cusin renoue progressivement avec tous ses contacts datant de la guerre d'Espagne. Notamment avec « son » SR des Douanes qu'il avait déjà mobilisé quand il était au ministère du Blocus. De Bellegarde à Saint-Gingolf, ces douaniers étaient disposés sur les 70 kilomètres de frontière avec un pays libre, la Suisse. « Ils ont été affectés en priorité à la lutte contre les Allemands. J'ai moi-même continué à considérer ce service comme le service du Blocus qui, de Pétain à de Gaulle, rendait d'autres services... », poursuit Cusin. Ce dernier bénéficiait de complicités au sein de l'appareil pour monter un tel détournement de mission puisque, institutionnellement, ces fonctionnaires dépendaient du gouvernement du Maréchal. Ce sont eux qui assurèrent le transfert clandestin de trente tonnes d'or de la Banque de France vers la Suisse pour financer la France libre.

Les gens qui étaient à Londres n'avaient pas de fonds. Les Anglais leur payaient bien entendu le vivre et le couvert, mais ils ne leur donnaient pas suffisamment de fonds pour acheter des armes et des radios, alors il leur fallait de l'argent. Les Allemands, eux, n'ont jamais rien compris. Tout se passait à une petite gare sur la frontière suisse. Le chef de cette petite gare était farouchement pétainiste et un peu idiot ; par conséquent, il ne nous favorisait pas. Mon ancien planton, que mon successeur avait d'ailleurs gardé, avançait l'horloge de la gare pendant la nuit. Le train arrivait, on le faisait passer aussitôt de l'autre côté, sans visite. La Commission d'armistice arrivait, on disait : « Vous êtes en retard, le train est passé. Les Suisses nous ont demandé de le faire passer tout de suite, on ne pouvait pas attendre. » On a passé des tas de choses comme ça, grâce auxquelles les Français qui étaient en liaison avec nos services à Berne disposaient de suffisamment d'argent pour pouvoir faire des opérations et ne plus dépendre des Anglais. C'était très important, car les Anglais ne donnaient rien pour rien. Évidemment, nous étions dans la même bataille, mais ils tenaient à avoir le contrôle des gens à qui ils donnaient de l'argent. Ils ne donnaient pas d'argent pour qu'on puisse travailler avec les Américains... Voilà : tout ça, c'était le réseau rodé au cours des événements d'Espagne...

Toujours avec le concours de « ses » douaniers, Cusin a également monté des réseaux à la frontière avec l'Espagne.

Dolivet est démobilisé à Nérac, dans le Lot-et-Garonne, le 27 juillet. Se rend-il lui aussi, comme Cusin, à Querrac, voir Léon Jouhaux ? Il le rencontrera en tout cas à plusieurs reprises durant le second semestre de 1940[1]. Dans les années qui suivront, il se référera constamment à la CGT et à son vieux chef, et se démènera beaucoup pour le faire venir aux États-Unis. Il entre également en relation avec le vieux leader radical Édouard Herriot. Mène-t-il ce travail d'inventaire de concert avec Gaston Cusin ? C'est probable, puisqu'ils ont les mêmes amis, les mêmes relations personnelles. Dolivet contacte les anciens du RUP et probablement Maurice Panier, dont il est proche. En outre, il est resté d'une façon ou d'une autre en relation avec Jean Moulin, puisqu'ils se rencontreront à plusieurs reprises à Marseille, en décembre.

Il n'est guère facile de mettre au net et de juxtaposer ces petits bouts d'histoire relatifs à une période où il ne fallait pas laisser de traces écrites et où chacun, ensuite, de bonne ou mauvaise foi, a reconstitué ou reconstruit sa propre histoire. Une certitude : Dolivet va retrouver son tonus après onze mois d'une faible activité. À condition de tempérer ses affirmations, on peut attester quelques-unes de ses activités et pérégrinations qu'il a abondamment décrites après son départ de France à la mi-décembre 1940.

Dolivet a publié aux États-Unis, dans le journal libéral *The Nation*, le 10 mai 1941, quelques anecdotes sur ce qu'il a accompli après sa démobilisation dans le Lot-et-Garonne. Il a d'abord rejoint à bicyclette la ligne de démarcation pour passer en zone occupée :

> D'un côté, il y avait quelques gendarmes ; de l'autre, beaucoup de sentinelles allemandes. De chaque côté, des hommes et des femmes stationnaient en regardant de l'autre côté de la ligne. Ils appartenaient tous au même village et étaient maintenant séparés

---

1. Mémorandum OSS adressé à Donavan, le 4 septembre 1942.

> par la ligne. J'étais au milieu de ces gens, attendant et regardant, pour retrouver l'homme qui me ferait traverser la ligne de démarcation. Ce n'était pas facile de le localiser. Dans un premier temps, j'allai dans une ferme qu'on m'avait indiquée, et là, je trouvai un homme qui m'emmena dans une autre ferme. À la nuit tombée, on me conduisit dans une troisième ferme où j'attendis jusqu'à l'aube. Après quelques mois d'occupation, ces paisibles fermiers avaient développé une surprenante technique du travail clandestin. Ils semblaient heureux d'aider quelqu'un à faire quelque chose sans l'autorisation allemande. Après dîner, le chef de famille regarda impatiemment sa montre. À 20 heures, il ferma la porte à clé et tourna les boutons de son poste de radio pour trouver l'édition française de la BBC. Lorsqu'une voix française fut audible, toute la famille, y compris les enfants, écouta dans un silence tendu. De temps en temps, quelqu'un murmurait une question et était immédiatement rappelé à l'ordre. Environ la moitié de l'émission était rendue inaudible par le brouillage des Allemands...
>
> À 3 heures du matin, le fermier me réveilla et nous allâmes à travers bois et toujours à couvert. Nous devions traverser une route surveillée par les Allemands. Mon compagnon les entendit et me poussa derrière un arbre. Nous attendîmes en respirant doucement, jusqu'à ce qu'ils soient passés ; puis, comme des lapins, nous courûmes pour traverser la route et je m'aperçus que j'étais en zone occupée... Plus tard, je revins par la même route...

Dolivet brosse ensuite un tableau de l'esprit de résistance en France dans les derniers mois de 1940, et de cette activité de recensement des résistants potentiels à laquelle il s'est livré. Une enquête qui s'est déroulée dans les milieux de gauche, les milieux antifascistes qu'il connaissait bien. Notamment auprès des anciens secrétaires généraux de partis, des présidents de groupes locaux, dans le but de trouver ce qu'il restait des anciens partis politiques :

> Les partis politiques avaient disparu. À leur place, j'ai trouvé une multitude de nouveaux mouvements travaillant en secret, mais actifs. Il y avait par exemple les Jacobins, l'Union pour la France libre, l'Union démocratique révolutionnaire des travailleurs, et les francs-maçons. Le principal objectif de tous ces groupes était d'organiser le combat contre le fascisme. Jamais la France ne fut plus antifasciste qu'alors. Ils étaient également

fondamentalement intéressés par les problèmes de réorganisation de la société, de l'économie, et d'organisation du monde. « Si nous risquons nos vies pour saboter, me demandaient-ils, est-ce que l'Angleterre et l'Amérique feront un monde meilleur, ou est-ce que nous retrouverons le vieux monde d'avant ? » Chaque signe préfigurant l'émergence d'un nouvel ordre mondial et une paix saine suscitait un immense intérêt. Un jeune ingénieur travaillant dans un atelier de réparation des chemins de fer me dit : « Nous sommes tous contre Hitler, mais si c'est pour l'ancien ordre que nous combattons, nous combattrons à demi endormis. Si c'est pour un vrai monde démocratique, alors nous combattrons complètement éveillés, et nous le balaierons ! »

Même aux États-Unis, Louis Dolivet n'a pas changé d'opinion politique : il rêve d'un monde meilleur dont seule la gauche pourra susciter l'avènement, et la Résistance est une affaire de gauche. Le réveil des Français, qu'il situe en septembre, a commencé selon lui dans les syndicats de travailleurs :

> Pour comprendre la force de résistance des travailleurs, il est nécessaire de se rappeler la structure du syndicalisme français. La plus puissante organisation en France avant guerre était sans aucun doute possible la CGT, avec 5 millions d'adhérents dont 60 à 70 % de salariés dans les industries vitales : métallurgie, mines et textiles ; dans le service public : les postes, les chemins de fer, les ports et l'administration ; et dans l'Éducation nationale.

Et Dolivet de se lancer dans un grand plaidoyer :

> À côté de la défense des intérêts salariaux et professionnels des travailleurs, les syndicats considéraient la défense des principes démocratiques comme l'une de leurs principales fonctions. Le 11 février 1934, six jours après la tentative de coup d'État fasciste, ils avaient déclenché une grève générale à travers tout le pays pour faire barrage au fascisme ; par la suite, ils ont combattu chaque tentative d'instaurer une dictature en France.

Dolivet explique ensuite que les Allemands et le gouvernement de Pétain, convaincus de la puissance des syndicats, tentèrent de les approcher et de les circonvenir de plusieurs façons. Sans succès.

Les travailleurs, explique-t-il, organisent un service d'information qui diffuse les nouvelles émanant des stations de radio anglaises et américaines, voire d'autres sources, et quelquefois distribuent des tracts. Après octobre 1940, quand il devint évident que les Allemands n'oseraient pas envahir la Grande-Bretagne, des centaines de groupes de résistants se créèrent à travers le pays et se lancèrent de plus en plus dans des actes de sabotage. Dolivet cite plusieurs actions peu connues, dont une à Chartres que Jean Moulin lui a probablement racontée :

> À Chartres, les lignes de téléphone de l'aérodrome contrôlé par les Allemands furent coupées. Pour cette action, un garçon de quinze ans qui refusait de dénoncer ses camarades fut condamné à mort, mais une grosse manifestation, principalement de femmes, devant les quartiers du général allemand empêcha l'exécution...

Dolivet a alors probablement renoué des contacts avec ses anciens amis du Komintern. Il est en tout cas bien informé de l'évolution des communistes qui, après l'armistice, avaient préféré s'en prendre à la ploutocratie mondiale plutôt qu'aux Allemands.

> Cependant, après quatre mois d'occupation nazie, sous la pression de l'opinion publique, ils commencèrent à attaquer les Allemands. Mais, dans le même temps, ils attaquaient le capitalisme anglais, suggérant que, pour les travailleurs, il y avait peu de différence entre les deux fléaux. Cette attitude rencontra peu de soutien parmi les travailleurs. À compter de la fin novembre, et plus particulièrement au début de l'année suivante, les communistes soutiennent dans une certaine mesure le mouvement du général de Gaulle. Mais il est difficile de dire si c'est là une tendance spontanée de la base, ou inspirée par les leaders nationaux ou internationaux.

Et, après avoir une nouvelle fois insisté sur l'importance des syndicats, Dolivet a cette phrase : « Beaucoup croient que, tôt ou tard, l'Union soviétique se rangera du côté des démocraties. »

Dolivet n'a jamais été un adepte de l'exactitude. Aussi introduit-il dans ses témoignages certaines variations, y compris dans les noms de mouvements de résistance. C'est le cas dans un rapport qui a atterri le 4 juin 1941 au Deuxième Bureau des forces navales de la France libre. Il parle de la difficulté de plus en plus grande qu'il y a à quitter la France, même s'il est encore possible, « à condition d'y mettre le prix, d'obtenir des visas de la part de hauts fonctionnaires ». Il évoque ensuite l'évolution de l'opinion publique en France. Selon lui, dès octobre 1940, 90 % des Français étaient irréductiblement opposés aux Allemands. Il affirme que Pétain n'est pas soutenu, sauf par les « vieux groupes fascistes et quelques chefs militaires ». Enfin, il déclare que l'opposition au régime en place en France est très forte, mais peu ou pas organisée. Une partie de cette opposition envisage le recours à un soulèvement pour appuyer la Grande-Bretagne. Il se serait récemment créé en France plusieurs groupes secrets qui ne collaborent malheureusement pas entre eux. Ces groupes ont pris pour noms : France libre pour la démocratie française ; Vive la République française ; L'Œuvre démocratique ; Patriotes français indépendants ; Union pour la France libre ; et, bien sûr, la franc-maçonnerie... Les membres de tous ces groupes ne se réunissent jamais à plus de quatre ou cinq, et chaque membre ne connaît que ceux de son propre groupe. Certains de ces groupes diffusent les informations fournies par la BBC ou bien par la station américaine de Boston. Ils organisent la diffusion de nouvelles internationales reçues par l'entremise d'amis travaillant dans les services diplomatiques. Ils dénoncent les tentatives faites par l'Allemagne pour annihiler les positions de la France et ont recours à de fréquents actes de sabotage contre les infrastructures militaires allemandes.

Une méthode bien connue, utilisée par les ouvriers français, consiste à signaler aux aviateurs britanniques, au moyen de signaux lumineux, les installations militaires allemandes. Ces ouvriers peuvent toujours compter sur l'appui de la population locale. On dénombre aussi de nombreux actes de sabotage dans l'industrie.

D'après Dolivet, il est évidemment regrettable que tous ces groupes ne coopèrent pas entre eux. De nombreux intellectuels français aimeraient recevoir de Londres des instructions plus précises. Il affirme que si un grand nombre de hauts fonctionnaires et d'officiers français étaient certains qu'en cas d'urgence une organisation solide assurerait l'évasion des Français, les activités antiallemandes augmenteraient journellement. Il souligne que « de Gaulle, Muselier et les chefs de la France libre sont tous beaucoup respectés en France, mais il faudrait aussi que quelques personnalités démocratiques bien connues participent à l'effort de la France libre afin de réduire à néant les arguments selon lesquels de Gaulle est "monarchiste" ou ne représente que certains milieux militaires »...

N'était sa façon personnelle d'enjoliver les choses, la description de Dolivet aurait pu être signée indifféremment par Cusin, Meunier ou même Moulin à l'époque où celui-ci rentre dans le « circuit ».

Depuis son acte de bravoure du 17 juin, le préfet Jean Moulin a été constamment obligé de servir de courroie de transmission aux autorités occupantes. Il a fait exécuter des centaines d'ordonnances de la *Feldkommandantur*, transmis des ordres humiliants, assuré l'ordre allemand dans son département. Il est pénible d'écrire que la *Feldkommandantur* a apprécié le fonctionnaire Jean Moulin. Ce fut le cas[1]. Il fut aussi, jusqu'à son éviction de Chartres, un fonctionnaire non zélé de Vichy, appliquant néanmoins les lois honteuses de l'État français dont les principes étaient en contradiction absolue avec tout ce que lui-même avait professé jusque-là. Il applique ainsi les circulaires sur l'interdiction des sociétés secrètes, c'est-à-dire la franc-maçonnerie. Il exécute — mais avec retard — les mesures contre les Juifs, tout en transmettant avec avis favorable les demandes de dérogation.

Du 23 au 27 octobre, Jean Moulin fait un rapide voyage en zone Sud. Il a notamment rendu visite à sa famille à Saint-Andiol. On ne connaît pas le but réel de ce voyage. Est-il passé à Vichy ? Y a-t-il vu Gilberte Riedlinger ? A-t-il eu rendez-vous avec Dolivet pour organiser leur départ pour les États-Unis afin d'y rejoindre le « patron », Pierre Cot ? Il semble bien qu'ils aient fait ensemble une démarche conjointe en ce sens à l'ambassade des États-Unis.

Le 2 novembre, le préfet de Chartres est relevé de ses fonctions parce qu'il n'a pas voulu relever de leurs fonctions un certain nombre de conseillers généraux. Un sénateur « Révolution nationale » de l'Eure-et-Loir l'a accusé de surcroît de conti-

1. *In* Daniel Cordier, *Jean Moulin. L'inconnu du Panthéon, op. cit.*

nuer à « faire une politique de Front populaire ». La *Feldkommandantur* de Chartres télégraphie immédiatement à ses supérieurs qu'elle souhaite garder encore le préfet au moins trois mois. Les deux *Kommandant* qui ont travaillé avec Moulin lui ont manifesté tous deux par écrit beaucoup de respect, et même de l'estime. Le conseil général et son président, Maurice Viollette, lui offrent une fête d'adieu au cours de laquelle il reçoit en cadeau une belle édition du *Jean-Christophe* de Romain Rolland.

Licencié mais encore à Chartres, Moulin se rend à Paris le 5 novembre et y rencontre Pierre Meunier avec qui il rend visite à Marcelle Dangon, la grande amie de Pierre Cot. Le 15, il quitte définitivement Chartres en simple citoyen et s'en retourne à Paris. Il contacte une nouvelle fois Pierre Meunier qui loge à l'hôtel du Grand Turenne. Meunier se souvient : Moulin lui parla alors avec émotion de la cérémonie clandestine du conseil général et de la remise de l'exemplaire de *Jean-Christophe*. Il lui précisa que pendant le temps qu'il resterait à Paris, il habiterait rue de Lübeck, chez Gilberte, « Mme Lloyd », sa grande amie, qui occupait un appartement de trois pièces au premier étage, équipé d'une salle de bains aux petits carreaux jaunes, et plutôt sombre malgré ses trois fenêtres sur rue. Séjour pratique pour un clandestin : il y a deux entrées, un par le 32, l'autre par le 34 de la rue de Lübeck.

Car Moulin est désormais un clandestin. Il donne ses rendez-vous dans des lieux que ses amis et lui n'avaient pas jusque-là l'habitude de fréquenter. Moulin et Meunier se retrouvent ainsi au Colibri, un café de la place de la Madeleine. Moulin lui demande de recenser parmi ses camarades ayant appartenu au RUP ceux qui seraient prêts à se battre :

« Sur les conseils de Jean Moulin, nous avons rencontré, d'abord sans dévoiler nos intentions, d'anciens adhérents du RUP, de la Ligue des droits de l'homme, du "Cercle", un organisme où se retrouvaient clandestinement des francs-maçons. Bien sûr, toutes ces organisations étaient interdites... Nous avons donc plutôt prospecté "à gauche"[1]... »

---

1. *In* Pierre Meunier, *Jean Moulin, mon ami, op. cit.*

Il rencontre également Robert Lacoste, de la fédération des fonctionnaires. Mais le premier contact qu'il noue est avec Maurice Ripoche, un ancien Croix-de-Feu qu'il connaissait pour raisons familiales.

Bref, les collaborateurs de Moulin font un inventaire des résistants potentiels parmi leurs relations : le même type d'exercice auquel Gaston Cusin se livre depuis plusieurs mois. Meunier propose ainsi à Moulin de prendre Robert Chambeiron, rentré depuis quelques semaines du Maroc, pour l'aider dans cette tâche. Un Chambeiron qui a préféré revoir Moulin plutôt que de rallier Londres avec Gaston Palewski.

On ne peut pas pour autant parler d'un mouvement structuré ayant Moulin pour chef. Si l'ex-préfet peut être le « patron » de Meunier et de Chambeiron, il ne peut l'être pour Gaston Cusin, Robert Lacoste, Jouhaux ou autres personnages importants du RUP ou du monde syndical.

La vérité est plus « complexe », pour reprendre le leitmotiv de Gaston Cusin. Il n'y a pas encore de chef, mais quelques individualités qui ont la même volonté de « faire quelque chose » pour bouter l'Allemand et le nazisme hors de France. Une volonté qui s'appuie sur les communs souvenirs d'un combat mené contre le fascisme. Trois hommes jouent là à nouveau un rôle similaire et peuvent, du fait du départ de Pierre Cot, prétendre à des titres divers assumer une grande responsabilité dans le combat qui s'annonce : Cusin, Dolivet, Moulin. Moulin, pour l'heure, n'a que trois amis disposés à le suivre comme ils l'ont déjà fait par le passé : Meunier, le chef de bureau, Chambeiron, d'un grade équivalent, et le commandant Manhès, dont Moulin a favorisé la nouvelle carrière militaire. Dans leurs récits, Cusin et Dolivet excluent au demeurant un quelconque rapport de dépendance à l'égard de Moulin ; ils travaillent avec lui, mais pas *pour* lui.

Dans cette seconde quinzaine de novembre, Moulin rencontre aux Deux Magots celui qui était le patron de l'organisation d'aide aux républicains espagnols. Laissons de nouveau la parole à Gaston Cusin :

> Le rassemblement et l'inventaire, c'et ce que nous avons fait immédiatement avec Jean Moulin… Nous avons cherché à

rassembler tout de suite, matériellement, avec des moyens d'action, tous les gens dont nous étions sûrs. Ç'a été l'objet d'une recherche. Nous avons pris des contacts avec Jean Moulin. Nous en avons repéré l'un et l'autre, compte tenu de notre expérience de l'archéo-Résistance : on savait quels étaient les préfets résistants, les cheminots résistants. On marchait sur un terrain encore solide…

Dans ses interviews, Gaston Cusin a situé toutes les actions menées depuis son départ de Bordeaux dans le cadre d'un combat commun avec Jean Moulin, comme si elles s'inscrivaient tout simplement dans le prolongement de la lutte menée dans la clandestinité quelques années plus tôt. Cusin n'a pas fait travailler sa mémoire sur la rencontre « anecdotique » des Deux Magots. Pour lui, les choses *continuaient*, tout simplement. Il(s) poursuivai(en)t leur « mission ».

On ne sait pas grand-chose de la quinzaine de jours que Moulin passe en zone occupée, sauf qu'il se repose quelque jours chez le docteur Mans, à Amiens, qu'il voit également sa première femme, et qu'en dehors de son équipe, il rencontre, outre Cusin, Robert Lacoste et Laurent, proches de ce dernier.

Jean loge donc chez Gilberte, rue de Lübeck. Il a un rendez-vous à La Coupole (Montparnasse *for ever…*). Il aperçoit sa « femme », Marguerite, qui prend le thé avec deux amies. Il se dirige vers elle. Il semble aussi heureux qu'elle de ces retrouvailles. Jean invite les trois femmes à dîner. Par discrétion, les deux amies de Marguerite déclinent l'invitation. Il entreprend de lui raconter ce qui s'est passé dans sa vie depuis leur dernière rencontre à cette même Coupole. Il insiste sur un événement très important dans sa vie : la mort de son père, qui l'a tout à la fois affecté et soulagé… Leurs mains se rencontrent sur la nappe blanche et s'étreignent. L'homme avec qui il avait rendez-vous survient. Il lui présente… « sa femme ». Son rendez-vous part. Jean traîne, mais ne prononce pas les mots que Marguerite attend. Elle décide de brusquer les choses :

— Il est tard, raccompagne-moi rue Littré, chez ma mère qui n'est pas là.

Il l'accompagne, mais ne se résout pas à parler. Toujours les mêmes banalités : « Je suis ton meilleur ami. Tu peux en toutes circonstances compter sur moi, plus aujourd'hui qu'hier... » Ils sont au bas de l'immeuble. Finalement, ils s'embrassent. Finalement, il lui dit des mots tendres. Tout naturellement, ils gravissent l'escalier. Et parlent.

« ... Les heures ont donc coulé, paisiblement, ont amené la nuit et, avec elle, son cortège de charmants préliminaires à un sommeil profond... Bien plus, il a été entendu entre nous que ce retour de flamme ne serait pas un feu de paille. Nous nous sommes revus et nous nous reverrons souvent : c'est promis, juré[1] !... »

Au petit matin, Jean Moulin est reparti. Probablement vers le 32, rue de Lübeck où une autre femme attend désespérement qu'il s'engage davantage et finisse par l'épouser...

Directement ou indirectement, les discussions qui se tiennent à Paris arrivent aux oreilles de Harry Robinson, *via* Maurice Panier. Sitôt après la réunion du Colibri, place de la Madeleine, Meunier et Chambeiron demandent à Panier de travailler avec eux[2] et lui rendent compte de leur réunion avec Jean Moulin. Plus généralement, Chambeiron confirme que Panier a été complètement intégré à leur groupe pour travailler pour Moulin, qu'il connaissait et aimait bien : « On connaissait son passé et ses idées, mais on ne savait pas qu'il travaillait comme agent de Moscou et rendait compte à Harry Robinson. Il n'a pas eu un rôle déterminant. Il cherchait pour nous des renseignements. »

Dans un message à Moscou, Harry signale en effet à la date du 15 novembre, à propos de Maurice Panier : « Quant à M.PM, il aurait aussi la possibilité de trouver une place qui pourrait être d'un grand intérêt pour nous auprès d'un des dirigeants de De Gaulle. » M.PM est très probablement Pierre Meunier, qui vient d'être sollicité par Jean Moulin. A-t-il été envisagé à ce moment que Meunier aille à Londres auprès de Gaston Palewski, devenu effectivement « un des dirigeants de De Gaulle » ? Est-ce Moulin

1. Anecdote reconstituée à partir de l'ouvrage déjà cité de sa femme.
2. Témoignage de Robert Chambeiron, le 25 juin 1998.

qui espère devenir bientôt « un des dirigeants de De Gaulle » ? Meunier affirme que Moulin parlait en effet dès cette époque de se rendre à Londres, mais nous savons aussi qu'avant de décider de la meilleure façon de s'engager il voulait aller voir le « patron », Pierre Cot[1].

Jean Moulin quitte Paris par le train le 1er décembre 1940 pour Montpellier où il retrouve sa mère et sa sœur. Il met en ordre ses affaires pour éviter tout désagrément à sa famille dans le cas où son départ et ses activités s'ébruiteraient. Il entame également une correspondance avec le ministère de l'Intérieur à Vichy pour la liquidation de sa pension de retraite. Le 7 décembre, il se rend à Toulouse ; il connaît bien le secrétaire général de la préfecture de Haute-Garonne, qui a été sous-préfet à Dreux jusqu'à l'arrivée des troupes allemandes et a quitté son poste à la demande de Jean Moulin. Il lui demande passeport et visa de sortie pour quitter le territoire afin d'aller avec Dolivet rejoindre dans un premier temps le « patron », Pierre Cot, installé depuis trois mois aux États-Unis. Ce sous-préfet qu'il croyait être un patriote le dénonce à son nouveau patron, le préfet, qui, dès le lendemain, envoie un télégramme au ministère de l'Intérieur. Résultat : le 9 décembre, la Sûreté nationale adresse aux commissaires spéciaux des postes frontières une note visant à interdire à Moulin de quitter le territoire.

Louis Dolivet a eu plus de chance trois semaines plus tôt. Le 13 novembre, il a obtenu son passeport à Toulouse. Au fonctionnaire qui lui délivrait ce document, il s'est déclaré professeur de statistiques à l'Institut des relations internationales à... Genève, et s'est domicilié à Toulouse, rue Tournefeuille. Muni de ce précieux viatique, il a foncé à Marseille pour préparer son départ. Le 19 novembre, il a obtenu un visa pour la Colombie ; le 27, un visa américain ; le lendemain, un autre pour le Brésil. Le 3 décembre, il obtient à la Banque de France de Lyon le droit d'exporter 500 dollars et 3 000 francs.

---

1. Les archives d'Antoinette Sachs, la lettre du 19 octobre 1941 à Pierre Cot, les affirmations de Dolivet, et les documents bancaires cités plus loin témoignent de ce désir de se rendre au préalable aux États-Unis.

Par quel miracle Dolivet obtient-il aussi rapidement toutes ces autorisations ? Tout en se rappelant l'importance du carnet d'adresses de l'ancien patron du RUP, il convient de s'arrêter quelques instants sur cet épisode pour avoir une idée de ce qui se passe à Marseille depuis l'armistice.

Marseille est devenue la ville de l'espérance pour des dizaines de milliers de réfugiés qui ont fui l'Allemagne nazie et les pays d'Europe centrale. Juifs et/ou militants communistes, trotskistes, sociaux-démocrates, dissidents de toute sorte essaient de prendre un bateau pour ailleurs, là où il n'y a pas de persécutions, notamment pour les États-Unis. Soixante mille réfugiés étrangers, suspects ou anciens brigadistes, qui croupissent dans des camps de concentration installés surtout dans le sud de la France depuis la fin 1939 sur ordre de Daladier, espèrent eux aussi s'évader et rêvent du port de Marseille, première étape vers la liberté[1]. De nombreuses organisations humanitaires, surtout américaines et suisses, souvent confessionnelles — protestantes et juives —, s'y sont installées durant l'été pour soulager la souffrance des pourchassés du fascisme et de la Révolution nationale, et éventuellement les aider par tous les moyens à quitter le sol français.

Le Centre américain de secours, patronné par Eleanor Roosevelt, est né de la révolte de quelques intellectuels américains libéraux et d'antifascistes allemands réfugiés aux États-Unis qui ont été particulièrement choqués par l'article 19 de la convention d'armistice précisant que l'État français s'engageait à livrer aux Allemands, à leur demande, tous ressortissants allemands — ce qui incluait les Autrichiens, les Tchèques et les Polonais réfugiés en France ou dans l'empire. Ce groupe obtint la bénédiction du département d'État et prépara une liste d'environ deux cents noms de peintres, sculpteurs, universitaires, romanciers, poètes, journalistes qui avaient tout à craindre des nazis, soit à cause de leurs activités politiques antérieures, soit parce qu'ils étaient

---

1. Pour écrire ce passage sur Marseille, nous avons emprunté au livre de Daniel Bénédite, *La Filière marseillaise. Un chemin vers la liberté*, Éditions Clancier-Guénaud, Paris, 1984.

juifs, ou les deux à la fois. Avaient été ajoutés les noms de quelques personnalités politiques. Des noms français comme ceux de Marc Chagall, André Malraux ou Henri Matisse y voisinaient avec celui de Heinrich Mann. Le CAS était dirigé par Varian Fry, un ancien journaliste libéral à *Foreign Affairs*, qui s'était adjoint quelques collaborateurs comme Otto-Albert Hirschmann, un ancien brigadiste et socialiste allemand. Le CAS a également embauché depuis la fin octobre deux Français, dont Jean Gemähling que nous retrouverons plus tard. Il travaille en étroite collaboration avec l'antenne de l'American Federation of Labor (AFL) dirigée par le docteur Frank Bohn, qui est là pour récupérer et acheminer vers les États-Unis des responsables syndicaux et des leaders socialistes des partis « orthodoxes » comme les Allemands Breitscheid (qui militait l'année précédente avec Willi Münzenberg) et Hilferding, l'Italien Giuseppe Modigliani et l'ancien Premier ministre espagnol Largo Caballero. Le CAS et l'AFL ont en commun d'exclure de leur sollicitude les communistes staliniens.

Le CAS comme l'AFL sont mal vus des autorités policières françaises et, ce qui est plus ennuyeux, du très conservateur consul américain Hugh Fullerton qui ne considère pas d'un bon œil tout ce qui risque d'entacher les bonnes relations entre Washington et Vichy. C'est en effet le consulat américain qui délivre les visas d'immigration ou de visite qui permettront ensuite aux postulants à l'émigration d'obtenir des visas de transit des consulats portugais ou espagnols. Les bateaux pour les États-Unis partent en effet de Lisbonne... Heureusement pour Varian Fry et tous les libéraux, antifascistes et socialistes impliqués dans cette aide humanitaire, il y a un moyen de contourner Fullerton : il consiste à passer par le vice-consul, Hiram Bingham. Ce dernier est un antifasciste militant et prend les plus grands risques pour venir en aide à ceux qui souhaitent fuir le nazisme.

Au début de 1940, le docteur Robert Dexter, une ancienne relation de Dolivet, est en tournée en France pour le compte des unitariens, secte protestante, afin de faire un rapport sur l'opportunité et le besoin de secours dans les territoires occupés d'Europe. Son compte rendu trouble les Américains. Décision est alors prise de créer l'Unitarian Service Committee, dont le quartier général est installé à Lisbonne, sous l'autorité de Charles Joy qui décide rapidement d'ouvrir un bureau à Marseille. Il fait un voyage dans la cité phocéenne et se rend tout de suite compte que cette filiale a besoin d'une « grande pointure » pour la diriger. Il rencontre par hasard Donald Lowrie, patron de l'antenne de l'YMCA américain, lequel lui recommande Noel Field qu'il a connu à Genève et qui est actuellement disponible, son contrat avec la SDN ayant expiré au mois d'octobre précédent.

Depuis la fin de la guerre civile espagnole, Field fait des allers et retours entre Genève et le sud de la France, notamment à Marseille, pour s'occuper des républicains étrangers internés dans les camps de Gurs, Rivesaltes, Récébédou... Travaillant officiellement pour le Comité français pour les réfugiés antifascistes et pour un comité américain, il organise leur départ soit pour leur pays d'origine, soit vers d'autres destinations sûres[1]. De plus en plus souvent à Marseille, il y possédait un bon réseau qui « procurait les faux papiers et les faux visas facilitant l'évasion vers des pays d'outre-mer ». En réalité — mais Donald Lowrie l'ignorait —, Field s'occupait tout spécialement pour le compte de Moscou de l'évasion des internés communistes — surtout allemands et italiens — les plus menacés.

À la recommandation de Donald Lowrie s'ajoute celle, importante, de Hiram Bingham. Aussi Charles Joy envoie-t-il un télégramme de Marseille à Noel Field : « Sur recommandation Donald Lowrie et Hiram Bingham vous offre emploi directeur Unitarian Service Committee France, aussi situation votre femme. Paierai tous deux logement, nourriture en francs et six cents dollars supplément par an. Attends réponse immédiate. Espère venir semaine prochaine Genève. Mon départ Lisbonne nécessaire dans dix jours si possible. Joy[2]. » Noel Field et sa femme s'installeront définitivement à Marseille au tout début de 1941...

Dolivet, qui prépare son départ pour les États-Unis, fait la connaissance de Hiram Bingham par l'intermédiaire de son ami

---

1. *In* Humbert-Droz, *op. cit.*

2. Télégramme trouvé à Budapest dans le dossier de Noel Field à l'Institut d'histoire politique.

Noel Field. Ce dernier et Bingham connaissent toutes les filières d'évasion existantes à partir de Marseille et remettent Dolivet en contact avec les milieux dont il était familier au sein du RUP. En quelques jours, Dolivet lie connaissance ou reprend langue avec tout ce qui compte à Marseille en matière d'activités antifascistes. Il est possible de reconstituer une bonne partie de ses contacts à partir de ses notes et des compte rendus d'entretiens qu'il aura à la fin décembre 1940 à Lisbonne[1].

Pour aider Noel Field à trouver des pays d'accueil à « ses » brigadistes, Dolivet a des discussions avec les consuls de Colombie et de Chine. Il a rencontré également Li Yu Ying, consul à Lyon, qui fait partie des nombreux Chinois qu'il a connus au RUP. L'une de ses missions, en se rendant aux États-Unis, consistera à monter de nouvelles filières d'évasion pour Noel Field, notamment à « régler à New York une question d'importance concernant les Tchécoslovaques et peut-être les Polonais et d'autres qui se trouvent en France dans des camps de concentration. En effet, les gouvernements colombien et chinois sont en principe d'accord pour faciliter une émigration collective d'ouvriers de l'industrie partant de France. » Il doit d'ailleurs finaliser à New York son accord avec Pékin auprès de T.V. Soong, autre membre du RUP, « avant son départ en Chine[2] ». Il ne reviendra à Londres qu'une fois achevées « ces négociations pour trouver des pays d'accueil aux brigadistes, républicains espagnols et autres réfugiés internés dans les camps ».

Dolivet rencontre également les consuls du Brésil et de l'Équateur, ainsi que Vochoc, consul de Tchécoslovaquie, qui va être bientôt suspendu par Vichy. Vochoc, un antistalinien violemment antinazi, collabore avec toutes les organisations humanitaires en leur remettant des passeports en blanc, et monte avec Donald Lowrie un Centre d'aide tchécoslovaque. Dolivet voit aussi le colonel Cahuzac, ancien attaché de l'air à Madrid, qui s'est beaucoup engagé dans le combat aux côtés des répu-

1. CARAN. BCRA.3/AG/2/598.

2. Lettre de Louis Dolivet, datée du 27 décembre 1940, à lord Cecil et Philip Noel-Baker, British Library.

blicains espagnols ; le colonel Vautrin, qui commande officiellement le secteur militaire de Grasse, est un ami de Paul Reynaud, du général Revers, mais surtout un ancien membre du cabinet Cot, et cherche des liaisons avec les États-Unis et l'Angleterre pour résister ; le colonel d'infanterie coloniale Marchand ; un pilote d'Air France, Masson...

Il rencontre enfin deux personnages intrigants : Mme de Larminat et Frédéric Drach.

La femme du chef du gouverneur des Forces françaises libres d'Afrique vit à l'hôtel de Noailles avec sa fille et attend de trouver un moyen de quitter la France. Comment Dolivet approche-t-il cette grande dame ? Je l'ignore, mais je sais qu'elle lui fait toute confiance, car elle lui confie de gros secrets[1]. Elle lui raconte qu'elle a été reçue par le général Weygand au début du mois de novembre. Weygand lui a dit qu'il était d'accord avec de Larminat sur la « question fondamentale », mais ne savait si la méthode utilisée était la meilleure. Il lui a donné à entendre que le gouvernement de Vichy refuserait le contrôle des Allemands sur l'Afrique. Mme de Larminat explique à Dolivet qu'il serait intéressant de poursuivre les négociations avec le général Weygand et d'exercer quelques pressions sur lui. Elle souligne également les bonnes dispositions du chef et du sous-chef de cabinet du général Noguès...

Frédéric Drach est plus difficile à cerner. Ancien officier de l'Abwehr retourné par les BMA de Paillole, il est prêt à tout pour aider ceux qui luttent contre les nazis. Daniel Bénédite, un collaborateur de Varian Fry, dresse un portrait terrible de lui, tout en reconnaissant son efficacité pour lui procurer des vrais et des faux passeports : « Il est pâle et gras, ses sourcils sont visiblement teints, une mèche de cheveux ramenée depuis la nuque et plaquée à la gomina sur le dessus du crâne chauve, en dessinant une bizarre arabesque, attire irrésistiblement mon regard. Et je me sens inconfortable, tant il a l'air faux-jeton, celui que j'attribuais d'emblée à un agent double ou triple[2]... »

1. Note de Dolivet du 28 décembre adressée au directeur des Renseignements militaires britanniques, BCRA.3/AG/2/598.

2. *In La Filière marseillaise..., op. cit.*

Dolivet l'a aussi rencontré, par l'intermédiaire de Vochoc, pour des questions de faux passeports.

Dolivet voit Jean Moulin à Marseille avant le 12 décembre, date de son propre départ. On connaît l'existence de cette rencontre grâce à deux sources : Dolivet lui-même et Antoinette Sachs.

Dans les Mémoires destinés à son fils, Dolivet raconte en effet comment il a passé une nuit, dans une maison de passe de Marseille, avec Moulin, et qu'il l'a vu pleurer en pensant à Gilberte Riedlinger. Ils avaient beaucoup de choses à se dire et supposaient qu'un tel endroit était probablement un des lieux les plus sûrs pour éviter les raids de la police de Vichy dans les hôtels de la cité phocéenne.

Moulin commence alors à développer sa philosophie d'un mouvement de résistance :

> Quand un pays est occupé par un aussi cruel ennemi et qu'il y a autant de traîtres qui travaillent avec l'occupant, la France doit apprendre pour la première fois de son histoire la façon de réconcilier tous les éléments opposés dans une organisation unie de résistance. La faiblesse de la France est toujours d'être trop divisée entre droite et gauche. Dans l'épreuve, une telle division doit disparaître. Je vais suggérer que tous les Français qui refusent d'accepter la honte de l'Occupation nazie doivent s'unir, et cette union doit aller des royalistes et de l'extrême droite jusqu'aux socialistes et communistes, en passant par le centre des églises, des paysans et des fermiers. Les Français qui se sont haïs et qui ne se sont pratiquement jamais rencontrés doivent oublier leurs différences et combattre pour leur libération. Ceci n'est pas seulement important pour survivre pendant la guerre, mais pour le rôle de la France dans le futur.

Il suggère l'idée de former un Comité central de la Résistance mais, à la réflexion, renonce à cette idée parce qu'elle rappelle par trop le « comité central » des communistes :

> C'est la première fois que j'entendis mentionner un Conseil national de la Résistance... Quand il eut fini, je lui dis combien j'avais découvert en lui une nouvelle dimension politique que je n'avais pas suspectée auparavant... Je le connaissais comme un brillant fonctionnaire, un brillant administrateur, mais je n'avais jamais deviné l'ampleur de sa philosophie politique.

— C'est vrai, Louis. Tu sais, les circonstances exigent parfois que les hommes aillent au-delà d'eux-mêmes...

Tard dans la nuit, alors que Dolivet est en train de s'assoupir, il entend Moulin soupirer et sent qu'il a des larmes plein les yeux.

> Quand je lui demandai ce qui le mettait dans cet état, il me dit qu'il se demandait toujours si son amie l'avait trahi avec Edgar Ansel Mowrer[1]. J'éclatai de rire :
> — Jean, la France est occupée, nous sommes tous les deux en danger mortel, la police risque de nous capturer à tout moment et de nous torturer à mort. Vous venez juste d'écrire le premier grand chapitre de la nouvelle Histoire de France, et vous êtes torturé à l'idée de savoir si votre amie a flirté avec un journaliste américain ou si elle a été plus loin !
> — Les petites choses et les grandes choses se promènent ensemble dans le cœur des hommes, et elles sont égales en peines et en joies. Les politiciens ont tort quand ils disent que les sentiments personnels disparaissent quand les grandes décisions sont prises, répond Moulin[2].

La discussion est à l'évidence reconstituée à la lumière de ce qui s'est passé ultérieurement, mais on peut être assuré que, lors de leur(s) rencontre(s), Dolivet a essayé de convaincre son ami de se rendre d'abord aux États-Unis, et lui a parlé des gens qu'il avait déjà contactés, dont Noel Field. Dolivet sait-il exactement les liens que Field entretient alors avec Moscou ? C'est probable, puisqu'ils organisent ensemble des filières d'évasion de brigadistes. Dolivet en a-t-il parlé à Jean Moulin ? Les archives ouvertes ne permettent pas pour l'instant de répondre à ces questions.

Pour mieux comprendre cette période clé de notre récit, il convient de revenir vers Antoinette Sachs qui, à partir de ce

1. Edgar Mowrer est retourné aux États-Unis en juin 1940. Il retrouvera Dolivet, militera dans son association Free World, sera un soutien actif de la France libre. Mowrer deviendra également un agent très actif de l'OSS.

2. L'intégralité de cette scène est empruntée aux « Mémoires » de Dolivet, *op. cit.*

début décembre 1940, va beaucoup voir Moulin. Après son « épopée » du *Massilia*, Antoinette est installée à Beauvallon où elle croise Paul Géraldy, toujours pressé de remonter sur Paris. Elle n'entend pratiquement plus parler de Moulin pendant de longs mois, hormis par quelques vagues cartes postales, jusqu'à ce qu'elle reçoive un télégramme de Montpellier :

« Je quitte là-haut. J'entre dans les affaires. Je veux vous voir. Je suis là pour 48 heures. Venez déjeuner. »

« Impossible, trop loin », lui répond-elle.

Puis ils se joignent par téléphone. Elle ne peut pas venir. Il la rencontrera d'ici une quinzaine de jours.

Effectivement, début décembre, il lui téléphone pour lui fixer rendez-vous sur la route de Sainte-Maxime à Beauvallon. Elle roule à bicyclette sur cette route et s'arrête à sa hauteur :

« Vous m'avez reconnu ? dit-il, surpris.

— Pourquoi ne vous aurais-je pas reconnu ?

— Je me croyais méconnaissable... »

Il arbore effectivement de gros verres noirs, un chapeau enfoncé, une écharpe qui lui masque le bas du visage, mais Antoinette n'a pas hésité une seconde.

Ils déjeunent aux Palmiers de Sainte-Maxime. Il lui fixe rendez-vous quelques jours plus tard à Marseille. Là, il la charge d'aller à Paris, puis lui fixe un prochain rendez-vous à l'hôtel Terminus où elle doit le demander sous le nom de Mercier. Mais elle croit devoir le retrouver à Cagnes, alors qu'il l'attend à Nice ! Elle ne le revoit que trois jours plus tard. Il l'attend dans la nuit. Il l'emmène alors sur les hauts de Cagnes, rue du Clapier, et frappe à une minuscule porte. On ouvre. Une femme apparaît : c'est Lucie Manhès, la femme du commandant Manhès, le vieux complice de Moulin pendant la guerre d'Espagne. Jean présente à Antoinette le vieux baroudeur aux cheveux blancs. Elle retrouvera souvent là Moulin et le couple Manhès.

Discutent-ils ensemble du plan élaboré le 14 juin à Chartres ? Henri Manhès a en effet affirmé dans son journal de la FNDIRP que Moulin avait déjà « son plan », le 14 juin 1940, et qu'ils en avaient même discuté ensemble. Avant l'armistice, avant donc l'appel du 18 juin, et avant son geste spectaculaire du 17 juin ! Ce témoignage est à l'évidence éloigné de la réalité. Cette histoire reconstituée par Manhès constitue néanmoins un élément essentiel pour comprendre la trajectoire de Moulin : en racontant qu'il a concocté avec lui un plan dès le 14 juin, Manhès entend par là qu'il a joué un rôle essentiel dans le destin de son ami. Et c'est probablement vrai.

Manhès a sans doute contribué à contrebalancer la vision internationaliste d'un Dolivet qui, habitué à côtoyer les grands de ce monde, ayant fait du RUP une organisation internationale, imaginait qu'il serait partie prenante à une victoire qui ne pourrait être que le fait des Alliés. Dolivet voulait reproduire hors de France le système RUP-Cot, dans lequel il aurait joué un rôle clé et où Jean Moulin aurait eu sa place, mais pas la première. Manhès, lui, a certes finalement adhéré au Front populaire, mais il a participé activement à la guerre d'Espagne, c'est un militaire français, il a cinquante ans et retrouve ses vieux réflexes de « poilu ». Il a bien retenu également que ses amis républicains espagnols ont perdu la guerre sur le terrain, malgré l'aide des antifascistes et de l'URSS. Manhès ne voit pas son « patron » partir pour les États-Unis afin de gagner la guerre de France, qui se joue en France !

Antoinette Sachs est la personne qui, avec Manhès, va voir le plus souvent Moulin dans la période qui court du début décembre 1940 jusqu'à son départ pour Londres. Elle a beaucoup écrit. La relation de cette période est très dépendante de son témoignage qui peut de temps à autre être recoupé.

Comme le bon sens le suggère, Moulin, à cette date, ne sait pas où le destin l'emmène, et, n'en déplaise à ceux de son entourage qui prétendent le contraire, il n'a pas, à cette date, de plan clair, encore défini : il hésite. « Début décembre 1940, il ne savait pas comment se manifesterait son activité ni où elle se localiserait », écrit Antoinette. Certes, Moulin a beaucoup discuté avec les uns et les autres, que ce soit Cusin, ou Panier, ou Meunier, ou Chambeiron, et, en cette fin d'année, avec Dolivet et Manhès. Tous ont commencé à recontacter les anciens de leurs réseaux, notamment ceux du RUP, pour savoir qui était prêt à s'engager dans la clandestinité. Mais cette amorce de recensement ne vaut pas pour autant unité dans la stratégie à suivre. On voit bien par exemple qu'entre Meunier et Moulin les discussions sur l'interprétation à donner de l'attitude de Moscou après le pacte germano-soviétique sont vives[1]. Il est certain que Panier, l'agent de Harry Robinson, est en l'occurrence sur la même ligne que Meunier. Le plus actif, voire le plus activiste est, comme d'habitude, Louis Dolivet.

Bref, « Moulin savait qu'il voulait agir, continuer, lutter contre Pétain, contre les Allemands, mais comment ? » continue Antoinette. Malheureusement, elle ne nous fournit pas de lumières sur les discussions qui ont eu lieu entre Moulin, Manhès et Dolivet dans le courant de ce mois de décembre. Le refus du secrétaire général de la préfecture de Haute-Garonne laisse à Moulin le temps de réfléchir sur la meilleure décision à prendre. De choisir entre le plan de Dolivet et celui de Manhès. Le temps, aussi, de voir ce que va donner le voyage de Dolivet à New York, et de prendre ainsi le recul nécessaire.

Le 10 décembre, le commissaire spécial de Marseille autorise Dolivet à quitter la France pour le Maroc *via* l'Algérie. Le 12, il est « vu à l'embarquement » par la police. Le 20, il obtient à Casablanca un visa de transit de dix jours, mais repart le lendemain pour Lisbonne où il arrive le 22 décembre…

---

1. Voir le livre de Meunier, *Mon ami Jean Moulin, op. cit.*

18

Dolivet offre ses services au général de Gaulle et aux Anglais

Louis Dolivet arrive à Lisbonne en conquérant et non en petit émigré traqué par les polices françaises. Il est persuadé qu'il apporte avec lui la solution à beaucoup de problèmes de la France, en représentant de tous les groupes, associations, mouvements politiques, syndicaux, militaires, qu'il a contactés au cours des cinq derniers mois. Il porte aussi les espoirs — en tout cas certains espoirs — de Jean Moulin et de ceux de la « bande à Cot » restés en France. Son assurance, sa superbe, son éloquence impressionnent. Comme au temps du RUP, il doit se présenter comme le porte-parole de millions de résistants potentiels : les antifascistes. Quand on consulte ne serait-ce que les archives du BCRA[1], on ne peut qu'être frappé par l'activité débordante de Dolivet au cours des cinq jours qu'il passe à Lisbonne où il est reçu comme un plénipotentiaire par de nombreux responsables, malgré les fêtes de Noël.

Dolivet contacte en premier lieu Charles Joy, le patron de l'Unitarian Service Committee, pour lui faire part de ses discussions avec Field et de celles qu'il a menées pour obtenir de nouvelles filières d'évasion de brigadistes. Manifestement, Joy est séduit par cet homme si entreprenant et lui offre sa « couverture » pour les actions clandestines qu'il entend mener. Fort de cet appui, Dolivet peut contacter Anglais et Français.

1. BCRA.3 AG 2/598.

Il est reçu à plusieurs reprises par Eugène Colson, le représentant du général de Gaulle. Dolivet se présente à lui comme un « ex-attaché à la SDN », « secrétaire général d'une Société américaine pour l'aide aux Alliés ». Il affirme avoir quitté la France grâce au concours de l'ambassade américaine à Vichy, car il a été « invité pour une série de conférences à effectuer aux États-Unis, dont une sera présidée par Mme Franklin Roosevelt ». Mais, souligne Dolivet, il se met à la disposition du général de Gaulle pour faire évader des gens de France. « Le but principal de M. Dolivet est de rejoindre les FFL et de les aider, en dehors de sa collaboration personnelle, militaire, littéraire, scientifique, financière ou d'économie politique, dans la sortie de France et d'Afrique du Nord d'éléments militaires, intellectuels ou politiques susceptibles d'apporter un concours précieux », explique Colson, complètement subjugué, dans une note à Passy du 28 décembre. « Sa collaboration aux FFL sera d'une grande efficacité, car M. Dolivet est une valeur », souligne-t-il encore.

Son discours est si convaincant que Colson présente Dolivet au colonel britannique Leslie, l'attaché militaire de Sa Majesté. Puis Dolivet, comme à son habitude, entraîne tout le monde dans son tourbillon. Il propose de tenir une réunion, le vendredi 27 décembre, à l'ambassade de Grande-Bretagne, avec toutes les parties prenantes à son organisation. Il y vient avec les attachés militaires de Pologne et de Tchécoslovaquie, le pasteur Charles Joy, mais aussi un certain M. Charasson (dit « Gravier »), un pasteur tchèque, M. Hruby, et un M. Havlik. Ces deux derniers se rendent en Amérique mais ont offert, à leur passage à Lisbonne, le concours de leurs relations à différents éléments étrangers désireux de sortir de France et de collaborer avec les armées alliées. La première réunion n'ayant pas épuisé l'ordre du jour — sûrement établi par Dolivet —, une seconde réunion se révèle nécessaire.

Le compte rendu de Colson à Londres permet de savoir comment se sont déroulées ces réunions. Charles Joy a confirmé que ladite « sortie de France » pouvait se présenter aux yeux de tous comme une œuvre à caractère philanthropique ou humanitaire, attendu que différents pays offraient une collaboration effective sous la forme de contingents qu'ils autorisaient à s'installer chez eux. Le Brésil, la Colombie notamment, sont des nations qui favorisaient l'accueil d'éléments sollicitant une sortie de France. Le Brésil avait besoin de 200 000 agriculteurs (Juifs exclus). La Colombie acceptait 2 500 familles. L'Équateur, 5 000 familles, de préférence artisans ou techniciens.

De son côté, Dolivet recherchera en Amérique le moyen de susciter certaines invitations de la part d'universités ou autres entités afin que les personnalités intellectuelles de grande valeur aient la possibilité de trouver là prétexte à sortir de France et à obtenir les autorisations nécessaires.

Joy offre le concours de son œuvre philanthropique mais, ne pouvant assurer complètement, par les moyens de cette œuvre, les frais d'organisation et d'acheminement évoqués, il demande si la France libre, la Pologne, la Tchécoslovaquie ou d'autres pays intéressés ne pourraient pas participer à ces frais afin d'assurer pratiquement la réalisation du programme qui, en fait, consiste à acheminer sur Londres un certain nombre d'éléments dûment sélectionnés... « La généreuse collaboration de M. Joy au nom de son comité a été retenue et a suscité les remerciements des différents représentants ou attachés, note le compte rendu. C'est ainsi que M. Colson a garanti à M. Joy le concours de 1 000 escudos mensuels comme participation à l'allocation de secrétariat. L'attaché tchèque en a fait autant, de même que l'attaché de Pologne. La contribution de la France libre est fixée à 25 000 escudos, somme qui entrera dans le fonds de roulement. La France libre devra les remettre au plus tôt à l'Unitarian Service, ici à Lisbonne, sous le couvert secret de la Grande-Bretagne, afin que des indiscrétions ne soient pas préjudiciables à l'organisation. » Joy annonce que le baron autrichien de Friebeize, qui a appris par lui que des facilités pourraient être offertes à certains ressortissants autrichiens, a personnellement offert à Joy un versement symbolique de 3 000 escudos.

Les participants se demandent comment l'organisation Dolivet-USC va être utilisée. Ils conviennent qu'il est urgent de « décider du mode d'emploi de l'organisation envisagée, qui agirait sous la forme d'un département spécial tout à fait à la disposition des Alliés ». En ce qui concerne le fonctionnement de cette organisation, il est convenu qu'en France ce sera Donald Lowrie, présenté par Dolivet comme délégué de l'Unitarian Service, qui agira comme correspondant du comité, avec le concours de sympathisants français dont Dolivet a remis la liste à Joy après en avoir donné connaissance à l'assemblée.

Pourquoi Donald Lowrie est-il présenté comme délégué de l'USC, alors qu'il appartient à l'YMCA ? Son nom est peut-être cité du fait qu'il est bien connu à Marseille et que Noel Field n'a pas encore pris officiellement ses fonctions.

Dolivet a exposé qu'il avait constitué en France un réseau. Ses paroles n'ont pas été mises en doute. « De l'avis général des personnes présentes aux deux réunions qui ont été convoquées pour étudier et discuter du programme, il appert que cette organisation sera de tout premier ordre. »

Sitôt après ces réunions, Colson télégraphie à Passy pour recevoir des instructions. Celles-ci sont demandées d'urgence afin de « répondre effectivement et sans retard à la proposition d'utilisation de l'organisation de M. Dolivet, soudée à celle de l'Unitarian Service, en mettant à profit la sollicitude extrême des dirigeants, MM. Joy et Lowrie... ».

Colson transmet également une lettre de Dolivet au général de Gaulle :

> Mon général,
>
> Sorti de France depuis quelques jours, je me suis immédiatement mis en rapport avec monsieur Colson, auprès duquel j'ai trouvé le meilleur accueil.
>
> Nous venons d'organiser, en collaboration avec les représentants de la Grande-Bretagne, de la Tchécoslovaquie et de la Pologne, un comité qui facilitera le départ de nos amis de France.
>
> C'est à Lisbonne que le travail le plus utile peut être fait à ce sujet.
>
> Je pars aujourd'hui même aux États-Unis, invité par le « Committee to defend America by aiding the Allies ».
>
> J'ai l'honneur de me mettre d'ores et déjà à votre disposition.
> Veuillez agréer, mon général, l'expression de mes considérations les plus distinguées.

Ce même 27 décembre, l'infatigable Dolivet envoie plusieurs lettres à des personnalités britanniques : lord Cecil, Philip Noel-Baker, sir Archibald Sinclair, sir Norman Angell et Walter Layton. Sa lettre à lord Cecil et Philip Noel-Baker est à la British Library. Elle fournit quelques précisions sur l'action que Louis Dolivet est en train de lancer et sur son état d'esprit. Après les civilités d'usage, il explique que ses amis et lui ont fait du « travail utile ». Il a « beaucoup d'informations à communiquer, ainsi que des adresses ». Ce qui est le plus important pour Dolivet, c'est de « collaborer avec ses amis anglais et avec le gouvernement de la France libre, directement [...]. Je suis prêt à rentrer immédiatement d'Amérique et à faire tout travail qu'on me demandera [...]. Certes, ajoute-t-il, il y a des projets très importants concernant l'organisation du monde, mais le sujet qui domine tous les autres, c'est la victoire sur les puissances fascistes. »

Dolivet est si pressé de commencer « tout travail » qu'il essaiera même de téléphoner de Lisbonne à lord Cecil et à Philip Noel-Baker. Il se dit prêt à renoncer à son voyage à Washington si ses amis le lui demandent, pour se rendre sur-le-champ à Londres :

> J'insiste beaucoup, parce que mes amis en France mettent beaucoup d'espoir dans mon voyage et qu'il faut à tout prix les encourager [...]. Quelques amis dont l'influence politique en France et dans le monde est assez grande seraient prêts de rejoindre les forces de la France libre, mais il faut assurer une liaison avec eux. D'autres serviront plus utilement en France, mais ils manquent de liaisons. Enfin, tout un réseau de comités s'est créé un peu partout avec un assez grand rayonnement, mais également sans contact avec vous. Des officiers supérieurs et des aviateurs m'ont chargé de soumettre un certain nombre de questions les concernant, de même en Afrique. Je vous prie donc de me faire savoir le plus vite possible à qui je devrais en parler.

Telle est la mission qui écherra à Moulin dix mois plus tard...

Le lendemain 28 décembre, Dolivet expédie une lettre au « director of Military Intelligence », dont la copie est envoyée à Londres *via* le colonel Leslie. Il lui donne des informations et des noms de gens à contacter pour « notre cause commune ». Il lui fait part des renseignements qui lui ont été communiqués par Mme de Larminat sur les dispositions d'esprit du général Weygand. Parmi les noms de contacts utiles, il cite Frédéric Drach, présenté comme un ancien du Deuxième Bureau, présentement au BCM (il veut sans doute parler des BMA), disposant de nombreux contacts avec les « services » à Vichy, au Maroc, en Algérie et à Dakar, et possédant de surcroît de bonnes connexions avec les attachés militaires de Bulgarie et de Yougoslavie dont il affirme pouvoir livrer immédiatement les codes secrets : « Il dit qu'il est prêt à aider l'Angleterre parce qu'il est opposé à l'Allemagne de Hitler. Il peut être contacté par M. Vochoc, le consul tchécoslovaque, 37, rue de la République, à Marseille. Ce M. Drach a aidé fréquemment les réfugiés tchécoslovaques et français à s'échapper, parce qu'il possédait quelques centaines de passeports de plusieurs pays et estimait avoir la mission d'aider les gens qui travaillaient contre l'Allemagne à quitter le pays. » Dolivet cite aussi les noms du colonel de l'infanterie coloniale Marchand, des chef et sous-chef de cabinet du général Noguès, du colonel Cahuzac[1], à l'aérodrome de Toulouse, du capitaine Masson—, pilote d'Air France, du commandant Vautrin[2], des chasseurs alpins à Antibes, du précédent attaché français à Londres, actuellement à Toulon et contactable par M. Dobros, à l'hôtel Méditerranée, à Marseille. « Un problème différent, écrit-il au patron du renseignement militaire britannique, est d'aider un très grand nombre d'officiers pilotes français et des leaders politiques à quitter le pays. Nous avons discuté de cette question avec le colonel Leslie et sommes en train de mettre en place cette organisation. »

Quel aplomb ! Le petit caporal Dolivet parle d'égal à égal au grand patron du renseignement militaire de Sa Majesté ! Dans cette note comme dans ses discussions avec Charasson, le Dolivet clandestin, conspirateur, l'ancien — et peut-être toujours actuel — kominternien se dévoile. Il a eu de longs tête-à-tête avec Charasson, qui a ensuite rédigé et adressé de longues notes à Londres. Il lui a fourni des informations sur le transport des troupes de Marseille à Dakar : « À partir du 29-12, les navires de la Cie Paquet seront autorisés par les Britanniques à assurer le trafic régulier entre Marseille, Casablanca et Dakar », lui a-t-il dit. Il lui a aussi raconté sa vie, tout au moins la partie racon-

1. Il s'agit en réalité du colonel Cahuzac, un ancien de l'aviation républicaine. Est-ce à la suite de cette lettre qu'il a noué des contacts avec l'IS ? Cahuzac était également en contact avec les services spéciaux de l'armée. Il était franc-maçon.

2. Ami du général Revers. Commence très tôt une activité résistante en liaison avec Revers. Selon ce dernier, Vautrin aurait alors mis sur pied une liaison très étroite avec les Américains.

table, en insistant sur ses liens avec lord Cecil et quelques personnalités américaines. Dolivet, qui a une mémoire d'éléphant, montre qu'il s'est beaucoup renseigné sur la situation qui prévaut en France. Il décrit l'organisation allemande qui y a été déployée, parle également des camps de concentration, notamment ceux de Cuers et d'Argelès[1].

Pour des raisons inconnues, Passy, du Deuxième Bureau de l'état-major du général de Gaulle, ne fait une note au Général que le 22 janvier suivant, en l'accompagnant de la lettre de Dolivet au chef de la France libre. Passy veut des détails sur le fonctionnement du réseau d'évasion et souhaite que des contacts soient pris avec les Polonais et les Tchèques, à Londres, « pour étudier la question de concert avec eux ». Le général de Gaulle écrit en marge de la note : « Ceci est très important. Faire rapidement. » Le 28 janvier, un télégramme est envoyé à Colson par l'intermédiaire de l'ambassadeur britannique à Lisbonne : « Prière envoyer d'urgence détails sur fonctionnement du réseau Dolivet en accord avec mission philanthropique Unitarian Service. » Dolivet est alors parti depuis le 28 décembre de Lisbonne à bord du vapeur portugais *Serpa Pinto* pour New York afin de faire officiellement une trentaine de conférences aux États-Unis à l'invitation de diverses universités.

Après avoir ainsi lancé de nombreuses lignes en direction de De Gaulle et de différents centres de pouvoir anglais, Louis Dolivet, qui se fait appeler Bréchet d'Olivet, vogue vers New York pour y rejoindre Pierre Cot et les réseaux du RUP. Un accident stupide va briser son élan. Il se casse en effet le col du fémur gauche. À son arrivée à bon port, il est aussitôt conduit dans un hôpital, à Staten Island, puis transféré le 22 janvier à l'Hôpital presbytérien. Il est opéré et broché. Quinze jours plus tard, William Darrach, le chirurgien qui l'a opéré, déclare que, s'il peut commencer à marcher avec des béquilles, il ne doit en aucun cas s'appuyer sur son pied gauche avant six mois. C'est seulement au bout de cette période qu'il pourra commencer à marcher sans béquilles. Sans garantie aucune de la faculté !...

1. Informations qu'il tient probablement de Noel Field.

S'il n'y a pas de complications, il pourra sortir à la rigueur début mars. Mauvais départ pour quelqu'un qui a de nombreux projets visant à prendre en main la Résistance, tant en France que dans le reste de l'Europe !

Pierre Cot et ses amis américains viennent lui rendre visite à l'hôpital. Impatient d'agir, Dolivet n'écoute pas les conseils et sort en boitant bas. Il renoue avec ses relations américaines et avec nombre de réfugiés politiques : il veut reconstruire une machine du même type que celle du RUP, avec beaucoup de ceux qui en faisaient partie et qui se trouvent actuellement aux États-Unis, comme Pierre Cot. Il est invité à la mi-février à un banquet de l'Overseas Press Club. Michael Straight, un riche libéral, patron du journal *The New Republic*, qui a rencontré Dolivet à Paris, est l'un des orateurs. Il demande que les États-Unis déclarent la guerre à l'Allemagne. Tous les assistants se lèvent et applaudissent. Béatrice, la sœur de Michael, se dirige vers l'orateur pour le féliciter. Louis Dolivet monte également sur scène, en claudiquant. Béatrice et Louis se saluent. Ils se marieront[1] quelques jours plus tard, le 21 février. Un mois après son arrivée aux États-Unis, l'émigré juif roumain entre dans une grande famille américaine qui contrôle, entre autres, la Pan Am, British Airways et... *The New Republic* ! Dolivet a maintenant de l'argent et des relations au plus haut niveau qui viennent compléter son carnet d'adresses déjà bien fourni. Son quartier général à New York est situé sur la 40ᵉ Rue, au siège du Comité pour défendre l'Amérique, dont Louis est le secrétaire général et Clark Eichelberger le président. Il y retrouve des habitués du palais de la SDN, comme l'ancien président Beneš, le comte Sforza, ancien ministre italien des Affaires étrangères, son ami Alvarez del Vayo, et surtout Pierre Cot avec qui il travaille de nouveau en étroite collaboration. Tous deux essaient de définir une stratégie pour lutter contre le nazisme et font également des plans sur la planète qu'ils aideront à reconstruire au lendemain de la guerre.

1. *After Long Silence*, de Michael Straight.

Avant l'arrivée de Dolivet, Pierre Cot, coupé de son équipe, avait déjà pris des contacts. À la mi-novembre 1940, au moment même où Moulin, Meunier, Chambeiron, Panier et Cusin tentent de « faire quelque chose », il rencontre Earl Browder, leader du Parti communiste américain. Dans la seconde quinzaine du mois, alors que « son » équipe se reconstitue à Paris, Cot demande à Browder d'informer les dirigeants de l'URSS du fait qu'il est un « partisan résolu d'une union entre la France et l'URSS. Cette union ne peut être atteinte que par l'intermédiaire du PCF, parce qu'il n'existe à l'heure actuelle en France d'autres forces défendant les intérêts du peuple français. Pierre Cot soutient également la lutte de la Grande-Bretagne contre le gouvernement de Vichy. Il souhaite également que les dirigeants de l'URSS sachent qu'il est prêt à remplir n'importe quelle mission, et que, pour cela, il serait prêt à changer sa position [son statut][1]. » Ainsi, malgré le pacte germano-soviétique (Cot, comme Meunier et Chambeiron, sait ou croit savoir que Moscou n'a fait là que se donner du temps avant d'entrer dans la guerre), Pierre Cot est toujours sur la même ligne politique : seule une alliance avec l'URSS permettra de vaincre l'Allemagne, et il est prêt, pour la favoriser, à remplir « n'importe quelle mission ». Le 3 décembre, le patron du Komintern transmet la partie du télégramme de Browder concernant Pierre Cot à Staline. Une autre copie est envoyée à Molotov, ministre des Affaires étrangères soviétique.

On peut logiquement penser que Cot informe Dolivet de sa démarche et que celui-ci ne trouve rien à redire à une attitude « antifasciste » s'appuyant à la fois sur Moscou et sur Londres tout en militant pour que Washington entre à son tour dans le jeu. À la même époque, Meunier et Chambeiron ont aussi des liens avec les Soviétiques, *via* Maurice Panier et Harry Robinson. Le 25 janvier 1941, Harry montre en effet dans son message au Centre qu'il connaît les mouvements de fonds de la Banque de France sur Bizerte, destinés à payer les marins. Il a même vu la lettre : preuve, s'il en était besoin, qu'il est en rela-

1. *In* CRCEDHC. Fonds 495/74/478. Traduit du russe par Nicolas Werth et emprunté au « Rapport de la commission d'historiens constituée pour examiner la nature des relations de Pierre Cot avec les autorités soviétiques », de Serge Berstein, Robert Frank, Sabine Jansen et Nicolas Werth.

tion étroite — directe, ou indirecte *via* Panier — avec Pierre Meunier, qui s'occupe des mouvements de fonds opérés par le ministère des Finances, poste d'observation stratégique qui permet de localiser tous les mouvements de troupes, ainsi que Gaston Cusin l'a raconté. Les informations de Meunier sont donc acheminées sur Moscou et sur Londres. Cette intimité entre Panier et l'équipe qui travaille maintenant pour Moulin transparaît dans les télégrammes de Harry au Centre. Ainsi, un peu plus de deux mois plus tard, le 4 avril 1941, après que Harry a souligné à Moscou combien Panier se démenait, au point de pouvoir bientôt « connaître l'ensemble des usines d'aviation qui travaillent... », il écrit : « En même temps, nous avons eu l'occasion de regarder une partie des papiers personnels de Cot et je vous adresse une copie des documents les plus intéressants. Il n'y a eu aucune dépense, tandis que, pour les autres dépenses... » (Une explication de texte s'impose ici : l'équipe parisienne de Cot possède naturellement une partie des papiers personnels de son « patron », et leur consultation n'a donc nécessité aucune dépense, mais *le texte ne permet pas de répondre aux questions qui émergent : Cot a-t-il été trahi ? Si oui, par qui ?*)

Seuls Jean Moulin et Henri Manhès, isolés dans le sud de la France, ne semblent pas alors tout à fait sur la même longueur d'onde que le reste de la « bande à Cot », même si Moulin se rend de temps à autre rue Fortia, à Marseille, à l'Unitarian Service Committee que dirige Noel Field, cet Américain que l'on sait très lié à Moscou... Moulin, Manhès et Sachs regardent alors de plus en plus vers Londres et le général de Gaulle.

Les lettres et messages envoyés de Lisbonne par Dolivet ont agité tant les bureaux de la France libre que certains milieux officiels britanniques. Philip Noel-Baker en parle avec Hugh Dalton, ministre de l'Économie de guerre, qui est en même temps patron du SOE, le service chargé par Churchill de « mettre le feu à l'Europe » par la subversion, puis il lui écrit le 6 février 1941 :

> Depuis sa démobilisation, il [Dolivet] a noué de nombreux contacts à travers la France occupée et non occupée. Il est sorti pour travailler avec nous et nous aider à préparer la victoire. Il

> rejoindrait les forces du général de Gaulle et combattrait s'il décidait que c'était la meilleure chose à faire ; je suis cependant certain qu'il pourrait être beaucoup plus utile dans votre domaine, et j'espère qu'il en sera ainsi à la date la plus rapprochée possible... Il a atteint Lisbonne avec un visa obtenu par ses amis du RUP, qui sont aussi les miens, et organisé ensuite le « Comité pour défendre l'Amérique en aidant les Alliés » (c'est-à-dire Eichelberger et d'autres). Il fait pour eux des conférences et je suis sûr que son travail sera extrêmement profitable. Mais il pensait qu'il pourrait être en mesure de se décharger de ses obligations et de venir ici au début de février. Son adresse en Amérique est chez Eichelberger et Atkinson, 8, West 40th Street, à New York. Il pourrait naturellement être contacté par l'ambassade et si ce canal était choisi, l'intermédiaire idéal serait Charles Peake à qui, si nécessaire, j'écrirai une mise au point complète sur Dolivet.

En effet, Dolivet n'est pas un inconnu pour Dalton, puisque les deux hommes se sont déjà rencontrés. Son profil l'intéresse. Dalton demande donc, fin février, à son correspondant à New York d'interroger Dolivet « pour estimer s'il est apte à être employé en France même[1] ». Le 18 mars, Noel-Baker écrit à Dalton pour lui rappeler sa dernière lettre et affirmer que ce serait bien de faire venir Dolivet en Angleterre pour l'aider à établir des contacts en France occupée et non occupée. « Je n'ai pas poussé l'affaire plus tôt, parce que Dolivet s'est cassé la jambe pendant sa traversée de l'Atlantique... Il affirme qu'il sera sur pieds au début de mars, et je pense que ses conférences lui prendront encore un mois. Si nous pouvions envoyer une lettre par Arthur Selter et lui expédier un visa, il pourrait venir ici assez rapidement... » Deux jours plus tard, le SOE de New York, qui a contacté Dolivet, télégraphie que ce dernier n'est toujours pas en état de voyager. Le 25 mars, Dalton répercute à Noel-Baker ses propres informations sur Dolivet. À la demande de Dalton, qui cherche toujours une « grosse pointure » pour

1. Tout ce passage est rédigé à partir des archives du SOE. Des archives incomplètes, car le gros dossier concernant Dolivet, établi par la British Security Coordination, a été détruit au Canada à la fin de la guerre. Il ne reste plus que les traces du registre des télégrammes échangés, pendant la période d'avril à juillet 1941, entre le SOE de Londres et sa branche new-yorkaise.

travailler en France, ce dernier demande à son représentant à New York de s'entretenir longuement avec Dolivet. Stephenson rencontre donc ce « Français de l'aile gauche socialiste » et envoie son rapport à Londres, le 4 avril 1941.

L'ancien cadre du Komintern affirme qu'il a monté un réseau de deux cents cellules de quatre à cinq personnes chacune, recrutées pour faire de la subversion dans toute la France. Il affirme également avoir monté un système secret de communication de la France vers l'extérieur, et en France même d'une zone à l'autre, grâce aux syndicats des chemins de fer et à d'autres connexions. L'organisation de Dolivet, baptisée Union des Français libres, serait dirigée par un comité de dix personnes. Les membres de l'organisation sont des syndicalistes, des coopérateurs, des membres d'associations culturelles, des francs-maçons, des anciens combattants... Des contacts sont également maintenus avec certains fonctionnaires au sein de l'administration de Vichy.

Dolivet met en avant ses relations étroites avec les unitariens et affirme qu'il va envoyer à la mi-avril deux citoyens américains en France : le docteur Robert Dexter et le révérend Howard Brooks. Ces deux envoyés devraient se rendre à Genève pour recevoir des instructions relatives à la propagande et des instructions du SO2[1]. À New York, le puissant Stephenson[2] a été très impressionné par « la sincérité et les compétences » de Dolivet et raconte à Londres qu'il espère que l'organisation de Dolivet sera disposée à collaborer avec le SOE pour des actions de sabotage et de propagande.

Dolivet est toujours aussi fort : il a subjugué l'espion anglais. Il n'a pas hésité à présenter comme une organisation structurée les contacts qu'il a noués — ou pas — avec les anciens du RUP associés avec les Unitariens en Europe, Dexter, qu'il mentionne,

1. Le SO2 fait partie du SOE et est le résultat de la fusion de la section D (section de subversion qui était placée auparavant sous l'autorité du Foreign Office) et du MI R (autre section de guérilla dépendant auparavant de la direction de la Military Intelligence).

2. Il représente à la fois le SOE et l'Intelligence Service.

et Noel Field, qu'il a en tête. Dans sa tête figure également Jean Moulin, comme la suite va le montrer...

Londres répond à New York, le 7 avril, qu'un rendez-vous à Genève entre un représentant du SOE et Dexter et Brooks est tout à fait envisageable, mais qu'on souhaiterait obtenir au préalable davantage de détails sur l'origine et les buts de l'organisation de Dolivet. Une réponse qui est similaire à celle de Passy, datant de la fin janvier. Pour le jauger au mieux, la direction du SOE suggère même à son représentant à New York de faire venir Dolivet à Londres. Un Dolivet qui, compte tenu de son état de santé, ne projette de se rendre en Grande-Bretagne qu'à la fin du mois de mai.

Louis Dolivet, resté en relation avec Jean Moulin[1], fait envoyer, le 7 avril, par le SOE de New York, un télégramme à Lisbonne, parce qu'il est persuadé que son ami s'apprête alors à quitter Marseille pour le Portugal :

« A. — Jean Moulin, ex-préfet de Chartres, arrivera à Lisbonne dans une semaine environ. B. — Il visitera le colonel Leslie à Y.P. à Lisbonne et cherchera les instructions pour savoir comment aider le mieux notre cause. C. — Il a été torturé par les Allemands et en porte les marques. Il pourrait être très utile ici pour la propagande pour la France libre. »

Ainsi, début avril 1941, Dolivet est persuadé que son ami Jean Moulin a toujours l'intention de venir aux États-Unis pour rejoindre l'organisation qu'il est en train de monter avec l'appui de Pierre Cot. Il se présente d'ailleurs lui-même comme le patron de Moulin ! La raison principale de cette certitude est que, le mois précédent, les moyens financiers ont été mis en place pour que le « professeur Mercier » vienne les rejoindre à New York. Le 7 mars, il a été demandé à l'Irving Trust Company de prévenir la Banque franco-chinoise pour le commerce et l'industrie, à Marseille, de prévenir le consul américain de Marseille que jusqu'au 1er juin 1941, Joseph Jean Mercier pourra disposer de trois mille dollars contre la présentation des papiers lui permettant d'entrer aux États-Unis légalement. Une semaine plus

1. Une carte de visite trouvée dans les archives d'Antoinette Sachs montre que Dolivet avait fait parvenir ses coordonnées new-yorkaises à Moulin.

tard, le 14 mars, la National City Bank de New York prévient Mme Cot que cinq cents dollars ont été transférés sur son compte pour payer le billet de passage (n° 6082) de Jean Joseph Mercier sur un bateau de l'American Export Line[1]. Cot et Dolivet ayant organisé le financement de son voyage, le dernier manifeste son impatience. New York expédie plusieurs autres télégrammes sur le même thème. Dolivet est manifestement impatient de voir arriver son ami. Excédé par ces télégrammes insistants, le représentant du SOE à Lisbonne envoie un texte bref à New York, le 23 juin :

« Je note qu'il n'est pas arrivé. Il n'est pas nécessaire de m'envoyer encore des télégrammes à son sujet, à moins qu'il n'arrive à un moment ou à un autre. »

Dolivet ignore que Jean Moulin ne s'apprête pas du tout à rejoindre la capitale portugaise, mais est « monté » à Paris, le 8 avril, pour y passer une petite semaine.

Qu'a donc fait Jean Moulin depuis le départ de Dolivet pour Lisbonne ?

Il est allé passer les fêtes de Noël à Saint-Andiol avec Laure et sa mère, puis a regagné Cagnes pour y rejoindre son ami Manhès. Il loge à l'hôtel du Château. Il vit pour l'essentiel avec le trio constitué par le commandant Manhès, sa femme Lucie (dite Lily) et Antoinette. Manhès joue le rôle du frère aîné qui connaît l'art de la guerre classique et celui de la guérilla, qu'il a appris en Espagne. Moulin, qui n'a pas fait la guerre, ne se lasse pas d'entendre narrer les exploits du commandant. Celui-ci est chaleureux, dévoué. Il est prêt à tout pour aider le préfet à obtenir les documents qui l'aideront à quitter la France. Il se « mouille » auprès du maire et de la gendarmerie de Cagnes, prétendant que son ami « Mercier » a perdu tous ses papiers à Dunkerque et qu'il n'a plus rien pour justifier son identité, sauf lui. Il réussit à ramener un premier papier sur lequel figure le nouveau nom de Moulin. Il est intéressant de noter que les documents qui ont servi à Moulin à quitter la France ont été l'œuvre

1. Ces informations m'ont été fournies par Maurice Voutey qui a rédigé les Mémoires de Pierre Meunier, *Jean Moulin, mon ami*, *op. cit.*

conjointe de Manhès et Dolivet : ce dernier lui a en effet envoyé l'attestation selon laquelle il était professeur dans une université américaine. Un papier signé de « Miss Olson », que l'on retrouvera plus tard. Il obtient finalement son passeport avec visa de sortie le 7 février 1941.

Pendant quelques semaines, Jean Moulin, souvent accompagné d'Antoinette, se rend fréquemment, le soir, chez les Manhès :

> Mme Manhès était la fée bienfaisante... Elle grillait des poissons dans la cheminée, inventait des mets rares, tout cela sans cuisine ni cuisinière. Le but de ces dîners était d'écouter *« Ici Londres »*, qui était notre breuvage sacré... Notre humeur du soir était conditionnée par le degré d'espoir, de confiance que nous savions nous communiquer. Notre méchante humeur, lorsque nous étions contrecarrés dans l'écoute par un brouillage réussi. Le commandant avait un dispositif contre les parasites, immense et long d'innombrables fils, qu'il avait confectionné alors que cela n'existait nulle part ailleurs encore. Il fallait orienter cet appareil, le caresser, le choyer, et quelquefois, cependant, il accueillait tout le *fading*. Alors tout le monde se regardait et on partait contrarié et muet. Quand l'émission était possible à entendre, elle durait trente minutes. On s'offrait ensuite Radio-Paris (car on avait pris des forces) et on s'amusait de ses grossiers mensonges...

De Cagnes, Moulin va à plusieurs reprises voir le commandant Vautrin, commandant militaire de la région de Grasse, un ancien du cabinet Cot à qui il demande divers services.

Puis Manhès et Moulin quittent Cagnes où on les a trop vus... Antoinette et Moulin s'installent à l'Hôtel moderne, à Marseille. Ils s'amusent à jouer les amoureux en dehors de l'hôtel, mais, à l'intérieur, ils sont étrangers l'un à l'autre, même si Antoinette possède le double de la clé de Jean pour aller faire le guet quand il s'absente, ou pour faire comme s'il était présent. Il occupe la chambre n° 12 ; elle, la n° 16, deux étages au-dessus. Elle a pris une chambre sans téléphone. Elle s'occupe de faire ses courses et l'aide en tout. Malgré toutes les démarches nécessaires pour partir et prendre des contacts, Moulin et Antoinette ont des loisirs. Ils se rendent de temps à autre au casino d'Aix et s'amusent à mystifier le physionomiste qui se vante pourtant de n'avoir besoin de voir les gens qu'une seule fois pour les reconnaître ensuite en n'importe quelle circonstance et sous n'importe quel déguisement. Ils vont peindre dans la vallée des Auffes. Elle lui apprend l'anglais. Lui organise son premier passage clandestin vers Paris, début avril, grâce à son ami le président Paul-Boncour qui a une propriété sur les bords du Cher.

> Je fus pour une grande part dans la décision qu'il prit de se rendre à Londres, poursuit Antoinette. Je le convainquis de ne pas aller aux États-Unis d'où arrivaient cependant d'amicaux et fervents appels. Pour moi, son nom avait été trop longtemps accolé à celui et ombragé par celui de Pierre Cot. Le nom de Pierre Cot, depuis 1938, déchaînait de violentes campagnes politiques. Son action au ministère de l'Air avait provoqué ces passions. En étant près de lui à ce moment-là, on ne pouvait que paraître faire de la politique de parti, et non d'entente générale, comme le voulait Moulin et comme il le fit. Cot était une personnalité trop puissante, trop marquée. Il avait trop d'ennemis pour se les concilier à ce moment. C'eût été un trop gros obstacle.
>
> Je démontrai à Moulin qu'en l'état de la France vaincue, le seul contact efficient serait celui du général de Gaulle, que le jumelage avec Pierre Cot, comme par le passé, même s'il n'était qu'apparent, lui ferait du tort dans n'importe quelle action, et qu'elle prendrait tout de suite un tour politique [...] À la suite de plusieurs conversations [...], sa décision fut prise. Il partirait à Londres sans pour autant décourager ses amis Bréchet d'Ollivet[1], Cot, etc., qui, espérant sa venue, allaient lui retenir une place pour New York. Il craignait, s'ils apprenaient ses véritables intentions, qu'ils se décourageassent. Et il était obligatoire, pour pouvoir sortir de France, d'avoir son billet pris aux États-Unis...

Antoinette s'attribue une décision qui a en réalité été lente à mûrir et dont on ne sait au juste à quelle date elle fut prise. Il est probable que même si Antoinette a pesé dans son mûrissement, elle a relevé du seul Moulin et a été arrêtée au vu des circonstances et sous l'influence déterminante de Manhès, seul proche à être resté à ses côtés après le départ de Dolivet.

Dolivet n'en attendait pas moins que Moulin débarquât à Lisbonne, au début d'avril 1941, alors que celui-ci « montait »

1. Dolivet, bien sûr.

à Paris pendant une quinzaine de jours pour y rencontrer notamment Meunier et Chambeiron, le docteur Mans, Jean Decote, son ancien chef de cabinet à Chartres, et diverses autres personnalités du monde politique et syndical. Moulin y voit également Harry Robinson, une vieille connaissance du temps de l'aide aux républicains espagnols. Dans une note qu'il expédie à Moscou, Robinson écrit :

> J'ai toutes raisons de croire que les Américains organisent un service d'information[1]. Ainsi, un de leurs informateurs qui se trouve actuellement à Paris, un ancien collaborateur de Cot, a pu venir ici avec des documents faux, fournis par un service américain. Je pense pouvoir suivre cette affaire. Cet informateur nous a dit que les Américains arriveront à provoquer un incident avec l'Allemagne à propos d'un bateau se dirigeant sur l'Irlande, que les Allemands attaqueraient. Ceci permettrait aux États-Unis de convoyer des transports[2]...

Quelques jours plus tard, le même Robinson écrit à propos des émissions de Radio-Boston : « L'émission française de cette station est dirigée par Dolivet, l'ancien secrétaire du RUP, élément qui m'a semblé louche. »

Ces deux informations montrent que Jean Moulin, qui est évidemment « l'ancien collaborateur de Cot », est parfaitement au courant de ce que sont en train de préparer Cot, Dolivet et Laugier avant même que les envoyés des Français d'Amérique ne soient arrivés en Europe. *Et que l'agent de Moscou, pour sa part, considère alors Moulin comme un espion américain ! ! !*

Le 11 avril, Londres avertit New York qu'un rendez-vous sera organisé à Genève entre le pasteur Brooks, le révérend Dexter, envoyés par l'organisation Cot-Dolivet, et un représentant du SOE. Il est important de noter que Dexter deviendra plus tard un agent de l'OSS, les services secrets américains qui seront créés par Roosevelt après l'attaque de Pearl Harbor. Il est donc probable que Dexter était déjà en contact avec les autorités américaines et s'est probablement « couvert » auprès d'elles avant d'accepter cette mission initiée par Cot, Dolivet et

1. Il s'agit évidemment d'une service de renseignement.
2. *In Le Grand Recrutement, op. cit.*

Laugier... Autrement dit, la mission Brooks-Dexter était bel et bien cautionnée par les services alliés anglo-américains.

Mais le passé de Louis Dolivet est en train de remonter à la surface. L'Intelligence Service a retrouvé qu'il n'est autre que celui qui venait à Londres sous les noms de Brecher, Udeanu et autres pseudos ; elle a mis en garde le War Office qui a attiré l'attention de Dalton. Ce dernier rédige à son tour une note sur « le cas Dolivet » à son directeur opérationnel (*Chief executive officer*) pour permettre de se faire une idée globale du dossier et prendre une décision sur la suite à donner aux contacts déjà engagés avec le Français. Une réunion sera ensuite organisée avec le patron de la section française (« F ») du SOE. Un représentant de l'Intelligence Service notera plus tard que Londres a adhéré aux propositions de Dolivet transmises par New York jusqu'au jour où il fut découvert que Dolivet avait un « indésirable *background* politique et travaillait en étroite relation avec l'ex-ministre Pierre Cot ».

Le 11 mai, la direction du SOE envoie un télégramme à New York pour faire état de cette découverte et annoncer que l'antenne de Genève traitera Dexter et Brooks avec une extrême prudence, voire fera tout pour éviter le contact avec eux puisqu'ils sont utilisés « à des fins politiques ». Le ministre Dalton demande néanmoins à New York de maintenir le contact, le temps de poursuivre les recherches sur Dolivet.

Un télégramme est également envoyé le 13 mai à Beevor, représentant de « C » — le patron de l'Intelligence Service — à Lisbonne, pour le mettre également en garde contre Brooks et Dexter, pour les mêmes raisons, et lui recommander de ne plus avoir de relations avec eux. Beevor est aussi informé que le dénommé « Ravier », recommandé par Dolivet, est en réalité sûrement « Gravier » et utilise à ce moment le nom de Lillienblatt.

Dans la nuit du 19 au 20 mai, Hugh Dalton prend connaissance du procès-verbal d'une réunion des chefs militaires (*Chiefs of staff*) qui ont décidé « qu'aucun contact ne devrait plus être pris ou maintenu avec tout Français associé au Front populaire ». Dans sa note à son CEO (*Chief executive officer*), Dalton poursuit : « Je désire examiner une nouvelle fois ce procès-verbal... qui soulève de très graves problèmes politiques, beaucoup plus graves que le cas de Dolivet, comparativement sans importance. » Cette décision des plus grands chefs militaires constitue en effet un coup dur pour Dalton, travailliste, lié à de très nombreux responsables syndicaux et politiques socialistes ou radicaux, qui, pour mettre « le feu à l'Europe », a donné précisément instruction de rechercher le contact avec les syndicalistes. Notamment, comme on l'a vu, avec Gaston Cusin.

Quarante-huit heures plus tard, Hugh Dalton dîne avec Noel-Baker et lord Cecil, deux amis de Pierre Cot et Louis Dolivet. À la suite de ce dîner, il rédige un mémorandum dont le sujet principal est Pierre Cot :

> Sans naturellement révéler pourquoi j'avais Pierre Cot en tête, je leur demandai s'ils avaient des nouvelles de lui. Irène dit que Philip avait reçu une lettre de lui d'Amérique, seulement quelques jours plus tôt, dans laquelle il disait être très actif, parlant et écrivant sur notre cause. Je leur demandai alors de me remémorer quelques détails de sa carrière. (Tous trois étaient des amis de Pierre Cot depuis longtemps.)
>
> Il avait eu l'intention de devenir prêtre, mais, à la place, avait fait son droit et s'était lancé dans la politique ; il a été élu très jeune, en 1924, en Savoie qu'il a représentée jusqu'au *crash*... Au ministère de l'Air, il a commencé à redresser l'armée de l'air avec grande énergie et courage. Il a cependant rencontré une hostilité violente du Comité des Forges et de *Gringoire*. Le programme de production et d'expansion qu'il présenta au Cabinet fut amputé des deux tiers, principalement parce que Daladier et Gamelin ne croyaient pas en l'armée de l'air. Sa plus grosse erreur, pense Philip Baker, fut de ne pas démissionner à ce moment-là. Il fut sur le point de le faire, mais en fut dissuadé par Blum, parce que, disait celui-ci, ce serait désastreux d'avoir une dispute publique avec Gamelin...
>
> La conversation a ensuite dérivé sur les rumeurs relatives au train de vie de Pierre Cot et aux origines de celui-ci. Lord Cecil a dit qu'il en avait souvent entendu parler, mais n'avait jamais reçu la moindre preuve de sa corruption. Il y a eu une histoire abracadabrante, largement diffusée, selon laquelle Cot aurait vendu des avions français aux Républicains espagnols et aurait empoché l'argent... Irène a raconté que même un fonctionnaire du Foreign Office aussi prudent et gentil que Ronald Nigel lui avait dit, en présence de plusieurs témoins, « pourquoi Cot est

> l'homme le plus terrifiant qui soit, et tout le monde sait qu'il est corrompu ». Le Foreign Office, dit-elle, répondait continuellement des rumeurs contre lui...

Hugh Dalton a apporté sa propre contribution à la discussion, basée uniquement sur sa mince connaissance de Cot, un homme, selon lui, à l'esprit très rapide, intelligent et énergique, et en la bonne foi duquel il n'a pas de raison de douter. « Je connais aussi son chef de cabinet, Gaston Joxe[1], un neveu d'Élie Halévy, que je ne regarderais certainement pas du tout comme quelqu'un susceptible d'être corrompu. »

Le mémorandum de Dalton poursuit :

> Après avoir discuté de Cot pendant quelques instants, lord Cecil a dit : « Naturellement, il y a un autre homme que je pense être par beaucoup de côtés mieux que Cot : c'est Dolivet. » J'ai répondu que je ne l'avais rencontré que deux fois et l'ai interrogé à son sujet. Cecil a dit qu'il pensait que c'était un Roumain d'origine et qu'il avait été suspecté par beaucoup, y compris par nos propres trade-unions, parce qu'une dizaine d'années auparavant il était supposé avoir été en contact avec certains communistes, bien que lui-même n'ait jamais — estime Cecil — ppartenu au Parti communiste. Il travaillait en Amérique au « Comité pour défendre l'Amérique en défendant les Alliés ». Je demandai avec qui il pouvait être en contact en dehors d'ici, et ils répondirent : Clarke et Eichelberger. *Il serait vraiment l'homme idoine pour organiser notre travail souterrain en France*[2], pensent Cecil et Philip Baker. Je ne poursuivis pas plus avant sur le sujet.
>
> J'aimerais cependant obtenir des éléments de preuves convaincants, s'il en existe, contre Cot et Dolivet. Nous ne devons pas rejeter des éléments utiles, dans ce combat de plus en plus menaçant, si ce n'est pour de bonnes et solides raisons. Il ne faut laisser ni préjugés politiques ni rumeurs infondées entraver notre route.

Après avoir rédigé son mémorandum, Dalton envoie une nouvelle note à son directeur opérationnel (CEO) sur le même sujet, qui l'obsède. Il affirme vouloir discuter avec « C », le major général sir Stewart Menzies, chef de l'Intelligence Service,

1. Il s'agit en réalité de Louis Joxe, qui deviendra ministre du général de Gaulle, et père de Pierre Joxe.

2. Souligné par l'auteur.

auteur de la directive contre les « frontpopularistes », qu'il trouve « inacceptable » :

> Si on applique à la lettre cette instruction, les contacts avec ces éléments en France nous seront interdits, notamment avec les ouvriers de l'industrie qui sont probablement les plus utiles contre les Boches. Peut-être que la directive ne signifie pas ce qu'elle dit. Je dois de toute façon questionner « C », et probablement aussi le colonel Vivian. Vous essaierez d'amener demain « C » pour au moins une discussion préliminaire.
>
> Le major Morton m'a parlé ce soir de la nécessité d'atteindre des marins français et des travailleurs dans les usines d'armement par le truchement de responsables syndicaux. Selon la directive de « C », cela est interdit. J'en ai informé le major Morton. Il en a été très étonné. Ce petit dossier devrait être produit lors de ma rencontre avec « C ».

Quelque temps plus tard, il revient sur le cas Dolivet dans une autre note à son *chief executive officer* (CEO) :

> Je n'ai aucun a priori à son sujet, non plus qu'à l'égard de toute autre personne capable de nous aider à battre les Boches. Mais je refuse d'être dérangé par des déclarations inconsistantes de gens qui ne comprennent rien à la politique, mais nourrissent simplement des préjugés contre les personnalités politiques de gauche. Je dois examiner le dossier Dolivet élaboré par le colonel Vivian. Je vous prie de faire le nécessaire.

Toujours le 22 mai, Dalton, qui ne digère pas la position de « C », revient longuement sur le cas Dolivet, dans une note au CEO, après avoir étudié derechef et avec grande attention son dossier, qu'il qualifie de « compilation suspecte » :

> Je note sans déplaisir que, dans les premiers temps, mes officiers étaient tout à fait disposés à enrôler Dolivet. Tout à fait franchement, ils pensaient qu'un homme qui a aidé à créer 200 cellules de 4 à 5 personnes chacune, prêtes à travailler avec le SOE en France occupée et non occupée, valait la peine d'être cultivé, d'autant plus qu'à ce jour nous manquons cruellement de contacts en France. Quelques progrès avaient été réalisés jusqu'à ce que le commandant Arnold Forster soit intervenu, le 16 avril [...]. Le 13 mai, un télégramme encore plus déplorable fut envoyé par le SO2. Et je ne le vis — tout comme vous — qu'après qu'il

eut été envoyé. Je m'en veux de n'avoir pas assez vigoureusement réclamé qu'il me soit montré avant d'être expédié. J'ai sélectionné et souligné les phrases les plus contestables. Mais, sur l'instant, je n'ai pas demandé qui était responsable du contenu de ce texte et de son envoi. Je dois maintenant voir cette personne et avoir une franche conversation avec elle.

Dalton, ministre travailliste, ne supporte pas cet empiètement sur ses compétences politiques, visant à éliminer des gens qu'il connaît et qui sont *grosso modo* de son bord. Il poursuit :

> « *Dolivet et Pierre Cot les utilisent à des fins politiques* ». Qu'est-ce que cela signifie ? « *Les gens qui comptent le plus en France n'accepteront jamais que ce groupe exerce un pouvoir politique en France.* » Qui sont ces gens supérieurs ? Le Comité des Forges ? Les Croix-de-Feu ? Le comte de Paris ? Ou qui d'autre ? Je souhaite que quiconque a été à l'origine de l'envoi de ce télégramme réponde à cette question. En tout cas, un tel télégramme, exhalant une mauvaise odeur de controverse politicienne, n'aurait jamais dû être envoyé sans qu'on m'en ait fait part. Tous les officiers responsables du SO2 doivent comprendre que ces questions qui soulèvent des problèmes politiques doivent m'être préalablement soumises.
>
> Pour finir, le télégramme de X2 à D/T du 21 avril fait montre d'une incroyable naïveté politique dans ses références à l'International Peace Campaign (RUP). J'ai rédigé un mémorandum sur les conversations que j'ai eues la nuit dernière avec des gens qui connaissent personnellement Dolivet et Cot. Vous pouvez le montrer aux officiers responsables à la fois du SO2 et de l'organisation de « C ». S'il y a quelque part un dossier contre Cot, je désire le voir. Je suis tout disposé à prendre en compte avec sang-froid des éléments de preuves, pas à être entravé par des amateurs politiquement mal informés.

L'affaire Dolivet-Cot secoue le gotha du renseignement et de la subversion britanniques et contraint le major-général sir Stewart Menzies, chef de l'Intelligence Service, auteur de la directive contre les « frontpopularistes », à rendre visite à Hugh Dalton en ses bureaux du SOE, sur Baker Street, le 23 mai. Hugh Dalton a raconté l'entrevue à son directeur opérationnel :

> J'ai commencé par dire que j'étais sûr que lui comme moi avions le même objectif : d'utiliser tous instruments contre les

> Boches. En décidant lesquels sont utiles, nous devons juger froidement sur la base de preuves et non nous laisser influencer soit par des préjugés politiques, soit par des rumeurs inconsistantes. Il a dit qu'il était d'accord. Nous avons alors parlé de Dolivet. Il m'a montré un document contenant à première vue une preuve que cet homme n'était pas utilisable. J'ai dit que j'aimerais l'examiner de plus près. Il m'a répondu qu'il vous en avait déjà donné une copie. Je vous prie de me la faire parvenir. J'ai dit à « C » que je la vérifierai par mes propres moyens.

Le document montré par « C » émanait de l'Intelligence Service. Que dit donc ce texte pour avoir ébranlé Hugh Dalton, pourtant si bien disposé à l'égard de Dolivet ?

Il fournit d'abord son nom et ses pseudos : « Louis Dolivet, alias Ludovic Brecher, alias Ulianu, alias Bovet », puis développe les faits connus à son sujet en cinq points :

1) Les services britanniques de sécurité et de renseignement ont commencé à s'intéresser à Dolivet en 1935 quand ils apprirent qu'il avait des contacts avec des membres du Parti communiste de Grande-Bretagne et avait été à Moscou. Dans le même temps, Dolivet attirait l'attention des autorités françaises par ses articles dans *Monde*, spécialement ceux concernant une manifestation antifasciste, une action d'inspiration communiste.

2) Dolivet était également connu pour avoir été associé au « Comité contre la guerre et le fascisme », organisation dirigée par le Komintern, et pour avoir été en relation avec Willi Münzenberg. Ce dernier était considéré comme un des fonctionnaires internationaux les plus efficaces du Komintern, dont le rôle particulier était la popularisation des causes défendues sur la base de « fronts unis », alors même que les organisations en question, ostensiblement libérales, travaillistes ou antifascistes, étaient en réalité dirigées en sous-main par les communistes à des fins kominterniennes.

3) Compte tenu de ce qui précède, Dolivet était considéré comme un individu ayant servi les objectifs du Komintern.

4) En 1935 et 1936, Dolivet était connu pour avoir séjourné plusieurs fois en Grande-Bretagne et y avoir été en relation avec des mouvements d'inspiration communiste, avec un passeport roumain au nom de Ludovic Brecher. Une enquête menée par le Sûreté française révélait qu'il était aussi connu sous le nom

d'Ulianu (nom également roumain, mais peut-être un autre pseudo) ; qu'en 1934, il avait pris part au soulèvement des Asturies ; qu'en 1934-1936, il avait voyagé fréquemment en Tchécoslovaquie (où ses parents sont réputés habiter), en Suisse et en Grande-Bretagne, utilisant trois passeports à des identités et des nationalités différentes ; et que ses opinions étaient définitivement proches du Komintern.

5) Devenu ensuite secrétaire général international d'un RUP regroupant des sympathisants communistes, Dolivet s'attira beaucoup de sympathies dans les rangs de l'opposition, à la fin des années 30, dans la mouvance du Labour Party et des syndicats. C'est à cette époque qu'il fit la connaissance de lord Cecil et de Philip Noel-Baker.

Hugh Dalton reprend le compte rendu de son entretien avec le patron de l'Intelligence Service :

> Nous parlâmes alors de Cot. Contre lui, « C » ne disposait pas de preuve décisive, hormis une conversation, captée dans un train, avec un pilote français qui prétendait que leurs avions n'étaient pas bons et que Cot n'était qu'un escroc.
>
> — Vous m'avez dit que le Foreign Office a ou avait un dossier contre Cot. Pourriez-vous faire en sorte que je le voie pour former mon propre jugement ? Vous avez pu lire depuis lors le livre de Cot intitulé *L'Armée de l'air*.
>
> « C » m'a répondu que, quoi qu'il en soit, il ne serait pas sage d'utiliser un homme aussi haï que Cot. J'ai répondu que là n'était pas la question. Ce que je désirais savoir, c'était s'il existait un véritable dossier contre Cot. J'ai compris que « C » avait lu le mémorandum de ma conversation avec lord Cecil et les Noel-Baker.
>
> J'ai alors repris avec « C » le texte du télégramme du 14 mai. Il est convenu qu'il n'aurait jamais dû être envoyé sous cette forme. J'ai dit que j'en étais bien d'accord. Un télégramme aussi politique et aussi ambigu aurait dû m'être soumis avant envoi. Je lui ai demandé qui étaient ces *« gens qui comptent le plus en France »*. Il a répondu qu'il entendait par là ses propres contacts actuels, et il a ajouté qu'il réussirait ou échouerait avec eux dans les prochaines semaines, au plus tard dans un mois.
>
> J'ai alors abordé la directive faisant état de la décision des chefs d'état-major de s'opposer à toute utilisation des « frontpopularistes ». J'évoquai ensuite la proposition faite hier par le

> major Morton, consistant à monter une action en s'appuyant sur les syndicalistes, et j'ai objecté que la position des chefs d'état-major nous l'interdisait. Si les mots signifiaient quelque chose, cette note interdisait également les contacts avec certains membres de l'entourage du général de Gaulle qui avaient été associés au Front populaire. « C » m'a déclaré qu'il retirerait cette directive, qui était mal formulée. Je lui ai dit que je lui serais obligé, s'il la retirait, de bien vouloir m'en faire part par écrit. Il m'a répondu qu'il agirait ainsi. Je vous prie de bien vouloir le lui rappeler...

Malgré cette mise au point avec « C », Dalton continue à suivre l'affaire. Le 29 mai, il rédige une nouvelle note sur le sujet. Il réserve son jugement tant qu'il n'aura pas pris le temps d'analyser les documents qu'on lui a promis. Il revient sur le télégramme envoyé par le SO2 sans son aval, qui est « positivement naïf », particulièrement la fin du paragraphe 6 dont les deux dernières phrases constituent, selon Dalton, « un vrai bijou !!! ». Cela revient à dire, commente-t-il, que le président Roosevelt est

> plus « politique » que constructif. Or les Américains parlent encore librement de combattre et travailler pour la démocratie, même si je suis conscient des efforts constants déployés ici même pour laisser tomber le mot [...]. Ce paragraphe 6 vaut aussi pour Cot... Quant à savoir si Cot et Dolivet *« ont encore de l'influence en France »*, cela dépend où et auprès de qui. Probablement Cot a-t-il encore au moins de l'influence en Savoie où il était élu député. Dolivet en a aussi probablement dans certains cercles, mais le problème est de savoir lesquels. Quoi qu'il en soit, j'approuve les tentatives de ces Américains sincères d'essayer d'utiliser Pacciardi[1]. Et, à ce stade, nous ne devrions pas fermer nos esprits à la possibilité d'utiliser Brooks, un peu plus tard, dans la France de Vichy. Mais, avant de décider quoi que ce soit à ce sujet, il faut m'en parler !

Quelques jours plus tard, le 2 juin, Dalton relance encore une fois son directeur à propos de l'affaire Dolivet-Cot :

---

1. Allusion à l'une des missions de Robert Dexter, qui devait contacter et utiliser l'antifasciste italien Pacciardi.

> Je n'ai toujours pas reçu le papier de « C » sur Dolivet, bien que je l'aie demandé à plusieurs reprises. Je ne pensais pas que je devrais faire une autre note pour l'obtenir, mais il semble que j'y sois contraint. Ou SO2 a ce document, ou c'est « C » qui l'a ; si le premier l'a, faites en sorte de me le faire parvenir ; si c'est le second... Dans les deux cas, je le veux sans autre délai supplémentaire.

Sous la signature de Hugh Dalton, on peut lire cette mention manuscrite : « Les papiers sont maintenant arrivés et retournés à Mr. Jebb pour avis. La décision finale sera prise par le MI 5. »

Pendant que se déroulent ces importantes discussions à Londres, Dolivet n'est pas resté les deux pieds dans le même sabot. Dans le courant du mois de juin 1941, il réussit à remonter une organisation qui est largement calquée sur le RUP. L'idée dominante est que la guerre ne se gagnera pas seulement par les armes, mais aussi grâce à un effort politique, à partir d'une union des forces antifascistes. Le 15 juin, à Washington, une conférence réunit des représentants de seize pays et crée l'International Free World Association. Le 3 juillet, des émissions sur ondes courtes préviennent tous les pays de la création officielle de cette association. Free World se veut un instrument de coordination de tous les efforts existants. Dolivet a toutefois transformé l'objectif du RUP : au lieu de s'efforcer de prévenir la guerre en combattant le fascisme, il entend maintenant que l'instance ainsi créée devienne un rouage important pour gagner la guerre contre Hitler. Son second but est de contribuer à l'organisation d'un monde démocratique basé sur les principes de la sécurité collective, de la liberté et de la justice sociale. Hier, le RUP soutenait la SDN qui a « explosé » avec le déclenchement de la guerre. Free World participera à la création d'une SDN rénovée, une « Organisation des Nations unies ».

Pour résumer, Dolivet et ses amis rêvent d'installer aux États-Unis, en lieu et place de Londres, le centre de coordination de toutes les luttes de libération en Europe et en Asie. Dolivet pense toujours que la guerre se gagnera ou se perdra aux États-Unis. Et il ne cache pas que les structures de base de l'association existent déjà en Europe et en Asie : ce sont celles du RUP.

Immédiatement, l'association fait entendre sa voix, trois fois par semaine, sur ondes courtes. Dolivet déclare que l'aptitude du gouvernement britannique et de ses services de renseignement à mettre sur pied la résistance dépendra totalement de la loyauté de l'opposition. Il n'est probablement pas loin de penser, voire de dire, qu'il a entre les mains quelques clés de ce succès. Avec un Cot qui n'est plus son patron, Dolivet est convaincu qu'il est en train de faire l'histoire, quelle que soit la suite que les actions qu'il a lancées connaîtront à Londres, Marseille ou Genève. Il est persuadé de disposer des cartes maîtresses et d'avoir bouleversé la hiérarchie au sein de la « bande à Cot ». Jean Moulin n'est plus alors qu'un pion lointain dans son dispositif.

Free World entend promouvoir par tous les moyens les mouvements de résistance et d'opposition aux envahisseurs de l'Axe. La façade américaine de l'association est Clark Eichelberger, président du Comité pour défendre l'Amérique en aidant les Alliés. Un magazine intitulé *Free World* est lancé en même temps et va évidemment être animé par Louis Dolivet. Parmi la première liste des membres, on retrouve les principales personnalités qui étaient des habitués du palais de la SDN. L'attaque allemande contre l'URSS, en juin 1941, libère tous ces gens, habitués au combat antifasciste aux côtés des Soviétiques, et qui n'avaient pas tous bien digéré la conclusion du pacte Molotov-Ribbentrop...

Au début de juillet 1941, Dalton n'a pas complètement tranché l'affaire Dolivet-Cot, puisqu'il dicte un télégramme destiné à la branche du SOE de New York, signalant qu'il y « avait un conflit à propos de Dolivet. Quelques-uns, qui le connaissaient bien, pensaient qu'il était un grand ami de notre cause et avait beaucoup de contacts utiles en France. D'autres éléments suggéraient qu'il avait eu un contact récent avec le Komintern. Il ne devait donc pas être utilisé pour le moment, mais cette décision pourrait être reconsidérée ultérieurement[1]. »

À ce stade du récit, il est important de souligner que ce sont

1. D'après une lettre de M. Duncan Stuart, CMG, SOE Adviser, datée du 8 octobre 1997.

les vieilles fiches de l'Intelligence Service sur le kominternien Dolivet et le conservatisme de « C » et des chefs militaires britanniques qui ont empêché Louis Dolivet de devenir l'homme clé du SOE en France, et la « bande à Cot » de jouer ainsi un rôle déterminant au sein de la Résistance française…

19

Moulin à Marseille

Une fois de plus, c'est Antoinette Sachs qui tient la chronique. Depuis décembre 1940, elle connaît les allées et venues de « monsieur Mercier », installé comme elle à l'Hôtel moderne, à Marseille. La convocation pour venir témoigner au procès de Riom, le 5 mai 1941, est arrivée à Saint-Andiol. Elle a été réexpédiée sur Marseille. « Monsieur Mercier » a presque complètement rasé sa moustache pour prendre le train. Il se dirige directement vers le palais de Justice et demande à être entendu rapidement, à cause de la rareté des trains. Moulin obtient satisfaction et, devant le juge, défend courageusement Pierre Cot, son ancien patron :

> À mon avis, M. Pierre Cot a été l'homme le plus mal jugé de son époque et je lui conserve toute mon estime, tant sur le plan politique que sur le plan intellectuel et moral. Par ailleurs, son patriotisme ne peut être soupçonné. Il avait eu une très belle conduite pendant la guerre et il a continué à manifester son patriotisme pendant toute la durée de son ministère. Il a fait tous ses efforts pour améliorer l'état de l'aviation dans les limites des possibilités qui lui étaient offertes et des crédits qui lui étaient accordés.

Interrogé sur l'aide apportée aux républicains espagnols, le témoin a éludé, et il faut reconnaître qu'il n'a guère été « cuisiné ». Après l'audience, la justice lui accorde 140 francs de défraiements. Pendant le trajet de retour, Jean Moulin se retransforme progressivement en « monsieur Mercier ». À la gare, Antoinette l'attend pour lui redonner ses papiers à ce nom, reprendre ses vrais papiers au nom de Moulin, et surveiller les abords. Tout se passe comme convenu. L'un derrière l'autre, les deux amis se dirigent vers l'Hôtel moderne en faisant beaucoup de détours et en s'arrêtant devant les devantures pour détecter d'éventuelles filatures. La nuit tombée depuis longtemps, tous deux s'engouffrent à l'intérieur de l'hôtel.

À part sa rencontre déterminante avec Henri Frenay, décrite au prochain chapitre, on ne connaît pas grand-chose des activités de Jean Moulin au cours de cette période passée dans l'attente de papiers pour partir. Les bribes rapportées par les uns et par les autres ne permettent pas de reconnaître un quelconque plan d'ensemble. Assisté de Manhès, Sachs, Meunier, Chambeiron et Panier, Moulin voit beaucoup de monde. Il est toujours dans la phase de recensement des « résistants potentiels ». Il rencontre aussi les contacts noués avec Dolivet : les consuls de Chine, de Tchécoslovaquie et des États-Unis. Il envoie à Paris Manhès qui y rencontre Maurice Ripoche, ancien Croix-de-Feu comme lui, et les hommes qui sont en train de créer le mouvement Ceux de la Libération. Moulin se rend pour sa part à Lyon où il rencontre Rémy Roure, Paul Bastid, qui, de leur côté, se démènent pour « faire quelque chose », créer des organisations de patriotes.

À Marseille, il rencontre « son » ancienne infirmière de Chartres, Jane Boullen, qui, par peur d'être arrêtée en zone occupée, s'est réfugiée en zone non occupée où elle a réussi à se faire accepter à l'état-major de l'armée de l'air, basé à Aix-en-Provence. Elle a raconté elle aussi ses souvenirs[1], mais elle se montre encore moins précise sur les dates qu'Antoinette Sachs, et elle a tendance, plus encore que celle-ci, à s'attribuer la... maternité des actions de Jean Moulin. À l'en croire, par exemple, c'est elle qui aurait organisé son départ pour Lisbonne. Il est néanmoins incontestable qu'elle a joué un rôle. Protestante, elle a introduit Moulin dans les milieux réformés, notamment auprès de Jacques Monod et du pasteur Heuzé. Elle entre en rapport avec le pasteur Brooks, à l'Unitarian Service Committee, et affirme qu'elle participe à des réunions au siège de l'USC,

1. Texte trouvé dans les archives de la FNDIRP.

rue Fortia, confirmant ainsi le rôle du « comité » et de son directeur Noel Field dans notre histoire. Beaucoup de gens observent avec grand intérêt ce qui se passe à l'USC, notamment les services secrets allemands. Dans un article intitulé « Le cas Joy », le *Volkischer Beobachter* du 4 octobre 1941 décrit ainsi une partie cachée des activités du « comité » que même les patrons américains des unitariens ne connaissent vraisemblablement pas. Notamment ses relations avec le département d'État à Marseille, *via* Bingham, vieille connaissance de Dolivet et de Moulin... Sans toujours comprendre comment tous les gens que cite Jane Boullen gravitent autour du projet de Jean Moulin, on peut seulement constater que l'ancien préfet de Chartres entretient des contacts dans de très nombreux milieux : le général Houdemond ; le consul de Chine, « un fort joli garçon qui transmet les messages par je ne sais quelles combinaisons », confirmant le rôle des anciens Chinois du RUP, d'abord aux côtés de Louis Dolivet, puis de Moulin ; Mme Keller, présidente de la Croix-Rouge de Marseille, etc., etc.

Pendant toute cette période, c'est néanmoins Antoinette qui est la collaboratrice la plus proche de Moulin. On a vu que, s'ils logent tous deux à l'Hôtel moderne, ils ont néanmoins chacun leur chambre, mais que, quand Moulin part, il lui confie sa clé. Elle peut ainsi donner à sa chambre une apparence de désordre alors que son occupant est déjà loin : mettre un pyjama en vue, voire du linge de femme... Il ne dépose jamais ses chaussures sur le palier ni ne donne jamais son linge au blanchissage. Il paie toujours un mois d'avance. Tous deux sont persuadés que la femme blonde qui se tient continuellement au bas de l'hôtel est payée par les Allemands. Ils se rendent de temps à autre à La Marquise de Sévigné, 29, rue Saint-Ferréol, où la propriétaire a pris l'habitude de les voir et de les gâter en leur offrant des pots de confiture et du chocolat. Ils mangent souvent au Tapis vert (il réagit de manière incontrôlée si on lui présente des betteraves rouges, dont il a une sainte horreur), s'asseyent au café Pigalle. Le soir, Moulin lit une histoire de l'Angleterre et Antoinette lui fait répéter son anglais[1]...

1. *In* papiers d'Antoinette Sachs.

Femme aux très nombreuses relations mondaines, Antoinette rencontre le chevalier Jean de Thier, directeur belge du journal *La Meuse*, réfugié en France[1], et lui demande s'il ne peut pas faire partir son « Canadien » dans un convoi d'Anglais que Vichy et Londres ont décidé d'échanger. Moulin rencontre à plusieurs reprises le chevalier. L'affaire rate, car le Belge ne pense bientôt plus qu'à une nouvelle élue de son cœur avec qui il se mariera.

Antoinette s'accroche ensuite à Gustav Liechti, un Suisse associé de la banque Seligmann qui se dit envoyé par la Croix-Rouge pour faire embarquer clandestinement des sujets traqués pour l'Amérique du Sud. Elle a été impressionnée par son passé glorieux lors de la guerre de 14-18, mais elle se méfie néanmoins du personnage, qui fait une consommation immodérée de champagne. « Monsieur Mercier » ne le rencontre qu'une fois, sans qu'il connaisse sa véritable identité. Liechti affirmait verser 10 000 francs suisses au capitaine du bateau pour chaque passager clandestin. Les fuyards partaient déguisés en soutiers et étaient embarqués de nuit, l'avant-veille du départ. Liechti inspira confiance à « Mercier » qui lui laissa une belle somme d'argent : il était vraiment convaincu d'avoir trouvé la bonne filière. Las, l'opération échoua ! Plus tard, Liechti menaça Antoinette de la dénoncer aux autorités suisses quand celle-ci réclama l'argent que Moulin lui avait confié.

Antoinette s'adressa également à Jean Frayssinet, qu'elle prenait pour un ami mais qui refusa de réserver une place sur un de ses bateaux, faute de visa[2].

Dans le même temps, « Mercier » tentait toujours d'obtenir le visa portugais qui seul lui aurait permis de quitter officiellement Marseille. Il en avait fait la demande en février, et l'été était déjà bien avancé qu'il ne figurait toujours pas sur les listes des heureux bénéficiaires. Antoinette et son ami allaient régulièrement au consulat. C'est grâce aux interventions conjointes d'un

1. Au fur et à mesure de l'avancée allemande, l'équipe rédactionnelle s'est repliée d'abord à Bruxelles, puis à Paris (dans les bureaux de *Paris-Soir*). L'édition du journal s'est arrêtée avec la chute de Paris.

2. Toutes ces tentatives de départ de Jean Moulin sont décrites par Antoinette Sachs. Papiers déposés au musée Jean-Moulin.

quaker — probablement Noel Field — et du consul de Chine que « Mercier » et Antoinette déjeunèrent finalement avec le consul du Portugal, lequel promit d'intervenir et tint parole. « Mercier » obtint son visa espagnol le 19 août et son visa portugais le lendemain, après six mois d'attente.

Le destin de Jean Moulin aurait sans nul doute été différent s'il avait pu quitter la France plus tôt. Les principaux contacts qui lui permettront de réussir sa mission, quelques mois plus tard, ont en effet été pris dans le courant de cet été 1941, alors qu'il attendait son visa pour le Portugal...

20

Importante rencontre avec Frenay. Jean Moulin, agent américain ?

Toutes les discussions dans les bureaux de Londres n'ont pas empêché le voyage de Brooks et Dexter de se dérouler, mais en ont quelque peu changé le cours. Il est possible de reconstituer une partie au moins de ce voyage à partir des dossiers de l'OSS, notamment du rapport du pasteur Brooks, rédigé à l'intention de Louis Dolivet, Pierre Cot et Henri Laugier qui l'avaient envoyé en France, ainsi que d'un rapport du même Brooks fait au SOE. Brooks a également écrit sur ce voyage un livre qui est certes romancé, pour ne pas mettre les hommes qu'il a rencontrés en difficulté.

Brooks est parti au titre d'assistant du docteur Robert C. Dexter et comme représentant des trois Français de Free World, tout spécialement de Louis Dolivet qui lui a donné quelques noms de personnes à contacter en France, dont celui de Jean Moulin. Une mission qui, on l'a vu, est encadrée à la fois par les autorités américaines et britanniques.

Brooks arrive à Lisbonne le 29 avril et y reste, aux côtés de Robert Dexter, patron de l'Unitarian Service Committee pour l'Europe, jusqu'au 20 mai. Premier raté : Li Yu Ying, l'ancien du RUP, qui devait être le pivot de l'organisation de Dolivet en France, quitte ce pays au moment précis où Brooks arrive à Lisbonne pour y rejoindre Dexter. Le pasteur Brooks, désemparé, est contraint de demander des instructions nouvelles à Dolivet...

Le 20 mai, Brooks et Dexter partent pour Marseille où ils arrivent le 22. Ils s'installent au 15, rue Fortia, dans les locaux de l'Unitarian Service Committee dirigé par l'Américain Noel Field, que connaît bien Louis Dolivet.

Les objectifs fixés au pasteur Brooks par Dolivet sont les suivants :

• mettre sur pied un service de communication pour pourvoir l'opinion française en informations plus fréquentes et plus vraies sur le déroulement de la guerre, sur la détermination américaine et sur les Français libres ;

• doter ce service d'une antenne basée à Genève, qui permettrait d'envoyer hors de France les nouvelles provenant des mouvements de résistance, des parlementaires, des personnalités opposées au nazisme, des administrateurs des colonies, etc., en vue d'établir une véritable coopération entre eux et les forces combattantes de l'extérieur ;

• encourager et aider les mouvements de résistance en France et dans les colonies dans leur lutte contre le nazisme et les collaborationnistes.

Il s'agit ni plus ni moins de la mise sur pied de l'organisation Dolivet-Cot, basée sur un système de communication avec les États-Unis. Une organisation de résistance sur laquelle les Américains ont l'œil.

Dans l'ignorance de l'interdiction lancée contre Dolivet par sir Stewart Menzies, le fameux et tout-puissant « C », et répercutée par Hugh Dalton, le pasteur Brooks et Robert Dexter, sitôt arrivés à Marseille, repartent pour Genève où ils comptent remplir leur mission les 25 et 26 mai : à savoir monter un système sûr d'envoi de câbles à miss Olson, l'assistante de Dolivet à New York. Ils doivent d'abord contacter un M. Lang, qui avait lui-même déjà été approché par Sullivan, l'homme du SOE, lequel avait reçu pour instruction d'aider ce M. Lang, jusqu'à ce que les nouvelles directives de Dalton aient été diffusées…

Dexter et Brooks n'ont donc pas vu Sullivan. Ils sont ensuite repartis pour Marseille. Le 6 juin, Lang a averti Brooks qu'il avait bien remis le message à Sullivan. Ensuite, persuadé de la bonne marche du système, Brooks a envoyé chaque semaine un câble à Genève, *via* l'attaché commercial à Lyon, mais aucun n'est parvenu à miss Olson. Brooks ne l'a appris que quelques mois plus tard et a expliqué alors à un agent de l'OSS que le système qu'il avait installé avait bien fonctionné jusqu'à Londres, mais que Londres n'avait pas répercuté les informations jusqu'à miss Olson, c'est-à-dire à Louis Dolivet. Mais un Dolivet « dont le principal objectif, en initiant ces échanges, était d'obtenir certaines informations pour lui-même et son organisation ».

Après sa mission à Genève, le pasteur Brooks s'est installé à l'Unitarian Service Committee avec Noel Field, l'ami de Dolivet, de Bingham et de Donald Lowrie, dont on sait qu'il est aussi un agent de Moscou. Il y retrouve ce que Bingham, dans une lettre envoyée à Dolivet au début de 1942, appelle la *« Marseille connection »*. Ces trois Américains sont des « sésames » importants de la Résistance. Leurs fonctions et leur activisme en font certainement les meilleurs connaisseurs des mouvements clandestins qui ont tous recours à eux pour aider un ami ou un proche pourchassé à quitter la France. La venue de Brooks en France est connue de l'ambassade américaine à Vichy, au point qu'elle a demandé au pasteur d'emmener avec lui la famille d'André Philip aux États-Unis[1]. Si bien qu'on peut redire que la mission Brooks est une mission conjointe des États-Unis et de Cot-Dolivet. Le pasteur Brooks rencontre Jean Moulin au siège marseillais de l'Unitarian Service Committe et lui remet des attestations prouvant que ce dernier est professeur de droit administratif à Columbia, ainsi qu'une médaille de cette université[2]. Moulin et Brooks se voient plusieurs fois.

Brooks fait flèche de tout bois. Il se livre à un recensement systématique des mouvements clandestins et de l'état des syndicats, partis politiques, mouvements religieux, et dresse plus généralement un bilan de l'opinion publique en zone non occupée. Il a un bon contact avec la CGT. La question du départ de France de Jouhaux est étudiée avec Varian Fry, patron du Comité américain de secours.

1. Le pasteur est venu chercher les enfants Philip au Chambon-sur-Lignon et les a accompagnés jusqu'à Lisbonne, puis sur le bateau jusqu'à New York. Le préfet Olivier Philip s'en souvient fort bien et évoque un détail qui l'avait frappé : « Le pasteur était nudiste… »

2. *In* Laure Moulin, *op. cit.*

Même si le pasteur ne réussit pas à contacter tous les gens dont les noms lui ont été donnés par Dolivet, sa mission a néanmoins servi à mieux faire connaître aux États-Unis la situation en France. Au bout de trois mois de séjour dans ce pays, le pasteur unitarien a décrit trois catégories de mouvements clandestins :

1) les démocrates, les travailleurs et les mouvements religieux ;

2) les « De Gaullistes » ;

3) les mouvements militaires et nationalistes.

Aux yeux du pasteur, malgré certaines ébauches, « on peut dire sans l'ombre d'une hésitation qu'un effort de coordination reste essentiel ».

Brooks décrit les trois principaux mouvements de zone Sud en insistant sur le plus important, Libération nationale, dirigé par Henri Frenay. Autrement dit, Brooks, pour le compte de Cot-Dolivet et des Américains, a réussi, à la mi-1941, à mener à bien une étude sur la Résistance, et à nouer des contacts au moins équivalents sinon meilleurs que ceux du Deuxième Bureau de Passy et du SOE ! Brooks a rencontré Henri Frenay à deux reprises, la seconde fois au consulat britannique à Lyon : étaient présents deux vice-consuls américains, Frenay, un prêtre catholique et lui-même. Le programme de Frenay est expliqué clairement : d'abord, fournir des informations aux Français ; ensuite, envoyer des informations importantes à Londres ; enfin, préparer un groupe de gens à l'action militaire pour quand les Anglais débarqueront et en coopération avec eux. Par le major Robert Schow[1], attaché militaire américain à Vichy, Frenay aurait demandé des armes aux Anglais. Robert Schow était encore la seule source officielle de renseignements des Américains en zone non occupée. Il recevait surtout des informations du SR de l'armée française… C'est donc à la suite de démarches de Schow que le contact a été établi entre Frenay et Londres, qui lui a demandé s'il préférait recevoir les armes « par avion ou par bateau ». Il a répondu « par bateau » et n'a plus entendu parler de rien…

1. Il deviendra n° 2 de la CIA de 1949 à 1951.

Le capitaine Henri Frenay a quitté le Deuxième Bureau de l'armée au début de 1941 parce qu'il devenait de plus en plus difficile de concilier ses activités officielles avec ses activités de résistance qu'il menait depuis Vichy. Il entre alors dans la clandestinité pour monter sa propre organisation de résistance, tout en restant en relation avec ses anciens collègues de l'armée d'armistice prêts à se battre. Frenay est un militaire atypique. « Je lui ai dit qu'il se croyait de gauche, alors que c'était un vrai homme de droite », raconte Pierre de Bénouville[1]. Ancien saint-cyrien, Lyonnais d'origine, il a été élevé dans une famille catholique très pratiquante, mais, en 1934, à l'âge de vingt-neuf ans, il a rencontré une femme de douze ans son aînée, qui l'a beaucoup marqué. Bertie Albrecht est protestante et très engagée à gauche. Elle milite aux Amis de l'URSS, à la Ligue des droits de l'homme, et fait de la politique aux côtés des socialistes et des communistes. Quand Henri Frenay « monte » à Paris pour faire l'École de guerre, les deux amants se voient constamment. Henri en vient à épouser les idées de Bertie. Elle le sensibilise à la montée du nazisme, lui fait lire *Mein Kampf.* « J'ai rencontré dans le salon de Bertie des gens qui étaient pour moi d'une espèce encore inconnue : gauche, extrême gauche, libres penseurs, francs-maçons, qui m'ont fait découvrir des horizons moraux, politiques et psychologiques tout à fait différents de ceux que j'avais connus jusqu'alors », se souvenait Frenay[2]. Il voit également dans le salon de Bertie des réfugiés allemands, souvent juifs, qui ont fui l'hitlérisme. Bertie milite au Comité d'aide à l'Éthiopie, ce comité dans lequel Louis Dolivet a entraîné Pierre Cot. Même si nous n'en avons pas trouvé trace, il est plus que probable que Bertie — et donc peut-être Henri — a côtoyé dès cette époque quelques-uns des principaux acteurs de notre histoire. D'autant plus que, sitôt après le déclenchement de la guerre d'Espagne, Bertie Albrecht milite au Comité international de coordination et d'information pour l'aide à l'Espagne républicaine aux côtés de Victor Basch, de Paul Langevin, et se

1. Entretien avec l'auteur, décembre 1997.
2. *In Bertie*, de Mireille Albrecht, Robert Laffont, Paris, 1986, où j'ai puisé également des éléments du portrait d'Henri Frenay.

retrouve au cœur du combat en faveur des républicains. Le militantisme de Bertie la conduit, elle, la grande bourgeoise, à changer de vie. À quarante-trois ans, elle prépare l'École des surintendantes d'usine pour pouvoir « servir », se rendre utile. Bertie rejoint Henri à Vichy et devient sa principale collaboratrice. Elle trouve un travail de couverture au Commissariat contre le chômage et, la nuit, rédige avec Frenay le bulletin d'informations rapportant les nouvelles de la guerre, le comportement des troupes allemandes, le pillage de la France par l'occupant, les premières manifestations de résistance. Elle tape le bulletin en dix-huit exemplaires qui sont envoyés à diverses personnalités de Vichy. C'est le début de la presse clandestine. Début 1941, Bertie passe une bonne partie de son temps « libre » à recruter des personnes désireuses d'entrer dans la Résistance. Henri Frenay s'étant installé à Lyon en mars 1941, elle le rejoint en avril. Le mouvement est déjà représenté dans quatre départements de la zone Sud et Henri a réussi à nouer des contacts utiles avec le Deuxième Bureau de Lyon. Et, comme on l'a vu, avec le pasteur Brooks... L'Américain a reçu suffisamment de confidences de Frenay pour être au courant de ses efforts de coordination avec les différents groupes de résistance dans les deux zones. Frenay cherche à établir une liaison sûre avec les Anglais à Londres ; Brooks pense que c'est par le vice-consul américain représentant les intérêts britanniques à Lyon. Devant lui, Frenay s'est montré très dur avec les « De Gaullistes » en qui il n'a aucune confiance et avec qui il ne souhaite pas travailler. Une attitude qui est beaucoup plus explicite que Frenay n'a bien voulu le reconnaître après la guerre.

Pourquoi cette attitude de Frenay ?

> Les « De Gaullistes », explique le pasteur Brooks dans son rapport, ont causé plusieurs malencontreuses effusions de sang, d'abord à Dakar. Un certain nombre de gens savent en effet que, dix jours avant Dakar, « tout le monde à Londres » parlait de ce qui allait arriver. Il y eut même un banquet où un toast fut porté à Dakar. Au printemps dernier, un membre de « Libération » envoya de l'information à Londres sur son mouvement. À son grand désarroi, il entendit une voix de la BBC dire : « Nous sommes très reconnaissants à nos amis de Libération de Lyon de faire un si bon travail. » Les « De Gaullistes » de Londres sont

> suspectés de ne pas vouloir une pleine coopération entre Londres et les mouvements de résistance. Au début, Frenay a fait appel aux Français sur une base strictement nationaliste. Il a découragé les gens de rejoindre de Gaulle, soulignant qu'il y avait grand besoin de personnalités en France, qu'il y avait un travail important à faire en France même. Il proclamait que leur mouvement était vraiment français et n'avait besoin d'aucune aide de l'étranger... De Gaulle lui-même est vu comme un militaire, un symbole de courage, mais un homme qui n'est pas favorable à la démocratie, sans plan social, et sérieusement handicapé par son manque de sens politique. Tout en souhaitant ses succès militaires, on pense qu'il n'est pas l'homme idoine pour représenter le peuple français.

Fort de cette intimité avec Henri Frenay, chef du principal mouvement de résistance, en passe de s'imposer comme l'incontestable patron de la Résistance intérieure, le pasteur Brooks lui demande de recevoir un haut fonctionnaire français qui désire le voir avant de passer en Angleterre. Brooks se porte garant de lui[1]. Ce haut fonctionnaire n'est autre que Jean Moulin. Cette rencontre déterminante pour notre histoire, mais surtout pour celle de la France, est patronnée par l'organisation Dolivet, notamment par Noel Field[2] — et donc par les Américains.

Frenay fixe le rendez-vous chez son ami le docteur Marcel Recordier. Nous ne retiendrons du compte rendu livré par Frenay dans son livre *La nuit finira* que les détails matériels, car nous pensons que des raisons d'opportunité politique l'ont empêché de traduire fidèlement leur conversation pour tout ce qui a trait à ce que Frenay pense alors du général de Gaulle et de son rôle futur. Il écrit en effet qu'il souhaitait que les mouvements, dont le sien, se regroupent derrière le Général, qui doit être « le fédérateur de la Résistance et nous apporter l'aide en argent, en liaisons, en armes dont nous avons un besoin pressant ». Pour ce que pense et vraisemblablement dit Frenay à cette époque, nous privilégions le compte rendu (reproduit ci-dessus) fait par le pasteur Brooks, qui n'avait aucun intérêt particulier à dénaturer

1. *In La nuit finira*, d'Henri Frenay, Robert Laffont, Paris, 1973.
2. Malheureusement, toutes les archives de l'Unitarian Service Committee entre 1940 et 1942 ont disparu.

ses deux entretiens avec le principal résistant de l'été 1941. Lequel Brooks a d'ailleurs confirmé ces informations aux services secrets britanniques[1].

Nous croyons Frenay quand il écrit que Moulin est arrivé à 15 heures, qu'il s'est présenté longuement, sans toutefois parler de sa collaboration avec Pierre Cot, et en soulignant ses activités à Chartres, le traitement que lui avaient fait subir les Allemands, sa tentative de suicide et son opposition irréductible au nazisme.

« J'aimerais apporter au Général le maximum d'informations sur la France. J'ai rencontré beaucoup d'opposants au régime, mais personne des mouvements de résistance. C'est pourquoi j'ai tenu à vous voir, puisque vous êtes, m'a-t-on dit, le mieux placé pour en parler. »

Moulin a un petit carnet sur ses genoux et prend des notes. Parfois, il pose une question, toujours brève. Son intention est de partir le plus rapidement possible pour l'Angleterre.

« Je rapporterai fidèlement vos propos, je vous le promets. »

La conversation dure jusque dans la soirée. À aucun moment Frenay ne mandate Moulin pour être son représentant. Il pense qu'il est probablement un messager comme il en a vu d'autres, qu'il ne reverra sans doute plus.

Ce rôle de « courrier » est corroboré par le pasteur Brooks qui évoque — probablement — la rencontre Frenay-Moulin dans *Prisoners of Hope*, histoire romancée de son voyage en France dans laquelle Moulin est « Émile Baron », et Frenay « Curtiss » :

> Quelqu'un suggéra à Curtiss de rencontrer Baron, parce que l'homme pourrait lui être utile comme courrier. Curtiss était extrêmement suspicieux. Il ne connaissait pas Baron et désirait connaître tous les détails de sa vie. L'homme avait-il des connexions avec les communistes ? C'était avant la guerre germano-soviétique et les mouvements clandestins étaient très méfiants à leur égard. Avait-il eu quelque chose à faire avec les « De Gaullistes » ? Beaucoup de « De Gaullistes » étaient surveillés par la police et il était dangereux de travailler avec eux.

1. Voir *infra*.

C'est seulement après une longue enquête que Curtiss consentit à le rencontrer...

Quand il arriva, Curtiss lui demanda brutalement :

— Avec quel groupe vous travaillez ?

Baron répondit qu'il ne travaillait pour aucun groupe.

— Alors, pourquoi êtes-vous venu vers nous ?

— Je pensais que je pouvais être utile.

Curtiss examina ses papiers [...].

— Qu'est-ce que vous comptez faire en Angleterre ?

Baron commençait à perdre patience.

— Je n'ai pas idée. Je suis simplement un soldat qui désire servir mon pays. Je ferai ce qu'on me dira de faire. Si vous pouvez m'utiliser, je vous en supplie, faites-le. Si vous ne pouvez pas, nous verrons bien. Chez moi, il y a des gens qui attendent un scul mot dc ma part. J'cspèrc rcvcnir cn Francc au bon moment et organiser ces gens pour une véritable action.

Curtiss restait silencieux. Finalement, il dit :

— Je pense que nous pouvons vous utiliser.

C'est ce qu'ils firent.

Au cours de notre conférence, reprend Brooks en substance dans son rapport non romancé, il fut décidé de contacter directement les Anglais par Berne. Mais, au cas où Berne ne pourrait garantir que l'information passerait directement aux Britanniques, et non par les canaux de la France libre, alors elle ne serait pas envoyée du tout. Frenay voulait des armes et des munitions, de l'argent — au moins 500 000 francs par mois. Deux canaux furent mis en place : l'un par Genève, l'autre entre New York et Lyon.

Avant même de rendre compte de sa mission à ses mandants français et américains, le pasteur Brooks a tout raconté à un représentant anglais du SOE qui en a informé le lieutenant-colonel Calthrop, chargé de la liaison entre le SOE et l'Intelligence Service, et qui, à son tour, en a fait rapport à Claude Dansey, numéro 2 de l'Intelligence Service, en date du 11 septembre 1941. Le pasteur Brooks parle longuement de Frenay :

Cet homme ne veut pas travailler avec les forces « De Gaullistes » à Londres. J'ai donné ma parole d'honneur de ne pas donner son nom à quiconque, et j'ai promis que l'information

> passerait directement aux Britanniques, et non par le truchement des « De Gaullistes ». Il n'a absolument aucune confiance dans les Français de Londres. Il est également nerveux au sujet de la BBC. Il y a quelques mois, une information a été transmise à Londres ; et la BBC a félicité [en clair] leurs amis lyonnais de « Libération » pour leur travail !!
>
> Cet homme affirme être un ancien officier du Deuxième Bureau. Barril, chef du Deuxième Bureau, et Rivet, chef du Service de renseignement, travaillent avec lui.
>
> J'ai mis en place deux filières pour leur acheminer de l'argent : une directement en France, l'autre *via* la Suisse. Les fonds adressés à M. Pache, 10 rue de Hollande, à Genève, pour *Investor*, lui parviendront.
>
> La réponse à la question de savoir s'il recevra de l'argent américain et combien, est du ressort de certains Français installés à New York.
>
> Avant de repartir, j'ai mis le préfet Moulin (pseudo : Joseph Mercier) en contact avec Libération nationale [c'est-à-dire avec Frenay]. Mercier venait juste de recevoir un visa portugais et devait bientôt débarquer à Lisbonne. Il a un titre de transport sur un bateau américain, mais désire aller à Londres. Je lui ai dit de voir Darling[1] dès son arrivée à Lisbonne [...].

On sait qu'en décembre 1941, le pasteur Brooks a réussi à acheminer de l'argent à Henri Frenay. Sa mission n'a guère servi à Dolivet ni aux Américains, même si l'OSS s'y intéressera quelques mois plus tard. Mais la mission franco-américaine a joué un rôle important dans le destin de Jean Moulin et dans celui de la France, puisqu'on sait que la réussite de Moulin auprès du général de Gaulle a été déterminée pour une large part par sa rencontre avec Frenay. Au printemps 1941, l'agent soviétique Harry Robinson traitait Jean Moulin d'agent américain. Nul doute que si le même Robinson a été au courant des dessous de la rencontre Frenay-Moulin — et il est probable qu'il l'a été, compte tenu des relations étroites entre Maurice Panier, Pierre Meunier et Robert Chambeiron —, il ait conservé sur lui la même opinion !

---

1. Donald Darling est le jeune responsable au MI9, d'une filière d'évasion entre la France et le Portugal.

Pendant que Brooks travaille pour Dolivet et Cot, les deux hommes continuent à beaucoup s'agiter pour faire de leur organisation — toujours dans l'esprit du RUP, avec pour l'essentiel les mêmes hommes — un instrument de tout premier plan dans la conduite de la lutte contre Hitler et le nazisme et dans la préparation de l'après-guerre. Cot est alors un anti-de Gaulle irréductible, non par hostilité au chef militaire, mais par défiance vis-à-vis du chef politique. La censure anglaise intercepte une lettre de Pierre Cot à Louis Lévy[1] datée du 27 juillet 1941. C'est Jean-Paul Lévy, le cousin du destinataire de cette missive, qui lui a conseillé de lui écrire : « Très franchement, cette situation m'inquiète. » Après avoir lu les déclarations du Général remontant au tout récent 14 Juillet, Pierre Cot les commente ainsi :

> C'est exactement le langage d'un fasciste. Je suis persuadé que le général de Gaulle ne se rend même pas compte qu'il est fasciste ; mais je suis sûr qu'il l'est.
>
> Premièrement, on peut concevoir l'action du général de Gaulle comme une action purement nationale, militaire et technique. Sur ce plan, nous devons tous l'appuyer. Il a rendu à la France libre et démocratique un immense service. Il doit, à cause de ce service, entrer dans la légende (qui me paraît une meilleure place pour lui que l'Histoire). [...] Il doit devenir une grande figure nationale, une sorte de symbole héroïque. Avec cela, on peut le consacrer ministre de la Défense nationale (du pays ayant réalisé le désarmement), ou président de la République (avec de bonnes garanties constitutionnelles). C'est la voie que, normalement, il devrait suivre.
>
> Deuxièmement, on peut envisager son action en tant qu'elle déborde sur le plan politique. Ici apparaît le danger. Nous serions fous, voyant le danger, de ne pas essayer de le prévenir. Je sais bien que le grand problème est de battre Hitler, mais je ne pense pas qu'il faille, pour battre Hitler, favoriser l'action « politique » du général de Gaulle.
>
> [...] Si donc le général de Gaulle veut un gouvernement démocratique, il doit faire appel à nous ; il n'a pas le droit de se passer de nous...

1. *In* PRO.FO 371/792.

Pierre Cot propose une solution : le Général doit s'entourer d'experts politiques, car la « politique est une science » :

> Pour éviter ce danger, il faudrait faire comprendre à nos amis anglais et à nos amis américains qu'il y a intérêt : ou bien à faire un véritable gouvernement démocratique faisant appel à tous les hommes représentant les tendances de la pensée antifasciste, ou bien qu'il faut demander aux militaires de donner leur avis sur les problèmes militaires, aux spécialistes du droit constitutionnel (je crois être le seul en exil à avoir rempli ces fonctions, mais ce n'est pas ma faute !) de donner leur avis sur les problèmes de leur spécialité...

Et Cot de terminer : « Ma lettre est évidemment confidentielle ; j'entends par là que tu peux la montrer à Gombault, Moutet, Phil Baker[1]. »

La lettre est annotée par le conseiller du Foreign Office. Celui-ci recommande qu'on la lise en ayant en tête la « dignité de Cot, offensée par de Gaulle ». Et un autre d'écrire : « Le Ciel nous préserve d'un *shadow cabinet* d'exilés "démocratiques" tel que Cot l'envisage ! » Et conclut : « Je crains que Cot ne pense à son avenir politique plutôt qu'aux vrais besoins de la France. C'est lui qui est plus éloigné de l'opinion publique que de Gaulle. » Cette lettre rejoint un paquet d'autres documents de la même veine qui sont analysés par « Bessborough Allee[2] ».

De son côté, Dolivet n'est pas arrivé à devenir le « *right man* » du SOE, mais qu'importe. Il s'est investi à fond dans la Free World Association dont il veut faire une véritable machine de guerre. Il a poursuivi ses contacts avec ses « couvertures » anglaises, lord Cecil et Noel-Baker, et espère intégrer le nouveau mouvement impulsé par lord Cecil... Ce dernier a en effet la nostalgie de Genève et de la SDN. Il rêve déjà à l'après-guerre, d'un monde meilleur dont les règles du jeu seraient définies par une SDN rajeunie. Il écrit le 16 juin 1941 à son ami Anthony Eden[3], ministre des Affaires étrangères, pour lui exposer son

1. Il s'agit des socialistes Charles Gombault, Gustave Moutet et Philip Noel-Baker.
2. Siège du Foreign Office.
3. FO/371/6543.

projet de monter une coopération interalliée en reprenant les anciens de Genève qui séjournent actuellement à Londres. Entouré notamment de Cassin, Masaryk et Beneš, il souhaite diriger une « London International Assembly ». Eden prend immédiatement ses distances, car il trouve le projet inopportun. Lui-même n'a pas eu le temps de mettre en forme ses propres plans en vue d'instaurer un Conseil réunissant les Alliés. Cecil ne renonce pas pour autant, mais s'engage à ne plus se livrer à aucune initiative publique avant l'automne.

La lettre de lord Cecil à Eden provoque un tollé dans les milieux concernés : « Il va reproduire tous les défauts de la Ligue des nations, et je suis moi-même tout à fait sûr que nous allons voir apparaître de nouveaux hommes pour la diriger. Zaleski, Cassin, Beneš sont tous compromis par leur passé », écrit un diplomate du Foreign Office. « Il faut absolument qu'Eden en parle franchement à Cecil, écrit un autre. Je suis vraiment consterné de voir lord Cecil réapparaître dans les affaires, car il y a là quelques personnes dont l'influence peut se révéler désastreuse... On ne peut pas empêcher cela ; c'est fort embarrassant. Une constante vigilance est nécessaire pour veiller à ce que les conférences ne s'égarent pas dans de mauvaises directions ou ne s'arrogent plus d'autorité qu'elles n'en ont vraiment. »

Eden prie ses collaborateurs de lui préparer un mémo avant sa rencontre avec lord Cecil, qui a finalement lieu le 5 août. Ce mémo parle de « machine non nécessaire » qu'il faut éviter. Il se montre très dur sur les « discussions académiques à propos de l'après-guerre ». Et redit qu'il ne semble pas — *understatement* britannique oblige — que « ces gens soient les mieux qualifiés pour représenter le nouveau courant des affaires », mais qu'il faudra, après la guerre, des « esprits dynamiques et frais ».

La censure anglaise intercepte également une lettre de Noel-Baker à Louis Dolivet[1] du 28 août 1941. Le Britannique fait le point sur des sujets dont ils se sont manifestement entretenus par courrier. Il s'excuse de ne pas avoir vu Robert Dexter lors de son récent passage à Londres. Il explique qu'il n'a pas rejoint le « Comité 41 » monté par Clark Eichelberger, parce qu'il n'aime

1. *In* PRO.FO/371/6543.

pas deux dirigeants anglais qui en font partie et... parce qu'il n'en est pas le patron ! Il affirme que lord Cecil et lui-même sont en revanche très intéressés par la Free World Association. Ils lui souhaitent un brillant avenir et beaucoup de pouvoir, mais « nous ne pouvons répéter la même erreur qu'avec l'International Peace Campaign. À cause des communistes, nos efforts ici se sont terminés par un complet fiasco. On ne peut pas lancer une organisation sur la même base, en collaborant avec des organisations existantes... Donc, il n'est pas question d'être une simple composante de la Free World Association. » Et de toute façon, insiste Noel-Baker, « on ne peut rien faire tant que vous ou Eichelberger n'aurez pas traversé l'Atlantique ».

La lettre circule, suscitant des commentaires désagréables au Foreign Office, au ministère de l'Information, dans les Services et à l'IRB : « Il appert qu'il y a quelque danger à ce que l'Assemblée internationale, dont le premier meeting a lieu le 15 septembre, soit liée à MM. Cot et Dolivet, de la Free World Association. » Les commentateurs sont inquiets de la prochaine visite de Clark Eichelberger, responsable de l'Union de la Ligue des nations pour les États-Unis.

La première réunion de la « London International Assembly » se tient bien le 15 septembre sous la présidence de lord Cecil. Noel-Baker est là par « invitation spéciale », de même qu'une belle brochette d'anciens ministres et de personnalités « démocratiques » d'une douzaine de pays. Une délégation française étoffée y assiste : André Labarthe, A. Boucher, Maurice Dejean, Georges Gombault, le capitaine Rauzan, René Rous, Éliane Brault, Dayet, T. J. Gueritte, Gustave Moutet. Soit tous ceux de la « bande à Cot » présents à Londres, et quelques autres qui partagent les mêmes idées. Pour cette première rencontre, les discussions restent au niveau des principes.

La deuxième se déroule un mois plus tard. Comme promis, lord Cecil en fait un compte rendu à son ami Eden, qui le soumet immédiatement à ses collaborateurs. Ceux-ci soulignent en marge de cette lettre du 22 octobre : « Les discours rappellent ceux de Genève, il y a quelques années, sur les principes généraux de la paix et de la coopération. » Ils sont très embarrassés que lord Cecil leur propose d'envoyer un observateur du British Council aux prochaines réunions, et déconseillent d'accepter. Le

5 novembre, Eden refuse pour ne pas légitimer l'organisation de lord Cecil.

La troisième réunion a lieu le 17 novembre. Labarthe n'y assiste pas, pas plus que Maurice Dejean. Il y a deux observateurs de l'URSS.

Après l'échec personnel de Dolivet à s'imposer auprès des Anglais à cause de la remontée de ses fiches de l'Intelligence Service, ce sont tous les efforts collectifs des anciens du RUP, Cot en tête, qui sont contrecarrés par les autorités de Londres. Mais il en faut davantage pour décourager Dolivet.

Celui-ci n'a pas été rebuté par le refus de Noel-Baker et de lord Cecil de rejoindre la Free World. Comme d'habitude, il fait « comme si » ses amis anglais avaient accepté. Il faut se rappeler que les communications sont alors difficiles !... Il tente alors une seconde fois de convaincre l'épouse du président Roosevelt d'accepter la présidence honoraire de l'International Free World Association. Dans une lettre envoyée le 17 septembre, il s'appuie sur la prétendue acceptation de lord Cecil d'accepter la présidence européenne de cette association pour convaincre la *First Lady* de la chapeauter. Il se propose de la rencontrer à Washington, accompagné de quelques membres importants du comité exécutif. « Comme vous devez vous le rappeler, j'ai eu l'honneur de parler dans un meeting où vous étiez, en janvier 1939... » La demande est rejetée le 29 septembre par un petit mot de la secrétaire de Mme Roosevelt[1].

1. *In* Franklin D. Roosevelt Library.

21

Et les sentiments ?

Pendant l'année 1941, « Joseph Mercier » voit beaucoup Antoinette Sachs. Celle-ci a noirci de très nombreuses pages et fait beaucoup de dessins pour décrire la nature de sa relation avec Jean Moulin. L'un de ces nombreux gribouillis s'intitule même : « Portrait clair. Mon ami Romanin[1] ».

> Il ne se savait aucun droit sur elle — ni elle sur lui. Ils étaient libres l'un vis-à-vis de l'autre. Lorsqu'ils étaient face à face, ils éprouvaient une détente exquisément légère, une félicité bienfaisante, une saine et profonde joie qui est le prélude du bonheur et qui donne si fort le plein sentiment de vivre. Ils ne se l'étaient jamais dit, car tout entre eux n'était que rire et camaraderie. Ils étaient si pudiques qu'ils dépassaient l'état conventionnel où l'on parle fleurette. Lui ne mentionnait jamais d'aventures, ni pour s'en glorifier ni pour s'en blâmer...

Ainsi, Antoinette ne connaissait rien du grand amour de son Jean, la si discrète Gilberte Lloyd.

> C'était comme dans l'enfance, près de lui elle ne se sentait ni âge ni poids. Il lui rappelait par le sentiment ce garçonnet brun qu'elle aimait quand elle avait onze ans. Il savait tout d'elle, bien qu'il ne la questionnât jamais. Elle pouvait tout lui dire. Elle se savait approuvée. Il se souvenait de tout. Aussi racontait-elle longuement... Une séparation n'était jamais précédée d'adieu,

1. Dans le Fonds Antoinette Sachs, *op. cit.*

ainsi s'affirmait leur indépendance, mais des intervalles réguliers le lui ramenaient toujours sans qu'elle eût à s'en inquiéter.

Réinvente-t-elle après coup un amour pour « son » héros mort pour la France ? Quels étaient les sentiments de Moulin à son égard ?

Si l'on en croit Colette Pons, la jeune femme qui tiendra sa galerie de peintures à Nice en 1943, Moulin l'aimait comme on aime une ancienne maîtresse. Sans plus. C'est probablement plus compliqué.

Antoinette évoque de temps à autre certains moments d'intimité. Ainsi, par exemple, quand Jean venait à Nice, en 1943, à la galerie de peintures :

> Cet appartement était prêté par Mme Manhès et appartenait à une bijoutière, Mme D. Il était très bien situé, très confortable et très secret. La femme de ménage nous ignorait complètement — elle venait dans la journée aux heures où nous étions sortis —, faisait le ménage, lavait le linge de Jean Moulin et laissait tout en ordre. Quand il venait à Nice, il ne me quittait pas de la journée (ni de la nuit), prenait tous ses repas avec moi et je partageais toutes ses activités. Le plus important est évidemment la parenthèse...

L'ambiguïté de leurs rapports s'exprime encore mieux dans un carnet de dessins où l'on peut lire sur la couverture :

« CE CARNET DATE DE MA VIE AVEC JEAN MOULIN. 1940-3. »

Après une série de dessins montrant une chambre qu'ils ont probablement partagée à Lyon ou à Nice, apparaissent une série de nus — d'elle, sans doute. En 1984, elle était alors bien vieille, Antoinette en a annotés certains : « Fuir », « Suivez-moi » (sur un croquis d'une femme aux seins et au visage tendus vers l'autre), « France » (sur un dessin d'une femme tendant les bras vers quelque chose hors de portée). Puis vient une série de nus : un homme et une femme. Sur le premier, la femme tend ses lèvres vers une bouche appartenant à une partie de visage d'homme ; est inscrit : « l'Absent ». Sur d'autres, les bras de la femme enlacent le cou de l'homme. « Reste » est écrit au bas de l'un d'eux : l'homme semble repartir... Et un poème :

Et les sentiments ?

Où que j'aille et où que tu sois
Ne pense pas que je t'oublie
Ni que je trouve plus jolie
Quelque brune fille de rois

Comment veux-tu que se délie
Le lien secret qu'on porte en soi ?
Où que j'aille et où que tu sois
Ne pense pas que je t'oublie !

Même lointaine je te vois !
C'est toute ma mélancolie...
J'entends des pas... j'entends des voix...
Où que j'aille et où que tu sois !

Puis viennent des dessins plus suggestifs. La femme pose la tête sur la poitrine de l'homme. Ils s'enlacent. Elle est abandonnée. Ils sont debout, les mains de l'homme posées sur les fesses de la femme... Puis un autre poème :

Si tu veux faisons un rêve.
Montons sur deux palefrois ;
Tu m'emmènes, je t'enlève.
L'oiseau chante dans les bois.

Je suis ton maître et ta proie ;
Partons, c'est la fin du jour ;
Mon cheval sera la joie ;
Ton cheval sera l'amour.

Nous ferons toucher leurs têtes ;
Les voyages sont aisés ;
Nous donnerons à ces bêtes
Une avoine de baisers.

Viens, nos doux chevaux mensonges
Frappent du pied tous les deux,
Le mien au fond de mes songes
Et le tien au fond des cieux.

Un bagage est nécessaire ;
Nous emporterons nos vœux,

Nos bonheurs, notre misère
Et la fleur de tes cheveux.

Viens, sois tendre, je suis ivre
Et les verts taillis mouillés
Ton souffle te fera suivre
Des papillons réveillés.

Nous entrerons à l'auberge
Et nous paierons l'hôtelier
De ton sourire de vierge
De mon bonjour d'écolier.

Tu seras dame, et moi comte.
Viens, mon cœur s'épanouit.
Viens, nous conterons ce conte
Aux étoiles de la nuit...

Ensuite un dessin où l'homme et la femme sont dos à dos : « Après », a écrit la vieille dame. L'homme est droit, la femme est éloignée de lui et semble pleurer : « Indifférent à tout ». On ne voit plus que le dos de l'homme, la femme sanglote : « Partir, Quitter ». Et, plus loin, une date : 31/7/42. D'autres dessins montrent qu'après ce drame tous deux se sont retrouvés et ont probablement fait l'amour. La femme est assise sur lui : « L'homme, cet imbécile ». La promiscuité provoquée par la lutte clandestine a probablement joué son rôle...

Que devient dans tout cela Mme Lloyd ? Elle espère toujours que Jean va l'épouser, mais lui ne tient pas à s'engager, car elle ne peut lui donner d'enfant...

En mai 1941, elle allait souvent à Vichy et habitait alors parfois 1 bis, rue de Longchamp. Elle venait voir ses cousins Kuch ; le mari était cadre commercial dans une usine Manhurin installée en 1938 à Cusset. Selon son petit cousin Gustave Kuch, Gilberte venait à Vichy pour y rencontrer des personnalités du gouvernement. Cette affirmation suggère beaucoup de questions dont la principale est : pour le compte de qui rencontrait-elle ces personnalités ? Était-ce pour celui de Jean Moulin ?

La cousine Kuch, qui était sa confidente, raconte[1] que Gilberte sortait beaucoup à Vichy. Surtout avec Paul Spengler, son ami d'enfance, et sa secrétaire, Mlle Nithart. Gilberte logeait normalement à l'hôtel, mais, quand elle s'est fait une entorse, au printemps de 1941, elle a habité chez ses cousins, rue de Longchamp.

Une lettre de Gilberte Riedlinger figure dans les archives de Manhès[2]. On peut en déduire qu'au printemps de 1941 Mme Lloyd a rencontré le commandant. Manhès lui a donné des nouvelles de Moulin qui, contrairement à ce qu'elle pensait, se trouvait toujours en France. Il a chargé Gilberte d'écrire à sa femme, Lily, à la fois pour lui donner de ses propres nouvelles et pour obtenir l'adresse de Jean Moulin, Mme Manhès servant alors d'intermédiaire entre ce dernier et son mari. Le 19 mai, Gilberte écrit donc à Mme Manhès, elle lui dit que son mari « va bien et [que] ses affaires sont en bonne voie » ; elle lui demande en outre l'adresse de « Joseph Mercier ». Elle connaît donc son pseudonyme...

Ces maigres informations sur la relation entre Mme Lloyd et Jean Moulin nous laissent sur notre faim. Preuve, s'il en était encore besoin, que ce qui est important ne laisse pas nécessairement de traces.

---

1. Entretien avec l'auteur, le 5 octobre 1998.
2. Conservées à la FNDIRP.

22

Jean Moulin rompt définitivement avec l'organisation Dolivet-Cot et se rend à Londres.

« Passant pour une fidèle de la Révolution nationale sous le costume militaire IPSA, je franchis facilement les zones défendues — raconte Jane Boullen[1] qui a joué un rôle dans le départ de son ex-préfet — et, soit officiellement, soit clandestinement, je me rends à Chartres et à Paris, d'où je ramène les documents qui doivent être emportés à Londres par Jean Moulin. Le 31 août au matin, j'arrive alors avec tous les papiers désirés ; après avoir écrit une chanson contre Hitler et mis Jean Moulin au courant de l'esprit de Paris, je rencontre alors le commandant Manhès, et, dans la chambre 26 de l'Hôtel moderne de la Canebière, se décide le départ du préfet M... par l'Espagne... Je donne au préfet un petit Nouveau Testament pour qu'il lise les Psaumes de David quand il aura des heures noires ; je lui donne aussi un triangle, insigne de l'YMCA... »

La date du départ de Moulin pour Lisbonne est donc fixée : c'est le 9 septembre. « Joseph Mercier » a enfin tous les papiers et titres de transport nécessaires pour aller à Lisbonne et même jusqu'à New York. La veille au soir, vers 22 h 30, « Mercier » sonne le vieux gardien de nuit de l'Hôtel moderne, qui vient d'arriver. Tandis que le gardien monte en ascenseur, Antoinette commence à descendre les valises de son ami et les porte jusqu'à un taxi en stationnement près d'un immeuble voisin. « Mercier » retient le gardien le plus longtemps possible et lui demande de

1. *In* Archives de la FNDIRP.

monter une bouteille de Perrier. Antoinette a réussi à sortir les quatre grosses valises (la poignée de l'une d'elles renferme ses vrais papiers d'identité coupés en plusieurs morceaux) et va les déposer à son nom à la consigne de la gare Saint-Charles. Le lendemain matin, sitôt le couvre-feu levé, « Joseph Mercier » s'en va seul à la gare. Antoinette le regarde à travers les persiennes, qui s'éloigne tranquillement sur la Canebière.

Il traverse la frontière à Cerbère et passe sa première nuit à Barcelone, la deuxième et plusieurs autres à Madrid. Il ne franchit la frontière portugaise (à Valencia de Alcantara) que le 18 septembre, et s'installe à la pension Algarve, rue Nava Almada, à Lisbonne. « Joseph Mercier » envoie alors un télégramme (signé Makinsky) pour annoncer à Antoinette son arrivée à bon port.

Le samedi 21 septembre, le chef du *desk* du SOE de Lisbonne rencontre enfin l'homme qui lui est annoncé depuis bientôt six mois. Moulin lui fait une excellente impression. L'homme du SOE envoie un premier télégramme à Londres, le 23. On comprend d'entrée de jeu que Moulin, alias « Mercier », a pris ses distances avec l'organisation Dolivet, puisqu'il affirme que s'il dispose d'un visa américain, c'est uniquement pour obtenir un visa de sortie français :

> Avant de quitter la France, Mercier a pris les instructions des trois principales organisations travaillant contre les Allemands, c'est-à-dire « Liberté », « Libération Nationale » et « Libération ». Il souhaite rendre compte aux autorités britanniques et françaises à Londres, et émettre des suggestions pour le développement des liaisons. Il désire aussi obtenir une aide financière pour les organisations mentionnées ci-dessus, et des armes pour qu'elles soient prêtes, le jour venu.
>
> Mercier m'a demandé de télégraphier à Londres que le nom du colonel Groussard ne soit pas mentionné à la BBC. Mercier a dit qu'à sa connaissance, le colonel Groussard a effectué ses voyages à Londres avec l'approbation de Pétain. Cependant, cela ne l'a pas empêché d'être arrêté sur ordre de Darlan, à son retour de son dernier voyage, et il est maintenant interné à Vals-les-Bains. Apparemment, la BBC avait mentionné le nom du colonel peu auparavant, et cela va renforcer les mesures de surveillance et rendre son évasion difficile, sinon impossible. S'il arrivait

> quelque chose au colonel, Mercier est au courant d'un dossier qui pourrait être obtenu, si nécessaire, prouvant la part prise par Pétain dans cette histoire : mais ceci seulement au cas où il arriverait quelque chose à Groussard.

Le préfet du Front populaire, l'ami du kominternien Dolivet, l'ami de l'agent soviétique André Labarthe et du détesté « galopin sanglant », révèle d'un seul coup toute son habileté politique et sa compréhension de la situation qui règne à Londres. Il sait ou a compris à demi-mot que Dolivet et Cot sont « tricards », tant auprès des autorités britanniques que de l'« entourage cagoulard » du général de Gaulle, et que la seule façon de s'imposer est d'arriver à Londres sans lien aucun avec Dolivet, comme s'il était mandaté par les principales organisations de Résistance en France, et en montrant que, même s'il a travaillé avec Pierre Cot, il est avant tout un haut fonctionnaire aux vues suffisamment larges pour connaître et défendre le fameux colonel, connu pour son anticommunisme militant et ses attaches avec la Cagoule. Personne ne sait que, s'il connaît aussi bien la trajectoire du colonel Groussard, c'est parce qu'il est son « beau-frère » : Groussard vit avec la sœur d'Antoinette Sachs !

Le « piège » fonctionne d'ailleurs à merveille. Même « C », le redoutable Menzies, mord immédiatement à l'hameçon, car, jusqu'ici, les liaisons avec les trois organisations de résistance sont quasi inexistantes. Voilà enfin quelqu'un qui a le contact avec elles et est même mandaté par elles ! L'homme qui a cassé la tentative de Dolivet, appuyée par Dalton, est très excité par ce « Mercier ». Il envoie sur-le-champ un expert le rencontrer à Lisbonne. Cet expert de l'Intelligence Service va « partager l'opinion de Mercier lui-même qu'il serait grand dommage de ne pas l'autoriser à venir à Londres ».

Ce même 23 septembre, Moulin a refusé l'invitation pressante de Dolivet de le rejoindre aux États-Unis. Déjà informé de l'arrivée à Lisbonne de son ami, Dolivet a fait télégraphier à Londres d'acheminer à « Mercier » sa demande le priant de venir immédiatement à New York. Londres a transmis favorablement la demande de Dolivet : « Demandez, s'il vous plaît, à Mercier qu'il nous donne sa date de départ, son mode de transport et sa date probable d'arrivée à New York. » Mais Moulin rompt ce jour-là brutalement et définitivement avec Dolivet. Il explique en effet au représentant du SOE qu'il ne souhaite pas rejoindre ce dernier aux États-Unis à cause de la mission dont il est chargé pour le compte des organisations de résistance. Pour bien montrer qu'il n'a plus rien à voir avec Dolivet, Moulin n'hésite pas à mentir aux Anglais : il tient beaucoup à faire savoir qu'il n'a pas revu Dolivet depuis deux ans, et ne comprend pas pourquoi celui-ci lui demande de venir le voir outre-Atlantique ! Alors qu'ils se sont quittés seulement neuf mois plus tôt, qu'ils n'ont cessé depuis lors d'être en contact et que Dolivet a non seulement participé à l'organisation de son départ en France, mais l'a aidé de surcroît à rencontrer Henri Frenay... Connaissant la méfiance des Britanniques et du général de Gaulle envers Cot et ses amis, Moulin a décidé depuis quelques mois de suivre son propre chemin.

Se séparer de Dolivet, c'est se séparer de son ami, de son grand frère, de son mentor, de son maître à penser Pierre Cot. Il officialise cette rupture à Lisbonne, le 19 octobre, en écrivant une lettre juste avant de prendre l'avion pour Londres. Ce moment scelle définitivement son destin. Cette lettre, il la postera le lendemain, à son arrivée dans la capitale britannique. Jean Moulin commence par envoyer à Pierre Cot ses « bonnes affections » d'une « terre libre » :

> Tu sais depuis longtemps que j'ai en effet décidé de ne pas aller en Amérique, pensant que je pourrais rendre plus de services à notre pauvre pays en suivant une autre voie et en étant plus proche de nos amis anglais. J'ai su par contre, par diverses voies, que tu étais toi-même beaucoup plus utile aux USA et que tu continuais à faire du très bon travail pour la cause des Alliés. *À chacun sa destinée.*[1] Je ne peux m'empêcher cependant de regretter que la mienne me prive d'une des seules joies de ma vie : la présence de mes amis...

Il demande à Cot de l'oublier pour ne pas lui compliquer la tâche :

---

1. Souligné par l'auteur.

> Je m'excuse de ne pouvoir te donner mon adresse et de demander la discrétion sur ma modeste personne, mais je voyage beaucoup en ce moment, et j'ai besoin de calme.

Il cite les noms de trois proches : Joseph Paul-Boncour, Pierre Meunier et Robert Chambeiron. Les deux dernières phrases sont particulièrement intéressantes :

> En France, malgré le spectre du communisme savamment agité par Berlin, Paris et Vichy, on tient, et le moral de la zone occupée continue à être magnifique. Nous aurons une belle victoire.

Mais, déjà, il y a de sérieuses discussions tant à l'intérieur du SOE qu'à l'extérieur, notamment avec Passy, lesquelles entraînent de nombreux ratés. Dès qu'il a appris la présence de Moulin à Lisbonne, Passy a réclamé sa venue, car il souhaite vivement qu'il arrive à Londres avant le départ de Mainmast, lequel doit partir pour la France afin de contacter les organisations dont Moulin se prétend précisément l'envoyé. Il semble que la principale raison du très long séjour de Moulin à Lisbonne soit finalement liée au fait que son statut a changé. Après avoir suscité un très vif intérêt, notamment de la part de « C », Moulin est simplement devenu la « chose » de Passy. Dès lors, les Britanniques ont pris tout leur temps. Ils ont d'abord annoncé que « Mercier » arriverait le 10 octobre par avion sous le nom de « J. McKie », puis ne l'ont fait embarquer que le 20 octobre, soit près d'un mois et demi après son arrivée à Lisbonne.

Harcelés par Passy, les Anglais ont accepté de ne le garder que le temps de l'interrogatoire par le MI 5. Dès le 15 octobre, le SOE avait complété le formulaire que l'officier du contre-espionnage aurait devant lui quand il interrogerait Moulin. Son nom était orthographié avec un « s ». Il était « ex-préfet de Chartres » ; « ses idées sont légèrement à gauche. Est considéré comme ayant été l'ami de Pierre Cot. Moulins, dit-on, a été particulièrement mal traité par les Allemands. » Le 23 octobre, il est interrogé à la Royal Patriotic School, comme tous ceux qui débarquent en Angleterre. Le débriefing mené par les contre-espions britanniques se passe fort bien. Jean Moulin fait défiler sa vie sans s'attarder sur ses postes politiques. « Politiquement, il n'a jamais appartenu à un aucun parti défini, mais a collaboré avec des hommes politiques de gauche tels que Paul-Boncour,

Daniélou et Pierre Cot », dit la note rédigée par son interrogateur. Rien sur ses postes au ministère de l'Air... Il relate en revanche sa tentative de suicide du 17 juin 1940. Raconte son itinéraire depuis son départ de Chartres et se présente comme l'intermédiaire de groupes de résistance qui souhaitent avoir « des contacts directs avec les services secrets britanniques afin d'obtenir une aide financière, des directives et, si possible, des armes pour une éventuelle action militaire... Au premier interrogatoire, il n'a donné aucun nom de contact en France, par peur de fuites et de représailles. Les gens de SO2, qui s'intéressent à cet homme, l'ont persuadé qu'il n'y avait rien à craindre de ce côté-là, et il s'est donc montré parfaitement ouvert. Fait bonne impression et semble tout à fait sincère », conclut l'homme de l'Intelligence Service.

Pour l'heure, Jean Moulin semble donc chercher avant tout le contact avec le SOE, respectant ainsi le souhait d'Henri Frenay tel qu'il ressort du rapport fait par le pasteur Brooks ; mais, devant le capitaine Piquet-Wicks, l'homme du SOE qui assure la liaison avec le SR de Passy, il dit n'avoir pas encore choisi entre se lier à la France libre ou au SOE. Tout dépendra, dit-il, de ses entretiens avec de Gaulle et avec le chef du SOE.

Jean Moulin a apporté avec lui un rapport qu'il a rédigé pendant sa longue attente à Lisbonne et qu'il a fait taper à l'ambassade de Grande-Bretagne, ce qui explique les fautes de frappe et l'absence d'accents. Ce rapport peut être lu indifféremment par les Britanniques ou par la France libre. Il est déterminant dans le parcours de Moulin. Il s'agit d'un texte très politique, car il anticipe on ne peut mieux la réaction de ses lecteurs potentiels qui n'aiment guère les anciens du Front populaire. Il fait l'impasse sur tous les contacts qu'il a eus, directement ou indirectement, avec les anciens du RUP. On se rappelle qu'il avait donné pour instruction à Meunier, Chambeiron et Panier de reprendre d'abord langue avec eux. Il ne cite que pour mémoire « le Parti communiste, qui est de beaucoup le plus actif », mais ne mentionne pas le ou les contacts que, si l'on en croit Pierre Meunier, il a eus avec lui à partir de mai 1941. Les francs-maçons sont évoqués seulement pour l'intensité de leur propagande orale, et la Ligue des droits de l'homme comme ayant des relations avec les trois mouvements. En revanche, il consacre une place importante à Groussard et aux cagoulards patriotes, ce qui est une façon d'envoyer un message fort à l'« entourage cagoulard » de De Gaulle, et notamment à Passy, ainsi qu'aux Anglais qui ont bien accueilli le colonel : c'est leur dire que, malgré son parcours et ses liaisons avec Pierre Cot, lui, Moulin, est avant tout un patriote et qu'à ce titre il n'a pas hésité à avoir des contacts avec un homme d'extrême droite. À preuve, on l'a vu, il a « personnellement reçu en dépôt, en France, un dossier accablant qu'il a constitué sur Pétain et [qu'il est] chargé de publier au cas où il arriverait malheur au colonel Groussard ». Moulin, qui savait les avanies subies par Pierre Cot lors de son passage à Londres, et probablement celles de Dolivet avec les Anglais, tenait à se démarquer d'eux et de ses attaches à gauche pour réussir sa mission. Parmi ses anciens oripeaux, il n'y a que sa veine anticléricale qui apparaît encore quelque peu.

La note de Moulin constitue le premier rapport complet et sérieux sur les trois principaux mouvements de résistance de la zone non occupée. Le lecteur constatera que Jean Moulin prétend avoir reçu un mandat de ces trois groupements les plus importants, ce qui n'est pas vrai. Il s'est automandaté et, pour que son (auto)mandat ait plus de poids, il a gonflé leur importance et le tirage de leurs journaux, mais, pour faire plaisir au général de Gaulle, il affirme dans sa dernière phrase que « les trois mouvements estiment que c'est avant tout aux Forces françaises libres de faire l'effort demandé », ce qui est évidemment contraire à la vérité.

Voici ce texte dans son intégralité :

RAPPORT SUR L'ACTIVITÉ, LES PROJETS ET LES BESOINS DES GROUPEMENTS CONSTITUÉS EN FRANCE EN VUE DE LA LIBÉRATION DU TERRITOIRE NATIONAL

Les trois groupements qui ont donné mandat à l'auteur de ces lignes de rédiger et de remettre aux Autorités anglaises et au général de Gaulle le présent message sont : « Liberté », « Libération Nationale », « Libération ».

Ces trois groupements constituent en France les principales organisations de Résistance à l'envahisseur.

Bien que ces trois mouvements soient certainement connus des services de renseignement britanniques et de ceux des FFF, je crois devoir donner quelques indications sommaires à leur sujet :

I. BUTS : Le titre pris par chacune des organisations indique suffisamment le but poursuivi : libération du territoire national. Il convient d'ajouter comme corollaire : ralliement à la cause britannique et au général de Gaulle.

Au début du moins, cette attitude était exclusive de toute ingérence dans le domaine de la politique intérieure.

II. HISTORIQUE : Ces trois mouvements sont nés, spontanément et isolément, de l'initiative de quelques patriotes français lassés des anciens partis et groupements. Ils ont commencé à se manifester à des dates différentes, mais assez rapprochées de la conclusion de l'armistice et en réaction contre cet instrument de soumission à l'ennemi. Dans les premiers temps, leur activité a consisté à répandre, sous le manteau et dans un cercle restreint, des feuilles de propagande dactylographiées à l'occasion des événements les plus marquants de l'actualité (discours de M. Churchill, du Président Roosevelt, appels du général de Gaulle, actions militaires importantes, etc.), ou des faits justifiant une attitude de révolte de la part des patriotes français (prise de possession par Hitler de l'Alsace et de la Lorraine, violation des clauses de l'armistice, accords de Montoire, réquisitions allemandes, etc.).

Ensuite, avec le développement des moyens matériels et l'accroissement des bonnes volontés, ils purent tirer à la « ronéo » de véritables journaux paraissant avec une périodicité assez régulière.

Enfin, depuis plusieurs mois, chaque groupement publie à dates fixes un ou plusieurs journaux *imprimés*, ainsi que des brochures et des tracts.

III. ACTION PRÉSENTE : L'action des mouvements LLL s'exerce dans trois directions principales : Propagande, Action directe, Action militaire.

(a) *Propagande*

Le mouvement Liberté publie tous les mois un journal également intitulé *Liberté*. Très documenté, d'une très belle tenue, cet organe, dirigé par des intellectuels, a de profondes ramifications dans les milieux universitaires. Il a aussi des intelligences dans les milieux officiels de Vichy.

Le mouvement Libération Nationale, qui a à sa tête des hommes appartenant au commerce, à l'industrie et aux professions libérales, presque tous officiers de réserve, publiait jusqu'à ces derniers temps un hebdomadaire intitulé *Les Petites Ailes*. Depuis deux mois, à ce titre a été substitué celui de *Vérités* dans le seul but de déjouer les recherches de plus en plus actives de la police. Il publie également par intermittence un journal s'adressant plus particulièrement aux milieux ouvriers, *Travailleurs*.

Le ton des *Petites Ailes* et de *Vérité* est volontairement très modéré, et une rubrique très fournie est réservée aux questions religieuses. Son milieu, très éclectique, s'étend des royalistes de la nuance Bainville aux communistes.

« Libération Nationale » a publié en tirage à part plusieurs études importantes, notamment sur le « Christianisme et l'hitlérisme » et sur « Les résultats économiques de la Collaboration ».

Enfin, *Libération*, organe du mouvement « Libération », atteint surtout les milieux populaires. Une large place y est faite aux questions sociales et ses dirigeants sont actuellement en rapport avec une personnalité qui a conservé une très grande influence sur les milieux syndicalistes.

Chacun des journaux des trois mouvements est imprimé d'une part en zone « libre », d'autre part en zone occupée, avec seulement des variantes dans le ton des articles pour une meilleure adaptation à l'état de l'opinion de chaque côté de la ligne de démarcation.

Le tirage total de chacun de ces journaux (zone libre et zone occupée) varie entre 25 et 45 000 exemplaires ; mais il faut multiplier ces chiffres au moins par cinq, étant donné les nombreuses reproductions dactylographiées ou manuscrites qui en sont faites.

Libération Nationale a d'autre part des éditions de ses journaux en Belgique et en Alsace, avec, pour cette dernière région, un tirage en alsacien.

(b) *Action directe*

En dehors de la propagande proprement dite, qui constitue pour l'instant l'effort principal, les trois mouvements ont d'autres activités :

— *Recrutement* : en combinant l'appel par la voie du journal avec l'activité personnelle de prospecteurs, il est procédé, malgré des difficultés sans nombre, à l'enrôlement de sympathisants. L'organisation, bien qu'elle diffère quelque peu selon les mouvements, est basée sur le principe des confréries à tous les échelons et de la succession assurée et automatique de tous les chefs pour tout à la fois arrêter dans une certaine mesure les investigations de la police et permettre au mouvement de poursuivre son action en cas d'arrestation de certains éléments. À l'heure actuelle, chaque mouvement a des cellules et des cadres dans à peu près tous les départements, autant en zone occupée qu'en zone libre.

— *Contre-propagande* : il s'agit : 1°) du boycottage des moyens de propagande de l'ennemi et des amis de l'ennemi ; 2°) de l'organisation de manifestations et de contre-manifestations.

— *Sabotage* : l'action dans ce sens, relativement faible au début, a permis d'enregistrer des résultats intéressants lors du transport du matériel allemand en Libye et lors de l'envoi de matériel aéronautique français en Syrie. Elle a atteint aujourd'hui un degré qu'il est nécessaire de souligner.

— *Opérations de justice* : quelques opérations montées par un des trois mouvements et dirigées contre des Allemands et des « collaborationnistes » ont été menées à bien.

(c) *Action militaire*

Des milliers de renseignements d'ordre militaire ont été fournis par les membres des trois mouvements aux agents des services secrets anglais en zone occupée.

Quelques dépôts d'armes et de munitions ont pu être constitués, surtout avec du matériel abandonné par les troupes françaises.

IV. LIAISON AVEC L'ANGLETERRE : Chacun des trois mouvements a travaillé ainsi de son mieux, avec ses propres moyens. Mais, dès le début, s'est fait sentir le besoin de communiquer avec l'Angleterre, qui s'était constituée le champion de la Résistance, et avec les Forces françaises libres qui poursuivaient la lutte. Les problèmes devenant de plus en plus complexes avec l'extension et la prolongation du conflit, il importait d'établir des contacts et de recevoir des directives et des concours.

Les chefs et un certain nombre de membres des trois mouvements ont tenté à de très fréquentes reprises de créer ces contacts. Les résultats qu'ils ont obtenus dans cette voie sont décevants : quelques plis emportés de la zone occupée par des avions anglais ou quelques feuilles d'information reçues de Londres par la même voie, voilà tout le fruit recueilli jusqu'à ces derniers temps par leurs efforts.

Maintes fois, ils ont eu l'occasion de faire leurs doléances et d'exposer en détail leurs désirs à des agents anglais en France avec lesquels ils avaient travaillé très utilement. Ces agents ont promis de plaider leur cause en haut lieu, mais aucune de ces demandes n'a été suivie d'effet.

Une entreprise récente aurait cependant pu avoir des effets heureux si elle avait été conduite dans d'autres conditions. Je veux parler de la mission en France de l'aspirant Z., qui aurait été chargé, à la suite d'un conseil interallié, d'entrer en relation avec les mouvements de Résistance française. Faut-il invoquer le tout jeune âge de l'envoyé, sa connaissance insuffisante des problèmes à traiter, ou ne voir dans cette affaire qu'une série de malentendus ? Toujours est-il que la tentative a échoué.

Pendant que se trouvaient sans liaison les mouvements anglophiles français, le maréchal Pétain pouvait envoyer à Londres, avec toutes les possibilités dont peut disposer un chef d'État, un émissaire secret, le colonel Groussard. Cet officier, qui avait alors de grandes illusions sur la volonté de résistance du maréchal, mais dont la loyauté en ce qui concerne les sentiments anglophiles et antiallemands ne peut être suspectée, fit ainsi plusieurs voyages à Londres et eut des contacts très importants avec les autorités anglaises.

V. LIAISON DES TROIS MOUVEMENTS ENTRE EUX : Jusqu'au mois de juillet dernier, les trois mouvements : Liberté, Libération Nationale, Libération, n'avaient aucune liaison entre eux, du moins aux échelons supérieurs. Cela s'explique aisément par les infinies précautions que doivent prendre ces mouvements pour empêcher les investigateurs trop curieux de remonter jusqu'aux organes de direction. Au fur et à mesure de leur extension, il apparut aux trois mouvements que ce parallélisme dans l'effort, sans aucune interpénétration, ne pouvait se prolonger indéfiniment et qu'il était nécessaire d'arriver à une coordination.

C'est fin juillet, c'est-à-dire avant la mission Z..., que la première réunion des chefs des trois mouvements eut lieu. Un vaste tour d'horizon fut fait pour confronter les tendances, les aspirations, les milieux prospectés, etc. Ce premier contact ne révéla aucune divergence profonde. Enfin, tout récemment, à Marseille, le 5 septembre, quatre jours avant mon départ, a eu lieu une nouvelle réunion qui vient de sceller l'accord de principe entre les trois mouvements. Les voies pratiques de collaboration sont actuellement à l'étude, mais, d'ores et déjà, on peut dire que l'on s'oriente vers la formule suivante :

1°) Indépendance en ce qui concerne les journaux.
2°) Consultations au sujet des campagnes, des manifestations, du sabotage, etc.
3°) Organisation unique sur le plan militaire.

VI. LIAISON AVEC LES AUTRES MOUVEMENTS : D'autres mouvements luttent aussi, avec plus ou moins d'arrière-pensées, pour la libération du pays. En premier lieu, il faut citer le Parti communiste qui est de beaucoup le plus actif. Quelle est à son égard l'attitude des trois mouvements LLL ? On peut répondre schématiquement : collaboration par le bas et neutralité bienveillante au sommet — sur le plan strict de la lutte contre l'Allemand. Je signale cependant qu'à diverses reprises, sur le plan doctrinal, le mouvement Liberté a pris nettement parti contre le communisme.

Avec les associations de francs-maçons dont l'activité est grande, surtout dans le domaine de la propagande « orale », il y a également collaboration par le bas, de même qu'avec certains anciens groupements tels que la Ligue des droits de l'homme.

Des contacts existent avec le mouvement du général Cochet — aujourd'hui emprisonné et dont les anciens collaborateurs poursuivent l'œuvre, ainsi qu'avec certains membres du groupe d'Astier de La Vigerie.

Enfin, il faut dire un mot de l'ex-association dite des « Cagoulards » qui a joué un rôle si important dans l'avènement de Pétain. Ici, dès le début, deux tendances ou plutôt deux partis nettement opposés : l'un, pronazi, avec Deloncle, l'autre, qui crut pouvoir jouer la carte anglaise à travers Pétain et qui eut son apogée lorsque le colonel Groussard, alors chef des éphémères « GP », procéda à l'arrestation de Laval.

De la première tendance, il est inutile de parler. Il faut retenir par contre une très nette évolution chez les tenants de la seconde, depuis la mésaventure survenue à son chef, Groussard. Ce dernier, on le sait, a été arrêté à l'un de ses retours d'Angleterre sur un ordre signé de l'amiral Darlan, alors qu'il était lui-même porteur d'un ordre de mission secret signé de la main du maréchal Pétain. Depuis qu'il est emprisonné à Vals-les-Bains, le colonel Groussard a eu le temps de faire de salutaires réflexions et je tiens de source sûre qu'il a abandonné aujourd'hui l'espoir qu'il mettait dans le maréchal. J'ai personnellement reçu en dépôt, en France, un dossier accablant qu'il a constitué sur Pétain et que je suis chargé de publier au cas où il arriverait malheur au colonel Groussard.

Étant donné la personnalité de Groussard, qui a dirigé l'École de Saint-Cyr, pépinière des officiers français, son emprisonnement et son changement, assurément sincère, d'attitude n'ont pas manqué d'avoir des répercussions.

Des contacts sont actuellement pris entre les trois mouvements et les amis politiques du colonel.

Voilà, sommairement dressé, le bilan de l'activité des **trois mouvements**.

LA SITUATION EN FRANCE

En France, de plus en plus, la population prend conscience de sa force de résistance et aspire à secouer le joug.

Certes, le Parti communiste a repris une grande activité depuis le conflit germano-russe et il désire à tout prix retenir en France le plus grand nombre de divisions allemandes pour alléger la pression sur le front russe. Mais les manifestations de ces derniers temps sont loin d'être toutes dues à des initiatives communistes. Si l'on n'en était point persuadé, il suffirait de se reporter à l'inoubliable journée du 11 mai, à Paris, alors que les communistes ne bougeaient pas encore.

Ces démonstrations sont avant tout un sursaut de révolte et d'indignation populaires.

Les passions sont exacerbées. De Monzie, pourtant profasciste et grand laudateur du maréchal, a cru devoir, il y a trois mois déjà, conclure son livre de souvenirs, *Ci-devant*[1], par les références suivantes :

> « Ezechiel, 7-23 »
> *id est :*
> « Prépare des chaînes
> Le pays est rempli de meurtres
> La ville est pleine de violences ! »

L'image est d'une vérité textuelle...

D'ailleurs, de nombreux partisans de la Collaboration trouvent eux-mêmes que Pétain et Darlan sont allés trop loin dans leur politique d'abandon. Pierre Laval, avant l'attentat dont il a été l'objet, se plaisait à répéter : « Il fallait donner un œuf pour garder la poule. Ils ont donné la poule et ils n'ont même pas su garder l'œuf ! »

Les arrestations sans jugement de nombreux officiers et hommes politiques connus pour leur patriotisme ont fait, lorsqu'elles ont pu parvenir à sa connaissance, la plus fâcheuse impression sur le public.

Est-ce à dire que le gouvernement a vu sensiblement diminuer ses troupes ? Non. Les pertes ont été compensées, et au-delà. De nombreux bourgeois conservateurs qui faisaient de l'anglophilie en dilettantes se sont récemment jetés, dans la zone occupée comme dans la zone libre, dans les bras de Pétain par crainte du communisme dont le spectre est agité savamment par Berlin

1. Moulin connaissait bien ce livre qu'il avait annoté dès sa parution en août 1941. Il avait même décidé, raconte Laure Moulin, qu'il lui servirait pour communiquer clandestinement avec Henri Manhès...

et par Vichy. Ils ont été aidés largement en cela par l'attitude de plus en plus progouvernementale du clergé catholique.

Quoi qu'il en soit, le malaise est de plus en plus profond et si les gaullistes ont perdu quelque peu en quantité, ils ont infiniment gagné en force militante et combattante, et l'on peut dire qu'ils sont passés aujourd'hui de la résistance passive à la résistance active.

Les mouvements qui se sont donné pour but la libération du territoire national ont pensé qu'il leur appartenait de canaliser les violences et de les discipliner en forgeant l'instrument technique de collaboration avec les forces alliées, et notamment l'instrument militaire.

C'est pourquoi ils ont établi à cet égard un certain nombre de projets :

PROPAGANDE

Un plan d'extension de la propagande a été étudié par chaque mouvement et prévoit notamment :

1°) Augmentation du tirage des organes existants et amélioration de la présentation. Création de nouveaux et nombreux journaux pour rendre plus difficiles les recherches policières. Création de journaux satiriques illustrés. Plus grande rapidité dans la distribution, etc.

2°) Création de postes d'émissions clandestines sur camions automobiles.

3°) Campagnes diverses de propagande : inscriptions sur les murs, les routes, les monuments, lâcher de ballons, etc.

4°) Constitution d'équipes de propagandistes spécialisés dans la propagande parlée.

SABOTAGE

L'extension du sabotage contre l'appareil de guerre ennemi et dans les usines françaises travaillant pour l'ennemi. Noyautage des administrations techniques, etc.

OPÉRATIONS DE JUSTICE

Constitution de brigades de « justiciers » devant opérer à bon escient selon un plan établi. Il leur appartiendra de signaler les mauvais Français et de les corriger. Un des trois mouvements a le projet de marquer au fer rouge, d'une croix gammée, certains traîtres notoires.

ACTION MILITAIRE

Là est le grand problème.

Les mouvements LLL étudient actuellement les possibilités d'encadrement, d'entraînement et d'armement des patriotes français en vue d'une action éventuelle de coopération avec les forces alliées en territoire français.

Ont-ils raison ?

Ils le pensent et appuient leur sentiment sur les arguments suivants :

1°) D'abord un argument moral. Ils estiment que si la France doit pouvoir compter sur l'appui infiniment puissant et précieux de la Grande-Bretagne, il appartient aux Français d'essayer avant tout de se sauver eux-mêmes, ou à tout le moins de contribuer à leur sauvetage.

2°) Des dizaines et même des centaines de milliers de Français, principalement dans la zone occupée, ont aspiré à aller rejoindre les FFL pour continuer la lutte aux côtés de l'Angleterre. Ceux qui ont eu la chance de pouvoir le faire après l'armistice sont une infime minorité. Les autres ont dû renoncer devant l'impossibilité de trouver les concours nécessaires. Or cette masse ardente de France restée sous la botte ronge son frein et n'attend qu'une occasion pour secouer le joug. Il serait fou et criminel de ne pas utiliser, en cas d'action de grande envergure des Alliés sur le continent, ces troupes prêtes aux sacrifices les plus grands, éparses et anarchiques aujourd'hui, mais pouvant constituer, demain, une armée cohérente de *« parachutistes »* déjà en place, connaissant les lieux, ayant choisi leur adversaire et déterminé leur objectif.

3°) Si aucune organisation ne leur impose une discipline, des consignes, un plan d'action, si aucune organisation ne leur donne des armes, il se produira deux phénomènes. D'une part, on assistera à des actions individuelles vouées à un échec certain et qui iront nettement à l'encontre du but parce qu'elles surgiront à contre-temps, d'une façon désordonnée et inefficace, décourageant ainsi le reste de la population. D'autre part, on jettera dans les bras des communistes des milliers de Français qui brûlent du désir de servir. Et cela, d'autant plus facilement que les Allemands eux-mêmes se font les agents recruteurs du communisme en affublant du qualificatif de « communistes » toutes les manifestations de résistance du peuple français.

4°) En admettant que ni l'hypothèse d'un débarquement en France ou sur un point quelconque de la partie occidentale du continent, ni celle d'un soulèvement simultané de toutes les nations occupées par les Allemands ne puissent se réaliser, les mouvements LLL pensent qu'au moment de la victoire anglaise, la France sera dans un état tel que les brigades constituées des patriotes français seront des plus nécessaires pour maintenir l'ordre et assurer la transition entre les deux régimes.

(Ici, il convient d'ouvrir une parenthèse. Des esprits malintentionnés répandent dans les milieux gaullistes de France le bruit que les dirigeants anglais ne seraient pas mécontents de **voir subsister, même après l'effondrement de l'Allemagne, le gouvernement du maréchal Pétain** pour que le règlement de la paix se fît dans de meilleures conditions, avec un partenaire discrédité. Les mouvements LLL ne font pas à leurs amis anglais l'injure de croire à de pareils desseins. Mais ils souhaitent vivement à ce sujet pouvoir rassurer d'une façon formelle nombre de leurs membres qui luttent actuellement au péril de leur vie pour libérer leur pays aussi bien des valets de l'ennemi que de l'ennemi lui-même.)

Les trois mouvements ont, au point de vue de l'action militaire, un certain nombre de plans qui ont trait aux possibilités suivantes : augmentation du nombre des enrôlements, constitution des cadres, instruction et méthodes de combat, repérage des points stratégiques, diffusion des consignes, débarquement d'armes soit en zone occupée, soit en zone libre, transfert d'armes de la zone libre dans la zone occupée, stockage des armes, etc. Mais ils estiment que rien de sérieux ne peut être mis sur pied qu'après accord avec Londres et avec son concours.

Sans ce concours dans tous les domaines, l'action des mouvements LLL sera vaine. Ils ont atteint aujourd'hui leur palier maximum avec les moyens dont ils disposent et il n'est pas sûr que, s'ils ne reçoivent promptement une aide substantielle, ils puissent se maintenir au niveau actuel, même sur le plan de la propagande.

Le mouvement qui a recueilli le plus de fonds depuis un an n'a pas dépassé la somme de 400 000 francs. Il y a deux mois, *Les Petites Ailes* ont failli ne plus paraître pour la simple raison que la caisse était vide. À tout instant, des militants sont arrêtés faute de moyens matériels. Trois jours avant mon départ, le chef de la propagande d'un des mouvements a été arrêté pour avoir dû employer les seuls moyens rudimentaires imposés par l'état des finances du mouvement. Il ne faut pas perdre de vue qu'il n'est jamais possible d'utiliser ni la poste, ni le télégraphe, ni le téléphone ; que tous les transports et toutes les liaisons s'effectuent par des émissaires envoyés par le train ou à bicyclette.

Il faudrait que les mouvements puissent le plus souvent dissimuler leur activité sous des façades commerciales ou industrielles, ce qui aurait pour avantage d'éloigner les soupçons et de donner les moyens matériels nécessaires — camions, autos, motos, personnel, etc.

Pour cela, il faut de l'argent. Les sommes mensuelles demandées plus loin par les trois mouvements pour élargir immédiatement leur action représentent à peine, au taux de notre pauvre franc, le cinquième de la valeur d'un avion de bombardement, et guère plus que le prix d'un raid de quelques avions allant jeter des tracts.

En résumé, les mouvements demandent :

1) *Une approbation morale* ;

2) *Des liaisons* : il faut établir avec le général de Gaulle des liaisons fréquentes, rapides et sûres permettant de mettre au point et de mener à bien un plan concerté ;

3) *De l'argent* : pour commencer, une somme de 3 millions par mois pour les trois mouvements — cette somme devrait être doublée à la fin de l'année ;

4) *Des armes* : première étape — matériel très léger, revolvers et mitraillettes ; deuxième étape — matériel léger, fusils mitrailleurs et mitrailleuses.

Simple messager, chargé par les trois mouvements LLL de transmettre un SOS à Londres, je peux me permettre de signaler le magnifique esprit de sacrifice de leurs dirigeants et de leurs troupes, et leur inébranlable volonté de libérer leur pays. Certains déjà ont payé de leur vie leur dévouement à la cause. D'autres, nombreux, peuplent les geôles françaises et allemandes.

On ne peut laisser sans secours ceux qui continuent la lutte.

C'est l'intérêt immédiat de l'Angleterre et de ses alliés. Ce doit être une des raisons d'être des Forces françaises libres. C'est l'espoir de tout un peuple enchaîné.

N.B. Il doit être bien précisé, et j'insiste sur ces points :

1) Que le fait de donner de l'argent et des armes aux mouvements ne doit pas avoir pour résultat d'augmenter à l'heure actuelle le nombre et l'importance de certains actes de violence. Il s'agit avant tout *d'intensifier la propagande* et d'organiser *une action collective à longue échéance.*

2) Qu'il ne peut s'agir d'aider un mouvement insurrectionnel contre le gouvernement de Vichy (tout au moins sans accord préalable avec Londres). Il n'est question que de lutter contre l'Allemand, et les hommes de Vichy ne sont considérés comme adversaires que dans la mesure où ils aident l'Allemand.

3) Que les trois mouvements estiment que c'est avant tout aux Forces françaises libres de faire l'effort demandé.

Moulin est conduit à l'hôtel de Vere, situé en bordure de Hyde Park, où il voit pour la première fois, ce 24 octobre 1941, un représentant des Forces françaises libres, le commandant Passy, chef du SR.

« Jean Moulin [...] était un homme petit et solide, aux cheveux poivre et sel et au teint mat, raconte Passy. Ses yeux étaient brillants et vifs. Il respirait la force physique et morale, l'énergie et la ténacité. Un léger sourire, lorsqu'il vous parlait, venait souvent éclairer ses pupilles, trahissant le mouvement de sa vie intérieure et désarçonnant ses interlocuteurs[1]. »

Jean Moulin déploie son charme et tous ses talents de séduction. Il lui remet son rapport concocté à Lisbonne. Passy est séduit par ce préfet atypique. Il n'est pas trop hasardeux d'affirmer qu'après avoir quitté Moulin, il lit rapidement son rapport et se précipite chez le général de Gaulle pour lui parler de la « perle rare » qu'il vient de rencontrer. Il a dû parler d'or, puisque le Général reçoit Moulin dès le lendemain, 25 octobre.

Cette rencontre (c'est également le cas de celles qui vont suivre) est évidemment déterminante pour l'histoire de France, pour le destin de Jean Moulin et donc pour notre récit, mais elle a laissé très peu de traces écrites. Dans ses Mémoires, de Gaulle n'a pas parlé précisément de ce premier dialogue, mais il a fait un résumé de ceux qui se sont déroulés lors du premier séjour à Londres de Jean Moulin. Il existe néanmoins quelques témoignages indirects de ce dernier, dont le plus fouillé est celui de Laure Moulin.

---

1. *In Souvenirs, tome II, 10, Duke Street,* par le colonel Passy, Éd. Raoul Solar, Monte-Carlo, 1947.

> Dans le courant de décembre, écrit de Gaulle[1], j'eus avec lui de longs entretiens. Jean Moulin, avant d'aller à Londres, avait pris de nombreux contacts avec chacun des mouvements de résistance et, d'autre part, sondé divers milieux politiques, économiques et administratifs. Il connaissait le terrain sur lequel, de prime abord, je projetais de l'engager. Il faisait des propositions nettes et formulait des demandes précises. Cet homme, jeune encore, mais dont la carrière avait déjà donné l'expérience, était pétri de la même pâte que les meilleurs de mes compagnons. Rempli jusqu'au bord de l'âme de la passion de la France, convaincu que le « gaullisme » devait être non seulement l'instrument du combat, mais encore le moteur de toute rénovation, pénétré du sentiment que l'État s'incorporait à la France libre, il aspirait aux grandes entreprises. Mais aussi, plein de jugement, voyant choses et gens comme ils étaient, c'est à pas comptés qu'il marcherait sur une route minée par les pièges des adversaires et encombrée des obstacles élevés par les amis. Homme de foi et de calcul, ne doutant de rien et se défiant de tout, apôtre en même temps que ministre, Moulin devait, en dix-huit mois, accomplir une tâche capitale.

Il est évidemment difficile de trier dans ce portrait ce qui peut être attribué aux toutes premières impressions du général de Gaulle. Il a bien perçu, en revanche, chez cet « homme de foi et de calcul », le pragmatisme à l'égard des gens et sa grande méfiance.

Le général de Gaulle a sûrement exprimé devant Jean Moulin comment il justifiait sa propre « légitimité ». Il l'avait déjà fait en ces termes lors de sa conférence de presse du 23 septembre 1941 :

> La Constitution et les lois de la République française ont été, comme vous le savez, violées. Violées par l'envahisseur et violées — elles le sont tous les jours — par les complices de l'envahisseur à Vichy. Nous ne reconnaissons, nous, les Français libres, aucune de ces violations. Nous sommes obligés, puisque aucune expression de la souveraineté nationale n'existe en France actuellement, d'improviser une autorité de fait que nous détenons comme gérants du patrimoine national et comme gérants provisoires. Nous avons dit solennellement, et je tiens à le répéter, que cette autorité, nous la tenons pour ce qu'elle est, c'est-à-dire une sorte de délégation de l'intérêt national, autorité que nous exercerons provisoirement et que

1. *In Mémoires de guerre*, tome I, Plon.

nous remettrons à la représentation nationale dès qu'il aura été possible d'en constituer une librement.

De son côté, Jean Moulin a confié à sa sœur son sentiment sur de Gaulle :

Jean Moulin fut reçu par le général de Gaulle à son bureau de Carlton Gardens et invité à déjeuner. Leur entretien dura près de deux heures. L'impression fut excellente de part et d'autre. Ils s'étaient parfaitement compris.

Mon frère ne cacha pas au Général qu'il était un homme de gauche, profondément attaché au régime républicain et aux institutions démocratiques. Il avait appartenu au Front populaire et été directeur du cabinet de Pierre Cot au ministère de l'Air. Il justifia son ancien patron des calomnies qui avaient abondamment couru contre lui.

Il raconta sommairement les événements de Chartres, dans la nuit du 17 au 18 juin 1940. Patriote, il souhaitait de toutes ses forces la défaite de l'Allemagne.

Moulin ne s'en tient pas au passé. Il expose son plan d'action mais, auparavant, il rend compte au Général de *la longue et difficile enquête qu'il a poursuivie en France dans les deux zones. Il trace un tableau d'ensemble de tous les éléments qui commencent à résister contre l'ennemi et contre Vichy*[1]. S'il y a entre eux un dénominateur commun qui est la haine de l'occupant, il y a une diversité de recrutement, de tactique, d'objectif et surtout un manque de coordination entre les groupes et les individus isolés les uns des autres. Pour qu'une action plus utile puisse être accomplie dès à présent et pour que ces forces fragmentées puissent devenir un appoint important dans le conflit en cours, il est indispensable qu'elles soient unies et dirigées. Il faut les rassembler, quelles qu'elles soient, sous l'autorité de celui qui n'a pas accepté la capitulation de la France et qui promet de rétablir ses libertés : « C'est vous, mon général, qui devez les prendre en main. » Mais il faut leur fournir les moyens d'agir et de se développer, car elles sont dans une pénurie extrême, et, pour cela, établir de fréquentes relations entre Londres et la France. Moulin ne doutait pas de la victoire finale, mais la libération de la France risquait de se faire dans le désordre et même dans le sang si, à l'avance, on ne prévoyait pas les mesures propres à réaliser cette libération dans l'ordre et l'entente des Français.

1. Souligné par l'auteur.

Jean Moulin rompt définitivement avec Dolivet-Cot...

> Le Général arrivait de Syrie, Moulin venait de France. **C'était vraiment une confrontation historique entre la France extérieure et la France intérieure**[1]. Le chef de la France combattante sentit fondre en lui cette sorte de carapace dont chacun s'entoure pour protéger son moi, et il ressentit une sympathie immédiate pour ce préfet patriote, énergique et clairvoyant. De son côté, le Général lui exposa ses vues et ses buts, avec une grande largeur d'esprit et une foi inébranlable dans la victoire finale.
>
> Il analysa avec une lucidité saisissante la situation en France et dans le monde. Il donna à Moulin l'assurance formelle qu'à la libération du pays, **il restaurerait la République**[2].
>
> Le général de Gaulle fit une très forte impression sur mon frère : « C'est un très grand bonhomme, me dit-il textuellement. Grand de toutes les façons », ajouta-t-il en souriant. Comme la plupart des Français alors, j'ignorais la haute stature du Général.

Essayons de reconstituer les contours de cette « confrontation historique entre la France extérieure et la France intérieure », confrontation entre deux légitimités autoproclamées, entre l'homme du 18 juin et celui du 17, entre celui qui a choisi, en dehors du territoire, le Verbe pour résister, et celui qui, en France, a décidé de résister en se tranchant la gorge... De Gaulle a expliqué les fondements de sa conception de la France libre et les appuis extérieurs dont il disposait. Jean Moulin est allé beaucoup plus loin que dans son rapport rédigé à Lisbonne et remis à Passy. En tête à tête, sans témoins, il a pu expliquer au Général qu'il pouvait entraîner derrière lui non seulement les trois mouvements de la zone non occupée[3], mais aussi, compte tenu de son passé qu'il n'a pas caché, les forces de gauche, celles du RUP. Moulin se serait « grillé » auprès de l'entourage du général de Gaulle s'il avait donné le détail des contacts pris par les Cusin, Meunier, Chambeiron, Panier et autres « Frontpopularistes ». De Gaulle, qui est aussi pragmatique que Moulin, a immédiatement compris que son interlocuteur pouvait aussi lui apporter le « peuple de gauche », lui permettant à terme d'asseoir sa légitimité sur l'ensemble des forces « saines » de la France. Moulin n'était rien quand il est arrivé à Londres, il

1. *Idem.*
2. *Idem.*
3. Il dira à Pierre Meunier qu'il avait « gonflé » l'importance de la Résistance.

sera tout quand il en partira, parce que, par un aussi gros coup de bluff que celui du chef de la France libre, il s'est présenté comme l'homme de la Résistance intérieure. Jean Moulin, à Londres, n'est plus l'homme de Pierre Cot ou de qui que ce soit d'autre. Il est devenu un homme d'État, un chef qui s'est hissé au niveau du général de Gaulle. Cette transformation est visible. Ainsi, le colonel Sutton, qui le rencontre longuement le 4 novembre, écrit[1] : « Il est la première personne que j'aie rencontrée ou aie entendue parler à avoir non seulement le pouvoir de négocier au nom des trois organisations en question, mais aussi à posséder cette sorte d'autorité naturelle et d'expérience que son histoire lui confère. » Les visions de la France du chef de la France libre et de celui qui se présente comme le représentant des mouvements de résistance sont complémentaires. Dès lors, les deux hommes sont prêts à consentir des sacrifices idéologiques pour arriver à leurs fins : Moulin en acceptant les propos autoritaristes du Général et sa critique virulente de la IIIe République ; le Général en acceptant d'inscrire « Liberté, Égalité, Fraternité » au fronton de la France libre.

Le 15 novembre, à l'Albert Hall, le général de Gaulle prononce un discours en rupture avec ses précédentes interventions, intégrant les thèmes développés par Moulin au cours de leurs premières rencontres. Pour la première fois, de Gaulle prononce le mot « démocratie ». Après avoir évoqué ses thèmes habituels sur l'extension de la guerre, sur la condamnation du régime d'avant guerre et celui de Vichy, il évoque les bases qu'il souhaite donner aux institutions de la France. Jusqu'alors, il ne parlait que de la devise « Honneur et Patrie », « entendant par là que la nation ne pourra revivre que par la victoire et subsister que dans le culte de sa propre grandeur ». Ce 15 novembre, il ajoute « Liberté, Égalité, Fraternité », « parce que notre volonté est de rester fidèle aux principes démocratiques ». Le Général déclare aussi :

> Nous sommes des Français de toutes origines, de toutes convictions, de toutes opinions, qui avons décidé de nous unir dans la lutte pour notre pays. Tous l'ont fait volontairement, sûrement, simplement. Je ne commettrai pas l'indélicatesse d'insister sur ce que cela représente, au total, de souffrance et de sacrifice. Chacun de nous

1. PRO.FO 898/198.

est le seul à connaître dans le secret de son cœur ce qu'il lui en a coûté. Mais c'est d'une telle abnégation, autant que d'une telle cohésion, que nous tirons notre force.

« Ce ton républicain datait surtout des remontrances que fit Moulin à de Gaulle en arrivant à Londres, à l'été 1941, à propos du ton exclusivement patriotique de ses discours », a affirmé[1] Adrien Tixier, ancien délégué de la France libre aux États-Unis. Le colonel Manuel confirme[2] que Jean Moulin « aurait été le seul à pouvoir dire à de Gaulle : “Là dessus, je ne suis pas d'accord avec vous.” »

Les propos prodémocratiques et conciliants du Général sont manifestement un « sacrifice » qu'il consent pour intégrer ceux de Jean Moulin sans pour autant sacrifier les bases premières de sa « légitimité ». La toute première étant que « la France libre est la France » et impliquant que, pour de Gaulle, tous les résistants doivent obéir au Comité national, doivent *lui* obéir. Postulat qui porte en lui tous les germes d'un affrontement à venir avec les chefs des mouvements de la Résistance intérieure.

Le chef autoproclamé de la France libre et le chef automandaté de la Résistance intérieure ont ainsi trouvé un accord tacite qui n'était probablement pas exempt d'arrière-pensées. Pour Jean Moulin, il est probable que son « gaullisme » ne valait alors que jusqu'à la fin de la guerre. À François de Menthon[3], il dira en effet : « L'homme est très grand... Qu'est-ce qu'il pense, au fond de lui-même, de la République ? Je ne puis vous le dire. Je connais ses positions officielles, mais... est-ce réellement un démocrate ? Je ne sais pas. » Et Pierre Cot de confirmer, dans une lettre à Henri Michel[4], que Jean Moulin « se méfiait d'une certaine tendance antidémocratique qui existait dans l'entourage du Général ».

Il n'empêche que les deux hommes ont scellé un pacte dans lequel chacun trouvait son compte. Un accord qui a été peaufiné au fil des nombreux entretiens que les deux hommes ont eus en

1. *In L'Aventure incertaine*, de Claude Bourdet, Stock, Paris, 1975.
2. *In Jean Moulin, l'unificateur*, de Henri Michel, Hachette, Paris, 1993.
3. *In Jamais dit*, de J.-R. Tournoux, Plon, Paris, 1971.
4. CARAN.72 AJ/233.

tête à tête et qui s'est concrétisé par les trois missions confiées à Jean Moulin...

Reprenons le fil de notre récit tout de suite après le premier entretien entre Moulin et de Gaulle. Du fait de cette rencontre, Jean Moulin a déjà changé de statut. Il est maintenant une personnalité reconnue. Il est étonné par la diversité de langages et par la concurrence entre les différentes branches du SOE[1]. Étonné d'entendre André Diethelm, le commissaire à l'Intérieur, et le colonel Sutton, chargé de la propagande en France, qu'il rencontre dans l'après-midi du 29 octobre, leur parler de la primauté de la propagande sur l'action, alors qu'il est à Londres pour aider les trois mouvements de résistance avec du matériel, de l'argent, des armes et des moyens de communication !

André Diethelm a gardé un souvenir différent[2] de celui qui reste entreposé dans les archives du SOE. Il se souvient d'une rencontre au Connaught Hotel en présence du Général. Selon lui, c'était la première fois que Moulin rencontrait de Gaulle. Moulin était « volontairement effacé et comme timide, mesurant ses paroles et se gardant de toute emphase, mais tout entier soulevé par un grand dessein et d'avance déterminé à l'impossible ». Selon Diethelm,

> il venait se mettre à la disposition du Général et était prêt à servir dans une unité de la France combattante avec son grade d'aspirant [...]. C'est en écoutant Moulin que la réalisation parut immédiatement possible, dans l'esprit du général de Gaulle, d'un projet qui, quelques semaines encore auparavant, aurait été taxé de chimère : avoir en permanence, sur le sol national, un représentant qui coordonnât l'action diverse et nécessairement éparse de tous ceux qui, avec quelque arme que ce soit, entendaient s'opposer à l'ennemi et

1. La section « RF » du SOE travaillait en étroites relations avec les Français libres et était considérée comme « gaulliste », alors que la section « F » était indépendante et considérée comme antigaulliste. Ces deux sections se battaient l'une contre l'autre. D'autres batailles entre le War Office, le Foreign Office, le ministère de l'Information, celui de l'Économie de guerre et Dalton vont priver ce dernier de l'arme de la propagande qui va devenir autonome sous le nom de « Political Warfare Executive »...

2. Reproduit dans *France-Soir*.

> à Vichy... La décision fut prise. Moulin accepta avec une joie tranquille la tâche surhumaine dont on allait charger ses épaules.

Passy a eu le temps d'analyser le rapport rédigé par Moulin à Lisbonne ainsi que les premiers débriefings anglais qui soulignent tous l'idée principale de Moulin de créer une « armée secrète » au recrutement différent et dirigée depuis Londres, cependant que les organisations de résistance garderaient leur indépendance en matière de propagande et en ce qui concerne leurs orientations politiques ; il a eu aussi l'occasion d'entendre le général de Gaulle après son entretien avec Moulin. Au soir du 29 octobre, Passy et Moulin se rencontrent en présence d'un responsable du SOE. Passy lui dit qu'il a le sentiment que le général de Gaulle incline également à favoriser la propagande à l'exclusion de l'action, et qu'en fait le Général accorde peu de foi aux possibilités soit d'une « armée secrète », soit d'un rôle efficace des forces paramilitaires.

Le lendemain matin 30 octobre, Moulin revoit Diethelm qui lui fait rencontrer des membres d'une autre organisation britannique. Moulin est désappointé d'entendre autant de points de vue différents émanant d'organisations aussi différentes. De toute façon, il a fait savoir qu'il désirait se joindre au mouvement des Français libres. Néanmoins, un responsable du SOE a décidé de lui laisser la décision de rencontrer ou non des gens de la section « F » du SOE, considérée comme antigaulliste ; on lui fait remarquer que cette section « F » a d'ailleurs été déjà en relation avec les trois organisations qu'il représente[1]...

Le 31 octobre, après avoir rencontré brièvement le colonel Maurice Buckmaster, responsable des opérations menées en France par les agents britanniques, Moulin part avec Passy pour s'entraîner pendant cinq jours à sauter en parachute. Il fait deux sauts réussis, l'un en sautant par une trappe aménagée dans le plancher de l'appareil, l'autre par la porte. Ces cinq jours permettent à Passy et Moulin de se connaître mieux.

Le 4 novembre, c'est au tour du lieutenant-colonel Nigel Sutton d'interroger longuement Jean Moulin. Cet interrogatoire est intéressant, car il constitue, avec le débriefing de la Patriotic School,

---

1. Le récit de ces quelques jours est tiré pour l'essentiel du dossier « Moulin » aux archives du SOE.

le résumé le plus complet des activités de Moulin avant son arrivée à Londres, ainsi qu'une bonne synthèse de ses projets. Comme à son arrivée, il ne mentionne pas les fonctions qu'il a remplies aux côtés de Pierre Cot. Il affirme être resté à Paris jusqu'au 15 janvier suivant son départ de Chartres, ce qui est faux. Moulin met en garde son interlocuteur contre la propagande menée par le clergé catholique depuis que les évêques se sont réunis, fin juillet, et prônent la collaboration. Il tempère lui-même le « gaullisme » qu'on lui prête dès cette époque en soulignant que « la propagande en faveur de De Gaulle comme symbole de résistance, et plus particulièrement la propagande strictement gaulliste, sont assez inutiles. Ce qu'il est nécessaire de faire d'urgence, c'est de s'atteler à la formation de groupes paramilitaires partout où c'est possible. » Plus généralement, Moulin a montré qu'il n'était plus un partisan ; il estimait, « d'après sa courte expérience à Londres de manière générale, et particulièrement dans les cercles français, qu'on attachait beaucoup trop d'importance aux questions politiques dans le sens partisan du mot. Les gens en France qui essayent de faire quelque chose en faveur de la Résistance considéraient que le départ des Allemands était tellement plus important que la couleur politique précise de ceux qui aidaient ou se dirigeaient vers ce but qu'ils étaient assez prêts à risquer un grand nettoyage inévitable, une fois ce but atteint. » Et que ces gens ne seraient pas inquiets si de Gaulle formait alors un gouvernement provisoire. « *La question de savoir si de Gaulle resterait ou partirait pourrait être résolue ensuite.*[1] Il a beaucoup insisté sur ce point ainsi que sur le point supplémentaire que le prestige de De Gaulle, en tout cas en tant qu'idée vague, était déjà “formidable”. »

Le « gaullisme » de Moulin est donc alors valable jusqu'à la fin de la guerre…

Peut-on pour autant attacher du crédit aux propos de Pierre Cot qui s'est confié à H. Freeman-Matthews, directeur des services « Europe » au département d'État, lorsqu'il affirme que Moulin s'est rallié aux forces gaullistes *à contrecœur* (« Le chef de la Résistance en France était un certain Jean Moulin. Le public ignore son nom. En décembre dernier, Moulin a décidé de se rallier aux forces

1. Souligné par l'auteur.

gaullistes. Mais à contrecœur. Je pourrais contacter pour vous Moulin, car il souhaiterait un appui direct des États-Unis, et non par le truchement de De Gaulle ») ? Je ne le pense pas. Jean Moulin a, comme on l'a vu, délibérément choisi de ne pas rejoindre son ancien patron et a suivi sa propre « destinée ».

La confidence qu'il fit à Gilberte Brossolette après la guerre me semble en revanche plus conforme à la réalité. Moulin aurait fait part par écrit de ses états d'âme à son ancien « patron » et aurait affirmé que, « pour le moment, il faut être avec de Gaulle... Après, on verra. » Pierre Cot a donc prêté à Moulin sa propre défiance envers le général de Gaulle et le gaullisme. Mais rien ne permet d'affirmer que Moulin pensait ce que Cot écrivait en 1942-1943 dans *Procès de la République*[1] :

> Faute de pouvoir rassembler les masses françaises autour d'une idéologie conforme à leur tempérament, on s'efforcera de les rallier à un nom... Un Français n'est pas tout à fait rassuré s'il voit les généraux se mêler de politique. Il l'est moins encore quand, au même moment, se multiplient les signes avant-coureurs du pouvoir personnel : exaltation nationaliste, culte du chef, affirmation du principe d'autorité, mépris des valeurs démocratiques... Jusqu'à ce jour, le gaullisme a largement coïncidé avec le patriotisme. Mais il faut lui appliquer ce que Montesquieu disait de la vertu même : « Elle a ses excès... » Par lui-même, le mot gaullisme est révélateur d'un danger. Aucun démocrate ne peut accepter de voir son nom servir à caractériser un mouvement politique... Les antifascistes de la Résistance ont agi en réalistes. Ils ont entouré de Gaulle sans trop se préoccuper de ses opinions de la veille, [...] mais il serait puéril de penser qu'en acclamant de Gaulle, les communistes ont cessé d'être communistes, que les francs-maçons sont devenus cléricaux, et les démocrates ralliés à la dictature du pouvoir personnel... En 1918, Clemenceau fut l'organisateur de la victoire et le libérateur du territoire ; en 1919, la tâche achevée, il rentra dans l'ombre... Ainsi l'analyse et l'histoire conduisent à penser que le peuple français choisira des hommes nouveaux issus des masses populaires pour l'entraîner dans les nouvelles voies de la liberté.

Jean Moulin revoit le général de Gaulle le 4 novembre. C'est probablement lors de cet entretien que sont mis au point les deux

1. Éditions de la Maison française, New York, 1944.

projets de missions, militaire et civile, qui lui seront confiés. D'abord, une lettre personnelle — la première — rédigée par le Général à l'intention de tous les patriotes qui ont créé des noyaux de résistance. C'est la lettre bienveillante d'un chef de guerre à des rebelles qui n'ont pas — ou pas encore — reconnu son autorité :

> Mes chers amis,
>
> Rien ne peut plus diviser les Français. Ils n'ont qu'une volonté : sauver leur pays par la victoire. Rien ne compte pour eux, sinon la haine de l'ennemi ; la fidélité envers les alliés ; la fraternité nationale. Je sais ce que vous faites. Je sais ce que vous valez. Je connais votre grand courage et vos immenses difficultés. En dépit de tout, il faut poursuivre et vous étendre. Nous, qui avons la chance de pouvoir encore combattre par les armes, nous avons besoin de vous pour le présent et pour l'avenir.
>
> Soyons fiers et confiants ! La France gagnera la guerre et elle nous enterrera tous.
>
> De tout mon cœur...

Moulin devra transmettre cette lettre et faire appliquer un certain nombre de consignes sur les problèmes d'information, de propagande et de renseignement. Il devra demander aux organisations d'envoyer régulièrement au général de Gaulle tous les tracts, journaux, etc., qu'elles auront pu diffuser, de faire des comptes rendus réguliers de leur action. Moyennant quoi, Jean Moulin leur attribuera un budget.

Le ton est très volontariste. Le général de Gaulle ne semble pas se douter un seul instant que lesdites organisations puissent refuser de se ranger derrière lui, comme s'il était évident que tous les patriotes partageaient sa certitude qu'il est bien le chef de la France.

Cette certitude — partagée par Jean Moulin, puisqu'il accepte de transmettre les directives du Général — se retrouve dans les directives militaires. De Gaulle, par la bouche de Moulin, imposera la « division, à maintenir aux échelons élevés, entre l'organisation proprement politique et l'organisation militaire ». En ce qui concerne l'organisation militaire, « la centralisation et la coordination se feront à Londres » ; sa composition est prévue dans le détail et les buts de l'action militaire sont définis avec précision : opérations d'ensemble en cas de débarquement, opérations locales réalisées en conjonction avec des éléments d'Angleterre, opérations locales réalisées avec des éléments pris sur place, et utilisation des forces militaires pour la prise de possession des pouvoirs civils. « Toutes ces opérations se déclenchent sur l'ordre personnel du général de Gaulle. » Ainsi le Général, avec l'aide de Jean Moulin, entendait « organiser et diriger la Résistance », qui était, selon lui, la « tâche de la France libre ».

Moulin pouvait dès lors se préparer à repartir pour la France afin d'exécuter cette mission *a priori* impossible. Mais un certain nombre d'imprévus retardent le départ de l'ancien préfet de Chartres. Un agent qui ne peut l'accueillir, de détestables conditions météo, le mauvais vouloir des Britanniques, agacés plus encore que de coutume vis-à-vis de De Gaulle, vont imposer une prolongation de son séjour de plus d'un mois et demi. Ce temps disponible va permettre de nouveaux et fructueux entretiens entre de Gaulle et Moulin, dont nous avons déjà décrit le cadre général. La veille de son départ, prévu pour Noël, le Général signe un nouvel ordre de mission instituant Jean Moulin comme *« son représentant et comme délégué du Comité national pour la zone non directement occupée de la métropole »*, Moulin ayant pour mission de « réaliser dans cette zone l'*unité d'action* de tous les éléments qui résistent à l'ennemi et à ses collaborateurs. »

Son départ est derechef annulé. Le 31 décembre, il va voir le Général et obtient qu'un avion parte, quelles que soient les conditions atmosphériques. Il décolle le soir du 1er janvier. Arrivé à Londres comme un simple messager, il en repart en tant que représentant du général de Gaulle pour toute la zone non occupée, voire davantage[1]...

---

1. Une lettre d'Anthony Eden semble indiquer que de Gaulle a envisagé d'élargir la mission de Moulin à l'ensemble du territoire pour réaliser l'unité de la Résistance. Il est en effet probable qu'il a donné carte blanche à Moulin pour l'ensemble du territoire, mais qu'il n'a formalisé son ordre de mission que pour la zone non occupée, ce qui expliquerait la mission confiée par Moulin à Manhès en zone occupée dès son arrivée en France. C'est ce qu'a confirmé Pierre Meunier à Jean-Pierre Vittori (archives confiées par Vittori) d'après qui, si, « sur le papier », sa misson concernait la zone Sud, il était entendu entre de Gaulle et Moulin qu'après s'être occupé du Sud, il s'occuperait du Nord ; « par conséquent, dès ce moment, il savait qu'il était également chargé de la zone Nord ».

23

1942[1]

Ce 2 janvier 1942, vers 4 heures du matin, le parachutage du délégué de la France libre fraîchement adoubé est plutôt sportif. Il avait indiqué au pilote anglais un point précis au milieu des romarins, non loin d'Eygalières, sur le versant nord des Alpilles. Le grand saut a lieu sur le versant sud, du côté de Fontvieille. « Rex » — c'est son nouveau pseudonyme[2] — atterrit dans un bourbier glacé. Il lui faut bien une heure pour s'en dégager et retrouver les deux camarades largués avec lui : Raymond Fassin, [pseudonyme de Raymond Fassin], officier de liaison, et Joseph Monjarret, jeune opérateur radio. Les voilà trempés, grelottants, à une bonne vingtaine de kilomètres à vol d'oiseau de l'endroit prévu. On enterre prestement les parachutes tandis que le poste radio est dissimulé au creux d'un rocher. Puis le trio se sépare de peur d'éveiller l'attention, à présent que le jour va se lever.

« Rex » et « Sif » vont parvenir à se rejoindre au vieux mas que le premier possède à Eygalières et qu'il a, par précaution, vendu fictivement à sa sœur Laure. C'est à celle-ci[3] qu'il contera par le menu son arrivée mouvementée.

---

1. Ce chapitre a été rédigé avec l'aide de Pascale Froment, auteur de *René Bousquet*, Stock, 1994.

2. Selon Daniel Cordier, probablement depuis le 6 décembre 1941, à la suite de l'extension de sa mission. Cf. *Jean Moulin, l'inconnu du Panthéon*, tome III : *De Gaulle, capitale de la Résistance, novembre 1940-décembre 1941*, Lattès, 1993.

3. Laure Moulin, *Jean Moulin*, Presses de la Cité, Paris, 1982.

Il trouve la clef de la maison à son emplacement habituel, sous une pierre, et s'empresse d'allumer dans l'âtre un feu sommaire pour se sécher. Le lendemain, 3 janvier, laissant sur place quelques papiers, de l'argent et des armes, Moulin, à peine restauré et reposé, parcourt à pied les onze kilomètres qui le séparent de Saint-Andiol, berceau familial. Il télégraphie à sa mère et à sa sœur qu'il sera auprès d'elles, à Montpellier, « ce soir 20 heures ».

Après la joie des retrouvailles, il montre à Laure les documents de Londres serrés dans une toile imperméable : la lettre de De Gaulle, deux pages manuscrites de grand format ; une lettre (il s'agit vraisemblablement, selon Daniel Cordier, de son ordre de mission civile) d'André Diethelm, commissaire à l'Intérieur au Comité national de Londres, le gouvernement de la France libre ; et les consignes transmises par le commandant Passy, soit les directives militaires ayant trait, d'après Laure Moulin, à « la formation et l'utilisation de petits groupes de saboteurs, quelle que fût leur appartenance ». Elles sont constituées d'une quinzaine d'articles tenant sur une microphotographie de la taille de « la plus petite boîte d'allumettes, celle dite : "Aux Drapeaux". C'est d'ailleurs dans le double fond d'une de ces boîtes que Jean les emporta de Montpellier. » Pour l'heure, il planque son butin derrière un coin de tapisserie décollée, en haut du mur d'une antichambre.

Carrefour de toutes les accélérations, décisive pour la lutte à l'intérieur comme à l'extérieur, l'année 1942 va être celle de la soudure entre la France captive et la France libre. La mondialisation du conflit, avec l'entrée en guerre des États-Unis à la suite de l'attaque de Pearl Harbor par les Japonais, le 7 décembre 1941, a sans nul doute achevé de convaincre le général de Gaulle de la nécessité d'avoir un ambassadeur personnel en France. Rappelons la triple mission qu'il lui a confiée : rallier les principaux mouvements[1] à la France libre ; coordonner leur propagande et leur action ; à partir de chacun des trois mouvements de zone libre (Combat d'Henri Frenay ; Libération d'Emmanuel

1. Définis selon les critères du BCRA, c'est-à-dire disposant d'un journal, d'un réseau de renseignement et d'un groupe paramilitaire.

d'Astier de La Vigerie ; Franc-Tireur de Jean-Pierre Lévy), dégager une organisation paramilitaire à rattacher à l'état-major de Londres. Jean Moulin va s'y atteler avec une ardeur et une célérité peu ordinaires, compte tenu du contexte et de la modestie des moyens disponibles. (À titre indicatif, il vient d'obtenir un premier budget de 1,5 million de francs sur les 3 millions demandés.)

« Le temps du chacun dans son coin[1] », pour reprendre une formule de l'historien Jean-Pierre Azéma, tire à sa fin. Qu'on se souvienne : deux ans plus tôt, ils n'étaient encore que 30 000 hommes et femmes à « résister » dans les deux zones. À présent, « Rex » va devoir labourer le « désordre de courage » décrit par Malraux, en menant de front les trois tâches qui lui ont été imparties.

Clandestinité oblige, il est impossible d'établir une chronologie précise des innombrables prises et reprises de contacts de « Rex ». Un chercheur aussi pointilleux que Daniel Cordier ne s'y est pas risqué dans la somme[2] qu'il a consacrée à son ancien patron. Les informations y abondent, chaque fait est minutieusement recensé et situé grâce à l'exploration des documents disponibles, mais l'emploi du temps personnel de « Rex », débordant, reste flou quant aux dates. Laure Moulin, de son côté, fait état des rendez-vous dont elle a eu connaissance, notamment à Marseille, Lyon, Avignon, Annecy, Miribel, ainsi que des fréquents séjours de son frère en famille, à Montpellier, dans la plus grande discrétion. Sans compter les périlleux déplacements à Paris, le premier vers Pâques. Il y a aussi, à l'été, la recherche d'une galerie de tableaux à Nice, la galerie Romanin, qui lui servira de « couverture ». Mais les recoupements avec les témoignages d'autres acteurs de la période et de certains mémorialistes relèvent de la gageure[3].

1. *La France des années noires*, sous la direction de Jean-Pierre Azéma et François Bédarida, Paris, Seuil, 1993.

2. Daniel Cordier, *Jean Moulin, l'inconnu du Panthéon*, Lattès, trois tomes parus de 1989 à 1993. Une suite est annoncée aux Éditions Gallimard.

3. Pour s'en convaincre, il suffit de se reporter au compte rendu de la journée d'études du 9 juin 1983, organisée par l'Institut d'histoire du temps présent et tenue en présence de contemporains de Jean Moulin (lire en particulier une intervention

Il faut toutefois relever que, pour des raisons qui ne sont pas très claires, les plus proches amis de Moulin ont presque disparu de son « histoire ». À lire Daniel Cordier, biographe officiel de Moulin, Henri Manhès n'aurait joué pratiquement aucun rôle auprès de lui au cours de cette année 1942, alors qu'il est incontestablement son plus proche ami et collaborateur, et, dès janvier, son adjoint pour la zone occupée. De même, dans les papiers du BCRA, Manhès est quasiment absent ; quand il est venu à Londres pour la première fois, en janvier 1943, personne ne le connaissait, et pourtant... Lily Manhès et Antoinette Sachs ont subi le même sort qu'Henri Manhès alors qu'elles aussi ont toujours fait partie du « premier cercle » de Moulin. Le lecteur sait déjà que ces « vies » sont essentielles à l'appréhension et à la compréhension de celle de Moulin. Je vais donc tenter de les y réintroduire : si je commence par eux, c'est parce que ce sont eux que Moulin contacte en premier lieu à son retour de Londres.

Antoinette a laissé des petits papiers qui, additionnés à quelques souvenirs de témoins plus ou moins oubliés, permettent d'entrevoir un Moulin qui, en dépit de l'importance et de la gravité de sa mission, continue à aimer la vie, à rire, à s'intéresser à la peinture et à mille autres choses. Mais il prend néanmoins beaucoup plus de précautions qu'avant son voyage à Londres. À Marseille, où il passera encore souvent, il ne fréquente plus les mêmes endroits : officiellement, il est parti pour les États-Unis. Malgré ces précautions, « plusieurs commerçants crurent l'apercevoir et me le dirent », raconte Antoinette. Pour ses étapes à Marseille, ils choisissent d'abord un hôtel situé près de la gare, où ils n'étaient jamais descendus. « Il était glacé, et le propriétaire si pointilleux avec ses fiches que nous n'y fîmes pas long feu. » Moulin lui montre ses microphotos, « qu'il touche avec amour » ; « c'était une Bible » pour lui. Il lui narre dans le détail son séjour outre-Manche, lui dit qu'il a évité Labarthe, que le général de Gaulle lui a proposé — sans doute au cours de leurs premiers entretiens — de devenir gouverneur des colonies. « C'était tentant. Moulin en était très flatté, mais

---

d'Eugène Claudius-Petit, p. 61) : *Jean Moulin et le Conseil national de la Résistance*, CNRS, 1983.

il trouvait qu'il n'y avait pas de risques et que ce n'était pas faire la guerre, alors que le pays avait besoin de combattants. » Ils se retrouvent aussi à l'hôtel Sainte-Marie, 50, cours Belsunce, « endroit sinistre, lugubre, où les lits étaient des paillasses, ce qu'on appelle des draps étaient des linges troués, rugueux, non repassés. Toute cette ambiance de misère était joyeuse pour nous. »

Moulin emmène également de temps à autre Antoinette à la Régence, un hôtel de passe qui est peut-être le même où il avait passé une nuit de décembre 1940 en compagnie de Dolivet : « C'était un cinquième étage ; on nous considérait, je ne sais pas pourquoi. Peut-être parce que nous nous tenions bien et que nous avions l'air contents et occupés. Les gens ne se posent pas de questions quand ils voient un couple heureux... » Dans ses carnets, Antoinette relève qu'ils y passent la nuit du 14 octobre 1942 et elle note : « Très Régence » à propos du comportement de Moulin entre minuit et 7 h 30 du matin !

Le couple ne peut plus fréquenter les mêmes restaurants que l'année précédente, notamment Le Tapis vert qu'il affectionnait et où il était connu pour avoir une maladie de foie. Les carnets d'Antoinette montrent que Jane Boullen, l'infirmière de Chartres, est toujours une collaboratrice zélée de Moulin, sans qu'il soit pour autant possible de connaître son rôle exact. Les notes de celle-ci sont en effet inutilisables dans la mesure où elle ne tient aucun compte des dates.

S'il continue à se rendre à Marseille, Moulin va surtout s'installer à Lyon. Il y dort tantôt dans des hôtels (comme l'hôtel de Nice), tantôt chez des amis, tantôt dans un petit studio. Il couche souvent chez Tony de Graaf, que lui a recommandé son ami Manhès et dont il avait été le secrétaire au bataillon de l'air 116 de 1937 au 12 août 1940. De Graaf vivait avec sa famille dans la banlieue lyonnaise. « Rex » dispose également d'une chambre secrète — mais pas secrète pour Antoinette — au 2, place Raspail, chez Mlle Labonne. Si Moulin a choisi cette adresse, c'est qu'il était impossible de retrouver trace d'une personne qu'on aurait pourtant vu y entrer. Il y avait en effet plusieurs issues, plusieurs escaliers, de nombreux paliers. Pour cette demoiselle Labonne qui travaillait dans la fourrure, il était représentant de commerce, marié et père de trois enfants. Il payait cinq cents francs par mois, réglables d'avance, était souvent absent et ne recevait pas de femmes, raconte Antoinette — ce qui ne l'empêche pas, elle, de décrire cette chambre « étroite et donnant sur la place » :

> Il s'y trouvait un lavabo près de la fenêtre, une armoire plus loin, et, dans le fond, un étroit lit-divan. L'armoire présentait un grand désordre, un pêle-mêle que Mlle Labonne se mit à clarifier, un jour que le locataire restait absent — trop à son gré. Max avait laissé traîner une quinzaine de paquets de cigarettes Gauloises vides. Dans le fond de l'un d'eux, il avait camouflé un billet de 1 000 dollars. Dans son zèle de logeuse, avide de faire plaisir, Mlle Labonne prit tous ces paquets et les brûla. Max revint. Il fit une scène terrible à Mlle Labonne, lui disant qu'elle avait brûlé toutes ses économies... Mlle Labonne n'y a jamais rien compris.

Antoinette bénéficie tellement de la confiance de Moulin que c'est elle qui s'occupera de changer des dollars parachutés par paquets de 5 000, et qui participera à de nombreuses reprises au codage de messages, mais surtout au décodage de ceux envoyés de Londres. Le code choisi est une strophe d'un poème de Tristan Corbière dans *Armor*, que Moulin aime par-dessus tout, intitulé « La rapsode foraine et le pardon de Sainte-Anne » :

Prends pitié de la fille mère,
Du petit au bord du chemin...
Si quelqu'un leur jette la pierre,
Que la pierre se change en pain !

« Messages souvent incomplets, avec une lettre fausse qu'on n'arrivait pas à rétablir après s'être cassé la tête pendant des heures. » Sur un papier à en-tête du RPF[1] de Lyon, elle affirmera même avoir déchiffré un message demandant à Moulin de prendre contact avec les communistes...

Il va falloir du temps à « Rex » pour installer ses liaisons radio avec Londres, évidemment essentielles pour remplir sa mission. Ce n'est que le 23 janvier, après maintes tribulations au cours desquelles Laure Moulin et la fidèle Jane Boullen sont mises à contribution, qu'il finit par retrouver la trace de Montjarret, para-

1. Toujours dans le fonds Antoinette Sachs, au musée Jean-Moulin.

chuté en même temps que lui. Il leur faut récupérer le poste[1] abandonné dans sa cachette, puis, en concertation avec Combat[2], convenir d'un lieu de transmissions : ce sera le grenier d'un presbytère dans les environs d'Orange. Laure Moulin situe la première émission au début du mois de février. Daniel Cordier, pour sa part, évoque le 7 mars. Quoi qu'il en soit, le système a besoin d'un certain rodage avant même l'obtention de postes supplémentaires : une « couverture » pour l'opérateur qui assurera trois vacations hebdomadaires, bientôt un semblant d'agent de liaisons avec « Rex », sans compter tous les imprévus inhérents à l'action clandestine. En mai, le point d'émission sera déplacé de la banlieue d'Orange à celle de Lyon, et, en septembre, des techniciens récemment formés remplaceront Montjaret dont les responsabilités se seront étoffées. Parallèlement, tandis que Moulin jette les premières pierres de son organisation, naît le 17 janvier à Londres, en remplacement du SR, le Bureau central de renseignement et d'action militaire (BCRAM[3]), toujours dirigé par Passy, qui va devenir un outil essentiel du général de Gaulle pour contrôler la Résistance. Il faudra encore du temps avant qu'on puisse parler de l'installation d'une vraie centrale radio sur le sol français. Celle-ci ne deviendra effective — moyennant encore beaucoup d'aléas — qu'à la fin de l'automne suivant.

Antoinette voyait toujours les Manhès, avec ou sans Moulin, mais elle a laissé fort peu d'indications sur ses rencontres avec eux au cours de cette année 1942. Elle raconte par exemple qu'elle acheta un appareil Leica et des rouleaux de pellicule et qu'elle les remit à Manhès à l'hôtel de Nice, à Lyon. L'appareil

1. Endommagé, selon Daniel Cordier ; intact, dans la version de Laure Moulin. Cette divergence provient sans doute de la conviction première de Moulin que le poste n'avait pu qu'être détérioré par leur atterrissage brutal.

2. Né de la fusion récente de Liberté (créé et encadré par des universitaires — en majorité démocrates-chrétiens — comme François de Menthon, Pierre-Henri Teitgen, Georges Bidault, Marc Bloch notamment) et de Libération nationale, sous l'égide de Henri Frenay.

3. L'histoire retiendra le sigle BCRA, d'autant plus qu'au mois d'août suivant va y être créée, à l'initiative de Pierre Brossolette, une section « non militaire » traitant toutes les opérations en métropole (renseignement, action militaire et politique).

devait servir à la « documentation anglaise ». Mais Manhès reste aujourd'hui encore un homme mystérieux. Sa « base arrière » était un hôtel que sa femme avait acheté l'année précédente à Bargemon, dans le Var, et qui tenait lieu de refuge aux résistants. Il avait également une « couverture » à Paris qui justifiait ses déplacements fréquents dans la capitale : la Société d'exploitation des Brevets AB (spécialisée dans le domaine agroalimentaire), dont la gérante était sa femme Lily et dont le siège était situé 149, rue de Rome. Manhès assure la liaison entre Moulin et deux anciens de la « bande à Cot », Pierre Meunier et Robert Chambeiron, qui, sous son autorité, vont relayer son action en zone Nord. « Par discrétion, Manhès ne nous avait pas précisé la nature exacte de la mission qui avait été confiée à Max [...], ni les impressions qu'il avait rapportées de Londres », raconte Meunier[1]. Ce dernier se montre lui-même très discret sur le premier semestre 1942 qu'il expédie en une seule et unique phrase : « Cette première moitié de l'année 42 fut, pour Manhès, Chambeiron et moi, une période d'activité intense. » Sans apporter de détails, il se borne à signaler que Chambeiron et lui avaient continué à « nouer les contacts » avec l'OCM, les FTP, et, « grâce à des renseignements que Manhès avaient apportés de zone non occupée, avec des groupes dont l'implantation restait locale, mais qui jouaient un rôle important : Lorraine, La Voix du Nord... »

On sait également que, depuis la fin de 1940, Manhès avait noué des relations étroites avec Maurice Ripoche, personnage haut en couleur qui avait beaucoup de points communs avec lui. Ancien pilote de chasse de la Grande Guerre, Ripoche avait constitué une antenne des services de renseignement relevant de Vichy, SR Air et SR Guerre, et recruté dans les milieux de l'aviation dès septembre 1940. Parallèlement, il regroupa autour de lui des « récalcitrants à l'occupation » qui formèrent le mouvement Ceux de la Libération...

Meunier n'est pas davantage loquace sur l'activité intense que Manhès et lui ont développée en direction des francs-maçons[2]. Il est vrai que Meunier aussi faisait partie des « frères ». Il a fallu

1. *Jean Moulin, mon ami*, *op. cit.*
2. Voir chapitre 29, « Raymond Richard, un agent diabolique ».

attendre la venue de Manhès à Londres, en janvier 1943, puis la mission de Brossolette, au mois de mars suivant[1], pour que les importants contacts avec Liberté-Égalité-Fraternité et le Groupe d'action maçonnique soient connus. Idem pour ses contacts avec Ceux de la Résistance, avec le Groupement d'action du Parti radical-socialiste et avec les socialistes. Meunier ne sera pas plus bavard sur ses relations avec les communistes et Moscou. On se rappelle que Chambeiron et lui avaient, dès novembre 1940, renoué d'étroites relations avec Maurice Panier dont ils connaissaient bien les attaches avec le Komintern et probablement avec le GRU, via Harry Robinson. Thierry Wolton[2] a produit le fac-similé d'un interrogatoire de Leopold Trepper, un des chefs de l'Orchestre rouge, du 19 novembre 1946, par le KGB, qui affirme que « le résident en France Harry avait utilisé à partir de 1941 un employé du ministère des Finances, Meunier, [qui] collaborait ouvertement avec Harry, sachant qu'il était en relation avec un officier de renseignement soviétique. Meunier fournissait des renseignements sur l'armée allemande et certaines informations politiques. » Trepper déclare également que « Harry obtenait des informations de grande valeur de la part de Moulin ». Le lecteur se souvient que Harry a rendu compte à Moscou de sa rencontre avec Jean Moulin, mi-avril 1941. Il le considérait comme un agent américain. Se sont-ils rencontrés en 1942, c'est-à-dire après le changement géopolitique provoqué par l'opération « Barbarossa » ? C'est très probable eu égard à la proximité de Panier avec Meunier et Chambeiron. De telles rencontres — si elles ont eu lieu — ne permettent pas pour autant de suspecter Moulin d'avoir été stipendié par Moscou.

« Nous avons eu, pendant la guerre, des liens avec Panier pour le renseignement. Moulin est allé une fois dans sa galerie, parce que Maurice m'avait dit qu'il avait un beau Renoir, raconte aujourd'hui Robert Chambeiron. Panier possédait en effet une galerie de peintures avec deux entrées, dont l'une était quai des Orfèvres et l'autre place Dauphine. Cette galerie servait de "couverture" à ses activités d'espionnage. "Mais c'est un faux,

1. Voir chapitre 26, « Un ennemi de taille : Pierre Brossolette ».
2. Dans *Le Grand Recrutement, op. cit.*

un horrible faux !" s'est écrié Moulin en riant aux éclats. "Qu'importe !..." a répondu Panier. »

Meunier et Chambeiron ont également préparé les planques du « patron », à la demande de Manhès, pour ses séjours du second semestre. Pour le premier, Moulin n'a eu besoin de personne : « Il retournait d'abord chez une de ses amies, rue de Lübeck, dans le XVIe », écrit Meunier, désignant ainsi le domicile du grand amour de « Rex », Gilberte Lloyd... Rien de surprenant à ce que Moulin soit retourné chez elle pour son premier séjour à Paris après une si longue absence. Meunier cite deux autres planques parisiennes au cours de cette période : l'une à Saint-Mandé, chez le frère de Robert Chambeiron ; la seconde, boulevard Voltaire, qui comportait deux entrées.

L'importance de sa mission n'empêche pas Jean Moulin de prendre dix jours de vacances, fin janvier 1942, à Megève, chez ses amis Chatain. Lui est une « vieille tige », riche et ami de Pierre Cot. Jean Moulin l'aime beaucoup et son côté « coureur » ne le gêne aucunement. Au contraire : Chatain organise de brillantes soirées où figurent toujours de jolies filles. Un de ces soirs-là, on compte vingt-quatre convives parmi lesquels l'aviateur Detroyat, l'actrice Lina Labourdette et beaucoup de... collabos ! Moulin est fatigué, choqué par les conversations. Mais, comme par un aimant, son regard est attiré par une très belle jeune femme nommée Colette Jacques, née Pons. Il va passer le reste de la soirée avec elle. Colette est rassurée par cet homme et lui livre tous ses secrets : elle est amoureuse de Philippe Dreyfus — fils du banquier Daniel Dreyfus — qu'elle espère rejoindre à Londres dans les jours suivants.

Ce soir-là, Moulin ne se livre pas encore :

— Je suis maraîcher, je cultive les melons à côté de Cavaillon, lui déclare-t-il avec un sourire malicieux.

Elle n'en croit pas un mot. Elle accepte le rendez-vous qu'il lui fixe pour le lendemain à l'heure de l'apéritif. Pendant cinq ou six jours, ils ne vont pas cesser de se rencontrer. Moulin est de plus en plus émoustillé :

— Vous n'allez pas partir pour Londres, ce serait trop risqué. Restez donc tranquillement à Nice... Attendez-moi.

Il la fait beaucoup parler. Il veut tout connaître d'elle.

Colette revient chez elle à Nice. Moulin vient l'y voir quelques semaines plus tard, en février. Et là, il se jette à l'eau :

— Je cherche une couverture sociale, avec pignon sur rue. Accepteriez-vous d'être directrice d'une galerie de tableaux ?... Il ne faudra rien savoir sur moi ni sur mes activités. Et donc prendre des risques sans rien en connaître...

Colette accepte tout de suite. Jean Moulin souhaite disposer d'un fonds de commerce comportant deux entrées et un petit appartement au-dessus. Il lui donne le contact avec sa sœur. Les deux femmes se téléphonent souvent.

Colette va denir une des « vies » essentielles d'un Moulin fasciné par sa jeunesse et sa beauté. Il est vrai qu'il n'a jamais pu s'empêcher de faire la cour à toutes les jolies femmes qu'il rencontre, comme s'il estimait normal qu'elles lui tombent dans les bras. Colette l'aime bien, mais est toujours amoureuse de son Philippe. Au début de l'été 1942, elle le trouve trop empressé et disparaît de Nice sans laisser d'adresse. Pour échapper aux assiduités de Moulin, elle a décidé de trouver une filière par l'Espagne pour rejoindre Philippe à Londres. Elle se rend à Vichy et entreprend des démarches auprès d'un diplomate espagnol qui est le gendre de sa marraine, puis, en attendant le résultat, elle va passer quelque temps dans le Sud-Ouest au sein de sa famille. Jean Moulin est affolé, il téléphone, il écrit. Le 30 juillet, il écrit à Juliette Salle, la meilleure amie de Colette, qu'il connaît bien : en juin, il a passé trois jours avec elle et Colette au domaine de la Monastière, à Lourmarin. Il lui fait part de son anxiété, car il ne réussit pas à joindre Colette depuis dix jours alors qu'il l'avait chargée de trouver une galerie. Après avoir à son tour essayé de joindre son amie, Juliette lui envoie, le 5 août, un télégramme à Nice :

> Pourquoi ce silence insolite — Coup brancard via estomac n'empêche pas téléphoner — Cicatrice douloureusement se morfond Saint-Andiol — Angoisses à calmer[1].

Colette et Jean ont un code : elle est « Vélo », il est « Cicatrice ». « Cicatrice » se morfond donc à Saint-Andiol en atten-

1. Colette Dreyfus m'a autorisé à consulter ses archives personnelles.

dant la belle Colette. Il écrit de nouveau à Juliette le 6 août : « Je fais des vœux pour que cette méchante histoire n'ait point de suites fâcheuses et je me remets moi aussi en campagne pour avoir des nouvelles. » Finalement, Colette regagne Nice. Jean Moulin est à la fois heureux d'avoir récupéré sa « petite jeune » et quelque peu amer de la façon dont elle l'a traité. Le 7 septembre, il lui écrit de Saint-Andiol où il a passé une bonne partie de l'été ; il est en train de faire les vendanges. Il implore presque un long rendez-vous avec elle : il veut la voir plus d'un quart d'heure, et pas dans un bar. Le post-scriptum résume bien l'humiliation qu'il vient de subir : « Je suis vexé que vous me considériez comme un vieux cacique emplumé auquel on écrit, tel monsieur de Buffon, avec des manchettes... et moi qui crois être simple ! »

Colette s'est remise au travail avec l'aide de Me Milhé, un ami d'enfance de Moulin installé à Nice, qui va lui servir d'ange gardien. L'ami Chatain, de Grenoble, est également prêt à mettre la main au portefeuille pour financer l'installation de la galerie et acheter des tableaux. Le 12 octobre, Jean Moulin signe une promesse de cession de bail d'un local situé au 22, rue de France. Le 16, tout est prêt pour y ouvrir une galerie. De Saint-Andiol, Jean Moulin écrit au préfet des Alpes Maritimes pour solliciter l'autorisation d'ouvrir sa « galerie d'exposition et de vente de peintures, dessins et sculptures modernes » : « Je ne crois pas devoir porter préjudice à d'autres commerçants, car il n'existe à ma connaissance, à Nice, aucun magasin spécialisé dans les maîtres de la peinture moderne ou dont ce soit l'activité principale. J'ajoute que je compte mettre ma galerie à la disposition de jeunes artistes à qui je faciliterai l'accès auprès du public... », écrit-il pour justifier sa demande. Le 22 novembre, il est à Nice pour signer par-devant notaire la cession de bail définitive. Ce jour-là, Colette lui présente Jean Cassarini, un décorateur qu'il va charger de la décoration des lieux. La rencontre entre les deux hommes est chaleureuse. Non seulement Cassarini va s'occuper de la décoration, mais il va mettre ses relations au service de la galerie. Il connaît bien Aimé Maeght et Henri Matisse. Lydia Delectorskaïa, l'ex-modèle puis secrétaire de Matisse, viendra souvent et inopinément à la galerie pour surveiller la qualité des œuvres exposées, car elle tient beaucoup à ce que les dessins de Matisse ne soient pas en mauvaise compagnie.

Ce même 22 novembre, de retour à Saint-Andiol, Jean Moulin exprime à Colette sa satisfaction de la « conclusion de l'affaire », et lui manifeste sa « plus entière confiance ». Il lui donne ses directives pour composer la première devanture avec notamment un Utrillo et un Dufy, et, pour la seconde, une dizaine de jours plus tard, avec un Utrillo et un Marie Laurencin. Jean Moulin peut désormais se servir de sa couverture de galeriste pour voyager à travers toute la France. Il n'utilisera pas la galerie pour ses rendez-vous clandestins, mais profitera évidemment de ses séjours à Nice pour en avoir ailleurs. Mais la lecture des archives de Colette montre que la galerie n'était pas pour lui qu'une « couverture » : il s'en occupait vraiment, jusque dans les moindres détails. Du 7 au 10 décembre, il court ainsi les antiquaires avec Colette et se fait voler sa valise à l'hôtel de Madrid...

Une autre personne joue un rôle important dans l'histoire de cette galerie, mais est quasi absente des récits de Colette : Antoinette Sachs, l'amie peintre de Moulin. Colette minimise probablement son rôle et parle d'un ton condescendant de la « mère Sfax ». Moulin lui a recommandé « d'être très gentille avec les vieilles conquêtes... ». Fasciné par la jeune femme à qui il conte fleurette, il ne peut en effet lui expliquer ses relations ambiguës avec Antoinette. D'où cette version de Colette aujourd'hui :

> Elle le collait. Elle nourrissait une passion débordante pour Jean et elle avait peur de moi, car elle savait que j'étais proche de lui. Elle parlait de la "petite jeune". Elle habitait à Beauvallon avec Paul Geraldy... Moulin me demandait de téléphoner régulièrement à Antoinette...

Moulin tenait probablement un autre langage à cette derni... qui a noirci beaucoup de pages à l'adresse de la jeune Col... Selon elle, « Max » lui enjoignait de prendre soin de ... « petite jeune » qui ne connaissait rien à la peinture, et de ...sister de son talent et de ses compétences. De fait, Antoin... se sentait l'inspiratrice de cette galerie :

> J'étais la seule personne qui travaillait en connais... de cause auprès de Jean Moulin... J'étais chargée de le r...enter

> auprès de la gérante, comme un patron voyageant pour alimenter la galerie... Cette galerie, Jean Moulin l'a créée en tenant compte de mes capacités. J'étais peintre, élève de Soutine et de Léger, sociétaire du Salon d'automne et du salon des Tuileries. Il fallait à Jean Moulin un alibi. Tout naturellement, comme il le faisait depuis presque deux ans, il s'est servi de mes capacités. C'est ainsi que nous avons visité ensemble les agences de Nice et les locaux en vue d'ouvrir une galerie. Sur place, il nomma une gérante... car j'étais obligée aussi de le suivre souvent à Lyon ou à Marseille. Il m'avait donné 100 000 francs. Avec cela, j'ai acheté entre autres deux Degas, un Suzanne Valadon, un Raoul Dufy chez [nom illisible]. Il m'a emmenée voir deux piliers sculptés de Gauguin, pour 90 000 francs, chez une dame dans un appartement pas loin de la rue de France. Je lui en ai déconseillé l'achat ; il ne les a pas achetés...

Je crois qu'Antoinette exagère ici son rôle.

Preuve, en tout cas, que Moulin jouait de l'affection que lui portaient les deux femmes, la « petite jeune » et la « mère Sfax », il n'a rien dit à la première d'un studio secret (6, impasse Negrín) prêté par madame Manhès et appartenant à une bijoutière, où il retrouvait la seconde. « La gérante croyait que c'était par discrétion envers moi qu'on lui cachait l'adresse. » Pour conclure cet épisode, Antoinette précise : « Quand il venait à Nice, il ne me quittait pas de la journée (ni de la nuit), il prenait tous ses repas avec moi, et je partageais toutes ses activités. »

Ainsi, Antoinette ne connaissait pas davantage la nature des liens qui unissaient « son » Moulin à Colette que Colette, ceux qui le liaient à Antoinette. Moulin avait en effet bâti une très grande complicité avec la « petite jeune », d'autant plus qu'elle lui résistait[1]. Il lui confiait certains petits secrets, même s'il ne voulait pas qu'elle s'occupe de résistance. Une fois, elle a souhaité venir en aide à un jeune homme, ami d'enfance, qui désirait se rendre utile, et lui a donné rendez-vous à la galerie. Moulin s'est fâché : « Je vous ai défendu de vous occuper de cela. » Et il a fusillé du regard le garçon. Mais Colette avait la clé d[illegible]appartement situé au-dessus de la galerie. Des gens se présentaient à elle et disaient simplement : « Je viens chercher

1. Entretien du 22 mai 1996.

la clé de Max. » Colette la remettait. L'un repartait avec une valise, l'autre en tenue de curé... Moulin lui parlait beaucoup de Pierre Cot : « Moi, je suis rad-soc, comme papa », disait-il. Il avait, prétend-elle, des ambitions pour elle après la guerre et faisait son éducation politique. Quelques phrases lui reviennent, dont celle-ci : « Les communistes sont les hommes les plus courageux de la Terre. » Colette est persuadée que Moulin a eu à l'époque de très nombreux contacts avec les communistes. Elle était, comme lui, admirative des Russes et de leur bravoure. « Max » lui disait aussi des choses gentilles sur les francs-maçons, « des gens courageux et intelligents pour la plupart ». Il parlait librement et avec chaleur de la guerre d'Espagne. Il proposa même à Colette de l'aider à faire libérer, grâce à ses relations, ses deux cousins emprisonnés en Espagne. « Jean Moulin avait beaucoup d'admiration pour Malraux... »

« Max » a beaucoup promené Colette. Elle se souvient de voyages à Aix-en-Provence et des rencontres avec le docteur Long qui cachera les tableaux de la galerie après l'arrestation de Moulin. Et, pour conclure : « Il m'a tout appris. C'était un bon professeur. Il était très bavard, mais avec réserve : il ne disait rien d'important ou de compromettant. Il est toujours resté le patron. J'avais peur de ses critiques. Une autorité extraordinaire... » Le lecteur constatera ultérieurement que Moulin avait grande confiance en Colette, au point de lui confier l'un de ses plus importants secrets.

Ce tour d'horizon des activités de Moulin à l'intérieur du « premier cercle » montre que l'histoire officielle, celle qui a laissé des traces écrites, ne permet d'appréhender qu'une partie de la réalité. Moulin était un homme de réseaux à la vie très compartimentée et qui ne confiait à chacun que ce qui était nécessaire à l'accomplissement de la mission qu'il lui avait assignée. La personne en qui il avait le plus confiance était alors Manhès. Lui seul aurait pu préciser quelles instructions Moulin lui avait données pour la zone Nord. Il ne l'a pas fait.

Reprenons maintenant le cours des activités connues de Moulin en 1942, celles qui entraient exactement dans le cadre des missions dont l'avait chargé Londres.

La rencontre la plus importante pour notre histoire est celle de Jean Moulin avec Henri Frenay qui dirige Combat, le mouvement qui compte alors le plus. Elle se situe en janvier, dans la cuisine de l'appartement d'Agnès Bidault, sœur de Georges, situé à Marseille, 103, rue Kléber. Maurice Chevance-Bertin, l'adjoint de Frenay, est présent. Frenay a longuement[1] raconté ces retrouvailles. « Sa joie n'a d'égale que la nôtre », écrit-il. Moulin raconte les péripéties de son voyage, ses rencontres avec de Gaulle et Passy. Il sort sa boîte d'allumettes et en extrait une petite liasse de microphotos qu'on ne peut lire qu'à l'aide d'une loupe. Il remet une liasse de billets : 250 000 francs. Les choses se compliquent quand Frenay et son adjoint comprennent que Moulin vient aussi avec des ordres rigoureux émanant de Londres. Notamment pour séparer, du haut en bas de la hiérarchie des mouvements de résistance, les aspects paramilitaires des autres activités. « Jamais ils n'ont pensé, avant d'ordonner, à nous demander, à nous, les responsables, notre avis sur les consignes qu'ils envisageaient d'appliquer[2]. » Quant à Chevance-Bertin, il se souviendra : « La grande question, pour nous, était de savoir si nous allions devenir gaullistes. C'est-à-dire si nous allions accepter les moyens financiers, les moyens de liaison, les directives[3]. »

C'est à ce moment que va être définitivement liquidé l'épisode La Laurencie, du nom d'un ancien représentant de Pétain menant campagne contre de Gaulle avec l'appui des Américains : le général de La Laurencie s'était piqué de jouer les premiers rôles en finançant Frenay, lequel ne tarda pas à lui tourner le dos. « Rex » reconnaît là sa loyauté.

Au cours de ce même mois de janvier, Moulin entre également en contact avec Libération. Écoutons Raymond Aubrac, alors responsable militaire du mouvement :

> Pour nous, de Gaulle, c'est un général : notre première réaction, c'est la méfiance. Mais, puisqu'il combat les nazis, tant

1. In *La nuit finira*, *op. cit.*
2. Lettre d'Henri Frenay au colonel Passy du 13 juillet 1950, publiée dans *Missions secrètes en France*, du colonel Passy, Plon, Paris, 1951.
3. Henri Noguères, *Histoire de la Résistance en France*, tome II, Laffont, Paris, 1969.

1. Antonin Moulin, son père.

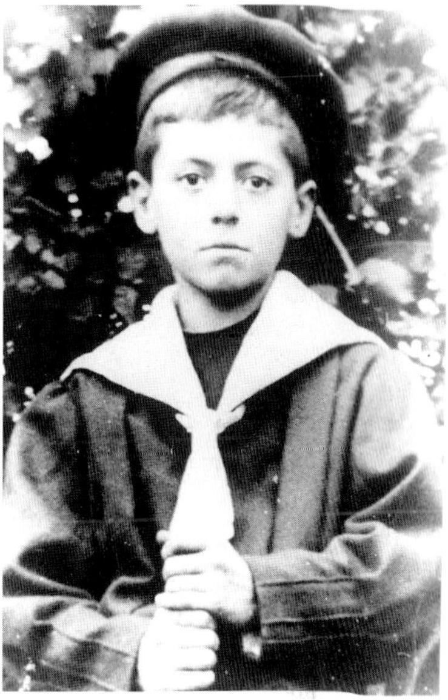

2. Jean Moulin à 9 ans.

3. Jean Moulin et Marcel Bernard,
son ami d'enfance.

4. Jean Moulin avec sa sœur Laure.

5. Jean Moulin à Valras-plage, près de Béziers vers 1920.

6. Jean Moulin, sous-préfet d'Albertville en 1925.

7. Jean Moulin à Megève en 1935.

« Pierre Cot »

8. Manifestation du Front populaire,
14 juillet 1935.
Au premier plan : Pierre Cot et Guernut.
À gauche : Thorez, Barbusse.

9. Jean Moulin et Pierre Cot
en 1935 à Megève.

10. Été 1938, balade en vélo. André Labarthe, Mme Chatain, Jean Moulin, Néna Cot et Pierre Cot.
Le photographe est M. Chatain.

« Romanin »

11. Son ami, Max Jacob.

12. Illustration d'un poème de Tristan Corbière par Jean Moulin qui signe « Romanin ». (Armor - *Le pardon de Sainte-Anne*, eau-forte, 1935.)

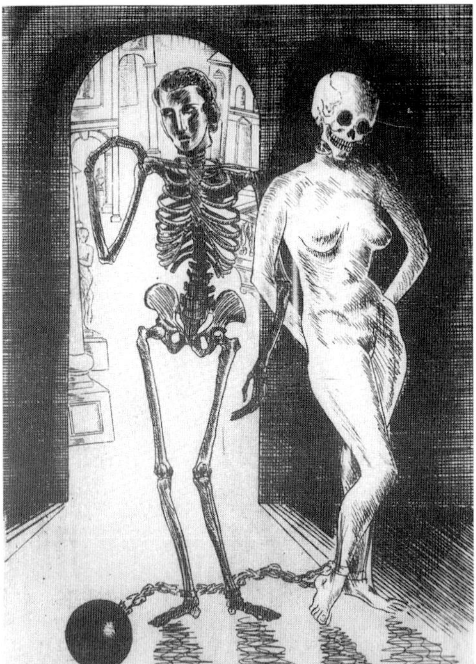

13. (*Prisonnières*, eau-forte, 1936, signé « Romanin ».)

«Romanin»,
(*suite*)

14. Signé «Romanin».

15. (*Les Faméliques de Montparnasse*, Papier bristol, encre de Chine, signé «Romanin».)

16. Jean Moulin et Gaston Cusin, les deux contrebandiers de la République, début 1938.

17. Pierre Meunier.

18. Robert Chambeiron.

« Le choix de 1941 »

19. Louis Dolivet.

20. Henri Manhès.

21. Henri Manhès.
A Buchenwald, président du comité
des intérêts français.

« Antoinette »

22. Antoinette Sachs.

ÉTAT FRANÇAIS
N° 661
Carte d'Identité
Nom Sachs
Prénoms Antoinette
Profession artiste peintre
Né le 18 juin 1897
à Paris
Département Seine
Nationalité française
Domicile Grimaud quartier de Beauvallon

SIGNALEMENT
Taille 1m60
Cheveux Chat. clair
Moustache "
Yeux gris
Signes particuliers néant
Nez Dos base
Dimensions rectiligne
Forme du visage ovale
Teint clair
Empreinte Digitale
Le Titulaire
Vu pour légalisation 1943
Le Maire
MAIRIE DE GRIMAUD (Var)

23. Carte d'identité.

COMMISSARIAT GÉNÉRAL AUX QUESTIONS JUIVES

0,085

CERTIFICAT
DE NON-APPARTENANCE A LA RACE JUIVE

Sur le vu des pièces produites par l'intéressé, le Commissaire Général aux Questions Juives constate que Madame Kohn. Sachs Antoinette
née le 18 juin 1897 à Paris 16e arrt
ne doit pas être regardée comme juive aux termes de la loi du 2 Juin 1941.

Paris, le 3 Novembre 1941

Pour le Commissaire Général aux Questions Juives,
le Directeur du Statut des Personnes,
Jacques Ditte

24. Certificat de non-appartenance à la race juive.

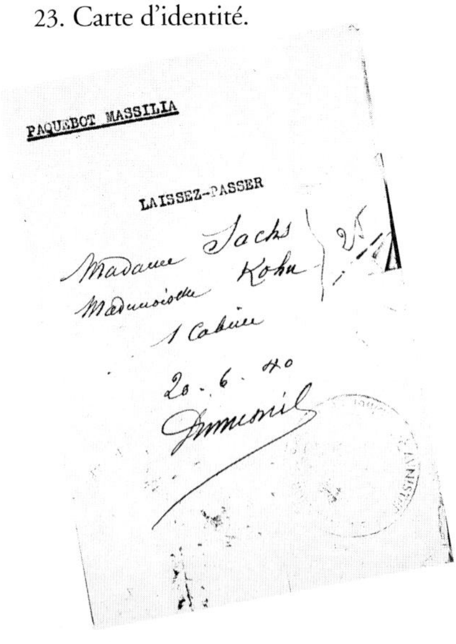

PAQUEBOT MASSILIA

LAISSEZ-PASSER

Madame Sachs
Mademoiselle Kohn
1 Cabine
20.6.40

25. Laissez-passer pour emporter les archives de Jean Moulin en Afrique du Nord.

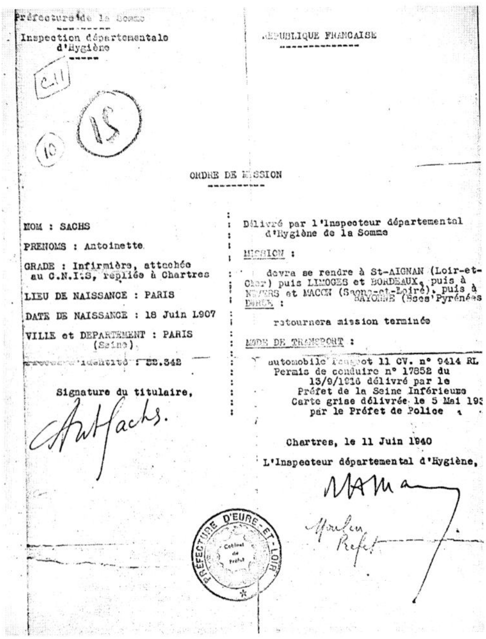

Préfecture de la Somme
Inspection départementale d'Hygiène

RÉPUBLIQUE FRANÇAISE

ORDRE DE MISSION

NOM : SACHS
PRENOMS : Antoinette
GRADE : Infirmière, attachée au C.N.I.S, repliée à Chartres
LIEU DE NAISSANCE : PARIS
DATE DE NAISSANCE : 18 Juin 1907
VILLE et DEPARTEMENT : PARIS (Seine)
identité : 22.342
Signature du titulaire,

Délivré par l'Inspecteur départemental d'Hygiène de la Somme
MISSION :
devra se rendre à St-AIGNAN (Loir-et-Cher) puis LIMOGES et BORDEAUX, puis à NEVERS et MACON (Saone-et-Loire), puis à BAYONNE (Bses Pyrénées
DURÉE :
retournera mission terminée
MODE DE TRANSPORT :
automobile 11 CV. n° 9414 RL
Permis de conduire n° 17852 du 13/9/1918 délivré par le Préfet de la Seine Inférieure
Carte grise délivrée le 5 Mai 193
par le Préfet de Police

Chartres, le 11 Juin 1940
L'Inspecteur départemental d'Hygiène,
Moulin
Préfet
PRÉFECTURE D'EURE-ET-LOIR
Cabinet du Préfet

26. Ordre de mission délivré à Chartres le 11 juin 1940.

« Gilberte »

27. Gilberte, le 3 avril 1943,
quelques semaines après la rupture.

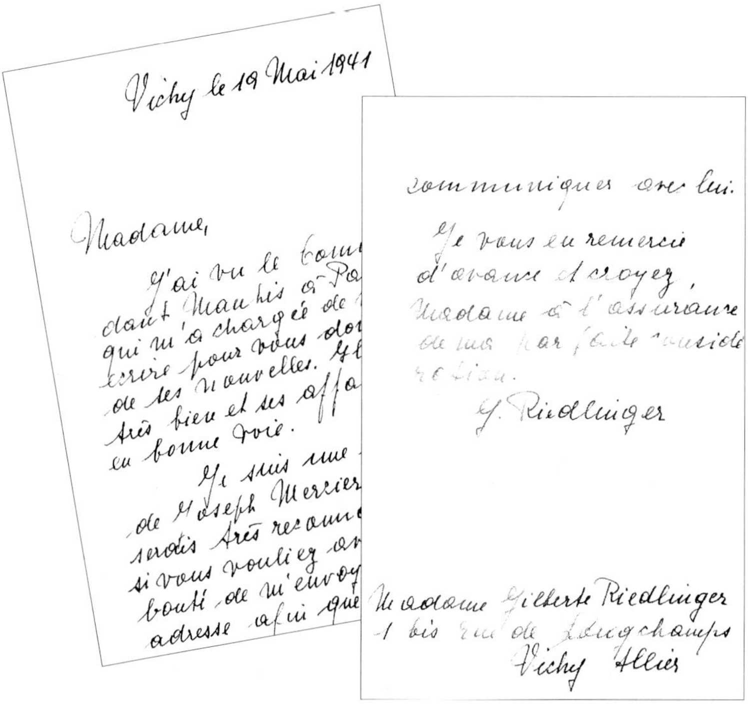

Vichy le 19 Mai 1941

Madame,

J'ai vu le bonn
dant Manhès à Pa
qui m'a chargée de
écrire pour vous don
de ses nouvelles. Il
très bien et ses affa
en bonne voie.

Je suis une
de Joseph Mercier
serais très reconna
si vous vouliez av
bonté de m'envoy
adresse afin que

communiquer avec lui.

Je vous en remercie
d'avance et croyez,
Madame à l'assurance
de ma parfaite considé
ration.

G. Riedlinger

Madame Gilberte Riedlinger
1 bis rue de Longchamps
Vichy Allier

28. Lettre de Gilberte Riedlinger à Mme Manhès le 19/05/41.

« Colette »

29. Colette Pons.

30. Janvier 1942.
Jean Moulin et Colette Pons.

31. À Megève.

« Londres »

LE GENERAL DE GAULLE.

4, CARLTON GARDENS S.W.1.
WHITEHALL 6444.

Le 22 octobre 42

TRES SECRET

Mon cher ami,

La présence simultanée à Londres de Bernard et de Charvet a permis d'établir l'entente entre leurs deux mouvements de résistance, et de fixer les conditions de leur activité sous l'autorité du Comité National.

J'ai vivement regretté votre absence pendant cette mise au point. Je pense, cependant, que les dispositions qui ont été arrêtées faciliteront l'exécution de la mission qui vous est confiée.

Vous aurez à assurer la présidence du comité de coordination au sein duquel seront représentés les trois principaux mouvements de résistance: "COMBAT", "FRANC-TIREUR", "LIBERATION". Vous continuerez d'autre part comme représentant du Comité National en zone non-occupée, à prendre

- 2 -

tous les contacts politiques que vous jugerez opportuns. Vous pourrez y employer certains de nos agents qui vous sont directement subordonnés.

Toutes organisations de résistance, quel que soit leur caractère, autres que les trois grands mouvements groupés par le comité de coordination, devront être invitées à affilier leurs adhérents à l'un de ces mouvements et à verser leurs groupes d'action dans les unités de l'armée secrète en cours de constitution. Il convient en effet d'éviter la prolifération de multiples petites organisations qui risqueraient de se gêner mutuellement, de susciter des rivalités et de créer la confusion.

Je tiens à vous redire que vous avez mon entière confiance et je vous adresse toutes mes amitiés.

C. de Gaulle.

32. Lettre du général de Gaulle à Jean Moulin.

33. Pierre Brossolette.

34. Henri Frenay.

35. Pierre de Bénouville.

36. Bénouville suggère des « représailles » si de Gaulle n'accepte pas le renvoi de Moulin.

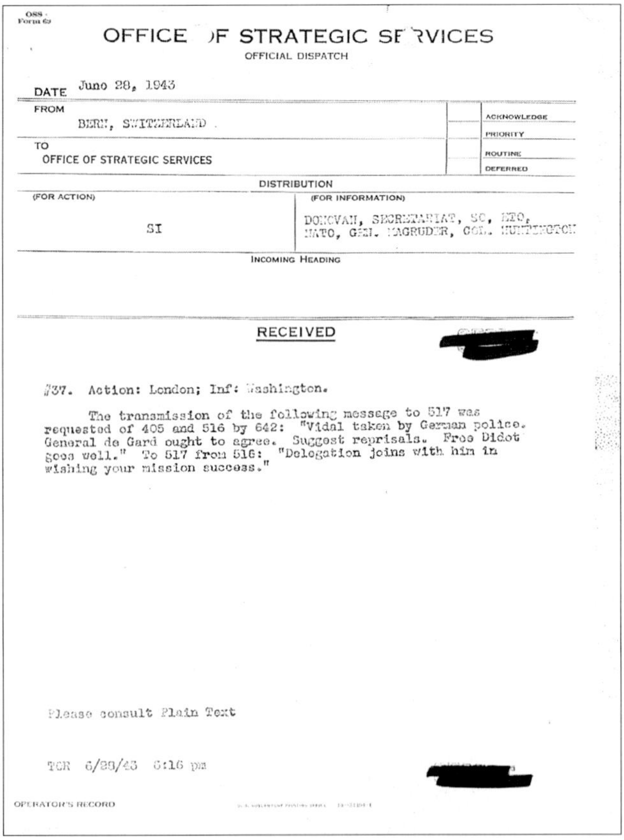

OSS Form 69

OFFICE OF STRATEGIC SERVICES
OFFICIAL DISPATCH

DATE June 28, 1943

FROM BERN, SWITZERLAND

TO OFFICE OF STRATEGIC SERVICES

ACKNOWLEDGE / PRIORITY / ROUTINE / DEFERRED

DISTRIBUTION

(FOR ACTION)	(FOR INFORMATION)
SI	DONOVAN, SECRETARIAT, SO, ETO, NATO, GEN. MAGRUDER, COL. HUNTINGTON

INCOMING HEADING

RECEIVED [redacted]

#37. Action: London; Inf: Washington.

The transmission of the following message to 517 was requested of 405 and 516 by 642: "Vidal taken by German police. General de Gard ought to agree. Suggest reprisals. Free Didot goes well." To 517 from 516: "Delegation joins with him in wishing your mission success."

Please consult Plain Text

TOR 6/28/43 6:16 pm [redacted]

OPERATOR'S RECORD

La transmission du message suivant de 642 [Pierre de Bénouville] à 517 [Henri Frenay qui est à Londres pour demander le renvoi de Jean Moulin] a été demandée par 405 et 516 [Philippe Monod et le général Davet] : « Vidal [le général Delestraint] pris par la police allemande. Général de Gaulle devrait accepter. Suggère représailles. Didot [René Hardy] libre va bien. » Le général Davet à Henri Frenay : « Délégation se joint à lui pour souhaiter le succès de votre mission. »

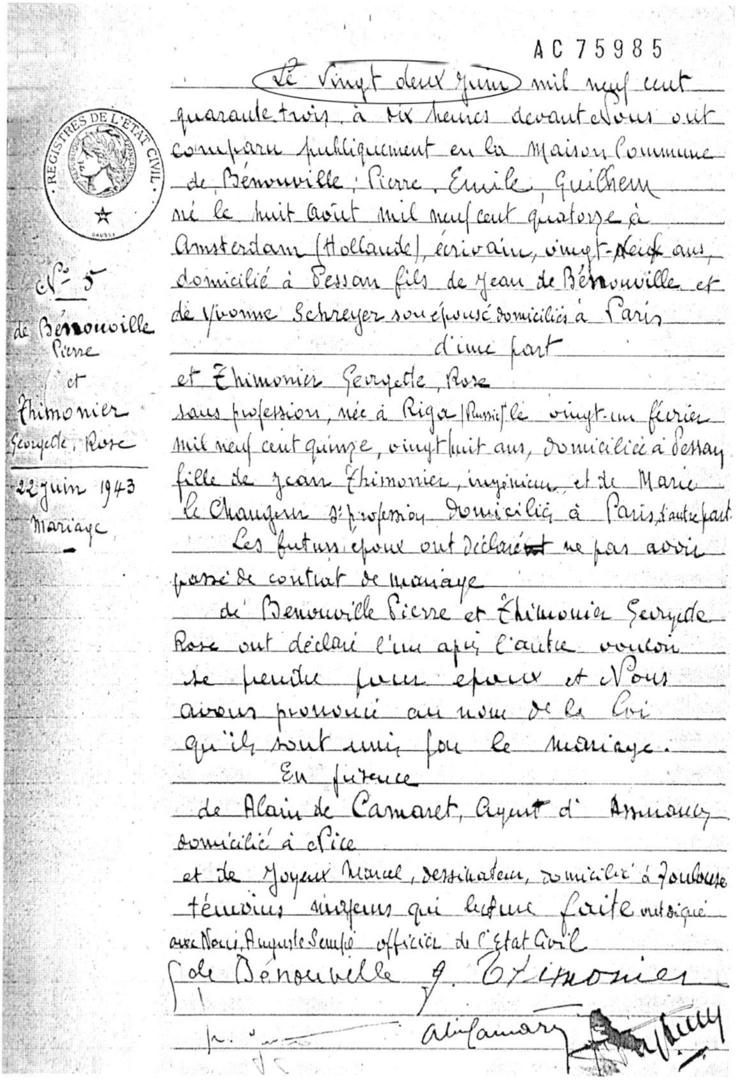

REGISTRES DE L'ÉTAT CIVIL

N° 5
de Bénouville Pierre et Thimonier Georgette, Rose
22 juin 1943
Mariage

AC 75985

Le vingt deux juin mil neuf cent quarante trois, à six heures devant Nous ont comparu publiquement en la Maison Commune de Bénouville, Pierre, Emile, Guilhem né le huit août mil neuf cent quatorze à Amsterdam (Hollande), écrivain, vingt-neuf ans, domicilié à Pessan fils de Jean de Bénouville et de Yvonne Schreyer son épouse domiciliés à Paris
d'une part
et Thimonier Georgette, Rose sans profession, née à Riga (Russie) le vingt-un février mil neuf cent quinze, vingt huit ans, domiciliée à Pessan fille de Jean Thimonier, ingénieur, et de Marie Le Chaugeur s/profession domiciliés à Paris, d'autre part
Les futurs époux ont déclaré ne pas avoir passé de contrat de mariage
de Bénouville Pierre et Thimonier Georgette Rose ont déclaré l'un après l'autre vouloir se prendre pour époux et Nous avons prononcé au nom de la Loi qu'ils sont unis par le mariage.
En présence de Alain de Camaret, Agent d'Assurances domicilié à Nice et de Joyeux Marcel, dessinateur, domicilié à Toulouse témoins majeurs qui lecture faite ont signé avec Nous, Auguste Sempé officier de l'Etat Civil

G. de Bénouville G. Thimonier
Alain Camaret

37. L'acte de mariage de Bénouville, le 22 juin 1943.

« Deux membres de l'état-major de « Combat » mariés par un agent de l'Abwehr. »

38. Le 8 octobre 1943, à Margency (Val d'Oise), Raymond Richard, maire de Margency et agent de l'Abwehr E. 7122, à gauche sur la photo, Pierre Bénouville, Jean-Guy Bernard (le marié), Yvette Baumann (la mariée), Marcel Peck, Jacqueline Bernard (la sœur du marié).
Le photographe est Claude Bourdet.

39. L'acte de mariage des chefs de « Combat » à Margency.

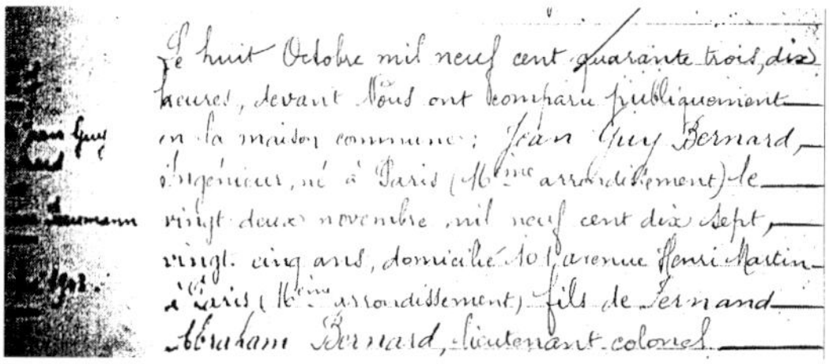

Le huit Octobre mil neuf cent quarante trois, dix heures, devant Nous ont comparu publiquement en la maison commune : Jean Guy Bernard, ingénieur, né à Paris (16ème arrondissement) le vingt deux novembre mil neuf cent dix sept, vingt cinq ans, domicilié 101 avenue Henri Martin à Paris (16ème arrondissement) fils de Fernand Abraham Bernard, lieutenant colonel

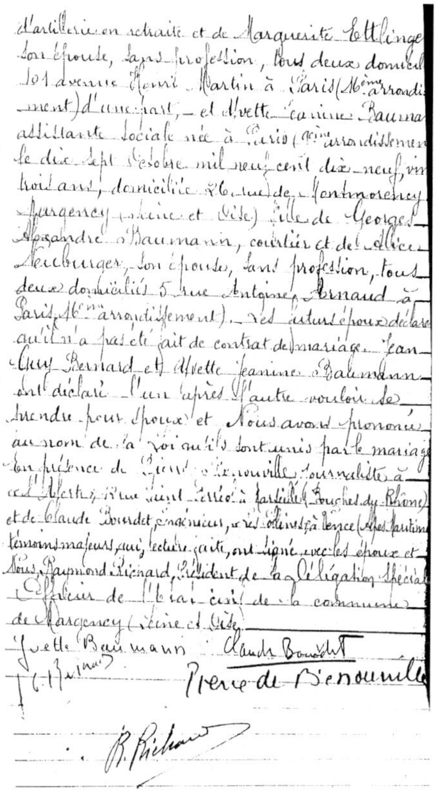

d'artillerie en retraite et de Marguerite Ettlinger son épouse, sans profession, tous deux domiciliés 101 avenue Henri Martin à Paris (16ème arrondissement) d'une part, et Yvette Jeanine Baumann assistante sociale née à Paris (9ème arrondissement) le dix sept Octobre mil neuf cent dix neuf, vingt trois ans, domiciliée 26 rue de Montmorency Margency (Seine et Oise) fille de Georges Alexandre Baumann, courtier et de Alice Neuburger, son épouse, sans profession, tous deux domiciliés 5 rue Antoine Arnaud à Paris (16ème arrondissement). Les futurs époux déclarent qu'il n'a pas été fait de contrat de mariage. Jean Guy Bernard et Yvette Jeanine Baumann ont déclaré l'un après l'autre vouloir se prendre pour époux et Nous avons prononcé au nom de la loi qu'ils sont unis par le mariage. En présence de Pierre de Bénouville journaliste à [illegible] rue Saint [illegible] à Marseille (Bouches du Rhône) et de Claude Bourdet, ingénieur, [illegible] à Vence (Alpes Maritimes) témoins majeurs, qui, lecture faite, ont signé avec les époux et Nous, Raymond Richard, Président de la Délégation Spéciale Officier de l'État civil de la commune de Margency (Seine et Oise).

Yvette Baumann   Claude Bourdet

J. G. Bernard

Pierre de Bénouville

R. Richard

40. Le caveau de Bénouville au cimetière de Passy.
Jehan de Castellane et Michel de Camaret, de la « 17ᵉ équipe », attendent Bénouville.

« René Hardy »

41. Lydie Bastien a hypnotisé René Hardy.

42. Lydie Bastien
– *alias* Béatrice ou Mme Pelletier –
au procès de René Hardy.

43. René Hardy
à son premier procès
le 21 janvier 1947.

> mieux... Notre « conversion » s'est faite en trois ou quatre temps. D'abord, Jean Cavaillès voit d'Astier — qui lui fait de De Gaulle un portrait plutôt déconcertant, en tout cas de nature à séduire des intellectuels. Puis, nous nous lions à d'Astier lui-même, qui transforme notre rapport à de Gaulle en quelque chose comme de l'amour-haine. [...] Ensuite, nous avons rationalisé cette relation, surtout après ma rencontre avec Jean Moulin — que j'ai été le premier des responsables de Libération à contacter, sous la colonnade du théâtre de Lyon, en janvier 1942, et que nous revoyions souvent.

Aubrac expose ainsi le raisonnement des membres du mouvement :

> De Gaulle étant ce qu'il était, son existence offrait la meilleure protection contre l'évolution de la Résistance vers une guerre civile à la yougoslave : Tito contre Mihajlovic. La radicalisation des mouvements comme Libération en zone Sud, la vitalité des courants de droite, surtout en zone Nord, risquaient de conduire à des affrontements tragiques : de Gaulle et Moulin étaient seuls capables de les prévenir[1]...

On sait aussi, dans le désordre, que « Rex » s'entretient alors avec Georges Bidault, l'ex-rédacteur en chef de *L'Aube*, avec Henri Aubry, l'un des chefs militaires de Combat, avec Emmanuel d'Astier de La Vigerie qui, réaliste, a reconnu en de Gaulle, même si c'est avec beaucoup de réserves, un « symbole » nécessaire, avec Antoine Avinin, l'un des dirigeants de Franc-Tireur, puis, peu après, à Villeurbanne, avec Jean-Pierre Lévy, le fondateur de ce mouvement. Il revoit encore François de Menthon, naguère fondateur de Liberté. Dans un rôle fait d'arbitrages patients et de négociations serrées (assaisonnées de répartitions de fonds, de promesses de liaisons avec Londres et de distributions d'armes), il sillonne inlassablement la zone Sud en des lieux épars, de réunions clandestines en déambulations faussement fortuites. Il faut un vrai sens de l'autorité et une force de travail peu commune pour affronter et réduire jour après jour les antagonismes qui opposent les chefs des mouvements. Tandis que Libération et Franc-Tireur se situent à gauche de l'échiquier

1. *In* Jean Lacouture, *De Gaulle*, Seuil, Paris, 1984.

politique, Combat est longtemps marqué à droite, même si cette fracture idéologique échappe pour une bonne part aux militants de base, venus, eux, des horizons les plus divers. Comme le démontre Daniel Cordier, la stratégie de « Rex » va consister à s'appuyer tantôt sur d'Astier, tantôt sur Frenay, avec l'aide de Lévy dans le rôle de modérateur. « Il obtient, écrit Jean-Pierre Azéma, que Libération-Sud, le premier, le 20 janvier 1942, puis Franc-Tireur et enfin Combat reconnaissent en de Gaulle le symbole et le chef militaire de la France combattante[1]. » Signalons à ce propos que l'appellation « France combattante » ne viendra en remplacement de celle de « France libre », avec l'aval britannique, qu'à la mi-juillet 1942, le « Comité national » étant alors reconnu comme son « organe directeur ». Désormais, l'adhésion aux FFC ira bien au-delà de la protestation contre Vichy.

Mais la fusion officielle est encore dans les limbes et Daniel Cordier souligne ce que cette reconnaissance symbolique de De Gaulle comporte d'ambiguïtés : elle fournit une bonne occasion « d'obéir au chef militaire tout en contestant le chef politique[2] ».

Quelles que soient les arrière-pensées des uns et des autres, ce ralliement rapide au Général n'en est pas moins encourageant. Pourtant, en matière de coordination des mouvements, tout reste à faire par suite de l'affrontement des chefs, malgré leurs fréquentes réunions. D'Astier ne veut même pas en entendre parler. Voici comment il rapporte une de ses premières conversations avec « Rex » : « Nous nous promenions des heures durant dans une île du Rhône, parce qu'une chaise et une table lui donnaient un sentiment d'insécurité. Nous nous heurtions aussi, nous allions nous heurter : c'était déjà un homme d'État décidé[3]. » Frenay, quant à lui, ne s'opposerait pas à une vaste unification, mais à condition d'en prendre la tête.

Dans les premiers jours de février 1942, l'affaire Pucheu avive ces tiraillements (pour user ici d'un mot faible). À la suite de l'arrestation de nombreux membres de Combat, Henri Frenay se rend à deux reprises à Vichy où il est reçu par le ministre de

1. *La France des années noires*, *op. cit.*
2. *Jean Moulin et le Conseil national de la Résistance*, *op. cit.*
3. Cité par Laure Moulin, *op. cit.*

l'Intérieur. Cette démarche provoque une onde de choc dans les rangs de la Résistance. Des années plus tard, d'Astier en reparlera à Jean Lacouture comme d'un « Montoire de la Résistance[1] ». Moulin vole cependant au secours de Frenay, contre l'avis même du BCRA : à ses yeux prime la mission à accomplir. Cela n'exclut nullement la lucidité sur la position de Frenay, moins antifasciste qu'antiallemand, position que déplore « Rex » lorsqu'elle laisse planer une menace d'allégeance à Vichy. Témoin ce courrier qu'il adresse au BCRA, le 1er mars (parvenu à destination le 7 avril 1942) : « Il est toutefois regrettable que l'espoir plus ou moins avoué qu'il [Frenay] a mis jusqu'à ces derniers temps dans un revirement vigoureux du Maréchal dans le sens de la résistance lui ait fait conserver des contacts avec certains dirigeants du nouveau régime[2]. » Les Anglais sont tout aussi méfiants envers Frenay, ainsi que le montrent les archives du SOE. Le chef de Combat a été en contact avec un agent anglais, fin mars, début avril 1942, et lui a demandé que les Britanniques continuent à le soutenir, en dehors même du général de La Laurencie. Les Anglais s'interrogent, quoiqu'ils reconnaissent en Frenay un « organisateur et un travailleur sérieux », car, de plusieurs sources, ils ont appris qu'il était en contact avec des cercles vichystes (« Darlan a été mentionné comme son contact à Vichy ») et qu'il recevait probablement des fonds secrets de Vichy. Le 14 avril, « D/T », c'est-à-dire le lieutenant-colonel Calthrop, chargé de la liaison entre le SOE et l'Intelligence Service, émet une mise en garde contre lui à la section du SOE travaillant avec la France libre, mais « ils savent [déjà] tout sur lui et n'ont aucune illusion à son sujet. Apparemment, il a été payé par la France libre, par le SOE, par les Américains et par les autorités de Vichy. Ils ont été prévenus une fois de plus de faire attention dans leurs contacts avec lui ». Tout cela se traduit par un télégramme du 11 mai 1942 à « Marie », qui doit prendre contact avec lui ; il lui est répété que Frenay « n'est pas sûr » : « Continuez à lui faire plaisir en l'employant, mais seulement à de petites tâches spécifiques, et insistez sérieu-

1. *De Gaulle*, *op. cit.*
2. Cité par Daniel Cordier *in Jean Moulin, l'inconnu du Panthéon*, tome I, *op. cit.*

sement auprès de lui sur la nécessité d'une stricte discipline et de la discrétion. »

Le combat contre les nazis devient absolument inséparable de la lutte contre Vichy avec le retour aux affaires de Pierre Laval, le 18 avril, en qualité de chef du gouvernement. Désormais, il est d'autant plus difficile de se voiler la face que ce nouveau tournant, parachevant la collaboration d'État, sera suivi d'une intensification de la répression partout où elle peut s'exercer : contre les Juifs, les « menées antinationales », les « terroristes », les gaullistes. La traque des résistants, domaine jusqu'ici réservé à l'Abwehr, le service de contre-espionnage allemand, est désormais partagée avec les services de sécurité nazis, la Sipo, commandée par Karl Oberg. En vertu des accords passés entre ce dernier et René Bousquet, secrétaire général à la Police, la France va définitivement se déshonorer en prenant en charge la sale besogne sous couvert de préserver un semblant de souveraineté nationale.

Illustration de la rouerie lavalienne, Moulin (domicilié à Saint-Andiol où il fait des passages éclairs au moins une fois par mois) est convoqué à Vichy le 23 mai : il s'entend proposer par Georges Hilaire, secrétaire général pour l'administration à l'Intérieur, une réintégration dans le corps préfectoral[1] !... Il décline évidemment l'offre et réclamera par écrit, avec tout ce qu'il faut d'aplomb, le versement de son traitement, interrompu après cette entrevue, ainsi que le changement de date de son admission à la retraite.

La réapparition de Laval achève du moins de consacrer le ralliement de Frenay au symbole de Gaulle, en consommant sa rupture avec Pétain. Dans *Combat*, l'organe clandestin qui a donné son nom au mouvement, il publie à l'adresse du Maréchal une lettre féroce qui se termine par ces mots : « La France tout entière contre Laval est désormais contre vous. Vous l'aurez voulu ! »

---

1. Hilaire relatera à sa façon l'entrevue dans ses Mémoires écrits sous le pseudonyme de Julien Clermont : *L'homme qu'il fallait tuer, Pierre Laval*, Les Actes des Apôtres, 1949.

D'Astier, lui, n'a pas digéré l'affaire Pucheu. Son départ pour Londres, le 17 avril[1], allège tant soit peu l'atmosphère de déchirement entre Libération et Combat. Pour autant, les négociations sont au point mort. « Le chef de Libération avait décidé ce voyage [sans avertir Frenay et le BCRA], explique Daniel Cordier, dès qu'il eut compris, après l'arrivée de Morandat[2] et de Moulin, que la source du pouvoir et des moyens matériels se trouvait en Angleterre. Il s'y rendit afin d'obtenir un contact direct avec de Gaulle et pour essayer de faire nommer Morandat, qui l'avait séduit et qui était malléable, à la place de Moulin. Une autre raison l'y poussait : il craignait que Christian Pineau[3] [chef de Libération-Nord], qui en revenait, n'ait présenté la situation des deux mouvements Libération [celui de zone occupée et celui de zone libre] à son avantage, en faisant croire à l'existence d'un seul mouvement qu'il aurait dirigé[4]. »

C'est alors que « Rex » met sur pied deux services communs aux trois mouvements : le BIP (Bureau d'information et de propagande) et le CGE (Comité général d'études), qui vont successivement voir le jour en avril et juillet 1942. Le premier est une agence de presse clandestine dont la direction est confiée à Georges Bidault (« Je transmettais à Londres des nouvelles purement politiques et du renseignement proprement dit, d'après ce que je savais de plusieurs sources, à Vichy, dans la presse, dans la police et dans le SR français[5] »). Le second est une instance de réflexion sur les mesures politiques, administratives et économiques à prendre après la Libération ; il est constitué d'une équipe restreinte de résistants de la toute première heure, principalement des juristes, autour du démocrate-chrétien François de Menthon.

---

1. C'est également ce 17 avril — hasard des dates ! — que le général Giraud s'évada de Königstein où les Allemands le retenaient prisonnier.

2. Yvon Morandat, syndicaliste avant guerre, volontaire de la France libre.

3. Ancien responsable de la CGT, il avait créé à Paris, dès 1940, une feuille clandestine intitulée *Libération*, puis, avec des socialistes, un mouvement du même nom, sans lien organique avec son homonyme fondé plus tard par d'Astier en zone Sud. C'est lui qui, devenu ministre des Affaires étrangères après la guerre, paraphera pour la France le traité de Rome instituant le Marché commun.

4. *Jean Moulin, l'inconnu du Panthéon*, tome I, *op. cit.*

5. Cité par Laure Moulin, *op. cit.*

Outre ces organes administratifs, il faut signaler la mise sur pied, déjà évoquée, d'une centrale radio *(Wireless Transmission)*, et la constitution progressive du Service des opérations aériennes et maritimes (SOAM), instrument logistique essentiel, puisqu'il va tenir lieu de cordon ombilical entre la Résistance intérieure et la Résistance extérieure, notamment pour l'acheminement d'armes et d'argent. On y retrouve les deux compagnons parachutés avec Moulin au Nouvel an 1941 : Montjarret et Fassin-« Sif ». Citons également le NAP (Noyautage des administrations publiques), développé par Claude Bourdet : même s'il ne fut pas créé à l'instigation de « Rex », il reçut son « feu vert » et son soutien.

Les efforts déployés par « Rex » pour mener à bien sa tâche auraient-ils été possibles sans un solide secrétariat ? Daniel Cordier, parachuté en zone Sud le 26 juillet 1942 pour se mettre au service de Georges Bidault, est « réquisitionné » par le « patron ». Il découvre avec effarement que celui-ci n'a ni agent de liaison, ni radio personnel, ni même dactylo. Avec une poignée de volontaires, il va créer le secrétariat qui déchargera Moulin des besognes subalternes et l'aidera à préserver sa double vie : « On dormait peu, on était partout à la fois, et tout le monde faisait tout[1]. »

Le 22 juin 1942, à l'occasion de son discours annonçant la « Relève », énième marché de dupes, Laval prononce son célèbre : « Je souhaite la victoire de l'Allemagne, parce que, sans elle, le bolchevisme, demain, s'installerait partout. »

Ce jour-là, une réunion[2] secrète se tient à Toulouse entre Boris Fourcaud, alias « Froment » (fondateur du réseau « Brutus »), Christian Pineau et Jean Moulin. Celui-ci, averti par Pineau, est en train d'imposer l'abandon d'un projet en germe depuis le mois précédent : celui d'une sorte de parlement clandestin, lancé avec le concours de Gaston Defferre, lequel assure la liaison entre le réseau embryonnaire de Fourcaud et le Comité d'action socialiste (CAS), refondation de la SFIO. Sans que ses instigateurs s'en

1. *Jean Moulin, l'inconnu du Panthéon*, tome I, *op. cit.*
2. C'est encore à Daniel Cordier qu'on doit la révélation de cet épisode.

doutent, c'est une préfiguration de ce qui deviendra le Conseil national de la Résistance (CNR). L'initiative, destinée à « coiffer les mouvements de résistance, [à] les empêcher de jouer un jeu trop personnel, et les partis politiques de diviser une fois de plus l'opinion, [à] axer tous les efforts vers un but commun, [à] préparer d'une façon rationnelle la prise du pouvoir, [à] former une équipe d'hommes influents, dévoués au général de Gaulle[1] », n'est pas du goût de Moulin ni de Pineau, lequel en rend ainsi compte : « À mon avis et à celui de Rex, il est dangereux de demander à des partis politiques de mandater des hommes à eux, car cela lie le Général à une forme politique ancienne qui ne correspondra pas à quelque chose d'indispensable au lendemain de la victoire[2]. »

Tout se télescope en ce 22 juin 1942, car c'est également celui que choisit Maurice Schumann pour lire à la BBC des extraits du manifeste de De Gaulle que Christian Pineau a pour sa part rapporté de son séjour à Londres (lequel s'est prolongé du 28 mars au 28 avril). Sa date de retour a correspondu à celle du départ pour Londres du journaliste Pierre Brossolette, lesté d'un long rapport synthétisant l'enquête qu'il a menée sur la situation politique en France, et s'apprêtant à définir la doctrine du gaullisme idéologique (voir *infra*).

Revenons à ce qu'on pourrait appeler la « déclaration de politique générale » de De Gaulle et à sa genèse. Le professeur d'économie socialiste André Philip (bientôt successeur de Diethelm à Londres) a suggéré à Pineau de demander au Général un texte précisant ses intentions démocratiques et définissant ses positions à l'égard du syndicalisme. Au fond, il s'agit toujours de lever les doutes sur les penchants supposés fascisants de l'homme du 18 juin. « Si [le manifeste] répond en gros à nos idées, dit Pineau, nous pourrons, en en faisant notre charte, unifier l'esprit de la Résistance[3]. » Des discussions s'engagent à Londres, auxquelles participe Adrien Tixier, délégué de la France libre aux États-Unis, qui se montre catégorique : « Il faut

1. Cité par Daniel Cordier *in Jean Moulin, l'inconnu du Panthéon*, tome I, *op. cit.*
2. *Ibid.*
3. Christian Pineau, *La Simple Vérité (1940-1945)*, Julliard, Paris, 1961.

affirmer, mon général, votre fidélité à la République et à la démocratie[1] ! » C'est ainsi que naît la « Déclaration aux mouvements », destinée à être simultanément radiodiffusée de Londres et imprimée dans les journaux clandestins. Pineau est en outre chargé de présenter le message à quelques grands noms de la IIIe République.

Les pages remises à Pineau le 27 avril, ultime version remaniée juste avant l'envol de l'émissaire, sont essentielles. Jean-Louis Crémieux-Brilhac est aujourd'hui on ne peut plus formel dans son analyse : « Le texte initiateur du gaullisme politique n'est pas le discours de Bayeux de 1946, il est ici. » Et l'ancien secrétaire du Comité de propagande de la France libre de reprendre : « Définition des buts de guerre du peuple français, mais aussi ébauche du "programme commun" politique, économique et social qu'appliquerait le gouvernement de la Libération sous l'autorité du général de Gaulle, la déclaration reste, avec le programme du Conseil national de la Résistance, le plus important document de l'histoire de la France en guerre après l'appel du 18 juin[2]. ». Évoquant la future Assemblée nationale élue par « tous les hommes et toutes les femmes », « une fois l'ennemi chassé de chez nous », de Gaulle y affirme que la souveraineté réside dans la nation. Il s'inscrit dans la fidélité à la tradition républicaine de justice et de liberté, de défense de l'individu, et — plus nouveau — revendique : « Tandis que [le peuple français] s'unit pour la victoire, il s'assemble pour une révolution. » Révolution qui doit être, selon le document présenté, à la fois politique, économique et sociale. Propos d'autant plus forts que, depuis l'automne précédent, de Gaulle assume l'héritage de la Révolution française et l'a fait figurer parmi ses références historiques.

Mais, à l'exception de démocrates tels que Léon Blum ou Georges Mandel, qui approuvent le manifeste (le premier, alors détenu à Bourrassol, nouera un dialogue secret avec de Gaulle), la classe politique et les mouvements vont surtout s'arrêter à un

1. Cité par Jean-Louis Crémieux-Brilhac, *La France libre (De l'appel du 18 juin à la Libération)*, Gallimard, Paris, 1996.
2. *Ibid.*

extrait qu'ils interprètent avec force mauvaise foi : « Un régime moral, social, politique, économique, a abdiqué dans la défaite après s'être lui-même paralysé dans la licence. Un autre, sorti d'une criminelle capitulation, s'exalte en pouvoir personnel. Le peuple français les condamne tous les deux. » Les remous suscités par ces lignes ne sont guère surprenants au moment où les partis, fracassés par la défaite et l'instauration du nouveau régime, commencent à relever la tête. Leur interdiction en 1941, les arrestations et emprisonnements, ainsi que le procès de Riom, ont commencé à effacer le discrédit dans lequel ils étaient tombés. La tournure du conflit va accroître cette amorce de ressaisissement. Mais, hors les FTP (Francs-Tireurs et Partisans) communistes organisés par Charles Tillon au début 1942, les partis ne sont pas représentés en tant que tels par les mouvements. Ils sont restés bien distincts des trois groupements de zone Sud, même si, en vertu d'accords passés entre Daniel Mayer et d'Astier, les militants de l'ancien Parti socialiste voulant entrer en résistance ont été encouragés à adhérer à Libération.

Une lettre écrite à de Gaulle à la fin de 1942 par le journaliste Rémy Roure, qui avait fait partie du comité directeur de Combat, résume d'une plume sévère le penchant obsidional des mouvements :

> Ceux qui en prirent l'initiative et dont le mérite est indéniable s'accoutumèrent trop bien à les tenir pour leur propriété propre ; ils furent en quelque sorte des « chefs de bande » peu disposés à s'incliner devant une discipline commune, tentés d'exploiter pour leur ambition personnelle ce qu'ils estimaient être leur œuvre, et peu enclins à une unification qui, décidée en principe, ne pouvait se réaliser véritablement en fait. Ajouter à cela une inexpérience politique évidente[1].

Dans cette affaire, Jean Moulin voit surtout le risque que se constitue un deuxième pouvoir face à la Résistance extérieure. Respectueux de sa mission, il s'est, affirmera-t-il au mois d'août suivant, volontairement tenu à l'écart des « politiques », exception faite de son ancien professeur de droit, le radical-socialiste

1. Cité par Daniel Cordier, *Jean Moulin, l'inconnu du Panthéon*, tome I, *op. cit.*

Paul Bastid — et pour cause : celui-ci est membre du CGE. À la fin de juillet 1942, « Rex » doit s'atteler à la reprise des négociations avec d'Astier, rentré de Londres. Sa mission de coordination des trois mouvements et de fusion de leurs éléments paramilitaires a peu évolué. Sur le second point, d'Astier, comme Jean-Pierre Lévy, redoute de tomber sous la coupe de Combat. L'idée a pourtant fait du chemin à la base où l'exaspération est perceptible, ainsi que l'a observé Yvon Morandat dès le 25 juin : « Des membres de différents mouvements se sont même consacrés à cette tâche [de la fusion] sur le plan local, par-dessus les états-majors centraux [...], aveuglés qu'ils sont par des questions de personnes, de préséance ou d'ambition. Jusqu'à présent, les mouvements ont empêché ces essais de réussir[1]. » Le 8 août, « Rex » rédige un rapport dans le même sens : « Il ne faut pas se dissimuler que nous sommes, sur le plan paramilitaire, en période de crise aiguë. Presque partout, les militants réclament la fusion, les cadres des échelons inférieurs également, car la plupart en ont assez d'une concurrence qui prend l'allure, dans certaines régions, de querelles de boutiques[2]. » Quant au cloisonnement souhaité entre action politique et action militaire, il ne finira par se réaliser, dans une certaine mesure, qu'aux échelons supérieurs.

« Rex » va cependant convaincre d'Astier et Lévy d'accepter la fusion des forces paramilitaires, également préconisée par Frenay, en tenant compte de la condition posée par les deux premiers : le patron de Combat n'en prendra pas la tête. Le choix d'un chef va se porter, à la fin août, sur le général Delestraint, extérieur aux mouvements. Avec la bénédiction de Frenay qui, face à un militaire retraité, ignorant des méandres de la Résistance, espère tout de même garder la haute main sur l'ensemble.

Entre-temps, Moulin a revu à Paris son compagnon Pierre Meunier, futur secrétaire général du CNR. Celui-ci est alors chargé de lui procurer une fausse identité, ainsi que, comme on l'a vu, des « planques ». Meunier découvre un Moulin qui a

1. *Ibid.*
2. *Ibid.*

acquis « la stature d'un homme d'État, sûr de lui et tranquillement fort[1] ». Effectivement, « Max » est devenu un autre homme depuis son voyage à Londres et ses rencontres avec de Gaulle. Il est tout simplement devenu « Moulin », ce que Manhès n'avait pu lui expliquer.

Le « patron » vient se rendre compte du travail qu'il a confié à Manhès :

> Nous ne savions pas [...] que ces voyages de Manhès en zone occupée, comme les contacts que nous prenions avec les mouvements de zone occupée, irriteraient le colonel Passy qui, en compagnie de Brossolette, dirigeait le BCRA [...]. C'est à la préparation de cette tâche [s'occuper de la zone Nord] que Chambeiron et moi nous consacrions, Manhès assurant la liaison... Officiellement, Moulin n'était pourtant que délégué du Comité national français chargé de la coordination en zone non occupée. Mais, contrairement à ce qui a été prétendu, il avait vocation à se préparer à assumer la même responsabilité en zone occupée[2].

J'y reviendrai.

À la fin du mois de septembre 1942, pour officialiser les accords intermouvements, Frenay, d'Astier, Lévy et Moulin doivent se rendre à Londres. Les aléas de ce type de déplacement en cette période limitent le départ aux deux premiers.

Réagissant à la bataille déclenchée sur le front politique, à Londres, par Brossolette, Henri Frenay reprend la vieille antienne antipartis, le 1er octobre :

> Il est hors de doute que la population française, dans son immense majorité, est opposée à la reconstitution des partis, laquelle représente pour la Résistance un danger réel. Je demande que le général de Gaulle prenne officiellement position sur ce sujet et conseille aux anciens partis en cours de reconstitution de s'intégrer dans les mouvements de résistance actuellement existants.

À la mi-octobre, dans la région de Lyon, des grèves éclatent, déclenchées par des ouvriers qui refusent d'être envoyés en Alle-

1. Pierre Meunier, *Jean Moulin, mon ami*, *op. cit.*
2. *Ibid.*

magne au titre de la Relève. Le Parti communiste profite de l'occasion pour rompre son isolement vis-à-vis des mouvements : il fait figurer son nom et celui du « Front national[1] » sur des tracts de Combat à côté de ceux des trois mouvements de zone Sud. Les socialistes, absents de la manœuvre, se sentent rejetés et sont furieux. Cette indignation aboutira, fin novembre, à la création d'un Comité exécutif de la Résistance, dans le droit fil du projet Fourcaud.

Pour l'heure, à Londres, de Gaulle vient de consacrer l'allégeance des trois mouvements à la France combattante par l'institution d'un comité de coordination (civil), appelé à être présidé par Moulin, et par la nomination du général Delestraint comme commandant en chef de l'Armée secrète (AS). « Rex » pourrait légitimement croire sa mission en voie d'achèvement. Mais l'évolution de la guerre vient tout remettre en question.

Après la défaite de Rommel à El-Alamein (3 novembre), le débarquement allié en Afrique du Nord, le 8 novembre, est suivi, en France, de l'invasion de la zone libre par les Allemands, le 11. Le 13, c'est le *« Darlan deal »*, autrement dit l'accord passé entre l'amiral et Eisenhower, bientôt suivi par le remplacement de Darlan par le général Giraud. En somme, Pétain a provisoirement deux gouvernements, l'un à Vichy, l'autre à Alger. De Gaulle, le 8, ravale son amertume d'avoir été écarté par Washington. Puis, le 14, il câble à Moulin :

> Si négociations devaient conduire dispositions qui auraient effet consacrer régime VICHY en AFRIQUE DU NORD, celles-ci ne pourraient évidemment être acceptées par FRANCE combattante. Union tous territoires français outre-mer dans combat pour Libération doit se faire dans conditions conformes à volonté, je dis volonté et dignité, je dis dignité peuple français.

1. À l'exception du PCF, clandestin depuis 1939, et dans une moindre mesure de la SFIO, aucun parti politique n'est entré en tant que tel dans la Résistance. Très schématiquement, les communistes évolueront d'une ligne neutraliste (la guerre perçue comme un conflit entre impérialistes) vers une ligne plus nationale, à l'écoute des antinazis — des militants n'ayant pas attendu la rupture du pacte germano-soviétique pour faire ce choix antifasciste. Fidèle à sa stratégie éprouvée de « front », c'est-à-dire d'alliance de classes convergeant en direction d'un objectif unique, le PCF crée, en mai 1941, le Front national, dont la branche militaire sera constituée par les FTP en février 1942, et qui a pour objectif de contrôler la Résistance.

Moulin fait télégraphier de son côté :

> [...] Vous prions communiquer au nom Mouvements résistance aux Gouvernements américain et britannique qu'il est impossible expliquer aux Français pourquoi débarquement ALGER pas immédiatement accompagné rétablissement République [...]. Pourquoi Comité National Français pas encore installé ALGER. Pourquoi radio alliée ménage PÉTAIN [...]. Impression très pénible qui tournera bientôt au scandale.

De Gaulle est plus isolé que jamais. Les autorités britanniques refusent de laisser diffuser un texte de soutien émanant des mouvements, du CAS, du mouvement ouvrier français et de personnalités des anciens partis modérés. « Le Général revient au micro [après une interdiction d'antenne le 21] le 27 novembre, le soir du sabordage de la flotte de Toulon, raconte Jean-Louis Crémieux-Brilhac ; mais, quand il veut stigmatiser, le 3 décembre, "le quarteron d'hommes qui symbolisent la collaboration", Churchill exige qu'il supprime la phrase. Il préfère ne pas parler[1]. »

Contre sa propre opinion publique, le Premier ministre britannique ne veut ni ne peut se désolidariser des Américains. « La soudaine position de faiblesse du Général le mettait d'une certaine manière à la merci de la Résistance intérieure », analyse Daniel Cordier (pour lui, l'adjectif « gaulliste » a pris un sens plus précis à ce moment-là). « Elle faisait apparaître cette évidence : celui qui la contrôlait "tenait" de Gaulle, c'est-à-dire l'avenir politique de la France[2]. » Plus tempéré, Jean-Pierre Azéma estime : « Dans le conflit de légitimité opposant de Gaulle à Giraud, la Résistance intérieure devenait sinon le seul facteur de légitimation, du moins un enjeu d'importance[3]. »

À Londres jusqu'au 17 novembre, Frenay aurait volontiers profité de la fragilité du Général pour prendre la place de Delestraint. Il est vexé de n'avoir pu aller à Alger, comme l'a proposé le chef du SOE : de Gaulle a posé ses conditions, le chef de Combat a obéi, et le projet a échoué. Il en veut au Général. En

1. *La France libre*, *op. cit.*
2. *Jean Moulin, l'inconnu du Panthéon*, tome I, *op. cit.*
3. *La France des années noires*, *op. cit.*

témoigne le ton de leur dernière entrevue, la veille de son départ, au cours d'un dîner à l'hôtel Savoy. Il est question de la représentation des anciens partis, et on connaît la position de Frenay : « Nous sommes des citoyens libres de leurs pensées et de leurs actes. Cette liberté de jugement, nous ne pouvons l'aliéner, ce qui signifie qu'à vos ordres, dans ce domaine, nous obéirons ou nous n'obéirons pas. » Bref silence du Général avant cette repartie : « Eh bien, Charvet[1], la France choisira entre vous et moi[2]. »

« Charvet » et d'Astier sont rentrés en France, porteurs d'instructions dont certaines sont obsolètes ou inapplicables, compte tenu de l'évolution de la situation. Par exemple : « Toutes organisations de résistance, quel que soit leur caractère, autres que les trois grands mouvements groupés par le comité de coordination, devront être invitées à affilier leurs adhérents à l'un de ces mouvements et à verser leurs groupes d'action dans les unités de l'Armée secrète en cours de constitution. » Ce monopole de la représentation de la Résistance en zone Sud par le comité de coordination sur le point de se réunir accroît la fureur des partis aux côtés desquels Pineau lui-même s'est rangé. Moulin a compris que la donne a changé. À la mi-décembre, il écrit : « Les mouvements de résistance, aussi forts soient-ils, ne sont pas *toute* la Résistance. Il y a des forces morales, des forces syndicalistes, des forces politiques qui se sont maintenues en dehors des mouvements, mais qui doivent jouer et joueront un rôle dans la libération du pays et dans la mise en place de ses nouvelles institutions. »

À la mi-décembre, il propose de créer un organisme fédérateur. Les Mouvements unis de résistance — les MUR — naissent en janvier 1943, malgré une campagne d'opposition systématique de Frenay.

La mission de Moulin est pourtant encore loin d'être achevée.

1. Pseudonyme de Frenay.
2. Henri Frenay, *La nuit finira*, *op. cit.*

24

Bénouville dans la Résistance

À Alger, à l'arrivée du *Gouverneur-Général-Grévy*, un « comité d'accueil » de policiers attendait de Bénouville et ses compagnons qui voyageaient en soute. Lui qui voulait rejoindre la France combattante, est mis sous les verrous jusqu'au 1er avril 1941. Libéré pour quelques jours, il est alors une nouvelle fois arrêté et réexpédié en France à bord du *Djebel-Nador*. À sa descente de bateau, les gendarmes l'attendent et le conduisent en prison, d'abord à Marseille, puis à Toulon. Son ami le général Davet réussit à soulager quelque peu sa dure condition de détenu. Bénouville rédige un livre, *Saint Louis ou le Printemps de France*, sans aucune documentation, preuve de sa très grande culture et de son infaillible mémoire.

Il fait alors la connaissance du lieutenant René Hardy, qui a été arrêté alors qu'il tentait de rejoindre l'Afrique du Nord. Et se prend d'affection pour cet homme qui a beaucoup souffert d'apprendre de manière brutale que sa mère était morte depuis trois mois. « Il avait je ne sais quoi de résolu et de brûlant dans le regard qui animait son visage émacié et tendu[1]. » Né en 1911 dans une famille normande, bourgeoise et ultraconservatrice, Hardy travaillait avant la guerre à la SNCF. « Antiallemand de formation et antimunichois dès 1938, Chauvy [un des pseudonymes de Hardy] considérait l'Allemagne comme l'ennemi

1. Le contenu de ce chapitre a beaucoup emprunté au livre de Bénouville, *Le Sacrifice du matin*, *op. cit.*

inéluctable. » Il faisait partie de ce petit nombre de Français qui avaient entendu l'appel du 18 juin : « On m'aurait donné un empire que je n'aurais pas été plus heureux. Tout, à l'écho de cette voix, reprenait son ordre, sa signification, son rang. Je savais que répondre tout de suite à cet appel, c'était conjurer le malheur », a-t-il raconté à Bénouville. Après avoir été démobilisé en Corse, Hardy a essayé de gagner Londres, puis a repris son travail à la SNCF et est entré en contact avec la Résistance *via* un certain Le Dantec, ancien représentant de la SDN en Chine ; il a alors commencé à passer des renseignements. Rapidement grillé, il a tenté à nouveau de rallier Londres. Il a été cueilli par la police, le 13 mai 1941, alors qu'il était monté à bord du *Poitou*, et s'est retrouvé lui aussi l'hôte de la prison militaire de Toulon.

Bénouville est finalement acquitté par le tribunal militaire en août 1941. Il retrouve alors Henri Frager, un architecte d'origine alsacienne qui portait encore les traces d'une grave blessure infligée pendant la Grande Guerre. Bénouville nourrit le projet de rejoindre la France libre tout en se montrant toujours « plein de réticences extrêmement sérieuses devant les politiciens qui tentaient de se regrouper à Londres... Leur action me semblait davantage motivée par le désir de ne pas perdre une position acquise que par la volonté de libérer la Patrie... Cette notion des anciens partis survivant à la débâcle, si, hélas, elle n'était que prématurée, n'en était pas moins, à l'époque, une imposture. »

Bénouville et ses amis sont en revanche séduits par les agents anglais qui exposent que l'entourage du Général fait courir de réels dangers aux combattants de la Résistance, que toute propagande est inutile, et que de Gaulle est en outre dans l'incapacité de leur procurer des armes. Par l'entremise de Frager, Bénouville décide alors d'entrer dans une organisation très antigaulliste et liée aux Anglais. Il déploiera bien des efforts, après la guerre, pour faire oublier ce qu'impliquait une adhésion à l'organisation Carte, du nom de code de son patron, qui s'appelle en réalité André Girard et est le père de la future actrice Danièle Delorme.

Arrêtons-nous, l'espace de quelques lignes, sur ce réseau Carte afin de mieux cerner le parcours de Bénouville. J'ai utilisé, pour ce faire, les archives du SOE et le livre de l'historien du SOE, Michael R.D. Foot[1].

Le patron de Carte est donc André Girard, un dessinateur-illustrateur doué d'une petite notoriété dans la mesure où il a illustré divers recueils de Mireille et Jean Nohain. Pendant deux ans, il va subjuguer complètement la « section F » du SOE, persuadée d'approcher l'organisation idéale qu'elle recherchait. Les Anglais sont persuadés que Carte est une émanation de l'état-major de l'armée d'armistice qui prépare ainsi, à l'abri des regards allemands, la mobilisation pour le jour « J » aux côtés des Alliés. Dans leurs notes, ils sont ainsi convaincus que, le jour venu, Carte pourra mobiliser 80 000 hommes en armes, 300 000 jeunes des Chantiers de jeunesse, sans compter une réserve de 200 000 hommes. Il ne fait aucun doute pour eux que « les chefs sont de l'entourage de Pétain » ; que, derrière Carte, se cachent « le général Roux, le général de Lattre de Tassigny et le général de La Porte du Theil » ; et que Carte s'est livré à un immense travail de recensement. Cette conviction s'est forgée en interrogeant trois émissaires de Carte : Max Hymans, ancien secrétaire d'État du Front populaire (relation de Gaston Cusin et Jean Moulin), le colonel Vautrin (un ancien du cabinet de Pierre Cot) et Paul Frager (l'homme qui a mis Bénouville en contact avec Carte). Les Britanniques ont pu également vérifier que Léon Jouhaux, le leader syndical, était lui aussi en relation avec l'organisation Carte.

Le mystère dont s'entourait Carte avait pour effet de faire fantasmer les agents de la « section F » sur l'importance réelle du mouvement. Lesdits agents écoutèrent religieusement les doléances de Frager lors de son voyage à Londres, en juillet 1942, tout comme ses violentes critiques contre la « grandiloquence déplacée » de Maurice Schumann sur les ondes de la BBC, contre ses propos « proches de la trahison », ou, au contraire, sa forte approbation des propos de Pierre Bourdan sur le même poste. Pendant toute l'année 1942, Carte ne dépassera guère le stade du recensement et de la collecte de fiches rédigées en clair, comprenant pas moins de 61 paragraphes avec le nom,

1. *SOE in France*, University Publications of America, Frederick, Maryland, 1984.

l'adresse, l'apparence physique, le numéro de téléphone éventuel, l'expérience, les spécialités... Girard et ses principaux adjoints se baladent avec ces très dangereuses fiches. Un de leurs courriers, André Marsac, s'endormit ainsi dans le train de Marseille à Paris et se fit voler, en novembre 1942, plus de deux cents de ces fiches par un agent de l'Abwehr. L'hôtel Lutétia se retrouva ainsi détenteur de très bonnes... cartes pour se livrer à des « jeux radio[1] » avec le SOE et pénétrer cette fraction de la Résistance !

Quand le général Giraud, après son évasion d'avril 1942, se prétendit à même de mobiliser derrière lui l'armée d'armistice, le SOE fut troublé et commença à se poser des questions sur Carte ; mais il fallut attendre l'arrivée à Londres du colonel Vautrin, lequel exposa que Girard n'était qu'un mythomane, et toute cette histoire, un gigantesque bluff, pour que Londres change de politique vis-à-vis de la Résistance intérieure et reprenne directement en main ce qui était « sauvable » de l'organisation Carte.

Girard a incontestablement compliqué les relations entre de Gaulle et Churchill durant l'hiver 1942-1943. Irrités de s'être fait piéger, les Anglais ont même envisagé alors d'arrêter Carte, lequel poursuivra son jeu diabolique avec l'OSS à partir des États-Unis. Malgré des démarches personnelles de Churchill, il fera croire aux Américains et à quelques antigaullistes forcenés, comme l'amiral Muselier et son ami — et vieille connaissance du lecteur — André Labarthe, qu'il était le seul à pouvoir mobiliser une importante armée clandestine...

J'ai été intrigué de ne pas avoir relevé le nom de Bénouville dans les archives du SOE relatives à Carte. Son action en Suisse n'est citée qu'une fois, dans une lettre de Girard au SOE du 6 avril 1943 : « Nous avons préparé une opération secrète par la Suisse, permettant le transfert des fonds en France par compensation. »

1. Des jeux compliqués, puisqu'il semble bien que l'Intelligence Service ait à son tour manipulé le SOE pour intoxiquer les Allemands sur la date du débarquement. Lire à ce sujet *Un soldat menteur*, de Jacques Bureau, éd. R. Laffont, 1992.

L'explication de cette absence réside probablement dans l'affirmation de « Carte[1] » selon laquelle Bénouville n'aurait passé que trois mois dans le réseau, et seulement après novembre 1942, alors que Bénouville, lui, écrit qu'il y appartint pendant dix-sept mois. Le nom de Bénouville (alias « Barrès », alias « Benou », alias « Lahire ») ne figure dans ces archives qu'au titre de ses activités postérieures en tant que « second du capitaine de Combat ». Girard affirme que Bénouville n'a accompli que trois missions en Suisse : la première à la fin novembre 1942, la deuxième en décembre, la troisième en janvier 1943.

Au sein ou à l'extérieur de Carte, Bénouville a suivi de fort près les négociations du général Giraud avec le cagoulard Lemaigre Dubreuil qui faisait la navette auprès des Américains. C'est par le colonel Thierry, vieille relation cagoularde, et par d'autres militaires français amis, qu'il était tenu au courant. L'évasion du général Giraud avait été organisée par le réseau du cagoulard Paul Dungler et par les hommes de Paul Paillole. Giraud avait d'abord pris des contacts avec l'armée d'armistice. Il hésita ensuite à accepter le plan élaboré par les Américains, aux termes duquel le général aurait coiffé l'opération de débarquement allié en Afrique du Nord. Mais Giraud, lui, veut prendre la tête de la Résistance. Un accord est finalement conclu, le 15 juillet, aux termes duquel les Américains s'engagent à fournir du matériel à l'armée française. Le général accepterait aussi un rapprochement avec de Gaulle, mais *après* le débarquement. Beaucoup d'officiers de l'armistice rencontrent Giraud, alors « caché » à Lyon. Toute cette opération, encouragée par un certain nombre d'anciens cagoulards et par les Américains, a évidemment pour objectif d'écarter de Gaulle et les communistes. À l'époque, Bénouville n'est pas aussi défavorable à l'action du général Giraud qu'il l'écrira dans ses Mémoires.

François de Menthon puis Claude Bourdet, pour le compte de Combat, prennent alors contact avec Giraud qui n'évoque à aucun moment le rôle du général de Gaulle, sauf pour dire que les Américains ne veulent pas entendre parler de lui.

---

1. Dans son livre publié en réponse à celui de Bénouville, *Peut-on dire la vérité sur la Résistance ?*, Éditions du Chêne, 1947.

« Pour la libération du territoire, trois éléments français interviendront : l'armée d'armistice, la Résistance française et la France libre. Ce sont trois éléments dans mon jeu... », aurait déclaré Giraud[1] à Claude Bourdet.

Frenay écrit de son côté à Giraud, et, après lui avoir brossé un historique de la Résistance et du rôle de De Gaulle, lui remontre qu'il est d'un « intérêt vital pour la France » qu'il entre en relation avec le Général. Début septembre 1942, Frenay reçoit une réponse laconique : « Je vous remercie de votre lettre et des informations qu'elle m'apporte. L'heure des décisions n'a pas sonné. Quand elle viendra, c'est en toute indépendance que je les prendrai. »

Bénouville a fait la connaissance d'Henri Frenay par l'intermédiaire de son ami Jacques Renouvin, responsable des « groupes francs » de Combat. La première rencontre a lieu le 4 décembre 1942 sur la place située devant la gare de Montélimar. Frenay est subjugué par cet « homme d'action à la décision prompte, au dynamisme exceptionnel ». Bénouville souhaite que Girard et son mouvement rejoignent Combat, sinon il quittera Carte. Environ une semaine plus tard, c'est-à-dire à la mi-décembre, Girard, Frenay et Bénouville se rencontrent, mais ne réussissent pas à se mettre d'accord. Bénouville rejoint alors Combat sans s'en ouvrir immédiatement à Girard pour lequel il accomplira encore deux missions en Suisse. Frenay le charge alors à son tour de s'y rendre immédiatement pour s'occuper de la liaison avec les services secrets anglais et helvétiques.

Après discussions avec Frenay, Bénouville crée donc son propre service, qui sera baptisé « Service des relations extérieures », au profit du comité directeur des MUR (Mouvements unis de Résistance) en cours de constitution. Un service autonome qui a vocation à entrer en contact avec tous les autres services des MUR, d'assurer les liaisons entre eux et de mettre sur pied une délégation permanente en Suisse. Bénouville prend lui-même contact avec l'ensemble des services des MUR pour s'informer de leur situation et de leurs besoins réels. Il retrouve alors son

1. Selon Bénouville dans *Le Sacrifice du matin*, *op. cit.*

ami René Hardy qui a été recruté par Jean-Guy Bernard (« Thellis ») pour s'occuper du NAP-Fer. En l'espace de quelques semaines, Bénouville devient ainsi un élément déterminant du système Frenay. Il est l'homme de confiance, au courant de tous les secrets, capable d'influencer le « patron ». Il supplante rapidement Bertie Albrecht, comme elle-même l'écrira plus tard[1], le 15 mai 1943, à son mari, peu avant de se faire arrêter :

> ... J'ai eu la joie de travailler pour et avec un chef qui a des qualités extraordinaires et qui a réalisé une œuvre énorme et magnifique. J'ai été longtemps sa seule, puis sa principale collaboratrice, jusqu'à ce que des gens importants, influents et intelligents rentrent peu à peu dans le Mouvement, et je suis à présent un modeste rouage d'une grande entreprise, à côté de centaines d'autres rouages qui font marcher toute l'usine... Il ne me reste plus guère d'illusions sur rien... Je lutte contre le pessimisme et l'amertume...

Longtemps influencé par cette femme de gauche très « Front-popu », Frenay écoute maintenant un homme d'extrême droite.

Bénouville a gardé de son passage dans les milieux cagoulards le goût du secret et du complot. Il sait comment pénétrer un mouvement et le manipuler. Pour monter son service, il ne recrute pas parmi les hommes déjà installés autour de Frenay, mais s'entoure d'éléments qui lui sont totalement dévoués et qui partagent les mêmes idées que lui[2]. Non seulement ses nouvelles recrues n'étaient pas jusqu'alors engagées dans la Résistance, mais quelques-unes d'entre elles étaient impliquées dans des mouvements collaborationnistes, ou étaient pour le moins favorables à la Révolution nationale. Ainsi de « Nizan », frère de Michel de Camaret, ou de « Pierrot » Mussetta, qui va devenir à la fois son garde du corps et son préposé aux missions délicates. Il proposera le général cagoulard Davet pour coiffer la délégation permanente de la Résistance en Suisse, dont il a suggéré la création et dont il assurera ainsi le contrôle. Bénouville prendra un peu plus tard à ses côtés son ami de toujours,

1. In *Bertie* de Mireille Albrecht, Robert Laffont, 1986.
2. À l'exception de Charles-Henri Amar qu'il a recruté à la demande des Bénédictins de l'abbaye de Haute-Combe.

Armand Magescas[1], dont on a suivi le parcours « national » jusqu'au MSR. Il utilisera souvent Jehan de Castellane. Enfin, il continuera d'entretenir des relations étroites avec le colonel Groussard, qu'il rencontre à chaque fois qu'il se rend en Suisse. Ces hommes ne connaissent que lui et ne discutent pas avec le « patron », Frenay, qui, à l'évidence, n'a pas connaissance de toutes les activités clandestines de son nouvel adjoint.

La délégation permanente en Suisse, dirigée par le général Davet, va se révéler un instrument de contrôle efficace des principaux mouvements de la Résistance intérieure regroupés dans les MUR, puisqu'elle va constituer le canal unique de transmission des messages entre eux et Londres, donc avec la France combattante et le SOE, mais aussi entre eux et Washington, puis entre eux et Alger, ainsi que le canal unique d'acheminement de l'argent américain. « Les Alliés [...] s'étaient engagés, au cours de nos entretiens, à renvoyer à la délégation tous les dossiers qui leur seraient soumis directement par des Français [...]. **Mon service devenait en fait, par sa position même d'intermédiaire entre les différents organes de commandement et les Alliés, une sorte d'organisme autonome chargé de démontrer à l'extérieur l'efficacité de la Résistance dont il devait, à l'intérieur, stimuler l'action pour justifier les demandes qu'il transmettait en son nom*** », précise Bénouville[2]. Aujourd'hui, il reconnaît bien volontiers qu'il entrait ainsi dans son intention de « contrôler la Résistance[3] ».

Bénouville s'est beaucoup attaché à démontrer, dans *Le Sacrifice du matin*, que tous les contacts qu'il a eus avec les Américains ont toujours eu pour but de venir en aide au général de Gaulle. En examinant les télégrammes envoyés par Allen Dulles et ses collaborateurs de l'antenne OSS de Berne, nous verrons qu'il n'en fut rien.

---

1. Selon Bénouville, il recrute Magescas lors de son voyage à Paris en avril 1943.

* *À partir de cette page, un certain nombre de faits ou indices totalement inédits apparaissent en caractères gras dans le texte. Comme autant de petits cailloux, ils dessinent le chemin qui aboutira au terme de notre enquête dans le dernier chapitre de ce livre.*

2. In *Le Sacrifice du matin*, *op. cit.*

3. Entretien du 29 septembre 1998.

25

L'« affaire suisse »

Ce qui va devenir l'« affaire suisse » a commencé à Cannes, au début de novembre 1942, par la rencontre entre deux amis, Max Shoop et Philippe Monod. Le premier était, avant guerre, le patron du second dans le cabinet américain d'avocats Sullivan Cromwell au siège new-yorkais duquel Allen Dulles occupait un poste important. Philippe Monod, alors engagé dans Combat, explique à Shoop ses activités, les difficultés et les besoins de la Résistance. L'Américain est très intéressé et lui promet de reprendre contact avec lui dès qu'il sera installé en Suisse. Monod a compris que son ami n'était pas un simple touriste, mais probablement un agent des services secrets américains.

Effectivement, Max Shoop rejoint la Suisse pour épauler Allen Dulles qui arrive à Berne le 8 novembre 1942 dans le but de monter un poste d'observation sur les flancs de l'Allemagne et de préparer les États-Unis dans la guerre contre Hitler. Cette mission capitale est accomplie pour le compte de l'Office of Strategic Services, plus connu sous le sigle OSS, les nouveaux services secrets américains.

Allen Dulles n'est pas un novice en matière de renseignement. Il a déjà fait partie des « services » pendant la Première Guerre mondiale, à Vienne puis à Berne. Après la conférence de Paris à laquelle il a assisté en tant que conseiller, il a participé à un comité de renseignement sur l'Allemagne. Il est ensuite entré au département d'État, puis, tout en travaillant au sein d'un cabinet d'avocats familial, il a continué à s'intéresser de près aux problèmes de politique étrangère. Il débarque en Suisse dans les meilleures conditions, car il compte de nombreux amis et protecteurs dans tous les centres de décision de l'administration américaine. Il va travailler en étroite collaboration avec Donavan, patron de l'OSS, avec le général Mayer, représentant de l'Office of War Information, et avec l'attaché militaire américain à Berne, Barnwell Legge. Il s'installe au 23, Herrengasse, dans des locaux cossus, et renoue avec ses nombreux réseaux européens. Max Shoop met à sa disposition ses propres relations. Par nécessité, il obtient sans mal la bienveillante neutralité des services suisses.

Les télégrammes de l'OSS[1], au départ de Berne et à leur arrivée à Berne, permettent de mieux comprendre les dessous du grand conflit qui a surgi entre Frenay et Moulin, quelques semaines avant Caluire, à propos des rapports entre le chef de Combat et l'OSS et au sujet de l'aide financière américaine. Ces télégrammes permettent aussi de rectifier les versions de Frenay et Bénouville dans une affaire essentielle pour notre histoire.

Frenay a été douché par son voyage à Londres en novembre 1942 et par sa rencontre avec de Gaulle qui lui a annoncé sa volonté de créer en France un organisme dans lequel seraient représentés tout à la fois les mouvements de résistance, les partis politiques et les syndicats. Le Général lui a montré sans ménagement qu'il n'était pas seulement un chef militaire, mais un chef politique, et a conclu le dîner par son brutal : « Eh bien, Charvet, la France choisira entre vous et moi[2]. »

Frenay pense avoir déjà avalé beaucoup de couleuvres, et estime qu'il dispose lui aussi d'une parcelle de légitimité. Le drame de la Résistance est en train de se nouer. Un drame qui n'est pas subalterne et ne peut se réduire à des ambitions personnelles. Il est inscrit depuis qu'un homme — de Gaulle — a décidé d'assumer seul cette légitimité, d'être à lui seul la France. « De Gaulle a entrepris une conquête des pouvoirs dès le départ... Il y avait un véritable acharnement gaulliste à éliminer tous les résistants de l'intérieur, ceux qui n'étaient politiquement pas sûrs », me répétera à plusieurs reprises François Mitterrand

1. NARA.RG 226, Entry 13, 125 et 134.

2. *In La nuit finira, op. cit.*

qui, dans ce combat, avait pris le parti de Frenay, lequel était à ses yeux « le chef de la Résistance le plus remarquable » qu'il eût rencontré[1]. Le « coup d'État » d'un type nouveau monté par de Gaulle ne sera pas accepté d'emblée par ceux qui ont pris les armes sur le territoire français, d'autant moins que l'homme qu'il a chargé de faire exécuter ses ordres, Jean Moulin, est un homme dur.

Quelques jours plus tard, autour du 20 novembre 1942, d'Astier et Frenay rencontrent Moulin dans la banlieue de Lyon pour lui remettre 20 millions de francs et les instructions émanant de Londres. L'entrevue est cordiale, affirme Frenay[2]. La coordination entre les mouvements progresse. Moulin et Frenay se retrouvent bientôt seuls et devisent. Moulin demande à son interlocuteur de raconter ses entretiens à Londres. Et, à cause du climat de confiance qui s'installe peu à peu entre les deux hommes, Moulin propose à Frenay de devenir un des chargés de mission du Comité national français ou du BCRA. « Étant donné votre rôle à la tête de Combat, vous auriez le grade le plus élevé, c'est-à-dire que vous seriez agent P1, ce qui représenterait pour vous de sérieux avantages. » Et Moulin de lui parler de sa solde mensuelle, de la capitalisation de celle-ci, etc. Frenay voit dans cette proposition la concrétisation de ce qu'il sait ou pressent depuis longtemps : la volonté de Londres de placer la Résistance intérieure sous tutelle. Il saisit donc l'occasion pour exposer à Moulin son point de vue. Dans un petit café, devant un Viandox fumant, il lui explique comment Combat a existé en dehors de De Gaulle, qu'ils ont seulement répondu à l'appel de leur conscience, puis qu'ils ont volontairement rallié le Général, mais entendent rester des citoyens, et non pas des « agents ».

— Mon cher Charvet, nous sommes en guerre. Dans la guerre, il faut un chef, et ce chef, c'est de Gaulle, réplique Moulin.

— Oui, sur le plan militaire. Non, dans le domaine politique. Mettre la Résistance politiquement aux ordres serait donner

1. *In Une jeunesse française*, Fayard, 1994.
2. *In La nuit finira*, *op. cit.*

raison à Gombault, Comert et d'autres[1] que j'ai rencontrés à Londres, qui pensent que de Gaulle est un apprenti dictateur. Suivre votre proposition serait lui rendre le plus mauvais des services. C'est dans l'intérêt de notre cause commune que je dois la décliner.

Frenay constate que Moulin est irrité : « Le climat entre nous a changé. À ses yeux, je le devine, je suis suspect, mais que faire ? » Dès lors, les rapports entre les deux hommes ne vont plus cesser de se dégrader.

À la mi-décembre, Frenay noue ses premiers contacts avec l'OSS pour demander des armes automatiques, des équipements radio et des matériels de sabotage[2]. Le 6 janvier 1943, Berne sollicite les instructions du patron de l'OSS à propos des demandes formulées par les groupes de résistance de la région lyonnaise. Deux jours plus tard, Berne réclame de nouvelles instructions relatives au recrutement d'un banquier français qui pourrait enquêter discrètement sur les placements en Suisse des leaders fascistes et nazis, tout en précisant qu'il ne saurait garantir de résultats immédiats. Est-ce une façon de trouver une « couverture » à Philippe Monod avant d'entamer une collaboration avec lui ?

Le 26 janvier, c'est au tour de l'OSS de Londres de s'intéresser à Frenay en demandant à Donavan de rétablir avec lui le contact perdu depuis six semaines. Ce qui n'est fait que le 4 février, *via* Jérôme Brault et Philippe Monod.

Fin janvier 1943 également, à la demande de Frenay, Bénouville repart en Suisse pour prendre des contacts avec les Anglais. Mission facile puisque, depuis trois mois, il a noué des relations avec eux pour le compte de Carte. À cette date, il n'a d'ailleurs pas encore prévenu Carte qu'il travaillait pour un autre employeur. Il a pour mission d'obtenir une liaison radio avec Londres et un système d'acheminement de fonds par compensation, mais la France libre décline sèchement l'offre.

1. C'est-à-dire des amis de Pierre Cot et d'anciens proches de Jean Moulin.
2. NARA. RG 226, source déjà citée.

Max Shoop demande à son ami Monod de se rendre en Suisse afin de lui rendre visite. Frenay est au courant et encourage le contact. Il remet d'ailleurs à Monod un rapport sur la Résistance.

Le 26 février, Jean Moulin préside une réunion du Comité directeur des MUR. Une fois de plus, des divergences profondes apparaissent sur l'articulation entre l'Armée secrète et les MUR, ainsi que sur les méthodes de « Max ». Pour une fois, Emmanuel d'Astier fait front avec Frenay. Les discussions prennent un tour violent. Elles se focalisent sur l'attitude à avoir vis-à-vis des maquis qui se forment spontanément, les jeunes refusant de partir pour le STO. Frenay et d'Astier réclament de l'argent afin de répondre à cette forte attente, tandis que Moulin est convaincu que ses adversaires veulent, par ce biais, reconstituer une autre Armée secrète. Non seulement il refuse ce que Frenay considère comme une « priorité absolue », mais il réduit le budget de Combat et celui du SRE de Bénouville, et ne lui promet plus que 3 millions.

— Mais, ce mois-ci, nous avons eu du mal à nous en tirer avec 5 millions ! Il est impossible, sans danger grave pour tout notre mouvement, de subir une telle amputation de nos ressources. Vous n'y pensez pas !

— Je comprends votre déception, mais, croyez-moi, je ne peux faire autrement[1].

Jean Moulin est tout-puissant. Il tient les cordons de la bourse et décide à qui et combien il donne. Cette fois, il punit Frenay et Combat pour leur indocilité. Cette querelle violente entre Moulin et Frenay n'a concerné que les chefs. Jean Gemähling, chef du SR des MUR, se souvient :

> À la base, les gens ne savaient pas pour quel mouvement ils travaillaient et étaient loin de toutes ces batailles. Sur de Gaulle, on était très mal informé. Il y avait plein de rumeurs, notamment sur les cagoulards qui l'entouraient. Quand on a su la situation difficile dans laquelle il était, on a été plus indulgents. C'est Moulin qui nous a dit que de Gaulle travaillait pour la France. Moulin voulait régenter la Résistance. Il était abusivement militariste. Nous nous considérions comme des rebelles, non comme

1. *In La nuit finira*, *op. cit.*

des soldats à enrégimenter. Nous avions une hostilité absolue à l'égard du CNR. Depuis 1941, je connaissais l'activité des communistes. On ne les dénonçait pas, mais je les considérais comme de mauvais camarades, même si j'admirais leur militantisme, leur dévouement[1]...

Henri Frenay raconte[2] que, quelques jours après la décision de Moulin de réduire son budget, une réunion devait se tenir avec Claude Bourdet, Henri Aubry, François Morin-Forestier, Jérôme Brault et Pierre Bénouville pour discuter des problèmes militaires et de l'action immédiate ; il aurait demandé à Philippe Monod d'y participer. Selon Frenay, Monod a déclaré avoir reçu un message de Max Shoop lui promettant une aide financière et lui demandant des informations précises sur l'Armée secrète, les groupes francs, les maquis. On a vu que ces discussions étaient déjà amorcées depuis plusieurs semaines, mais Frenay préfère situer l'acceptation de l'offre américaine *après* les amputations budgétaires annoncées par Moulin. L'attitude de ce dernier accélère en tout cas le rapprochement avec les Américains. Au cours de cette réunion convoquée autour de Frenay, il est officiellement décidé que Bénouville travaillera avec Monod sur ce dossier.

Monod rencontre quelques jours plus tard les Américains et leur rend compte de la situation nouvelle créée par l'attitude de Moulin. Le 2 mars, en effet, Max Shoop explique dans un télégramme que les mouvements de résistance sont maintenant sous la coupe d'un général nommé par de Gaulle (il s'agit du général Delestraint) et que les groupes réunis sous son commandement ont fait alliance avec l'organisation communiste (les FTP). Cette alliance avec les communistes signalée par Combat est brandie à l'adresse des Américains comme un chiffon rouge.

Le 6 mars, Berne signale à Donavan que des groupes de résistance ont offert leur collaboration : il s'agit des plus anciens groupes, Libération, Combat et Franc-Tireur, qui regardent principalement vers de Gaulle et Londres ; « il est probable que toute action faite en leur faveur devrait être coordonnée avec l'antenne

1. Entretien avec Jean Gemähling du 4 février 1998.
2. *In La nuit finira*, *op. cit.*

britannique installée en Suisse et avec Londres. Nous croyons cependant que ce travail peut être utilement complété par nous, parce que, selon nos informations, il y a eu un court-circuit dans les contacts avec Londres. »

Ainsi les agents de l'OSS sont-ils parfaitement au courant de la récente réunion avec Moulin — ils parlent même à ce propos de « court-circuit ».

Le même télégramme des Américains signale qu'un second groupe, négligé jusqu'ici, constitué autour d'officiers et d'autres éléments peu désireux de travailler avec les communistes, a pris contact avec eux : « Ce groupe regarde surtout vers nous et Giraud. Peu d'efforts ont été déployés pour en faire un groupe organisé, mais nous croyons que ce travail pourrait être mené d'ici de façon utile. Pour y arriver, les dépenses risquent d'être conséquentes... »

Il est important de souligner une nouvelle fois que le contexte politique français a complètement changé au cours des trois derniers mois. L'opération américaine dont Lemaigre Dubreuil entretenait le général Giraud a réussi au début novembre. Le président Roosevelt cherchait un chef de la Résistance française en lieu et place de De Gaulle qu'il estimait être à la fois trop indépendant et trop entre les mains de Churchill. Les Américains ont débarqué en Afrique du Nord dans la nuit du 7 au 8 novembre 1942. Le général de Gaulle était ivre de rage quand il a appris la nouvelle :

— J'espère que les gens de Vichy vont les foutre à la mer ! a-t-il lancé[1].

L'amiral Darlan a basculé du côté américain et est devenu, le 10 novembre, haut-commissaire en Afrique. Tournant capital de la Seconde Guerre mondiale : le centre de la Résistance française s'est déplacé de Londres à Alger.

Si le général de Gaulle faisait beaucoup parler de lui, il ne disposait, à la fin de 1942, que de la colonne Leclerc et de la brigade des Français libres de Kœnig, soit quelques milliers de combattants, moins du dixième de l'armée d'Afrique maintenue hors des griffes allemandes. Quant aux résistants sur le territoire

1. *In* Paul Paillole, *Services spéciaux*, Robert Laffont, 1975.

métropolitain, ils étaient encore peu nombreux et dispersés, et ne pouvaient jouer un rôle déterminant dans quelque bataille que ce fût.

Le 24 décembre, l'François a été assassiné. Le général Giraud s'est retrouvé en position de supplanter le général de Gaulle, puisque sa légitimité était reconnue par Roosevelt. Les États-Unis ont en effet reconnu au « commandant en chef français, siégeant à Alger, le droit et le devoir de préserver sur le plan militaire, économique, financier et moral, tous les intérêts français ». Les Américains se sont engagés en outre à « aider le général Giraud par tous les moyens en leur pouvoir jusqu'au jour où, en toute liberté, le peuple et la nation française auront pu désigner leur gouvernement régulier ». Roosevelt et Churchill ont néanmoins tenté — entre le 22 et le 24 janvier 1943 — d'obliger les deux généraux français à s'entendre. Ceux-ci se sont serré la main devant les photographes à Anfa, dans la banlieue de Casablanca, et ont promis de poursuivre leurs discussions. Tout donne alors à penser que le général de Gaulle a perdu son combat pour assumer en personne la légitimité de la France. Les Américains, eux, misent à fond sur Giraud.

Le 21 mars 1943, le général Legge raconte que, accompagné de Max Shoop, il a eu une série de rencontres avec Philippe Monod, venu de Genève en tant que représentant des FFCM. Notons que ces termes de « Forces françaises combattantes de la métropole » sont employés pour la première fois et le sont en lieu et place du « MUR » (Mouvements unis de résistance) :

> Cette organisation représente la direction unie de Combat, Libération et Franc-Tireur. Monod vient de la part de Frenay, mais aussi à la demande des FFCM. Il a été souligné par Monod que c'est le comité directeur, avec des représentants du général de Gaulle et les délégués de chacun des mouvements d'origine, qui dirige les activités des mouvements de résistance. Les seules organisations de quelque importance en dehors des FFCM sont le mouvement communiste et Radio-Patrie. Quelques liaisons locales existent avec ces derniers. Les FFCM, qui sont surtout implantées dans l'ex-zone libre, ont développé des relations avec les organisations de la zone occupée, notamment avec l'Organisation Nationale de résistance, pendant de Combat, et avec Résistance et Libération, pendant de Franc-Tireur, ainsi qu'avec

l'Organisation civile et militaire, numériquement la plus importante en zone occupée... Avant cela, le principal soutien des FFCM était assuré par le Comité national français de Londres qui envoyait quelque 10 millions sur les 12 expédiés chaque mois. Nous avons été prévenus par Philippe Monod qu'un envoi par bateau d'environ 9 millions de francs était récemment tombé entre les mains de Vichy.

Voici le programme et les plans ambitieux des FFCM :

Des émissaires secrets sont installés à Lausanne comme points de contact des Français avec les quartiers généraux anglais et américain. En ce moment, les FFCM contactent Londres par radio, mais récemment, à cause des conditions locales, cela n'a pas été entièrement satisfaisant.

Pour le financement, les FFCM estiment que les organisations actuelles devraient disposer d'un budget de 25 millions de francs par mois pour couvrir les dépenses déjà engagées pour les questions militaires et de propagande clandestine. Au-delà, ils désirent de l'argent pour développer leurs activités visant les communications, les chemins de fer, les dépôts ferroviaires, et pour leurs activités de guérilla. Les FFCM estiment que le coût par personne engagée complètement dans ce type de travail est de 2 000 francs par mois, non compris l'équipement et le matériel ; ils souhaitent ajouter 5 000 hommes engagés dans ces activités, soit un coût supplémentaire de 10 millions par mois. L'achat de matériel en France est onéreux depuis qu'il ne peut être acquis qu'au marché noir. Ils espèrent que davantage de matériels seront envoyés par avion ou d'ici afin de répondre aux besoins provoqués par la Relève. Les FFCM espèrent absorber une partie de ce personnel, de 100 à 150 000 hommes, dont une partie employée à plein temps... Voici le résumé de leurs besoins financiers :

1) Suffisamment d'argent en Suisse pour couvrir les besoins de la représentation locale. Nous avons déjà donné notre accord sur ce point ;

2) Pour développer l'organisation comme il a été indiqué, soit 25 millions par mois ;

3) Un montant complémentaire afin de couvrir la maintenance pour la guérilla, les actions de sabotage, etc. ;

4) Un capital de réserve pour prendre en charge les achats inopinés de matériels et les frais du personnel de Relève ;

5) Il y a un besoin immédiat en matériel, armes et explosifs, et d'une réserve de rations pour les organisations de subversion.

Ils suggèrent que soient achetés 50 000 Sten, 75 000 revolvers, 600 000 grenades, 5 millions de cartouches pour les Sten, 3,5 millions de cartouches pour les revolvers, 20 tonnes de TNT ou d'un substitut, 10 000 fusées, des rations pour 50 000 hommes, des postes émetteurs-récepteurs.

6) **Une assistance est demandée pour installer une représentation des FFCM en Afrique du Nord et maintenir une liaison permanente par avion et par radio.**

Au nom de Frenay, Monod demande ainsi ni plus ni moins aux Américains de fournir les moyens de l'indépendance des FFCM. Frenay, pourtant méfiant à l'origine à l'égard du général Giraud, a compris que le rapport des forces a changé. Il veut installer une représentation à Alger, alors qu'il n'en dispose pas à Londres. Faute d'être reconnu par le général de Gaulle comme chef de la Résistance intérieure, il envisage de l'être par l'homme reconnu par les Américains. Un pan essentiel de la Résistance intérieure risque d'échapper à la tutelle de Jean Moulin et du général de Gaulle.

Ce même 21 mars 1943, Allen Dulles demande des instructions au Centre sur l'aide à apporter aux groupes de résistance avec qui il est en contact. Il pense qu'il faut également encourager l'établissement par les FFCM d'une antenne en Suisse, laquelle faciliterait l'achat de renseignements et leur transmission. Le même télégramme nous apprend que le patron du Renseignement militaire suisse, le général Roger Masson, facilite la liaison des Américains avec les FFCM. Les Suisses voient plutôt d'un bon œil cette opération menée contre de Gaulle.

C'est à cette époque que, les Américains ayant fait savoir qu'ils allaient aider les FFCM, une réunion a lieu à l'hôtel de Bourgogne, à Cluny, entre Frenay, Monod et Bénouville.

— Henri-patron ! On a gagné, on a gagné ! exulte Bénouville.

Monod et Bénouville racontent que Dulles leur a déjà versé 3 millions à titre d'avance, et, selon le compte rendu de Frenay[1], les deux hommes auraient essentiellement parlé de la liaison sûre avec de Gaulle et le BCRA, que leur aurait promise l'Américain.

1. *In La nuit finira, op. cit.*

Les télégrammes de l'OSS démentent cette version. C'est à Cluny, fin mars 1943, que Bénouville propose le général Davet — l'ancien compagnon de Mermoz, l'ex-Action française — comme délégué permanent en Suisse des FFCM. Et que Frenay fait de Bénouville une sorte de « ministre des Affaires étrangères », confortant ainsi son rôle dans le dossier le plus important et le plus délicat de la Résistance intérieure. Bénouville qui n'a rejoint Frenay que depuis quelques semaines !

C'est alors que Moulin et Delestraint rentrent de Londres. Moulin est maintenant l'incontestable patron de la Résistance intérieure pour l'ensemble de la France métropolitaine. Il vient d'être confirmé et conforté par de Gaulle en personne. Dès son arrivée, il apprend par Cordier qu'il y a eu à Lyon, quelques jours auparavant, des arrestations qui risquent d'être lourdes de conséquences, puisqu'elles peuvent permettre aux Allemands d'avoir une connaissance exacte de la composition de l'état-major de l'Armée secrète.

Pour fournir au lecteur les éléments nécessaires à la poursuite de notre histoire, je me suis servi d'archives du SOE[1] qui ont été ouvertes à Londres dans le courant de l'été 1998. À l'époque, des investigations furent menées à partir de Londres pour comprendre les enchaînements d'arrestations qui avaient abouti finalement au drame de Caluire et à l'arrestation de Moulin. « La quantité d'archives et le nombre de membres des organisations des Forces françaises qui ont été à un moment ou à un autre capturés par la Gestapo ou la police de Vichy est si énorme qu'il est impossible de faire porter le chapeau à telle ou telle boutique », écrit le coordonnateur anglais de l'enquête, le 28 juillet 1943. Le recours à ces archives me permet de ne pas entrer dans la polémique lancée par Me Vergès sur le rôle de Raymond Aubrac, qui fait, à l'heure où j'écris, l'objet d'un procès entre l'historien Gérard Chauvy et le couple Aubrac[2]. Les documents anglais, notamment l'interrogatoire de Lucie Aubrac,

1. Spécialement HS 6/421 (Arrests).
2. Lire *infra*, chapitre 34.

ont été établis très rapidement après les faits et n'ont donc pas risqué de subir les pertes de mémoire des uns et des autres.

Au début de février 1943 se déroulent à Lyon des négociations entre le commandant Degeorges, de l'armée d'armistice, et Marcus Genzer. Ce dernier est un collaborateur de « Rex » qui a spécialement pour mission, depuis novembre 1942, de s'occuper du financement des syndicats, du Parti socialiste et de son journal *Le Populaire* ; de la liaison avec Libération ; enfin des contacts avec l'armée d'armistice, principalement avec le Deuxième Bureau au travers du colonel de Linarès, du capitaine Vellaud, du commandant Degeorges, en charge du camouflage des armes dans la XIVe région, et de quelques autres. À partir de cette époque, en effet, se sont nouées des relations très étroites avec le Deuxième Bureau, lié à la fois à Vichy et au général Giraud. Le commandant Degeorges demande à Marcus Genzer d'enlever en l'espace d'une semaine une grande quantité d'armes avant qu'une nouvelle loi entre en vigueur, punissant de mort quiconque cacherait des armes. Raymond Aubrac est au centre de ces négociations pour le compte de l'Armée secrète. Cent trente-cinq tonnes d'armes sont ainsi enlevées. Les négociations sont finalement rompues sur ordre de « Rex » qui n'a pas apprécié le comportement du commandant Degeorges.

Environ un mois plus tard, dans la nuit du 13 au 14 mars 1943, un courrier est arrêté, entraînant la mise sur pied d'une souricière dans laquelle va tomber l'état-major de l'Armée secrète : François Morin-Forestier, le chef d'état-major de l'AS, sa secrétaire et maîtresse, Christine Denoyer, Raymond Aubrac, inspecteur de l'AS, Maurice Kriegel, adjoint d'Aubrac, Serge Ravanel et une énorme masse de documents conservés par Christine Denoyer. Les Allemands récupèrent ainsi les archives de l'Armée secrète, des rapports du général Delestraint, des archives de Combat, une note de Hardy, etc. En exploitant ces documents, ils peuvent avoir une vision complète et exacte de l'Armée secrète et du mouvement de Frenay. Ces documents sont expédiés à Berlin et font l'objet, le 27 mai 1943, d'un rapport très complet du patron de la Gestapo, Kaltenbrunner, à Ribbentrop, ministre des Affaires étrangères. **Ce rapport signalera également qu'ils ont un agent sur place depuis le début 1943 ; il s'agit d'un ancien officier français qui occupe un poste impor-**

tant dans l'Armée secrète — donc, avant même les arrestations de la mi-mars[1].

Quelques jours après la rencontre de Cluny et après que Moulin eut appris les arrestations au sein de l'état-major de l'Armée secrète, se tient une réunion du comité directeur des MUR à laquelle participent Moulin et Delestraint, qui rentrent de Londres, Henri Frenay, Pascal Copeau pour Libération et Claudius-Petit pour Franc-Tireur. Violentes discussions. Moulin ramène de Londres des consignes visant à rogner les prérogatives de Frenay. L'Armée secrète, sous l'autorité du général Delestraint, ne dépend plus du comité directeur. Moulin est chargé de mettre en place un Conseil national de la Résistance intégrant les partis politiques, ainsi que le lui a annoncé le général de Gaulle. Dans l'organigramme du Général, Moulin est voué à coiffer l'ensemble de la Résistance intérieure. Perspective insupportable pour Frenay et Bénouville.

Frenay s'emporte vivement en criant que jamais l'AS ne pourra être séparée du reste de la Résistance. Il ne supporte pas davantage d'être mis à égalité avec les anciens partis politiques, qu'il estime être largement responsables de la défaite et qui n'ont pratiquement rien fait jusqu'à ce jour.

— Max, vous le savez, je considère la décision qui vient d'être prise comme une grande catastrophe. Je vous en ai donné les raisons. Je n'y reviens pas. En tout cas, je ne m'associerai

---

1. Aussitôt les arrestations connues, Lucie Aubrac se rend à Clermont-Ferrand pour voir deux officiers du Deuxième Bureau, le commandant Verneuil et le capitaine Mercier — qui travaillaient également pour les Travaux ruraux du colonel Paillole, alors sous l'autorité du général Giraud —, parce qu'elle savait que son mari était en relation avec eux. Verneuil et Mercier négocièrent avec le juge d'instruction Cohendy la libération provisoire de François Vallet, le pseudo sous lequel Aubrac avait été arrêté. Les recommandations de Cohendy devaient être acceptées par le procureur Ducasse. Lucie Aubrac rendit visite au procureur et exerça une forte pression sur lui pour qu'il accepte les recommandations de Cohendy : elle le menaça de devenir une cible par un message censé passer sur les ondes de la BBC : « Hannibal mange du cheval. » Quoi qu'il en soit le procureur Ducasse accorda la liberté provisoire à Raymond Aubrac, le 11 mai 1943. Lucie Aubrac se trompe en fait d'un jour : il fut libéré le 10 mai.

pas à cette mauvaise action. Jamais je ne siégerai dans votre CNR[1] !... lance-t-il.

Moulin hausse lui aussi le ton, apostrophe Frenay et lui parle de ses contacts avec les Américains :

— Charvet, vous êtes libre de siéger ou non au CNR qui sera créé malgré vous, mais vous n'êtes pas libre de prendre contact avec les Américains sans me prévenir, ni de leur demander de l'argent, et Dieu sait au prix de quelles conditions...

Frenay rétorque qu'il n'y a pas de conditions. On sait ce qu'il en est. Moulin déclare qu'il sait tout de ses tractations. Il s'en prend à Bénouville et à son service pour le rôle qu'ils jouent dans cette affaire. Frenay déverse à son tour un tombereau d'injures sur le général Delestraint. Les deux hommes se quittent en s'invectivant. Le chef de Combat décide alors d'accélérer la mise en œuvre de sa politique autonome, avant même la réunion du Comité directeur des MUR convoquée à la demande de Moulin.

Le 8 avril, Frenay envoie deux lettres, l'une au général Delestraint, l'autre à Moulin, pour expliquer à nouveau ses positions. Il écrit au premier qu'il ne saurait « y avoir une orientation de l'AS différente de l'orientation générale de la Résistance. Il y a donc lieu de rechercher tout à la fois l'exécution des consignes reçues de Londres et leur adaptation aux conditions de temps et de lieu dont nous sommes meilleurs juges que quiconque ». À Jean Moulin, il expose ce même jour que « la Résistance forme un tout qu'on ne peut artificiellement dissocier... Laissez-moi vous le dire amicalement mais fermement : vous ne connaissez qu'un seul côté de la Résistance... Cette méconnaissance que vous avez du travail réel est grave... Vous avez accepté, sinon proposé que nos budgets soient réduits à ce qu'ils étaient en février... » Ce long préambule est destiné à affirmer une fois de plus que c'est au comité directeur des MUR d'orchestrer toutes les activités de la Résistance : « Si l'AS ne bénéficie pas de l'expérience et de l'aide de tous les autres services, je vous prédis un échec complet et des heurts violents qu'il ne sera pas

1. Un dialogue reconstitué par Frenay qui a oublié que le terme de CNR n'existera qu'après la mort de Moulin. On ne parle alors que de Conseil de la résistance.

en notre pouvoir d'éviter. » Frenay insiste également sur le problème de la légitimité du général de Gaulle :

> C'est un lieu commun de dire que le général de Gaulle et les FFC retirent leur propre force principale de la Résistance française, organisée ou non. Les mouvements de résistance se sont spontanément ralliés au Général et c'est la spontanéité de leur adhésion qui en fait tout le poids... Or, nous assistons en ce moment même, et un peu du fait des agents de Londres, à une tentative de fonctionnarisation de la Résistance. Lorsque, dans un domaine ou dans un autre, nous émettons des avis qui ne sont pas exactement calqués sur ceux qui vous viennent de Londres, vous vous scandalisez et, pour un peu, vous nous accuseriez de félonie...

En ces premiers jours d'avril, c'est le moment pour Bénouville de faire sa grande rentrée officielle chez les Américains à la demande de Frenay. Un télégramme de l'OSS de Berne daté du 10 avril le montre en effet pour la première fois — tout juste arrivé du quartier général de ce que les hommes de Frenay continuent d'appeler les FFCM — participant à une série de conférences avec Philippe Monod, Jérôme Brault et les représentants du SOE et du SIS en Suisse. Un des points importants abordés dans ce court texte est l'installation en Suisse du général Davet : à Genève plutôt qu'à Lausanne. C'est Davet qui apportera le détail des plans de développement de la guérilla et du sabotage. L'auteur du télégramme suggère de mettre 5 millions de francs à leur disposition à titre d'encouragement préliminaire. Après avoir épilogué sur les moyens d'obtenir des billets, Berne réclame la plus grande confidentialité sur les lignes qui suivent :

> Afin d'éviter d'être impliqué dans les problèmes politiques AGMR *[sic]* résultant du conflit entre de Gaulle et Giraud, **les représentants des FFCM ont exprimé le désir de travailler directement avec les Anglais et nous-mêmes**. Bien qu'ils acceptent encore le lien avec de Gaulle[1] au travers de ses représentants travaillant avec eux, nous croyons que ce désir de leur part indique qu'**ils souhaitent sortir de la domination du Comité**

1. Rappelons que Frenay affirme dans ses rapports à Londres et dans ses livres qu'il a toujours dit aux Américains son ralliement inconditionnel au général de Gaulle.

national Français [*they wish to assert freedom from domination by the French National Committee*]. Ce qui suit est extrêmement important : **Brake**[1] **souhaite faire un rapide voyage en Afrique du Nord pour faciliter la future liaison et donner une vue complète de la Résistance française aux autorités d'Alger... Nous apprécierions une réponse rapide à notre demande, compte tenu de l'importance de Brake dans cette affaire, d'autant qu'il est extrêmement désireux d'arriver en Afrique du Nord avant de Gaulle...**

Les commentaires sont inutiles : le principal chef de la Résistance intérieure, Henri Frenay, qui est « Brake » (*frein* en anglais) pour les Américains, joue un jeu autonome en utilisant la rivalité entre les deux « incarnations » de la Résistance, de Gaulle et Giraud. Ce qui ne l'empêche pas d'écrire dans un éditorial qu'entre les deux généraux, « le peuple a choisi de Gaulle ». Mais Frenay et son équipe veulent contraindre le Général à s'entendre directement avec lui, en éliminant Jean Moulin.

Bénouville, qui n'ignore pas que Frenay a l'intention de partir prochainement pour Londres afin de demander au général de Gaulle d'arbitrer son conflit avec Moulin, demande aux Américains d'intervenir pour que leur état-major à Londres le réclame, puisqu'il est celui qui connaît le mieux le dossier de l'« affaire suisse ». Il revient à Lyon et convainc Frenay qu'il est indispensable qu'il parte dans le même avion que lui, prévu pour décoller à la dernière lune d'avril.

Bénouville se rend le lendemain à Paris afin d'y rencontrer Moulin...

1. « Brake » est Henri Frenay.

26

Un ennemi de taille : Pierre Brossolette

Comme Jean Moulin, Pierre Brossolette avait un père enseignant, laïc, républicain, radical et très anticlérical, mais, à la différence de Moulin, il a été un brillant élève. Brossolette est un intellectuel. En hypokhâgne, il a pu rivaliser avec Vladimir Jankélévitch. Au concours d'entrée à Normale Sup, il a été reçu premier des deux sections, Lettres et Sciences réunies. Il est sorti à la deuxième place de l'agrégation d'histoire, à l'été 1925, derrière Georges Bidault et devant Louis Joxe. Il a un caractère trempé. Écorché vif, « capable de gentillesse dans les rapports privés, il adoptait souvent un ton acide et tranchant en public, susceptible de passer pour du cynisme », note Guillaume Piketty, son biographe[1].

Encore rue d'Ulm, il milite au Groupement universitaire pour la Société des Nations (GUSDN) où se retrouvent Robert Lange, Georges Bidault, Louis Joxe, Pierre Cot et bien d'autres. Il devient le délégué général adjoint du GUSDN. Non conformiste, il embrasse la profession de journaliste. Il entre à la Grande Loge de France, à la loge Émile Zola, et y gravit rapidement les grades. Il a une sensibilité radicale, mais ne devient pas pour autant un militant actif, comme Pierre Cot. Le futur « patron » de Moulin fait, avec Louis Joxe, partie de son « premier cercle ». En novembre 1929, il est sous-chef de cabinet du ministre des

1. Voir l'excellent *Pierre Brossolette. Un héros de la Résistance*, aux Éditions Odile Jacob, Paris, 1998, auquel nous avons beaucoup emprunté pour décrire les relations conflictuelles entre Brossolette et Moulin.

Colonies et adhère finalement à la SFIO, largement motivé par son admiration pour Léon Blum. En juillet 1936, il entre au bureau de presse du secrétariat général de la présidence du Conseil et prend en charge la chronique de politique étrangère du radio-journal de France de Paris-PTT, devenant une cible de choix pour *Gringoire* et *Candide.* Pendant la guerre d'Espagne, il appuie la non-intervention *stricto sensu*, et, « la mort dans l'âme et la rage au cœur », il accepte les accords de Munich, mais se ressaisit rapidement et ne va plus cesser de dénoncer l'« esprit munichois »...

Après l'armistice, barré par ses prises de position politiques, il décide, pour survivre, de se lancer dans le commerce et, le 1er novembre 1940, il devient propriétaire d'une librairie, rue de la Pompe. Pendant l'hiver 1940-1941, approché par le réseau du musée de l'Homme, il devient rédacteur en chef de *Résistance*, mais Alexander von Kreutz met un terme à l'existence du réseau du musée de l'Homme au début du printemps 1941 et, par là même, à cette première activité résistante. Au cours de l'été 1941, Brossolette renoue beaucoup de contacts parmi les milieux de gauche qu'il fréquentait avant guerre, puis, par le hasard des rencontres, accepte de travailler à la revue de presse de la future Confrérie Notre-Dame (CND), déjeune avec le colonel Rémy, patron de la CND, et s'engage dans les Forces françaises libres le 1er décembre 1941. Il informe Londres de l'activité des mouvements de résistance et fournit à la BBC des éléments pour sa contre-propagande. Il met en contact la CND et les principaux membres de Libération-Nord, Christian Pineau, Louis Vallon, Louis Saillant, entre bien d'autres...

Il arrive à Londres comme agent de la CND et est pris immédiatement en main par le colonel Passy et son adjoint, le commandant Manuel, patrons du BCRAM. Très sévère sur le « système » et le personnel politiques, il devient un gaulliste inconditionnel et estime que la rénovation de la France ne pourra s'opérer qu'autour du Général. Il rencontre ce dernier et adhère totalement à sa personne. Il commence à proposer des réformes du BCRAM, qu'il estime être le seul service à bien fonctionner. Il a tôt fait de s'imposer comme une personnalité marquante de la France libre. Il devient un ami intime du tout-puissant colonel Passy, et la « tête politique » des services secrets gaullistes.

Il repart pour la France le 3 juin 1942, avec notamment pour objectif de rallier au gaullisme des personnalités politiques de divers horizons et de faire appliquer de nouvelles instructions au sein de la CND. Brossolette organise le départ pour Londres d'André Philip et Louis Vallon et convainc le numéro deux du PSF (Parti social français), Charles Vallin, de s'y rendre également. Brossolette et Vallin débarquent ensemble en Angleterre, le 13 septembre. Rapidement, une véritable cabale émanant de gens de gauche — Labarthe en tête — se déclenche à Londres contre les deux hommes. Finalement, face à l'ampleur de la tempête, de Gaulle enverra Vallin « voir l'Empire libre »...

Caractère intransigeant mais dur et cassant, Brossolette, mû par l'« attachement profond » qu'il lui porte, n'hésite pas à faire part au Général de son trouble face à sa façon de traiter les problèmes et les hommes. Et lui écrit tout haut ce que tout le monde murmure : « Ce qu'il faut vous dire, dans votre propre intérêt, dans celui de la France combattante, dans celui de la France, c'est que votre manière de traiter les hommes et de ne pas leur permettre de traiter les problèmes éveille en nous une douloureuse préoccupation, je dirais volontiers une véritable anxiété... Il y a des sujets sur lesquels vous ne tolérez aucune contradiction, aucun débat, même... » Et le reste à l'avenant, notamment à propos de l'entourage du chef de la France libre.

Malgré cette franchise, Brossolette prend de plus en plus de poids au sein du BCRA. Le 1er octobre 1942, il y prend la tête du « Bloc opératoire », censé servir de trait d'union entre les résistances intérieure et extérieure. Il surveille alors de très près la mission « Rex » et soutient encore Jean Moulin — en dépit d'importantes réserves sur son action — contre les attaques d'Emmanuel d'Astier de La Vigerie et d'Henri Frenay.

En cette fin 1942, Brossolette est ainsi devenu le chef d'orchestre à Londres de la Résistance intérieure. C'est lui qui a discuté, en octobre, avec les deux principaux chefs des mouvements de zone Sud, la coordination des activités des mouvements. C'est lui qui crée le comité de coordination qui sera présidé par « Rex ». Lui qui prépare les nouvelles instructions à l'intention de ce dernier... Les conditions sont presque réunies pour que Brossolette et Moulin s'affrontent d'autant plus durement qu'ils ont l'un comme l'autre des caractères tranchés et autoritaires. Mais le premier a l'avantage de se trouver à Londres, d'y rencontrer tous les résistants, politiciens et syndicalistes, et d'avoir accès à tous les télégrammes et messages en provenance de France.

Brossolette a fait le nécessaire pour devenir le pendant de Jean Moulin pour la zone Nord, autrement dit le « délégué spécial en zone occupée[1] ». Passy en a fait accepter le projet au général de Gaulle dans le cadre de la mission « Brumaire ». Le 1er décembre, le BCRA annonce à Moulin l'arrivée de ce délégué pendant la lune de janvier. Mais il laisse à Moulin le choix entre venir à Londres immédiatement pour discuter avec ledit délégué, ou attendre la lune de février. Puis le BCRA prie Moulin de venir pour la lune de janvier. Au même moment, Moulin câble à Londres qu'il aurait souhaité se rendre à Londres avec « son adjoint ZO » afin de rencontrer avant son départ le fameux délégué dont il ignore encore qu'il s'agit de Brossolette. Moulin a depuis longtemps chargé Henri Manhès de s'occuper de la zone occupée, mais n'en a jamais parlé à Londres. L'arrivée d'un « délégué spécial en ZO » va faire voler en éclats le système qu'il a mis en place. Il explique à Londres que le commandant Manhès « avait fait sous sa direction un travail extrêmement intéressant auprès des groupes que "Rex" avait contactés : Ceux de la Libération, le groupe Lorraine, Action sociale et libérale, le groupe de la Résistance, la Voix du Nord, etc., et auprès de nombreuses personnalités, préfets, trésoriers généraux, commissaires de police, hauts fonctionnaires... » Il estime qu'il est « essentiel » de se montrer « très prudent dans de nouveaux contacts avec des dirigeants ayant eu déjà des déboires avec des agents gaullistes » et qui, « en principe », ne veulent avoir affaire qu'à lui ou au commandant Manhès. « Essentiel » aussi que « l'arrivée d'un nouveau délégué n'apparaisse pas comme une coupure ou un désaveu » de sa propre action.

Il est clair que l'affrontement avec Brossolette est inévitable.

En désaccord avec Passy et Brossolette, André Manuel, qui est alors en mission en France, prend position pour Moulin et

---

1. Même après l'invasion de la zone Sud en novembre 1942, les résistants ont continué à parler de la zone occupée (ZO) pour désigner la zone Nord.

demande que Londres attende son arrivée avant de prendre des décisions. Mais rien n'y fait, la mécanique est lancée : Brossolette est placé sur un pied d'égalité avec Moulin en étant intronisé représentant du général de Gaulle et du CNF, chargé d'une mission en zone Nord qui est la même que celle de Moulin en zone Sud, mais qui recouvre totalement celle que Moulin remplit depuis plusieurs mois grâce à la collaboration de Manhès en zone occupée.

La « mission Brumaire » a trois objectifs essentiels :

> 1) Procéder en ZO à la séparation la plus stricte possible entre tout ce qui concerne le renseignement, d'une part, et l'action civile et militaire, d'autre part ;
>
> 2) Procéder à l'inventaire de toutes les forces qui, soit dans le cadre des groupements de résistance, soit dans le cadre de groupements spécifiques comme l'OCM, soit dans le cadre des organisations politiques, syndicales ou religieuses, peuvent jouer un rôle dans le soulèvement national en vue de la Libération. En prévoir la mise à disposition de l'EMZO [état-major de la zone occupée], soit à l'échelon de la ZO tout entière, soit, préférablement, à l'échelon régional ;
>
> 3) Rechercher, d'une part à la faveur de contacts directs, d'autre part en collaboration avec les organismes mentionnés plus haut, les cadres d'une administration provisoire de la ZO au jour de la Libération.

Poussé par Passy et sa propre ambition, Brossolette était chargé de mener à bien cette mission « Brumaire » et de devenir ainsi l'*alter ego* de Moulin pour la zone occupée. L'opération montée par les deux hommes avait d'autant plus de chances de réussir qu'elle devait être appuyée dans les plus brefs délais par la mission « Arquebuse » que Passy s'était réservée en propre. Les arrière-pensées de Brossolette sont aisément décelables par sa précipitation à quitter Londres avant même d'avoir entendu Manuel, qui revenait de France, et plus encore avant l'arrivée annoncée de Jean Moulin et du général Delestraint. Également avant d'avoir discuté avec le commandant Manhès que Moulin a dépêché à Londres avant de s'y rendre lui-même. « Il est [...] permis de penser que la perspective d'avoir les mains libres en l'absence de Jean Moulin n'a pas été étrangère à cette rapidité », écrit élégamment et prudemment Henri Noguères[1]. Il est clair que, s'il avait attendu Manuel ou Moulin, la mission Brumaire aurait été réévaluée, et Brossolette ne serait pas parti.

Ce dernier s'envole dans la nuit du 26 au 27 janvier 1943. André Manuel le voit quelques instants, sur la piste d'atterrissage, avant de prendre le Lysander qui a déposé son ennemi mortel, qu'il considère comme le « mauvais génie » de Passy. La rencontre est glaciale. Dès son arrivée à Londres, Manuel reprochera à Passy d'avoir laissé partir Brossolette et lui fera part des conclusions de son enquête, qui fait la part belle à « Rex ».

Ce 26 janvier 1943, Jean Moulin arrive à Nice en fin d'après-midi ; il se rend à la galerie Romanin où il voit Colette et Antoinette Sachs. Il dîne avec Antoinette et couche dans le petit studio de l'impasse Negrín avec (ou à côté d')Antoinette[2].

Brossolette rencontre « Rex » quelques jours plus tard. Ce dernier lui rend compte de son action en zone Nord et lui annonce son intention de partir pour Londres au début de la lune de février pour rencontrer notamment le colonel Passy, qu'il souhaite voir avant son propre départ en France. De son côté, Brossolette exprime le vœu que le voyage de Passy ne soit pas retardé, car il sent bien que la venue de « Rex » à Londres risque de changer le contenu de sa propre mission.

En attendant, Manhès est arrivé dans la capitale britannique à la fin de la lune de janvier. « C'était un homme d'une cinquantaine d'années, solide, énergique, au teint coloré, pourvu d'une abondante crinière blanche et ondulée. Jamais auparavant "Rex" ne nous avait signalé son existence, et encore moins le rôle qu'il jouait. Aussi fûmes-nous stupéfaits quand nous apprîmes, de la bouche même de "Frédéric" [pseudo de Manhès] que "Rex" l'avait chargé, dès le début de 1942, d'organiser l'action en zone Nord. Si Moulin lui-même ne nous l'avait pas envoyé, nous l'eussions pris pour un imposteur ou pour un agent provocateur », raconte Passy[3].

1. *In Histoire de la Résistance*, t. 3, *op. cit.*
2. D'après une note du Fonds Antoinette Sachs.
3. *In Missions secrètes, op. cit.*

Manhès fait part de ses activités sous les ordres de « Rex » depuis le début de 1942. Il a mené deux actions parallèles : il a, dit-il, réalisé l'entente entre plusieurs groupements de résistance dont certains ont été créés à son initiative, et — ce qui a dû prodigieusement agacer Passy — il a « réalisé le rapprochement de certains éléments d'anciens partis politiques et groupements philosophiques dans le but d'étendre l'action politique de la France combattante et de grossir au maximum l'Armée secrète, en vue de préparer la prise de pouvoir par les hommes de la France combattante. Ces groupements s'étendent des libéraux à la SFIO inclusivement, et tendent la main aux communistes[1]... ». Manhès expose le détail des groupements avec qui il est en relation et dont certains sont totalement inconnus du BCRA, comme Ceux de la Libération, Liberté-Égalité-Fraternité et le Groupe d'action maçonnique. Il insiste beaucoup sur la qualité des résistants francs-maçons. En revanche, il ne parle pas spécifiquement de l'OCM, l'organisation préférée de Passy et Brossolette, de Libération Nord ni du Front national. Il demande enfin que le CNF n'ait qu'un représentant en France pour les deux zones, et que ce représentant soit « Rex », « ceci afin de réaliser l'unité de vues et d'écarter toute discussion inutile ».

Tout cela ne pouvait que contrarier fortement Passy, lequel fit observer à son interlocuteur que le général de Gaulle ne lui avait confié aucune mission en zone occupée. « Nous supposâmes donc immédiatement, commente-t-il, que "Rex" avait la volonté bien déterminée d'étendre aux deux zones le champ de son activité, et ce fut la source de conflits entre Brossolette et lui... »

Le Général rencontre Manhès et l'écoute. Avant de prendre une décision définitive sur l'organisation de la Résistance intérieure, il souhaite encore entendre Moulin. Manhès quitte donc Londres sans mission précise, mais il a marqué des points en faveur de son « patron », car si Passy soutient Brossolette contre Moulin, son autre adjoint, Manuel, est complètement acquis à « Rex ». Manuel et Christian Pineau « chauffent » Jacques Bingen, qui commence à rédiger des instructions pour l'organi-

1. *In* documents figurant dans le dossier militaire de Manhès.

sation de la Résistance intérieure très favorables à « Rex » et à son adjoint Manhès.

Avant de rejoindre le terrain d'aviation pour prendre l'appareil qui le conduira enfin à Londres, Moulin revient à Nice, le 9 février, pour assister au premier vernissage de la galerie Romanin. « Un vernissage époustouflant, se souvient Colette. Il s'est assis sur une table et a cassé le portrait de Pétain... », raconte-t-elle en riant de bon cœur. Il y a là le Tout-Nice, y compris le préfet. La presse rendra compte de l'événement. Le soir, il dîne avec Colette et Antoinette Sachs, un dîner qualifié de « jockey » dans les notes d'Antoinette. Il dort dans le petit studio de l'impasse Negrín, note encore celle-ci. Le lendemain, mercredi 10 février, il quitte Nice à 17 heures. Les carnets de Colette font encore état de passages éclairs de Moulin. On y voit un homme qui, malgré l'importance de ses responsabilités, parvient à garder l'esprit suffisamment libre pour suivre encore de près la bonne marche de la galerie. Il trouve même le temps de mettre en train deux biographies, l'une de Pierre Bonnard, l'autre de Henri Matisse !

C'est probablement entre le 11 et le 15 février 1943, date de son départ pour Londres, qu'il faut situer une scène très importante dans la vie de Jean Moulin, sur laquelle je n'ai malheureusement trouvé que peu d'éléments. Gilberte Riedlinger — « Mme Lloyd » — ne supporte plus la vie que lui impose Moulin. Il ne veut pas se marier avec elle, sous le prétexte fallacieux qu'elle ne peut plus avoir d'enfants : elle a quarante-cinq ans. Ses protestations d'amour lui sont devenues insupportables, d'autant plus qu'elle ne le voit que rarement, et dans des conditions de clandestinité qu'elle n'apprécie plus du tout. Cela fait trop longtemps que dure cette situation. Non seulement Jean Moulin ne lui offre aucune perspective, mais, de surcroît, il lui fait prendre des risques. Elle connaît tout — ou presque — de ses activités. La mère de Gilberte, qui vit aussi rue de Lübeck, à côté de sa fille, la pousse à quitter Jean. Elle a beaucoup d'influence sur elle. « C'est elle qui décidait de tout. Dans la famille, on l'appelait "Aramis". Elle disait sans cesse à Gilberte qu'il était temps de se marier. C'est elle qui l'a poussée à épouser G. » Et donc à quitter Jean Moulin... Gilberte avait en effet rencontré un industriel, dans le train, entre Paris et Vichy, alors qu'elle descendait une fois de plus voir ses cousins Kuch et les Mulhousiens installés dans la capitale de l'État français. Elle avait emporté des livres pour la fille de sa cousine Kuch et en avait prêté durant le voyage à Jean G. qui avait été immédiatement subjugué par le rayonnement de sa voisine de compartiment. Il lui avait fait porter par la suite une cartouche de cigarettes pour la remercier, lui avait téléphoné dans le but de la revoir. Il était veuf. Il n'avait pas tardé à lui proposer de refaire sa vie avec elle... Gilberte, qui aime pourtant toujours Jean, même si sa passion s'est émoussée, décide finalement de rompre avec lui. Elle lui donne rendez-vous au Louvre. Jean Moulin se sait traqué et le lui dit. Elle lui annonce sa décision. Il en est très mortifié. Il a néanmoins très peur pour elle. Il lui recommande de partir d'un côté, il partira du côté opposé. Ils ne se reverront plus...

Pierre Meunier racontera à plusieurs témoins[1] que cette rupture avait beaucoup affecté Moulin et influé sur son comportement. Se sachant traqué, il n'aurait plus accepté toutes les mesures de sécurité indispensables que ses fonctions lui imposaient.

Comme elle l'a fait au terme de ses autres « vies » — avec le comte russe, puis avec l'Anglais —, Gilberte a brutalement tourné la page. Tout va très vite : G. lui donne un nouveau nom à la mairie du XVIe arrondissement un mois plus tard. Elle est devenue une grande bourgeoise — habite avenue Foch, dispose d'un chauffeur et d'une caméristе — et le restera jusqu'à sa mort, en octobre 1993.

Manhès atterrit le 15 février près de Lons-le-Saunier, voit Jean Moulin et lui recommande avec énergie de ne pas partir. Mais, devant ses hésitations, Boutoule, responsable de l'opération, prend Moulin par les épaules et le précipite dans l'avion en lui disant :

— En avant ! J'ai reçu l'ordre de vous faire partir, vous partirez !

---

1. Notamment Maurice Voutey et Sabine Jansen.

Manhès est furieux : il n'a même pas eu le temps de faire part à son ami des problèmes qu'il a rencontrés à Londres[1].

Dès son arrivée dans la capitale britannique, Moulin reçoit la croix de la Libération des mains du général de Gaulle. Tout s'enchaîne alors très vite. Il prend connaissance des instructions de Brossolette, dont il connaît l'activisme. Ce dernier lui envoie d'ailleurs un télégramme, le 18 février, lui demandant « amicalement » de « ne pas tout court-circuiter ici ». Dans la bataille de pouvoir qui fait rage depuis quelques semaines, Moulin va marquer des points importants : de Gaulle signe de nouvelles instructions, le 21 février. Celles-ci créent le Conseil de la Résistance et font de Moulin le *seul* représentant du Général pour l'*ensemble* du territoire. Moins d'un mois après la rencontre d'Anfa — les 22-24 janvier 1943 — entre de Gaulle et Giraud, sous le patronage de Roosevelt, le Général a été convaincu par Moulin que l'intégration des anciens partis politiques dans un organisme qui le reconnaît pour chef constitue un atout déterminant dans le combat qu'il mène contre Giraud et Roosevelt. Contrairement à Giraud, il pourra alors se présenter au nom de la France, et non pas seulement au nom des mouvements de résistance dont l'importance est trop difficilement mesurable pour les Alliés. En revanche, Roosevelt sait qui est Léon Blum, ce que représentent la SFIO ou les radicaux-socialistes... Le Conseil de la Résistance va ainsi devenir « la pierre angulaire de l'entreprise gaulliste de conquête de la légitimité démocratique ». Moulin a gagné contre Passy, Brossolette et tous ceux, nombreux, qui se battaient contre le retour des anciens partis. C'est qu'il a tout simplement offert au général de Gaulle les moyens de prendre le pouvoir.

Ces nouvelles instructions ne règlent pas pour autant tous les problèmes sur le terrain. Brossolette et Passy — le second a rejoint le premier en France le 23 février — ont des ordres de mission qui ne sont guère en harmonie avec elles. Celles-ci, au reste, leur concèdent encore pas mal de pouvoirs, notamment dans l'application de mesures qui laissent beaucoup de place à l'interprétation. Sans attendre le retour de Moulin, « Brumaire »

1. Anecdote racontée dans le livre de Laure Moulin.

[Brossolette] met ainsi les bouchées doubles pour mener sa propre politique et notamment créer un comité de coordination pour la zone Nord, alors que Moulin entend créer un comité unique pour les deux zones, dont la présidence à Paris lui reviendra. « Brumaire » rencontre le plus de monde possible, espérant placer Moulin devant le fait accompli, mais il se retrouve en violente opposition avec les collaborateurs de Moulin, Meunier et Chambeiron d'abord, puis Manhès quand celui-ci revient à Paris après son séjour à Londres.

Passy rend compte[1] d'un déjeuner au restaurant du Progrès, à Neuilly, le 1er mars, entre Brossolette, Yeo-Thomas, l'Anglais du SOE qui accompagne ce dernier dans le cadre de la mission « Brumaire »), Manhès, Meunier et lui. D'entrée de jeu, Manhès s'en prend violemment à Brossolette, lui reprochant « d'avoir tenu, lors de son récent passage en zone libre, certains propos désobligeants relatifs à Rex et à son ambition dévorante... » La manière dont Passy raconte l'incident montre à quel point la haine était forte entre Passy-Brossolette d'un côté, Moulin et ses collaborateurs de l'autre :

> Mais cette discussion me laissa l'impression que Meunier était l'homme qui, en coulisse, et pour des motifs que je distinguais mal à l'époque, s'amusait à verser de l'huile sur le feu... Ce Meunier était un homme de trente-cinq ans environ, grand, mince, voûté, au regard chafouin. Dès l'abord, il me fut profondément antipathique et je m'étonnai que Rex ait pu faire la moindre confiance à un tel individu dont les propos cassants, brutaux, étaient empreints d'un terrible sectarisme et privés de toute notion de nuances. Il se prétendait radical-socialiste, mais son comportement le plaça immédiatement, à mes yeux, aux antipodes du radicalisme sceptique et bon enfant qui se trouve si profondément ancré dans l'esprit français.

À la fin de ce déjeuner tendu, Passy et Brossolette font part des nouvelles instructions reçues au sujet du Conseil de la résistance. Il est convenu de se revoir le lendemain, 2 mars, dans le bureau utilisé par Manhès au 149, rue de Rome.

1. *In Missions secrètes, op. cit.*

Le lendemain, la discussion s'engage. Selon Passy, Meunier est totalement d'accord pour l'introduction des partis au sein du Conseil de la résistance ; Manhès, lui, se montre plus réservé... Il est convenu qu'au cours des jours suivants Manhès présentera aux envoyés de Londres les dirigeants de Ceux de la Résistance, de Ceux de la Libération et du Cercle.

Le 3 mars, Robert Chambeiron se dirige vers la rue de Rome pour reparler avec Manhès des discussions de la veille, lorsqu'il rencontre Lecompte-Boinet, patron de Ceux de la Résistance, qui lui recommande de faire demi-tour, car Manhès vient d'être arrêté. Un coup terrible pour la Résistance et pour Jean Moulin, depuis quelques jours le représentant unique du général de Gaulle sur l'ensemble du territoire. Même si on l'a largement oublié aujourd'hui, Manhès était en effet, depuis le début, le principal collaborateur de Moulin, l'homme qui était au courant de tous ses secrets.

Les dessous de cette arrestation — ou du moins une partie d'entre eux[1] — figurent dans le dossier d'instruction[2] de cette affaire par la justice française.

L'arrestation de Manhès est liée à celle de « Philibert », Pierre Brossard, responsable des cadres du Parti communiste, qui était suivi depuis plusieurs mois par les Brigades spéciales. Une dame Gratadoux, messagère de Brossard, avait été arrêtée en possession d'un « Rapport du 7 au 14 février 1943 sur la brigade spéciale n° 2 », lequel rapport était destiné au comité directeur du PC. L'auteur dudit rapport avait été rapidement identifié et arrêté, le 27 février : il s'agissait de Robert Quillent, un inspecteur des RG de la brigade n° 2. Face à ses collègues, Quillent ne fit aucune difficulté pour reconnaître que le rapport était de lui et qu'il l'avait transmis à un certain « Robert », qu'il connaissait depuis le début de 1941. Il raconta qu'il rencontrait ce « Robert » dans différents cafés et que son prochain rendez-vous avait justement lieu le lundi suivant, 2 mars, à 18 h 30, au café Dreher. À l'heure dite, les inspecteurs des BS arrêtèrent Robert Masspacher qui déclara d'emblée qu'il transmettait ses documents au « Commandant ». Il avait

1. Voir *infra*, le chapitre 29 consacré à Raymond Richard.
2. CARAN. 4W 19 à 25.

sur lui un papier : « Tél. pour RV à WAG. 49.26, le matin de 9 h 1/4 à 10 h, et demander le “Commandant”. »

Le lendemain 3 mars, à 9 heures passées, quatre inspecteurs de la BS se présentèrent à l'hôtel de l'Ouest, rue de Rome, où logeait Henri Manhès, près de son bureau où était installée la Société d'exploitation des brevets AB, propriété de sa femme. Puis ils allèrent à son bureau, au 149 de la même rue, et l'arrêtèrent après lui avoir demandé s'il était bien le « Commandant ». Les inspecteurs trouvèrent sur lui 28 000 francs, un papier sur lequel était inscrit le numéro de téléphone de Roger Quillent, et deux documents : l'un commençait par « Leroy Jacques », l'autre était une lettre d'un nommé Capitan où il était question d'un M. de La Morandière et d'un dénommé Jean Capitan.

Manhès subit son premier interrogatoire le jour même. Il déclare n'avoir jamais — ni autrefois, ni maintenant — appartenu à aucun groupement : « Je ne suis pas communiste. Je suis gaulliste de cœur, explique-t-il aux inspecteurs des BS. J'entends par là que je considère que la France ne sera heureuse que lorsque l'occupation aura cessé et qu'elle sera redevenue libre et indépendante. Je pense également que le général de Gaulle est l'homme qui est capable de permettre à la France d'atteindre ce but. » L'adjoint de Moulin ne met pas son drapeau dans sa poche. Dès ce premier interrogatoire, il parle d'abondance. Est-ce une stratégie pour cacher l'essentiel, c'est-à-dire son rôle de numéro deux de la zone Nord ? C'est probable. Il se présente comme un simple intermédiaire gaulliste : il reconnaît en effet appartenir à l'organisation gaulliste depuis juillet 1942, époque à laquelle, dit-il, il a fait la connaissance à Lyon, par l'intermédiaire d'un M. Dufour — qui n'est autre que Maurice Ripoche —, de M. Legris, habitant Paris. Il a accepté de servir de boîte aux lettres entre Legris, responsable d'une organisation gaulliste, et Robert Masspacher. Il rémunérait Masspacher 3 à 4 000 francs par mois. Quant aux La Morandière et Capitan, ils lui avaient été signalés par un autre Capitan, résidant en Algérie, comme étant de sentiments gaullistes.

Entre alors Robert Masspacher. Manhès déclare aux policiers qu'il le connaît, mais sous le nom de Robert Quillent.

Ce même 3 mars, les inspecteurs arrêtent plusieurs personnes venues rendre visite au « Commandant ». Ainsi, Albert Kirchmeyer qui porte sur lui 100 000 francs en espèces et dont le pantalon comporte une poche cousue renfermant des documents intéressants, à savoir les grandes lignes d'action de Liberté-Égalité-Fraternité, de Ceux de la CGT, Pour la République, Ceux de la Libération, Ceux de la Résistance, de l'OCM, du Comité d'action radical-socialiste, du Comité d'action socialiste, de la Ligue des droits de l'homme, du Comité d'action maçonnique ; un plan d'organisation d'un gouvernement provisoire ; une lettre au général de Gaulle signée André Martin. La bonne réception de ces documents à Londres devait être annoncée par un message de la BBC : « La marjolaine est en fleur. »

Les inspecteurs découvrent d'emblée que Kirchmeyer est un franc-maçon appartenant à la loge Les Travailleurs du Grand Orient de France : ils ont déjà un bon dossier sur lui... Quand ils ont arrêté Brossard, ils ont également trouvé sur lui un document crypté sur Kirchmeyer, présenté comme le chef d'un groupe de francs-tireurs de la franc-maçonnerie — « LEF » (Liberté, Égalité, Fraternité) — en liaison avec un des responsables communistes chargé des intellectuels.

René Hug, de la SFIO, est arrêté le même jour au domicile de Kirchmeyer. Le soir du 3 mars, les inspecteurs arrêtent Marcel Pons et Maurice Vannier qui avaient rendez-vous au Pont-Cardinet avec Manhès. Vannier devait présenter Pons à ce dernier.

L'enquête des policiers des BS permet non seulement de très nombreuses arrestations, mais la reconstitution de plusieurs filières gravitant autour de Manhès, notamment entre un groupe lié au « Commandant » et le Parti communiste : ainsi, l'inspecteur des BS Quillent, avec la complicité de l'inspecteur Dumaine, transmettait des documents à Masspacher, lequel les transmettait au commissaire Pataud, lié au commissaire Aldouy, qui les acheminait au docteur Quenouille[1], qui les portait à son tour au communiste Brossard.

L'arrestation de Manhès est un coup très rude pour Moulin. En un seul jour, tous les efforts de son principal adjoint en zone

1. Quenouille avait été élu conseiller municipal à Villeneuve-Saint-Georges sur une liste communiste. Il servait d'agent de liaison entre le mouvement gaulliste et le PC.

Nord se trouvent ruinés. Les deux principaux groupes que Manhès avait cités pour vanter, à Londres, son travail de regroupement en zone Nord, le Cercle franc-maçon et Ceux de la Libération (avec notamment ses deux principaux chefs, Ripoche et Vannier), étaient décimés. Les arrestations succédaient aux arrestations. Manhès et son entourage avaient été d'une imprudence folle au moment même où Brossolette et Passy menaient une attaque frontale contre Moulin, notamment au travers de son adjoint. Si Manhès n'avait pas parlé de Moulin aux Brigades spéciales, il n'en constituait pas moins une très grave menace pour lui et l'ensemble de la Résistance, puisqu'il savait tout.

Les comptes rendus du dossier d'instruction relatif à cette affaire sont-ils complets ? Probablement pas. Les Allemands apprennent-ils son arrestation et le réclament-ils du fait qu'ils connaissent déjà son importance ? Les inspecteurs des BS ont-ils estimé qu'ils avaient entre les mains un trop gros poisson ? Quoi qu'il en soit, le 3 avril, les Brigades spéciales livrent Henri Manhès au SD du 84, avenue Foch, où il sera interrogé à vingt-sept reprises jusqu'à l'automne...

Bizarrement, Brossolette et Passy, qui connaissent dès le 5 mars l'arrestation de Manhès et les conditions de celle-ci par Pierre Meunier, ne préviennent pas Londres sur-le-champ. Moulin, qui s'y trouve jusqu'au 26 mars, n'apprendra en effet la terrible nouvelle que quelques jours après son retour, probablement le 30, en même temps que les arrestations frappant l'état-major de l'Armée secrète. À la lecture de leurs télégrammes postérieurs au 5 mars, on a le sentiment que Brossolette et Passy mettent alors les bouchées doubles, estimant avoir désormais le champ libre. Toute l'action de Moulin en zone Nord n'était-elle pas l'œuvre de Manhès ?... « Ces disparitions soudaines nous contraignirent, Brossolette et moi, à assumer entièrement l'administration de l'"action" en zone Nord afin d'éviter une dislocation et une rupture de contacts dont la durée et les conséquences eussent été imprévisibles », raconte Passy[1].

1. *In Missions secrètes*, *op. cit.*

Avec une extraordinaire fébrilité, les deux patrons du BCRA semblent vouloir casser ce que Moulin a proposé et que de Gaulle a entériné dans ses instructions du 21 février. Alors que les télégrammes de Londres leur ont souligné à plusieurs reprises qu'ils devaient attendre le retour de Moulin et Delestraint pour prendre des décisions, que Moulin avait été confirmé dans son rôle couvrant l'ensemble de la France métropolitaine, que la création du Conseil de la résistance était aussi importante qu'urgente, Brossolette prépare, le 12 mars, un long rapport à André Philip, commissaire national à l'Intérieur, remettant radicalement en cause l'entrée des représentants des partis politiques au sein de ce Conseil. Pour tenter de faire voler en éclats le travail de Moulin, il prétend s'appuyer sur une enquête approfondie en zone Nord : « C'est une mise en garde à peu près absolue contre le retour à l'ancienne politique », écrit-il. « L'opinion de la masse est très claire : la politique, tout le monde s'en moque actuellement ; on ne connaît que le "gaullisme" et la collaboration ; on est ou l'un ou l'autre, farouchement ; c'est tout. » Pour conférer plus de poids à son réquisitoire, il donne la parole à des personnalités appréciées de Philip, comme Louis Saillant et Charles Laurent, anciens du RUP qui, avant la guerre, étaient proches de Cot, Moulin, Dolivet ou Cusin. Il rappelle également l'opposition irréductible des groupements comme Ceux de la Libération, Ceux de la Résistance, et plus encore de l'OCM (avec son « indignation attristée »), tant choyée par Brossolette. À tous ces contacts, Brossolette fait dire ce que lui-même pense des projets que « des conseils peut-être un peu superficiels » ont conduit les services de la France combattante à adopter.

S'appuyant sur cette opposition, Brossolette et Passy estiment qu'ils ont été forcés d'analyser les instructions de Londres et de les adapter. Toujours farouchement opposés à l'entrée des « politiques » au sein du Conseil de la résistance, ils concèdent toutefois que, s'il fallait faire quelque chose en ce sens, ce serait alors les « familles » spirituelles et sociales françaises qui devraient être prises en compte. Brossolette parle à ce propos de cinq « familles » : « le communisme, le socialisme, la gauche "laïque", le catholicisme, et ce qu'on appelait autrefois le "nationalisme". » Et de rappeler que « l'inclusion ou la non-inclusion de quelques hommes politiques dans le Conseil de la Résistance » serait, de toutes les décisions de la France combattante, « une de celles qui engagerait le plus décisivement l'avenir ».

Cependant que Moulin affine ses projets cautionnés par de Gaulle, rencontre à Londres de nombreux responsables américains et alliés, ceux qui le soutiennent à Londres sont de plus en plus exaspérés par le comportement de Passy et Brossolette. Le 14 mars, ce dernier reçoit un télégramme de Stéphane Hessel lui demandant une nouvelle fois d'attendre « Max avant toute décision ». Le lendemain, André Manuel, qui assure par intérim la direction du BCRA, plus exaspéré que jamais par l'attitude de Brossolette, signale que Moulin et Delestraint s'apprêtent à quitter Londres « en plein accord avec le patron, Philip, Jacques [Bingen] et André [Manuel] ». Il lui redit que Moulin devient le « grand chef » et que Delestraint est chargé de « toute la partie militaire ». Manuel laisse ainsi affleurer son exaspération vis-à-vis de son frère ennemi :

> Jugez donc de notre surprise lorsque nous recevons vos messages. Nous avons pressenti que vous faisiez fi de tout ce qui avait été décidé ici, qui était connu d'Arquebuse [Passy], et que vous entrepreniez une réorganisation paraissant devoir donner à un des mouvements, l'OCM, le pas sur tous les autres. L'OCM fournirait les cadres de l'Armée secrète en zone occupée. Ainsi s'écroulerait toute l'œuvre entreprise par Mercier [Moulin] de trouver les cadres et les chefs de l'AS en dehors du mouvement, de faire de cette AS une émanation directe des FFC, sans aucune autre influence prédominante, d'assurer à cette AS la neutralité politique nécessaire...

Devenu le seul « patron », Moulin envoie un télégramme à Passy et à Brossolette juste avant de rentrer en France pour leur confirmer la « nécessité absolue » qu'ils se trouvent à leur poste au BCRA pour le début de la lune d'avril. Dès son arrivée en France, il leur fait parvenir une lettre de Philip leur ordonnant de surseoir à toute décision jusqu'à son arrivée dans la capitale, à la fin du mois. Dans cette lettre, Philip répète sous forme d'un ferme rappel à l'ordre tout ce qui est devenu à Londres une évidence ; il prend également la défense de Manhès, ignorant que ce dernier se trouve incarcéré depuis plus de quinze jours.

Les innombrables messages de « Brumaire » mettaient en effet en cause de manière lancinante les actions de Manhès et

Meunier, ce qui, compte tenu de la confiance que leur témoignait Moulin, revenait à contester ce dernier. Brossolette soulignait ainsi le rôle excessif que les deux collaborateurs de Moulin avaient attribué à la Ligue (nom générique des organisations francs-maçonnes), qui, « si on lui avait réservé la faveur que lui témoignait Frédéric [Manhès], aurait jeté la plus grande confusion dans nos plans d'organisation de la Résistance » : « par ses tendances politiques étroites et contestables », elle « hérissait » les autres groupements, et, « par l'imprudence de ses procédés de travail et de contact, elle risquait de conduire aux pires dangers ». Des mots écrits alors que Manhès et les principaux dirigeants de la Ligue sont derrière les barreaux !

Dans un rapport ultérieur[1], les deux hommes poursuivent de leur vindicte les collaborateurs de Moulin alors que Manhès croupit en prison et, avec lui, une bonne centaine de résistants. Ils parlent du « jeu personnel » joué « sans conteste possible » par Manhès et Meunier qui ont pratiqué « la politique de Richelieu : "diviser pour régner" », accepté la « tentative de fédération faite par la Ligue », et « dressé délibérément contre l'OCM les mouvements avec lesquels ils étaient en contact », générant ainsi des « querelles de palais ». Le 20 avril, soit un mois et demi après l'arrestation de Manhès, ils reprendront encore une fois leurs attaques contre la Ligue et le Cercle, et sembleront soulagés par l'avortement d'une tentative que « les arrestations massives et prévisibles du 3 mars » ont réduite à néant.

Le 23 mars, ignorant tous les rappels à l'ordre, Passy et Brossolette, accompagnés de Yeo-Thomas, ont réuni à Neuilly les principaux chefs des grands mouvements de la zone Nord. Brossolette, qui ne mentionne pas les nouvelles instructions du général de Gaulle, demande de « procéder à la mise au point définitive du texte de la déclaration des principes derrière lesquels ils sont prêts à mener une action commune ». Alors que Brossolette est chargé, par fonction et par mission, d'appliquer les décisions prises à Londres, il laisse, sans mot dire, les participants exprimer « unanimement leur désir de rester séparés de la zone Sud tant que la coordination ne sera pas solidement

1. ARQ.1-BRU.4.

établie en zone Nord. À ce sujet, les dirigeants de Ceux de la Résistance et de Ceux de la Libération disent une fois de plus leurs craintes de voir les partis politiques intervenir dans la conduite de la Résistance. »

Deux jours plus tard, Passy et Brossolette rencontrent deux représentants du Front national qui donnent leur accord à l'organisation de la Résistance en zone Nord telle que les deux envoyés de Londres la leur ont exposée sans tenir le moindre compte des instructions du 21 février.

Le 26 mars, Brossolette, en présence de Passy et Yeo-Thomas préside une réunion des chefs de mouvement et de leurs adjoints civils, qui marquent leur hostilité absolue à l'introduction des partis politiques dans le Conseil de la résistance. Ils se sont au bout du compte déclarés prêts à une « transaction » qui n'est ni plus ni moins que la proposition évoquée par Brossolette dans un de ses rapports : l'introduction d'une représentation des « familles spirituelles », rebaptisées pour l'occasion « nuances fondamentales de l'esprit français ». Fait au moins aussi grave, ils créent, avec la bénédiction de Brossolette et Passy, un comité de coordination de zone Nord. Deux décisions en contradiction absolue avec les instructions de Londres. Il s'agit ni plus ni moins d'un putsch, d'une rébellion fomentée par deux des plus hauts dirigeants de la France combattante ; celle-ci, dans leur esprit, ne vise que Jean Moulin, mais, en réalité, elle risque de mettre tout simplement en cause le processus de légitimation du général de Gaulle face à Giraud. Les injonctions de Philip, Manuel et Moulin n'ont pas eu de prise sur un Brossolette sûr de lui, soutenu par le tout-puissant patron du BCRA, sous l'œil bienveillant d'un émissaire du SOE sans lequel il n'y aurait pas eu et n'y aurait pas de Résistance...

La dernière touche machiavélique des deux « putschistes » est apportée le 30 mars. Alors que l'arrivée de Moulin à Paris est imminente, ils organisent une « première séance de travail » du comité de coordination de zone Nord afin de « gagner du temps ». « Il s'agissait en réalité de confirmer et de rendre irréversible l'existence du comité de coordination », commente

Guillaume Piketty[1]. Un comité imposé contre la volonté de Jean Moulin et en son absence.

Depuis son retour en France, tout va mal pour ce dernier. La réunion à Lyon du comité directeur des MUR s'est mal passée : son altercation brutale avec Frenay est difficile à oublier. Les négociations de Bénouville avec les Américains ne lui disent rien qui vaille, car, à terme, les MUR — ou à tout le moins Combat — risquent de s'autonomiser complètement. Et il sait que Frenay veut aller plaider sa cause à Londres et y demander sa peau...

Jean Moulin arrive à Paris le 30 mars, jour de la « première séance de travail » du comité de coordination de la zone Nord. Il apprend — probablement par Meunier — l'arrestation de son ami à la « crinière blanche », Henri Manhès. C'est un coup très dur. Affectivement, d'abord, car Manhès est devenu dans la clandestinité son plus fidèle ami. C'est avec et grâce à lui qu'il est devenu le patron de la Résistance intérieure. Moulin apprend pêle-mêle les conditions de cette arrestation, les fouilles minutieuses des inspecteurs — ils ont même scié les pieds des fauteuils —, les arrestations en chaîne qui ont suivi, les risques que son ami lui fait courir, puisqu'il sait tout et que, n'ayant pas une bonne mémoire, il avait une fâcheuse tendance à tout noter. Il se rappelle qu'il lui a remis des photos pour qu'il lui procure une nouvelle carte d'identité. Il se peut que la Gestapo les ait trouvées, soit sur lui, soit dans son bureau[2].

Meunier raconte les altercations entre Manhès et Brossolette, notamment la veille de son arrestation. Dans ce contexte, ses relations difficiles avec ce dernier prennent soudain une tout autre dimension. Une bouffée de fureur envahit Moulin, l'écorché vif. Il y a longtemps qu'il y avait incompatibilité d'humeur entre les deux hommes ; depuis quelques semaines, elle s'est transformée en incompatibilité d'ambitions et de projets, et, depuis peu, en affrontement. De surcroît, Brossolette n'aimait pas Manhès, le disait et l'écrivait. La haine, entretenue et

1. Dans sa biographie de Brossolette, *op. cit.*
2. *In Jean Moulin*, Laure Moulin, *op. cit.*

exacerbée par Meunier, s'installe dès lors dans le cœur de Moulin.

Il ne peut pas laisser Manhès croupir dans sa prison, aux mains de ses bourreaux. Mais que faire ? Malgré ses responsabilités, c'est son cœur qui parle d'abord. Il envoie, le 30 mars, un billet à Lucie Manhès : « Chère amie. Je veux vous dire toute ma peine qui [manque un mot] immense, mais plus encore mes espoirs... **Nous mettons tout en œuvre.** Bien tristement. Joseph[1]. »

Rendez-vous est pris avec Brossolette pour le lendemain, 1er avril, dans les allées du bois de Boulogne. Il y a là Passy et Yeo-Thomas. Brossolette lui rend d'abord compte de son action, de ses rencontres et des motifs de ses décisions. Pragmatique, Moulin n'est plus en mesure de remettre en cause l'existence du comité de coordination. Il demande seulement sa convocation rapide. Il n'est pas disposé, en revanche, à entériner le refus du même comité d'introduire les délégués des partis à l'intérieur du Conseil de la résistance. Pas prêt non plus à accepter la façon dont ont été traités ses collaborateurs, et tout spécialement Manhès. Rapidement, la conversation prend un tour passionnel. Moulin reproche notamment à Brossolette d'avoir « renvoyé » Meunier après l'arrestation de Manhès.

— C'est lui qui nous a dit son intention de se mettre au vert en attendant votre retour, intervient Passy, volant au secours de Brossolette.

Moulin reprend alors les accusations proférées par Manhès à l'encontre de ce dernier :

— J'ai appris de source sûre que vous avez prononcé des propos désobligeants contre moi.

— Je suis prêt à rencontrer les personnes qui ont émis de telles allégations.

— Je les amènerai demain, lance Moulin qui se contient difficilement[2].

Le lendemain, les mêmes se retrouvent dans un appartement de l'avenue des Ternes, avec en plus Meunier, Chambeiron et

---

1. Archives de la FNDIRP, biographie de Manhès, boîte 52.
2. Scène tirée de *Missions secrètes, op. cit.*

Pal, un agent du BCRA. Rapidement, la discussion devient confuse, le ton est violent. Meunier confirme que Brossolette a déclaré devant témoins que Moulin n'était qu'un ambitieux.

— Mes paroles ont été dénaturées tant sur le fond que dans la forme, réfute Brossolette.

Moulin se met alors à hurler :

— Je vois clair dans votre jeu ! Vous n'avez jamais cessé de me contrer. Vous avez essayé d'empêcher le général de Gaulle de me confier la représentation en zone Nord, car vous la vouliez pour vous-même. C'est vous et non moi, l'ambitieux ! Mais j'ai triomphé, car je reviens de Londres où j'ai été secrètement nommé membre du Comité national.

Passy essaie d'intervenir pour calmer le ton de la discussion, car des Allemands habitent l'immeuble. Sans succès. Moulin continue de vociférer cependant que Passy et Pal regardent la scène avec « stupéfaction et épouvante ». Les cris continuent un bon quart d'heure. « Fort heureusement, rien de fâcheux ne se produisit et nous nous retirâmes tous indemnes, sans qu'aucune conclusion fût apportée au débat. Une grande vague de dégoût me saisit et seul l'air frais du dehors me ranima un peu. Je remontai, seul avec Rex, l'avenue des Ternes. Il était complètement calmé, mais plein d'une haine froide contre Brossolette... », se souvient Passy.

Passy essaie de raisonner Moulin et n'obtient qu'une « paix armée » :

— Brossolette est un ambitieux ; Manuel, qui le connaît depuis longtemps, me l'a dit, et vous êtes un jouet entre ses mains ! ne cesse de répéter Moulin.

Cette scène est décrite ici à partir des souvenirs de Passy[1], c'est-à-dire d'un homme proche de Brossolette. Il parle d'un « violent et pénible incident » qu'il aurait préféré oublier, mais qui eut de « si profondes répercussions qu'il [me] paraît impossible de le taire sans risquer de rendre totalement incompréhensible certains événements qui se déroulèrent ultérieurement ».

Le « violent et pénible incident » a été en réalité encore plus vif que ne le décrit Passy. Au moment où Moulin ne se maîtrisait

1. *In Missions secrètes*, *op. cit.*

plus, il s'est retourné, a baissé son pantalon et a exhibé son cul à Brossolette en s'écriant :

— Voilà comment je vous considère[1] !...

À l'issue de cette pénible réunion, Meunier a raccompagné Passy jusqu'à la porte ; celui-ci, en le quittant, lui a soufflé discrètement :

— Vous avez un grand chef, gardez-le bien !

Cinquante ans après, Meunier ne savait encore comment interpréter cette phrase[2]. Passy avait-il eu vent des menaces qui pesaient sur Moulin ? Avait-il employé ces mots au premier ou au second degré ? Meunier savait d'autant moins quoi en penser que Passy qui, après la guerre, allait écrire des choses très désagréables sur son compte, avait pris soin de lui après l'arrestation de Manhès en lui faisant parvenir de l'argent par un courrier (un dénommé Fernand)...

Seule la mort va avoir raison de ce conflit entre Moulin et Brossolette, deux hommes trop proches, complètement dévoués au général de Gaulle, malgré leurs idées de gauche, ayant tous deux une très haute idée de la France, prêts à mourir pour elle, mais tous deux sûrs de leur analyse marquée par leurs histoires respectives : l'ancien préfet radical croyait encore à la République qu'il avait servie, alors que le brillant polémiste voulait la refonder après avoir aboli les anciens partis.

Le 3 avril, lendemain de cette scène violente, Moulin se retrouve face à Brossolette à la réunion du comité de coordination de la zone Nord. Il y a là les chefs de mouvement, Passy et Yeo-Thomas. Cette première réunion officielle a pour objet de présenter Moulin aux chefs de groupement et de préparer la composition du Conseil de la résistance. Selon Passy, Moulin a l'habileté de caresser les chefs dans le sens du poil — eux qui, selon Brossolette, étaient absolument opposés au retour des anciens partis — en leur précisant que les membres politiques du Conseil représenteraient des *tendances* plutôt que des partis.

1. Témoignage de Pierre Meunier à Sabine Jansen et Maurice Voutey.

2. Pierre Meunier a longuement parlé de cet épisode à Maurice Voutey. Ce dernier, ancien résistant, membre important de la FNDIRP a rédigé l'ouvrage de Pierre Meunier consacré à Jean Moulin, *Jean Moulin, mon ami, op. cit.*

« Cette assurance lui permit, sinon d'enlever l'adhésion des chefs de mouvement, du moins d'obtenir qu'ils ne s'opposassent pas à la constitution du Conseil national de la résistance[1] et qu'ils apportassent leur collaboration », souligne Passy.

Le schéma de la composition du Conseil de la résistance est quasiment adopté. Il comprendra seize membres :

- les mouvements de zone Sud : Combat, Libération, Franc-Tireur ;
- les mouvements de zone Nord : Ceux de la Libération, Ceux de la Résistance, OCM, Libération Nord et Front national ;
- les syndicats : CGT et CFTC ;
- les tendances politiques : Parti communiste, Parti socialiste, radicaux-socialistes, démocrates populaires, Alliance démocratique et URD.

Les chefs de mouvement s'étonnent, selon Passy, que Moulin énumère les noms des représentants de tendances sans leur demander leur avis, mais ils n'y attachent point trop d'importance, car ils sont persuadés que le Conseil sera un « organisme fantôme dont le seul intérêt résidera dans le fait que son existence apportera au général de Gaulle un atout supplémentaire dans ses discussions avec nos alliés ».

Frenay, Bénouville, Brossolette, Passy ont beau y être opposés, Moulin a marqué un point : « son » projet de création du Conseil de la résistance n'en a pas moins progressé...

Jean Moulin repart à Lyon. Le 6 avril, il passe une partie de la journée avec Antoinette. Il retourne à Paris, le 11, pour retrouver le général Delestraint. Le lendemain, Brossolette et Passy, toujours accompagnés de Yeo-Thomas, présentent Moulin et Delestraint aux responsables militaires des groupements de zone Nord et expliquent le travail qu'ils ont fait. Puis Delestraint préside la réunion. Il explique qu'il a été chargé par le général de Gaulle de prendre le commandement de l'Armée secrète dans

1. En avril 1943, on ne parlait encore que de Conseil — et non de Conseil national — de la résistance.

les deux zones et qu'il a discuté de la constitution de cette armée avec les Anglais et les Américains.

> Il expliqua la nécessité de mettre en place d'urgence des états-majors de région uniques, auxquels participeraient les mouvements. Il insista sur le fait que l'Armée secrète devait se préparer pour intervenir au jour "J" en concordance avec le plan de débarquement et éviter de procéder à des attaques actuelles d'objectifs ennemis[1].

Cette déclaration provoqua une très vive réaction des deux représentants des FTP qui « signalèrent que, lorsqu'ils avaient donné leur accord pour mettre leurs groupes aux ordres des états-majors de subdivisions de régions de l'Armée secrète, ils avaient bien entendu ne pas les mettre dans des "casernes clandestines" ». Obéissant toujours à sa vision autoritaire, jacobine, préfectorale, Jean Moulin intervient sèchement pour « dire que, puisqu'ils versaient leurs groupes d'action à l'Armée secrète, ceux-ci devenaient des unités militaires qui n'avaient plus qu'à obéir ». Les deux représentants des FTP, « surpris de cette conception rigide, et offusqués par certains termes employés (il avait notamment échappé à Rex qu'il leur fallait "claquer les talons"), déclarèrent qu'ils devaient, dans ces conditions, en référer à leur comité directeur, mais que celui-ci n'accepterait jamais de renoncer à l'action immédiate ». Pour éviter une rupture, c'est Brossolette qui vola au secours de Moulin et proposa un compromis selon lequel les FTP ne verseraient qu'une partie de leurs troupes à l'Armée secrète et garderaient l'autre pour l'action immédiate. Au sud comme au nord, Moulin cumule ainsi les frustrations et les oppositions.

À Paris, au moins, il est loin du vacarme et des criailleries de Frenay. Mais non : son courrier, Théobald, lui transmet une demande urgente et impérative de rencontre émanant de Bénouville. Il n'a aucune envie de le voir, mais lui concède quelques minutes. La rencontre a lieu boulevard Malesherbes. Moulin, méprisant, lui déclare qu'il n'a effectivement que quelques minutes à lui consacrer. Bénouville a raconté dans son livre comment s'est déroulé cet entretien. Il affirme qu'il lui parle

1. *In* ARQ.2-BRU.5.

d'abord avec véhémence[1] et obtient la promesse d'un long entretien. Les deux hommes s'asseyent sur un banc. Bénouville renvoie sur Moulin la responsabilité de ses conversations avec l'OSS :

— Dites-vous bien que la question de l'unité de la Résistance française est en jeu. Les sommes que les maquis nous demandaient il y a quelque temps, maintenant ils les exigent de vous... L'avenir de la Résistance est entre vos mains !

Bénouville essaie de convaincre Moulin qu'il est bon pour tout le monde d'accepter l'argent des Américains et les facilités de toutes sortes qu'ils proposent. Il tente de lui faire accroire que le voyage prévu de Frenay à Alger a pour but de convaincre Giraud de se rallier à de Gaulle. « Il était indiscutable, poursuit Bénouville, que tous ces incidents avaient créé une atmosphère irrespirable, que, de part et d'autre, on accumulait les marques d'hostilité. » Toujours selon la version donnée par Bénouville dans son livre, les deux hommes, qui se connaissent maintenant un peu mieux, déjeunent et passent l'après-midi ensemble. Selon Bénouville, c'est ensemble qu'ils rédigent le télégramme dans lequel Moulin juge sa présence indispensable à Londres aux côtés de Frenay.

Cette version constitue une réécriture de l'Histoire. Aujourd'hui [2], Bénouville reconnaît bien volontiers que l'entretien s'est très mal passé : « Le rôle de Jean Moulin était épouvantable, équivoque. Vis-à-vis de Frenay, il s'est montré au comble de la froideur et de la méchanceté, alors qu'il n'existait que par lui. Mon entretien avec lui s'est très mal passé. Je lui ai dit que ce serait criminel si nous ne pouvions nouer des liens avec les Alliés. Il m'a menacé : "Vous nous retrouverez sur votre chemin !" »

Si Bénouville ne se souvient plus de tous les mots échangés, il en ressent encore la violence. Il savait bien qui il avait en face de lui, que Moulin « était à gauche de la gauche », que, lié à Cot, « il savait que Cot était un agent de l'étranger, ce qui ne

1. Ce récit est emprunté aux seuls souvenirs de Bénouville tels qu'il les a transcrits dans *Le Sacrifice du matin*, *op. cit.*

2. Entretien du 26 septembre 1998.

l'avait pas empêché de rester à ses côtés », et surtout qu'« il était quelqu'un capable de se plier à n'importe quelle combine politique ». Il connaissait aussi son « côté Six février », c'est-à-dire « la gendarmerie tirant sur la foule ». Cela, Moulin l'avait accepté, et « ce côté-là ne me plaisait pas du tout », précise Bénouville aujourd'hui. Au-delà des problèmes immédiats qui les opposent, ce sont deux visions de la France qui s'affrontent brutalement.

Moulin ne cesse de penser à son ami Manhès. Il sait que, depuis le 3 avril, celui-ci est entre les mains des hommes du SD, ceux de l'avenue Foch, les plus impitoyables. Il est prêt à tout pour le libérer, ou du moins améliorer son sort. Une personne sait au moins une partie de ce que Moulin a fait pour son ami : Colette Jacques, la jeune et jolie femme qui tenait, à Nice, la galerie Romanin. La mémoire est par nature infidèle, et celle de Colette ne fait pas exception à la règle, surtout pour des faits qui remontent à cinquante-six ans et qui, de surcroît, ont probablement fait l'objet — au moins pour partie — d'une sorte de pacte de secret avec Jean Moulin et sa sœur Laure. Je me contenterai donc de livrer ici les quelques confidences de Colette Pons[1].

Colette Pons est extraordinairement jeune de caractère et, dès notre première rencontre, nous bavardons comme de vieux complices. D'entrée de jeu, je lui fais part de mon étonnement face à la quasi-disparition de Manhès dans l'historiographie de Jean Moulin. Je la sens gênée. Je lui facilite la tâche en lâchant un « Je suis au courant » anodin. Elle me fait aussitôt part de la cause de son embarras : Jean, Laure et elle ont fait le serment de ne jamais parler de cette affaire. Le fait que je sache — ce qui la surprend — la libère quelque peu. En réalité, je ne savais pas grand-chose, mais je me doutais bien que quelque chose clochait dans l'histoire de l'arrestation de Manhès et de ses conséquences.

Les versions que m'a données Colette Pons ont quelque peu varié au fil de nos différents entretiens, mais la trame du récit est restée la même. À chaque fois, je l'ai sentie gênée de faire

1. Entretien avec l'auteur, le 22 mai 1996.

revivre cet épisode, comme si, ce faisant, elle rouvrait de très vieilles plaies.

Jean Moulin a pris sur-le-champ la mesure des suites de l'arrestation de Manhès pour lui et pour l'ensemble de la Résistance, puisque son adjoint connaissait tout de ses activités. Colette Pons va jusqu'à dire que l'arrestation de Manhès « a coûté Jean Moulin ».

Autour du 15 avril, Moulin lui a demandé de l'accompagner à Paris pendant une huitaine pour faire avec lui la tournée des galeries, acheter et emporter à Nice quelques tableaux. « Moulin a vu beaucoup de monde. Il m'a parlé comme il ne l'avait jamais fait, m'a initiée à la politique. M'a emmenée dans des galeries... Il logeait près de la Sorbonne, chez une amie... », se souvient-elle avec nostalgie. Elle-même descendait dans un hôtel particulier donnant sur le Parc Monceau, chez Irène, veuve du banquier Daniel Dreyfus dont elle épousera le fils. Dans ses carnets, elle a noté : « Huit jours de visites aux galeries, tableaux sous le bras, coupées de disparitions brèves de Jean Moulin. »

Un après-midi, Colette et Jean se promènent sur les Champs-Élysées. Colette aperçoit une camarade de classe du lycée de filles de Saint-Germain au bras de son amant allemand. En quelques mots, elle explique à Jean Moulin que sa copine avait connu cet homme avant-guerre à l'École des beaux-arts, et qu'à l'époque il se faisait passer pour Suisse. Puis, pendant l'été 1940, il avait révélé sa véritable identité : il était allemand et appartenait à la Gestapo. « Il était de la Cinquième Colonne », murmure Colette à son compagnon. Les deux couples se rencontrent et se saluent. Jean Moulin laisse Colette en compagnie de ses « amis » et s'en va nonchalamment contempler une vitrine. La copine invite Colette Pons à dîner le soir même. Colette refuse, prétextant qu'elle repart justement ce soir-là pour Nice. Elle retrouve Moulin et lui raconte la scène.

— Il faut absolument accepter ce dîner et essayer de sauver la peau de Manhès. Retournez voir votre copine ! lui ordonne Moulin.

Colette rattrape la jeune femme au bras de son gestapiste et lui dit que, tout bien réfléchi, elle peut venir dîner, car elle a tout loisir de remettre son départ pour Nice.

Le soir, Colette se retrouve à dîner dans le jardin d'un hôtel particulier près de la place des Ternes. À la fin du repas, Colette parle en *aparte* à l'Allemand de son ami Manhès. Rien qu'en évoquant cette scène, Colette Pons dit en avoir encore la chair de poule. L'Allemand s'absente pour téléphoner. Revient et confie que Manhès n'a pas subi de sévices, puisque tous ses papiers ont été saisis. « Parce qu'il n'avait pas de mémoire, il notait tout », commente Colette. L'Allemand s'engage à ce que Manhès ne soit pas torturé[1].

— On a fait un marchandage..., continue Colette Pons.

L'Allemand l'a rassurée :

— N'ayez pas peur. Sa femme et sa fille pourront lui rendre visite. Il ne sera pas tué...

Ce « marchandage » a eu lieu, selon Colette, le 22 avril 1943.

Colette Pons sent qu'elle a trop parlé, me le dit : « Parce que des gens sont toujours vivants » et qu'elle a peur, encore aujourd'hui[2].

Après dîner, ce 22 avril, Colette est rentrée chez Irène, une camarade d'origine russe qu'elle avait connue, elle aussi, au lycée de Saint-Germain-en-Laye et qui connaissait bien la petite amie du gestapiste... Jean Moulin lui a téléphoné pour lui demander comment s'était passé le dîner. Il lui a donné rendez-vous dans les jardins des Champs-Élysées, à côté du restaurant Chez Laurent.

Colette lui a narré la conversation avec l'Allemand. Il a dit :

— C'est catastrophique ! Vous rentrez chez Irène. Prenez les deux tableaux de Laurencin et passez chez Pétridès prendre les quatre autres, puis partez le plus vite possible !

Il est clair qu'il y a un mystère Manhès. Que Colette Pons en sait davantage, ou qu'elle a oublié. Sur quoi portait le pacte conclu avec Jean Moulin, puis avec Laure ? Qu'a dit exactement l'Allemand pour que Moulin en tire la conclusion que c'était

1. Une version qui ne colle pas tout à fait avec celle que Manhès a donnée et écrite après la guerre. Il affirme en effet avoir été interrogé « sévèrement » à vingt-sept reprises au 84, avenue Foch.

2. À chacune de mes huit rencontres avec Colette Pons, j'ai tenté d'en savoir davantage sur ce dîner. Sans succès.

« catastrophique » ? A-t-il dit que non seulement Manhès s'était fait prendre ses papiers, qu'il consignait tout, mais qu'il aurait aussi beaucoup parlé ? Les interrogatoires transcrits par les Brigades spéciales montrent en tout cas qu'avec les Français, il avait pris le parti de parler d'abondance : il a parlé à la fois de Maurice Vannier et de Ripoche alors qu'il n'avait pas été torturé. Le nombre — vingt-sept — d'interrogatoires subis au 84, avenue Foch, la durée de son « instruction » — six mois — laissent supposer qu'il fut pressuré jusqu'à ce qu'il déballe tout ce qu'il savait. Pierre Meunier était convaincu — tout comme Jean Moulin — que Manhès avait parlé, tout en lui gardant son amitié[1].

Colette ne reverra pas Moulin. Elle reprend le train pour Nice dès le 23 avril. Le lendemain, elle reçoit Marcel Ségaut, envoyé par Moulin. Le messager lui dit que la visite que Jean et elle devaient faire à un peintre à Collioure est ajournée. En fait, il se sait traqué.

Une huitaine de jours plus tard, il éprouve le besoin d'aller se reposer à Saint-Andiol pour voir sa mère et sa sœur. Il arrive le Samedi saint. Il fait part à Laure de l'arrestation de Manhès et lui confie ses inquiétudes[2].

Passy et Brossolette reviennent à Londres dans la nuit du 15 au 16 avril. La rencontre entre André Manuel, l'ami de Moulin, et les deux hommes est glaciale. Ceux-ci estiment avoir été trahis par Manuel qui avait, selon eux, freiné et bouleversé une partie de leurs plans. Dès le lendemain, Manuel demande à quitter le BCRA. Passy nomme Brossolette à sa place d'adjoint.

Passy et Brossolette rédigent le 20 avril leur rapport de mission (ARQ.2-BRU.5) qu'ils vont ensuite remettre au général de Gaulle. Le tout-puissant patron du BCRA décrit la scène de l'avenue des Ternes au Général et insiste « sur le risque qu'il y avait à laisser seul en France, avec des pouvoirs pratiquement illimités, et sans aucun contrôle, un homme dont l'absolu loyalisme à son égard et à l'égard du Comité national ne saurait être mis en cause, mais dont les jugements ou les décisions pouvaient

1. Confidence rapportée par Maurice Voutey.
2. *In Jean Moulin*, de Laure Moulin, *op. cit.*

être soumis, du fait de son étrange entourage, à d'inquiétantes pressions ». Comme l'avait déjà fait Brossolette dans ses nombreux télégrammes à Londres, Passy met très fortement en cause les adjoints de Moulin : Manhès étant en prison, il s'en prend à Meunier et à Chambeiron qui sont, selon lui, de « curieux personnages » qui ne « perdaient jamais une occasion de jeter de l'huile sur le feu » et « endoctrinaient » fortement leur patron. Passy « suggère » à de Gaulle d'envoyer à Moulin des « personnalités sûres qui étofferaient la délégation du Comité national en France et lui donneraient une physionomie moins "dictatoriale" ». Ils mettent également en cause le général Delestraint, dont la connaissance des groupements de résistance leur a paru « très superficielle ». Ils recommandent au Général de changer ses attributions jusqu'au jour « J » : plutôt qu'un commandement effectif, lui confier un rôle d'inspection et de mise en place. Enfin, pour compléter ce nouveau dispositif, ils suggèrent un système régional de transmissions, plus sûr que le système centralisé que « Rex-Vidal » tente d'installer. Un système qui, de surcroît, pourrait être dirigé depuis Londres.

Appuyés par Yeo-Thomas, Passy et Brossolette expliquent d'autre part aux services britanniques ce qu'ils ont vu et fait. « Ils se montrèrent encore plus hostiles que nous au système exagérément centralisateur préconisé par « Rex », et nous ne pûmes que joindre nos voix aux leurs pour avertir le général de Gaulle [...] des graves périls qui ne tarderaient pas à menacer l'Armée secrète si on prétendait la conduire comme une armée ordinaire en campagne », a raconté Passy.

Passy et Brossolette mènent ainsi une campagne tous azimuts contre Moulin et Delestraint, laquelle est maintenant d'autant mieux entendue que les récriminations contre eux s'accumulent. Après leur retour de France, Emmanuel d'Astier et Jean-Pierre Lévy sont également à Londres pour demander le renvoi des deux chefs de la Résistance. En somme, les trois principaux chefs de la zone Sud ne veulent plus de Moulin ni de Delestraint. Une note non signée[1], adressée à André Philip, datée du 4 mai, résume bien cette campagne. Elle explique que « Rex » est le

1. *In* archives BCRA.

représentant du général de Gaulle, un « cadre dirigeant », un « haut fonctionnaire de l'administration centrale », alors que les mouvements sont des organisations libres : « Rex, dans ses actions, engage l'autorité centrale, il peut être révoqué, blâmé. Il s'ensuit que si Rex est maintenu à son poste de représentant du général de Gaulle, ce qui semble être l'intention actuelle... » On a le sentiment que l'auteur de ces lignes le regrette fort, mais qu'il ne désespère pas que de Gaulle en arrive à se séparer de Moulin. Il faut dire que les doléances visant les méthodes de Moulin s'empilent depuis quelques mois, et pas seulement de la part de Frenay et de ses amis. Ainsi cette note non signée adressée à Léo Morandat, remontant au 12 février : « Rex a tout mis sous sa coupe... Rex place ses hommes partout... Je te remercie de m'avoir procuré une certaine indépendance vis-à-vis de Rex ; il ne peut ainsi m'embêter... »

Après Frenay, Jean Moulin a donc désormais contre lui le BCRA, les Britanniques et les principaux chefs qui contrôlent la Résistance intérieure. De puissants adversaires ! Le grand commis de l'État, habitué à donner des ordres, n'a pas tenu assez compte de la réalité complexe de la Résistance, faite de gens qui ne sont pas entrés en lutte comme on entre dans l'armée ou l'administration, et qui, parce qu'ils sont prêts à donner chaque jour leur vie pour la France, se considèrent comme des rebelles plutôt que comme des soldats ou des fonctionnaires. Ces rebelles ne veulent pas « claquer des talons ». Adoubé par le Général, Jean Moulin estime pouvoir « passer en force », sans se préoccuper des états d'âme des uns et des autres, sans se soucier non plus que d'autres peuvent aussi détenir des parcelles de vérité. Les conditions de la clandestinité exacerbent de surcroît la paranoïa de chacun. Moulin, en tout cas, y succombe et ne voit plus que trahisons et complots hors de son « clan » de fidèles et dévoués collaborateurs. Une de ses erreurs a probablement été de trop s'appuyer sur les membres de ce clan, dont il surestimait la valeur. Ainsi de Manhès, qui était certes « commandant », mais dont l'expérience était marquée à la fois par la guerre de tranchées et par la guerre civile espagnole, l'une et l'autre fort éloignées du travail de recrutement clandestin, de la formation et de la préparation de combattants encadrés pour le jour « J ». On comprend l'effarement de Passy et Brossolette quand ils entendirent Manhès exposer ses conceptions militaires : « Il avait conçu des maquis qui se retrancheraient également autour des villes, en des nids de résistance d'où ils partiraient à l'attaque des objectifs à conquérir, provoquant dans leur sillage une sorte d'insurrection généralisée... », se rappelle Passy[1]. Brossolette et lui avaient beau jeu de dire qu'une telle conception aboutirait à un terrible massacre. Manhès avait également montré des faiblesses dans le travail de rassemblement que lui avait confié Moulin — sans d'ailleurs en prévenir Londres. Marqué par la franc-maçonnerie, il avait eu tendance à confondre ateliers et groupements de résistance, secret maçonnique et secret militaire ! Pendant plus d'un an, Moulin lui a fait totalement confiance pour l'ensemble de la zone Nord, s'exposant ainsi aux critiques de personnalités de la trempe de Passy ou de Brossolette. Quant à Meunier et Chambeiron, qui se retrouvèrent en première ligne après l'arrestation de Manhès, ils n'étaient pas préparés à jouer les principaux rôles et pensèrent avant tout à défendre leur « patron ».

Un mois après le retour de son voyage triomphal à Londres, l'avenir de Jean Moulin est devenu bien incertain...

1. *In Missions secrètes, op. it.*

27

« La vie n'est pas toujours facile »

Moulin revient à Lyon à la fin avril. La situation n'y est pas meilleure qu'à Paris. Le comité directeur des MUR du 26 avril est, comme d'habitude, très tendu.

Jean Moulin se sent désormais bien seul. Le 30, il demande par message à son ultime protecteur, le général de Gaulle, de les appuyer, lui et Delestraint, contre Frenay, ce dernier ayant profité de leur absence « pour bouleverser complètement organisation et mener violente campagne contre Mars [Delestraint] dont refuse reconnaître autorité ». Frenay a « envoyé émissaire en zone Nord pour amener mouvements à prendre attitude indépendante ». Moulin demande au BCRA d'accuser réception par radio avec le message : « La vie n'est pas toujours facile[1] ». L'émissaire envoyé en zone Nord n'est probablement autre que Bénouville.

Les télégrammes de l'OSS[2] de cette période montrent bien que Davet et Bénouville sont toujours aussi actifs à Berne, en dépit des hurlements et des anathèmes de Moulin. Allen Dulles marque toutefois une pause dans son activisme à l'égard des « Forces françaises combattantes de métropole », car ce sigle « FFCM », employé dans les télégrammes des gens de l'OSS, a semé, à leur vif étonnement, la plus grande confusion à Londres. Le 30 avril, Berne reformule ce qui a

1. CARAN/3 AG 2/181.
2. NARA. RG226, Entry 134, boxes 171, 307.

déjà été décrit dans un précédent télégramme du 21 mars. Le message ajoute que Frenay est l'un des personnages moteurs du comité directeur des FFCM. « Je suis au courant, dit l'Américain, qu'en partie à cause de raisons opérationnelles et de sécurité, *Zulu* [c'est-à-dire les Anglais installés en Suisse] décourage toute idée d'unification des groupes de résistance. Mon opinion est que, pour une part, cela pourrait être dû à des raisons politiques. Cependant, on a du mal à croire qu'il pense que des organisations comme Franc-Tireur, Combat et Libération n'existent pas actuellement. » Mais, ce même 30 avril, Donavan, grand patron de l'OSS, recommande à Berne de maintenir une relation étroite avec les Anglais, à Londres et en Suisse, à propos de leur important contact avec les FFCM, dans la mesure où elle dépasse le cadre des activités de renseignement. La direction américaine est inquiète des répercussions que cette affaire a soulevées à Londres. Les Anglais peuvent en effet considérer que l'OSS ne respecte pas l'accord passé en juin 1942 entre l'OSS et le SOE, qui accorde à Londres le rôle principal dans les relations des Alliés avec les mouvements européens de résistance.

Le 7 mai, dans un télégramme expédié à Washington, Berne décrit le système de courrier bihebdomadaire qui a été installé par les FFCM et qui fournit de nombreux renseignements sur les services de sabotage, les chemins de fer, le travail de sabotage en Allemagne, etc. Et réclame des instructions après l'agacement que ces initiatives ont suscité à Londres. « Nous pensons qu'une décision doit être prise pour délimiter la partition que nous pouvons jouer dans l'édification des mouvements de résistance... C'est à vous et à Londres de prendre la décision finale... Considérant que le soutien aux groupes de résistance doit devenir une action conjointe clairement définie, et non pas seulement britannique, nous sommes convaincus qu'il est possible pour nous d'apporter des services complémentaires et utiles, bien que nous n'ayons aucune idée préconçue sur notre rôle. » Le télégramme annonce également l'arrivée à Berne du général Davet pour le lendemain, 8 mai. Enfin, Allen Dulles parle du prochain voyage de Frenay en Afrique du Nord.

Par de multiples démarches, Jean Moulin tente de casser cette liaison entre les MUR et l'OSS. Il envoie notamment un émissaire pour contacter Dulles, mais Monod l'intercepte et le renvoie en France.

Le 6 mai, Moulin remporte néanmoins une victoire en obtenant des chefs des mouvements de zone Sud l'adoption d'une résolution qui commence par :

> Il est fait confiance au général Delestraint pour assurer le commandement de l'AS.
>
> Le contrôle des Mouvements unis de résistance [de zone sud] demeure et se fera a posteriori, qu'il s'agisse de l'orientation générale ou du choix des cadres supérieurs.

La même résolution détache René Hardy, chef du service de Noyautage des administrations publiques (NAP) pour la SNCF, auprès de l'état-major de l'AS pour exécuter des missions à caractère militaire.

Malgré cette (petite) victoire, Jean Moulin est seul, pas uniquement dans sa lutte quotidienne pour libérer la France au côté et pour le compte de De Gaulle, son homme providentiel, mais aussi sur le plan affectif. Certes, il connaît les raisons de la rupture de Gilberte, il sait qu'elle était une femme entière, prête à lui donner tout son amour, mais il voulait un enfant... Et sa décision, si rapide, de convoler en justes noces, le 23 mars dernier, est dure à avaler. Il se sent trahi. Il a besoin de revoir sa confidente, celle qui, au fil des ans, a joué tous les rôles : amante, amie, mère, sœur. Il envoie un télégramme, le 6 mai, à Antoinette : « Madame, je sais que vous manquez de tout, je peux vous fournir des choses, mais il faut venir les chercher. Je vous attends. »

Dans l'état de dépression où il est plongé, elle est la seule à pouvoir lui dispenser un rayon de soleil.

Le lendemain, Jean Moulin décide de faire part de ses difficultés « professionnelles » à la seule personne qu'il pense être à même de le comprendre et de l'aider : le général de Gaulle. Il sait bien que Passy et Brossolette sont allés s'épancher contre lui auprès du « patron ». Il sait que Frenay — peut-être aussi Bénouville — attend un Lysander pour aller solliciter son arbitrage dans le conflit qui les oppose. Il ne veut rien cacher de ses difficultés. Derrière le style toujours administratif, perce la passion. Il se sent traqué et le dit :

> ...Je suis recherché maintenant tout à la fois **par Vichy et la Gestapo qui, en partie grâce aux méthodes de certains éléments des mouvements, n'ignore rien de mon identité ni de mes activités**. Ma tâche devient donc de plus en plus délicate, alors que les difficultés ne cessent d'augmenter. Je suis bien décidé à tenir le plus longtemps possible, mais, si je venais à disparaître, je n'aurais pas eu le temps matériel de mettre au courant mes successeurs.

Ce bref passage donne à ce très long rapport valeur de testament. Moulin y consacre tout naturellement de nombreuses lignes aux deux « vies » qui se sont mises en travers de son propre chemin : Brossolette d'abord, puis Frenay. Il consacre aussi une part importante de son récit à l'« affaire suisse ». Ce texte permet de disposer de sa vision personnelle de la Résistance, de son fonctionnement, des difficultés que le représentant de De Gaulle en France rencontrait, six semaines avant son arrestation :

> Mon premier soin fut, en arrivant, d'essayer de calmer les esprits particulièrement échauffés en zone Sud à l'occasion des mesures massives de déportation ordonnées par les autorités allemandes et vichyssoises. J'aurai l'occasion, au cours de ce rapport, de revenir sur cette situation et sur les réactions qu'elle produisit. Ces préoccupations retardèrent de quelques jours la date à laquelle je pus rejoindre Passy et Brossolette.
>
> Dès mon arrivée à Paris, je pris contact avec ces derniers et ceux de mes collaborateurs ayant échappé à la grande rafle dans laquelle Frédéric [Manhès] avait été pris. Je trouvai mes collaborateurs très amertumés de la façon dont Brossolette avait agi à leur égard, et plus encore de la campagne qu'il avait menée contre ma désignation éventuelle comme représentant du Comité national français en zone Nord. De cette campagne, j'ai eu hélas, depuis, de nombreux échos après le départ de Brossolette. L.M.V. et de M., notamment, m'en ont donné des témoignages incontestables.
>
> Cette attitude et la partialité dont il fit preuve en faveur de l'OCM ont été loin de faciliter ma tâche par la suite...

Moulin consacre ensuite douze paragraphes à l'OCM et à ses dirigeants — notamment Blocq-Mascart et Simon — qu'il attaque nommément. Au passage, il signale que l'OCM a rédigé une motion de défiance contre lui et que cette organisation essaie de la faire cosigner par les quatre autres groupements de zone Nord afin qu'elle soit ensuite acheminée au général de Gaulle. Moulin commet alors la maladresse d'accuser les services du Général d'avoir agi « avec légèreté ».

Il reproche ensuite à Brossolette d'avoir écarté du comité de coordination des groupements très importants comme Résistance, le Cercle, Défense de la France et les groupements régionaux Rabelais et Lorraine : « Tous ces mouvements se plaignent d'avoir été écartés et sollicitent fermement une révision de la coordination. » En conclusion de sa critique frontale de Brossolette, il remet en cause la façon dont les missions sont organisées :

> Une fois de plus, je suis amené à appeler votre attention sur le danger qu'il y a à faire régler par une mission d'un mois ou deux des problèmes complexes demandant une longue habitude du milieu. Je suis sûr que, de très bonne foi, Passy et Brossolette ont cru avoir définitivement réglé les questions qui se présentaient à eux. Or, il est de fait que les premières difficultés sont apparues au lendemain même de leur départ...

La relation de ses difficultés et ses attaques contre Frenay (« Nef »), et, à un moindre degré, contre Emmanuel d'Astier, constituent également une part importante du rapport (Moulin ne sait probablement pas que d'Astier et Jean-Pierre Lévy sont partis pour Londres le 17 avril avec pour principal objectif de le faire révoquer, lui, Moulin, Delestraint ainsi que par de Gaulle). D'abord à propos de l'Armée secrète : selon lui, les positions de principe émises par Frenay sur l'AS ne sont qu'une couverture de ses « préoccupations personnelles ». Du coup, s'en trouvent rabaissées les thèses du chef de Combat, qu'il expose. Il en profite pour se déclarer lui-même gaulliste de stricte obédience, et, dans une analyse subtile, il montre que les « plus fervents apôtres de l'obédience envers vous et envers le CNF sont maintenant les tenants des anciens partis politiques », justifiant ainsi sa décision — contre les Brossolette, Passy et autres Frenay et Bénouville — de les inclure dans le CNR.

En ce qui concerne particulièrement « Merlin » [D'Astier] et « Nef » [Frenay], je les ai défendus et les défendrai. Ils ont su, par leur action personnelle, secouer l'apathie générale de la zone Sud en des heures très difficiles, rassembler de nombreuses énergies autour de vous. Je n'ai jamais mis en doute leur bonne foi, quelles que soient les divergences de vues qui nous ont opposés. J'ai lutté pour rapprocher la position de deux hommes également estimables, au risque d'y user le peu d'autorité que j'ai pu avoir. Le seul reproche qu'on puisse me faire aujourd'hui, c'est que j'y suis trop bien parvenu.

Cependant, je tiens à appeler votre attention sur les griefs qui sont faits à nouveau contre « Nef » dans de nombreux milieux. On reprend contre lui de vieux arguments contre lesquels je n'ai cessé personnellement de m'élever : relations avec le Deuxième Bureau-Vichy et avec Giraud, attitude politique équivoque, activité brouillonne, manque de sang-froid... — tous arguments qui ont contribué à diminuer très sérieusement sa position non seulement auprès de ses anciens amis, mais encore dans la masse de ses troupes. Il n'a en vérité, pour le défendre âprement, que les permanents qu'il a très habilement placés et appointés au sein de l'organisation (collaborateurs immédiats, chefs de région, etc.).

Les critiques qui sont reprises contre lui s'étayent sur un certain nombre de faits qui ne manquent pas d'être exploités. Au moment où il cherche à prendre en main tous les leviers de commande, et alors qu'il négocie avec les Américains, et, par la fatalité des choses, avec Giraud, les tenants de Combat entreprennent une campagne non déguisée contre les communistes, voire contre les socialistes. C'est ainsi qu'un tract signé Combat a été récemment diffusé à des milliers d'exemplaires, invitant les candidats à la déportation à lutter « contre l'hitlérisme et contre le marxisme », ce qui n'a pas manqué de soulever les protestations des communistes et des socialistes. Enfin, alors que les Mouvements unis avaient décidé de mettre en manchette des trois journaux clandestins : « Un seul chef, de Gaulle ! Un seul combat, pour la Libération ! », certaines éditions de *Combat* ont délibérément supprimé les deux formules pour les remplacer par la suivante : « Un seul combat : pour la Patrie ! » (*Combat*, édition régionale, n° 6, avril).

Quant à « Merlin », on lui reproche grandement, et dans son propre comité, de s'être, après avoir défendu âprement le particularisme de « Libé », solidarisé brusquement avec « Nef », au point d'écarter de toute délibération ses anciens amis politiques. Et cela, en vue de maintenir une situation personnelle prédominante.

Toutes ces critiques, que je ne fais pas miennes, ont sérieusement affaibli la position de ces deux chefs, comme aussi le désir d'indépendance qu'ils ne manquent pas d'affecter — en dehors de leurs journaux, bien entendu, car ils savent fort bien qu'ils ne seraient pas suivis.

Sur ce point, je crois devoir vous indiquer le thème que j'ai développé auprès d'eux et auprès de leurs collaborateurs :

J'affirme qu'il n'a jamais été dans l'esprit de personne de croire que les mouvements de résistance ne sont point une création spontanée, mais des organismes suscités et entretenus par vos services.

J'affirme que tous les organismes créés par vos représentants et agents en complet accord avec les mouvements et avec les éléments de ces dits mouvements, que ce soient le CGE ou les SOAM, ou le BIP ou le SR, n'ont jamais cessé d'apparaître aux yeux de Londres et des Alliés comme des émanations des mouvements.

J'affirme qu'il est indispensable qu'il en soit ainsi.

Mais, quant à la thèse de l'indépendance absolue des mouvements, elle est à mon avis impensable.

Au point de vue militaire, la Résistance française ne peut être considérée que comme un élément, entre bien d'autres, de la lutte entreprise par les Alliés contre l'Axe. Elle doit donc entrer strictement dans le cadre fixé par l'EM allié, si l'on veut que la France reprenne un rôle dans la lutte commune. À ce titre, vous êtes le chef militaire des Français, sans réserves ni restrictions. Aussi est-il pénible à nombre d'entre nous d'entendre « Nef », comme il l'a fait au cours d'un des derniers CD, déclarant en propres termes : « Le général de Gaulle a agi avec légèreté et a commis une erreur en nommant Mars commandant en chef de l'AS, sans restrictions ni réserves. »

Au point de vue politique, je pense qu'il faut dissiper une équivoque :

« Nef », à plusieurs reprises, défendant devant moi la thèse de l'indépendance absolue des mouvements, m'a déclaré qu'il se considérait dans la position d'un chef de parti à l'égard d'un chef de gouvernement.

Tel n'est pas mon avis. Qu'il en soit un jour ainsi, lorsque vous serez réellement à la tête des destinées de la France, c'est possible. Mais, à l'heure actuelle, j'estime que vous devez vous considérer bien plus comme un chef de parti que comme un chef de gouvernement.

De quoi s'agit-il, en dehors de la libération du territoire ? Il s'agit pour vous de prendre le pouvoir contre les Allemands, contre Vichy, contre Giraud, et peut-être contre les Alliés. Dans ces conditions, ceux qu'on appelle très justement les gaullistes ne doivent avoir — et n'ont, en fait — qu'un chef politique : c'est vous.

Si, en 1871, Gambetta, champion de la résistance à tout prix, s'était trouvé dans la même situation que vous en juin 1940, il y aurait eu alors en France, après la signature de la convention d'armistice, un « parti Gambetta » dont le chef n'eût pas cessé d'être Gambetta.

Il est, au demeurant, piquant de constater que les plus fervents apôtres de l'obédience envers vous et envers le CNF sont maintenant les tenants des anciens partis politiques. Que ce soient les communistes, les socialistes, les radicaux, les démocrates populaires, les républicains nationaux, que j'ai longuement vus ces jours derniers, ils se déclarent résolus à intervenir auprès de leurs amis politiques, membres des mouvements de résistance, au cas où l'équivoque se prolongerait. Les chefs cégétistes, et notamment Lacoste, m'ont tenu le même propos.

Moulin consacre par ailleurs une part importante de son écrit aux « Relations avec les Américains et les Anglais par la Suisse », c'est-à-dire à l'« affaire suisse » qui est au centre de son conflit avec Frenay. Il commence par mettre en regard sa position et celle de « Nef » :

La position de « Nef »	**Ma position**
Nef a entamé directement des pourparlers avec les Américains et les Anglais. Au cours de ces pourparlers, les émissaires de Nef ont demandé de l'argent aux Américains et ont promis, en contrepartie, de leur livrer tous les renseignements militaires recueillis par les mouvements.	Des démarches de cette gravité auraient dû faire l'objet d'un examen préalable devant le CD des Mouvements unis.
Ces démarches ont été faites à l'insu du comité directeur des MU et du représentant du général de Gaulle qui, tous deux, ont été mis devant le fait accompli. Nef déclare avoir volontairement omis d'en référer au représentant du général de Gaulle en France parce qu'il était sûr que ledit représentant s'y serait opposé.	Qu'on le veuille ou non, le fait de donner des sommes de l'ordre de plusieurs dizaines de millions par mois — il est question de 40 millions — est considéré par les Américains comme mettant les mouvements qui, jusqu'à ce jour, ne voulaient traiter qu'avec de Gaulle, à la disposition de Giraud. Lorsqu'on met le doigt dans un engrenage, on ne peut pas savoir où l'on s'arrêtera.
La position de Nef se justifie par le fait que Londres ne donne pas assez d'argent aux mouvements, surtout en présence de [pour lutter contre] la déportation. Au demeurant, les Américains inondent le maquis d'argent. Il vaut mieux que cet argent soit canalisé et distribué par les mouvements.	J'ai appris en effet que le samedi 8 mai devait avoir lieu à Berne une réunion des attachés militaires où sont convoqués les représentants de Nef (maintenant du CD des MUR), le chef du Deuxième Bureau-Vichy et celui de Giraud.
En ce qui concerne les renseignements, la livraison de ceux-ci n'a aucune importance, car on continuera à les adresser également au général de Gaulle.	La pente est dangereuse. Pour les renseignements, j'estime que le fait de vous priver des renseignements directs des mouvements qui se réclament de vous est une perte de poids et de prestige sérieuse quand on songe à l'intérêt que les Anglais attachent aux renseignements.
Enfin, le représentant en Suisse du général de Gaulle a été finalement d'accord.	

En définitive, je suis persuadé que cette question des relations des Mouvements unis avec les Américains et les Anglais par la Suisse peut être réglée très promptement, étant donné les réticences manifestées actuellement par les dirigeants de « Tirf » [Franc-Tireur] et de « Libé » [Libération], à condition :

1°) Que des sommes très importantes me soient versées rapidement pour que je puisse, en votre nom, attribuer aux mouvements de zone sud, comme à ceux de zone nord, des sommes sinon équivalentes, du moins assez sensiblement rapprochées de celles promises par les Américains. Il convient en effet de ne pas oublier que les Américains distribuent à foison et sans contrôle des sommes énormes, *via* la Suisse, aux gens qui se trouvent dans le maquis, et qu'à ce point de vue l'argumentation de « Nef » ne manque pas de fondement. Le jour où l'on pourra dire que c'est vous, et non pas les Alliés, qui financez la lutte contre la déportation, il est certain que la position du gaullisme en France sera renforcée d'autant. Je dois vous dire qu'en votre nom j'ai promis des sommes importantes pour être substituées aux fonds américains. Il faut faire vite et, surtout, ne pas, en dernière analyse, avoir l'air de céder aux injonctions des mouvements.

Un premier envoi de 50 millions pour l'ensemble du territoire et à titre d'avance s'impose d'urgence. Il serait anormal que chacun de vos délégués vînt dire ici que l'argent ne compte pas et que c'est la chose la plus facile à obtenir si, par ailleurs, vous n'accordiez pas à vos représentants les sommes strictement indispensables.

2°) Que vous ayez à Berne des représentants suffisamment énergiques et ayant toute votre confiance pour s'opposer aux manœuvres éventuelles de certains éléments de la Résistance.

3°) Que les Mouvements unis soient libres d'avoir en Suisse des relations avec les Américains ou les Anglais pour autant que ces relations aient pour but d'éclairer nos alliés sur l'état d'esprit de la Résistance française, et qu'elles soient exclusives de toutes questions militaires qui doivent rester entre vos mains et celles de votre représentant qualifié en France. J'ai personnellement donné mon accord à des échanges d'informations, en liaison avec votre représentant en Suisse, permettant notamment aux mouvements de faire parvenir des rapports sur la situation intérieure en France et des articles destinés aux journaux américains et anglais.

J'ai donné cet accord bien que le représentant proposé par « Nef » et désigné par le CD appelle quelques réserves, étant donné qu'il s'agit du général Davet, il y a peu de temps encore collaborateur régulier de *L'Alerte* de Léon Bailby[1].

4°) Que vous vous montriez très ferme en ce qui concerne la livraison des renseignements militaires. « Nef », d'ailleurs, sentant qu'il n'est pas suivi sur ce terrain, a accepté de s'en rapporter à votre décision. Vous savez combien j'ai soutenu le point de vue des Mouvements de résistance. Je ne cesse de le faire encore.

Après avoir détaillé les « nombreuses difficultés » qu'il rencontrait, Moulin conclut par une nouvelle importante et positive au sujet du Conseil national de la résistance : « La constitution de ce Conseil, qui a été assez laborieuse, est maintenant un fait accompli » — et il « espère réunir cette assemblée avant la fin de ce mois afin qu'elle puisse prendre position sur les affaires d'Afrique du Nord ». Il attend « au plus tôt » le message-programme qu'il a réclamé par câble. Moulin s'est en effet beaucoup battu pour imposer les instructions du général de Gaulle. Quand il rédige ce rapport, tout n'est pas encore complètement bouclé.

Avec ce rapport, Moulin brûle d'un coup toutes ses cartouches auprès du Général, puisqu'il le prend à témoin d'une démarche simpliste du type : « J'ai raison et tous les autres ont tort. » Or, il n'est pas un fonctionnaire s'adressant à son ministre ou à quelque ami (comme Pierre Cot), mais à un chef rebelle en quête d'une légitimité. Moulin peut certes lui amener la caution des anciens partis. C'est important. Mais, même s'il l'a nommé récemment commissaire, c'est-à-dire l'équivalent de ministre, il n'est pour le Général qu'un commis, un délégué chargé de rassembler tous les mouvements. Or, il y a de la grogne chez tous les chefs, et une vraie fronde de la part du plus important d'entre eux, Frenay. Et le BCRA est en guerre contre lui... Moulin se trouve dans une situation intenable, pris en tenaille entre le BCRA, sans lequel aucune action n'est possible, et les mouvements sans lesquels il n'a plus de raison d'être. Il joue à quitte ou double. Il a si bien conscience de l'enjeu qu'il demande

1. Le ton de Moulin à l'égard du général Davet est plutôt tempéré, comparé aux violentes diatribes lancées par lui à son propos au cours de différentes réunions.

à un messager de confiance de porter son rapport à André Philip, un allié, pour qu'il le remette à son tour en main propre à de Gaulle. Le messager ne doit surtout pas passer par Passy ou Brossolette, ses ennemis jurés au sein du BCRA.

Il y a le feu, car les représentants de Giraud en France et en Suisse ne restent pas inactifs et risquent de profiter des divisions de la Résistance intérieure. La réunion des attachés militaires avec des représentants de Frenay, de Giraud et du Deuxième Bureau de Vichy, dont parle Jean Moulin, a bien eu lieu, à partir du 8 mai, au domicile du colonel Groussard. À chaque fois qu'il se rend en Suisse, Bénouville rencontre d'ailleurs son vieil ami cagoulard qui dirige un vaste réseau de renseignements rattaché aux Britanniques. Les deux hommes ont gardé des liens avec le cabinet du maréchal Pétain. Bénouville utilise un « passe-partout officiel délivré par la maison du Maréchal et dont la belle présentation tricolore était d'un effet magique sur les policiers[1] ».

À cette réunion, Gemähling se retrouva aux côtés de Monod, Davet et Bénouville : « J'ai été vingt-quatre heures en Suisse. Le SR des MUR était l'objet d'un marchandage. J'ai transmis plusieurs courriers en Suisse, puis j'ai reçu une instruction du comité directeur des MUR de ne plus le faire. J'ai arrêté. Bénouville m'a écrit pour me dire de poursuivre. Il n'en était pas question[2]. »

Gemähling confirme que Bénouville était le plus engagé dans l'« affaire suisse », malgré ses protestations ultérieures de gaullisme pur et dur.

Ce 8 mai, toujours avec la même fébrilité, Moulin envoie une série de télégrammes à Londres qui complètent son rapport sur l'état d'avancement de la création du Conseil national de la résistance. Il réclame le message promis par de Gaulle, envoie une première liste des organismes représentés au Conseil et de leurs délégués, ainsi que les motions acceptées par les mouvements et partis. Il souligne que la subordination de De Gaulle à Giraud ne serait jamais admise par le peuple de France, et

1. *In Le Sacrifice du matin*, *op. cit.*
2. Entretien du 4 février 1998.

termine par : « Quelle que soit l'issue des négociations, de Gaulle demeurera pour tous le seul chef de la Résistance française. »

Avant de recevoir les messages de Moulin, le général de Gaulle apprend par Pierre de Leusse, représentant en Suisse du Comité national français, que lors de la fameuse réunion chez Groussard, une collaboration militaire entre les deux parties a été envisagée et qu'une réunion en France entre Frenay, « Rex », « Vidal » d'un côté, et Zeller et Pfister de l'autre, a été décidée. Il câble à Moulin de se montrer d'une « grande prudence » et d'en référer à lui pour « toutes décisions importantes » au cas où il accepterait le principe de cette réunion.

Intermède : étonné de ne pas avoir vu Antoinette, Moulin lui envoie, le dimanche 9 mai, un nouveau télégramme :

« Chère, je pensais te voir, mais bernique ! Espérons que c'est partie remise. Malgré cela, tout va bien. Affectueusement. »

Le 10 mai 1943, Allen Dulles rend compte des discussions en cours avec Monod, Davet et Bénouville dont le numéro de code (642) et le pseudonyme (« Lahire ») sont mentionnés pour la première fois. Les Français ont informé les Américains que Frenay préfère se rendre outre-Manche plutôt qu'en Afrique du Nord pour régler les questions politiques importantes touchant les relations entre les Mouvements unis de résistance (MUR), de Gaulle et le Comité de Londres. Comme on l'a vu, Frenay entend faire arbitrer son conflit directement par le Général... À la demande de Davet, Berne a envoyé un câble, *via* « Zulu » (c'est-à-dire par les Anglais), pour demander que le voyage de Frenay soit retardé jusqu'au 14 mai. Probablement pour laisser le temps à Bénouville de rejoindre le chef de Combat et de lui rendre compte de ce qui s'est dit à Berne.

> Dans le même temps, poursuit Allen Dulles, le 7 mai, le représentant du SOE en Suisse a annoncé qu'un accord avait été conclu à Londres au sujet de l'assistance qui peut être fournie, d'ici, aux mouvements de résistance. Certaines parties du message semblent

> confuses, notamment la distinction entre « comité de coordination » et « FFCM » ; nous avions jusqu'ici utilisés ces termes pour désigner la même chose. Le comité de coordination nous a envoyé Philippe Monod, Bénouville et Davet, pour nous et pour *Zulu*. Londres mentionne à présent un nouvel émissaire du « comité de coordination des groupes de résistance française », qui est dépendant des directives de Londres...

(Il s'agit en fait de l'émissaire envoyé par Moulin pour tenter de briser la relation entre Frenay et l'OSS).

Allen Dulles expose une nouvelle fois à l'intention de Washington — qui soutient Giraud contre de Gaulle — la nature du combat politique auquel les agents de l'OSS à Berne sont devenus partie prenante :

> Je sens que les groupes de résistance sont heureux de recevoir du commandement allié des directives sur le plan militaire et accueillent avec faveur la coopération avec de Gaulle et son représentant [NDLA : il s'agit de Jean Moulin]. **Cependant, ils ressentent comme une domination du Comité national français ses tentatives de désigner les individus qui doivent diriger les mouvements de résistance en France**[1]. Je crois que les instructions finales ne devraient pas nous être envoyées avant que Frenay et Bénouville ne soient arrivés à Londres.

Le 11 mai 1943, Pascal Copeau envoie un télégramme à d'Astier, alors à Londres, pour le tenir au courant de la controverse entre Moulin et Frenay :

> Je suis pris entre un « Max » qui veut avoir le dernier mot en se livrant à toutes les manœuvres de dissociation que son esprit fertile peut lui inspirer, et un « Gervais » [Frenay] qui se croit toujours autorisé, sans mandat, à parler au nom du comité directeur et dont un coup de tête peut nous entraîner à des décisions irréparables.

Copeau explique que Frenay a porté son différend sur la place publique par une note qui est tombée entre les mains de la Gestapo. Mais Copeau n'est pas un homme simple : il aime

1. Souligné par l'auteur. C'est une mise en cause de Moulin auprès des Américains.

probablement cette atmosphère d'intrigues et de complots. Il a souvent servi de tampon entre d'Astier et Frenay, et, en ce mois de mai, il voit Moulin presque tous les jours quand il est à Lyon. Ils arpentent ensemble les rues de la capitale des Gaules, les quais de la Saône ou du Rhône. Ils en arrivent à la conclusion politique qu'il faut « éliminer » Frenay et d'Astier : « Pour tout dire, nous avons beaucoup comploté, avec "Max", en vue d'éliminer les chefs historiques, pour qu'ils laissent aux chefs de la deuxième vague la possibilité de travailler sans porter avec eux toutes les histoires des débuts », a raconté Copeau[1].

Ce télégramme du 11 mai, émanant d'un homme plutôt favorable à Moulin et qui n'hésite pas à monter des coups avec lui, témoigne du climat délétère qui règne alors à Lyon, et des conséquences dramatiques qu'il peut engendrer.

Moulin est à Paris pour organiser la première réunion du Conseil de la résistance. Il rencontre les uns après les autres les représentants des partis, des mouvements et des syndicats pour lever toutes les difficultés : « difficultés de principe, difficultés de personnes, difficultés matérielles ». L'OCM, Ceux de la Résistance, Ceux de la Libération et Combat étaient, on l'a vu, opposés à la réintroduction des « sépulcres blanchis » dans la vie nationale. Leur ayant expliqué que ce Conseil était surtout à usage extérieur, Moulin obtient leur accord, sous réserve que les mouvements resteraient l'« organe d'exécution du Conseil ». Moulin bataille dur avec Louis Saillant pour réduire les exigences de la CGT qui veut deux sièges au Conseil. Moulin a eu également des difficultés avec le Parti communiste au « sujet de l'acceptation du Gouvernement provisoire [au jour "J"] que comportait l'adhésion au Comité[2] ». Difficultés rapidement aplanies, puisque le comité central du Parti a souscrit à tous les points du programme présenté par Moulin.

Le 13 mai, dans l'arrière-salle du café Les Cyclamens, place de Villiers, Moulin, accompagné de Daniel Cordier, rencontre

1. *In Pascal Copeau (1908-1982). L'Histoire préfère les vainqueurs*, de Pierre Leenhardt, Éditions L'Harmattan, Paris, 1994.

2. Rapport de « Rex » du 4 juin.

« Vincent » [Francis-Louis Closon], envoyé en mission en France pour l'aider :

— Vincent, j'ai besoin de vous pour une mission personnelle... essentielle ! La situation que j'ai trouvée à mon retour de Londres s'est aggravée. Les tensions que j'éprouve avec les mouvements risquent d'être exploitées contre de Gaulle au moment où il va rencontrer Giraud.

— Il va à Alger ?

— Je viens d'apprendre que son départ est proche, je redoute que l'on mette en cause son autorité sur la Résistance. Vous avez été bien placé pour connaître le jeu des Américains.

— Bien sûr !

— La situation est difficile. De Gaulle doit le savoir. Je vous demande de repartir immédiatement pour Londres et de faire parvenir directement au général de Gaulle, avant son envol pour Alger, ce rapport. Il faut vous arranger, lorsque vous serez arrivé en Angleterre, pour que ni le BCRA ni les services secrets n'en aient connaissance. Débrouillez-vous... *Il faut*[1] *!*

> Par-dessus la table du café, il me remit son long travail. Pressentait-il qu'il me confiait son testament ? Par ce geste simple et la confiance qu'il me témoignait, il fit de moi son débiteur. Je plaçai la grosse enveloppe repliée dans une poche ; nous nous sommes séparés à la porte du café. Je ne devais plus le revoir[2].

Closon remet le document à son patron, André Philip, lequel le remettra à son tour en main propre au général de Gaulle.

Quelques jours plus tard, Closon se retrouve face à Passy dans le bureau d'André Philip :

> L'attaque de Passy fut sèche, nerveuse : « Vous connaissez les instructions : tous les agents qui reviennent de mission doivent remettre au BCRA, dès leur arrivée, tous les documents qu'ils rapportent de France. » Ma réponse était prête : « Je ne le conteste pas : pour les agents du BCRA, c'est votre affaire. Je ne suis pas parti en France en qualité d'agent du BCRA, mais en qualité de directeur à l'Intérieur, sous les ordres d'André Philip. Je ne suis

1. Dialogue reconstitué par Francis-Louis Closon, tel qu'il apparaît dans *Jean Moulin, une vie*, de Henri Calef, Plon, 1980.

2. *In Le Temps des passions*, de Francis-Louis Closon, Éditions du Félin, 1998.

pas sous vos ordres » [...]. Ni l'un ni l'autre n'avions le désir de prolonger la dispute. Il se leva, définitif, laissant tomber sa conclusion : « En tout cas, vous ne remettrez plus les pieds en France. » Je terminai, de mon côté : « C'est ce que nous verrons.[1] »

Ce n'est que le 14 mai, à 18 heures 15, que les télégrammes du 8 mai arrivent sur le bureau d'André Philip. Immédiatement, après en avoir pris connaissance, Jacques Soustelle, commissaire national à l'Information, diffuse, avec évidemment l'accord préalable de De Gaulle, un communiqué à la presse annonçant la nomination par le Général de M. X... comme membre du Comité national et commissaire national en mission en France, et la constitution par ses soins d'un « Conseil de la Résistance française » siégeant en France.

Moulin n'avait pas prévu une telle divulgation, qui ne peut manquer de le mettre en difficulté auprès des membres du Conseil. Cette divulgation va également accroître les menaces qui pèsent sur lui. Le communiqué donne la liste des organismes faisant partie du Conseil et cite le texte de Moulin dans son intégralité. Un texte présenté comme émanant du Conseil qui, comme on le sait, ne s'était pas encore réuni ! Un commentaire suivait la lecture du communiqué :

> Les milieux de la France combattante de Londres soulignent surtout l'importance du fait que des associations créées clandestinement pour lutter contre les Allemands et les partis ou syndicats existant avant la guerre et réorganisés depuis l'occupation sont groupés dans cet organisme[2].

Le communiqué est largement repris par la presse de Londres.

Le 14 mai, Antoinette Sachs reçoit à Beauvallon la visite de Le Guilly, commissaire aux affaires juives de Nice. Il vient lui réclamer son certificat de non-appartenance à la race juive.

---

1. *In Le Temps des passions, op. cit.*
2. Pour tout ce qui concerne la genèse du CNR, j'ai abondamment utilisé une publication de l'IHTP intitulée « Jean Moulin et le Conseil national de la résistance », CNRS, Paris, 1983, tout particulièrement la contribution de Daniel Cordier.

Antoinette affirme qu'elle ne l'a pas à Beauvallon, mais qu'elle va faire le nécessaire pour le récupérer. Cinq jours plus tard, Le Guilly revient, conteste la validité du certificat qu'elle lui montre[1], veut appliquer la procédure d'extrême urgence et l'emprisonner.

Jean Moulin n'aurait pas été surpris par cette visite. Il savait en effet qu'à la demande du gendre de sa voisine du 133, rue de l'Université, un dénommé Uracca, agent des services franquistes, mais aussi de l'Abwehr, l'ami de ce dernier, le capitaine de la Gestapo Allisch, cherchait à récupérer son appartement. Le 7 septembre 1942, Antoinette avait reçu par huissier une mise en demeure du capitaine Allisch de se présenter avenue Foch, le 20 septembre 1942 à 10 heures, pour « justifier de sa religion et de ses relations, faute de quoi les autorités allemandes occuperaient son appartement ». Jean Moulin était auprès d'Antoinette quand elle avait reçu cet avis de Me Pouard, huissier. Il lui avait fortement conseillé de ne pas déférer à cette convocation qui équivalait « à une invitation à la déportation ».

Mais Moulin ne connaît pas, en ce début mai 1943, les raisons du silence troublant d'Antoinette.

Le 17 mai, le général Giraud, mis aussitôt au courant de l'opération « Conseil de la résistance », et qui a bien compris la manœuvre, demande au général de Gaulle de « venir immédiatement » à Alger. « La voix de cette France écrasée mais assurée couvrait soudain le chuchotement des intrigues et les palabres des combinaisons. J'en fus, à l'instant même, plus fort, tandis que Washington et Londres mesuraient sans plaisir, mais non sans lucidité, la portée de l'événement », a écrit onze ans plus tard un général de Gaulle[2] toujours aussi machiavélique. Rien, cependant, n'est alors gagné pour lui. Le 18 mai, le général Catroux, qui joue les intermédiaires entre de Gaulle et Giraud, informe Washington que l'annonce selon laquelle de Gaulle est reconnu comme seul chef de la Résistance en France est purement et simplement une manœuvre, et que les informations

1. Voir cahier d'illustrations hors texte.
2. *In L'Unité*, Plon, 1956.

reçues de France contredisent le communiqué de Soustelle. Pendant ce temps-là, Roosevelt est en train de convaincre Churchill, alors à Washington, de rompre avec de Gaulle et de soutenir le seul Giraud.

Le 18 mai, l'OSS de Berne prévient sa direction centrale que son aide au groupe de Frenay continue à faire des vagues et qu'ils sont suspectés « d'intriguer contre de Gaulle et d'essayer d'acheter les mouvements de résistance ». Allen Dulles reconnaît que Londres a une vue complète de la situation et que ce n'est pas à lui de « déterminer les mérites de la controverse entre le groupe de Frenay et le Comité français à Londres. Si vous deviez décider que le premier groupe ne mérite plus notre soutien, vous pouvez compter sur nous pour une entière coopération. En attendant de plus complètes instructions, nous vous proposons d'employer Monod et Davet pour le travail de renseignement à cause de leur compétence en ce domaine... » Et de se demander si **« l'attitude du Comité de Londres au sujet de leurs contacts directs avec le groupe Frenay et les MUR n'est pas due en partie au désir du Comité d'exercer un contrôle politique total sur les mouvements de résistance avant les négociations entre de Gaulle et Giraud.** Quelques touches de couleur doivent être ajoutées à ceci, avec un compte rendu de la presse londonienne d'hier faisant état d'un message du "Conseil de la résistance métropolitaine France" [NDLA : il s'agit du Conseil national de la résistance] mettant l'accent sur la subordination de Giraud à de Gaulle. Nous essayons d'obtenir des informations sur ce fameux Conseil. Nous n'en avons pas entendu parler jusqu'ici... »

Fin politique, Allen Dulles a bien compris les enjeux de la bataille. Et la reprise du communiqué de Soustelle par la presse londonienne l'a éclairé encore davantage : le Conseil de la résistance est la dernière carte maîtresse dans le jeu de Moulin pour venir en aide à de Gaulle.

À Londres, le BCRA continue de démolir le système « Rex-Vidal ». Les attaques de Passy et Brossolette commencent à porter leurs fruits. Le BCRA a reçu le 14 mai un rapport du général Delestraint sur son action menée en zone Nord depuis la première réunion du 12 avril. Il propose notamment un changement d'importance notable : il souhaite faire passer le nombre des régions de six à quinze pour la zone Nord. Dès le lendemain, Passy remet au Général une note pour rejeter ce changement. De Gaulle donne raison à Passy.

Le 18 mai, Londres, conscient des problèmes existant entre Moulin et les mouvements, envoie une instruction pour tenter de rétablir la confiance :

> De façon générale, la confiance doit régner et une liaison étroite doit être établie entre « Rex » et les mouvements de résistance ; c'est le seul moyen d'assurer dans de bonnes conditions morales et matérielles l'application efficace des directives du Comité national et la coordination indispensable de tant d'actions diverses, difficiles et périlleuses.

Les archives du BCRA montrent que de Gaulle a durci la conclusion du projet de texte qui lui était soumis. Le Général est inquiet de la situation et commence à douter des capacités de Moulin à ramener la sérénité.

Trois jours plus tard, de Gaulle envoie une instruction « personnelle et secrète » au général Delestraint qui confirme que Jean Moulin est en perte de vitesse :

> Les actions immédiates sont presque toujours à l'initiative des mouvements et de leurs organisations locales... Le général Delestraint n'intervient dans ce domaine que par des directives très larges établies d'accord avec le comité de coordination...

Le problème de l'action immédiate constituait en effet une pomme de discorde entre Moulin et Frenay. Le premier n'en voulait pas, le deuxième affirmait que la Résistance intérieure était meilleure juge que Londres pour en décider.

> Dans la période actuelle — poursuit l'instruction de De Gaulle —, le général Delestraint a les attributions du général inspecteur désigné pour prendre des directives très larges établies d'accord avec le comité de coordination.

Après avoir rapporté cet épisode, Passy écrit :

> Sur les actions immédiates et le rôle d'inspecteur du chef de l'Armée secrète, nous avions satisfaction. Les comités de coor-

dination militaires se trouvaient aussi reconnus, conformément à nos vues[1].

Moulin continue à voir les uns et les autres. Le 20 mai, il préside un comité de coordination de la zone Nord, toujours aussi orageux, mais qu'importe : la réunion du Conseil de la résistance est maintenant prévue pour le 25 mai. Meunier et Chambeiron ont trouvé un lieu : ils ont convaincu leur ancien collègue, René Corbin, ex-chef de cabinet de Pierre Cot, de prêter son appartement, au premier étage du 48, rue du Four, à Saint-Germain-des-Prés. Ce 20 mai, Moulin reçoit le message tant attendu du général de Gaulle, qu'il lira devant les dix-sept membres convoqués.

Les télégrammes de l'OSS nous apprennent que la collaboration entre les MUR et les Américains continue en cette fin mai 1943. Le général Davet leur a proposé des plans de collecte de renseignements qui leur semblent utiles. Le 22 mai, Washington donne son aval à Berne pour poursuivre son travail avec les groupes de résistance français : « Nous sommes heureux que vous employiez le général Davet et Philippe Monod. Vous êtes autorisés à maintenir vos relations avec les groupes de résistance, exclusivement sur les questions de renseignement... » Le même jour, Berne annonce l'arrivée imminente de Frenay et Bénouville à Londres : « ...Tenez-moi informé de leur arrivée. Nous suspendons notre action jusqu'à complète clarification. »

Depuis la veille, Churchill a accepté de rompre avec de Gaulle, notamment à cause de « son alliance avec le mouvement communiste de France, alors qu'il prétend être le seul rempart contre ce mouvement », et il envoie plusieurs télégrammes en ce sens à Anthony Eden. Mais le Cabinet de guerre qui se réunit le 23 mai s'oppose finalement à cette décision, parce que les ministres croient au message de Moulin tel qu'il a été rapporté par la presse de Londres.

Frenay attend à Lyon depuis plusieurs semaines un Lysander pour traverser la Manche. Il habite rue Tronchet, chez Bénouville

1. *In Missions..., op. cit.*

et sa fiancée Georgie. Bénouville, Bourdet et lui décident alors de la conduite à tenir à l'égard de Moulin. Claude Bourdet est moins remonté contre ce dernier que Frenay et surtout Bénouville qui, cinquante-cinq ans plus tard, reconnaît que Frenay et lui désiraient obtenir de Londres le renvoi de Moulin, et déclare encore : **« J'ai refusé d'aller au CNR. C'était une farce. Il n'a été fait que pour apaiser les Alliés[1].** » Bourdet sera le représentant de Combat à la première réunion.

Le 25 mai, Frenay rédige un rapport pour se défendre des attaques de Moulin relatives à l'« affaire suisse ». Il reprend les arguments que Bénouville a développés le mois précédent à Moulin, à Paris : « Aux pressions financières de Moulin pour que nous soyons au garde-à-vous, nous avons répondu par les contacts pris avec l'OSS pour le bien de la Résistance et du général de Gaulle. » En ce qui concerne l'attitude des Américains, il écrit : « J'affirme que parler d'une tentative de mainmise américaine sur nous est une erreur grave qui deviendrait calomnieuse si elle devait persister. » Sur ce point, Frenay est naïf, ou prend ses interlocuteurs pour des idiots. Il reproche à Moulin de vouloir « casser » la collaboration instaurée avec les Alliés : « Rex s'efforce d'amener le comité directeur à rompre les pourparlers avec les Alliés en nous accusant de poignarder le général de Gaulle dans le dos... L'argent américain peut être remis à Rex, mais pas à nous. Dans le premier cas, il y a correction ; dans le second, incorrection. Ce rapport fait ressortir une grave crise de méfiance à l'égard des Mouvements unis en général et de moi-même en particulier. » Et Frenay de poser finalement la question : « Le CNF a-t-il ou non confiance dans les Mouvements unis et leurs chefs ? »

Les trois compères de Combat soulignent que, structurellement, la position de Moulin est intenable, car il est à la fois l'homme du CNF et le président du comité directeur, c'est-à-dire le représentant du général de Gaulle et le patron de la Résistance intérieure. Les trois hommes évoquent la possibilité, pour

1. Entretien avec Bénouville, le 29 septembre 1998. Bénouville m'a affirmé à plusieurs reprises que la mission de Frenay à Londres avait pour objectif le renvoi de Moulin. Toutefois il m'a écrit le contraire dans un courrier du 10 septembre 1998.

Combat, de reprendre sa liberté. Finalement, ils décident de ne pas retenir cette très lourde décision : « Nous n'avons pas rompu, mais sommes tous meurtris et révoltés », et ils reportent tous leurs espoirs sur un dialogue direct avec le Général. Pour que leur position soit bien comprise, Frenay emportera avec lui à Londres plusieurs rapports. En un mot comme en mille, ils veulent obtenir de De Gaulle le renvoi de Moulin.

Le jour où Frenay écrit toutes ces douceurs destinées au Général, aurait dû se tenir la première réunion du Comité national de la résistance, mais Moulin l'a reculée : le représentant de la Fédération républicaine, Louis Marin, s'est en effet récusé tardivement. Le 26 mai, il trouve Jacques Debû-Bridel pour le remplacer au pied levé. Ce même jour, Copeau et Moulin complotent ensemble pour couper l'herbe sous le pied à la « tendance Frenay » qui sera représentée par Bourdet[1]. La première réunion va pouvoir se tenir le lendemain, 27 mai.

---

1. *In Pascal Copeau, op. cit.*

28

L'unificateur de la Résistance

Le 27 mai 1943, derrière les volets clos de l'appartement du premier étage du 48, rue du Four, Jean Moulin préside la première réunion du Conseil de la Résistance en présence des seize membres qui ont été amenés sur place les uns après les autres par Pierre Meunier. Réunir autant de personnalités dans un lieu clos pouvant se transformer en piège est un risque fou, mais l'enjeu est capital.

Dix-neuf personnes font cercle autour de la table de la salle à manger :

Coquoin, pour Ceux de la Libération
Jacques Lecompte-Boinet, pour Ceux de la Résistance
Pierre Villon, pour le Front national
Charles Laurent, pour Libération-Nord
Jacques-Henri Simon, pour l'OCM
Claude Bourdet, pour Combat
Eugène Claudius-Petit, pour Franc-Tireur
Pascal Copeau, pour Libération-Sud
André Mercier, pour le Parti communiste
André Le Troquer, pour le Parti socialiste
Marc Rucart, pour le Parti radical-socialiste
Georges Bidault, pour le Parti démocrate-populaire
Joseph Laniel, pour l'Alliance démocratique
Jacques Debû-Bridel, pour la Fédération républicaine
Louis Saillant, pour la CGT
Gaston Tessier, pour la CFTC
Pierre Meunier et Robert Chambeiron, respectivement

secrétaire et secrétaire adjoint de la réunion
et Jean Moulin, président.

La réunion se déroule dans une « atmosphère d'union patriotique et de dignité », comme l'a écrit une semaine plus tard Moulin dans un message au Général. Le président remercie tous les membres d'avoir répondu à l'appel de De Gaulle et du Comité national français, et rappelle ensuite brièvement les buts de la France combattante tels que les a définis son chef :

1°) Faire la guerre ;
2°) Rendre la parole au peuple français ;
3°) Rétablir les libertés républicaines dans un État d'où la justice sociale ne sera point exclue et qui aura le sens de la grandeur ;
4°) Travailler avec les Alliés à l'établissement d'une collaboration internationale réelle, sur le plan économique et spirituel, dans un monde où la France aura regagné son prestige.

Il explique ensuite que la présence de représentants d'anciens partis ne peut être considérée comme une sanction officielle de la reconstitution desdits partis tels qu'ils fonctionnaient avant l'armistice.

Moulin donne ensuite lecture du message du général de Gaulle, « écouté non sans émotion par tous les assistants ».

Georges Bidault lit ensuite une motion qui a été discutée par tous les membres :

> Le Conseil de la Résistance, réuni quelque part en France, le 27 mai, constate avec une joie immense la libération totale de l'Afrique du Nord par la victoire des armées alliées, anglaises, américaines et françaises. Cette victoire [...] apporte aux Français qui luttent sur le sol national une grande espérance.
>
> Le Conseil s'incline avec piété devant tous ceux qui sont tombés. Il félicite et il remercie les combattants et leurs chefs. Il dit son admiration à tous. Il adresse une pensée particulière de reconnaissance et d'affection à ceux qui ont vaincu sous le drapeau de France. Il se réjouit que le grand effort africain esquissé depuis le mois de juin 1940, poursuivi dès la rentrée en guerre de l'AEF, développé en 41 et 42 grâce à la participation des Forces de la France combattante aux campagnes de Cyrénaïque, grâce aux exploits de la colonne Leclerc, ait été parachevé

aujourd'hui par la jeune armée du général Giraud. Le Conseil salue avec une vive satisfaction la décision prise au lendemain de cette victoire par le général de Gaulle et le général Giraud de se rencontrer très prochainement à Alger pour réaliser l'unité de toutes les forces françaises dressées contre l'ennemi de la Patrie et ses complices du dedans.

En cette heure solennelle de l'histoire de notre pays et au moment où va se fixer son destin, le Conseil doit exprimer l'opinion du peuple, qui lutte sur le sol de la métropole encore occupée, sur les conditions dans lesquelles il convient de consacrer cette unité.

La France, déjà présente sur tous les fronts, aspire à rentrer plus intensément encore dans la guerre libératrice et à y jeter toutes les ressources de son Empire équilibré.

Pour atteindre pleinement son but, il faut qu'elle ait au plus tôt un gouvernement unique et fort qui coordonne et qui ordonne, affirmant aux yeux du monde son prestige retrouvé de grande nation [...].

La France ne peut concevoir que la création d'un véritable gouvernement, provisoire, certes, mais ayant toutes les formes et toute l'autorité, répudiant une fois pour toutes, officiellement et dans les faits, la dictature de Vichy, ses hommes, ses symboles, ses prolongements.

Elle entend que ce gouvernement soit confié au général de Gaulle, qui fut l'âme de la Résistance aux jours les plus sombres et qui n'a cessé, depuis le 18 juin 1940, de préparer en pleine lucidité et en pleine indépendance la renaissance de la patrie détruite, comme les libertés républicaines déchirées. Elle souhaite ardemment que le général Giraud, qui a préparé et assuré avec les Alliés la victoire en Afrique du Nord, prenne le commandement de l'armée française ressuscitée.

Ainsi seront réalisées, techniquement et moralement, les conditions nécessaires à l'unité de toutes les forces françaises combattantes, instrument indispensable de la libération et de la résurrection de notre pays. Le Conseil tient à proclamer aujourd'hui la nécessité de cette solution conforme à la volonté de la France. Il tient pour assuré que cette volonté parfaitement claire sera traduite sans délai et sans mutilation, comme l'exigent, au nom de la France, tant de sacrifices obscurs et tant de sang répandu.

Moulin demande qui veut prendre la parole.

Pierre Villon, représentant du Front national, lève la main et demande que soit amendé ce texte qui ne tient pas assez compte de la réalité : de Gaulle est à Londres, Giraud est à Alger et contrôle l'Algérie. Vouloir subordonner un pouvoir à l'autre risque d'amener à condamner l'ensemble de l'action de la Résistance.

Le communiste Mercier, prenant à son tour la parole, abonde dans le même sens. Les deux hommes souhaitent un compromis entre de Gaulle et Giraud, qui aboutirait à un bicéphalisme et éviterait les luttes intestines. Ils souhaitent également un texte moins marqué par le « culte de la personne ».

Après une brève discussion, Moulin clôt le débat et passe au vote. Le texte est acquis à l'unanimité.

Les deux communistes souhaitent alors relancer la discussion sur un « Appel au pays ». Invoquant la grave question de la sécurité de la réunion, Moulin lève la séance tout en acceptant le principe d'une réunion plénière avant le 14 juillet.

Pascal Copeau, qui a beaucoup aidé Moulin à organiser cette première réunion, a bien résumé l'action de ce dernier :

> Au fond, Moulin était là pour organiser la France de telle manière que de Gaulle vienne au pouvoir. Je crois que l'appel du 18 juin était une candidature au pouvoir. Je ne le dis pas dans un esprit polémique, mais, si on veut comprendre les événements, c'est ça[1].

Moulin a en effet gagné son combat, celui qui vise à conférer à de Gaulle une légitimité. L'objectif compte plus que les moyens pour y arriver. L'histoire du Conseil est là pour le rappeler. Après s'être battu contre une idée émise à l'origine par les socialistes, Moulin l'a reprise à son compte sous la pression des événements, notamment à la suite du débarquement allié en Afrique du Nord qui a brutalement modifié toutes les données. Il l'a donc finalement acceptée, sous la menace des socialistes, pour ne pas laisser au Parti communiste l'exclusivité du statut de « parti résistant » que tous les combattants de l'ombre lui reconnaissaient. Dès lors, il a milité — cette fois contre les

1. *In Pascal Copeau, op. cit.*

mouvements — pour la création d'un comité politique placé sous le contrôle de la France libre. Il va dès lors interpréter un rôle de contre-emploi. Lui, l'ancien préfet du Front populaire, face à une Résistance dont le discours est de plus en plus marqué à gauche, va ouvrir ce Conseil à la droite en réintégrant des partis qui étaient quasi absents depuis l'armistice. Il va faire appel à « toutes les forces vives de la Nation pour une union intime ». Si, tout en maugréant, les mouvements et les syndicats finissent par accepter le PC, le PS et même la famille démocrate-chrétienne, l'intégration de la Fédération républicaine, du Parti radical et surtout du PSF et de l'Alliance démocratique, auxquels personne n'avait songé en dehors de Moulin, leur reste en travers de la gorge. Finalement, de Gaulle lui-même se rallie au projet des socialistes, de plus en plus agacés par la place prépondérante laissée aux communistes, et qui envisagent des mesures de rétorsion.

À son arrivée à Londres, à la mi-février, Moulin a obtenu que des modifications soient apportées au projet rédigé à la demande du général de Gaulle : par exemple, un comité de 16 membres au lieu de 8. Il s'est battu pour que la Résistance intérieure soit représentée majoritairement au Conseil d'Alger. Il entend donner à de Gaulle une légitimité inattaquable. Le 21 février, de Gaulle a créé le Conseil de la résistance, subordonné au Comité national, et a nommé Moulin commissaire national en mission et président du Conseil de la résistance.

Trois mois plus tard, ce 27 mai 1943, Moulin vient de présider son premier Conseil. Il vient de conférer une légitimité potentielle au général de Gaulle en réunissant sous sa bannière une très large partie des forces qui n'ont pas accepté l'armistice sur le territoire métropolitain. L'ex-grand commis de l'État a jeté les fondations d'un futur nouvel État qui doit encore s'imposer face à deux autres : l'un, décrié mais bien réel, celui de Vichy ; l'autre, celui d'Alger, qui a la faculté de s'appuyer sur des territoires libérés, sur une armée, sur des forces résistantes en France (l'ORA) et sur le soutien des Alliés... Moulin a déployé toute son énergie pour mettre cette carte maîtresse entre les mains du Général, tout en s'attirant l'animosité des principaux chefs de mouvement par sa volonté d'arrimer la Résistance intérieure à Londres. Il s'est montré brutal et compte désormais à Londres de très puissants ennemis. Sur l'autre flanc, il est pourchassé par Vichy et par les Allemands. C'est un homme traqué qui a coupé la parole, rue du Four, aux deux délégués communistes quelques instants après avoir fait voter sa motion à l'unanimité. Il a rempli sa mission, mais est devenu encombrant pour beaucoup de monde.

À ce stade de notre récit, est-il encore nécessaire de tordre le cou à cette vieille histoire lancée peu après la guerre par Frenay, le vaincu de l'Histoire, et savamment entretenue par bien des gens — notamment par la DST —, à savoir que la création du CNR ne pouvait s'expliquer que par l'appartenance au — ou les sympathies de Jean Moulin pour le — Parti communiste, puis, plus tard, par ses liens avec Moscou ? Les faits parlent d'eux-mêmes : Moulin a *limité* le rôle des communistes. Sans le Conseil de la Résistance, le PCF n'aurait fait qu'une bouchée des Frenay et autres apprentis politiciens. À l'intérieur du Conseil, les communistes étaient sous-représentés par rapport à leur poids réel dans la Résistance. Moulin a « droitisé » la Résistance et réintroduit dans le jeu politique certains petits partis. Même Claude Bourdet, fidèle compagnon de Frenay, jugeait « absurde » l'analyse de ce dernier. Si Moulin a compté de nombreux kominterniens, des compagnons de route, voire des agents soviétiques, dans son entourage, il a nettement rompu avec Cot et Dolivet en 1941, n'a pas revu Labarthe, et s'est dévoué corps et âme à de Gaulle dès la fin 1941, au point de choquer quelque peu un Meunier, toujours proche de Moscou. Dès lors que l'URSS était dans le même camp que les Alliés, Moulin, le pragmatique, n'a certes pas fait la fine bouche pour accepter la collaboration d'un Maurice Panier, probablement toujours lié à Moscou, ou d'un Meunier qui pouvait sans se cacher reprendre ses œillades au « petit père des peuples »...

Soulignons également au passage que dans leur rapport ARQ.2-BRU.5, les très anticommunistes Passy et Brossolette soulignaient, pour s'en plaindre, que les agents de « Rex » en zone Nord avaient complètement ignoré les « organisations plus ou moins rattachées à l'activité communiste ». Déjà, en zone non occupée, Moulin avait refusé de prendre le Front national en compte, car il « fallait travailler directement avec les communistes, mais pas donner dans une manœuvre classique de noyautage »...

À Aix-en-Provence, le 27 mai 1943, Colette attendait Jean Moulin. Elle avait fait le déplacement de Nice pour rencontrer son « patron ». Elle a attendu en vain[1] et est repartie pour Nice. De retour à la galerie, elle reçoit un coup de fil de Moulin qui la prie de l'excuser pour ce contretemps et lui promet de la voir en juin.

Le 28 mai, au lendemain de la première réunion du Conseil de la Résistance, Moulin envoie un troisième télégramme à Antoinette :

« Bien chère amie. Je compte toujours vous rencontrer. Serez-vous libre dans les premiers jours de juin (3, 4, 5, par exemple) ? Si vous pouvez, je serai très heureux que vous puissiez m'apporter quelques nouvelles. Merci et bien à vous. »

Jean Moulin a attendu en vain la venue d'Antoinette, et n'a probablement rien compris. Après le rejet de « Mme Lloyd », était-ce au tour d'Antoinette de le lâcher ?...

Il ne savait pas que, le 19 mai, le commissaire des affaires juives Le Guilly avait contesté à cette dernière la validité de son certificat de non-appartenance à la race juive. Le 18 juin, Antoinette a reçu à son domicile la visite d'hommes en uniforme qui l'ont menacée. Sur ordre de Paris, la préfecture du Var a appliqué la procédure d'extrême urgence, avec interdiction de se déplacer...

Dans une lettre[2] datée du 13 janvier 1945 adressée à Mme Manhès, Antoinette racontera :

> Nous nous étions si bien quittées, avec la promesse de nous retrouver bientôt. Elle[3] avait été si affectueuse, si attentionnée, m'avait acheté une valise (c'était rare qu'elle prenne le temps de choisir un objet avec moi), puis m'avait appelée trois fois par

---

1. On se souvient que la réunion du premier Conseil de la Résistance aurait dû se tenir plus tôt.

2. *In* Fonds Manhès à la FNDIRP.

3. Rappelons qu'Antoinette avait pour habitude d'employer ce code pour communiquer : Jean devenait Jeannette, le général, la générale, etc.

télégramme. Vous savez pourquoi je n'ai pas pu m'y rendre. Elle n'a rien dû y comprendre. Et puis, ça a été la catastrophe...

Moulin est de plus en plus seul.

On a vu que le « testament » de Moulin daté du 7 mai ne devait en aucun cas aboutir entre les mains de Passy et de Brossolette. Moulin avait utilisé à cette fin un courrier spécial. Le 30 mai, pourtant, le général de Gaulle le remet à Passy. Sans émettre de commentaire... Passy et Brossolette se plongent dans sa lecture et le dissèquent. Ils l'annotent, en soulignent toutes les failles. Passy le qualifiera[1] de « monument d'erreurs et effroyablement tendancieux ». Ce « testament » ne fait qu'aiguiser la rancœur des deux hommes à l'encontre de Moulin.

Début juin se situe un épisode obscur qui a peut-être eu des conséquences fâcheuses pour Moulin. Le 4 juin, EX20 — c'est-à-dire « Rex » — envoie un télégramme à l'état-major particulier du général de Gaulle :

> Darnand, je dis Darnand, ex-cagoulard, chef de la Milice, disposé rallier unité combattante FFC, étant dégoûté de Vichy — Vous laisse soin examiner le ralliement sensationnel pour servir négociations actuelles — Si d'accord vous propose d'envoyer avec lui Valentin, ex-chef Légion, à condition que dès arrivés ils confirment leurs erreurs à la BBC et devant journalistes alliés — et immédiatement après soient affectés unité combattante[2].

Le télégramme arrive le 9 juin. Trois jours plus tard, la réponse est envoyée :

> Votre proposition Darnand moralement inacceptable. Pour Valentin, questionnons Alger[3].

D'après les archives du SOE récemment ouvertes, l'arrivée de ce surprenant télégramme a été remarquée. Les Anglais commentent : « Nous n'avons pas su comment « Rex » avait

1. *In Missions secrètes..., op. cit.*
2. Ce télégramme est au CARAN, 3 AG 2 400, et a été confié à l'auteur par Jean-Pierre Azéma.
3. *In* 3 AG 2 401, également remis par J.-P. Azéma.

contacté Darnand, ni si Darnand avait des informations sur « Rex » personnellement ou sur son organisation. » De fait, ce télégramme implique que Moulin, directement ou indirectement, a négocié avec ces deux hautes figures de Vichy. L'une, Darnand, est devenue la face la plus noire du régime. L'autre, François Valentin, a été directeur de la Légion française des combattants jusqu'au retour de Laval, puis s'est de plus en plus écarté de Vichy. Valentin, alors très proche de François Mitterrand, s'est rapproché de l'ORA après le débarquement allié. Autant, donc, le deuxième est devenu fréquentable, autant le premier ne l'est pas du tout. De surcroît, il peut se révéler dangereux de l'approcher. Jean Moulin a accepté de courir le risque parce qu'il croyait que cet énorme « coup » ébranlerait le régime de Vichy au moment précis où de Gaulle négociait durement avec Giraud. Cet acte — « moralement inacceptable » — est une preuve supplémentaire de son pragmatisme, voire de son cynisme, dans toute son action destinée à faire triompher de Gaulle.

Cet acte coïncide si peu avec l'image que se font de Moulin ceux qui croient à son engagement purement idéologique que des hommes comme Passy ou Chambeiron refusent encore aujourd'hui d'y croire. Sa démarche est pourtant attestée par de nombreuses sources. Pierre Bloch[1], alors chef du service politique du BCRA, se souvient :

> Autre télégramme du soir encore, qui nous laissa perplexes. La confirmation devait en arriver quelques jours plus tard, avec des précisions. Darnand demandait la vie sauve et il s'engageait à dénoncer à la radio le Maréchal. Grand débat pour savoir s'il était opportun de le faire venir. Je fus immédiatement contre, montrant le danger de dédouaner des chefs vichystes, surtout le danger politique : le trouble que cela pourrait créer en France. Palewski décida d'en référer au général de Gaulle. Celui-ci entra dans une violente colère. Les partisans de l'arrivée tentèrent de lui expliquer leur point de vue : "Alors, déclara-t-il, si demain Darquier de Pellepoix se fait circoncire, je serai obligé de l'accepter ?..." Personne n'insista et l'on n'entendit plus parler de Darnand.

1. *In Le Temps d'y penser encore*, Jean-Claude Simoën, Paris, 1977.

Cette version est contestée par Jean-Pierre Azéma : il pense que c'est Georges Boris qui, sans en référer à Alger, refusa la proposition de Moulin pour ce qui concernait Darnand, parce que « moralement inacceptable », mais décida, en revanche, d'en référer à de Gaulle dans le cas de Valentin. De Gaulle donna une réponse positive pour ce dernier, lequel fit une déclaration à la BBC, en août 1943, dans laquelle il reconnut l'erreur qu'il avait commise « de croire qu'on pouvait relever un pays avant de le libérer ».

Le colonel Groussard évoque[1] longuement une histoire du même type, qui confirme qu'à cette époque Joseph Darnand, le terrible patron de la Milice, a fait diverses démarches pour changer de camp. Darnand avait contacté Louis Guillaume, un homme-passerelle entre Vichy et la Résistance, proche à la fois du docteur Ménétrel et du colonel Groussard. Une fois de plus, tout cela se passait sous le couvert de la fraternité cagoularde : avant de devenir chef de la Milice, Darnand avait en effet travaillé à Vichy, à la fin de 1940, sous les ordres de Groussard comme chef des GP. Avant de le revoir, Groussard lui aurait demandé de remplir et de signer un papier sur lequel il aurait écrit : « Je, soussigné Joseph Darnand, m'engage à servir sous les ordres du colonel Groussard contre les Allemands, et à lui obéir en toutes circonstances. » L'autre ne répondit jamais. Il est vrai que les Allemands suivaient de fort près tous les contacts du chef de la Milice...

Meunier qui, en ce début juin 1943, voit beaucoup Moulin, ne le reconnaît plus. Le lâchage de Gilberte Lloyd l'a profondément affecté[2]. Sa douleur, la certitude que les Allemands et Vichy le traquent, qu'ils disposent de sa photo, de son nom, et connaissent ses fonctions exactes, le rendent sourd à toutes les recommandations de prudence prodiguées par son entourage.

Jean Moulin prend son dernier repas rue Dulong, au domicile de Mme de Bretagne où il loge depuis que « Mme Lloyd » l'a

1. *In Service secret*, La Table Ronde.

2. Pierre Meunier en a fait notamment la confidence à Maurice Voutey, son biographe, et à Sabine Jansen, la biographe de Pierre Cot. Robert Chambeiron confirme l'état d'esprit de Jean Moulin après le lâchage de « Mme Lloyd ».

prié de quitter le sien. Il y a là Mme de Bretagne, qui est une amie de la fiancée de Pierre Meunier, cette dernière, Meunier et Moulin. Une nouvelle fois, Pierre tente de dissuader son ami de partir en zone Sud, car il est « sûr qu'il y serait pris[1] ». Les arrestations se sont succédé à Lyon depuis trois mois. Manifestement, les Allemands ont infiltré les mouvements de zone Sud. Meunier le supplie de partir pour Londres en passant par la Suisse, voyage qu'il est en train de lui organiser. Moulin ne veut rien entendre :

— De toute façon, je suis un mort en sursis depuis le 17 juin 1940, réplique-t-il.

Moulin n'emploie pas un ton mélodramatique pour prononcer ces mots. Meunier se souvient d'une ambiance chaleureuse et enjouée où de nombreux sujets ont été évoqués, notamment en matière de peinture. De guerre lasse, Meunier lui fait promettre d'être de retour à Paris pour son anniversaire, le 20 juin, afin de partager la bonne bouteille de gnôle que Jean a rapportée de son dernier voyage à Saint-Andiol. Il promet. Meunier et Moulin quittent ensemble la rue Dulong et marchent jusqu'au métro Rome. Jean Moulin descend les marches et prend le métro jusqu'à la gare de Lyon.

Quelques jours plus tard, Cordier fait parvenir un message à Meunier : « Max » ne sera pas là pour son anniversaire, mais pour sa fête. « J'ai tout de suite su qu'il était perdu[2]. » De fait, l'étau s'est resserré autour de Moulin. « Depuis l'arrestation de Manhès, les Allemands avaient son portrait. Avec la création du CNR, sa mission était remplie, mais l'arrestation de Delestraint a tout foutu par terre. Il a voulu réorganiser le commandement, et c'est comme ça qu'il est resté plus longtemps en zone Sud[3]... »

---

1. Interview dans *Le Patriote résistant*, n° 405.
2. Interview citée.
3. Interview de Pierre Meunier par Vittori.

29

Raymond Richard, un agent diabolique[1]

Il arborait la Francisque, c'était un agent allemand et le mouvement Combat le considérait comme l'un des siens dans le courant de l'année 1943. Ce salaud, cet antihéros qui a fait tomber des centaines de résistants ne fait pas l'objet d'une seule ligne dans les livres d'histoire. Il a pourtant pénétré la Résistance comme aucun autre, en tenant les discours que certains résistants attendaient, tout particulièrement sur le registre de l'anticommunisme. Cet agent triple, voire quadruple, est une figure emblématique de la France des années noires. Malgré sa perversité, il n'avait pas renoncé à ses grandes phrases sur la Nation et la France éternelle. Il était proche de Ménétrel et de Darnand, d'Alexander von Kreutz et des grands gestapistes de l'avenue Foch, mais il était aussi l'ami de Jehan de Castellane, le chef du SR du MSR, qui le mit en relation avec René Hardy et Bénouville, se transformant du même coup en un « résistant » proche de l'état-major de Combat et des MUR.

L'imbrication entre le SR de Ménétrel, le SR du MSR, le SRE (Service des relations extérieures) de Bénouville, la Milice, Laval, Ménétrel lui-même, l'hôtel Lutétia et l'avenue Foch a engendré entre les deux camps — la Résistance et ceux, Allemands et Français, qui la pourchassaient — une circulation du renseignement qu'il est évidemment impossible de reconstituer

1. L'essentiel des informations relatives à Raymond Richard provient du dossier d'instruction devant la Cour de justice de la Seine, Z6/530 et 531 (dossier 4760).

avec exactitude, mais dont on sait qu'elle eut des conséquences dramatiques au sein de la Résistance, notamment pour l'Armée secrète, pour Combat et pour l'ORA.

Comme tous les cagoulards, Raymond Richard voit des complots partout et est en même temps constamment occupé à en monter. Pour constituer ses réseaux, il s'appuie sur des informateurs, généralement eux aussi cagoulards, installés dans les SR (services de renseignement) des mouvements collaborationnistes. Sitôt après l'armistice, on l'a vu accepter deux patrons : le comte Alexander von Kreutz et le docteur Ménétrel, principal collaborateur du maréchal Pétain.

De son côté, Kreutz a vite compris le parti qu'il pouvait tirer de la pénétration de ces réseaux en s'acoquinant avec les responsables des SR des partis collaborationnistes. Ses principaux agents ont donc été Albert Beugras, chef du SR du PPF de Doriot, et Raymond Richard, patron du SR-Ménétrel, et, à travers lui, Jehan de Castellane, du SR du MSR. L'analyse du cas Beugras nous permettra de mieux comprendre la personnalité et le rôle de Raymond Richard.

Albert Beugras[1], agent de l'Abwehr IIIF 30.018, alias « Berger », alias « Albert », a reçu une subvention mensuelle, versée par Kreutz, de 100 000, puis 150 000 francs de la fin 1941 à juillet 1944. Grâce à un réseau de 130 agents, Beugras a concentré ses efforts sur la surveillance de la frontière suisse pour « déceler les agents communistes qui s'introduisaient de Suisse vers Lyon, centre de propagande, consignes et répartition de fonds de l'activité communiste ». Après son procès, Beugras a occupé son temps d'emprisonnement à décrire ses activités auprès de Doriot. Il a consacré un cahier[2] à évoquer l'action de son « SR » et ses relations avec Kreutz. Il est intéressant de souligner qu'il justifie toute son action — comme le fera Raymond Richard — par l'anticommunisme. Doriot lui a expliqué longuement sa mission avant de partir sur le front de l'Est :

1. Z6/516. Dossier 4703.
2. J'ai pu consulter ses cahiers grâce à l'obligeance de Marie Chaix.

Conformément aux ordres de Staline, les communistes organisent la résistance armée en France. Cela intéresse les Allemands qui ont les moyens de se défendre. Nous n'avons pas à nous mêler de cette bagarre. Mais ce qui est grave pour nous, c'est que l'organisation de combat que va construire le Parti communiste deviendra pour lui un excellent outil d'une insurrection armée. Je pense même que les Anglais — contents, une fois de plus, de trouver des hommes qui se battront pour eux — commettront la folie de leur donner des armes. Cela peut être lourd de conséquences pour nous.

Ce n'est pas tout : la Russie qui, jusqu'en juin 1941, pouvait tenir ses contacts avec le Parti communiste français sous le couvert de ses liaisons diplomatiques, a organisé une liaison clandestine de l'Internationale communiste avec le PCF, et cette liaison a son centre extérieur à Genève, et son centre français à Lyon.

Enfin, il n'est pas douteux — j'ai déjà des renseignements là-dessus — que les communistes feront leur jonction avec les gaullistes. Ceux-ci se laisseront vraisemblablement aveugler par le combat antiallemand, seront noyautés, puis absolument dominés par les communistes, de telle sorte que le mouvement de Gaulle risque de devenir un appui sérieux dans la préparation — sinon dans l'exécution — de l'insurrection armée communiste.

Voilà donc le danger... Nous avons, nous, à surveiller étroitement le développement communiste ; nous avons à suivre pas à pas la constitution de ses groupes armés, l'extension de ses cadres, le noyautage auquel il va se livrer, et la mise en place de toutes ses organisations d'insurrection. Il nous faut tenir au jour le jour la géographie du Parti communiste...

Doriot n'était pas le seul à tenir un pareil discours. À quelques nuances près, tous les cagoulards et autres « nationaux », nombre de ceux qui avaient choisi le camp de la Résistance, auraient pu le faire leur.

Nous faisons grâce au lecteur du très long développement de Doriot qui le conduit à la conclusion qu'« il n'y a pas de révolution sociale possible sans l'écrasement préalable du bolchevisme. Or, il faut à la fois que le bolchevisme soit écrasé en Russie et en France, d'où il ressort que, sur ce plan, une alliance avec la Wehrmacht est dans la logique de notre action révolutionnaire. »

Beugras explique que Doriot lui a parlé de ses relations étroites avec le colonel Reile, patron de l'Abwehr IIIF, et qu'ils ont défini ensemble la nature des liens que lui, Beugras, aurait avec l'adjoint de Reile, le comte Alexander von Kreutz. Beugras escompte que les lecteurs de ses carnets croiront qu'il s'est limité à fournir à Kreutz une note générale d'informations politiques hebdomadaire... En fait, Beugras et Kreutz deviennent des intimes :

> Nanti d'une culture étendue, jeune et ambitieux, il s'était fixé comme programme de devenir, si Doriot accédait au pouvoir, ambassadeur d'Allemagne en France. Doriot et moi n'avions pas tardé à comprendre tout le profit que nous pouvions tirer de ses visées, et nous fîmes de Kreutz un allié d'autant plus intéressant que son influence à l'OKW (*Oberkommando der Wehrmacht*, commando suprême de la Wehrmacht) dépassait largement le rang que lui donnait son grade de *Sonderführer*, à cause de ses relations dans la diplomatie européenne et même américaine, explique Beugras.

Comme tous ceux qui ont travaillé pendant la guerre avec les Allemands, celui-ci essaie de faire croire que c'est lui qui manipulait Kreutz, que c'est l'Allemand qui le renseignait, et non pas l'inverse :

> Tous les deux ou trois jours, il venait me voir et m'apportait des documents, des rapports, des listes afin que j'en prenne rapidement copie. Et c'est lui qui, certainement, me fournit la plus grande partie des renseignements sur la Résistance qu'il nous ait été possible de collecter entre 1941 et 1944.

Kreutz, qui était « antinazi, plus international qu'Allemand », lui a fait des confidences sur son métier et sur les méthodes utilisées pour traquer les résistants :

> **Kreutz m'avait dit que le seul moyen de contrainte était de prévenir les intéressés que, s'ils ne se montraient pas raisonnables, on serait obligé de les confier à la Gestapo qui se chargerait de l'enquête. En outre, il fallait en compter un minimum de 50 % qui, à la première proposition, acceptaient de jouer double jeu au profit de l'Abwehr. Je peux affirmer — Kreutz était là-dessus formel — que personne n'était jamais libéré sans avoir donné des preuves flagrantes de sa « bonne volonté »**

et sans s'être engagé à travailler pour le compte de l'Abwehr ; et ne restait ensuite en liberté que si cet engagement était effectivement tenu. J'ajoute que beaucoup demandaient — de peur d'apparaître suspects — à ne pas être libérés, satisfaits d'avoir la vie sauve ou d'obtenir que leur famille, compromise, ne soit pas inquiétée... Des évasions avaient aussi été simulées, mais, par suite de plusieurs « accidents », Kreutz m'avait dit n'y vouloir recourir qu'en cas d'absolue nécessité.

Beugras évoque également l'orientation prise par les dénonciations des résistants arrêtés :

> Lorsqu'il s'agissait de militants communistes, ils étaient particulièrement abondants dans les renseignements qu'ils donnaient sur les gaullistes, les giraldistes, l'Armée secrète et les chrétiens. Inversement, les membres de ces dernières organisations paraissaient particulièrement documentés sur la résistance communiste... **J'ai vu passer bien des noms parmi les auteurs de déclarations, des noms qu'on a de nouveau entendus depuis la Libération, des noms de gens que des postes importants ont récompensés pour leur activité résistante, et d'autres.**

Les carnets de Beugras ne fournissent évidemment aucune indication sur les actions qui ont pu conduire à des arrestations de résistants. Tout juste explique-t-il que, sur l'insistance de Kreutz, il a installé des directions régionales de son SR à Lyon, Marseille, Toulouse, Limoges, Nancy, Angers et Rouen :

> Il est exact que nous étions introduits partout, dans toutes les organisations clés, et surtout dans les organisations communistes. Il est exact que nous avons tout surveillé avec une vigilance qui s'est efforcée de n'être jamais prise en défaut. Il est exact que le NKVD nous a trouvés en travers de sa route, et a dû, à cause de nous, modifier certaines de ses méthodes et abandonner certaines de ses liaisons... Mais nous avons été des témoins muets.

Une fiche RG, datée de 1948, rétablit la réalité des faits : von Kreutz était considéré comme « bien introduit dans les milieux diplomatiques et était particulièrement bien introduit au PPF dont il contrôlait le service de renseignement par Beugras... Kreutz s'est particulièrement intéressé aux milieux communistes et aux agents soviétiques à Paris... Von Kreutz a toujours travaillé directement pour le colonel Reile, dont il était l'homme de confiance... Il a disposé de très bons agents dans les milieux politiques et financiers. C'était un recruteur réputé de l'Abwehr en France (agents immatriculés 7 500 à 8 000)... »

Dans une note rédigée[1] dans les années 60, Kreutz, en grand professionnel qu'il était, a expliqué ainsi son job de l'époque :

> IIIF avait pour objectif l'infiltration des réseaux d'espionnage et de sabotage de l'ennemi, et de protéger l'armée. De savoir par qui, comment et par quels moyens de transmission les renseignements parvenaient à l'ennemi, et le genre de renseignements attendus. C'est seulement dans le cas d'un danger imminent qu'on devait alors déclencher des opérations.

Raymond Richard était également un des « gros poissons » d'Alexander von Kreutz. Après la guerre, les agents de l'Abwehr qui ont été interrogés par la DST ont signalé que « Richard était considéré comme un agent important ». Karl Schaffer, un adjoint de Reile, a confirmé qu'il était manipulé par le *Sunderführer* Graf Kreutz.

Le 1er octobre 1941, Raymond Richard entre au Service de police anticommuniste (SPAC), créé par le ministre de l'Intérieur Pierre Pucheu, comme chef de la section RG. C'est Jurquier de La Salle, que Richard a connu à l'UCAD et au Front national[2], qui est le directeur du SPAC. Richard recrute pour travailler avec lui une quinzaine d'inspecteurs auxiliaires appartenant au MSR et au PPF. La première brigade est dirigée par Richard sous le nom de « Rochet ». Affairiste sans scrupules, sa situation lui permet à la fois d'éponger ses dettes et de poursuivre ses fantasmes. Il traque les communistes, les francs-maçons, les patriotes. Il s'infiltre au sein d'un certain « Comité patriote » et en fait arrêter tous ses membres. Il continue néanmoins à travailler simultanément pour Ménétrel et pour von Kreutz.

C'est pendant l'année 1942 que Raymond Richard va approcher pour la première fois l'entourage de Jean Moulin. Pour

1. Et aimablement communiquée par Mme von Kreutz.

2. Ce Front national n'a évidemment rien à voir avec le Front national d'obédience communiste. Il fut créé au milieu des années 30 entre mouvements nationaux d'extrême droite. À certains égards, il est un ancêtre de l'actuel Front national de Jean-Marie Le Pen...

lutter contre l'interdiction décrétée par Vichy et pour résister, Kirchmeyer, Bassot et le colonel Eychène, anciens frères de la loge « Les Travailleurs », et tous trois amis d'Henri Manhès, avaient créé une loge clandestine, « L'Atelier de la Bastille », et, autour d'elle, un groupe appelé Liberté-Égalité-Fraternité, qui se réunissait dans l'appartement de Kirchmeyer, au 123, rue Saint-Antoine. Pour couvrir leurs activités, les trois frères avaient transféré là une société, la Société anonyme de contrôle administratif, dont ils étaient les administrateurs. Rapidement, au 123, rue Saint-Antoine, se regroupèrent d'anciens dignitaires de la franc-maçonnerie et d'anciens parlementaires autour de l'ancien ministre Marc Rucart, sous le nom de Comité d'action maçonnique (CAM). Autour du CAM se créèrent différents réseaux, comme le Cercle et l'Union sociale et libérale, et s'agglutinèrent divers mouvements de gauche, comme la Ligue des droits de l'homme. Début 1942, cet ensemble va prendre le nom de Patriam Recuperare, dont le chef est Kirchmeyer. Dans le courant de l'année 1942, Manhès, ami des fondateurs, assure la liaison du réseau avec Londres.

Raymond Richard a repéré les activités de Kirchmeyer dès le printemps 1942 et pénètre le groupe du 123, rue Saint-Antoine par l'intermédiaire de Marc Rucart et de son adjoint Maurice Picard auprès de qui il s'est fait passer pour un agent gaulliste. Richard mène cette action pour le compte de von Kreutz, de l'Abwehr IIIF, et pour celui de la Gestapo (SD IV E-IV N). Richard se montre tellement convaincant dans son rôle de faux agent gaulliste que Rucart lui confie un insigne maçonnique pour lui faciliter son voyage en Angleterre. Il lui indique également les conditions dans lesquelles a été assassiné Marx Dormoy et lui remet deux valises de documentation.

Richard a découvert rapidement que l'Union sociale et libérale dispose d'une couverture commerciale fournie par Kirchmeyer au 123, rue Saint-Antoine, et qu'elle essaie de circonvenir les Allemands pour faire parvenir des renseignements à Londres. Il a également découvert qu'elle est dirigée par trois officiers de réserve : un grand industriel, un inspecteur d'académie, un chirurgien très connu. À l'époque, Picard lui communique une documentation sur l'état-major du Führer, un rapport sur le ravitaillement, un rapport antiallemand du général de La Laurencie, un autre de la délégation française près la Commission d'armistice...

Richard a consigné son action dans un rapport à l'Abwehr IIIF daté du 5 juin 1942. On y apprend que Rucart a proposé Mme Stefani[1] comme agent de liaison entre Richard et lui. Rucart croyait tellement avoir affaire à un authentique résistant qu'il n'a pas tenu compte d'une dénonciation émanant d'un collègue de Richard, lequel lui avait confié que ce dernier était un agent des Allemands. Toute l'affaire se termina évidemment par l'arrestation de Rucart, de Picard et de bien d'autres. Toutefois, le 16 novembre 1942, le SD demanda à l'Abwehr de relâcher Mme Stefani ; l'Abwehr accepta, mais décida de maintenir Picard en prison « afin de préserver l'important agent Richard ».

Cette affaire a fait découvrir à la Gestapo que Richard travaillait pour l'Abwehr, et, inversement, à l'Abwehr qu'il travaillait aussi pour la Gestapo. Les deux services allemands de l'avenue Foch et de l'hôtel Lutétia ont ainsi échangé une correspondance à son propos : l'Abwehr y confirme au SD que Richard était bel et bien en mission pour son compte. On y apprend également que « le SD a essayé de faire entrer Richard dans ses services ». L'agent 379/L du SD avait en effet connu Richard par Jurquier de La Salle, patron du SPAC. « Les contacts visant à engager Richard dans notre service à cette époque furent entrepris avec succès », précise une lettre du SD.

Toute la bande de Kirchmeyer, y compris sans doute Manhès, était donc repérée dès le printemps 1942. Si Kirchmeyer et beaucoup d'autres ne furent arrêtés qu'au début de mars 1943 par le commissaire David au 123, rue Saint-Antoine, les enquêtes et dossiers de l'agent Richard avaient très probablement servi, sinon à leur arrestation, du moins à la détermination de leurs activités et figuraient dans les tiroirs du SD, avenue Foch, et de l'Abwher, à l'hôtel Lutétia.

Raymond Richard est un personnage embarrassant pour ses supérieurs du SPAC, car il passe volontiers au-dessus d'eux. C'est lui qui assure par exemple la sécurité du ministre de l'Intérieur, Pierre Pucheu ; mais il est également en relations étroites

1. Ancienne collaboratrice de Charles Maurras.

avec Ménétrel, qu'il rencontre dans son bureau parisien du boulevard des Invalides, et avec tout ce qui compte à Vichy.

Charles Detmar est bientôt promu à la place de Jurquier de La Salle à la tête du SPAC. En janvier 1943, il décide de se séparer de Raymond Richard, alias « Rochet » ou « Rocher ». Dès lors, ce dernier va développer à grande échelle son SR pour le compte de Ménétrel et s'installer 35, rue Godot-de-Mauroy. Son patron est toujours Ménétrel ; il reste en contact avec lui par l'intermédiaire du commissaire Pelletier, qui fait la navette avec Vichy, par Pelorson, qui dirige à Paris « Les Amis du Maréchal », et Chezleprêtre, qui gère le Centre d'études politiques, tous deux installés rue Anatole-de-La Forge. Tous les « barons » de Vichy, notamment Bernonville, Rodellec du Porzic, Jean-Pierre Ingrand, l'abbé Mottais, soutiennent le travail mené par « L'Équipe »...

Après la guerre, Ménétrel a reconnu[1] avoir voulu ce service :

> C'est d'accord avec Pelletier que j'ai accepté de m'occuper de la création, d'ailleurs officieuse, d'un groupe que l'on a dénommé « L'Équipe », qui devait être chargée de propager la politique du Maréchal en zone occupée et de combattre la politique collaborationniste... Mes rapports avec Richard ont été assez espacés, je ne l'ai vu en effet que cinq ou six fois ; à Paris, je le rencontrais soit au 8, boulevard des Invalides, soit rue Anatole-de-La Forge... Il est exact que j'ai rétribué le mouvement « L'Équipe » et « Les Amis du Maréchal » avec des sommes variant de 20 à 50 000 francs par mois. Je remettais ces sommes à Pelletier...

Ménétrel ne pouvait à l'évidence reconnaître avoir patronné un service qui pourchassait les résistants !

Le dossier d'instruction de Raymond Richard permet de mieux connaître les instructions qu'il dispense et le travail qu'il effectue à partir de mars-avril 1943 : **« J'ai l'idée,** explique-t-il, **de pratiquer le contact direct pour déceler le travail communiste au sein des organisations de la Résistance. »** Il crée à cette fin une brigade spécialisée dans le noyautage de la Résistance par les communistes : l'équipe Médéric, qui intéresse particulièrement Ménétrel. C'est Max Dumas qui prend la direction de

1. Le 16 octobre 1945 devant le juge Pottier.

cette brigade opérationnelle, lui-même étant chargé du SR, aidé de Simone Vernhes, de Jacquot, dit « Noël », dit « Nono », de Bauduin, alias « Konrad », de Ponchelet, alias « Clément », et de Guy Grene. Cette équipe est subventionnée par « Pierre Wagner », c'est-à-dire par Alexander von Kreutz.

« Richard déplorait qu'il n'y ait pas, à l'intérieur de la France, une action dirigée au sein même de la Résistance contre les éléments communistes », a raconté Simone Vernhes qui, semble-t-il, accepta de travailler pour Richard en croyant qu'il était un authentique résistant anticommuniste. Dans une lettre envoyée de l'infirmerie de Fresnes à Pierre Faillant, le 6 février 1946, cette journaliste et auteur dramatique, née le 21 avril 1920, raconte ce que « Martin » (Max Dumas) lui a dit quand elle se retrouva devant une machine à écrire, à la villa de la rue Mallet-Stevens[1], au début de janvier 1944 : **« Nous nous sommes infiltrés depuis six mois** [NDLA : donc, depuis le début de l'été 1943] **dans des organismes de résistance. Nous avons détecté un réseau communiste puissant et avons mis au point des listes de gens à arrêter. Soit à cause de leur appartenance au Parti communiste, soit à cause de leur situation élevée dans le Mouvement, ils peuvent nous renseigner sur les agissements des communistes. »** Après ce discours, Raymond Richard expliqua que « Martin » avait raison : **« Les arrestations sont triées, voulues, choisies. Moi qui suis en relation avec Alger, je sais ce que je fais. Je vous jure qu'un vrai résistant, dont je sais qu'il appartient à certains organismes, ne sera jamais inquiété par moi, mais au contraire aidé et défendu... »**

Simone Vernhes est la collaboratrice de Raymond Richard (elle était également répertoriée par Alexander von Kreutz comme un agent de l'Abwehr, immatriculée F8.040) qui a fourni le plus de renseignements sur l'esprit qui animait la bande du « Gros Ponte ». Lors de son second rendez-vous avec lui, celui-ci lui a confié[2] « avoir aidé de nombreux résistants et avoir rendu service à beaucoup qui étaient en mauvaise posture avec les Alle-

1. Une villa mise à la disposition de l'équipe Médéric par l'Abwehr et la Gestapo pour interroger et torturer les résistants.
2. Déclaration devant la DST, 29 décembre 1944.

mands. **Par contre, il me fit part d'une défiance très nette à l'égard d'une certaine portion de la Résistance. Il était convaincu que les agents communistes, plus rusés et plus camouflés que les membres de l'AS, par exemple, noyautaient toute la Résistance et qu'ils chercheraient à tourner à leur profit exclusif le bénéfice de l'élan patriotique représenté par la Résistance...** » À l'appui de sa démonstration, il cita de très nombreux faits à Simone Vernhes. Lui donna à lire *L'Énigme communiste*, de Léon de Poncins, en précisant qu'il avait participé à sa rédaction. En août 1943, il lui dit avoir mis la main sur une organisation communiste d'envergure : « Richard craignait sans cesse que le maquis rouge noyaute le maquis AS. » Simone Vernhes a raconté qu'elle « se servait des Allemands, seul moyen de parer à ce que nous estimions être le danger communiste... C'est toujours dans cet esprit exclusif de recherche des éléments communistes au sein de la Résistance que j'ai effectué les liaisons qui m'étaient demandées par Dumas... »

Il est difficile de reconstituer et de dissocier les objectifs assignés à Richard par Ménétrel, ceux que lui fixaient les Allemands, ceux qu'il poursuivit lui-même, et comment il a fait ensuite la synthèse entre tous, mais **l'idée d'une organisation clandestine opérant une sélection entre les « bons » et les « mauvais » résistants a incontestablement circulé à Vichy à la fin de 1942. Un rapport de la DCRG du 12 février 1944** en fait état :

> C'est en juillet 1942 qu'auraient été élaborées à Paris les bases d'une organisation politique clandestine devant grouper un certain nombre de fonctionnaires sûrs, à l'effet de constituer **un corps de police suffisamment fort pour combattre les communistes et les terroristes à l'instigation du Dr Ménétrel**. Parmi les dirigeants de cette organisation, on citait, outre le commissaire Pelletier et l'ex-commissaire Richard :
>
> • de Planard, ex-membre de la section monarchiste de la « Cagoule », employé au Commissariat aux questions juives ;
>
> • Fouquerault, officier...
>
> Fonds venant notamment de la « Banque de l'Indochine »...
>
> Après novembre 1942, les instructions ont changé, et tout en combattant les communistes et terroristes, on devait soutenir les

> Anglo-Saxons en cas de débarquement. Toutefois, comme ce débarquement tardait, on aurait fait comprendre au Dr Ménétrel que les autorités d'occupation étaient susceptibles de déceler ces tendances et qu'il était prudent qu'il abandonne la direction de l'organisation.
>
> Fin 1943, les cadres de *L'Équipe*, ayant ainsi les coudées franches, ont modifié l'orientation et ont sollicité l'appui des autorités allemandes en vue de la création d'une sorte de Milice destinée à combattre le communisme. Afin d'obtenir plus facilement cet appui, ils ont pris comme chef suprême l'amiral Platon.

Nul n'a jamais très bien compris les plans archicompliqués de Ménétrel, mais il est à peu près certain qu'il prépara à sa façon le jour « J » afin qu'émergent alors les « éléments sains » de la nation. Il est non moins certain que, pour y arriver, il était prêt à passer des accords aussi bien avec l'Abwehr qu'avec les Américains.

Richard devient ainsi un personnage important au centre d'une vaste toile dont il est à peu près le seul à comprendre le dessin et les liens. Le patron de la Milice, Darnand, lui aussi ancien cagoulard, est devenu un habitué de la rue Godot-de-Mauroy. **Ménétrel, qui souhaite noyauter la Milice, demande à Richard de chercher à le discréditer.** Devant son juge, Richard racontera ainsi qu'au début de 1943 Bernonville était venu le voir de la part de Ménétrel pour faire entrer des gens sûrs dans la Milice de zone Nord, afin de s'y opposer aux « ultras », et Ménétrel d'ajouter : « Ce serait encore mieux si nous en prenions la direction en obtenant des Allemands que la Milice de zone Nord soit apolitique ; on pourrait alors créer des difficultés aux hommes de Déat et de Doriot. » Quelque temps plus tard, l'opération n'ayant pas réussi, le cabinet du Maréchal lui demande de tout faire auprès des Allemands pour discréditer la Milice en formation en zone Nord. De fait, ce n'est qu'au début de 1944 que la Milice s'installera en zone Nord. De son côté, Darnand demande à Richard, en mars-avril 1943, d'accepter une certaine tutelle de Laval, l'ennemi juré de Ménétrel. Rien n'interdit d'émettre l'hypothèse que, compte tenu de la proximité entre Richard et Darnand, le premier ait suivi d'assez près la tentative de Moulin pour faire passer le second à Londres...

Ménétrel encourage[1] les relations de Richard avec les Allemands :

> Je n'ignorais pas les contacts de Richard avec les Allemands, il m'en avait parlé lui-même et m'avait même demandé s'il devait continuer. Je lui avais répondu qu'il pouvait persévérer dans ses relations. Si je lui ai dit cela, c'était uniquement dans le souci d'obtenir de Richard les renseignements que je pensais ainsi pouvoir recueillir plus facilement, dans l'intérêt de la politique du Maréchal.

C'est également par Richard que Ménétrel est en contact avec l'Abwehr :

> Il est exact que j'ai rencontré, fin 1942, début 1943, des Allemands qui m'avaient été amenés par Richard, et ceci d'accord avec moi. Personne n'assistait à cet entretien qui eut lieu entre moi, un commandant nommé Wagner [l'un des pseudos d'Alexander von Kreutz] et un colonel dont le nom m'échappe [qui n'est autre que le patron de Kreutz, le colonel Reile].

Mais le lecteur n'est pas encore au bout de la description de la nébuleuse qui gravite autour de Raymond Richard. On l'avait déjà aperçu prenant contact dès 1940 avec le MSR par l'intermédiaire de Mme Puireux, du SR de cet organisme cagoulard qui servait, sous les ordres d'Eugène Deloncle, de fer de lance de la Révolution nationale en zone occupée. Jacques Corrèze, principal collaborateur de Deloncle et amant de sa femme, avait déclaré le 16 janvier 1941 qu'« ils marchaient complètement d'accord avec les Allemands. Nous sommes armés, et les Allemands le savent. Nous avons une liste des principaux communistes de la région parisienne et nous pouvons les descendre en une nuit. D'ailleurs, une "Nuit de la Saint-Barthélemy" était prévue pour le mois dernier, mais les Allemands ont demandé de reculer la date, tout en étant d'accord sur le fond[2]. » Si le MSR était tenu d'une main de fer par l'ancien patron de la Cagoule, il fut traversé, au fil des mois, de nombreux soubresauts entre clans qui se combattaient durement. À l'intérieur du MSR,

1. Devant le juge Georges Pottier, le 20 novembre 1945.
2. *In Le Mystérieux Docteur Martin*, *op. cit.*

il y avait des anciens de la « 17e équipe » et quelques amis intimes de Pierre de Bénouville, comme Armand Magescas, qui vendit même à Deloncle, le 28 juin 1941, sa société d'éditions, appelée Bureau international de presse et rebaptisée Société des éditions Europe unie. Filliol, ancien patron de la « 17e », revint d'Espagne à l'automne 1941 et reprit alors le service de renseignement du MSR, tout auréolé de sa légende de tueur et de véritable inspirateur de la Cagoule. « Il apparut très vite que les secrets de Deloncle n'étaient pas forcément ceux de Filliol, et surtout que la fantastique intensité intérieure du second, et ce don qu'il avait de concentrer et de déployer à volonté des instincts infiniment mieux maîtrisés et, pour tout dire, plus libres que ceux du premier, avec en plus une assez fascinante froideur, rendaient tout leur mystère aux puissances trop publiquement fourvoyées de l'activisme cagoulard », raconte Georges Soulès[1], un ancien socialiste devenu pacifiste et qui, après un séjour en oflag, rejoignit le MSR et joua alors un rôle non négligeable dans notre histoire.

En cet automne 1941, le MSR sentait le soufre. On lui attribuait l'assassinat, à Montélimar, le 26 juillet 1941, de Marx Dormoy, l'ancien ministre du Front populaire qui avait démasqué le complot de la Cagoule ; les coups de revolver tirés sur Laval et Déat, le 27 août 1941, dans une caserne de Versailles ; et l'assassinat de Tania Masse qui dirigeait le service d'entraide féminine du MSR. Deloncle aurait également commis divers attentats contre des synagogues grâce à des explosifs fournis par le SS Sommer, lequel fut en l'occurrence rappelé à l'ordre par Berlin...

Une équipe hétéroclite se constitua, au cours de ce même automne, entre Georges Soulès, André Mahé (un ancien communiste) et Jehan de Castellane, l'ami intime de Bénouville. Castellane développait toujours les mêmes idées simplistes sur la nation et s'indignait des « impuretés » de la politique. Le fait de diriger une organisation fasciste et antisémite ne lui donnait pas pour autant d'états d'âme. « Il était un de ces agents de renseignement exceptionnels qui voient, par nature, le renseignement

1. *In Sol invictus*, de Raymond Abellio, Ramsay, Paris, 1980.

affluer vers eux sans qu'ils le cherchent[1]. » De leur côté, Mahé et Soulès animaient des cercles de réflexion et avaient repris langue avec d'anciens révolutionnaires, d'anciens pacifistes, tout en tentant de nouer des relations avec le monde ouvrier. Ils écrivirent ensemble un livre intitulé *La Fin du nihilisme*, dans lequel ils développaient l'idée d'un nazisme à la française basé sur l'« ethnie française » ; ils voyaient la politique comme une activité chevaleresque réservée aux membres d'un Nouvel Ordre durement sélectif, alliant comme principes de base la volonté de puissance et un idéal de pureté.

Les fidèles de Deloncle attaquèrent ces idées dans leur journal *Révolution nationale*. Castellane, Soulès et Mahé firent alors alliance avec Filliol contre Deloncle et son fidèle adjoint Jacques Corrèze, pour prendre le contrôle de cet organe collaborationniste. Au cœur de ces batailles, le patron et fondateur de L'Oréal, Eugène Schueller, grand financier du MSR, espérait, grâce à cet outil, faire passer ses propres idées dans le domaine de l'économie.

Le SR du MSR de Filliol et Castellane, soutenu par les deux « intellos » Soulès et Mahé, devint rapidement un pôle quasi indépendant du MSR que personne, en dehors de Filliol, ne pouvait manipuler. Ce nouveau rapport de forces à l'intérieur du MSR n'échappa pas à Raymond Richard qui prit alors contact avec Jehan de Castellane, qu'il connaissait depuis une dizaine d'années. Pour en informer ses différents maîtres, il souhaitait savoir ce qui se passait au juste au sein du MSR.

La chute de Darlan, en avril 1942, et son remplacement par Pierre Laval fut un mauvais coup pour Deloncle qui travaillait depuis longtemps en sous-main pour l'amiral, lequel lui assurait en échange d'importants subsides. Le MSR en avait grand besoin, car il entretenait une centaine de permanents à Paris, de nombreux informateurs et, on l'a vu, un journal, *Révolution nationale*. Laval, lui, cessa de subventionner le MSR. La crise financière qui en résulta ne pouvait évidemment manquer d'aggraver la crise entre les membres de la direction. Durant cette passe délicate, Deloncle essaya de s'attirer les bonnes grâces des

1. *In* Raymond Abellio, *op. cit.*

Allemands. Il envisagea même, *via* Mussolini, de plaider la cause du MSR auprès de Hitler. La crise décisive du MSR se noua publiquement au cours de ce même mois d'avril 1942, au retour de Jacques Corrèze du front russe. Un véritable putsch, animé par Filliol, eut lieu dans la nuit du 13 au 14. Filliol n'hésita pas à demander à Arthur Pfanstiel, interprète à la Gestapo, l'appui des Allemands pour prendre la place de Deloncle. Finalement, l'ancien chef de la « 17e équipe » occupa *manu militari* les locaux du MSR et vida Deloncle et ses collaborateurs[1].

Raymond Richard continuait de voir Castellane. Celui-ci, de son côté, rencontrait régulièrement Pierre de Bénouville qui travaillait alors dans le réseau antigaulliste Carte.

Fin 1942, nouveau changement à la tête du MSR : Filliol qui, lors d'une réunion publique, a proféré des menaces contre Pierre Laval, est arrêté et interné dans un camp du Massif central. Jehan de Castellane prend alors la tête du MSR et Georges Soulès noue un étroit dialogue, à Vichy, aussi bien avec Laval qu'avec Ménétrel. Laval va assurer au MSR des mensualités de 150 000 francs, et Ménétrel accordera à plusieurs reprises des subventions de l'ordre de 100 000 francs[2]. « Dès ce moment, Pierre Laval et le docteur Ménétrel me demandèrent de venir à Vichy pour des comptes rendus périodiques où je ne leur cachai rien des liaisons de notre fraction avec la Résistance », raconte un Georges Soulès qui a tenté après la guerre de faire passer sa « fraction » du MSR pour un relais utile à la Résistance.

Georges Soulès cite comme exemples de ce soutien à la Résistance l'intensité des relations entre Jehan de Castellane et Bénouville, « la copie de nombreux rapports et comptes rendus d'un intérêt défensif considérable », et les informations sur la Milice fournies chaque semaine aux « agents de Bénouville, notamment Jean Gemähling, chef du réseau Katanga » : « Notre filière permit très tôt à la Résistance de prendre des mesures de protection, de prévention ou de colmatage qui portèrent, durant près

1. Castellane affirma après la guerre que ce « coup d'État » avait pour principal objectif de nettoyer les éléments proallemands du MSR dans lequel il était entré sur ordre de Bénouville. Même confirmée par ce dernier, cette affirmation fantaisiste avait pour seul objectif de le faire sortir de prison.

2. Raymond Abellio, *op. cit.*

de deux ans, sur des centaines de cas. » De son côté, Bénouville a justifié après la guerre ses relations avec Jehan de Castellane, dont il connaissait les liens avec « la générale Pallud, qui était elle-même en contact avec Bousquet et Laval ». Plus bizarre encore a été la justification de ces liens par le jeu qu'il était censé mener afin de semer la zizanie chez les collaborateurs : « Grâce à Castellane, nous parvenions à semer la confusion parmi les collaborateurs[1]... » Un jeu trouble qui sera confirmé plus tard par Lydie Bastien[2], la fiancée de René Hardy, lui-même proche de Frenay et Bénouville :

> J'ai été désignée pour me rendre à Paris pour y rencontrer Jean Castellane, ami de Duroc [un des pseudos de Bénouville] et lui dire que Frenay et Duroc avaient résolu de soutenir Laval au lieu de le « contrer » dans les milieux collaborationnistes, ceci pour avoir une activité plus élastique. J'ai vu Castellane et lui ai transmis les ordres. Ensuite, ce dernier m'a remis d'importants papiers concernant les arrestations effectuées par la Gestapo et la Milice de Darnand. Puis je suis rentrée à Lyon.

En même temps que le MSR se trouvait ainsi abouché de manière étroite à la fois avec Ménétrel et Laval, mais aussi avec Bénouville, commençait pour lui une liaison non moins étroite avec Raymond Richard qui, tel un charognard, avait compris l'intérêt qu'il pouvait avoir à foncer sur cette proie. Richard demanda à Castellane de venir le voir à son bureau, rue Godot-de-Mauroy. Il lui raconta qu'il avait été chassé du SPAC parce que « trop patriote », alors que Charles Detmar se « mettait à plat ventre devant les Allemands[3] ». Richard lui confia petit à petit qu'il « travaillait pour le cabinet du Maréchal et que, dans le cadre de la propagande et de l'information, il faisait partie d'un petit groupe appelé "L'Équipe", chargé de diffuser les mots d'ordre du Maréchal... » Richard lui demanda conseil sur le bulletin de « L'Équipe » et entreprit de lui faire accroire qu'il n'ai-

1. Témoignage de Pierre de Bénouville devant la DST, le 12 décembre 1945.
2. Dans son interrogatoire par la DSM à Alger, le 3 juillet 1944.
3. Cette relation entre Raymond Richard et Castellane a été reconstituée à partir du témoignage de Jehan, prince Boniface de Castellane, devant la DST, le 9 février 1945.

mait guère les Allemands. Castellane le crut d'autant plus volontiers que Filliol et d'autres amis affirmaient que Richard était « gaulliste ou gaullisant ». Après plusieurs entretiens, convaincu que Castellane était « mûr » — il ne faut jamais oublier qu'ils parlaient tous deux le même idiome, la langue cagoularde —, Richard, sachant évidemment ses liens avec Bénouville, lui fit part de son désir d'entrer en contact avec la Résistance :

> Après l'avoir sondé à mon tour et avoir éprouvé sa discrétion par mesure de prudence —, dépose Castellane —, je finis par lui répondre affirmativement et je le mis en contact avec Bardot [pseudo de René Hardy], puis avec Barrès [pseudo de Pierre Guillain de Bénouville]. Richard m'offrait en effet de se mettre à la disposition de la Résistance au point de vue renseignements militaires et politiques (transports militaires, etc.).

Henri Ponchelet, proche collaborateur de Richard, n'a pas la même version des visites de Castellane à ce dernier :

> Jehan de Castellane faisait de fréquentes visites à Richard et lui fournissait des renseignements sur la Résistance clandestine, surtout sur la température politique de la Résistance en France, en AFN et à Londres.

Reprenons néanmoins la version de Castellane[1]. Richard, qui cherche à entrer en contact avec Bénouville et le mouvement Combat pour, dit-il, se mettre à leur service, fournit d'abord quelques « échantillons » de renseignements jugés peu intéressants, car « incomplets ». Il offre alors d'effectuer un travail plus sérieux, mais déclare à Castellane que, « pour ce faire, il lui faudrait des moyens financiers pour appointer ses agents. Ceux-ci, en effet, travaillaient pour lui bénévolement ou presque. » On a vu que c'est complètement faux, puisque Richard touchait de l'argent de Ménétrel et de l'Abwehr. « Cet appoint, aurait poursuivi Richard, les encouragerait à poursuivre leur effort. »

Castellane s'ouvre d'abord de la proposition de Richard à « Béatrice », nom de code de Lydie Bastien. Hardy « trouve

1. J'ai tenté de remettre les faits décrits par Castellane dans l'ordre chronologique que — probablement à dessein — il n'a pas respecté afin d'atténuer ses responsabilités.

l'idée excellente ». **« Je n'assistai pas à l'entretien Bardot [Hardy]-Richard, par prudence,** précise Jehan de Castellane. **Mais, peu après, je revis Richard qui se déclara très heureux et satisfait de ce contact. »** Richard avait sans doute obtenu satisfaction financièrement, car il insista, après cet entretien, pour dédommager Castellane. Il est donc très probable que Richard — déjà payé par l'Abwehr, le cabinet du Maréchal et peut-être le SD — ait été également financé par Combat grâce à l'argent américain obtenu en Suisse par Bénouville !

> J'avais proposé à « Bardot » [Hardy] de faire de Richard mon intermédiaire : c'est à lui que je remettais désormais mes renseignements, et il les transmettait au SR des MUR[1]... « Barrès » [Bénouville] m'avait présenté à « Henriot » [Jean Gemähling], du SR des MUR..., poursuit Jehan de Castellane.

Lydie Bastien vient souvent à Paris où elle voit chaque fois Jehan de Castellane et Raymond Richard. Elle est « Béatrice » pour le premier, « Mme Pelletier » pour le second. Elle fait aussi la liaison entre l'un et l'autre, amenant de la part de Castellane des renseignements à Richard, notamment sur la Milice, pour qu'il les achemine au cabinet du Maréchal. L'intimité entre Richard, Castellane, Lydie Bastien, René Hardy et Bénouville est telle que ces deux derniers considèrent les deux premiers comme des agents de Combat ; de son côté, **Richard voit en Castellane et Lydie Bastien — et, par son biais, René Hardy — des agents de son organisation, le SR-Ménétrel, qui travaille aussi pour l'hôtel Lutétia...**

Preuve de ces jeux éminemment dangereux et ambigus dans lesquels chacun était persuadé d'être gagnant, Jehan de Castellane n'hésite pas à demander à « Richard d'entrer à la Milice ; mais Richard voulait être couvert officiellement par Bénouville, [et] Barrès et Hardy étaient absents ». Richard a donc refusé, mais a continué d'entretenir des relations étroites avec Darnand et la Milice. Il exhibait d'ailleurs le portrait de Darnand dans son bureau, tout en s'exclamant haut et fort devant Castellane :

1. Ce passage est présenté comme postérieur à l'affaire de Caluire, mais il est évident que cette configuration est antérieure, car Hardy n'est plus opérationnel en France après Caluire !

« Quel salaud ! » À son tour, « Richard présente le commissaire Pelletier à Castellane, car ce dernier prétend que le MSR est devenu antiallemand. Castellane demande de l'argent au cabinet de Pétain pour le MSR ». Et, de fait, Richard versera de l'argent à Castellane pour le MSR — de l'argent allemand.

Ambiguïtés encore quand on découvre[1] une partie des actions conduites par Georges Soulès, qui avait noué lui aussi des relations étroites avec Bénouville au point de disposer d'une boîte postale pour communiquer avec lui. Sa fraction du MSR plaça un homme à elle à l'intérieur de l'OCM et tissa avec ce réseau de nombreux liens. Soulès insiste[2] sur les « **rapports avec Pierre Laval, le cabinet du Maréchal, le général de Bénouville et le réseau de Jean Gemähling** [qui] **s'étaient définitivement noués** et où la collaboration de nos cellules d'entreprises et des filières de Le Bourre [l'homme infiltré à l'OCM] atteignait son plein rendement ». Et il développe les raisons idéologiques et politiques qui expliquent ces passerelles jetées entre la Résistance — ou tout au moins une partie de celle-ci — et Vichy :

> **Alors que le fossé semblait se creuser de plus en plus entre les vichyssois et les gaullistes, de bons esprits commençaient un peu partout à penser qu'avant de se chercher des alliés à Londres ou à Berlin, il ne serait pas inutile de prêcher aussi la « collaboration franco-française », c'est-à-dire de rapprocher les militants disposés à reconnaître que la division des jeux entre Vichy et Londres avait été conforme à la nature des choses et à préparer ainsi, quelle que fût l'issue de la guerre, les conditions d'une réunification paisible.**

De nombreuses rencontres informelles sur ce thème de la « réconciliation franco-française » eurent lieu durant le premier semestre 1943 avec comme éléments moteurs Jehan de Castellane, Mahé, Soulès et des « résistants dont plusieurs, plus tard, devinrent célèbres ». Personne, à part Soulès, n'a reconnu ces menées politiques souterraines encouragées par Vichy. Bénouville fait assurément partie des résistants qui ont joué ce jeu-là en 1943, même s'il refuse aujourd'hui de le reconnaître. **Cette**

1. *In Sol invictus, op. cit.*
2. *In Sol invictus, op. cit.*

« réconciliation » supposait qu'en fussent exclus les communistes et ceux qui étaient considérés comme manipulés par eux.

Ces manœuvres de Vichy n'ont pas échappé complètement à Jean Moulin et à son équipe puisque, dans les dossiers de la Délégation[1], on trouve une note non signée faisant état du « réveil inquiétant des vieilles équipes politiques » et du fait que Vichy prépare des formations de résistance : « Certains de nos amis auraient été sollicités de donner leur adhésion à une fédération des mouvements de la Résistance qui serait une opposition au CNR. » La confiance régnant entre tous ces partisans de la « réconciliation » était telle que, « durant l'année 1943, certaines réunions de responsables de **cette** Résistance se tinrent au domicile même de Castellane, rue des Marronniers, à Auteuil. En l'absence de sa sœur repliée en province, l'hôtel particulier de cette dernière, avenue Jules-Janin, près de La Muette, fut également mis par notre camarade à la disposition de Bénouville, qui envisagea un moment d'y installer le quartier général d'Henri Frenay si celui-ci venait à Paris, et y logea en permanence certains agents de ses réseaux[2]. » Bénouville donne des rendez-vous à Louis Saillant chez Castellane, lequel en est très troublé. L'hôtel de sa sœur a également « servi de refuge à Jacques Baumel, à Pierre Brossolette, à Blocq-Mascart, au général Bertin, au commandant Dunoyer de Segonzac et à moi-même[3]... »

Richard est ainsi désormais installé au cœur de Combat et, à travers lui, l'Abwehr, le SD et la Milice s'y trouvent aussi infiltrés.

Il a existé d'autres systèmes de capillarité qui rendent difficile l'analyse des circuits suivis par le renseignement[4] aussi bien que par les « fuites ». Un autre recouvre en partie le précédent et a joué un rôle dans notre histoire : il comprend également l'Abwehr de l'hôtel Lutétia, une Française qui fait partie du réseau

1. Archives BCRA.
2. *In Sol invictus, op. cit.*
3. Témoignage de Bénouville devant la DST, déjà cité.
4. Voir tableau p. 536.

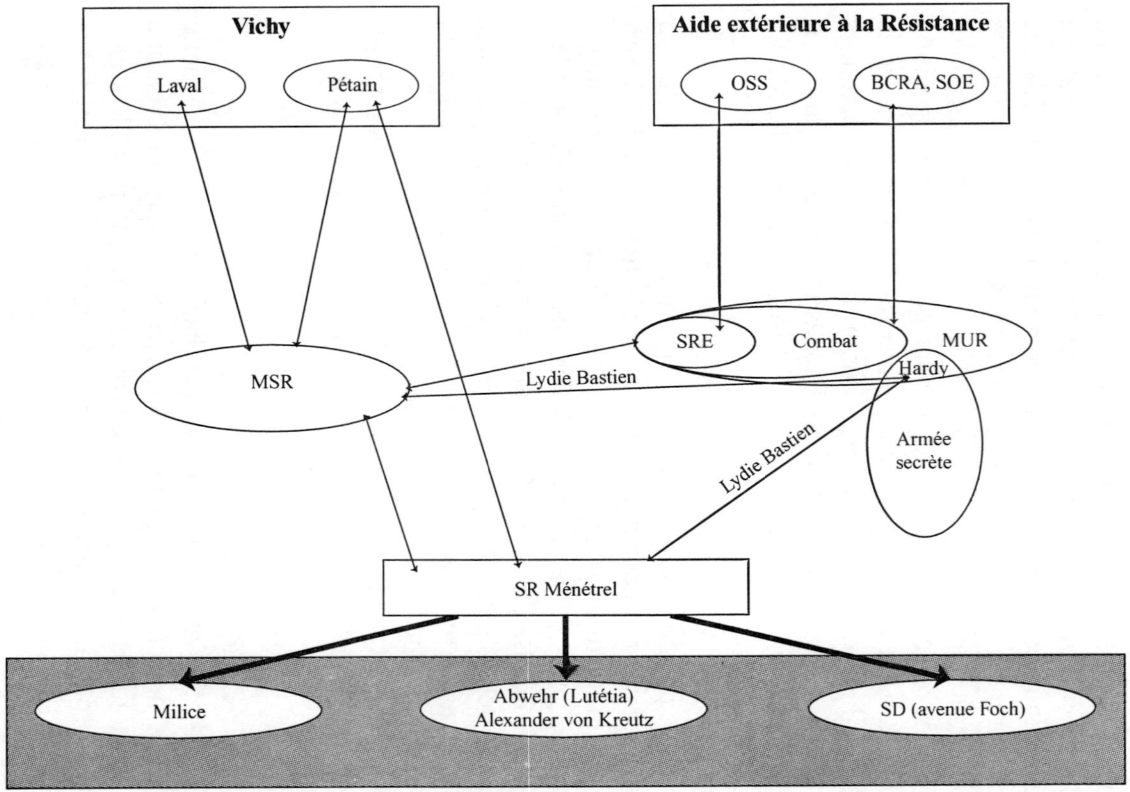

Juin 1943, les secrets de Combat, des MUR et de l'AS circulent et peuvent aboutir via la fiancée de Hardy, Hardy lui-même, Pierre de Bénouville, Jehan de Castellane, à leurs ennemis : l'Abwehr, le SIPO-SD et la Milice.

Groussard, et, à partir du 27 avril 1943, un membre de Combat retourné par les Allemands. Edmée Delettraz, d'Annemasse, travaille comme agent de liaison depuis novembre 1942 pour le colonel André Devigny, lui-même adjoint du colonel Groussard. Après avoir fait la navette entre Lyon et Toulouse, elle la fait entre Lyon et Grenoble ou Annemasse, près de la frontière suisse. Elle est repérée par Robert Moog, un agent de l'Abwehr (K 30) « traité » par un officier chevronné, Ludwig Heinrich Kramer. Elle est arrêtée en avril 1943. Elle accepte de travailler pour Moog et, chaque fois qu'elle vient à Lyon, elle doit signaler sa présence à l'hôtel Terminus, siège de la Gestapo. Elle participe à une souricière où tombent plusieurs Français, mais, surtout, c'est elle qui piège Bertie Albrecht, la plus proche collaboratrice de Frenay. Edmée devient de surcroît la maîtresse de Moog.

Tout cela serait fort banal si Edmée n'avait pas continué à être soutenue par ses chefs alors qu'elle travaillait à la fois pour l'Abwehr et pour la Gestapo...

Après la guerre, le colonel Groussard a raconté[1] que Moog avait conçu avec Barbie le plan de l'enlever en se servant de son troisième fils, Serge, emprisonné à Fresnes :

> Ce qui fit renoncer Moog à son plan diabolique, ce fut d'abord l'envoi soudain de mon fils en déportation... Ce fut ensuite et surtout l'intervention du colonel de l'Abwehr chargé spécialement de ma personne et de mes activités, à qui il dut soumettre son plan [...]. Ce colonel refusa le plan : il dit que j'étais un officier comme lui, un homme d'honneur, et que, comme moi, il en était sûr, en pareille circonstance, jamais il ne s'abaisserait à pareille manœuvre.

Mais comment Groussard a-t-il eu connaissance de la bienveillance de l'Abwehr à son endroit ? Quel jeu jouaient ces deux colonels dont les réseaux respectifs avaient l'air de se trouver — fût-ce en partie — si étroitement imbriqués ?

1. *In Service secret, op. cit.*

30

Des chefs de Combat responsables des arrestations du général Delestraint et de Jean Moulin

« Frenay n'approuva jamais le choix de Delestraint et il ne manqua jamais une occasion de le signifier de façon souvent violente, à sa façon[1]. » Quand Henri Aubry, l'homme de Frenay, est nommé chef de cabinet du patron de l'Armée secrète, au lendemain de l'arrestation de Morin-Forestier, il ne va pas cesser de marquer Delestraint-« Vidal » à la culotte : « Toute la tactique d'Aubry consistait à assurer à "Vidal" le moins de contacts possible, jusqu'à ce qu'Henri Frenay eût été à Londres et eût réglé le problème en haut lieu. » En clair : jusqu'à ce qu'Henri Frenay eût obtenu le limogeage de Delestraint et de Moulin.

L'animosité est telle contre les deux hommes que Frenay a envoyé une circulaire aux six chefs de région des MUR pour exposer dans le détail l'activité de Moulin et de Delestraint. Cette circulaire tombera entre les mains de la Gestapo. Hardy raconte[2] avoir assisté à une conversation « édifiante » entre Aubry et Baumel, à La Queue de cochon, à Lyon. Il y avait été question de « chambrer » Delestraint : « Il faudra le mettre au frais », disait Aubry, et Baumel de renchérir : « Nous marchons avec de Gaulle et... contre lui, s'il le faut ! » Jean Moulin est parfaitement au courant de ces dispositions d'esprit puisque, le 5 juin 1943, dans un rapport sur l'AS adressé à André Philip, il écrit notamment : « Le général "Vidal" fait en ce moment un

1. *In Derniers Mots*, de René Hardy, Fayard, 1984.
2. Toujours dans *Derniers Mots*, *op. cit.*

travail considérable. Mais il le fait pratiquement seul et prend des risques excessifs du fait qu'il n'est pas secondé. »

Fin mai, début juin 1943, Frenay et Bénouville sont particulièrement excités. Dans l'attente d'un avion pour Londres, ils poussent Davet à intervenir pour qu'on leur envoie un Lysander. Le 1er juin, Berne demande à Londres de transmettre un message de Davet au général d'Astier :

> Après consultation avec les leaders responsables de nos maquis et après avoir étudié leurs rapports, j'attire spécialement votre attention sur l'extrême urgence de satisfaire leurs besoins immédiats en argent, armes et équipement pour éviter la dispersion des équipes dont la pérennité assure celle d'une vraie résistance. La disparition des maquis par manque de soutien après un encouragement initial des Alliés eux-mêmes aurait de sévères conséquences pour le futur et discréditerait les mouvements de résistance aux yeux des Français. Je vous prie, de surcroît, d'accélérer le voyage à Londres de Frenay et de son associé Bénouville.

Le 4 juin, Berne parle toujours du voyage à venir de Frenay et Bénouville à Londres, qui a notamment pour objectif de clarifier toutes les relations entre eux, leurs représentants Davet et Monod, et l'OSS à Berne. « **Bénouville**, qui est le lieutenant de Frenay, parle de lui-même comme de la seule personne capable de faire le voyage de Londres, à cause de sa connaissance de la situation. Il est **jeune, courageux et agressif**. Nous n'avons pas d'engagements à son égard, ni de jugement sur lui [...], car nous ne l'avons pas vu assez longtemps à l'œuvre », lit-on dans le télégramme adressé à Londres et à Washington. C'est effectivement lui, le « dur » de l'équipe.

À Lyon, Frenay quitte la chambre de Bénouville, rue Tronchet, pour s'installer plus discrètement dans un petit appartement, quai Saint-Vincent. Il est finalement prévenu qu'il partira — seul — à la lune de juin. Il décide qu'en son absence Bénouville prendra en main le secteur des affaires militaires, et, à ce titre, chapeautera les membres de Combat qui travaillent au sein de l'Armée secrète, notamment Henri Aubry et René Hardy : le premier en tant que chef d'état-major adjoint de l'Armée secrète, le second parce qu'il a été nommé chef du Troisième Bureau de l'AS pour tout ce qui concerne les transports. Depuis quelques mois, Hardy fait la navette entre Lyon et Paris, car il est chargé d'étendre le service Fer national à l'ensemble du territoire.

Le 27 mai, jour de la première réunion du CNR, le général Delestraint, Gastaldo, chef du Deuxième Bureau de l'AS, et Aubry élaborent ensemble un plan de travail dans l'appartement d'un ami d'Aubry, sur un quai du Rhône. Mme Raisin, la secrétaire d'Aubry, arrive avec un léger retard. Le général doit d'abord monter à Paris pour nouer tous les fils avec les organisations militaires secrètes de zone Nord. Ensuite, il doit redescendre en zone Sud pour effectuer en compagnie d'Aubry une tournée destinée à mettre en place les états-majors régionaux et départementaux. Les trois hommes décident que Hardy, qui dispose de nombreuses liaisons à Paris, y montera lui aussi pour mettre son carnet d'adresses à la disposition du général Delestraint. Rendez-vous est même pris entre Hardy et Delestraint : ce sera le mercredi 9 juin, à 9 heures du matin, au métro La Muette. Aubry dicte alors à Mme Raisin un message en clair pour prévenir Hardy de prendre toutes dispositions pour se trouver à Paris le 9 juin au matin. Mme Raisin va déposer le message dans la boîte aux lettres de Mme Dumoulin, 14, rue Bouteille à Lyon. Le lendemain, Aubry interpelle sa secrétaire :

— Lorsque vous avez porté cette lettre, hier, vous avez eu de la chance d'en réchapper, car la Gestapo était dans la maison[1].

Les Allemands avaient en effet tendu une souricière après avoir arrêté notamment Mme Dumoulin, le 24 ou le 25 mai.

Multon, alias « Lunel », collaborateur du général Chevance, arrêté le 27 avril 1943 par le Sipo-SD, avait accepté, le 30, de travailler pour les Allemands. Il avait été affecté à Lyon, le 24 mai, pour aider Barbie, sur ordre du *Sturmbannführer* Kieffer, patron de la sous-section IV E du Sipo-SD installé au 84, avenue Foch, à Paris. Multon travaillait alors avec Moog, agent de l'Abwehr (K 30) qui, pour le compte de Kramer, de l'*Abstelle* de

1. D'après le témoignage d'Henri Aubry lors du deuxième procès Hardy.

Dijon, espionnait aussi Multon et Barbie. **L'hôtel Lutétia allait donc pouvoir suivre ainsi les opérations du SD à Lyon, et éventuellement y interférer.**

La première opération imputable à Multon fut l'arrestation de Bertie Albrecht, le 25 mai, à Cluny. Pour mener à bien cette sale besogne, Multon utilisa une jeune femme, Edmée Delettraz, qui travaillait dans le réseau du colonel Groussard et qui, par peur, s'était mise au service des Allemands. Non seulement les Allemands arrêtèrent ainsi la maîtresse et principale collaboratrice de Frenay, mais ils firent main basse sur les affaires personnelles de ce dernier, dont une valise bourrée de documents.

La seconde opération de Multon consista à piéger la boîte aux lettres de Mme Dumoulin et à y trouver la lettre d'Aubry à René Hardy, le priant de se trouver à Paris le 9 juin au matin. Moog, à qui Multon a remis la précieuse lettre, l'achemine à son patron allemand Kramer, installé à l'hôtel Lutétia : « Je remis l'affaire le même jour entre les mains du service de Paris et en référai au commandant Gleichauf[1]. » **L'hôtel Lutétia va dès lors superviser l'arrestation du général Delestraint et de Hardy. Mais il est entendu que les prisonniers seront remis à Kieffer, du 84, avenue Foch. L'affaire est suffisamment importante pour qu'elle ne reste pas dans les mains d'un simple officier. Il est plus que probable que le nom de Hardy a immédiatement attiré l'attention du colonel Reile, puisque l'agent E.7.122, Raymond Richard, le considère comme son « honorable correspondant » à l'intérieur de Combat et de l'Armée secrète...**

Le petit dialogue entre Aubry et sa secrétaire montre qu'Aubry n'ignorait pas que les Allemands étaient entrés en possession de la lettre de convocation de René Hardy et connaissaient donc certainement l'existence de son rendez-vous avec le général Delestraint. Circonstance aggravante : Aubry rencontra Delestraint à deux reprises avant son départ pour Paris, les 2 et 4 juin, à Lyon, et ne lui souffla mot de l'affaire de la boîte aux lettres grillée, donc du fait très probable que les Allemands avaient

1. Il s'agit en réalité de « Gegauf », c'est-à-dire de Kramer.

connaissance de son rendez-vous du 9 juin. À la barre du Tribunal militaire, en 1950, il conviendra « qu'il n'a pas prévenu le général », « qu'il ne croyait pas que c'était nécessaire de le prévenir » — entre autres incohérences[1].

Le capitaine Kramer et ses deux agents K 30 et K 4 arrêtent Delestraint au métro La Muette. Delestraint a si grande confiance en l'homme qui lui a dit être envoyé par Hardy qu'il lui déclare avoir aussi rendez-vous avec Gastaldo et Jean-Louis Théobald, lesquels sont eux aussi arrêtés. Deux jours plus tard, ce sera le tour d'une chargée de mission de Moulin, Suzanne Olivier. Delestraint, une des deux « bêtes noires » de Frenay, est désormais hors circuit. Henri Aubry est sinon coupable, du moins responsable de son arrestation.

Si René Hardy n'est pas arrêté avec Delestraint, c'est tout simplement parce qu'il n'a pas reçu la lettre d'Aubry qui le convoquait le vendredi 9 juin, à 9 heures du matin, au métro La Muette et qui a été subtilisée par les agents de l'Abwehr. Ayant rendez-vous à la gare d'Austerlitz avec Jean-Guy Bernard (alias « Thellis »), qui s'emploie à organiser le sabotage Fer en zone Nord et à prendre des contacts à la SNCF, Hardy s'apprête, le 7 juin, à monter dans le train pour Paris, à 21 h 50, à la gare de Lyon-Perrache. Sur le quai, il reconnaît Multon qu'il sait être devenu un agent allemand. Il remarque également Lazare Rachline, un ami de Bénouville, rencontré quelques jours plus tôt dans un restaurant ; il s'approche de lui et lui offre une cigarette :

— Si je suis arrêté dans le train, prévenez mon ami [Bénouville] que Lunel [Multon] s'y trouvait.

Malgré la menace représentée par la présence de « Lunel »-Multon, Hardy monte dans le train. Moog et Multon, qui partent arrêter le général Delestraint, y montent eux aussi et vont s'installer dans le compartiment voisin. Dans le couloir, Hardy croise le regard de Multon, qui est troublé. À ses côtés, Moog s'en

1. Henri Aubry avait été inculpé de non-révélation de crimes par le juge d'instruction militaire. Il fut interrogé à trois reprises et fit ensuite l'objet d'un non-lieu.

rend compte. Le sort de Hardy est scellé : Moog décide de passer à l'action en gare de Chalon-sur-Saône.

Moog interroge Hardy, qui voyageait sous son vrai nom. Puis il reprend le train pour Paris. Il pourra dire à ses chefs de l'hôtel Lutétia que Hardy, arrêté, est incarcéré à Chalon.

Quelles mesures prend alors Reile ?

Hardy reste deux jours en prison. En fin d'après-midi du 10 juin, Barbie l'interroge à Lyon, rue Berthelot, puis le relâche avant minuit. **Contre quelles promesses ? À la demande de l'Abwehr qui suit ce dossier de près et a interrogé Hardy avant Barbie ? En tout cas, à partir de la mi-juin, Max Hartwig, envoyé par Berlin à Lyon dans un commando du SD, voit apparaître « un prénommé Raymond, de nationalité française », qui faisait de fréquentes visites « sans toutefois donner de renseignements à son service ». Il pourrait s'agir de Raymond Richard, qui connaît bien Hardy et sa fiancée, et qui entend, pour le compte du comte von Kreutz — c'est-à-dire de l'Abwehr —, suivre cette affaire de fort près et aider son « ami » Hardy en difficulté.**

René Hardy, qui avait fait de sa fiancée sa plus proche collaboratrice, lui avait donné rendez-vous dans la capitale le 8 juin. Elle y est bien venue, et, malgré l'absence de son fiancé, y est restée une huitaine de jours. N'ayant jamais été interrogée sérieusement, elle est demeurée assez vague sur son emploi du temps au cours de ces journées durant lesquelles son fiancé se trouvait entre les mains des Allemands : « J'étais en relations constantes avec la personne que je devais toucher... J'ai rencontré un ami, le dimanche suivant, qui m'a dit que, sur la ligne Paris-Lyon, il y avait eu des arrestations... » Elle fait probablement allusion à Jehan de Castellane et à Raymond Richard qui sont ses correspondants habituels à Paris. Elle a été mise au courant de l'arrestation de son fiancé par l'un d'eux.

Le 11 au matin, après avoir été relâché par les Allemands, Hardy rencontre son ami Bénouville. Il est maintenant établi qu'il lui a raconté son arrestation[1]. Il lui aurait affirmé qu'il

1. Voir note 2, p. 546.

n'avait pas été identifié comme « Didot » (l'un de ses pseudos) par Barbie. (C'est peut-être vrai, mais Moog, grâce à Multon, connaissait probablement les différentes identités de Hardy et son rôle dans la Résistance.) « Ensemble, nous avons décidé de conclure un pacte du silence[1] sur mon arrestation et de rechercher qui avait été à son origine, ainsi qu'à celle de l'arrestation de Delestraint, les deux étant liées[2] », écrivit René Hardy en décembre 1983. Par lettre recommandée, Bénouville lui reprocha alors son « ignominie » et traita son ancien ami de « menteur et de lâche », ne reconnaissant pas qu'il l'avait prévenu à l'époque de son arrestation. Hardy ne répondit pas à cette lettre mais a évoqué, dans ses *Derniers Mots*, la visite que Bénouville lui rendit en 1983, et « certaines de ses propositions » qui lui avaient déplu.

---

1. Si ce pacte a bien existé, n'était-il pas finalement un pacte à trois ? Je ne mentionne ici que pour mémoire une lettre de Barbie au producteur de cinéma Claude Bal. Barbie a eu tellement de versions différentes sur son rôle dans le drame de Caluire qu'il faut prendre chacune d'elles avec la plus extrême méfiance. Cette version est antérieure à « sa prise en main » par maître Vergès.

> La Paz, Prison de San Pedro, le 29.1.1983
> Monsieur Claude Bal,
> Je n'ai pas reçu de réponse à ma lettre du mois de décembre adressée à Roquencourt. Peut-être celle-ci vous parviendra-t-elle. Je vous écris de la prison de « San Pedro » de La Paz. Incertain de l'avenir, je crois le moment venu d'un examen de conscience. Il avait été convenu entre René Hardy et moi-même qu'au seuil de la mort nous reprendrions notre liberté. J'assimile le silence auquel je risque d'être bientôt condamné à la mort. Je vais dire la vérité :
> 1. Hardy n'a pas été mon agent. Arrêté par la douane et la police allemande, il a accepté le marché que je lui ai proposé avec l'accord de mes chefs : la liberté contre Max.
> 2. Cet accord avait été conditionné par lui à l'accord de ses chefs. Dès le lendemain de sa remise en liberté sous surveillance, il a obtenu l'accord du général de Bénouville à la condition que les responsables du mouvement Combat et des MUR ne soient pas inquiétés.
> 3. La base politique de cet accord était une volonté commune de lutter contre le danger communiste. Devant ce qui se passait en Grèce, en Yougoslavie, en Italie, nous pensions qu'il était important que la France ne tombe pas dans l'orbite soviétique.
> 4. Cet accord a été facilité par la connaissance que j'avais depuis le mois de mars de contacts entre Combat et les Américains. Ainsi doit prendre fin la polémique entre René Hardy et moi-même.
> Ce document est signé Klaus Altmann.

J'ai envoyé cette lettre au général de Bénouville : « Comment aurais-je pu conclure un accord aussi ignoble (...) Je suis suffoqué par ce torchon. » m'a-t-il répondu, indigné, dans une lettre datant du 2 novembre 1998.

2. *In Derniers Mots*, de René Hardy, *op. cit.*

Bénouville s'est effectivement rendu alors au chevet de son ami : « Un homme médiocre, mais, quand j'ai vu qu'il était dans la misère, je suis allé vers lui par fraternité, raconte-t-il aujourd'hui[1]. Je lui ai remis de l'argent et, après, il a bavé sur moi. Il y avait alors un sale type qui l'a aidé à faire son livre et qui a tenté de me faire chanter... Avant de mourir, René Hardy m'a envoyé une lettre d'excuses. »

L'éclat de Bénouville, tel que le raconte Hardy dans *Derniers Mots*, est plutôt bizarre, puisque Bénouville reconnaît maintenant qu'il a bien eu connaissance de l'arrestation survenue à Chalon. Bénouville m'a d'ailleurs raconté[2] la scène. Hardy confie à son vieil ami :

— J'ai eu une aventure. J'ai réussi à m'en tirer. J'erre d'un point à un autre, je suis obsédé par cette arrestation.

« Nous avons alors été prendre une douche ensemble, précise Bénouville. Il n'avait aucune trace sur son corps. Je le crois[3]. »

Bénouville savait donc que Hardy avait été interrogé par les Allemands. Il a prévenu Frenay et la direction de Combat comme l'attestent plusieurs télégrammes[4], probablement dans l'après-midi du 11 juin, quai Saint-Vincent, car les principaux responsables de Combat, notamment Frenay, Bénouville, Bourdet, Aubry, Malacrida, d'Ivernois se retrouvaient pour discuter « des documents à emporter à Londres et des attitudes à prendre par la Résistance intérieure vis-à-vis des Alliés », c'est-à-dire de la stratégie visant à éliminer Moulin.

Inquiet de ne pas voir revenir Lydie Bastien de Paris, René Hardy décide de l'y rejoindre, le 12 juin, pour lui recommander notamment de ne pas rentrer chez elle, à cause, selon lui, de la menace de Barbie. Il indique dans *Derniers Mots* qu'il nourrit

---

1. Rencontre avec l'auteur, le 21 octobre 1997.
2. Le 21 octobre 1997.
3. Après m'avoir dit, à plusieurs reprises, avoir été au courant de l'arrestation de Hardy, Bénouville m'a envoyé une lettre le 2 novembre 1998 dans laquelle il revient sur ses propros antérieurs : « Vous imaginez sans peine — toute ma vie le prouve — que si j'avais eu connaissance d'une arrestation antérieure de Hardy par la Gestapo, je l'aurais bien entendu, chargé d'aucun contact et n'en aurais eu aucun autre avec lui. »
4. Voir *infra*.

des soupçons à son endroit à propos de l'arrestation de Delestraint, parce qu'au tout dernier moment elle avait décidé de ne point partir avec lui, le soir du 7 juin.

A-t-il revu Lydie Bastien à Paris ? Si oui, qui ont-ils rencontré, qu'ont-ils fait ?

En tout cas, Lydie Bastien revient à Lyon le 16 ou le 17 juin et y retrouve René Hardy le soir-même.

Le soir du 16 juin, vers 18 heures, une voiture vient chercher Frenay pour le conduire au terrain d'aviation d'où il décollera pour Londres. Bénouville lui dit au revoir. Un peu plus loin, sur le quai, au bord de la Saône, la sœur de Jean-Guy Bernard le salue discrètement. Un peu plus loin encore, Jacques Baumel lui fait signe à son tour. Frenay s'envole le 17 juin depuis un petit aérodrome situé près de Mâcon, à bord d'un Hudson, d'abord vers Boufarik, puis Gibraltar, enfin Londres où il arrivera le 19 juin. Il entend bien demander le double limogeage[1] de Moulin et de Delestraint, car il ne sait pas encore que ce dernier a été arrêté.

Dès le 17 juin, Bénouville expédie un message à Philippe Monod, en Suisse :

> Xaintrailles [Frenay] est parti et je suppose qu'il est maintenant arrivé. Avant son départ, nous avons eu les coups les plus durs. Didot [Hardy] qui, comme vous le savez, était condamné à mort à Paris, y a été arrêté... Le second malheur qui nous a frappé a été la nouvelle de l'arrestation à Paris par la Gestapo de Galibier [Gastaldo, chef du 2e Bureau de l'Armée secrète. Le général Frère, ses acolytes, les colonels ont été arrêtés par la Gestapo[2].

Le 19 ou le 20 juin, Bénouville, sa fiancée, Baumel et quelques autres assistent à un service religieux à Saint-Bonaventure à la mémoire de Bertie Albrecht dont ils ont appris le décès par la fille aînée des Gouze.

---

1. Je rappelle au lecteur la réserve faite par Bénouville dans la note 1 p. 500 *(Note de l'auteur.)*
2. CARAN Combat 72 AS.

Aubry revient à Lyon dans la matinée du 19 juin. Il apprend aussitôt par sa secrétaire que le général Delestraint a été arrêté et que Moulin le cherche fébrilement depuis cinq jours pour le convoquer à une réunion en vue de prendre toutes les mesures qui s'imposent. **Bénouville lui recommande de ne pas s'y rendre seul, mais d'emmener Hardy avec lui :** « Baumel [secrétaire général des MUR] et de Bénouville souhaitaient ardemment que j'emmène à cette réunion Hardy pour me soutenir, parce qu'il se pouvait que des considérations politiques influent sur le résultat de la réunion qui devait se tenir », a raconté plus tard Henri Aubry[1]. **Bénouville, qui reconnaît qu'il était le véritable patron de Combat après le départ de Frenay pour Londres, m'a dit : « Je savais d'avance que Moulin, qui se croyait investi par Dieu, allait imposer son point de vue sans tenir compte de la Résistance intérieure. Je comptais m'y opposer. C'est moi qui ai nommé de Jussieu à la tête de l'AS avant Caluire. Ce n'était pas la peine que j'aille à la réunion, puisque j'avais décidé de ne pas tenir compte de la décision prise. Le but de Moulin était de pénétrer la Résistance.[2] »**

L'état d'esprit de Bénouville à cette époque cruciale de la bataille qui fait rage entre Moulin et Frenay est également résumé dans un court télégramme qu'il fait envoyer par l'OSS à Frenay, juste avant Caluire, mais qui ne lui sera transmis que plus tard[3] :

> Vidal [Delestraint] a été pris par la police allemande. Général de Gaulle devrait accepter. **Suggère représailles.** Didot libre va bien.

Comme on l'a déjà vu, Bénouville n'est guère attristé par l'arrestation du patron de l'Armée secrète et encourage Frenay à se montrer très ferme pour obtenir le limogeage de Moulin[4] et la nomination par Combat du remplaçant de Delestraint. À cette fin, il lui suggère de ne pas hésiter à menacer le général de Gaulle. De ne plus reconnaître son autorité ? Quand je lui

1. Deuxième procès de René Hardy devant le Tribunal militaire, 334 AP.
2. Rencontre avec l'auteur du 29 septembre 1998.
3. *Idem.*
4. Voir réserve de la note p. 500.

rappelle ce télégramme dans lequel il a incité Frenay à envisager des « représailles », Bénouville dit n'en avoir pas gardé de souvenir précis, mais il ajoute : « Nous en étions arrivés à un point où les représailles étaient normales. » Enfin, dans le même message, il lui confirme que René Hardy, qui a été arrêté par les Allemands, est libre et se porte bien.

Bénouville, patron intérimaire de Combat, prépare la mise à l'écart de Moulin. Il a déjà nommé le remplaçant de Delestraint, ce qui est justement l'ordre du jour de la réunion que Moulin est en train de convoquer. Cette réunion ne peut être que violente, puisque la nomination de Jussieu ne pourra être prise que comme un acte de rébellion. Bénouville sait qu'Aubry ne fera pas le poids face à Moulin, assisté de ses affidés, et lui adjoint l'un de ses collaborateurs doté d'un fort tempérament, René Hardy dont il sait pourtant que, quelques jours plus tôt, il a été arrêté par les Allemands.

À 11 h 15, le samedi 19 juin, rue de l'Hôtel-de-Ville, à Lyon, Aubry rencontre par hasard Hardy, accompagné de Lydie Bastien. Il lui fixe rendez-vous pour le lendemain dimanche à 11 h 30, au pont Morand, pour lui remettre l'argent du mois et lui parler de la réunion que prépare Moulin : « Il faut que tu viennes avec moi à la réunion que veut faire Moulin. Je ne sais pas où elle aura lieu. Il faut que tu viennes avec moi, j'aurai besoin de toi. »

L'après-midi, Aubry rencontre Bénouville et Baumel près des bâtiments de la foire de Lyon pour mettre au point la stratégie à adopter face à Moulin. « Il a été dit qu'il fallait absolument que Hardy vienne avec moi, afin que ce qu'on peut peut-être appeler une "tendance" soit représentée davantage. Il fallait qu'il vienne absolument avec moi à cette réunion », a répété Aubry[1].

Aubry rencontre ensuite Raymond Aubrac et André Lassagne chez Lonjaret pour parler de la réunion. Professeur au lycée de Lyon, Lassagne a été chargé par Moulin d'organiser celle-ci. « On discute de choses et d'autres », dit Aubry. Ce qui signifie en fait que nul ne se dévoile, puisque Aubry est contre Moulin et ses amis. Moulin a demandé à Aubrac d'assurer l'intérim de

1. Deuxième procès Hardy.

Delestraint. Aubry apprend alors seulement qu'il doit se trouver le lundi 21 juin à 13 h 30 à la « ficelle » (le funiculaire) de la Croix-Paquet pour se rendre ensuite au rendez-vous dont il ne connaît pas le lieu[1].

Le lendemain matin, dimanche 20 juin, Aubry arrive vers 11 h 20, accompagné de Gaston Defferre, vers le pont Morand et aperçoit Hardy sur un banc. À ses côtés, un homme qui lit le journal. Il fait signe à Hardy : « Bonjour, attends-moi une seconde, je reviens. » Il croise sa secrétaire à qui il avait demandé d'apporter 200 000 francs à l'intention de Hardy. Il lui indique d'aller porter l'argent à ce dernier. Deux ou trois minutes plus tard, Aubry rejoint Hardy, en conversation avec sa secrétaire à qui il demande de se rendre à un repas de première communion pour l'excuser de ne pouvoir y venir. Aubry tient en effet à déjeuner avec Hardy pour parler de la réunion et lui donne rendez-vous à 13 h 30, le lendemain, à la « ficelle » de la Croix-Paquet.

Le dimanche après-midi, Hardy retrouve ses plus proches collaborateurs, le lieutenant Bossé, sa secrétaire, Mme Damas, et Lydie Bastien, qui sait que son fiancé doit participer le lendemain à une importante réunion décidée à l'initiative de Moulin. Lydie est chargée d'aller à Limoges, ce jour-là, porter le budget du mois aux hommes de son fiancé. Il est convenu qu'elle retrouvera René Hardy le 22 juin à Paris.

Lundi matin 21 juin, Aubry rencontre Moulin à côté de la gare de Perrache. Les deux hommes discutent tout en marchant pendant près de deux heures, jusqu'à midi et quart. « Moulin voulait tomber d'accord avec moi ; évidemment, je n'étais pas d'accord avec lui et je disais que, de toutes façons, nous devions attendre qu'une décision intervienne de Londres, qui serait prise par Londres en accord avec la Résistance, c'est-à-dire avec le comité directeur des MUR[2]. » Les deux hommes se quittent.

---

1. Raymond Aubrac a une autre version : il affirme n'avoir connu la date et le lieu de la réunion que le lendemain.

2. Deuxième procès de Hardy.

Aubry retrouve alors Hardy dans le café situé en face de la « ficelle ». Arrive à bicyclette André Lassagne. Il s'étonne de la présence de Hardy, mais l'accepte. Il leur dit qu'il les attend en haut de la « ficelle ». Là-haut, Lassagne leur indique de prendre le tramway n° 33 et de descendre place Castellane, d'où il les conduira au lieu de rendez-vous. Lassagne les attend sur la place et les guide jusqu'à la villa du docteur Dugoujon. Le colonel Lacaze est déjà installé dans une chambre à coucher du premier étage. Puis c'est Bruno Larat, l'homme de liaison, qui arrive. Jean Moulin est en retard. La réunion est prévue pour 14 heures.

En fait, Moulin a convoqué Raymond Aubrac à 14 heures, place Carnot, à côté de la gare de Perrache. Moulin est accompagné de Claude Serreules, son assistant, arrivé cinq jours plus tôt de Londres. Les trois hommes discutent un bon moment, car Serreules et Aubrac doivent ensuite se retrouver à Paris. Puis Moulin et Aubrac se dirigent vers le haut de la « ficelle » où ils doivent retrouver le colonel Schwartzfeld. Ce dernier n'est pas encore arrivé. Finalement, les trois hommes parviennent chez le docteur Dugoujon avec au moins trois quarts d'heure de retard. La domestique les prend pour des patients et les installe dans la salle d'attente. Quelques instants plus tard, la police fait irruption, plaque les trois hommes face au mur et leur passe les menottes derrière le dos. Cris, hurlements. La même scène, avec force coups de matraque, se déroule au premier étage. Barbie mène le bal et interpelle Aubry :

— Dis donc, Thomas, tu as l'air moins gai qu'hier sur le pont Morand !

« Thomas » est bien le pseudo d'Henri Aubry.

— Tu ne te rappelles pas qu'il y avait un homme qui lisait son journal ? C'était moi et je t'ai vu passer, mon salaud !

Puis il hurle :

— Tout le monde en bas !

On a passé les menottes à tout un chacun, sauf à Hardy qui a droit à un simple cabriolet (une cordelette à nœuds attachée à son poignet alors que l'autre extrémité, nouée à un morceau de bois, est tenue par un policier allemand).

Comment Barbie a-t-il découvert la réunion de Caluire ?

On le sait grosso modo par Edmée Delettraz qui, depuis le mois d'avril, travaille pour les Allemands tout en gardant des contacts avec un adjoint de Groussard. Elle est devenue la maîtresse de Moog, l'agent de l'Abwehr. Personne n'a enquêté sérieusement, après la guerre, sur le mal qu'elle a pu commettre. Nous en comprendrons les raisons ultérieurement.

Dans la matinée du 21, des Allemands la contactent — probablement son amant, Moog — et la prient de se rendre à l'École de santé pour qu'on lui présente « un Français qui a compris ». Elle demande qui est ce Français. Moog lui répond qu'il s'agit de « Didot », qui a été arrêté dans un train à destination de Paris et qui a accepté de travailler pour eux. Elle acquiesce, mais, auparavant, peut-être pour soulager une conscience déjà bien noire, elle fait un détour par chez un boucher qui appartient au réseau de Groussard, afin que celui-ci prévienne un autre membre du réseau que les Allemands sont au courant de la tenue d'une réunion importante pour l'après-midi même. Sur un papier qu'elle laisse sur place, elle écrit : « Il faut le descendre », parlant en l'occurrence de « Didot », le traître. Elle prévient également un autre militaire, puis se rend à l'École de santé en fin de matinée. Elle trouve **des civils autour de « Didot »**, qu'on lui présente.

> Alors cet homme m'explique qu'il a rendez-vous à la place Croix-Paquet, que l'on m'y mènera à deux heures, et que j'aurai à le suivre ; que, s'il a un chapeau sur la tête ou à la main, il prendra la « ficelle » ; autrement, il faudra que je le suive dans des rues avoisinantes... Didot, tout à coup, dit : « Mais, si c'est dans une maison locative, cette femme ne pourra pas vous dire à quel étage je suis monté. » Alors il y a eu un moment d'hésitation et Hardy — ou plutôt « Didot », puisque je ne savais pas son nom à l'époque — a dit : « Donnez-moi un paquet de cigarettes, j'en viderai le contenu et je jetterai le paquet sur le palier où je serai entré... »

Edmée prendra effectivement la « ficelle » en même temps que Hardy, puis le tram n° 33, puis elle verra Lassagne conduire Hardy et Aubry jusqu'à la maison du docteur Dugoujon. Peu après, elle indiquera aux Allemands la villa où se déroule la réunion.

Reprenons le déroulement de l'arrestation des résistants réunis à Caluire. Hardy a toujours affirmé qu'au moment de monter dans une voiture allemande, il avait donné un coup de coude dans l'estomac du policier qui tenait l'extrémité du « cabriolet » et s'était enfui en direction des arbres bordant la petite place Castellane. Deux Allemands tirèrent sur lui et une balle l'atteignit à l'avant-bras gauche. Il se cacha alors dans les hautes herbes d'un fossé. Bientôt, les Allemands abandonnèrent leurs recherches et emmenèrent tous les autres au siège de la Gestapo, à l'École de santé militaire. Seuls ceux qui avaient été trouvés au premier étage furent d'emblée considérés comme résistants et maltraités sauvagement. Les Allemands pensèrent même, au début, que c'était celui qui se faisait appeler André Lassagne qui était Jean Moulin.

Bientôt, néanmoins, Barbie s'emploiera à torturer Moulin. Aubrac apercevra Moulin trois jours après leur arrestation : « Il était décomposé, blessé, meurtri et soutenu sous chaque aisselle par un homme en civil. » Si, au bout de ces quelques jours, Barbie sait tout, c'est qu'Aubry a beaucoup parlé.

René Hardy a donc échappé aux policiers allemands, mais a toutefois été blessé à l'avant-bras gauche.

Un homme a assisté à la scène : le cantonnier Claude Rougis, soixante-huit ans. Il travaillait dans la montée de Castellane, à cent mètres derrière la mairie de Caluire, à l'embranchement de la montée Victor-Hugo, quand il a entendu plusieurs coups de feu. Il a vu les Allemands poursuivre le jeune homme blond qui courait en zigzags, et tirer sur lui :

> Le jeune homme n'avait rien aux mains : ni menottes, ni pistolet, ni autre arme. Les poursuivants se trouvaient à une trentaine de mètres de lui et le tout se passait à une cinquantaine de mètres [du cantonnier]. Arrivé à l'extrémité d'une haie en bordure de la route, le fuyard a fait un brusque crochet et a disparu dans un profond fossé recouvert de hautes herbes et d'orties de plus d'un mètre de hauteur. En bordure du fossé se trouvait un mur de 2,50 à 3 mètres de hauteur.
>
> Arrivés en bordure de la route, devant le fossé et le mur, les poursuivants se sont arrêtés, hésitant sur la direction prise par

l'individu qu'ils poursuivaient. Ils ont cru qu'il avait sauté le mur et passé dans la propriété voisine et n'ont pas pensé à fouiller les herbes du fossé, ce qui m'a paru bien naïf de leur part. Par dépit, le plus petit des policiers a tiré deux coups de revolver dans la propriété voisine ; j'ai pensé que c'était de « rage ». Puis ils ont discuté en allemand et l'un d'eux a saisi l'autre par le bras et ils ont fait demi-tour pour revenir en direction de la mairie de Caluire ; le troisième policier les a imités. J'ai été surpris de la naïveté des policiers allemands.

J'ai traversé la route et me suis approché du fossé. À ce moment, le jeune homme a relevé la tête et je l'ai aperçu : il m'a fait signe de ne rien dire et il s'est recouché. Je lui ai dit : « Ne bouge pas. »

Quelques minutes plus tard, deux automobiles contenant les trois policiers allemands et d'autres camarades ont descendu la montée Castellane en se dirigeant vers l'île Barbe. Ces voitures sont remontées environ un quart d'heure après. À ce moment-là, j'ai dit au jeune homme : « Ils sont remontés, tu peux partir. » Je lui ai dit : « Descends la montée Castellane, et si tu entends une voiture, cache-toi dans les fossés. » Le jeune homme s'est levé et je lui ai demandé s'il était blessé. Il m'a répondu : « Non », en faisant un signe négatif de la tête. Je n'ai d'ailleurs pas remarqué qu'il ait eu de blessure à ce moment-là ; à mon avis, il n'était pas blessé. Le jeune homme est parti en rasant le mur tout en descendant la montée de Castellane et en se dirigeant vers la Saône. Il était un peu pâle.

Environ vingt minutes plus tard, trois voitures allemandes contenant des hommes et des femmes — parmi eux, j'ai reconnu, me semble-t-il, le docteur Dugoujon — sont redescendues vers l'île Barbe pour revenir au bout de vingt minutes environ.

Je n'ai plus revu le jeune homme poursuivi ; je ne m'en suis d'ailleurs pas occupé, ignorant le motif de cette bagarre et, au surplus, personne ne m'a rien demandé[1].

Marguerite Brossier, la servante du docteur Dugoujon, a vu la même chose et a trouvé la scène « bizarre[2] ».

Hardy a donc quitté les hautes herbes de la place Castellane au plus tard vers 15 h 30 :

---

1. Témoignage fait à Roger Wybot, le 14 décembre 1944.
2. Dans un témoignage au même Wybot, le 27 décembre 1944.

> Je ne puis exactement vous indiquer l'itinéraire que j'ai suivi dans ma fuite, mais je sais que j'ai franchi des talus et des chemins, des broussailles, et que, deux heures après environ, je me trouvai sur les bords de la Saône en un lieu que je ne puis vous préciser.
>
> C'est là que j'ai tout d'abord constaté que j'étais blessé au bras gauche, et c'est alors que j'ai suivi les bords de cette rivière en vue de me rapprocher d'un lieu de rendez-vous où je pensais trouver Barrès [Bénouville], Lorrain [Bourdet] ou sa secrétaire[1].

Hardy n'est guère précis. **Qu'a-t-il fait pendant les deux heures qui séparent le moment où il quitte la place Castellane et celui où il arrive sur les bords de la Saône, à quelque deux kilomètres ? La blessure ne devait pas être bien grave, puisqu'il ne s'en aperçoit qu'au bout d'un long moment ! Enfin, s'il pensait avoir rendez-vous avec Bénouville, probablement pour rendre compte de la réunion, l'a-t-il rencontré ? Bénouville, lui, affirme que non.**

En remontant sur la route, Hardy demande de l'aide à deux cyclistes qui le conduisent chez Mme Damas, la femme chez qui il a logé les jours précédents. Un des deux cyclistes part prévenir un médecin et revient peu après avec trois agents.

« L'après-midi, vers 5 h 30, j'étais absente, mon mari était seul. Il [Hardy] est venu, blessé, accompagné par deux messieurs... En rentrant, il a fait signe à mon mari de se taire pour que nous ne soyons pas inquiétés ; il a fait signe de se taire pour que nous n'ayons pas l'air de nous connaître. Mon mari l'a pansé et lui a mis un garrot pour arrêter l'hémorragie qui était très forte... », se souvient Mme Damas. Elle confirme qu'un médecin est venu juste avant qu'elle-même n'arrive. Il y avait également trois agents de police et le commissaire de la Croix-Rousse. Hardy envoie alors Mme Damas chercher son adjoint, le lieutenant Bossé, pour lui donner les consignes. Un commissaire de la DST, prévenu de la présence d'un officier, vient également voir Hardy. Le commissaire Durant l'interroge et l'emmène ensuite à l'hôpital de l'Antiquaille. Le chirurgien André Ricard constate une fracture ouverte de l'avant-bras

1. Interrogatoire de Hardy par la DSM d'Alger, le 6 juin 1944.

gauche : « fracture du radius à l'union du tiers inférieur et du tiers moyen, avec intégrité du cubitus ».

Au cours de cet après-midi tragique, le comité directeur des MUR était réuni au bord de la Saône, près de Neuville. Claude Bourdet raconte[1] :

> Copeau était là pour Libération ; je ne sais plus qui représentait Franc-Tireur ; Jacques Baumel et Pierre Hervé étaient là. Nous parlions de Delestraint. Tout d'un coup, vers la fin de la journée, arriva encore une nouvelle effrayante : tout près de nous, à Caluire, dans la villa du docteur Dugoujon, une réunion élargie de l'AS, à laquelle participait Jean Moulin, avait été interrompue par l'irruption de la Gestapo.

Bénouville assistait-il à cette réunion du CD des MUR ? « Si les gens que vous citez y étaient, j'y étais aussi probablement », déclare-t-il aujourd'hui[2].

Que fait en effet, en cette après-midi tragique, « Barrès », chef par intérim de Combat, qui n'a pas voulu se rendre à la réunion de Caluire mais a tenu à ce que René Hardy y aille pour prêter main forte à Henri Aubry ?

> Le 21 juin au matin — raconte-t-il au cours du premier procès Hardy —, j'ai quitté Lyon, me rendant en inspection à Toulouse. J'ai été averti de l'affaire de Caluire par un agent de liaison, mort depuis en déportation. C'est un de mes hommes, Alain de Camaret, qui m'a rappelé d'urgence à Lyon. J'y suis rentré[3]...

Bénouville, qui a manifestement une excellente mémoire, est victime ce jour-là d'une défaillance. Il est en effet resté à Lyon toute la journée du 21 juin. Hardy affirme même qu'il devait le rencontrer à l'issue de la réunion du comité directeur du MUR, sans que l'on sache si ce rendez-vous a bien eu lieu, Bénouville n'en ayant pas gardé le souvenir. En tout cas, il reconnaît avoir appris en fin d'après-midi que Jean Moulin et ses compagnons avaient été arrêtés par la Gestapo[4].

---

1. *In L'Aventure incertaine, op. cit.*
2. Confidence faite à l'auteur le 29 septembre 1998.
3. Premier procès Hardy. A.P. 334.
4. Confidence faite à l'auteur le 29 septembre 1998.

Cependant, Bénouville prend le train, muni de ses vrais papiers d'identité, à 21 heures, en gare de Lyon-Perrache, en compagnie de sa fiancée et d'Alain de Camaret pour aller à Toulouse d'où des amis résistants doivent le conduire à Pessan pour se marier.

« J'avoue que je ne me sentais pas très rassuré en pensant qu'un agent quelconque de la Gestapo qui aurait de la mémoire, au simple examen de mes papiers, pourrait nous reconnaître », écrit-il dans *Le Sacrifice du matin.* Dans ce livre, il ne situe pas cette scène après le drame de Caluire et n'évoque pas la crainte pour ses amis qu'il sait pourtant arrêtés.

Dans la matinée du 22 juin, le mariage a lieu dans la ferme du maire de Pessan, qui est également le président de la section locale de la Légion des combattants. Il a transporté là ses registres : « Nous sommes seuls, entre hommes, sous la charmille où on nous a servi du vin blanc... » Quelques instants plus tard, avant d'unir les mariés, le maire prononce un petit discours : « ... C'est une joie et un bonheur pour ma maison que de vous accueillir. Nous sommes des Français et des chrétiens, et, bien que le décor soit inhabituel, nous savons toute la gravité et toute la grandeur de l'acte que nous faisons... » Après la cérémonie, tout le monde se retrouve pour un « vrai repas de noce française et villageoise ». Tous partagent « des vins, du foie gras, des viandes et du champagne » sur une « de ces étincelantes nappes blanches damassées qu'on ne sort que pour les grandes occasions ». Bénouville raconte la scène avec bonheur et pittoresque[1] :

> Toutes ces femmes, sauf celle qui depuis quelques instants était la mienne, avaient regagné la cuisine et, comme cela se fait à la campagne, travaillaient et servaient, soucieuses du confort des hommes. [...] La conversation était animée et fraternelle. Cette halte extraordinaire que la Providence nous permettait de faire tous ensemble nous donnait comme une sorte de légère ivresse. Nous étions là, unis et forts, et sûrs de nous, sentant dans nos poches nos revolvers prêts à nous frayer le chemin que rien ne nous ferait abandonner. [...] Maintenant, nous dégustions un

1. *Le Sacrifice du matin, op. cit.*

maître armagnac et, retroussant nos manches, nous avions repoussé nos assiettes et parlions de nos problèmes, de nos plans, des prochains parachutages, des questions de commandement...

Au même moment le supplice des prisonniers de Caluire a commencé depuis un peu plus de vingt-quatre heures.

Quant à René Hardy, il est sous surveillance de la police française à l'hôpital de l'Antiquaille. Il écrit ce 22 juin à Lydie Bastien « pour qu'elle alerte, par M. Bourris, M. le secrétaire d'État qui est son ami, ainsi que le Ministre et **le docteur Ménétrel dont vous m'avez parlé.** Mais, tout de même, ne faites rien avant de m'avoir vu et que j'aie moi-même revu les autorités civiles françaises. Revoyez aussi Jacques-Pierre, peut-être pourra-t-il faire quelque chose pour moi ». Le ton n'est absolument pas dramatique. Bourris est un président de cour d'appel qui est l'ami d'un ami du père de Lydie et qui a, semble-t-il, le bras long. Et « le docteur Ménétrel dont vous m'avez parlé » ? Comme le lecteur le sait déjà, Lydie Bastien est en relations étroites avec Raymond Richard, patron du SR-Ménétrel, et l'accès au fameux docteur lui est probablement aisé. Qui est enfin Jacques-Pierre ? Je n'ai pas la réponse...

Lydie était à Paris, ce 22 juin, pour attendre son fiancé. Ne le voyant pas venir, et après avoir probablement rencontré ses contacts parisiens, Jehan de Castellane et Raymond Richard, elle repart pour Lyon où elle arrive le 23 au matin. Dans la journée du 23, elle rend visite à René Hardy qui est toujours sous surveillance française à l'hôpital de l'Antiquaille, puis repart immédiatement sur Paris pour sauver son fiancé en faisant en sorte qu'il soit laissé sous garde française. Elle doit probablement voir M. Bourris et Raymond Richard pour faire intervenir le docteur Ménétrel. Elle reste une semaine dans la capitale et obtient des « assurances[1] ». Ces « assurances » consistent, semble-t-il, dans le passage de René Hardy aux mains de... la police allemande ! Elle revient alors à Lyon. Hardy a été livré le 28 juin à Barbie et, après un interrogatoire rapide à l'École de santé, il est **trans-**

1. Témoignage de Lydie Bastien lors du second procès Hardy.

féré au quartier cellulaire de l'hôpital allemand de la Croix-Rousse. Manifestement, il y est correctement traité.

Dans le camp des amis et collaborateurs de Moulin et autour de Lucie Aubrac, la femme de Raymond, on est persuadé que le traître de Caluire n'est autre que René Hardy. Une tentative est même préparée pour l'empoisonner. Bénouville défend son ami Hardy, mais ne convainc pas tout le monde. Ainsi Jean Gemähling, patron du SR des MUR, se souvient :

> J'ai su tout de suite que Hardy avait été arrêté par les Allemands et j'ai transmis l'information immédiatement à tout le monde. Je dois préciser que je me suis toujours méfié de René Hardy, il était hâbleur, parlait beaucoup trop ; la présence continuelle de sa fiancée à ses côtés me gênait... Quelques jours après Caluire, je me souviens d'une discussion sur les quais du Rhône avec Bénouville et Jean-Pierre Lévy sur la trahison possible de Hardy et sur les mesures à prendre. Lévy était convaincu de sa trahison et Bénouville, après avoir hésité, l'a défendu[1].

Encore aujourd'hui, Gemähling en veut à Bénouville. Il y a pour lui trop de zones d'ombre autour de l'affaire de Caluire, et il regrette de ne pas avoir eu une discussion au fond avec Bénouville sur ce sujet : « J'ai toujours eu de la méfiance à l'égard de l'entourage de Bénouville. » Il évoque également le différend entre Bénouville et Moulin sur l'influence des communistes au sein de la Résistance.

Bénouville fait transmettre à Frenay, par l'OSS de Berne, la nouvelle de l'arrestation de « Max » de manière on ne peut plus sobre et insiste surtout pour que Frenay ne relâche pas ses pressions. Comme d'habitude, il y a un décalage entre la date d'envoi du télégramme (3 juillet) et celle à laquelle Bénouville l'a expédié à Berne (avant le 28 juin) :

> La Gestapo a arrêté Max, Thomas et Aubrac ; André, le successeur de Galibier. Max avait arrangé une réunion générale de l'Armée secrète pour lundi 21 juin, pour préparer la réorganisation rendue nécessaire par l'arrestation de Vidal [Delestraint]. Bardot [Hardy], qui avait ouvert le feu, est encore détenu par la

1. Entretien avec l'auteur, le 4 février 1998.

> police française. Je vous demande d'obtenir cette fois un chef militaire nommé par vous...

Le 29 juillet, Berne sert une nouvelle fois de boîte aux lettres à Frenay. Monod et Davet envoient le message suivant à la demande de Bénouville qui a dû le faire parvenir aux environs du 22 :

> Nous avons été informés qu'un nouveau chef de l'Armée secrète, nommé par Charles [de Gaulle], arrivera le mois prochain. S'il assume cette responsabilité sans la connaissance de l'état de la Résistance, et vient avec des idées préconçues sur organisation et préparation, alors nous craignons que des difficultés vont éclater. Nous vous demandons avec insistance que Bourguignon [Jussieu] soit nommé à la tête de l'AS par le Comité national...

Malgré tout ce qui s'est passé, Bénouville ne démord pas de son objectif : obtenir la confirmation de son candidat, Jussieu, à la tête de l'AS, ce pourquoi il envoie Hardy à Caluire. Il partage d'ailleurs cette responsabilité avec d'autres, notamment Henri Aubry, et ce qu'il déclare aujourd'hui apparaît comme la justification d'une attitude collective...

Au fil des ans, Bénouville a changé insensiblement de discours en assumant de manière implicite une part de responsabilité dans le drame de Caluire. Une responsabilité qu'il partage avec Jacques Baumel et Henri Aubry, mais peut-être avec d'autres. Ce qu'il déclare aujourd'hui apparaît ainsi comme la justification d'une décision ou à tout le moins d'une attitude collective : **« Je savais d'avance que Moulin, qui se croyait investi par Dieu, allait imposer son point de vue sans tenir compte de la Résistance intérieure. Je comptais m'y opposer... »** Ou encore : **« Caluire, c'était un hold-up de Moulin pour mettre la main sur l'Armée secrète... »** On se souvient que Bénouville sait alors ce que représente Moulin, ses engagements passés. Il est engagé dans une lutte sans merci dont l'enjeu est de transformer la France après la guerre. Bénouville met de surcroît le Général de son côté : il affirme en effet avoir l'intime conviction que Frenay aurait obtenu le limogeage de Moulin s'il n'y avait eu Caluire... Il prétend avoir lui-même souvent parlé de Moulin au Général : « Il ne le défendait pas du tout[1]. »

Pendant que Hardy se trouve à l'hôpital militaire allemand de la Croix-Rousse, Lydie Bastien rencontre le président Laval à l'hôtel Matignon. Ce rendez-vous, elle l'a obtenu dans des conditions rocambolesques, comme l'a raconté René Hardy à la DSM d'Alger :

> Un jour, elle sortait de la rue des Saussaies, siège de la Gestapo, en vue de connaître le lieu où j'étais détenu et, sortant de ces bureaux, paraissait affligée ; elle se rendit au restaurant « La Crémaillère », place Beauvau. Quelques minutes après son arrivée dans ce restaurant, on demanda au téléphone une dame correspondant au signalement de ma fiancée. Un individu — accent français —, tout en s'excusant, lui dit qu'il avait deviné, en la voyant sortir de la rue des Saussaies, qu'elle paraissait très inquiète, et, de ce fait, il pourrait lui être utile. Il lui fixa un rendez-vous au café « Weber » à 15 heures. Avec un peu d'appréhension, ma fiancée s'y rendit. Elle lui expliqua que c'était son fiancé qui était détenu par les Allemands. Il lui fit savoir que, personnellement, il ne pouvait rien faire pour elle dans ce cas, mais qu'au n° 120 des Champs-Élysées se trouvaient certains services du président Laval qui pourraient voir cela. Ma fiancée y alla et fut reçue par une secrétaire du président, Mlle Élisabeth, petite parente du président, et enfin par le président Laval qui se montra soucieux de connaître comment elle avait été amenée à le toucher à l'adresse ci-dessus[2].

Lydie Bastien a fourni elle-même quelques détails supplémentaires sur ce rocambolesque rendez-vous qui ne peut s'expliquer que par ses liens avec le MSR, Jehan de Castellane et Georges Soulès, qui, comme le lecteur s'en souvient, étaient eux-mêmes en relations étroites avec Laval. Elle affirmera en effet qu'elle avait convié à déjeuner la secrétaire du président du Conseil, qu'elles avaient beaucoup sympathisé et qu'elle s'était ensuite retrouvée dans le bureau de Laval pour plaider le

1. Entretien avec l'auteur du 29 septembre 1998.
2. Interrogatoire de René Hardy par la DSM d'Alger, déjà cité.

cas de son fiancé. Selon la version de Lydie Bastien, celui-ci lui avait demandé de remplir une fiche.

— Je vais essayer de voir ce qu'il en est et me renseigner auprès de Bousquet, qui devrait venir en fin d'après-midi, lui confia-t-il.

Mais, le soir venu, la fiancée de Hardy manque son rendez-vous avec Laval...

Son père lui demande alors de regagner Lyon. Elle y apprend que René vient de s'évader, le 3 août, de l'hôpital militaire allemand de la Croix-Rousse. Une fois de plus, sans difficulté...

Hardy était en effet logé dans une chambre située au deuxième étage de l'hôpital. Lui qui n'avait pas l'usage de son bras gauche s'est d'abord servi d'une lime à ongles, qu'il avait conservée dans la poche de montre de son pantalon, puis d'une épingle anglaise qui maintenait le bandage de son bras blessé, pour ouvrir le cadenas de la fenêtre. Une fois la fenêtre ouverte, il s'est laissé glisser le long du mur, a sauté, en chaussettes, ses chaussures pendues à son cou, sur la terrasse cimentée, un étage au-dessous. Il a traversé la cour en direction du mur de clôture, à un endroit où se trouve un portillon formant séparation à l'intérieur de la cour. Il a ouvert et repoussé ce portillon contre le mur. Il est alors monté sur le portillon et, de là, a pu gagner la rue voisine et s'enfuir...

Ce récit s'appuie sur les déclarations de René Hardy du 25 août 1943 au commissaire Charles Porte [alias commissaire Henri], envoyé par Meunier et Chambeiron pour enquêter sur le drame de Caluire. Après avoir rapporté le récit de cette évasion, Porte l'assortit de ce commentaire :

> Au moment de son évasion, il n'avait pas l'usage de son bras gauche. Dans ces conditions et étant donné les obstacles à franchir, je demeure sceptique, malgré la meilleure volonté, à admettre les explications de Hardy.

31

Au 84, avenue Foch, Jean Moulin est torturé et se cogne la tête contre les murs.

L'histoire apprend que Jean Moulin est mort des suites des tortures infligées à Lyon par ou à l'instigation de Barbie. Elle rejette donc les différents témoignages de Barbie qui a toujours affirmé que Jean Moulin avait tenté de se suicider. Le 14 mai 1948, le commissaire Louis Bibes l'interrogea en Allemagne, en zone américaine, car Barbie travaillait à l'époque pour les services secrets américains :

> Jean Moulin, alias Max, a eu une attitude magnifique de courage, **tentant de se suicider à plusieurs reprises en se jetant dans l'escalier de la cave et en se cognant la tête contre les murs entre les interrogatoires**. Il a toujours persisté à se déclarer artiste peintre et il a même fait un dessin de moi et un croquis de ma secrétaire. Ces documents ont disparu lors du bombardement de mai 1944 où furent détruites une grande partie des archives et où fut tuée la quasi-totalité du personnel du KD8 de Lyon[1].

Dans une interview accordée au journaliste brésilien Ewaldo Dantas Ferreira et reproduite dans *France-Soir* du mercredi 31 mai 1972, Barbie confirme son récit. Après avoir raconté à nouveau l'histoire du portrait, avec quelques variantes par rapport à sa version de 1948, il affirme que Jean Moulin lui aurait déclaré :

---

1. Interrogatoire de Klaus Barbie du 14 mai 1948 par le commissaire Louis Bibes.

— Je suis bien Jean Moulin [...]. N'attendez pas de moi que je me mette à vous raconter mon activité dans la Résistance.

Puis il ajoute :

> Très franchement, je ne m'y attendais guère. Après qu'il m'eut déclaré qu'il n'avait pas l'intention de parler, je le laissai tranquille. Je le fis reconduire dans sa cellule avec des menottes aux pieds et aux mains. J'avais peur qu'il essaie de se tuer. Je ne pouvais oublier qu'en 1940, lors de son premier emprisonnement, il avait tenté de se suicider.

Barbie évoque ensuite le calme de Moulin au cours de ses interrogatoires :

> ... Peu après, il arriva un malheur. Nous le gardions en permanence dans le grenier, attaché avec des menottes, bien entendu, et toujours avec deux gardes dans sa cellule. Un jour, alors qu'une grande activité régnait dans la caserne, je dus m'absenter. Je laissai des instructions très sévères pour sa surveillance. Mais les deux gardes, qui étaient des soldats ordinaires, commirent une négligence. Ils sortirent de la cellule et le laissèrent seul — toujours attaché aux jambes et aux poignets — un court instant. Ce fut suffisant pour Moulin. À mon retour, je demandai qu'on me l'amène. Les soldats revinrent, sens dessus dessous. Craignant déjà le pire, je me précipitai dans sa cellule. Moulin gisait à terre. Attaché comme il était, il avait profité du seul petit moment où on l'avait laissé seul pour se jeter, avec une violence incroyable, la tête contre le mur... Je fis appel à toutes les ressources médicales dont nous disposions. Moulin vivait encore. Le crâne fracturé, il était dans le coma et saignait beaucoup...

Barbie prévient aussitôt Paris qui donne l'ordre de l'amener rapidement.

> Pendant le trajet, dès que ce fut possible, je lui demandai pourquoi il avait agi de la sorte. Il me répondit simplement que c'était son devoir. Il expliqua avec d'énormes difficultés qu'il savait que sa vie était condamnée et qu'il craignait de ne pouvoir supporter, physiquement et moralement, les interrogatoires qu'il devrait endurer à Paris. Je le crus, parce que j'en connaissais déjà assez sur lui pour savoir qu'il disait vrai. Il continuait à agir selon son caractère...

Christian Pineau[1] a vu Moulin étendu sur un banc :

> Celui-ci a perdu connaissance, ses yeux sont creusés comme si on les avait enfoncés dans sa tête. Il porte à la tempe une vilaine plaie bleuâtre. Un râle léger s'échappe de ses lèvres gonflées. Aucun doute, il a été torturé par la Gestapo.

Pineau n'en a aucune preuve, mais pense que... La vilaine plaie bleuâtre à la tempe corrobore tout autant le récit de Barbie.

Ce dernier déclare que Moulin a ensuite été transféré « sur Paris, avenue Foch, en très mauvais état de santé à la suite de ses tentatives de suicide », pour être présenté au chef de service Bömelburg et à Kieffer[2], comme l'a déclaré Ernst Misselwitz à la DST.

Les principaux services du SD à Paris étaient en effet installés avenue Foch :

> Au 19, avenue Foch, il y a le service du personnel, la caisse et l'habillement à l'usage exclusif des Allemands. Au 72, avenue Foch est installé le service du docteur Knochen, chef principal de la Gestapo. Aux 74 et 76, avenue Foch, c'est le « service juif » et les opérations de marché noir où règne notamment Joseph Joanovici. Au 78, avenue Foch, la *Feldpost*. Au 82, avenue Foch, Bömelburg s'occupe notamment du jugement des prisonniers ; le bâtiment comprend des cellules de détenus. Au 84, avenue Foch est installé le commandant Kieffer et son service ; il s'occupe particulièrement des arrestations, perquisitions, de l'espionnage et du contre-parachutage. Au 86, avenue Foch est installé un dépôt de munitions et d'armes parachutées. Au 83, avenue Foch est le service du personnel français[3].

Ces précisions ont été apportées par Marie-Rose Holveldts qui a été femme de ménage au 84, avenue Foch du 4 octobre 1942 au 19 août 1944 et grâce à qui on a su après la guerre ce qui s'était vraiment passé au « 84 »[4]. Elle a en effet témoigné lors

---

1. Témoignage publié dans *Candide* du 27 mai-3 juin 1964.
2. *In* note de la DST du 27 juin 1947, signée Roger Wybot, adressée au directeur de la Sûreté nationale.
3. Interrogatoire de Marie-Rose Holveldts devant René Levitre, le 13 septembre 1944, *in* CARAN.Z 6/23.
4. Interrogatoire de Marie-Rose par le juge François Donsimoni, le 15 janvier 1945, CARAN.Z 6/23.

de l'instruction et au cours du procès des frères Ledanseur et Bouillon, des Français qui travaillaient pour les Allemands au « 84 ».

Dès l'arrivée des troupes allemandes en France, Marie-Rose était entrée à leur service en qualité de femme de ménage au bureau de la propagande de Melun. Elle y était restée jusqu'en octobre 1942. Elle y avait fait la connaissance d'un sous-officier du nom de Karl Haug, qui, par la suite, avait été affecté avenue Foch. Karl Haug, qui en pinçait pour Marie-Rose, la fit embaucher comme femme de chambre auprès du commandant Kieffer, patron des services de la Gestapo du « 84 ».

Le commandant Kieffer disposait d'un bureau dont la moquette violette frappait tous les prisonniers. Il était installé tout au fond, devant une fenêtre donnant sur Paris[1]. Le tout-puissant officier disposait également d'un appartement dans l'immeuble même. Il était spécialement attaché, on l'a dit, aux perquisitions, aux arrestations, au contre-espionnage et au contreparachutage. Tous les bureaux de l'immeuble étaient occupés par des officiers, sous-officiers ou hommes de troupe allemands qui circulaient tantôt en uniforme, tantôt — le plus souvent — en civil. Kieffer avait grande confiance en sa secrétaire privée, Mlle Goldmann, et en sa secrétaire professionnelle, Mme Odile Scherer, elle-même mariée au chef interprète de la section IV-E.

Le « 84 » était le bâtiment principal où avaient lieu les interrogatoires. Des salles de torture y avaient été installées : baignoires, anneaux où l'on attachait les prisonniers, plaques d'amiante chauffées à l'électricité en constituaient le mobilier. Au cinquième étage, des chambres de bonne avaient été aménagées en cellules à l'intention des détenus. Jacques Bureau, qui fut longtemps incarcéré dans une de ces cellules du cinquième, se souvient[2] :

> Dans le couloir, des prisonniers passaient, accompagnés de leurs gardiens, des SS en uniforme, des officiers du SD en civil...

---

1. Description donnée par Jacques Bureau dans *Un soldat menteur*, Robert Laffont, Paris, 1992.
2. *In Un soldat menteur, op. cit.*

La cellule était étroite, une soupente pourvue au plafond d'un vasistas épais. Le soleil déclinait. J'entendais sur le toit de l'immeuble les oiseaux piétiner le zinc et l'ardoise. Parfois, un pigeon traversait de son pas pressé la lucarne qui donnait du jour à la pièce minuscule. Le vasistas était scellé. Toute évasion était impossible[1]. La nuit était tombée. Je m'étendis sur la paillasse qui meublait la chambre et m'endormis...

Du bureau du commandant Kieffer, il fallait emprunter un petit couloir puis gravir un escalier pour déboucher dans le corridor sur lequel donnaient les chambres-cellules pourvues d'énormes serrures.

Les bureaux de l'avenue Foch recevaient la visite presque journalière d'environ vingt-cinq Français qui travaillaient sur directives des Allemands ; ils étaient pour la plupart nantis de la carte de membres de la Gestapo (carte rouge) et étaient autorisés au port d'arme. Georges Montet, Maurice Sion, Roger Dupuis et Peter Chaillot (de son vrai nom Pierre Cartaud) étaient, selon Marie-Rose, de ceux qui exerçaient des sévices sur les détenus, soit avec une schlague composée d'un ressort d'acier terminé par une boule, soit en les passant sur une plaque électrique ou à la baignoire. C'est Irma Sirvin, maîtresse du commandant Gutzelle, le second de Kieffer, qui était chargée d'infliger des tortures aux femmes arrêtées lorsqu'elles ne répondaient pas à ses questions. Elle leur faisait subir l'épreuve de la baignoire, opération qui consistait d'abord à jeter sur la femme nue un drap mouillé trempé dans le sel, puis la détenue était frappée à la schlague ; assistée d'un Allemand, Irma Sirvin plongeait alors la femme dans la baignoire en lui maintenant la tête et le corps entier sous l'eau jusqu'à ce qu'elle ne puisse plus respirer ; au bout de quelques instants, on relevait la tête de la suppliciée pour lui demander si elle avouait et, dans la négative, l'opération était renouvelée jusqu'à l'aveu. Le supplice pouvait être répété cinq à six fois.

Les interrogatoires étaient toujours dirigés par des fonctionnaires allemands, mais les tortures étaient exercées par des agents français. « C'est en circulant pour les besoins du

1. Mais beaucoup essayèrent...

commandant Kieffer que j'ai été amenée à voir moi-même les atrocités qui étaient commises sur les détenus arrêtés, et j'étais également renseignée par mon ami Karl Haug sur les brutalités des personnes que je viens de citer... », a raconté Marie-Rose[1].

À la question du président : « Pourquoi êtes-vous restée si longtemps ? », elle répondit avec beaucoup d'aplomb :

— Pour des raisons que je ne peux pas dire ici : mon devoir m'obligeait à rester dans ce service.

— Vous faisiez partie d'un réseau de résistance ?

— Je travaillais avec M. Andrès.

Précisons que M. Andrès faisait effectivement partie de l'Intelligence Service et qu'il est mort des suites de tortures au 84, avenue Foch.

La justice s'est contentée de ces réponses, puisque Marie-Rose n'est restée qu'un mois en prison et a entamé ensuite une autre vie. Elle est devenue militante gaulliste et une grande admiratrice de... Jean Moulin.

Au cours du procès des Français du « 84 », nul n'a parlé du « bureau anti-résistance », rattaché à Kieffer et qui était dirigé, début juillet 1943, par un certain Wiegand. Y appartenaient Scholtz, Jodeit, Krekeller, l'interprète Meiners et Ernst Misselwitz, celui qui rédigeait les « synthèses ». Misselwitz et Meiners ont été interrogés après la guerre et, grâce à leurs témoignages, il a été possible de reconstituer la fin de Jean Moulin.

Le samedi 26 juin, Barbie vient à Paris, au « 84 », pour mettre trois des interpellés de Caluire — Lassagne, Lacaze et Aubry — à la disposition du commandant Kieffer. Celui-ci charge alors Ernst Misselwitz de suivre cette affaire. Misselwitz commence les interrogatoires le dimanche 27 juin.

Le 3 ou le 4 juillet, Barbie conduit lui-même Jean Moulin au 84, avenue Foch. Dès que le véhicule se gare devant l'immeuble, Misselwitz doit descendre chercher Moulin dans la voiture de la Gestapo de Lyon afin de le mener jusqu'à son bureau. « Très affaibli, marchant difficilement, Misselwitz dut soutenir Moulin

1. CARAN.Z 6/23.

pour parvenir jusqu'à son bureau[1]. » Bömelburg, Barbie et Kieffer viennent les y rejoindre quelques instants plus tard. Misselwitz affirme que Bömelburg a manifesté son étonnement en constatant l'état lamentable dans lequel Moulin se trouvait et a demandé alors des explications à Barbie. D'après Misselwitz, « Barbie déclara avoir brutalisé Moulin pendant plusieurs jours parce qu'il avait refusé de donner son identité et de faire des déclarations. Puis il ajouta que Moulin avait tenté de se suicider à trois reprises différentes, mais à aucun moment il n'expliqua les moyens employés. » Toujours selon Misselwitz, Bömelburg aurait alors décidé de faire transporter Moulin dans sa villa de Neuilly pour lui faire donner des soins et ne l'interroger qu'ensuite. Il aurait également tancé vertement Barbie.

Deux ou trois jours plus tard, Misselwitz se serait rendu à la « villa Bömelburg », à Neuilly, pour voir si Moulin était en état de subir un interrogatoire. Moulin aurait été encore dans un « état lamentable » et Misselwitz se serait limité à relever son identité.

Quelques jours plus tard, Misselwitz, ayant appris par Bömelburg que Moulin allait mieux, serait retourné le voir et lui aurait présenté une feuille de papier sur laquelle figurait son identité. Moulin aurait alors pris la feuille et aurait barré un « l » dans son nom qui en comportait par erreur deux. Il aurait ensuite donné l'adresse de son appartement[2]. Misselwitz n'y aurait trouvé qu'une pièce vide, depuis longtemps inoccupée.

Misselwitz a manifestement « tordu » la vérité pour se disculper en chargeant Barbie. Deux autres témoignages et quelques éléments des propres déclarations de Misselwitz permettent de retracer le fil des événements postérieurs à l'arrivée de Moulin au 84, avenue Foch, le 3 ou le 4 juillet, tout en se rapprochant de la vérité.

Depuis le 27 juin, Misselwitz a pris en charge Henri Aubry. Au bout d'une semaine, grâce à Aubry, il connaît tout ou presque tout de ce qui s'est passé à Caluire, tout de l'Armée secrète, tout des MUR, tout de Combat. Pour ce qui est de Caluire, Barbie

1. À partir d'un document de la DST intitulé « Examen de situation n° 704 », établi à partir d'un interrogatoire de Misselwitz du 3 avril 1947.

2. Probablement celui du 26, rue des Plantes.

lui a déjà déclaré que c'était Hardy qui avait « donné » la réunion, puis s'était lui-même tiré une balle dans le bras. Dès son premier contact avec Misselwitz, Aubry lui a exhibé les traces des quelques coups qu'il avait reçus sur les bras et s'est dit prêt à lâcher tout ce qu'il savait. Il a commencé par révéler que Jean Moulin était le représentant du général de Gaulle en France. Selon Misselwitz, « Aubry avait déjà parlé à Barbie, sauf pour Moulin ». Aubry crache tout ce qu'il sait sur la Résistance — et il en sait beaucoup ! Parlant « librement, sans contrainte », il servira en fait de guide, simplifiant au maximum l'action répressive de la Gestapo, laquelle procédera alors à des centaines d'arrestations dans l'ensemble de la France. Aubry fournit des renseignements sur Henri Frenay, dénonce des résistants comme le comte de Vogüé, démonte le fonctionnement du Comité central d'études, confirme les pourparlers entre l'Armée secrète et l'armée Giraud... Tant et si bien que Misselwitz en sait déjà très long sur Moulin quand celui-ci débarque au « 84 ».

Contrairement à ce qu'affirme Misselwitz, Moulin est resté plusieurs jours avenue Foch avant d'être transporté à la « villa Bömelburg ». Marie-Rose s'en souvient[1] fort bien. J'ai eu du mal à la retrouver, et plus de mal encore à la convaincre de parler, car elle était traumatisée d'avoir été menacée de mort au beau milieu des années 80, alors qu'elle s'apprêtait à livrer ses secrets sur Jean Moulin. Elle avait eu si peur qu'elle avait alors déménagé et fait mettre son numéro de téléphone sur liste rouge...

Marie-Rose Holveldts s'occupait des détenus installés dans les chambres de bonne du cinquième étage aménagées en janvier 1943 pour recevoir des détenus :

> Dans chaque cellule, il y avait un lit, une chaise et une table. Au début, quand les cellules ont été aménagées, les prisonniers n'étaient pas surveillés. Mais plusieurs prisonniers sont arrivés à s'évader.

Ensuite, les Allemands ont installé de grands barreaux à l'intérieur et à l'extérieur de la cellule :

1. Entretiens avec l'auteur, les 15 mai et 2 juin 1998.

> Les portes de la cellule ont été fermées par de lourdes barres de fer. Il y avait un trou par lequel les gardes, qui étaient des Russes ou des Italiens, regardaient ce que faisait chaque détenu dans sa cellule... Je ne devais pas parler aux détenus. Je devais leur servir leur nourriture, prendre leur linge pour le donner à la blanchisserie chaque semaine. Mais il m'était absolument défendu de leur parler. J'arrivais quand même à leur parler et à passer des lettres...

Elle a assisté à des scènes de violence dans un bureau spécial ou dans leurs cellules :

> Souvent, même, j'ai donné des pansements aux prisonniers, puisque j'allais dans les cellules. Je prenais un prétexte quelconque pour demander la clé et entrer dans les cellules. Je leur faisais des pansements et leur donnais quelque chose quand ils en avaient besoin.

Elle se souvient du supplice de la baignoire qui était infligé par Irma Sirvin ou un Français, Pierre Cartaud :

> On plaçait le détenu dans la baignoire, dans l'eau froide. On lui maintenait la tête sous l'eau. Jusqu'à ce que la personne avoue, le supplice recommençait.

Au fil de nos entretiens, les souvenirs lui reviennent :

> Il y avait une chambre des supplices au deuxième étage... Dans cette chambre, il y avait des anneaux en fer auxquels on suspendait les détenus soit par les pieds, soit par les mains, puis des plaques d'amiante. On mettait les détenus contre le mur. Les plaques avaient une prise de courant.

Ce supplice-là était réservé à ceux qui ne parlaient toujours pas après un long interrogatoire.

Maîtresse de Karl Haug, qui était le secrétaire de Kieffer, Marie-Rose confirme ce qu'elle déclara au juge après la guerre : elle recevait toutes ses confidences sur ce qui se passait avenue Foch[1]. Elle a parfois servi d'interprète à Kieffer et à Karl Haug.

Elle me raconte :

---

1. Instruction contre Bouillon, Ledanseur et autres.

Quand Jean Moulin est arrivé de Lyon, il avait reçu des coups, mais n'était pas encore en trop mauvais état. Mais, à Paris, il a été beaucoup torturé, avec le supplice de la baignoire, les décharges électriques et les bouts de bois enfoncés sous les ongles. Il n'a jamais parlé. Je l'ai vu trois fois, pour lui donner à manger. Il m'a dit qu'il était ancien préfet de Chartres. Il savait ce qui l'attendait. La dernière fois que je l'ai vu, il était dans un triste état, mais encore lucide. Il m'a raconté ce qui lui était arrivé à Caluire, chez un docteur. Il m'a dit avoir été vendu et m'a donné le nom du traître, mais je ne m'en souviens plus. C'était quelqu'un qui n'aurait pas dû assister à la réunion.

— Hardy ?

— C'est probablement cela, mais je n'en suis pas sûre...

Une personne avait déjà narré sa rencontre avec Jean Moulin avenue Foch, mais n'avait pas été entendue : il s'agit de Suzanne Olivier, un courrier de Jean Moulin, arrêtée le 9 juin à Paris par Olaf Barrou. Elle aussi avait été interrogée plusieurs fois au « 84 ». Elle fut torturée dans une chambre du haut où on lui arracha huit ongles. Un jour — qu'elle estimait se situer après le 14 juillet — elle fut confrontée à Jean Moulin.

Confrontation en cagoule. Je refuse la cagoule. À ma grande stupéfaction, Max ne dit rien. Enfin, ils retirent les cagoules et Jean Moulin apparaît, défiguré, un bandage à la tête, les mains dans les poches. Il n'a pas dit un mot pendant la confrontation et il avait le regard fixe. On l'aurait cru drogué. Comme je tenais mes mains dans mes poches pour que Max ne puisse pas voir mes ongles, ils m'ont ordonné brutalement de les sortir. J'ai mis mes mains derrière mon dos le plus vite possible. Même à ce moment-là, son regard était vague. Les Allemands ne lui ont d'ailleurs posé aucune question[1].

Suzanne Olivier a précisé à Antoinette Sachs que cette confrontation d'un quart d'heure avait eu lieu entre le 14 et le 20 juillet et que, tout le temps qu'elle dura, Jean Moulin se tint adossé à une porte.

---

1. Témoignage écrit de Suzanne Olivier, figurant dans les archives Antoinette Sachs au musée Jean Moulin.

Une autre personne encore a évoqué la présence de Jean Moulin avenue Foch : André Lassagne, dans une lettre à Antoinette Sachs datée du 14 novembre 1945[1].

Marie-Rose continue son récit en regrettant que le temps ait effacé beaucoup de choses de sa mémoire :

> À un moment donné, Jean Moulin m'a demandé : « Est-ce que je peux vous faire confiance ? » J'ai répondu que oui. Je faisais ce que je pouvais pour soulager les prisonniers. Il m'a demandé de faire deux démarches et m'a donné deux adresses et numéros de téléphone que j'ai notés sur deux petits bouts de papier. Un petit papier était destiné à une « dame qu'il connaissait très bien »...
>
> — Gilberte Lloyd ?
>
> — Oui, c'est cela. Jean Moulin m'a demandé de prendre contact avec elle pour la prévenir de ce qui lui était arrivé, et qu'il allait mourir. Il voulait qu'elle prenne ses dispositions, car il avait peur qu'elle ne soit inquiétée.

Marie-Rose a alors téléphoné à Gilberte Lloyd qui lui a fixé rendez-vous chez elle pour prendre le thé :

> Elle a été très gentille. C'était une belle femme, d'une belle prestance, très gentille, qui m'a proposé de la recontacter, ce que je n'ai jamais fait...

Marie-Rose était convaincue que cette dame était encore la petite amie de Moulin.

Au bout d'un silence, elle reprend :

> Sur l'autre petit papier étaient inscrits le numéro de téléphone et l'adresse d'un couple que je devais prévenir pour qu'à leur tour ils fassent une démarche.

Marie-Rose ne se souvient plus de ce nom ni de cette adresse, mais croit que c'était en bordure de Paris. Elle a réussi à contacter le couple par téléphone pour lui dire que Moulin avait été arrêté, qu'il allait sûrement mourir et qu'il fallait prendre

1. Dans le fonds Antoinette Sachs au Musée Jean Moulin.

toutes dispositions en conséquence. Ce couple était probablement les Meunier[1].

Au bout de trois quarts d'heure d'entretien, Marie-Rose me dit :

> Vous savez, je n'ai rien à me reprocher et n'ai plus rien à perdre. Voilà : il faut que vous sachiez que je vivais avenue Foch parce que j'étais la maîtresse de Karl Haug.
>
> — Qu'est-il devenu ?
>
> — Il a été pendu à Londres. Il ne le méritait pas, car il se comportait bien avec les prisonniers... Du fait de ma position, je pouvais aller et venir comme je le souhaitais. Le dimanche, j'étais là aussi. Il n'y avait presque personne et je pouvais par exemple voir Moulin sans avoir d'ennuis. Comme je parlais allemand, je savais beaucoup de choses. C'est comme cela que j'ai entendu dans les couloirs que Moulin avait quitté sa chambre-cellule parce qu'il s'était jeté la tête contre les murs. J'avais un passe qui ouvrait toutes les cellules. J'ai ouvert celle où je l'avais vu à plusieurs reprises : il y avait encore du sang sur les murs. C'est un Allemand qui a nettoyé la cellule. Moulin a tenté de se suicider pour ne pas parler. Il n'a pas parlé. Je ne sais pas où Moulin a ensuite été emmené.

Il a été transporté à la « villa Bömelburg » où l'interprète Heinrich Meiners l'a vu[2] dans une cellule alors que l'Allemand venait chercher l'« adjoint de Jean Moulin », Henri Aubry, pour le conduire au 84, avenue Foch :

> Pendant que j'attendais que le prisonnier se prépare, j'ai regardé dans une cellule du premier étage où une femme de ménage faisait le nettoyage. Un gardien de la SS surveillait. La pièce était meublée d'un lit, d'une table, d'une armoire et d'une chaise. J'ai vu un prisonnier dans cette cellule, qui me fit une impression très bizarre. Le prisonnier était allongé, puis il s'est assis et je l'ai vu marcher dans la chambre en s'appuyant aux meubles et aux murs. Il était oppressé et se tenait le ventre et les reins. Il m'a fait l'impression d'un homme très malade et qui n'en

1. Ce récit doit évidemment être pris avec circonspection car, non seulement il ne peut être vérifié, mais il suscite beaucoup de questions. Une certitude : après la nouvelle de l'arrestation de Moulin, Mme Meunier est allée chez Gilberte Lloyd chercher quelques affaires de Moulin qui se trouvaient encore chez elle.

2. *In* BN, N. A. 17869.

a plus pour longtemps à vivre. Il avait des yeux fixes et par instants hagards. Son âge était très difficile à déterminer, parce qu'il avait « fondu » et son costume était devenu trop large. Il était visiblement amaigri et avait des cheveux grisonnants. J'ai demandé au gardien qui était ce prisonnier. Il m'a répondu que c'était une haute personnalité française, un ancien préfet, Jean Moulin, de Montpellier, je crois...

Revenu au 84, avenue Foch, Meiners cherche à obtenir davantage de renseignements sur Moulin. Un de ses collègues — donc un collègue de Marie-Rose — lui confirme que le détenu a été maltraité et frappé avec violence :

> Sur ma demande, il ajouta que c'étaient des membres du groupe français « Henri », rue Lauriston [Bonny-Lafont], et des membres de la SS mis à la disposition de Bömelburg qui avaient frappé M. Moulin. Je suis persuadé que c'est le *Sturmbannführer*, chef de la section IV-E, et Bömelburg qui donnèrent l'ordre de transférer M. Moulin avenue Victor-Hugo, à Neuilly. »

Quand je rapporte cette information à Marie-Rose, elle déclare qu'il n'était pas impossible que Moulin ait été torturé par des Français de la rue Lauriston, car, selon elle, ils venaient souvent au « 84 » pour questionner des détenus.

Avenue Foch, l'interprète Meiners parle de l'état de Moulin à Misselwitz. Ce dernier est inquiet, car c'est lui qui est chargé du dossier Moulin et c'est lui qui l'a interrogé quelques jours plus tôt, au « 84 ». Misselwitz se rend chez le commandant Kieffer qui convoque Meiners dans son bureau. Kieffer ne semblait pas avoir mesuré la gravité de l'état de Moulin. Il donne l'ordre de le faire examiner par un médecin SS.

La version de Misselwitz est quelque peu différente, mais confirme en gros le récit de Marie-Rose selon laquelle Moulin, à son arrivée à Paris en provenance de Lyon, a d'abord été installé au 84, avenue Foch pour être présenté à Bömelburg et à Kieffer, lesquels se seraient alors étonnés de son mauvais état physique. Misselwitz, chargé de l'interroger, n'a pu y parvenir, tant il était affaibli.

Je fais part du témoignage de Misselwitz à Marie-Rose, qui confirme :

> Oui, c'est bien lui qui était chargé de Moulin, mais d'autres s'étaient occupés de Moulin avant lui et l'avaient abîmé...

André Lassagne aussi a vu Moulin à Neuilly dans la « villa Bömelburg ». Il a été confronté à lui et à Delestraint. Moulin gisait alors sur une civière, « le visage en bouillie, recouvert de pansements ».

— Reconnaissez-vous Max en cet homme ? lui a demandé un Allemand.

— Non, a répondu Lassagne. Comment voulez-vous que je reconnaisse cet homme dans l'état où il se trouve[1] ?

Lassagne situait cette scène le 10 ou le 11 juillet 1943.

Décision est prise par Bömelburg, après accord du RSHA (Office central pour la Sécurité du Reich) de Berlin, de transporter Moulin à l'hôpital de la police de Berlin pour tenter de le sauver. C'est l'infirmier Millitz qui est chargé d'escorter le détenu dans un compartiment spécial du train régulier Paris-Berlin. Quelques jours plus tard, Misselwitz prévient Meiners que Moulin est mort dans le train, peu avant Francfort. Millitz avait pourtant trouvé que l'état du prisonnier s'améliorait. Jean Moulin lui avait même demandé s'il avait pu emporter son argent personnel. Peu après la réponse positive de l'infirmier, Moulin s'était brusquement affaissé. Il était passé de vie à trépas.

Ordre fut aussitôt donné de ne pas faire d'autopsie et d'incinérer le corps. Meiners apprit la fin de Moulin par son père, car celui-ci, également fonctionnaire de police, était de permanence à la gare de Francfort quand il reçut un coup de téléphone de la police des chemins de fer de la gare principale des voyageurs l'informant qu'on avait déposé au poste de garde le cadavre d'un individu qui, au cours de son transport de Paris à Berlin, était décédé peu avant l'arrivée du convoi à Francfort.

> J'examinai le cadavre et constatai qu'il s'agissait d'une personne paraissant avoir beaucoup souffert. Le cadavre donnait l'impression d'être celui d'une personne très faible et dans un grand état de déchéance physique...

1. Témoignage d'André Lassagne recueilli par le Comité de la Deuxième Guerre mondiale.

Revenant d'Allemagne quelques jours plus tard, Millitz transmit à Misselwitz[1] un certificat de décès, et, un peu plus tard, le même Misselwitz recevait — d'une provenance inconnue — une nouvelle pièce officielle attestant que l'urne renfermant les cendres de Jean Moulin (n° 10.137) avait été déposée au cimetière du Père-Lachaise à Paris.

Le mardi 19 octobre, la Gestapo de Montpellier annonce la nouvelle de la mort de l'ancien préfet de Chartres à Laure Moulin. Celle-ci monte rapidement à Paris et se retrouve rue des Saussaies où on lui conseille de se rendre au 84, avenue Foch. Laure monte au troisième, sans trouver aucune inscription. Elle croise une Allemande en uniforme qui paraît avoir plus peur qu'elle et qui lui demande d'un ton sec :

— Où allez-vous ?

Laure Moulin explique le but de sa visite.

— Ce n'est pas ici. Adressez-vous au 86, à la *Registratur*, répond la femme[2].

Marie-Rose prétend que c'est elle qui a reçu Laure Moulin, qui lui a ouvert la porte et l'a conduite jusqu'au bureau du commandant.

Après m'avoir livré quelques-uns de ses secrets, Marie-Rose me conseille d'essayer de retrouver Odile Scherer, qui était la secrétaire-interprète du *Sturmbannführer* Kieffer, et qui « sait tout » sur la fin de Jean Moulin.

Otilia Scherer était née le 10 mai 1911 à Wetzlar et habitait 3, rue Gallieni, à Asnières[3]. Le mari d'Otilia était aussi un personnage important de l'avenue Foch, puisqu'il y officiait comme chef interprète. Il a d'ailleurs été tué par la Résistance en octobre ou novembre 1943. En revanche, Odile Scherer n'a jamais été inquiétée. Elle a quitté Paris avec les Allemands. Elle a été arrêtée par le CIC américain de Wetzlar, puis transférée à Tübingen, en zone française, et, de là, à Paris[4]. À Paris, elle a fait l'objet d'une demande d'enquête, et puis plus rien... Pourquoi ? Elle s'est alors trouvée un puissant protecteur, l'avocat

1. Note de Wybot déjà citée.
2. *In Jean Moulin* de Laure Moulin, *op. cit.*
3. Otilia Birk a fait l'objet d'une demande d'enquête pour collaboration (SN 6416).
4. Témoignage de Meiners à la BN. FR, N. A. 17869.

Floriot, qui l'a prise comme secrétaire. En 1948, Odile Scherer a demandé à Marie-Rose de venir voir Me Floriot pour parler de Moulin. Le ténor du barreau a paru fort heureux de pouvoir faire des photocopies des deux derniers messages du supplicié. Puis il s'est montré très critique envers l'ancien chef de la Résistance. Marie-Rose se rappelle qu'il insista beaucoup sur le fait que « Moulin n'était pas gaulliste, mais communiste ».

32

Que sont ses autres « vies » devenues ?

Trois des « vies » les plus proches de la sienne ont suivi des parcours radicalement différents du sien. On a vu comment, en 1941, il a tourné la page de son passé et de ses engagements antérieurs. Sans rompre ses liens affectifs, il a choisi sa propre voie et, pour la première fois de son existence, il est devenu « Jean Moulin ». L'homme du 17 juin a rencontré celui du 18 juin autour d'une certaine idée de la France. Il a décidé de ne pas répondre aux pressants appels de Dolivet, et donc de Pierre Cot. L'éclatement géographique de la « bande à Cot » explique en partie les divergences. L'analyse de la situation ne pouvait être la même à Marseille et à New York. Après que Pierre Cot eut proposé ses services à l'Union soviétique et que Louis Dolivet, aidé de Cot, se fut attaché à reconstruire le RUP avec pour objectif de prendre la tête de toutes les résistances au fascisme hitlérien, Jean Moulin, lui, a préféré aller trouver de Gaulle.

Pierre Cot poursuivit donc ses contacts avec les Soviétiques. Dans un télégramme daté du 1er juillet 1943, au moment où son ami Moulin subit son calvaire à Lyon, avant d'être transporté à Paris au 84, avenue Foch, le vice-consul soviétique à New York demande des instructions au Centre pour savoir comment traiter la proposition faite par « Dædalus » — c'est-à-dire Pierre Cot — à un certain « Barbo ». Il est prêt à se rendre à Alger pour étudier la situation, voir s'il a un rôle à jouer dans le futur, y engager la lutte contre les fascistes. Il rappelle son rôle dans le Front populaire et sa conduite pendant la guerre d'Espagne.

Une semaine plus tard, nouveau rapport de « Dædalus » sur les pouvoirs du CFLN à Alger ; il y est beaucoup question des divergences à l'intérieur du Comité, accentuées par le manque de souplesse du général de Gaulle :

> Le groupe de Passy a installé une organisation secrète dont l'objectif est de prendre le pouvoir après la guerre et de former une dictature militaire dirigée par le général de Gaulle. Le groupe a établi un monopole des communications illégales.

D'une phrase coupée dans l'« écoute Venona », on peut déduire que, selon lui, l'organisation du général de Gaulle va exclure les antifascistes du Comité...

Inutile d'insister sur le fossé idéologique qui s'est creusé entre les amis Cot et Moulin, même si les deux hommes éprouvaient probablement la même aversion à l'égard du colonel Passy.

Après avoir échoué à être le *right man* du SOE et peut-être de De Gaulle pour cause de fiches de l'Intelligence Service, après n'avoir pas réussi à attirer Jean Moulin aux États-Unis, Louis Dolivet a continué à beaucoup s'agiter Outre-Atlantique. Il y a développé avec succès la Free World Association, regroupant les principales personnalités démocrates réfugiées aux États-Unis, et lancé le magazine *Free World* où il défend l'idée d'un monde meilleur pour l'après-guerre, basé sur une organisation des Nations unies. Jusqu'à la mi-1943, il reste aux côtés de Pierre Cot. Il a toujours beaucoup intrigué les services secrets américains qui se sont demandé s'il était encore lié à Moscou et aux communistes. On peut seulement constater que les prises de position de la Free World Association, notamment à l'égard de la résistance allemande, étaient fort proches de celles de Moscou, et quasi simultanées. *Still an enigma* (« encore une énigme ») : telle est alors la conclusion d'une longue étude de l'OSS consacrée à Dolivet.

Cette interrogation de tous les services secrets occidentaux le poursuivra jusqu'à sa mort, le 12 août 1989. Ses fiches anglaises l'auront suivi aux États-Unis, et J. Edgar Hoover le considérait en 1943 comme un « homme dangereux ». Elles l'empêcheront de donner suite à ses rapports avec la *First Lady* et le cantonneront dans un rôle d'agitateur d'idées et de *lobbyist* en faveur de l'engagement américain dans la guerre contre Hitler et le fascisme. Il réussira à être membre du comité exécutif de *France Forever* et s'affirmera gaulliste, mais il ne parviendra jamais à embrayer sur une action concrète, comme il l'aurait souhaité. Il jouera un rôle certain dans la création de l'ONU dont il deviendra expert consultant en 1946, et sera proche de son premier secrétaire général, Trygve Lie[1].

Quant à André Labarthe, après avoir été, un an et demi avant sa « chère pomme » (Moulin), un très proche collaborateur du général de Gaulle, et, à cause de cette position, l'objet de toutes les attentions du GRU soviétique, il a rapidement été écarté et a perdu du même coup l'intérêt que lui portait Moscou. Les écoutes Venona le concernant s'arrêtent au 6 août 1941. Labarthe va devenir l'éditeur brillant du magazine *La France libre*, avec Martha Lecoutre comme principale collaboratrice et Raymond Aron comme rédacteur en chef. Aux côtés de l'amiral Muselier, il se comporte en opposant acharné et virulent du général de Gaulle, qu'il considère comme un fasciste. Analyse qu'il partage avec Pierre Cot...

Labarthe ne manquera jamais une occasion de faire obstacle à la conquête du pouvoir du Général, donc d'entraver l'action de son ami Moulin. Il essaiera d'empêcher l'envoi d'armes aux mouvements gaullistes, prétendant qu'elles seront utilisées pour fomenter un coup d'État. Il devient l'ami de « Carte », chef du réseau le plus antigaulliste qui soit, et soutient le mouvement OCM parce qu'il est, selon lui, antigaulliste. Avec Muselier, Labarthe part pour Alger au début de 1943 et offre ses services au général Giraud, qui le prend comme ministre de l'Information. Avant de continuer ses discussions avec Giraud, de Gaulle

1. Louis Dolivet connaîtra des problèmes au moment du maccarthysme, sera pendant un certain temps interdit de séjour aux États-Unis, tentera de monter un mouvement en France avec Léon Jouhaux et sera encore une fois l'objet d'attaques pour ses liens supposés avec Moscou. Il décidera finalement, après 1953, de se lancer, lui, l'ami d'Orson Welles et de Rita Hayworth, dans la production de films. Il produira notamment *Monsieur Arkadin*, *Mon Oncle* et *La Dolce Vita*...

exigera la démission d'André Labarthe. Après son départ d'Alger en juillet 1943, ce dernier se rendra à New York où il retrouvera « Carte » avec qui il intriguera contre de Gaulle, notamment auprès de l'OSS.

« Moulin disparu, il était à craindre que tout s'effondrât », écrit Pierre Meunier[1]. Il est vrai que le risque était réel, Moulin concentrant tant de pouvoirs en tant que membre du Comité national français, délégué du général de Gaulle, président du CNR et président du comité directeur des MUR... Quelques jours avant Caluire, il avait reçu un délégué adjoint en la personne de Claude Serreules : nous avons vu que celui-ci quitta Moulin le 21 juin à 14 heures. Serreules se retrouva donc provisoirement le représentant du général de Gaulle en France, assisté pour la zone Sud par Bingen. Dès le début, il dut lutter contre Passy et le BCRA qui le privèrent de liaisons avec Londres.

Dès que la nouvelle de l'arrestation de Moulin fut connue à Londres, se déclencha une véritable guerre de succession plutôt qu'une course à qui tenterait de le secourir. Pierre Brossolette, l'ennemi de Moulin, se porta immédiatement candidat, avec le soutien instant du colonel Passy, provoquant un tir de barrage des amis de Moulin, Georges Boris et André Manuel en tête, bientôt relayés par des figures de la Résistance intérieure comme Emmanuel d'Astier ou François de Menthon, qui ne voulaient pas d'un autre Moulin. À titre conservatoire, de Gaulle, alors à Alger, demanda d'utiliser Georges Bidault comme « intérimaire de Rex » pour la zone Sud ; pour la zone Nord, Brossolette devait partir durant un mois en France afin de trouver un « représentant nouveau ».

Échaudée par l'expérience Moulin, la Résistance intérieure se livra pendant l'été à un véritable acte de rébellion contre Londres. L'OCM, Ceux de la Résistance et Combat décidèrent, sans prévenir Serreules, de créer un Comité central, comprenant les représentants des huit mouvements membres du CNR, qui dirigerait la Résistance en France. Et ils évincèrent Pierre Meunier. Mais Serreules parvint à jouer des divisions entre

1. *In Jean Moulin, mon ami, op. cit.*

mouvements, prit la présidence du Comité, en limita les pouvoirs et réinstalla Meunier au secrétariat du CNR.

Dès le 14 juillet 1943, le CNR prit aussi une décision symbolique : sous l'impulsion du Front national, il s'autodésigna « exécutif de la Résistance », décision que Jean Moulin avait repoussée le 27 mai. L'œuvre d'unification de Moulin n'était plus qu'un lointain souvenir... Serreules, Meunier et Chambeiron imposèrent Georges Bidault comme président du CNR. Ancien du RUP, démocrate-chrétien, il présentait l'avantage d'être à la fois de Combat et du Front national, donc d'être bien vu des communistes. Ce choix mécontenta Alger qui avait choisi le préfet Bollaert pour assurer cette présidence.

Le 19 septembre, après toutes ces turbulences, Brossolette part en mission en France, accompagné de son ami anglais (du SOE) Forest Yeo-Thomas. Il entre en relation avec l'équipe Serreules-Bingen qui, à son tour, manifeste une extraordinaire mauvaise volonté à l'égard des deux hommes arrivés de Londres.

Serreules n'a certes pas la même stature que son prédécesseur et est surtout d'une singulière imprudence. Le 25 septembre, le PC clandestin de la Délégation, installé au 129, rue de la Pompe, est investi par la Gestapo ; toutes les archives sont saisies. Pierre Meunier n'échappe à l'arrestation que grâce au sang-froid de Robert Chambeiron. Les archives du SOE[1] sur cet épisode ont été ouvertes fin juillet 1998 et sont accablantes pour Serreules. On y lit que ce dernier « n'est pas sûr et que son degré d'insécurité est tel qu'à son niveau, c'est criminel ». Que toutes les archives saisies par les Allemands étaient rédigées en clair. Que Serreules, arrêté par les Allemands le 25 septembre, fut relâché, et que son bras droit « Alain » (c'est-à-dire Daniel Cordier) s'est « miraculeusement échappé ». Ou encore : « bien que l'intégrité de Serreules ne soit pas en cause, il y a de très fortes présomptions qu'il ait été utilisé par les Allemands comme un indicateur malgré lui et qu'ils aient préféré ne pas l'arrêter, tant il était intéressant ». Une certitude : les Allemands savaient tout sur lui.

Brossolette et Yeo-Thomas constatent que, à l'exception de la nomination de dirigeants nationaux, tout est resté en plan depuis

1. PRO. HS 6/380 (Serreules).

le printemps dernier. Et que Moulin, par ses méthodes brutales, a laissé la zone Nord dans un grave état de paralysie. Brossolette s'oppose violemment à Serreules et à Bingen, soutenus par Meunier et Chambeiron. Ceux-ci installent le préfet Bollaert comme délégué du CFLN. Mais Brossolette prend parti pour le Comité central des mouvements dans sa bataille contre le CNR de Bidault, et son opposition à Meunier et Chambeiron, fidèles collaborateurs de Moulin, traduit l'existence de plusieurs hiérarchies au sein de la Résistance, qui cohabitent difficilement.

Le 5 novembre, Brossolette écrit à Passy que le bureau du CNR est devenu « détestable » et que ni Serreules, ni le « bavard » Bidault, ni Meunier ne « parvenaient à gouverner la Résistance comme ils le voulaient ». La mort de Moulin n'a donc pas apaisé, tant s'en faut, les querelles tant entre les mouvements de Résistance qu'entre la Résistance intérieure et la Résistance extérieure. Et ce, malgré les instructions nouvelles de Londres qui tiennent pourtant compte des critiques naguère émises par les mouvements à l'encontre de « Rex » et de « Vidal ». Pour éviter les dangers de paralysie et de pénétration résultant d'une excessive concentration des pouvoirs, une certaine décentralisation est en effet accordée : les délégués militaires régionaux recevront désormais directement leurs ordres de Londres. À la fin de l'automne 1943, Brossolette estime toujours que la crise militaire que traverse la Résistance en zone Nord résulte de la « doctrine Rex-Vidal » qui a « tout mis cul par-dessus tête pendant deux mois », puis de la « négligence totale de Serreules pour le paramilitaire ».

Yeo-Thomas et Brossolette considèrent en fait que rien ne sera possible tant que Serreules et son secrétariat resteront en place. Ils demandent à Londres leur rappel, tout en s'en prenant notamment à Daniel Cordier : depuis la perquisition allemande du 25 septembre, ce dernier, d'après eux, était « brûlé », il introduisait du « désordre » et manifestait un « esprit de chapelle ». Le secrétariat était, selon Yeo-Thomas[1], une « pétaudière sans nom qui donnait des rendez-vous et ne les tenait pas, qui commettait des erreurs journalières, qui mettait tout le monde à

1. Archives SOE, HS/6 (Arrests).

cran, par qui l'on ne pouvait rien obtenir (à la fois impuissance et vachardage) et qui mettait tout en péril par ses méthodes incroyables de légèreté (le fait que les archives aient été gaulées en même temps que le secrétariat était tout un programme à cet égard) ». Pour leur part, les successeurs de Moulin estimaient maintenir la ligne de leur défunt patron et ami en attaquant son ancien adversaire, mais sans se rendre compte qu'ils en détournaient l'esprit en refusant de se plier aux instructions de Londres, en contribuant à aggraver les problèmes de sécurité de toute la Résistance intérieure et en participant à l'éclatement de l'unité qui n'avait cessé d'être son but suprême.

À la fin de l'automne, les conflits de personnes étaient encore pires qu'au printemps. Après toutes ces querelles, imprudences, intrigues de toutes sortes, Londres décida à la mi-novembre, de manière impérative, le rappel de Brossolette, Bollaert et Serreules. L'étoile de Brossolette avait beaucoup pâli dès lors qu'il était placé sur le même pied que Serreules, son ennemi mortel.

Après des tentatives avortées de départ en Lysander, Bollaert et Brossolette partirent en bateau, le 2 février 1944 au soir, mais, rapidement, une voie d'eau noya le moteur et le *Jouet-des-Flots* s'échoua en baie d'Audierne (Finistère). Le 3 février, les deux hommes se faisaient arrêter lors d'un contrôle de routine, et incarcérer à la prison de Rennes. Le 16 mars, Brossolette était interrogé brutalement par les Allemands qui avaient découvert son identité. Le 19 mars, Ernst Misselwitz, celui-là même qui s'était occupé de Moulin, avenue Foch, se rendit à Rennes et reconnut formellement Brossolette. Bollaert et ce dernier furent emmenés le soir même au 84, avenue Foch. Brossolette fut interrogé durement toute la journée du 20, puis conduit dans la soirée à Fresnes. Le 21, retour au « 84 », puis, le soir, de nouveau à Fresnes. Tout ce que j'ai décrit au sujet du martyre de Moulin vaut à présent pour Brossolette. Les deux détenus passèrent toute la matinée du 22 avenue Foch, puis, à midi, furent emmenés dans une chambre de bonne du cinquième étage, celle qu'occupa Jean Moulin, ou une chambre voisine. Brossolette réussit à desceller les barreaux du vasistas de sa chambre, monta sur le toit, glissa probablement et se retrouva sur le balcon du quatrième étage, devant les fenêtres du commandant Kieffer.

Selon le témoignage de Krekeller, adjoint de Misselwitz, Brossolette tenta alors de descendre vers le troisième étage : « C'est là qu'il tomba. Je pense qu'il cherchait non à se détruire, mais à s'évader[1]. » Selon son biographe, Guillaume Piketty, « enjambant la balustrade, il se jeta dans le vide ». Gravement blessé, il est transporté immédiatement à la Pitié. Il meurt le soir même, vers 22 heures.

Comme Moulin, il n'avait pas parlé. Comme lui, il avait été affreusement torturé dans les mêmes salles de supplices. Comme lui, il savait qu'au-delà d'un certain seuil, il risquait de craquer. Comme lui, il avait probablement décidé d'en finir. Comme lui, il fut incinéré et ses cendres déposées au cimetière du Père-Lachaise.

Le CNR — œuvre maîtresse de Moulin — se considéra dès lors comme un gouvernement clandestin et mit au point une charte orientée à gauche, très « frontpopu », dans le droit fil de ce que Jean Moulin aurait probablement préconisé. Mais de Gaulle tenait le CNR en piètre estime et ne lui reconnaissait aucune légitimité. Lors de la libération de Paris, il préféra aller au ministère de la Guerre et saluer la police enfin ralliée, avant de se rendre à l'Hôtel de Ville où siégeait le CNR. « Déjà, les institutions officielles prenaient le pas sur les rebelles », écrit joliment Meunier. Il y avait beau temps, en effet, que le Général n'avait plus guère besoin du CNR. Il en avait eu besoin dans son conflit avec Giraud, pour convaincre les Alliés et surtout les Américains qu'il avait derrière lui tous les partis, tous les syndicats, tous les mouvements de résistance — bref, la France entière. À l'heure où Moulin était arrêté à Caluire, il avait rempli son rôle historique et était déjà devenu un personnage encombrant.

Et Manhès ? Après avoir été livré le 3 avril 1943 à la Gestapo par les Brigades spéciales, il fut interné à Fresnes. Il fut extrait régulièrement de la prison pour être interrogé sévèrement, à vingt-sept reprises, par le SD, au 84, avenue Foch, jusqu'à l'automne 1943. Y a-t-il rencontré Moulin à la fin juin ou au début juillet ?

1. *In Combat* des 6-7 janvier 1951.

Il est condamné à mort le 3 novembre 1943. « Grâce à d'habiles manœuvres[1] » de sa femme qui a noué des relations avec le commandant Spinner, il n'est pas exécuté. Interné au camp de Compiègne du 18 au 22 janvier 1944, il part pour Buchenwald où il arrive le 24 janvier. Rapidement, il crée le « Comité des Intérêts français », qui comprend tous les grands courants politiques, et en devient « président ». En mai 1944 arrive à Buchenwald le militant communiste Marcel Paul, qui met immédiatement son énergie militante au service des internés français. Il rencontre Manhès, devient son ami, dynamise son Comité, désormais soutenu par les communistes, tout en lui en laissant la présidence. Manhès vient de se trouver un autre « patron »...

Il revint en France le 18 avril 1945 et demanda à repartir aussitôt pour activer le rapatriement des détenus du camp. Il ne rentra définitivement en France que le 23 mai. En octobre, il créa avec Marcel Paul la Fédération nationale des déportés et internés résistants et patriotes (FNDIRP), qui restera toujours proche du Parti communiste. Il entre au cabinet de son ami communiste Marcel Paul lorsque celui-ci est nommé ministre de la Production industrielle, le 21 novembre 1945.

Le 27 avril 1946, Manhès subit une très violente attaque de l'hebdomadaire *Paroles françaises*. Sous le titre « Quand les communistes régnaient sur Buchenwald », le journal du Parti républicain de la Liberté (PRL) publie des extraits d'un livre de l'Anglais C.H. Burney, *The Dungeon Democracy*. Il y est affirmé que, dans les camps, notamment à Buchenwald, les communistes français, bien qu'ils fussent en minorité, avaient, grâce à l'appui des communistes allemands, disposé d'une autorité absolue sur les autres détenus, tant français qu'étrangers, qu'ils avaient usé de cette toute-puissance pour se débarrasser de ceux de leurs compagnons qui ne partageaient pas leurs idées, et que les deux hommes clés de ce processus infernal étaient Marcel Paul et Henri Manhès. Manhès réussit à mobiliser de nombreux résis-

1. Dans un CV établi par Manhès et figurant dans les archives de la FNDIRP. C'est grâce à l'intervention de Colette Jacques que Lucie Manhès a pu rendre visite à son mari et entamer des « manœuvres »...

tants pour témoigner qu'il ne s'agissait là que d'un ramassis de mensonges.

Compagnon de route des communistes, il deviendra plus tard président de la très « rouge » Fédération internationale des résistants.

Gaston Cusin, quant à lui, n'avait plus jamais revu Moulin depuis novembre 1940, mais il avait suivi son action. Jusqu'à sa nomination comme commissaire de la République à Bordeaux, il sera resté un « électron libre » de la Résistance. Continuant à se sentir « missionné », il a emprunté son propre chemin, livré sa propre guerre, aidant les uns et les autres, autrement dit aidant la France. Il n'a jamais appartenu à un réseau ou à un mouvement, même s'il était officiellement à Libé-Nord. Cusin, qui avait connu Léo Morandat à l'union départementale de Chambéry, a poussé « les gens de Londres » à envoyer en France des « gens qu'on connaissait ». Bingen, l'un des successeurs de Moulin, voyait Gaston chez qui il prenait son courrier à Vichy. Après la guerre, Cusin fut d'ailleurs très agacé par la façon dont les « résistantialistes » décrivirent cette période. Lui-même se présentait comme étant devenu un gaulliste de raison[1] à partir de 1942 :

> Dans les réseaux actifs de résistance à l'intérieur, jusqu'en 1942, jusqu'à Jean Moulin, il y avait des gens qui n'étaient ni derrière de Gaulle ni derrière personne. De Gaulle était un concurrent, si l'on peut dire. Nous ne reconnaissions pas du tout de Gaulle. On ne savait pas que c'était intéressant de coopérer avec lui. On ne le reconnaissait pas comme un gouvernement.

Cusin a conservé pendant toute cette période un bureau à Vichy, mais n'y allait qu'épisodiquement. Il a toujours affirmé avoir trouvé dans l'administration beaucoup de dévouement et d'aide, y compris chez des gens mal catalogués : « Même autour du maréchal Pétain, nous avions des gens qui nous aidaient. » Grâce à une carte de circulation et à un ordre de mission, il transmettait des renseignements des uns aux autres. Gaston

1. *Cf.* Interview Cusin, déjà citée.

Cusin fut arrêté et interné pendant un mois à Compiègne, mais libéré sur l'intervention d'amis du ministère des Finances.

Pendant toute la guerre, Cusin a utilisé ses propres réseaux de douaniers et de syndicalistes. Pendant toute la guerre, il est resté en contact avec Robert Lacoste, et c'est à son domicile, rue des Arcs, qu'Alexandre Parodi et Lacoste confièrent à Mme Cusin un message destiné à Londres, demandant que les allocutions et communiqués du Général ne se terminent plus par « Honneur et Patrie », mais par « Vive la France ! Vive la République ! », et que référence soit faite à la IIIe République — à défaut de quoi « ils iraient voir une autre personne » !

Enfin, par l'intermédiaire de Lacoste, installé officiellement percepteur à Thonon, où il pouvait le rencontrer, Cusin participa à certaines études sur l'économie de la France d'après guerre. Connaissant bien la « carte » des fonctionnaires sur lesquels on pouvait compter, il proposa un certain nombre de noms qui seront repris par Lacoste, puis par Michel Debré pour devenir commissaires de la République. Lui-même sera nommé dès 1943 commissaire de la République à Bordeaux[1] du fait de ses antécédents espagnols et de ses réseaux dans la région.

Delestraint et Moulin arrêtés, il restait à Frenay, installé à Londres, à imposer son candidat, Jussieu - « Pontcarral », comme nouveau patron de l'Armée secrète. Il y réussit. Il chercha ensuite à passer à Alger où était installé le CFLN dirigé alternativement par de Gaulle et Giraud, avant de regagner la France. On n'était pas plus pressé de le voir à Alger qu'en métropole. Frenay n'était pas seulement gênant pour Jean Moulin : « Nous ne sommes plus considérés comme des amis, mais comme des rivaux [...] qui doivent être surveillés et même strictement contrôlés », raconte-t-il[2].

Il arrive à Alger à la mi-août, rencontre de Gaulle à qui il explique les raisons de la grave crise entre les services du Général et la Résistance intérieure. Après plusieurs entrevues, il obtient l'installation d'une Délégation des mouvements à

1. C'est donc lui qui confirma Papon à son poste de secrétaire général.
2. *In La nuit finira*, *op. cit.*

Londres où il repart d'abord. « L'écran que représentait Moulin ou ses successeurs, en fait, a disparu. Avant toute décision, la Résistance sera désormais entendue », estime-t-il alors.

Passy lui communique une lettre de Brossolette sur les rapports entre le Bureau des opérations aériennes et les mouvements. Ses termes lui font plaisir : « ... Je veux d'abord déterminer d'où vient le mal [la pénurie d'armes]. Incontestablement, la doctrine Max-Vidal a tout mis cul par-dessus tête... » Et le même Brossolette de fustiger le cloisonnement imposé par Moulin entre le « civil » et le « militaire ».

Bénouville et Bourdet ne cessent alors de demander à Frenay de revenir en France, mais ce dernier préfère, dans un premier temps, conforter l'assise de la Délégation des mouvements. Puis, fin octobre, il repart pour Alger afin de participer aux premières séances de l'Assemblée consultative qui doit se réunir le 3 novembre.

De Gaulle avait gagné. Il était le seul président du CFLN. Giraud était confiné dans le militaire. Le Général, qui pensait maintenant à sa prise de pouvoir à la Libération, demanda à Frenay d'entrer au CFLN pour s'occuper des prisonniers. Le chef de Combat, qui pensait qu'il était plus important pour lui de retourner en France afin d'y reprendre la lutte, déclina la proposition. Puis, sur l'insistance d'amis de Combat présents à Alger, il revint sur sa décision et accepta le poste de commissaire aux Prisonniers, Déportés et Réfugiés. Il ne revint en France qu'après la Libération avec, dans ses bagages, un membre de son cabinet débarqué à Alger en mai 1944 avec sa fiancée : René Hardy.

Durant l'été 1943, Bénouville s'installe à Paris chez son ami Magescas qui lui offre en même temps une « couverture » grâce à sa société d'import-export, au 76, boulevard Haussmann. « Pierrot » Mussetta se tient à ses côtés et fait fonction de garde du corps. Bénouville est bientôt rejoint par les membres du comité directeur des MUR. Il attend avec impatience le retour de Frenay à qui il a trouvé une maison dotée de trois entrées, mise à sa disposition par la famille Castellane.

Bénouville noue des relations correctes avec le CNR et tous les mouvements de résistance de la zone Nord. À la mi-octobre, après avoir organisé le mariage[1] de Jean-Guy Bernard, devenu patron du Service-Fer, avec Yvette Baumann qui a remplacé Bertie Albrecht au service social, il part pour Genève afin d'y participer à une conférence militaire avec les Alliés. Il est déjà loin, le temps où Moulin enrageait de la tenue de telles réunions ! Bénouville est entouré de « ses » hommes : Jussieu, dit « Pontcarral », chef d'état-major de l'Armée secrète, Marcel Degliame, chef de l'Action ouvrière, Magescas, à qui il confie la défense des maquis, et quelques autres parmi lesquels un délégué de la zone Nord. La réunion dure huit jours et s'attache à faire le point sur l'état de la Résistance et la préparation du jour « J ».

Bénouville, qui prend de plus en plus d'importance, se heurte aux représentants du CFLN, notamment à Bingen qui remplace Serreules. Avec son ami Maxime Blocq-Mascart, de l'OCM, il réussit à faire accepter les officiers de l'ORA dans la Résistance et se rapproche ainsi de son chef, le général Revers. Il cherche à faire reconnaître la délégation de Genève comme délégation générale par tous les mouvements de zone Nord et souhaite installer une délégation à Madrid, qu'il contrôlerait également. En exerçant un contrôle de plus en plus étendu sur la Résistance intérieure, il pourrait contourner de la sorte les agents du CFLN en France. Par toutes ces actions, Bénouville réussit à recentrer politiquement la Résistance intérieure que les adjoints et successeurs de Moulin « tiraient » à gauche.

Bénouville décida alors de se rendre à Alger, notamment pour soumettre une demande qui lui avait été faite par les Américains : d'étudier un plan de « réduit national » en France, véritable forteresse d'où partiraient les raids des troupes de la Résistance au jour du débarquement. Mais tout l'entourage de Bénouville, notamment Magescas et Camaret, est soudain arrêté. Bien des choses, dans ces arrestations, semblèrent inexplicables à Bénouville, devenu à son tour un homme traqué. Une photographie de lui, fournie par Darnand aux Allemands, circulait dans Paris. Il put enfin quitter la France pour Madrid et Alger où il retrouva Frenay, chez qui il habita. Ce dernier l'emmena chez de Gaulle avec qui il resta en tête à tête pendant une heure.

1. Voir chapitre 35.

Le Général le pria à dîner pour le lendemain. Le rendez-vous dut bien se passer, si l'on en juge par la confiance que ne cessa plus de lui témoigner le Général par la suite.

Bénouville partit alors combattre en Italie à la tête d'une section de la 1re DFL et fut rappelé à Alger après le débarquement. Le 19 juin 1944, par décision d'André Diethelm, un bureau FFI était créé, dirigé par Bénouville et Maurice Chevance, deux anciens de Combat, cependant que, de Londres, le général Kœnig prenait la direction des FFI.

Bénouville rentra ensuite en France où il entama une brillante carrière d'homme d'affaires, notamment aux côtés de Marcel Dassault, et une non moins importante carrière d'homme de l'ombre qui en fit l'un des hommes les plus écoutés du président François Mitterrand, son compagnon saintongeais de la prime jeunesse.

33

Après sa mort, Moulin devient un « compagnon de route »

Sans Antoinette Sachs, ainsi qu'on va le voir, il est probable qu'on ne parlerait plus aujourd'hui de Jean Moulin, en tout cas pas de la même façon.

Nous l'avons laissée traquée par un certain Le Guilly, lequel ne croit pas à la validité de son certificat de non-appartenance à la race juive, et elle n'a jamais pu se rendre à Lyon pour revoir Moulin. Durant l'été 1943, elle se cache dans le Massif central, puis Colette, qui se souvient des paroles de Moulin, lui procure des papiers et la met à l'abri en Suisse. Antoinette retrouve rapidement des connaissances à Genève. Elle voit souvent la chanteuse Marie Dubas, entre en relations avec Gilberto Amado, ambassadeur du Brésil à Berne, renoue avec Marcelle Dangon, la grande amie de Pierre Cot, voit des leaders de la Résistance installés là ou de passage, comme Jean-Marie Soutou, André Weil, le général Kœnig, André Philip... Mais, au-delà des apparences de la vie mondaine, elle se sent tenue à l'écart de toute activité « patriotique », que ce soit par la Délégation ou par le service du colonel Groussard qu'elle a contacté en arrivant à Genève afin de revoir sa sœur qui vit toujours avec lui :

> Je venais de comprendre que Moulin était non pas une recommandation, mais une raison de méfiance. Je dus, par mes propres moyens et mes propres initiatives, travailler, paralysée par la suspicion et par les coups bas portés par mes concitoyens [...]. Je connaissais trop le passé du colonel Gilbert [pseudo de Groussard], son activité d'occupation, sa véritable identité. Il fallait, par

> la menace, m'empêcher de parler. On essayait de m'étouffer, on avait supprimé Moulin. C'était la même bande[1] !

Accusation émise sans preuves, faite bien des années plus tard, qui révèle en tout cas l'état d'esprit dans lequel se trouve alors Antoinette.

Elle essaie de faire du renseignement et découvre que Genève est le « siège de la Bourse noire du renseignement » où l'on en vend au plus offrant, si possible plusieurs fois. Elle se heurte à Groussard :

> Il fallait à tout prix tout me cacher. J'aurais pu faire profiter le pays de quelque chose, travailler sans que ça rapporte à « Gilbert ». C'était gâcher le métier. On ne travaillait que pour ça, en Suisse. C'était dégoûtant.

Et de préciser que les petits agents ne recevaient que 10 000 francs par mois alors que « les besoins personnels de ces messieurs étaient comblés » !

Elle revient en France, à Lyon, le 15 septembre 1944, par le premier convoi de la Croix-Rouge, et se met immédiatement en chasse pour savoir ce qu'est devenu son « patron », Jean Moulin. Personne alors n'est convaincu de sa mort. Elle se rend, le jour même de son arrivée, à la préfecture du Rhône. On lui promet de faire des recherches. Elle se rend ensuite chez Mlle Labonne, au 2, place Raspail, où habitait Moulin les jours qui ont précédé la réunion de Caluire. La logeuse lui apprend que les Allemands sont venus et ont emporté toutes les affaires de M. « Marchand », nom sous lequel elle connaissait le « représentant de commerce » qui logeait chez elle. Elle lui montre aussi son pardessus qu'elle a gardé dans un placard.

Le 25 septembre, Antoinette est de nouveau à la préfecture ; on la conduit chez le commissaire de Züchner qui s'occupe des problèmes franco-allemands. Elle y reste cinq heures. Elle consulte un certain nombre de dossiers. Elle revient le lendemain et en reprend l'examen. En ouvrant un gros registre noir, son attention est attirée par une lettre du 14 septembre précédent, du

1. *In* Fonds Antoinette Sachs, musée Jean-Moulin.

directeur de la prison de Montluc, qui explique : « ... Il [le registre] a certainement trait à l'incarcération d'anciens détenus à Montluc qui, à leur arrivée, étaient tenus de consigner sur ce registre leurs nom, prénom et adresse. » Une mention manuscrite : « Début juin 1943 à août 1943 ». Sur la feuille n° 50 B dudit registre, elle lit : **« Martel Jacques — célibataire — né le 22 août 1897 à Péquigny (Somme) — catholique — décorateur — français — 17, rue Renan à Lyon — cellule 130. »**

Ça y est ! C'est lui ! « Martel » est le nom que Moulin lui avait proposé de prendre quand il avait envisagé de s'installer à Lyon dans un atelier d'artiste, en 1942. Antoinette se souvient également qu'en 1941, à Marseille, il lui avait parlé de ce petit village de Péquigny dont les archives avaient été complètement détruites, ce qui, en cas de besoin, pouvait servir. Elle a mis la main sur le premier petit caillou censé lui permettre de retrouver Moulin, qu'elle espère encore vivant. Elle rencontre ensuite le chef du Deuxième Bureau FFI.

Le 27 septembre 1944, munie d'une copie du feuillet n° 50 B, elle entame une enquête qu'elle mènera pratiquement jusqu'à la fin de sa vie. Elle se rend d'abord à Caluire, voir le boulanger Alfred Fischer, arrêté avec tous les résistants, et le docteur Dugoujon, chez qui a eu lieu la réunion tragique et qui s'est retrouvé à la prison de Montluc dans la cellule 129, mitoyenne de celle de Moulin. Elle trouve le boulanger « incohérent » et le médecin affirme que Moulin a été emmené à Paris.

Deux jours plus tard, elle déjeune avec Maurice David, cousin de Raymond Aubrac, et le docteur Dugoujon. Les deux hommes lui conseillent d'aller voir le commissaire Brive, de la DST, à qui elle narre ses différentes démarches. Le 2 octobre, elle retourne chez Mlle Labonne qui lui montre cette fois de nouveaux vêtements de Moulin qui n'ont pas été emportés par les Allemands, notamment un costume bleu dans une poche duquel se trouve encore un cure-dents. Antoinette envoie une lettre recommandée à Laure Moulin pour l'aviser de ses recherches et de ses premières trouvailles. Elle revient ensuite à la préfecture où elle a déjà ses habitudes. Elle obtient de faire faire une photo du registre de la prison de Montluc pour publication dans la presse, et rencontre ensuite Pierre Lambert, commissaire de la République à Paris. À la date du 2 octobre, Antoinette consigne en abrégé dans son agenda[1] :

> Ami de Henri Manhès, Armaingaud. A été à la galerie de Nice, connaissait le secret de M. [Moulin]. Un petit jeune homme roux, de Graaf [un secrétaire de Moulin amené par Manhès]. Lui partit pour Londres en août à cause de Rex [Moulin]. Le vieux père Graaf — maîtresse, amie de la maîtresse Gestapo — ayant trop parlé (affaire Banque Mallet, Schuster, etc.), on vint prendre Mme de Graaf qu'on garda à Fresnes entre nov. et déc. 43. Lorsqu'elle en sortit, Suzette [Olivier, l'agent de liaison intercepté après l'arrestation du général Delestraint], qui était le courrier de M., lui lança à travers les barreaux : « Max est ici, il est défiguré, mais il va bien. » M. Lambert [le commissaire de la République] se tient à ma disposition pour m'aider en tout ce qui peut activer les recherches et faire déceler le dénonciateur...

Antoinette espère toujours retrouver Moulin vivant. Elle s'imprègne de tous les détails de sa vie avant Caluire. Revoit le docteur Dugoujon et tous ceux qui peuvent lui apporter des bribes d'informations. Elle, comme presque tous ceux qu'elle rencontre, « soupçonne énormément l'*évadé*, alias Hardy ». Le 5 octobre, elle se rend place Carnot, à Lyon, à l'état-major où elle rencontre le commandant Chabert, qui commande la place. Il fait immédiatement venir une dactylo et dicte un rapport très long, très précis, qui met gravement en cause René Hardy. Il raconte que le 21 juin 1943 à 12 h 30, il a reçu un coup de téléphone du commandant Richard, chef du quatrième Bureau de la XIVe division militaire, pour lui demander de passer à son bureau le plus rapidement possible. Richard lui demanda s'il était au courant d'une réunion très importante qui devait se tenir à Lyon à 15 heures. Il lui raconta ensuite qu'une amie, qui connaissait une femme qui travaillait à l'hôtel Terminus (PC de la Gestapo), était venue le voir à 11 heures pour lui parler de cette réunion qui avait pour objectif de désigner le chef de l'Armée secrète : « Elle tenait ce renseignement d'un membre de la Résistance qui était venu l'indiquer à la Gestapo, ce membre se disant le lieutenant Hardy. » Chabert raconte qu'il

1. Les explications entre crochets sont de l'auteur.

avait tout fait pour prévenir des membres de la Résistance. Sans succès. Qu'il avait mené une enquête et que les policiers qui avaient interrogé Hardy avaient trouvé sa « déposition extrêmement douteuse ». Une fois le rapport dicté, Chabert dit à Antoinette :

— Hardy, je vous le donnerai... J'ai dix types qui le descendront aussitôt. Revenez demain à 11 heures, je vous remettrai le rapport tapé.

Antoinette a aussi convaincu le commandant de lui établir un ordre de mission officiel pour qu'elle poursuive son enquête. Elle identifie et localise toutes les personnes qui ont été au courant de la tenue de la réunion de Caluire dans les heures qui l'ont précédée. Elle progresse vite.

Le dimanche 8 octobre 1944, elle revoit le docteur Dugoujon qui la conduit chez un couple de professeurs, les Lonjaret, quai de Serbie, où se tenaient beaucoup de réunions des MUR et de l'AS. Le couple Lonjaret dicte son récit à Antoinette : le 19 juin, soit deux jours avant la rencontre fatale, une réunion s'est tenue dans leur maison entre Lassagne, Henri Aubry et Raymond Aubrac. Il s'agissait d'envoyer Aubrac à Paris et de nommer Lonjaret comme responsable du renseignement de l'AS après l'arrestation du chef de celle-ci, le général Delestraint. Lassagne, jusqu'alors chef du renseignement, transmit ses instructions à son successeur. La réunion plénière de l'AS devait avoir lieu également chez les Lonjaret, mais ceux-ci étaient convoqués à Paris pour faire passer des examens. Il avait donc fallu trouver un autre lieu. Les Lonjaret confirment également à Antoinette le témoignage du commandant Chabert : Mme Lonjaret avait découvert, quelques jours après Caluire, un mot disant que la « réunion était grillée ».

Antoinette sait déjà que Hardy a été arrêté par la Gestapo une quinzaine de jours avant la réunion — or « rien de plus anormal que sa présence à cette réunion si les membres ont été arrêtés du fait de son arrestation ! » note-t-elle dans son carnet. Elle fait lancer par la Croix-Rouge un avis de recherche au nom de « Jacques Martel », le pseudo retrouvé dans le registre de Montluc. Elle revoit Mlle Labonne qui a fait travailler sa mémoire et se rappelle que Moulin l'avait quittée le 21 juin à 11 heures du matin, et lui avait précisé qu'il était censé rentrer le soir. Antoinette se comporte comme un juge ou un « grand flic » et, pour l'instant, tout le monde lui vient en aide. Elle retrouve la trace de Mme Delettraz et se demande si celle-ci n'aurait pas été la « petite amie » de René Hardy : « On ne sait jamais. » Elle rédige elle-même l'interrogatoire et une note concernant Edmée Delettraz. D'emblée, elle voit tout le parti qu'on pourrait tirer de l'éventualité où celle-ci chargerait René Hardy, et est déjà disposée à ce qu'on lui pardonne, en échange, son comportement plus qu'ambigu. Elle a envoyé Maurice David, le parent d'Aubrac, voir Raymond Aubrac à Marseille où il est commissaire de la République, puis à Saint-Andiol. David a rencontré la mère de Jean Moulin qui sait seulement que son fils a été arrêté, cependant qu'un cousin de Moulin prétend que ce dernier aurait été transporté à l'hôpital de Metz et serait mort en route. David n'a pas vu Laure Moulin, qui n'était pas là. Antoinette est troublée : la cousine de Moulin l'oriente vers l'Espagne et le cousin vers Metz...

Antoinette a réussi à faire bouger beaucoup de monde. Elle apprend que la mère de Lydie Bastien savait « qu'une réunion très importante devait se tenir ce jour-là à Caluire ». Coup dur, le 17 octobre : le commandant Chabert, son principal soutien, chargé de l'épuration de la police, est soupçonné d'avoir rançonné un Juif pendant la guerre...

Le 25 octobre, elle fait porter par Lucie Aubrac un courrier à Saint-Andiol afin de retrouver la trace de Laure avec qui elle souhaite entrer en contact. Elle lui a déjà écrit, mais n'a pas obtenu de réponse. Le 31, elle reçoit enfin une lettre de Laure et inscrit la nouvelle en gros dans son carnet. Le 3 novembre, elle réexamine les registres de Montluc pour savoir à quelle date a été réoccupée la cellule 130 : **« réoccupée le 24.6 à minuit 30 »**. « Il est donc vraisemblable que Jean a été emmené dès le 24 dans l'après-midi », note-t-elle dans son carnet. Le 9 novembre, Laure Moulin, qui a compris l'immense travail déjà effectué par Antoinette, lui envoie une très longue lettre (douze pages) où elle dit « qu'il serait en effet très important que nous nous voyions pour que vous puissiez m'exposer tous les résultats de votre enquête ». Et, à son tour, elle décide de livrer à Antoinette tout ce qu'elle a pu glaner sur l'arrestation de Caluire et le sort de son frère.

Après avoir mis hors de cause plusieurs personnes, elle écrit :

> Restent deux personnes. L'un, A... [NDLA : il s'agit évidemment d'Henri Aubry], aurait parlé aux interrogatoires, ce qui lui a plus tard valu sa libération, mais ce n'a été que faiblesse de sa part, il n'y avait pas eu trahison. L'autre s'est évadé deux fois dans des circonstances très suspectes et, de l'avis de plusieurs personnes, c'est lui qui, étant déjà en relations avec la G. [Gestapo], les a dénoncés. Jean était spécialement visé. Le traître, que nous retrouverons, **agissait peut-être pour le compte d'un patron que l'ascension de Jean offusquait**. Il est possible que ledit patron ait ignoré les agissements de ce fidèle partisan. C'est une affaire **très grave**, dans laquelle il faut être très prudent.

Laure connaît bien l'affaire de Caluire par les Aubrac qu'elle a rencontrés plusieurs fois : « Aubrac m'a dit que, dès son premier interrogatoire, les Boches lui ont appris le nom de Jean, qu'il ignorait. » À Paris, elle a vu Meunier qu'elle a chargé d'enquêter. Elle s'est aussi rendue à la Croix-Rouge et à l'Office des prisonniers. Elle raconte qu'elle a été avenue Foch, le 25 octobre 1943, après avoir été informée du décès. Elle rapporte le détail de ce que lui ont dit les Allemands sur la mort de Moulin, puis comment elle a repris espoir en pensant que les Boches s'étaient livrés à une mise en scène macabre et que son frère était donc toujours vivant. Puis l'avis écrit de décès, transmis par la Gestapo le 2 mai 1944, l'a douchée une nouvelle fois. Elle est remontée à Paris, le 9 mai, pour réclamer l'urne contenant les cendres. Après la Libération, elle a appris que le juge Roskhotten, qui s'était occupé de Jean, se trouvait pour l'heure à Nogent-le-Rotrou entre les mains des Américains. Par Meunier, Laure a essayé de faire interroger l'ancien juge allemand. Sans succès. Quant à Pierre Cot, aux ministres et au général de Gaulle, ils ne savent rien, mais ce dernier lui a dit garder quelque espoir dans la mesure où les Allemands n'avaient pas intérêt à supprimer Moulin.

Laure Moulin communique un renseignement encourageant ; Manhès a écrit, de Fresnes, à sa femme, le 27 novembre 1943 : « Jeannette 3e division, mais j'ignore son nom. » Laure Moulin et Lily Manhès ont interprété cette fin de phrase comme : « Je ne sais sous quel nom il est détenu. » Le 3 décembre, Manhès a envoyé un autre mot : « Rien de nouveau pour J. » Laure mentionne deux autres témoignages qui vont dans le même sens. « Il faut croire au miracle, m'a dit Georges Bidault, qui est croyant. J'essaie, mais c'est souvent difficile. » Laure demande à Antoinette de poursuivre son enquête pour retrouver le « mouton ». Et, avant de clore sa très longue lettre, elle écrit :

> Croyez-vous à la radiesthésie ? Moi, je suis plutôt sceptique dans un cas semblable. Une de mes amies de Béziers a consulté un prêtre qui est, paraît-il, très expert. En même temps que votre lettre du 1er novembre, je recevais de mon amie, en date du 5 novembre, le résultat de la consultation : « La personne est venue chez moi, elle me certifie que Jean est vivant. Il a beaucoup souffert de mauvais traitements, surtout à la tête. Actuellement, il est toujours affaibli et souffre de l'estomac, qu'il a toujours eu délicat (m'a-t-on dit). Après Lyon, il a été emmené vers Paris. Actuellement, il serait en Silésie entre Görlitz, Breslau et Siagnitz, près de la frontière tchécoslovaque. »

Quelques jours plus tard, Laure Moulin écrit à Antoinette pour lui dire que, malgré toute sa bonne volonté, elle ne pourra la voir avant Noël, et elle lui recommande de se mettre en relation à Paris avec Meunier ou Chambeiron, ainsi qu'avec Marcelle Dangon, « une bonne amie de Jean, très dévouée et active, ayant beaucoup de relations... Elle a fait son possible pour recueillir des renseignements sur notre malheureuse affaire. En ce moment, elle est en relation avec Deshusses, chef de cabinet à la Sûreté générale, et avec le colonel Manuel, chef des services spéciaux. Dans ces services, il y a le secrétaire particulier de Jean : "Benjamin" dans la Résistance [NDLA : il s'agit de Daniel Cordier], qu'il faudrait retrouver... » Laure propose enfin des « subsides » si Antoinette en a besoin.

Antoinette monte effectivement à Paris, revoit Pierre Lambert, le commissaire de la République, au ministère de l'Intérieur, avec Claude Serreules, le directeur de cabinet. Ils s'emploient tous deux à la mettre entre les mains d'André Pélabon, le directeur de la Sûreté. Elle prend contact avec Marcelle Dangon, qui la met en rapport avec Meunier et Pierre Cot. Elle rencontre Bidault et Gaston Palewski. Un véritable tourbillon...

Le 4 décembre 1944, Antoinette, accompagnée de Serreules, rencontre Pélabon qui est impressionné par l'enquête déjà menée par Antoinette et par tous les documents qu'elle lui montre. Pélabon convoque Wybot, patron de la DST. La rencontre ne se passe pas très bien, car Antoinette lui dit qu'il se trompe à propos de Hardy. Finalement, Wybot demande à Antoinette de l'accompagner jusqu'à son bureau.

— Comment pouvez-vous prouver que c'est Hardy ?

— Je ne prouve ni ne prétends rien ; j'ai fait une enquête et je vous en livre les résultats. Et, afin que vous puissiez vous informer, voici les noms que je cite...

— Parlez-moi de l'arrestation.

— Je n'y étais pas et je n'attache d'importance qu'aux preuves écrites ; et l'important à mes yeux n'est pas l'arrestation, qui est du passé, mais le fait que des personnes en avaient été averties ; c'est donc d'en retrouver les coupables[1].

Pendant tout ce mois de décembre 1944, Antoinette passe beaucoup de temps rue des Saussaies avec grands et petits flics. Elle n'a qu'à se louer de tant d'efforts puisque, à la mi-décembre, Pélabon fait arrêter René Hardy qui occupe un poste important au ministère des Prisonniers dirigé par Henri Frenay.

Le 30 décembre, Albert Camus, dans *Combat*, c'est-à-dire dans le journal de Frenay, publie un éditorial intitulé « Ne jugez pas ». Sans le nommer, il raconte l'histoire de René Hardy :

> Et ses camarades stupéfaits étaient informés qu'il avait avoué et que c'était lui, en vérité, qui avait livré le rendez-vous à la Gestapo. Mais, dans le premier mouvement de leur colère, ils apprenaient que leur camarade avait été arrêté peu avant le rendez-vous, que sa femme s'était peut-être trouvée aux mains de la Gestapo et que, par la torture ou le chantage, on avait obtenu qu'il parlât...

Et, après avoir raconté que si, « comme tant d'autres, il était resté chez lui, s'il n'avait pas choisi le chemin le plus difficile, il serait aujourd'hui vivant et respecté », il conclut : « Non, cet homme ne relève pas de notre justice. Il ne relève que de sa propre justice ! »

Antoinette apprend que le boulevard Suchet, c'est-à-dire la DGER, qui a remplacé le BCRA, a « trouvé dans les papiers

1. Fonds Antoinette Sachs, déjà cité.

laissés par la Gestapo à Marseille de quoi accabler Hardy ». Toujours ce même 30 décembre, après avoir évoqué l'article de Camus, elle écrit :

> Tout le cabinet Frenay est délibérément pour Hardy et contre qui ? Hélas, c'est trop clair. Contre Max ! De là à déduire certaines choses, serait clair.

Antoinette a reconstitué un véritable clan autour d'elle ; on retrouve, dans le premier cercle, Pierre Cot, Marcelle Dangon, Pierre Meunier, Robert Chambeiron, Lily Manhès et bientôt Gaston Cusin, autrement dit la « bande à Cot » à laquelle elle va amalgamer des éléments nouveaux comme Georges Boris, l'ancien directeur de *La Lumière*, qui a été à Londres un des supporters de Moulin et qui travaille maintenant, comme Gaston Cusin, à l'Économie nationale. Boris s'intéresse beaucoup à l'« affaire » Moulin, en même temps qu'il s'intéresse de plus en plus à Antoinette... Claude Serreules, Pierre Lambert et André Pélabon soutiennent aussi ses efforts. Elle revoit également Jane Boullen.

Fin février 1945, Antoinette est sur une nouvelle piste. Tony de Graaf, ancien secrétaire de Moulin, pour l'heure représentant à Londres de Frenay, affirmerait qu'un haut fonctionnaire qui connaissait Moulin depuis vingt ans l'aurait vu dans le nord de la France, en février 1944, et aurait assisté à l'accident dans lequel il aurait péri. Antoinette se démène pour que de Graaf soit entendu. Par ailleurs, elle retrouve la trace du lieutenant Daniel Cordier, qui habite boulevard du Montparnasse : « C'est bien le petit Croix-de-Feu dont J. m'avait parlé et que j'ai vu plusieurs fois. » Elle apprend qu'un pasteur lyonnais, Roland de Pury, a écrit un livre[1] où il raconte qu'à la prison de Montluc Pineau a rasé Moulin qui était dans un état second et parlait en anglais. Elle rencontre Marie-Madeleine Fourcade, maîtresse de Loustaunau-Lacau et patronne du réseau Alliance, qui l'assure de sa sympathie pour tout ce qu'elle fait.

Pendant qu'Antoinette se démène en tous sens pour que la vérité éclate sur le drame de Caluire, le ministère des Prisonniers

1. *Journal de cellule.*

prend des allures de forteresse assiégée. Les communistes ont fait de Frenay leur cible privilégiée, car ce dernier et ses amis ont empêché le Mouvement de libération nationale de basculer vers le Front national, d'obédience communiste. Dès lors, *l'Humanité* se déchaîne contre les lourdeurs, les lenteurs et les erreurs du ministère des Prisonniers. Frenay va être également accusé de couvrir des traîtres...

Début avril 1945, deux inspecteurs de police se rendent à Annemasse pour interroger Edmée Delettraz. Ils lui montrent la photo de Hardy. Elle le reconnaît comme étant la personne qui est venue dénoncer la réunion aux Allemands et qui s'est ensuite fait suivre par la Gestapo jusqu'à Caluire.

Georges Boris, de plus en plus intime avec Antoinette, la présente à un ami de Bénouville, Lazare Rachline. Celui-ci, qui se trouvait dans le train à bord duquel Hardy fut arrêté par les Allemands, est prêt à témoigner à charge devant la justice. Malgré cette avancée, Antoinette sent que l'affaire lui échappe : « On ne me tient plus au courant », écrit-elle dans son carnet. De fait, depuis l'arrestation de René Hardy, c'est la justice qui mène le jeu.

Antoinette ne baisse pas les bras pour autant. Elle réussit à être présentée au chef européen de l'Intelligence Service et confie au même moment les objets personnels de Moulin à une voyante, laquelle n'a pas une « bonne impression »... Elle conseille à un ami qui doit rencontrer Wybot de lui raconter des choses sur les astres : « Ça le met en confiance et de bonne humeur ! » Grâce à une recommandation de Marie-Madeleine Fourcade auprès de Cotoni, le contrôleur général du territoire, elle est on ne peut mieux introduite au ministère de l'Intérieur. Elle y rencontre le « grand flic » qui suit l'affaire Hardy. Elle apprend ainsi que ce dernier n'a toujours pas été interrogé par le juge, qu'il a Me Maurice Garçon comme avocat, et qu'il ne reconnaît plus rien. « Il pèse pourtant sur lui des charges accablantes... On sait à présent que Hardy a "donné" beaucoup de réseaux. L'affaire est très grave, car elle démasquera d'autres personnes très importantes », lui explique-t-on au ministère. Et Antoinette de conclure dans son cahier à carreaux : « Ça risque à mon avis de faire un gros scandale. »

Elle revoit Manhès au restaurant du 18-Juin sitôt ce dernier revenu de Buchenwald. Manhès est amer, il remâche l'ingratitude des uns et des autres.

Elle apprend en juin que René Hardy va être jugé à Paris. Le juge d'instruction est M. Berry. Elle consulte même le volumineux dossier qui est censé prouver sa culpabilité.

Les communistes « récupèrent » la grogne des prisonniers pour la canaliser dans un violent assaut contre Frenay. Le 30 mai 1945, puis le 3 juin, 75 000 anciens prisonniers de guerre descendent dans les rues de Paris et se retrouvent à crier « Frenay, démission ! » devant le ministère des Prisonniers. *L'Humanité* attaque violemment l'ancien patron de Combat, rappelant sa rencontre avec Pucheu et mettant en cause sa résistance.

Le 15 juin, dans le journal *Action*, Pierre Cot signe un très long article sur « Jean Moulin, patriote et républicain ». Il le « récupère » totalement, au point de minimiser son engagement auprès du général de Gaulle. Le texte est marqué par son propre antigaullisme : il fait comme si son ancien collaborateur avait suivi la même évolution que lui. Ce qui, comme nous l'avons vu, est archifaux. Après avoir longuement décrit son action à ses côtés, il écrit qu'en 1941 « Jean Moulin se rendit à Londres pour traiter avec le général de Gaulle au nom de la Résistance intérieure [...]. À cette époque, la vague antiparlementaire qui annonce toujours la marée fasciste avait déjà déferlé dans l'entourage du général de Gaulle. » Cot ignore que, pendant longtemps, Moulin s'était lui-même opposé au retour des anciens partis, et il lui attribue l'idée même du CNR :

> Il ne pouvait être question, dès lors, d'organiser le "gaullisme" en parti politique et de supprimer les bases de l'action démocratique. La Résistance prit son véritable visage : à la fois français et républicain.

Cot et ses amis vont ainsi réussir pendant de longues années à inscrire l'action de Moulin dans une continuité absolue par rapport à celle qu'il avait menée jadis parmi eux.

Antoinette est immédiatement prévenue du retour d'Allemagne de Lassagne, un des arrêtés de Caluire. Celui-ci prend contact avec elle : il est désormais établi par tous ceux qui ont connu Moulin et qui veulent savoir qui l'a « donné » qu'Antoinette est la personne à contacter. Elle peut rapidement disposer d'une lettre de Lassagne qu'elle remet au ministère de l'Intérieur. Avant d'aller se soigner dans un sanatorium des environs de Lyon, Lassagne a rencontré Bidault, les Aubrac, Soustelle. Tous sont convaincus de la culpabilité de Hardy et « tous feront bloc, le moment des dépositions venu ». Lassagne est convaincu de la trahison de Hardy non seulement dans le cas de Caluire, mais aussi pour ce qui est de l'arrestation du général Delestraint. Ce qui, en l'occurrence, s'est révélé faux. Il fournit pour la première fois des détails sur la préparation de la réunion de Caluire :

> La décision de la conférence ne fut prise que le 19 juin au soir : je n'en communiquai le lieu à Max et à Aubrac que le 20, et quant à Aubry, je m'étais contenté de lui fixer un rendez-vous préliminaire, sans lui fixer notre destination : Aubry y vint, accompagné de Hardy. Il y avait donc, pour la découverte de la réunion par la Gestapo, deux voies seulement : suivre Max et Aubrac, ou bien suivre Hardy [...]. Ce qui compte, au particulier et au général, c'est le châtiment certain des traîtres et des lâches. J'en ferai, comme vous-même, une affaire de devoir, sans idée de vengeance personnelle, mais animé de ce strict sentiment de la Justice sans lequel il n'est pas de civisme.

Antoinette travaille maintenant en étroite collaboration avec Me Jouhaneau, l'avocat choisi par Laure, elle et les amis. Elle dispose ainsi d'une filière supplémentaire pour connaître le degré d'avancement de l'instruction menée par le juge Berry. Hardy, confronté à Multon (« Lunel »), le traître de Combat qui l'a désigné à bord du train entre Lyon et Chalon-sur-Saône, a été mis en difficulté. Antoinette se tient au courant de toutes les manœuvres souterraines destinées à protéger Hardy. Ainsi Me Garçon envoie-t-il un de ses secrétaires faire une démarche auprès d'Henri Aubry afin que celui-ci ne dise pas que, lorsqu'il a remis le paquet d'1 million de francs à René Hardy, le dimanche 20 juin, sur le pont, il y avait un petit homme lisant le journal à ses côtés — le « petit homme » étant Klaus Barbie. « Ça risque de faire un procès d'opinion, comme le procès Dreyfus », a dit l'envoyé de Me Garçon.

Antoinette est bien vue de tous les amis de Moulin, car elle les tient régulièrement au courant de ses démarches. Elle téléphone à Louis Joxe ou le voit régulièrement. Georges Boris qui, au fil des jours, est devenu fou amoureux d'elle, fait tout pour faciliter la mission dont elle se sent investie. Le 19 juillet, il lui fait rencontrer le colonel Manuel :

> Manuel a une adoration pour Jean M., qu'il a vu place Raspail, à Lyon, et lors d'un déjeuner à Londres avec le général de Gaulle. Il dit qu'il était le seul homme qui ait eu le courage de dire : « Mon général, là, je ne suis pas d'accord avec vous... » [À ses yeux], c'est une immense perte pour le pays, car il serait ministre de l'Intérieur, et rien de ce qui se passe — désaffection du Général, politique de chamailleries — n'aurait ainsi libre cours. Il aurait maté tout cela.

Chacun opère des projections différentes sur le personnage cloisonné qu'était Moulin. Au cours de ce déjeuner, de nombreux sujets sont abordés. Boris, les yeux humides en pensant aux mérites d'Antoinette, demande pour elle la médaille de la Résistance.

— C'est absolument dû, je vais téléphoner à Boislambert, répond aussitôt Manuel.

Ce dernier parle ensuite de Manhès dont « la première visite a été pour Thorez » ! Antoinette prend alors la défense de son ami Henri.

— Voulez-vous des preuves ? lui lance Manuel.

(« Je reste sceptique, mais il est si plein d'assurance que !!! », notera-t-elle ultérieurement dans son cahier.)

— C'est un homme à prendre. Il a besoin de se donner. Il a d'immenses qualités : prenez-le avec vous. Je sais qu'il fut pour Jean dévoué comme pas un, réplique-t-elle.

Manuel lui parle de la fraternisation communiste à l'intérieur des camps et lui dit que Manhès est pieds et poings liés à Marcel Paul[1].

— Il n'est pas du Parti communiste et il va s'inscrire chez les radicaux, rectifie-t-elle.

1. Alors ministre communiste de la Production industrielle.

(« Enfin, notera-t-elle, je le rassure de mon mieux, mais je sens toute l'opposition qu'il y a en Manuel contre l'extrême gauche... »)

Manuel termine le déjeuner par un coup de patte à Moulin. Il raconte qu'il avait reçu à Londres une lettre de « Max » se terminant par : « C'est un de vos congénères » — mot qui l'avait « abominablement choqué », vu qu'il s'agissait « d'un Juif polonais journaliste ».

L'anticommunisme de Manuel n'est pas alors un fait extraordinaire. Les communistes s'activent pour que l'épuration se durcisse. Ils ne lâchent plus Frenay et Combat. Ils lui reprochent d'avoir recruté des « individus prêts à tout, agents louches, non contrôlés ». Ils l'accusent d'avoir protégé Hardy. Plus généralement, ils prétendent que, dans son ministère, « pullulent les vichyssois, les traîtres et les aventuriers [...]. Comment s'étonner que les résistants authentiques, les déportés et les prisonniers de guerre aient été écartés du ministère au profit de gangsters fascistes, quand le haut du pavé y est tenu par la fine fleur du pétainisme ? Comment s'étonner que Henri Frenay, oui-ouiste en chef, pape de l'UDSR, cherche à diviser les républicains et à saborder la République, quand il prouve par ses fréquentations politiques sa haine de la démocratie ? » s'insurge *L'Humanité* du 22 septembre 1945.

Laure n'aide pas beaucoup Antoinette pendant toute cette période. À cause de son travail, de sa fatigue et de son engagement dans la campagne électorale : elle a soutenu le maire de Montpellier, Paul Boulet, qui se présentait sur une liste Jeune République-MLN. Dans une lettre à Antoinette datée du 28 octobre 1945, elle parle de ce « pauvre Parti radical », attaque sa timidité sur le plan social, sa surenchère quand il fait bloc avec les communistes en faveur du « non » à la deuxième question du référendum. « À temps nouveaux, partis nouveaux, mais éviterons-nous les aventures et la révolution sanglante ? Il faut le souhaiter pour le pays. » Ainsi Laure Moulin, dans la fidélité aux idées de son frère, soutient-elle un démocrate-chrétien alors qu'aux mêmes élections, Manhès, Meunier, Chambeiron et Cot ont voté avec le Parti communiste...

Fin novembre 1945, Antoinette apprend que les cendres de Jean Moulin seraient au Père-Lachaise. C'est un Allemand[1] résidant en zone allemande sous contrôle russe qui l'a fait savoir. « Je me fais fort d'obtenir des Russes les autorisations » pour qu'on envoie quelqu'un l'interroger, note Antoinette dans son carnet.

Le 6 décembre, elle rencontre Louis Joxe à qui elle montre les documents qu'elle a accumulés et confie sa « pensée sur le trio Frenay-de Graaf-Hardy » :

> J'ai malheureusement omis Aubry-Thomas-Avricourt, personnage sinistre qui est certainement péniblement lié à la bande Frenay-Hardy. Il est encore [Aubry], quoique fichu hors du ministère, l'homme de Frenay. Il l'a toujours été, quoique leurs rapports soient des rapports pénibles, le subordonné engueulant le patron, le patron acceptant. Lui seul sait pourquoi. Et cela est d'autant plus curieux que Frenay a l'âme d'un chef (aspect teuton, autoritaire, germanique)...

On lui propose de rencontrer Claude Bourdet. Elle hésite, car elle sait que, s'il est dans l'« autre camp », il aimait bien Moulin. Elle pense qu'il est finalement préférable qu'elle ne le rencontre pas, car « il est tout dévoué à Frenay » et elle ne veut pas lui « fournir involontairement des éléments de défense ou d'accusation sur Hardy [...]. Or, comme je me trouverais sur le plan sentimental avec lui, la conversation ne pourrait être que toute de confiance. Bourdet m'est *a priori* très sympathique, je le connais d'ailleurs. » L'affaire de Caluire a empoisonné non seulement les rapports politiques, mais les relations humaines.

En cette fin d'année 1945, Antoinette se démène pour que l'ancien juge Roskhotten, détenu à l'époque au fort de l'Est par la DGER, soit interrogé. Elle apprend alors d'André Haas (*alias* capitaine Grimaud), de la DGER, que **« tous ceux qui se sont occupés de l'affaire Max à la Sécurité militaire ont été plus ou moins vidés »** :

> Ainsi le capitaine Maupin, qui est à présent sans situation. À la DGER [...], André Haas s'est vu plus ou moins retirer ses

1. Il s'agit de Misselwitz.

> fonctions [...]. À l'arrestation de Hardy, les procédés employés furent des plus légaux et des plus bizarres. **ON** découvrit (Teitgen [le garde des Sceaux]) des textes permettant d'enfermer Hardy **sans le laisser cuisiner** ni par la SM, ni par la police. Ensuite, assisté de son avocat [Garçon], il n'ouvrit pas la bouche. Ce fait est très rare, et a privé l'accusation des aveux de surprise qu'aurait pu faire Hardy. Nous y voyons une haute intervention de Frenay sur Teitgen. Il paraît que Soustelle supplia pour qu'on le laissât questionner. Tout fut inutile. Ces jours-ci, le bruit de la mise en liberté d'Hardy courait. Frenay prétend que ce procès ferait du tort à la Résistance et essaie de le repousser, ainsi que Cordier (!!!) qui travaille pour Passy-Dewavrin.

André Haas[1] lui révèle que Hardy a fait des visites aux postes-frontières, en décembre 1944, visites qui se terminèrent « comme par hasard par une offensive allemande juste sur les points où les troupes américaines n'étaient qu'en rideau. C'est étrange. **N'oublions pas que Hardy était resté un agent au service de l'Allemagne...** »

Antoinette apprend également que Teitgen s'oppose — à la demande de Frenay — à ce que l'ancien juge allemand Roskhotten, aux mains des Services spéciaux, soit interrogé par un policier ou par le juge. Elle intervient alors auprès de Joxe, secrétaire général à Matignon, pour faire lever cette interdiction. Le samedi 22 décembre, elle déjeune avec Manhès, sa femme Lily et Suzette Olivier (le courrier de Moulin, dont l'arrestation, le 11 juin 1943, a suivi celle du général Delestraint). Celle-ci raconte ses interrogatoires au 84, avenue Foch, et sa confrontation avec « Max »[2] :

> Elle nia le connaître. Il était reconnaissable à son costume, mais son visage était méconnaissable. Il avait la tête bandée et des stries de coups tout en travers du visage. Son regard était glauque et absent ; il se tenait debout contre une porte et n'ouvrit pas la bouche. Le tout a duré un quart d'heure.

---

1. Ecœuré par ce qu'il a vu et su sur l'« affaire Moulin » et sur bien d'autres choses, il a rapidement quitté la DGER et repris son métier d'avocat, m'a confié sa veuve.

2. Voir *supra*, p. 572.

Suzette Olivier promet à Antoinette de faire une déposition signée de ce qu'elle vient de raconter.

La veille de Noël, André Haas amène de Graaf au domicile d'Antoinette. De Graaf lui déclare que le général de Bénouville est le meilleur ami de Hardy et que tous deux étaient au courant de l'arrestation de « Didot » par la Gestapo à bord du train Lyon-Paris. Il raconte que Simon Barandi avait été confronté, le 24 juin 1943, à « Max » à la prison de Montluc. De Graaf promet à Antoinette de demander à Bénouville un rapport sur l'histoire du train. « Espérons qu'il n'osera pas se récuser », note Antoinette.

Pierre Cot, « cornaqué » par Antoinette et qui se rend compte qu'il y a beaucoup de blocages dans le déroulement de l'enquête sur Caluire, se dit « prêt à interpeller [le gouvernement] si, dans un mois, on n'a pas fait avancer l'affaire ». Antoinette progresse doucement dans sa propre enquête. Elle découvre l'existence d'un télégramme d'avril 1944, de Hardy à Frenay, qui passe par Londres et atteint Alger : « Suis en danger. Fais impossible pour me faire venir. Compte sur toi. Amitiés. » À la même date, Frenay envoie une lettre à Pélabon, directeur des services spéciaux à Alger : « Je vous demande de laisser passer Hardy et de faire lumière sur cette affaire. »

Antoinette n'a pas abandonné la piste Delettraz, car elle sent bien que le témoignage de cette femme est important pour faire tomber Hardy. Elle apprend qu'Edmée a été menacée d'un mauvais coup si elle parle. Elle attend un bébé. Elle promet de venir à Paris après l'accouchement. Elle dira en quels termes « aimables » elle a vu Hardy et les Allemands se parler, et comment elle fit signe à celui (Aubry) qui accompagnait Hardy pour l'en prévenir, mais que celui-ci eut l'air de ne pas comprendre...

Le 5 janvier 1946, Antoinette est enfin reçue par le juge Berry. Elle signe une demande pour questionner elle-même l'ancien juge Roskhotten, ainsi que de Graaf et Suzette Olivier. Elle apporte d'ailleurs au juge le témoignage de Suzette Olivier sur sa confrontation avec Moulin. Le juge lui apprend que Hardy est malade, il craint qu'il ne lui arrive quelque chose ; qu'il fait visiter Edmée Delettraz tous les mois par un médecin légiste, parce qu'elle a une maladie de cœur qui ne lui permet pas de se déplacer. Mais, surtout, le juge Berry lui raconte que, lorsque les inspecteurs de police sont arrivés de Paris pour interroger Edmée à Annemasse, Lydie Bastien était en train de lui parler et a déclaré aux inspecteurs qu'elle était elle-même de la police et qu'ils devaient attendre. Les inspecteurs ne se sont aperçus qu'ensuite qu'ils avaient été joués. Lydie Bastien voulait influencer Edmée Delettraz avant qu'elle ne parle aux (vrais) policiers. Le juge a trouvé cette façon d'agir « bizarre » et a consigné l'épisode dans son rapport. Antoinette informe Berry que Mme Delettraz est prête à venir à Paris dès qu'elle aura eu son bébé, mais elle voudrait qu'on la prenne en voiture et qu'on assure sa sécurité. Elle conseille enfin au juge d'interroger de Graaf sur ses rapports avec Bénouville.

Cette rencontre avec le juge confirme officiellement Antoinette comme enquêtrice dans l'affaire de Caluire. Berry la charge d'ailleurs de retrouver des témoins qu'il n'arrive pas à joindre, comme un certain Creyssolles, un fonctionnaire de Vichy qui était lui aussi dans le train Lyon-Paris à bord duquel Hardy fut arrêté par les Allemands.

Le mardi 22 janvier 1946, Antoinette déjeune avec le colonel Manuel ; il lui parle d'un rapport très intéressant sur Hardy qui a été remis à Michel Brault (« Jérôme », du mouvement Combat).

Le juge a bien écouté Antoinette, puisqu'il a convoqué à son cabinet Suzette Olivier, de Graaf et André Haas, le 25 janvier 1946. Antoinette tire les ficelles. Elle retrouve tout ce petit monde dans un café, rue Boissy-d'Anglas, avant qu'il ne pénètre chez le juge. Elle charge de Graaf de remettre au magistrat la photocopie d'une lettre de Lassagne qu'elle a reçue quelques jours auparavant. Antoinette souhaite que le juge lise surtout les quelques lignes qui traduisent bien les soupçons des amis de Moulin tombés à Caluire et qu'ils murmurent dans tout Paris. Après avoir expliqué qu'il ne pouvait subsister le moindre doute sur la culpabilité de Hardy, Lassagne écrit :

> Quel a été le rôle de Frenay dans l'arrestation de Delestraint qui lui soufflait la place de chef militaire de l'AS qu'il se croyait capable de tenir, et son rôle dans l'affaire de Caluire où disparaissaient comme par hasard les gens qui, connaissant exactement

> la valeur de Frenay, lui avaient toujours fait obstacle et [avaient] ramené à des limites convenables ses rêves follement orgueilleux ?

Lassagne parle également des « interventions puissantes » destinées à étouffer l'affaire. Il revient également sur le rôle d'Aubry dont la « libération est à tout le moins curieuse... Il a tout de même lâché sa secrétaire Mado et les trois millions du budget de l'AS qu'il n'avait pas encore répartis aux régions. »

À la sortie de chez le juge, de Graaf apprend à Antoinette que Lydie Bastien s'est livrée à d'autres manœuvres destinées à protéger son ami Hardy.

Le samedi 9 février 1946, Antoinette rencontre Michel Brault qui lui raconte l'histoire suivante :

> Après avoir été arrêté par les Allemands, Hardy a livré une ou deux boîtes aux lettres, dont celle intitulée « M4 » appartenant à Michel Brault. Lequel avait reçu le mercredi 16 juin 1943 une note datée du 15, ainsi conçue : « Prévenir tous services réunion n'a pu avoir lieu — Bardot blessé au bras gauche, mais en liberté — Service continue, tout va bien. »

Or, on sait que « Bardot » (Hardy) a bien été blessé au bras gauche, **mais le 21 juin** ! Antoinette et Michel Brault tentent d'interpréter cette note bizarre ; ils en arrivent à supposer qu'elle faisait partie d'une mise en scène préparée par les Allemands en vue de la semaine suivante, mais qu'elle a été mise par erreur trop précipitamment dans le circuit de la Résistance.

Brault fait état de son amertume et de sa déception à Antoinette, car il y a longtemps qu'il soupçonne Hardy et qu'il l'a fait savoir. Il est encore prêt, malgré tout, à se rendre à une convocation du juge Berry. Brault affirme également que son ami Frenay est persuadé de la culpabilité de Hardy, qu'il dit que « Hardy a donné quelqu'un qui ne lui était pas cher... c'est-à-dire quelqu'un qui n'était pas du groupe Combat !!! » « Pauvre Max ! » conclut Antoinette dans son carnet.

Le 15 février 1946, de Graaf vient lui raconter qu'il y a eu chez Claude Bourdet une réunion à laquelle participaient Morin-Forestier, le colonel Bressac, lui-même et d'autres. Bressac leur a dit que le juge envisageait une mise en liberté provisoire de Hardy, et que l'instruction allait encore durer des mois. Colère d'Antoinette : on l'imagine ensuite téléphonant à toutes les personnalités de son imposant carnet d'adresses pour donner un coup de fouet à une enquête qui manifestement s'enlise. Elle revoit notamment Pélabon.

Le 21 février, elle est à Annemasse, chez Edmée Delettraz qui est une de ses « bottes secrètes ». Elle organise sa venue à Paris et prend des notes pour y préparer le juge Berry.

Le 6 mars, deux inspecteurs de police viennent chercher Antoinette chez elle à 6 heures du matin afin de l'emmener à l'arrivée d'Edmée au train de 6 h 30 en gare de Lyon. Les policiers conduisent ensuite les deux femmes, qui s'entendent comme larronnes en foire, à l'Hôtel suisse, 76, rue de Provence, où elles attendront l'heure convenue pour se rendre chez le juge. À 11 heures, Berry reçoit Antoinette seule. Il la charge de préparer Edmée Delettraz à sa confrontation de l'après-midi avec le colonel Devigny, son ancien patron du réseau Groussard. Antoinette doit notamment demander à Edmée de combler le « trou » dans son emploi du temps du 21 juin 1943, entre 12 et 14 heures. Antoinette déjeune ensuite avec Edmée, les inspecteurs et quelques amis. Après la confrontation, Antoinette va sur les Champs-Élysées acheter des chaussures à Edmée, puis l'emmène — toujours accompagnée de ses anges gardiens — prendre un thé au 18-Juin, avant de repasser chez les amis qui gardent ses bagages et de la remettre au train de 22 h 30.

Laure Moulin, toujours occupée et fatiguée, écrit à Antoinette, le 9 mai 1946, qu'elle s'occupe de sa mère, paralysée des deux jambes. Agacée que le procès ne soit pas encore annoncé, elle menace de faire un esclandre. Elle annonce qu'elle a acheté la galerie Romanin, pour moitié avec Me Milhé. Elle charge Antoinette d'attirer l'attention du juge sur certains points :

> Comme c'est vous qui avez été en contact avec lui et que c'est un peu votre « chasse réservée », je préfère vous charger de la chose.

Toujours aussi dynamique, Antoinette se porte au secours de Manhès qui, on l'a vu, est violemment attaqué par un journal d'extrême droite, *Paroles françaises*, pour avoir privilégié les communistes au camp de Buchenwald. Elle envoie des pétitions à signer à tous ses amis, notamment à Laure Moulin. Celle-ci est d'accord, malgré l'attitude de Manhès vis-à-vis de la Société des amis de Jean Moulin qu'elle essaie de créer. Manhès est furieux que Laure ne lui ait pas proposé de prendre la tête de cette société. Quant au général de Gaulle, à qui elle a proposé la présidence d'honneur, il n'a pas encore répondu...

Le 16 mai, nouvelle lettre de Laure Moulin à Antoinette pour lui demander d'apaiser le colonel Manhès :

> Je connais votre amitié pour lui et votre influence dans la famille. Il m'a été très pénible de voir qu'il avait du ressentiment. Je croyais que les amis de Jean, les vrais, devaient former une équipe, et que la question de la présidence importait peu. Je n'ai qu'un regret, c'est de m'être mêlée de la chose.

Meunier, choisi pour devenir président, a proposé sa démission, mais Laure Moulin a refusé. Elle a enfin reçu une lettre très aimable de Charles de Gaulle qui a accepté la présidence d'honneur. Mais, quelques semaines plus tard, le 1er juin 1946, le Général reviendra sur sa décision :

> J'avais cru pouvoir l'accepter parce que je pensais qu'il s'agissait d'une association qui ne présenterait aucune incidence politique. Je m'aperçois, en lisant le nom des personnalités qui la composent, qu'il n'en est rien.

En même temps que ce refus, de Gaulle envoie sa préface au *Journal* tenu par Moulin au cours de sa période d'activité à Chartres, qui sera édité sous le titre *Premier Combat*[1].

Le 19 mai, Laure Moulin répond à Antoinette qui la tient régulièrement informée de son travail : « Je crois que nous tenons le bon bout, grâces vous en soient rendues ! » Et, comme à chaque lettre, Laure Moulin demande à Antoinette de lui rendre de menus services, de lui faire des commissions, comme d'aller chercher des photos et de les payer, puis d'en envoyer aux uns et aux autres...

Fin mai, Laure revoit le juge Berry qui lui dit avoir clos son instruction depuis le 30 mars ; que son dossier a été transmis au parquet et que le procès débutera en juin. Le juge est bien optimiste : le procès ne s'ouvrira en fait que le 21 janvier 1947.

1. Aux éditions de Minuit. Voir extraits *supra*.

Après sa mort, Moulin devient un « compagnon de route »

Le 21 juin 1946, jour anniversaire de l'arrestation de Caluire, Laure Moulin écrit une longue lettre à Antoinette et lui parle du refus du général de Gaulle de prendre la présidence d'honneur de la Société des amis de Jean Moulin :

> Ce refus n'ébranle nullement ma confiance en lui. Ceci dit, je trouve que c'est de sa part une énorme maladresse qui prouve combien il est peu politique.

Elle se défend, auprès d'Antoinette, d'avoir elle-même été maladroite en proposant au Général un comité composé uniquement de Meunier, Manhès, Cot et Chambeiron[1] :

> Je lui avais dit — ce qui était vrai — que le comité n'était pas encore constitué, mais qu'une réunion préparatoire avait eu lieu, où un groupe d'amis avait été invité...

Elle soumet à Antoinette une formule plus équilibrée. Elle vient de lire *Le Sacrifice du matin*, de Guillain[2] de Bénouville, et elle suggère de le faire citer au procès. Elle explique longuement qu'elle comprend mieux pourquoi, par qui et comment Hardy sera soutenu et défendu :

> **Ils doivent tout mettre en œuvre pour retarder et étouffer le scandale.** *Il faut que nous agissions.* J'ai envie d'envoyer une nouvelle supplique à Teitgen [le garde des Sceaux]. Il faudrait que le CNR, avec Bidault [qui essaie de le faire revivre pour ressusciter l'ancienne union] et Saillant, fasse une démarche.

Avant de lancer tout cela, elle prie Antoinette de se renseigner sur la date exacte du procès. Laure Moulin envoie quelques jours plus tard ses suppliques. Elle demande également à Raymond Aubrac d'agir. Elle s'est résignée à faire déclarer le décès de Moulin au ministère de l'Intérieur à la date du 8 juillet 1943 — celle donnée par les Allemands — pour régler sa situation préfectorale. « Je voudrais, comme vous, pouvoir garder encore l'espoir de le revoir un jour. »

Le 8 août, Laure écrit une nouvelle fois à Antoinette pour l'informer que le maire de Montpellier, qui avait fait une

---

1. Quatre hommes qui étaient tous quatre proches du Parti communiste.
2. Autrement dit, Pierre...

démarche auprès du garde des Sceaux, a reçu une réponse négative : « Du côté Justice, il n'y a rien à attendre... » Le ministre invoque la maladie de Hardy pour repousser le procès : « Il serait urgent de savoir dans quel sana est Hardy, et s'il est vraiment aussi malade que les experts le disent », écrit Laure Moulin. René Hardy se trouve au sana de Saint-Martin, à côté de Luzarches, et n'est probablement pas trop mal portant.

Laure se démène beaucoup, depuis quelques semaines, pour aider à la préparation d'une journée « Jean Moulin » à Béziers. C'est la première fois qu'un hommage national lui sera rendu. Ce qui a été rendu possible par le fait que Georges Bidault, successeur de Jean Moulin à la tête du CNR, et proche de lui, a été élu président du gouvernement provisoire de la République le 24 juin 1946.

On est alors en pleine campagne électorale. Le général de Gaulle vient de prendre parti et beaucoup redoutent que Bidault, qui va présider les cérémonies, ne prononce un discours politique. Le 6 octobre, il choisit de faire de Jean Moulin le pur symbole de l'union des Français : « En un temps où tant de problèmes difficiles sollicitent nos inquiétudes et tentent nos divergences, nous voici tous réunis dans le même recueillement », commence-t-il. « Pour combien de Français l'impérissable figure de Jean Moulin est-elle jusqu'ici sinon inconnue, du moins incertaine, car il est resté clandestin jusque dans la gloire ? » C'est le premier président du CNR, l'unificateur de la Résistance, celui qui a réintroduit partis et syndicats dans la vie nationale, qui est loué. Pas une seule fois le nom du général de Gaulle n'est prononcé. Les personnalités qui entourent Bidault sont celles qui ont soutenu le CNR, plutôt marquées à gauche : il y a là Jules Moch, Vincent Auriol, le remplaçant d'Henri Frenay au ministère des Prisonniers : le communiste Marcel Casanova. Bidault fait allusion à l'engagement de Moulin dans la guerre d'Espagne : « Dans la guerre d'Espagne, dès Munich, ce jeune préfet — le plus jeune de France — se prit à partager la tristesse des causes perdues et la peine des hommes justes. » Il y avait là aussi Cot, Meunier, Chambeiron et tous les proches de Moulin, Laure au premier rang, et encore Antoinette. Les deux premiers ont profité de l'événement pour se manifester : Pierre Cot accorde une interview au *Midi Libre* du 5 octobre et fait de Jean Moulin « un homme d'extrême gauche » ; *L'Humanité* du 4 octobre présente en première page une interview de Pierre Meunier, alors directeur du cabinet de Maurice Thorez. Meunier entreprend une lecture « hérétique » de l'action de Moulin pendant la guerre : « C'est une erreur trop souvent commise de présenter Jean Moulin comme l'envoyé du Général. En réalité, Jean Moulin fut l'homme de la Résistance intérieure. » Et, complètement reclassé dans la mouvance communiste, Meunier brosse à son tour le portrait d'un homme très à gauche, admiratif des communistes : « Il connaissait l'action courageuse des communistes et des premiers groupes FTP, et, dès mai 1941, chercha à entrer en liaison avec eux. » (Soulignons qu'en mai 1941, Moulin se trouvait à Marseille et que son action était encore très limitée...) Et Meunier de terminer ses déclarations en évoquant la trahison de Caluire dont l'inculpé est « un homme de confiance de M. Frenay, ancien ministre ».

Les organisateurs de la cérémonie de Béziers ont-ils fait exprès de baptiser « Jean-Moulin » une avenue qui relie la place du Général-de-Gaulle à celle du 14-Juillet ?

À la fin de l'année, Antoinette écrit à Laure pour récupérer deux tableaux, dont le portrait de Courbet qu'elle dit lui appartenir. « Vous avez bien fait de m'en reparler, mais il était inutile de chercher à me prouver vos titres de propriété, votre parole me suffisait », lui répond Laure. La sœur de Jean Moulin en profite pour dire qu'elle a eu récemment de « bonnes » nouvelles concernant Hardy : « Son état de santé satisfaisant a permis de le ramener à Fresnes où il est à l'infirmerie. Il est capable de subir de longs interrogatoires. Il fait même des projets d'avenir ! » Puis elle parle d'un « rapport apporté par Aubrac, [qui] contient sûrement du vrai, mais celui qui a fait ces déclarations a cherché à atténuer son rôle. » Il s'agit en réalité du « rapport Laffon », du nom de l'administrateur général du gouvernement militaire de la zone française d'occupation installée à Baden-Baden. Ce dernier a envoyé à Louis Saillant, alors secrétaire général de la Fédération syndicale mondiale, et au garde des Sceaux, un rapport émanant du commissaire, chef de la Sûreté Hesse-Rhénane, daté du 24 octobre 1946, rédigé à partir d'un interrogatoire de Heinrich Meiners qui avait été interprète au 84, avenue Foch, pendant six mois. Meiners établit dans sa déclaration que :

1) Jean Moulin a été arrêté à Lyon en juin 1943, sans doute par hasard ;

2) Un de ses camarades a parlé lorsqu'on lui a promis la liberté. Ce qui a sans doute permis aux Allemands de savoir que Jean Moulin était une personnalité de premier plan dans la Résistance ;

3) Les prisonniers ont été transférés à Paris et enfermés à la « villa Bömelburg », 40, boulevard Victor-Hugo, à Neuilly. Cette villa était transformée en prison pour détenus de marque. Moulin, ne parlant pas, fut remis aux mains des tortionnaires de l'équipe Bonny-Lafont, rue Lauriston. Ceux-ci le martyrisèrent sauvagement, ainsi que les SS de l'équipe Bömelburg (*SS Sturmbannführer*, chef de la section IV du SD...). Meiners raconte également la mort de Moulin dans le train Paris-Berlin.

Ce rapport contredit la thèse des amis de « Rex » sur l'arrestation de Caluire, sur le rôle d'Henri Aubry, sur la fin de Moulin : il aurait été torturé à Paris, mais serait mort des suites de ces sévices dans le train qui le conduisait à Berlin pour y être soigné. Ils se réunissent pour savoir quoi faire de ce rapport, car, l'instruction étant close, il risque de tout remettre en cause et de retarder une fois de plus le procès. Ils décident finalement de ne pas en faire état avant l'ouverture du procès. Le ministre de la Justice adopte la même attitude. « Dès que le jugement sera rendu, j'irai le porter au commandant Roux, qui est chargé d'instruire le procès Oberg et celui de Knochen. On tâchera alors de faire venir d'Allemagne le dénommé Meiners », conclut Laure dans sa lettre du 31 décembre 1946.

Le carnet d'Antoinette est désespérément vide durant tout le second semestre de l'année 1946. Le procès a encore été ajourné. Elle piaffe d'impatience et n'a plus rien à écrire. Le 17 janvier 1947, elle se rend au journal *Libération* pour convaincre Emmanuel d'Astier de répondre à un article paru dans le *Samedi soir* du jour même. Rendez-vous est pris le lendemain à midi au journal avec Aubrac. Mais, le lendemain, elle décommande son rendez-vous à *Libération* et fait affaire avec *Franc-Tireur*. Elle passe une partie de la journée avec Madeleine Jacob pour préparer l'article de riposte. Le lundi 20 janvier, Antoinette doit retrouver la journaliste à la buvette du Palais. Madeleine Jacob a rendez-vous avec le président Ledoux, qui va diriger le procès Hardy. Elle s'est mis en tête de convaincre le magistrat d'user de son pouvoir discrétionnaire pour faire citer Antoinette Sachs au procès après tous les témoins.

Le procès, ouvert le 21 janvier, commence bien pour l'accusation, c'est-à-dire pour tous ceux qui défendent la mémoire de Moulin, mais Me Maurice Garçon, défenseur de René Hardy, fragilise le principal témoin, celui qui a fait l'objet de toutes les attentions d'Antoinette : Edmée Delettraz. Après que celle-ci a fait une longue déposition, puis a répondu aux questions du président et du commissaire du gouvernement, Hardy est invité à se lever :

— Vous êtes un faux témoin, c'est tout ! lance-t-il à Edmée Delettraz, puis il se rassied.

L'avocat de Hardy se lève alors et pose à son tour au témoin des questions tournant toutes autour de ses relations avec les Allemands. Un portrait de traîtresse se dessine petit à petit. Me Garçon est impitoyable. À un moment donné, le commissaire du gouvernement, qui sent que le procès bascule, s'interpose et demande à l'avocat d'arrêter d'insulter le témoin. Le président intervient à son tour pour le calmer. Sans succès. Puis Me Garçon raconte qu'Edmée Delettraz travaillait non seulement pour les Allemands, mais aussi pour le colonel Groussard qui traquait les gaullistes pendant la guerre. Et d'évoquer au passage les menaces reçues le matin même par son confrère Chadirat, visant à les empêcher de parler de Groussard. Quand il en a fini avec ses questions, le témoignage d'Edmée Delettraz est complètement décrédibilisé.

Pendant tout le déroulement du procès, Me Garçon réussira à casser toutes les accusations émanant des Allemands ou de leurs agents (Barbie, Dunker et Multon), parce que, justement, ils sont allemands, donc des représentants du Mal, ce que l'assistance et les jurés sont prêts à entendre et à admettre moins de trois ans après la libération de Paris. En revanche, il met bien en scène et valorise au maximum les témoignages des amis et collaborateurs de René Hardy au sein du mouvement Combat, qui font tous bloc autour de lui. Le principal adjoint de Hardy, le lieutenant Bossé, démolit à son tour le témoignage d'Edmée

Delettraz en affirmant qu'à l'heure précise où celle-ci affirme que Hardy se trouvait à la Gestapo, ce dernier était en train de déjeuner avec lui. Le général de Bénouville fait une prestation brillante destinée à soutenir son ami. Il s'appuie sur ses faits de Résistance pour conférer plus de poids à ses propos. Il déclare que si son ami était un traître, lui-même et quelques autres n'auraient pas manqué d'être arrêtés, puis il parle de l'origine politique de ces calomnies — sous-entendu : les communistes.

— Je crois savoir d'où vient ce complot, et je le dirai en plaidant, l'interrompt Me Garçon.

Bénouville reprend la parole et conclut par un vibrant :

— Messieurs, vous avez devant vous un des hommes par qui la France est libre !

« Ce témoignage, proféré avec feu par un homme qui connaît la valeur des mots et de l'action, fait une grosse impression », note le chroniqueur du *Figaro*.

Puis c'est au tour de Frenay de venir à la barre soutenir son ami :

— Hardy est pour moi un ami et le demeurera jusqu'à ce que des preuves du crime dont on l'accuse me soient apportées, lance-t-il.

Des généraux soutiennent à leur tour Hardy. Puis c'est Claude Bourdet qui le défend et termine par :

— Je ne sais pas si Hardy est coupable. Ce que je sais de lui, de ses exploits, de son caractère, me défend de le penser.

Laure Moulin et Antoinette sont choquées par le déroulement du procès. Dès le premier jour, Laure a fait part au tribunal de sa conviction de la culpabilité de René Hardy et a alors été malmenée par Me Garçon. Elle revient à la barre, le dernier jour, pour appuyer Chambeiron et Meunier qui ont garanti l'authenticité du rapport du commissaire Henri, envoyé par eux pour interroger Hardy après son évasion de l'hôpital allemand de la Croix-Rousse. Que disait ce rapport qui a été invoqué par certains témoins pour affirmer que Hardy n'était pas coupable ? Charles Porte, dit « Henri », a interrogé Hardy pendant deux heures, le 25 août 1943, dans une ferme située près de Limoges. Il a noté ses déclarations, mais à aucun moment n'a cru à la version de Hardy, ainsi qu'il le souligne dans une lettre adressée à la Cour :

À mes questions précises, il donnait des signes évidents de désarroi (tremblements nerveux très prononcés qu'il était incapable de maîtriser, hésitations et calculs avant de répondre). Je n'ai pu obtenir de cet interrogatoire de résultat positif, car je dois mentionner les circonstances spéciales dans lesquelles je me trouvais : de Limoges à la ferme où se cachait Hardy, j'ai été accompagné par une équipe d'hommes conduits par « Tebourba », tous amis dévoués de Hardy. En arrivant à la ferme, je me suis trouvé entouré d'autres amis non moins dévoués à Hardy, le considérant avec admiration, comme un héros, et me considérant moi-même comme un intrus, sans doute mandaté par les chefs du CNR, mais suspect tout de même de vouloir porter atteinte à leur chef... J'ai la conviction que Hardy m'a menti tout au long de son interrogatoire...

Laure Moulin déclare à la cour qu'elle donnera la véritable identité de « Henri » dès qu'elle l'aura retrouvé, et conclut ainsi : « On a beaucoup exalté la valeur des témoins à décharge, mais je suis très vivement choquée de voir avec quelle légèreté on parle ici de la mémoire de mon frère. »

Tous les accusateurs sont balayés, ridiculisés. René Hardy est acquitté. La salle manifeste bruyamment sa joie. Laure Moulin, Antoinette Sachs, Pierre Meunier et Robert Chambeiron sont amers. Les milieux de la Résistance sont profondément traumatisés. Le procès Hardy a été un procès politique. La récupération de Moulin par les communistes ou certains « compagnons de route » s'est retournée contre eux. Les militaires, notamment, ont fait bloc derrière Combat et Hardy. Laure donne à la sortie une interview vengeresse au journal communiste *La Marseillaise*.

Le lundi 27 janvier 1947, Antoinette reçoit des nouvelles de Sudaka, le commissaire du gouvernement, qui souhaite voir Laure. Sudaka lui dit : « Moi, je suis toujours aussi convaincu. Je ne vois qu'une seule solution. Vous la devinez ! » Antoinette ne sait trop comment interpréter cette phrase. Toujours est-il que Laure le rencontre, ce lundi à 17 h 30. En sortant de l'entrevue, elle raconte à Antoinette :

— Si Hardy avait été condamné, Mme Delettraz eût été poursuivie, et, par elle, Groussard. Sudaka n'y tenait pas, et c'est pourquoi il a baissé le ton après son imbécillité [il avait en effet déclaré qu'il avait déjeuné avec Groussard]. Je ne l'ai pas félicité !

Laure lui a dit sa façon de penser sur son réquisitoire qui a semé le doute parmi la presse et les jurés...

À la fin de la journée, les deux femmes se démènent déjà pour trouver des avocats et des appuis — notamment auprès du *Patriote résistant*, le journal de la FNDIRP de Henri Manhès — afin de faire casser le jugement.

Les très nombreuses lettres que s'échangent Antoinette et Laure fourmillent de notations mystérieuses, de noms de code, d'insinuations. Elles continuent d'user d'un langage souvent naïf consistant notamment à féminiser tous les noms masculins : Jean (Moulin) devenant Jeannette, ou le colonel Wilhelm, la reine Wilhelmine ; mais ce travestissement des identités est parfois beaucoup plus abscons. Ainsi, le 8 février, Laure Moulin écrit :

> Le jeune rescapé dont on m'a dit quelques mots serait, malgré son air ingénu, un personnage shakespearien tenant à la fois de Lady Macbeth et de Iago dans *Othello*, avec moins d'envergure que ce dernier. Voici textuellement : « Il a du sang sur les mains, peut-être celui du patron de Colette » [NDLA : il s'agit sûrement de Colette Jacques, née Pons, dont le patron était effectivement Jean Moulin]. J'aurais dû faire éclaircir, car c'est très intéressant ; j'ai eu l'esprit de l'escalier. Tâchez donc de savoir d'où il tient ce tuyau. Je crois qu'il doit m'en vouloir de l'avoir traité comme je l'ai fait. Il vous faudra beaucoup de doigté pour vous le concilier.

Dans la même lettre, elle évoque comme une évidence les « faux témoins » et les « témoins achetés ». On sent la sœur de Moulin encore plus déterminée à faire triompher la vérité. Elle balaie les accusations de complot fomenté par le PC et parle d'une « cabale en sens inverse ». Elle se dit démocrate, sans rien de commun avec le PC, n'étant pas « quelqu'un à se laisser bourrer le crâne ou manœuvrer ».

Le 15 février 1947, Antoinette se rend à Saint-Martin-du-Tertre, la maison de santé où a été interné René Hardy, pour rencontrer le docteur Jolliès qui se débrouille pour se procurer les diagnostics concernant ce dernier.

Le 21 février, Laure Moulin souligne un point très intéressant. Dans *Le Sacrifice du matin*, Bénouville raconte que c'est après la découverte d'un document de la Gestapo de Marseille que Hardy avait été arrêté. Que le traître Multon y affirmait que c'était « Didot » (Hardy), arrêté en juin 1943, qui avait permis le coup de filet de Caluire. Et que, le soir du 19 décembre 1944, Bénouville avait appris que son ami Hardy avait avoué : « Ce soir-là, donc, le soir des aveux, le bruit court : Chauvy [Hardy] raconterait que le chantage dont il fut victime s'exerça au sujet de sa femme. Nous saurons les faits plus tard. Aujourd'hui, nous constatons que ce chantage fut certainement puissant, puisqu'il y succomba. » Le bruit en avait été lancé par Soustelle. Lors du procès, Bénouville avait probablement considéré ces confidences de Soustelle comme nulles et non avenues, puisqu'il avait pris complètement la défense de son ami. « Plus j'y pense, plus je suis *puzzled* par ces aveux du 19 décembre révélés par Soustelle. L'arrestation par le BCRA étant de la veille, c'est à éclaircir, mais pourra-t-on y parvenir ? » écrit Laure.

Le 6 mars 1947, Laure Moulin rend compte à Antoinette de projets de fabrication d'un médaillon à l'effigie de son frère. Et elle évoque les décorations de Moulin : il en avait obtenu une de la Chine !

Le samedi 22 mars, Antoinette apprend par la femme de Claude Bourdet qu'au Conseil des ministres de la veille il a été question d'un fait nouveau dans l'affaire Hardy. Depuis quelques semaines, le gouvernement a été saisi d'éléments inédits récoltés par Roger Wybot, patron de la DST. Son parrain, qui travaillait aux Wagons-Lits, lui a apporté la preuve que Hardy avait bien été arrêté en gare de Chalon-sur-Saône par les Allemands. Donc, Hardy a menti pendant l'instruction et au cours du procès. Le gouvernement hésite à rouvrir ce pénible dossier qui a tellement secoué les anciens résistants dont beaucoup occupent à présent des postes officiels. En fin de compte, il a néanmoins décidé l'ouverture d'une nouvelle information. La DST en est chargée.

Claude Bourdet propose une réunion chez lui, le lendemain à 18 heures, avec Frenay, Aubrac, Jacqueline Bernard et Antoinette afin d'étudier les sanctions éventuelles à prendre au cas où la police ne sévirait pas. Les Aubrac ont dû alors repenser au coup de la confiture empoisonnée[1] ! Mise au courant de l'histoire, Antoinette sourit malicieusement. Tous ces anciens résistants n'ignorent pas que Hardy se trouve alors aux côtés du général Braux de Favraud (alias Brozen, qui avait été chef des maquis de la région Nord), gouverneur du Palatinat. L'un d'eux lui téléphone pour lui recommander de ne pas le laisser partir. Brozen répond qu'il prend la route le lendemain dimanche avec Hardy et promet de le conduire au domicile de Claude Bourdet, dès son arrivée à Paris, afin qu'il soit interrogé par ses anciens camarades. Mais les anciens de Combat ne sont pas les seuls à vouloir interroger Hardy. Roger Wybot, patron de la DST, qui n'a pas reçu l'autorisation de l'interpeller en Allemagne, l'attend dès le franchissement de la frontière. Des guetteurs de la DST, postés partout, suivent la progression de la grosse Opel battant fanion tricolore. L'affaire est très délicate, suivie jusqu'au plus haut niveau de l'État. À un moment donné, la voiture bifurque comme si elle se dirigeait vers Colombey-les-Deux-Églises ! C'est la panique dans les milieux gouvernementaux. Et si Hardy se rendait chez de Gaulle ? Pas question de faire le moindre affront au Général... Mais non, le véhicule roule en réalité vers Troyes !

Dans la matinée, un commissaire de la DST de Metz se présente à la section judiciaire de Troyes. Il indique que, sur ordre verbal du ministre de la Justice, il est à la recherche du colonel Hardy qui voyage à bord d'une voiture Opel avec le gouverneur du Palatinat, un officier d'état-major et un chauffeur, mais on a perdu la trace du véhicule. Escorté de quelques inspecteurs, le commissaire retrouve finalement la voiture dans la banlieue de Troyes, devant l'atelier d'un fabricant de machines agricoles, lequel est un ami de Brozen et l'a invité, ainsi que ses compagnons de voyage, à partager son déjeuner à son domicile à Troyes. Le commissaire tente d'appréhender Hardy au sortir du déjeuner, mais le général refuse d'obtempérer :

— N'approchez pas ! Ne tentez pas le moindre mouvement dans notre direction, ou j'ouvre le feu ! Vous n'aurez pas Hardy !

1. Lucie Aubrac avait empoisonné un pot de confiture et l'avait déposé à l'hôpital de la Croix-Rousse à l'intention de René Hardy.

Tenu au courant de la situation par radio, Wybot demande à son commissaire de ne pas insister : « Il ne manquerait plus qu'il y ait des morts dans cette histoire ! J'arrive. Prévenez le général qu'il se tienne tranquille[1] ! » Et il décide de foncer vers Troyes à bord de sa traction avant 15 CV... Il se présente au général qui ne veut pas s'avouer vaincu et refuse de livrer Hardy. Le problème se dénoue à la préfecture de l'Aube. Wybot embarque Hardy rue des Saussaies, au ministère de l'Intérieur. À son arrivée, ce dernier a eu le temps de se ressaisir et proteste violemment contre cette arrestation. Commence alors l'interrogatoire...

Après ces épisodes mouvementés, il est entendu que, cette fois, Hardy va être déféré au Tribunal militaire, car la Cour de justice, qui l'a acquitté, s'est déclarée incompétente. Le lieutenant-colonel Wilhelm est chargé de l'instruction. Il paraît décidé à aller vite. Il déclare même à la presse qu'il veut entendre Hardy avant qu'il ait eu, comme la dernière fois, le temps de préparer sa défense.

Pendant ce temps-là, Bourdet, Frenay et ses amis de Combat attendent. Aubrac s'en va, car il ne veut en aucun cas être mis en présence de Hardy. À 23 heures rapplique Brozen : il raconte son voyage, l'arrestation d'un Hardy livide, l'interrogatoire par Boursicot, directeur général de la Sûreté, à son arrivée à Paris.

« Frenay joue les grandes déceptions, les tourments, les doutes, l'indignation », note Antoinette. Il la reconduit chez elle à une heure du matin. Pendant tout le trajet, il essaie de la convaincre de sa bonne foi : scène incroyable que celle de l'ancien et irréductible adversaire de Moulin plaidant sa bonne foi auprès de l'égérie, de l'amie, de l'inlassable défenseur de la mémoire de « Max » !

Entre-temps, Hardy a fini par craquer devant Wybot :

— Assez de toutes ces questions ! C'est vrai, j'ai menti. J'ai bien été arrêté par la Gestapo dans le train avant d'arriver à Chalon. Donnez-moi du papier et laissez-moi tranquille. Je vous consignerai tous les détails par écrit.

---

1. Cette scène a été racontée par Roger Wybot dans *Roger Wybot et la bataille pour la DST*, récit de Philippe Bernert, Presses de la Cité, Paris, 1975.

Sur huit pages, il raconte ce qu'il ne peut plus nier : son arrestation par les Allemands, sa mise en prison, la découverte d'une lettre adressée à Lydie Bastien chez ses parents, son transfert à Lyon, le chantage exercé sur sa fiancée et ses parents, le *deal* avec Barbie ; mais il nie énergiquement avoir livré la réunion de Caluire.

Ce lundi 24 mars 1947, Lazare Rachline téléphone à Antoinette pour lui dire qu'il a appris de la bouche de Pierre Lazareff, patron de *France-Soir*, que Hardy a avoué. Sous la pression de l'opinion, le gouvernement a publié un communiqué sur ces aveux. L'information fait vite le tour des anciens résistants. Aubrac appelle Antoinette : il vient la voir, accompagné de Lucie. Le couple arrive vers 22 heures. Louis Vallon les rejoint une heure plus tard. Tous reçoivent des nouvelles fraîches, car Madeleine Jacob appelle son amie Antoinette pour lui déclarer qu'elle a vu Hardy dans le cabinet du procureur Vassard ; puis c'est Ida Bourdet qui évoque à son tour l'interrogatoire et la confession de huit pages obtenue par Wybot.

Le 25, Antoinette se rend chez Bourdet où se trouvent déjà Aubry et quelques autres. Ils parlent de leurs rapports avec « Max ». Puis elle va chez le commissaire du gouvernement Sudaka : celui-ci lui montre le rapport médical de Saint-Martin-du-Tertre concernant Hardy, qui ne « colle » pas avec celui qu'elle-même s'est procuré. Tout semble s'accélérer pour confondre définitivement Hardy et régler une fois pour toutes cet épisode honteux qui souille l'image de la Résistance.

Antoinette reçoit le 26 mars la visite d'un responsable de la SNCF qui remet complètement en cause le témoignage du lieutenant Bossé, le fidèle adjoint de Hardy qui avait aidé son patron à « casser » le témoignage d'Edmée Delettraz. Le même jour, Frenay donne une interview à *France-Soir* : il parle de la « trahison » de Hardy qui avait dissimulé son arrestation. (On sait que Frenay ment lui aussi, puisqu'il est maintenant avéré que Bénouville[1] et lui ont su que Hardy avait été arrêté par les Allemands.) Frenay évoque aussi le rôle probable de Lydie Bastien :

1. Voir note 2 p. 546.

> Je n'ai aucun fait précis à apporter en témoignage, sinon j'en aurais parlé au procès. Il me paraît probable, cependant, qu'elle ne peut ignorer la vérité et je m'étonne qu'à aucun moment elle n'ait été entendue ou citée. Le moment me semble venu de le faire...

Depuis l'acquittement de René Hardy, salué dans la salle d'audience par une salve d'applaudissements, les communistes, abrités derrière le Secours populaire français, ont décidé de réagir et de suppléer la justice. Ils ont convaincu sans difficulté Pierre Meunier, Robert Chambeiron et les Aubrac, tous « compagnons de route », de monter une véritable campagne et d'organiser un contre-procès. À leur tour, ces anciens amis de Moulin ont convaincu Laure de le présider, le 28 mars, à la salle Wagram. Cautionnant une parodie de procès très politiquement « connotée », la sœur de Moulin tombe ainsi dans le piège tendu par les amis de René Hardy qui, à la fin du « vrai » procès, affirmaient que les calomnies répandues contre lui relevaient d'un complot communiste.

Les communistes lancent également une ample campagne nationale de cartes postales adressées au président de la République, sur lesquelles il était écrit :

> Je, soussigné..., après avoir pris connaissance des preuves irréfutables et des déclarations de MM. Pierre Hervé, Pierre Meunier, Robert Chambeiron, Mme Lucie Aubrac, Me Joe Nordmann, en mon âme et conscience déclare René Hardy coupable de trahison, réclame son châtiment exemplaire et la recherche des responsables des manœuvres qui avaient amené son acquittement.

Le PC n'avait pas prévu l'arrestation de René Hardy ni l'ouverture d'une nouvelle instruction devant le Tribunal militaire. *L'Humanité* se déchaîne contre la « réaction » qui a soutenu Hardy. Son numéro du 29 mars 1947 révèle que le BCRA, dès le 23 juin 1943, savait que « Didot » avait trahi par le télégramme suivant : « Didot a donné Caluire et le COPA[1]. » Le 30 mars, *L'Humanité* publie une lettre édifiante de René Hardy à Lydie Bastien datant de 1945, à l'époque où il était emprisonné à Fresnes :

1. Centre d'opérations de parachutage et d'atterrissage.

> Il est nécessaire que tu fasses absolument tout ce que je t'ai dit, en ce qui concerne mon affaire, auprès de mon ami. Je ne sais pas si Teitgen a donné des ordres pour que les conclusions du rapport médical soient suivies d'effet, mais cela fait un mois que je suis ici sans résultat. Mieux vaut en rire, de ces hommes puissants, influents et tout incapables de faire exécuter leurs décisions par leurs subordonnés.

Ces mots confirment, s'il en était encore besoin, que René Hardy a bénéficié de soutiens importants.

La récupération de la défense de Moulin par les communistes n'empêche pas Antoinette de poursuivre son enquête parallèle. Elle déjeune avec le colonel Manuel, qui lui donne conseils et éléments nouveaux. Début avril, elle voit Boursicot, Wybot et le ministre de l'Intérieur Édouard Depreux. Puis, le 9 avril, elle rencontre le colonel Wilhelm, qui instruit l'affaire. Elle lui montre les nombreux documents qu'elle a collectés, y compris le rapport Laffon et l'interrogatoire de Meiners, caché par les amis de Jean Moulin lors du premier procès Hardy. Le 26 avril, Antoinette parle à Gaston Cusin de ses dernières découvertes. Celui-ci se met à sa disposition pour l'aider dans sa mission. Elle rencontre Mme Giacomini, qui habite près de Lyon et accuse le lieutenant Bossé d'être un « traître », car il lui a tout avoué en disant : « C'est Didot, c'est Didot... » **Antoinette et Laure s'interrogent sur les variations de Bénouville et essaient de le faire interroger sérieusement.**

Le ministre de l'Intérieur et le directeur de la Sûreté écrivent à Laure Moulin pour lui annoncer qu'après une sérieuse enquête il semble que l'urne n° 10137 contiendrait bien les cendres de Jean Moulin.

La part la plus visible de la recherche de vérité concernant la mort de Jean Moulin semble toujours assurée par les communistes. Pierre Hervé, un ancien de Libération, se livre dans *L'Humanité* à un véritable harcèlement contre tous ceux qui sont censés avoir protégé Hardy. Les communistes ont peur d'un nouvel enterrement de l'affaire. Dans *L'Humanité* des 6-7 avril 1947, Hervé pose des questions qui font mal :

> Pour quelles raisons le procès fut-il retardé jusqu'au moment où il fut impossible de confronter Hardy avec l'Allemand Dunker,

> auteur du rapport Flora, qui présente l'inculpé comme un des contre-agents utilisés par la Gestapo ? [Quelque temps plus tard, Laure Moulin écrira au président de la République pour lui demander qu'il soit sursis à l'exécution de Dunker tant que Hardy n'aura pas été rejugé.] Pour quelles raisons a-t-on attendu, pour juger Hardy, que le mouchard Multon, dit Lunel, qui accusait formellement Hardy, soit fusillé ? Pourquoi, après une instruction de deux ans, les témoins principaux devaient-ils, l'avant-veille, écrire pour être convoqués ? Pourquoi une lettre adressée par le commissaire Henri — qui fit l'enquête policière immédiatement après le drame de Caluire — ne fut-elle même pas lue ? Pour quelles raisons, lors des arrestations de Caluire, Hardy, menotté dans le dos comme tous les autres [détail inexact], s'est-il enfui avec une curieuse facilité ? Pour quelles raisons les Allemands se hâtent-ils de venir l'arracher aux mains de la police française et dans quelles conditions précises s'évade-t-il ensuite ? Pour quelles raisons a-t-il menti ? Pour quelles raisons ne fait-on pas état du fait que Hardy, devant ce jury [un jury d'honneur organisé par Frenay], a pour le moins avoué avoir livré, lors de sa seconde arrestation, des Allemands antinazis ? Pour quelles raisons, en dépit de toutes les suspicions, Frenay prend-il Hardy dans son cabinet ? Pourquoi Lydie Bastien n'apparaît-elle pas au procès ? Comment se fait-il que personne n'évoque son nom ? Pourquoi, aujourd'hui, ces mystères, ces contradictions, ces intrigues ?

Les deux dernières questions, les plus cruelles, montrent bien que la mémoire de Moulin et sa mort embarrassent encore beaucoup de monde :

> Pourquoi la plupart des journaux ont-ils volontairement ignoré qu'il y a dans cette affaire une victime, Jean Moulin, premier président du Conseil national de la résistance, et que la fidélité à sa mémoire exige que justice soit rendue ?... J'aurais encore beaucoup de questions à poser... À propos : pour quelles raisons le général de Gaulle a-t-il oublié, à Bruneval, de faire mention de Jean Moulin et du Conseil national de la résistance ?

Le Général a décidé, depuis quelques semaines, de se lancer à nouveau dans l'arène politique. Il essaie de mobiliser les résistants de l'intérieur et de l'extérieur, avec l'aide de Jacques Baumel, Jacques Soustelle et André Malraux. Les deux premiers étaient des amis de Bénouville, lequel avait noué des relations avec de Gaulle lors de son voyage à Alger en avril 1944. Le Général lui a même proposé, peu après le lancement du RPF, d'y devenir le responsable aux questions de défense nationale...

Ceux des défenseurs de la mémoire de Jean Moulin qui sont devenus des compagnons de route du PC — Meunier, Chambeiron, Manhès, Cot, les Aubrac... — vont, malgré Antoinette et Laure, donner de sa haute figure une image on ne peut plus « rouge », peu conforme à ce qu'il était devenu dans les dix-huit derniers mois de sa vie, et plus à gauche encore que durant sa période « espagnole ». Cette récupération par les communistes, cette nouvelle « vie » posthume va durer longtemps et probablement empêcher que toute la lumière soit faite sur sa mort, tant l'appropriation de la Résistance est devenue alors un enjeu de la politique française. Elle va expliquer aussi pourquoi et comment les soupçons sur la « liaison » de Moulin avec Moscou se propageront aussi facilement.

34

« Rouge », « rose », gaulliste au Panthéon, et, pour finir, espion soviétique !

Les militaires semblent cette fois mener une instruction plus sérieuse que la précédente. Ils accumulent témoignages et rapports allemands qui, tous, mettent en cause René Hardy. C'est d'abord, en août 1947, Alfred Lutjens ; il a vu Hardy dans le bureau de Barbie, lequel lui a dit le lendemain : « C'était Didot, un des grands chefs de la Résistance française. »

Mais, en novembre 1947, nouveau coup de théâtre : le lieutenant-colonel Wilhelm renonce à instruire plus longtemps l'affaire : « La reine Wilhelmine a cessé ses fonctions... C'est donc un long sursis accordé au régicide », écrit Laure Moulin à Antoinette qui consacre toujours une grande part de son énergie à enquêter et à inciter les responsables à rendre justice à « son » Jean Moulin.

Quelques jours plus tard, Laure Moulin est reçue par Pierre-Henri Teitgen, ministre des Forces armées depuis le 22 octobre dans le cabinet Paul Ramadier. Teitgen ne savait même pas que Wilhelm n'était plus le juge militaire en charge de l'affaire. Il promet à Laure d'essayer de le « rattraper ». La sœur de Jean Moulin rend également visite au président du Conseil, le socialiste Paul Ramadier.

À l'automne de l'année suivante, après maints tâtonnements, le commissaire Louis Bibes rencontre le principal témoin du nouveau procès : Barbie, devenu agent du contre-espionnage militaire américain chargé tout spécialement de pénétrer le KPD, le Parti communiste allemand. Plus généralement, on l'a dit, la nouvelle instruction accumule dossiers et témoignages émanant d'Allemands : le témoignage de Multon, le rapport Flora, le rapport de l'Abwehr qui, tous, attestent que Hardy travaillait pour les Allemands.

Les rapports Kaltenbrunner des 27 mai et 29 juin 1943 méritent que l'on s'y arrête un peu. Ces rapports ont été trouvés au ministère des Affaires étrangères de Berlin. Le premier, daté du 27 mai 1943, est envoyé par le patron de la Gestapo à Ribbentrop, ministre des Affaires étrangères. **Il décrit l'organisation de l'Armée secrète grâce à la pénétration d'un agent qui, « en qualité d'ancien officier français », a obtenu un poste important.** Cet agent appartenait probablement à Combat, car la description du mouvement de Frenay y est parfaite et plutôt « gonflée » par rapport aux autres mouvements. Est raconté également l'enchaînement des arrestations intervenues depuis le début de l'année 1943, qui ont permis de connaître dans le détail l'AS et Combat. Le deuxième rapport, daté du 29 juin 1943 — c'est-à-dire huit jours après la capture de « Max » — décrit comment ont été arrêtés le général Delestraint et Hardy. L'interrogatoire de ce dernier après son arrestation dans le train s'y trouve détaillé. Le rapport ne laisse planer aucun doute sur la collaboration de Hardy avec la Gestapo :

> Hardy a pu, en raison de ses amples déclarations et de sa volonté de collaborer, être employé déjà plusieurs fois avec succès pour des rendez-vous et il a pu reconstituer de mémoire le plan de sabotage des chemins de fer au bénéfice des Services allemands. Au cours d'une mise en scène d'agent réalisée avec lui, le *Einsatzkommando* de la Sipo et du SD de Lyon, en coopération avec le *Sonderkommando* mis à sa disposition par le RSHA afin de combattre l'Armée secrète, a réussi à mettre la main à Lyon sur une réunion de personnes, dirigeants des « Mouvements unis de résistance » et de l'Armée secrète...

Bizarrement, parmi les personnalités présentées comme arrêtées ne figurent pas certains noms, notamment celui de Jean Moulin. Le rapport dit pourtant que la réunion avait été convoquée par « Max », mais prétend que celui-ci n'y était pas venu, probablement parce qu'il avait été retenu par une rafle de la police française...

Ce n'est que plus de trois ans après l'arrestation de René Hardy par Wybot que le nouveau procès Hardy s'ouvre, le 27 avril 1950. Entre-temps, la situation politique internationale et intérieure a radicalement changé. La guerre froide a remplacé la courte euphorie du retour à la paix après l'écrasement du nazisme. En avril 1947, Paul Ramadier a révoqué les ministres communistes qui refusaient de voter la confiance au gouvernement. À l'extérieur, l'ennemi principal est devenu l'URSS. À l'intérieur règne une ambiance de guerre civile, des grèves d'une rare violence éclatent. Le XIIe congrès du PCF a approuvé, début avril, le rapport de Thorez demandant aux militants de renforcer la lutte contre la bombe atomique et les fabrications de guerre au moment précis où est livré à la France du matériel militaire américain. De graves incidents se produisent dans les usines et à Brest à l'occasion d'une grève du bâtiment : il y a un mort, et deux députés communistes sont arrêtés. Le lendemain de l'ouverture du procès Hardy, Frédéric Joliot-Curie est révoqué du Haut-Commissariat à l'énergie atomique pour son appartenance au Parti communiste. Bref, la France se retrouve divisée en deux : d'un côté, les communistes ; de l'autre, tous les autres. Le successeur de Moulin, Georges Bidault, est président du Conseil, mais n'est plus du tout dans la logique du CNR. Lui aussi lutte maintenant à fond contre les « rouges »...

Au Palais de justice, c'est la foule des grands jours. Une nuée de photographes mitraillent la « femme fatale », Lydie Bastien, sur les bancs des témoins. La première journée se passe très mal pour l'accusé. Après l'avoir longuement interrogé, le président déclare à Hardy : « Hardy, vous m'effrayez par votre habileté ! » Fait nouveau et important, Frenay ne le défend plus : « Les mensonges de Hardy m'ont ouvert les yeux. » Me Maurice Garçon use de la même technique que lors du premier procès pour diminuer l'impact des rapports et témoignages allemands, notamment celui de Barbie, le chef de la Gestapo de Lyon, qui a décrit par le menu la trahison de Hardy : « On ne peut donner aucun crédit aux dires de ce criminel ! »

À propos de Barbie sont proférées devant la cour un certain nombre de contre-vérités, comme celle lancée par l'avocat de Hardy selon lequel les autorités américaines auraient refusé qu'il vienne témoigner au procès. Les archives du CIC (le contre-espionnage militaire américain), déclassifiées en 1983 à l'occasion du procès Barbie, montrent qu'aucune demande formelle n'avait jamais été faite. Pour les gens du CIC, l'affaire Hardy-Barbie se résume comme suit : « Apparemment, deux factions en France sont impliquées dans une manœuvre politique. Les communistes souhaitaient la venue de Barbie, les autres préféraient qu'il reste en Allemagne. » Le 11 mai 1950, Eugen Kolb écrit : « Aucun effort sérieux n'a été fait par les Français pour obtenir Barbie, à cause de l'embarras politique que son témoignage aurait pu causer à certains officiels importants. »

À examiner son déroulement, il est évident que ce procès est politique et, malgré l'accumulation des preuves de la culpabilité de Hardy, de grandes manœuvres se déploient pour qu'il ne soit pas condamné. **Il y a certainement eu concertation à la direction du RPF, puisqu'on voit défiler à la barre plusieurs éminents gaullistes et anciens résistants qui prennent la défense de Hardy** : Pierre Clostermann, Jacques Baumel, Jean Nocher et Pierre de Bénouville. Chacune de ces interventions soulève une salve d'applaudissements. Alors que personne ne s'indigne, en revanche, du traitement réservé à la sœur de Jean Moulin par Me Garçon. Celui-ci ne lui reconnaît pas le droit d'accuser Hardy sans preuves et termine son interpellation en soulignant combien Laure est pitoyable de griffonner des petits papiers pour les faire parvenir au ministère public : « Ne vous mêlez pas de cela. La justice se prononcera en dehors de vous. Vous n'êtes pas un témoin, vous êtes une femme qui pleure, et restez-le ! »

Les témoins à charge sont moins bien traités que ceux qui viennent soutenir Hardy. Comme lors de son premier procès, l'accusé, en fâcheuse posture au début, reprend confiance au fil des jours. Un ancien de l'Intelligence Service vient à la barre témoigner en sa faveur et le colonel Passy — l'un des grands adversaires de Moulin — fournit des éléments qui aident l'accusé. Le « Plan Vert[1] », explique-t-il, fut élaboré à Londres et n'a donc pu être livré par Hardy aux Allemands. En fin de compte, Edmée Delettraz, le « joker » d'Antoinette lors du

1. Un plan de sabotage du réseau ferroviaire pour le jour « J ».

premier procès, est la seule à se retrouver véritablement accusée au terme de celui-ci. Ayant déjà fait l'objet d'une information judiciaire huit jours avant l'ouverture du procès Hardy, elle est broyée par l'interrogatoire de Me Garçon, au point que le président manque de la faire arrêter à l'audience. L'avocat de Hardy a complètement détourné les débats en faisant d'Edmée la principale responsable de l'arrestation de Caluire, puisque c'est elle qui aurait conduit les Allemands jusqu'au lieu de la réunion. Il réussit une fois de plus à décrédibiliser la partie de son témoignage qui accuse Hardy lorsqu'elle affirme qu'il se trouvait le matin même de la réunion de Caluire au siège de la Gestapo de Lyon :

— Eh bien, madame, un témoignage comme le vôtre n'est pas digne de notre justice !

Après qu'Edmée Delettraz eut tenté de se justifier contre la violente diatribe de Me Garçon, le président du Tribunal militaire lance :

— Lorsque j'ai analysé votre déposition lors de l'interrogatoire de Hardy, j'ai qualifié votre rôle de lamentable ; je maintiens cette appréciation. Vous pouvez vous retirer.

— Bien sûr...

— Il vaut mieux vous en aller, madame. Sortez ! tonne Me Garçon.

— Restez dans la salle, corrige le président.

À aucun moment du procès Hardy lui-même n'a été traité de cette façon alors que c'est lui qui est dans le box, et que si Edmée Delettraz porte une responsabilité dans l'arrestation de Caluire, elle ne saurait en aucun cas atténuer celle de Hardy.

La plaidoirie de Me Garçon est brillantissime. Il récuse tous les témoignages allemands parce qu'ils sont allemands, attaque la DST, titille Ramadier, parle du « complot communiste contre Hardy », ce qui, en cette période, constitue une arme on ne peut plus efficace.

Le 8 mai 1950, trois militaires sur sept votent la non-culpabilité de René Hardy. Or, la règle du Tribunal militaire est que la sentence doit être prononcée avec deux voix de majorité. La culpabilité de Hardy n'obtenant qu'une voix d'écart, il est acquitté. Cette décision déclenche un tonnerre d'applaudissements dans la salle. Hardy et ses amis ont gagné. Antoinette,

Laure et les amis « rouges » de Moulin ont perdu. Laure Moulin en restera déprimée pendant une longue période.

Tous les amis de Moulin n'abandonnent pas le combat pour autant, mais, en attendant que la vérité soit enfin reconnue, ils se contentent d'obtenir petit à petit que gloire soit rendue à Jean Moulin par des monuments, des places, des rues à lui dédiés... Bidault était même d'accord pour que la France lui fasse des obsèques nationales, mais Laure a hésité pour deux raisons : la première est qu'elle n'est pas absolument sûre de l'identification des cendres contenues dans l'urne du Père-Lachaise ; la seconde est encore plus délicate : « Des obsèques religieuses seraient contraires aux opinions de Jean, écrit-elle le 27 avril 1954 à Antoinette. Jean était tolérant et compréhensif, mais ferme dans ses opinions. » Bref, Laure n'est pas d'accord : « Vous savez tout ce que j'ai fait pour que le rôle de Jean dans la Résistance soit connu et que son héroïsme soit glorifié. Je ne sais si sa gloire de héros clandestin gagnerait à cette consécration suprême. »

À cette époque, on envisage d'ouvrir l'urne. C'est le docteur Mans, un ami de Jean Moulin, qui s'occupe de cette opération.

Le 9 octobre 1954, les deux chefs de la Gestapo de Paris, Oberg et Knochen, sont condamnés à mort. Les deux hommes accueillent la sentence avec le sourire. *Le Parisien libéré* du lendemain écrit : « Cette condamnation risque fort de n'être qu'une satisfaction morale donnée aux fusillés et aux déportés des années noires où la police allemande régnait en France. » Les condamnés savaient en effet qu'ils allaient être graciés, mais les tractations prirent du temps : le décret présidentiel de commutation de peine n'intervint que le 10 avril 1958. Les deux chefs de la Gestapo ne devaient être libérés que le 8 octobre 1964, « mais, pour des raisons inconnues, le gouvernement français décida de les relâcher beaucoup plus tôt », précise Jacques Delarue[1].

Des négociations secrètes ont été entamées, à l'occasion du procès Oberg-Knochen, entre le gouvernement allemand de Konrad Adenauer et des représentants des autorités françaises

1. *In Histoire de la Gestapo*, Fayard, 1962 (1987 pour la nouvelle édition).

pour que les nazis ne soient plus exécutés en France. Il s'agit de tourner la page de la guerre après que l'Allemagne s'est trouvée réintégrée dans la politique européenne et atlantique pour servir notamment de rempart contre la menace soviétique. En 1955, le *General Anzeiger* de Bonn lève une partie du voile sur ces tractations menées du côté allemand par le député chrétien-démocrate Heinrich Höfler. Cette affaire — si secrète qu'elle n'a pas encore été totalement révélée, plus de quarante ans après — est reprise dans un journal français, *Dimanche Matin*, en juillet 1955, dans un article signé « Les Trois Mousquetaires » (sous ce nom collectif se cache en réalité Pierre de Villemarest, ancien de la DGER, généralement bien informé sur ce genre de sujet) :

> Quels sont les arguments qu'a pu développer à Paris M. Heinrich Höfler ?
>
> Sa venue en France n'a-t-elle pas coïncidé avec la réapparition d'un personnage dont on n'avait pas entendu parler, que personne n'avait plus jamais entendu parler, que personne n'avait jamais revu depuis la mort de Hitler ?
>
> **Il s'agit de Kreutzer, l'homme le plus secret de l'Abwehr. Lui seul connaissait le fin du fin de la collaboration en France pendant l'Occupation, et pourrait confondre des personnalités françaises de la banque, de l'industrie, voire de la politique qui passèrent miraculeusement entre les mailles de la justice à la Libération.**
>
> Le voici ressuscité et libre ?
>
> Nous inclinons à croire qu'il n'utilisera ni ses dossiers ni ses fiches, sinon pour appuyer les exigences de Bonn auprès du gouvernement français. Donnant, donnant...
>
> La sonate à Kreutzer sera jouée, mais en sourdine.
>
> Il faudra avoir l'oreille bien exercée — ou bien placée — pour l'entendre...

Le lecteur a déjà compris que l'« homme le plus secret de l'Abwehr » ne s'appelle pas Kreutzer, mais Kreutz : Alexander von Kreutz, qui connaît assurément beaucoup de secrets embarrassants et qui est effectivement un homme libre... Ses secrets vont peser lourd dans la façon dont vont être menées les enquêtes destinées à élucider certaines affaires des années noires en France.

Après le « coup d'État démocratique[1] » de mai 1958 qui permet à de Gaulle de revenir au pouvoir, le nom de Jean Moulin va désormais servir à attaquer le Général. Le Club Jean Moulin est cautionné par Daniel Cordier, ancien secrétaire de « Max », qui en accepte la présidence d'honneur. Le Club est notamment animé par Georges Suffert, collaborateur d'*Esprit* et de *France-Observateur*, ancien rédacteur en chef de *Témoignage chrétien*. Alors proche de Mendès France[2], Suffert a été indigné par les événements de mai et, avec quelques amis politiques, il a fondé une association « afin de grouper des citoyens qui, d'accord sur certains principes moraux et politiques, croient nécessaire et possible une réflexion cohérente sur les problèmes de leur temps », ainsi qu'il l'explique alors à la journaliste Georgette Elgey[3]. Avec Abel Thomas et Jacques Pomonti, Suffert a choisi Jean Moulin comme emblème en souvenir de la résistance du préfet de Chartres aux troupes allemandes. Ils estiment que le Club doit « donner le signal de la lutte antifasciste ». Ils affirment qu'ils ne sont pas systématiquement antigaullistes, mais qu'il faudra bien, tôt ou tard, que le premier président de la Ve République gouverne avec la gauche, et plus spécialement avec Pierre Mendès France. « Rien ne permet de penser que l'ancien président du Conseil national de la résistance eût approuvé l'usage qui était fait de son nom », souligne pour sa part Georgette Elgey. De fait, le très gaulliste Moulin n'aurait probablement pas apprécié, mais il aurait certainement préféré cette « récupération » à celle des communistes car, si l'on fait abstraction de l'opposition au général de Gaulle, elle le replace dans une mouvance qui correspond grosso modo à ce qu'il pensait avant guerre. Il aurait d'ailleurs sans doute approuvé les grands titres du programme du Club : « Maintien de la paix — Justice sociale et solidarité internationale — Participation responsable d'un nombre croissant de citoyens à la direction des affaires publiques et privées — enfin, principe de la démocratie politique, nationale et internationale. » Bien involontairement,

1. *Cf.* Christophe Nick, *Résurrection, naissance de la Ve République, un coup d'État démocratique*, Fayard, octobre 1998.

2. Il est aujourd'hui éditorialiste au *Figaro* et au *Figaro-Magazine*.

3. *In Paris-Presse-L'intransigeant.*

Jean Moulin va ainsi participer à titre posthume à une action vigoureuse dirigée contre le général de Gaulle...

Laure Moulin et Antoinette Sachs n'aiment pas davantage cette récupération que la première. Néanmoins, Antoinette doit avoir éprouvé au début des sentiments mitigés, puisque le Club a eu pour objectif initial de faire revenir au pouvoir Pierre Mendès France dont Georges Boris — son amant — reste un très fidèle collaborateur. Elle reçoit toujours des lettres enflammées de ce dernier qui se consume pour elle — elle qui n'a pas pour autant oublié son Jean Moulin...

Autour du Club, devenu le fer de lance de la réflexion de gauche, s'agglutinent bientôt François Mitterrand et Jean-Jacques Servan-Schreiber, patron de *L'Express*. C'est là que naît l'idée de la candidature de Gaston Defferre à la prochaine élection présidentielle. Le fait que Defferre ait connu Jean Moulin et fait partie des quelques résistants qui furent à l'origine de l'idée du CNR n'a, semble-t-il, joué aucun rôle dans ce choix. *L'Express* fait en octobre 1963 le portrait de « Monsieur X » qui n'est autre que le maire de Marseille. L'opération fait long feu. Elle sera reprise plus tard par François Mitterrand. Autre « vie » de Jean Moulin...

Antoinette revoit inlassablement tous ceux qui lui ont été proches et s'évertue toujours à connaître toute la vérité sur la mort de Jean. Elle n'est plus une jeunesse, mais sa vitalité, son charme, auréolés de l'ombre du héros, font toujours leur effet dans les milieux politiques. Elle possède un extraordinaire carnet d'adresses, à dominante gaulliste. Elle prend même probablement sa carte de militante de l'UNR (Union pour la Nouvelle République, le parti gaulliste de l'époque). Elle ne cesse de noircir carnets et feuilles blanches pour enrayer la dure érosion du souvenir. Elle est convaincue depuis le début que l'homme qu'elle aime par-delà la mort a été victime d'un complot. Le 26 juin 1963, elle écrit par exemple :

> NOTES SUR HARDY.
>
> Blessure au bras. Renseignements formels donnés par le s/officier allemand qui a blessé Hardy :
>
> Il s'agissait de tirer au bras de Hardy de sorte que l'os ne soit pas cassé et les nerfs ne soient pas coupés. Barbier consulte les compétences de l'hôpital allemand de Lyon et c'est le *Sanitat-*

renter-offizier Brackmann qui a tiré la balle dans l'avant-bras de Hardy.

Brackmann était encore vivant en 1956, mais, à l'époque, il n'a rien voulu d'écrit (communiqué par le colonel Gilbert).

Hardy était en rapport depuis longtemps et travaillait pour le commissaire Richard, de la Section anticommuniste, [qui] fut fusillé en 1948.

Ce Richard travaillait lui-même avec l'Abwehr III F (siège au Lutétia, à Paris). Avec lui le comte Kreutz (pseudo connu : Lacroix), qui lui-même dépendait de Reile (ultra-secret, car professe encore), adjoint de l'amiral Canaris... Hardy fournissait à Richard des renseignements sur le commandement français. En échange, il était protégé par l'Abwehr. Mais les Allemands eurent à se plaindre de la manière dont Hardy menait double jeu, et Kreutz lui donna une dernière chance, faute de quoi il serait sérieusement sacqué. Cette dernière chance fut le montage de l'affaire de Caluire.

Les Allemands qui ont donné ces renseignements ne veulent rien écrire sur ce qu'ils savent, car ils sont toujours en activité. Mais ils estiment que le gouvernement français était parfaitement au courant puisque :

1) le dossier Richard doit encore exister avec tous les détails (DST) ;

2) les témoins gênants pour Hardy (Allemands de l'Abwehr) ont été fusillés avant d'être interrogés au cours du procès.

En 1956, Kreutz dirigeait un hôtel à Algésiras.

Compte tenu de la qualité des autres papiers laissés par Antoinette Sachs (recueillis par le Musée Jean-Moulin), cette note m'a paru d'emblée très intéressante. Elle fournit des informations tout à fait nouvelles qui mériteraient une longue enquête. Après plus d'un an et demi de travail sur Jean Moulin, en mars 1998, je me suis donc lancé sur cette nouvelle piste. Le lecteur sait déjà qu'Alexander von Kreutz et Raymond Richard, les deux personnages dont parle Antoinette, ont bien existé, même s'ils ne figurent pas dans les livres d'histoire relatifs à la période. Je les avais déjà installés dans mon récit avant même d'avoir remis la main sur les archives de Raymond Richard, que je cherche depuis des mois. Mais, archives ou non, le lecteur retrouvera ces deux personnages au prochain chapitre.

Antoinette poursuit donc son enquête en même temps qu'elle mène une intense activité de *lobbying* pour que la France reconnaisse enfin le rôle de Moulin dans l'histoire. Elle est ainsi en relation avec Louis Joxe, ministre d'État dans le gouvernement Pompidou, qui fut un ami de Moulin et de Pierre Cot. Depuis longtemps, elle milite pour l'entrée de Moulin au Panthéon. Le 29 juin 1964, elle fait appel à Joxe qui lui répond le 2 juillet. Le ministre joue un rôle moteur dans la décision de transférer les cendres de Moulin au Panthéon, prise au début de l'été. Au-delà du désir de rendre hommage à l'homme qui a contribué à « faire » de Gaulle, au camarade de combat de Malraux, devenu ministre de la Culture, dans l'aide aux républicains espagnols, à l'ami de Joxe du temps où ils faisaient tous deux partie du cabinet de Cot, il y a aussi une volonté de « récupération » politique. Déjà, Roger Frey, par des manœuvres habiles, a obligé Gaston Defferre, candidat du Club Jean Moulin à la présidence, à se révéler trop tôt, croyant à une élection anticipée. Le maire de Marseille jette l'éponge en juin. L'élection présidentielle aura lieu l'année suivante. De Gaulle souhaite séduire une partie de l'électorat de gauche. La panthéonisation de Moulin va rappeler que le Général a fait alliance avec un homme du Front populaire pour sortir la France des griffes de l'Allemagne ; elle va donner du poids à ses mots sur le nécessaire rassemblement des Français...

La cérémonie a été longuement préparée, la place de chacun étudiée. Avant même que ne commence le transfert des cendres du Père-Lachaise au Panthéon, le 18 décembre 1964, le Général va se recueillir devant le colombarium du cimetière où est exposé le cercueil renfermant l'urne. Il est accueilli par le ministre des Anciens Combattants, la sœur de Jean Moulin et sa cousine. En début d'après-midi, le cercueil est transporté au Mémorial de la Déportation, face à la crypte. Un détachement du 76e bataillon lui rend les honneurs. À l'arrivée du cercueil, les clairons sonnent *Aux Champs*. À 21 h 15, cinq cents torches portées par les amis de Jean Moulin, par les fils et les femmes de ceux qui sacrifièrent leur vie, encadrent l'affût sur lequel est placé le cercueil. Sabre au clair, les cavaliers de la Garde républicaine ouvrent la marche. Derrière, les drapeaux des associations de résistants et d'anciens combattants, la famille de Jean Moulin, les ministres, de grands résistants parmi lesquels on peut reconnaître Pierre Meunier, Marcel Paul et le colonel Rol-Tanguy, et des officiels. La « garde rouge » habituelle de Moulin est noyée parmi les représentants du pouvoir gaulliste. Le cortège marche jusqu'au Panthéon. Une veillée funèbre a lieu toute la nuit. Le général Kœnig, vainqueur de Bir Hakeim et patron des FFI, monte la première garde.

Le lendemain matin, samedi 19 décembre, de Gaulle vient une nouvelle fois se recueillir devant les cendres de Jean Moulin. En fin de matinée, le Général, en uniforme recouvert d'un manteau militaire, ayant à ses côtés Laure Moulin et Georges Pompidou, Premier ministre, assistent à la cérémonie. Les invités sont répartis dans plusieurs grandes tribunes à l'entrée de la rue Soufflot et place du Panthéon. À 12 h 15, André Malraux, debout derrière un pupitre, entame son éloge au « chef du peuple de la nuit ». Tête nue malgré le froid, « il maîtrise d'une main nerveuse ses feuillets que le vent froisse et menace d'emporter, ce vent qui s'engouffre aussi dans les haut-parleurs, donnant à ses paroles une tragique résonance. On dirait un roulement de tambour. M. Malraux a la voix rauque, profonde, frémissante, et la foule, jusqu'à la fin, religieusement, silencieusement, écoute le ministre-écrivain marteler ses expressions souvent fulgurantes », écrit *France-Soir*[1].

Malraux fait effectivement entrer Jean Moulin dans la légende et fige son histoire dans l'Histoire. Selon l'auteur de *L'Espoir*, Moulin a vu « dans l'unité de la Résistance le moyen capital de combat pour l'unité de la nation ; c'était peut-être affirmer ce qu'on a appelé le gaullisme ». Moulin retrouve l'étiquette qui était la sienne en 1943.

À sa manière, Malraux s'est réconcilié avec lui-même à travers cette évocation du destin de Jean Moulin, désormais accepté par la France entière. Il n'a pas dit — personne ne le sait — qu'il a travaillé avec lui pour venir en aide aux républicains espagnols, qu'ils avaient tous deux des idées assez proches, qu'ils ont appartenu tous deux au RUP, qu'ils n'hésitaient pas à frayer à l'époque avec des agents du Komintern ou du GRU. En exaltant la mémoire de ce compagnon de la lutte antifasciste,

1. Dans sa livraison des 20-21 décembre 1964.

il oublie peut-être aussi que lui-même ne fut qu'un combattant de la « Résistance de la 23ᵉ heure », entrant dans le combat neuf mois après Caluire... Mais lui non plus, l'homme de gauche, comme Moulin, n'avait finalement pas trahi ses idées en suivant le général de Gaulle, puis en devenant son chantre et le metteur en scène de sa geste.

Porté sur les épaules de six soldats, le cercueil de Jean Moulin entre au Panthéon. Quelques jours avant la cérémonie, Laure avait écrit à Antoinette qu'elle « consacrerait sa gloire ». Pour Laure Moulin et Antoinette Sachs, c'est une grande victoire : largement la leur. Elles sont plus heureuses que les amis « rouges » de Moulin à qui n'ont échappé ni la « récupération » gaulliste, ni la modicité de leur place dans cette manifestation.

D'autres sont encore plus amers : cette entrée au Panthéon et le discours de Malraux laisseront des traces d'autant plus profondes et cuisantes, chez beaucoup de résistants de l'intérieur, d'anciens giraudistes, d'exclus d'une histoire désormais officielle, qu'ils sont pour longtemps condamnés au silence par cette consécration... Même André Manuel, quelques semaines après la cérémonie, se demande devant Antoinette « quelle opération de Gaulle a voulu faire en faisant transporter Jean Moulin, vingt ans après, au Panthéon ». Antoinette lui explique qu'elle-même y a œuvré depuis vingt ans. Ils évoquent ensemble la volonté d'imposer l'idée qu'à Londres « on s'aimait bien », ce qui est faux. Manuel rappelle une nouvelle fois à quel point « Passy et Brossolette lui étaient hostiles [à Moulin], mais il s'agit qu'on ne le sache pas. Manuel était pour Moulin. Les autres contre. Manuel n'a eu aucun honneur. Les autres, si », note Antoinette ; et elle ajoute : « Pourquoi n'est-il jamais dit nulle part que le commandant Manhès était le délégué de Jean Moulin en zone Nord ? C'était pourtant ainsi. » Effectivement, au fil du temps, le rôle de Manhès aux côtés de Jean Moulin s'est estompé, puis effacé.

Le 31 mai 1972, la plaie française de Caluire est rouverte par une interview de Barbie recueillie en Bolivie par le journaliste brésilien Ewaldo Dantas Ferreira et publiée dans *France-Soir*. Barbie accuse Hardy, ce qui ne constitue pas une nouveauté ; il confirme que Moulin n'a pas parlé, mais qu'il s'est jeté la tête contre les murs. L'affaire agite une nouvelle fois le monde des anciens résistants. Hardy répond longuement, affirmant qu'il n'a livré qu'une chose aux Allemands : l'un des complots contre Hitler. Raymond Aubrac monte à son tour au créneau et réclame un procès Barbie : « Que Barbie, que Hardy soient aujourd'hui en quelque sorte des héros dans mon pays, voilà ce qui me donne à penser que le combat n'est pas achevé. » Antoinette est également interviewée, mais ne contribue guère cette fois au débat ; elle se limite à contredire Barbie sur un point de détail : le gestapiste a prétendu que Moulin ne savait pas dessiner...

Après avoir fait énormément souffrir Georges Boris, Antoinette consacre désormais son temps et son énergie à souffrir à son tour mille morts pour Alexandre Parodi, effrayé par cette passion envahissante... Elle griffonne papiers et notes, les souligne, réécrit dessus, ressasse ses histoires d'amour, enrage contre Parodi, se replie sur elle-même, rabâche l'histoire de ses rapports avec Jean Moulin. Son écriture change. Le 24 janvier 1975, elle écrit à Lucy Manhès. Elle fait la distinction entre les « vrais amis » de Jean Moulin et les autres :

> Ceux qui restent ne sont pas des amis et ne pensent qu'à eux. Ils ont tout oublié de ce qui était la vérité et s'inventent des personnages importants. Moi, je cite à chaque instant le colonel et vous-même. Les autres ne le font jamais. C'est presque comme s'ils allaient dire que vous-même, le colonel et moi n'avons jamais approché Jean. Si on pouvait, on nous mettrait bien dans les oubliettes... Vous êtes ma famille, plus que quiconque... J'ai rencontré le généreux et noble président Marcel Paul, quel beau caractère ! J'ai beaucoup d'affection pour lui. Il estime le colonel et Jean à leur valeur...

Le 24 juin paraît dans *La Suisse* la dernière interview d'Antoinette. Elle dit vouloir toujours que la vérité éclate sur l'arrestation de Caluire :

> **Je n'ai pas peur de le dire, il s'agit d'un vaste complot, du plus grand complot politique de l'histoire de la Résistance. À Londres, on avait commencé à prendre ombrage de la popularité et de l'influence croissante de Moulin. Nombreux étaient ceux, dans l'entourage du général de Gaulle, qui craignaient qu'après la Libération Jean Moulin ne devienne un personnage trop influent.**

C'est une bombe ! Antoinette, la personne qui a consacré le plus de temps à enquêter sur la mort de Jean Moulin, laisse entendre que sa mort s'inscrit dans un complot dont l'âme se serait située dans l'entourage du Général. Elle exclut complètement ce dernier du complot : « J'ai toujours posé une question à laquelle on ne m'a jamais répondu : alors que l'arrestation de Jean Moulin a été connue dès le lendemain, pourquoi, à Londres, n'a-t-on rien tenté pour le sauver ? » poursuit-elle en répondant à Philippe Roy. Elle dit vouloir établir « pourquoi on a tout fait, depuis, pour protéger le traître, pourquoi, après le complot qui a fait disparaître Moulin, il y a aujourd'hui un véritable complot du silence... » Elle termine en affirmant qu'elle se battra jusqu'au bout...

L'acquittement de Hardy et les zones d'ombre qui continuent de planer sur l'affaire de Caluire autorisent-ils une affirmation aussi énorme ? Personne ne reprendra les propos d'Antoinette qui commence à être considérée çà et là comme une radoteuse.

Un des protagonistes de cette histoire, Frenay, qui était en violente opposition avec Jean Moulin, n'a rien oublié de la haine qui l'animait au printemps 1943. Il n'acceptait pas plus son autorité que son action pour réintroduire les partis politiques dans la Résistance. Déjà, en 1950, il avait émis l'hypothèse que Moulin pouvait avoir été un sous-marin des communistes. Sa longue lettre avait été publiée à la fin du troisième tome des mémoires du colonel Passy, mais était passée inaperçue. Depuis, Henri Frenay ruminait et constatait, impuissant, la place qu'avait prise son ennemi dans la mémoire des Français. En 1973, il publie *La nuit finira*, où il persiste à présenter Jean Moulin comme un compagnon de route des communistes. L'affaire fait alors un peu de bruit. Le 17 juin 1975, au cours d'une cérémonie commémorative au Panthéon, Claude Serreules prononce un discours dans lequel il met en demeure Frenay, qu'il estime être un homme « honnête et loyal, de parfaire son enquête et de réparer son erreur ». Après réflexion, Frenay accepte. Il va être aidé dans sa recherche par Marcel Chalet, numéro deux de la DST, qui l'encourage dans cette enquête nouvelle, laquelle va être cette fois exclusivement consacrée à Jean Moulin. Chalet est passé maître dans l'art de débusquer tout ce qui a, de près ou de loin, un lien avec les Soviétiques. Par fonction, puis probablement par conviction, il voit partout la main de Moscou. Il aide Frenay à démontrer qu'autour de Moulin il y avait en effet beaucoup de gens qui, d'une façon ou d'une autre, idéologiquement ou structurellement, étaient liés à Moscou. Comme on l'a vu, c'était le cas de Cot, Manhès, Dolivet, Meunier, Chambeiron et plus encore Labarthe. Se servant du vieil adage « Dis-moi qui tu fréquentes, je te dirai qui tu es... », il publie le 11 octobre 1977 *L'Énigme Jean Moulin*, le jour même où est organisée une émission télévisée suivie d'un débat aux « Dossiers de l'écran ». Joseph Pasteur a réussi à rassembler sur son plateau Daniel Cordier, un des secrétaires de Moulin, Christian Pineau, fondateur de Libé-Nord, Pierre Villon, membre communiste du CNR, Henri Frenay, Francis Closon, l'homme qui a apporté à Londres le « testament » de Moulin, le colonel Passy, Jean-Pierre Lévy, chef de Franc-Tireur, et Raymond Aubrac, de Libération. À cette occasion, Frenay peut se vanter d'avoir semé le trouble chez des millions de téléspectateurs et contribué à mettre au jour comme jamais les divisions de la Résistance. Cordier, l'homme qui connaît le mieux le dossier, lui lance alors : « Tissu de contre-vérités, témoignages manipulés ! » Frenay lui réplique : « Vous n'étiez que l'intendance... »

Frenay a ainsi réussi à faire trembler la statue sur son socle. Il a ouvert la voie. D'autres s'engouffreront dans la brèche. Avec la création du CNR, Moulin est devenu la figure emblématique de l'alliance entre gaullistes et communistes, clé de la victoire du général de Gaulle contre Giraud. Une alliance considérée désormais par beaucoup comme une tache indélébile en période de guerre froide. Frenay aura eu au moins le mérite de pousser Cordier à se lancer dans une grande aventure : écrire sa monumentale biographie de Moulin...

Klaus Barbie, ancien chef de l'*Einsatzkommando* du Sipo-SD, que l'on appelait le « boucher de Lyon », a servi après guerre, on l'a vu, comme brillant agent du contre-espionnage militaire américain pour traquer les membres du KPD. Puis les Américains l'ont aidé à se refaire une nouvelle vie en Amérique du Sud. Sous le nom de Klaus Altmann, il est devenu homme d'affaires en Bolivie. Mais une longue traque commence alors, dans

Week-end à Stockholm
290 € ttc*

laquelle le couple Beate et Serge Klarsfeld joue un rôle décisif. Le 4 février 1983, Barbie est lâché par les autorités boliviennes qui l'expulsent vers la France où il devra répondre de l'accusation de crime contre l'humanité. Barbie est accusé d'avoir fait déporter une quarantaine d'enfants juifs âgés de trois à treize ans à Izieu (Ain).

À Pully, tout à côté de Lausanne, François Genoud[1] (que tous les journalistes surnomment le « banquier nazi suisse », l'exécuteur testamentaire de Hitler et l'ami de Carlos) et sa femme regardent la télévision. Ils apprennent l'arrestation de Barbie par les Boliviens, la remise du prisonnier aux Français, son transport en Guyane, puis son arrestation officielle par les autorités françaises. Compte tenu de ce qu'on sait de lui et du précédent Eichmann, il n'est pas surprenant que Genoud manifeste sa colère. Il trouve cette arrestation « honteuse ».

— Il va falloir que nous nous occupions de cela, dit-il à son épouse.

Mais sa femme ne montre plus le même entrain. Elle freine son mari. Elle est fatiguée :

— Mais, François, tu ne le connais pas. Vraiment, tu dois t'en occuper ?

— Elizabeth, si nous ne le faisons pas, qui le fera ?

— Tu as raison, finit-elle par répondre.

Elle sait bien qu'elle ne pourra pas arrêter François.

Un peu plus tard, le téléphone sonne. C'est Mme Rudel, la veuve du fameux pilote de Stukas, qui appelle :

— J'ai chez moi la fille de Barbie, qui est désespérée. Je lui ai dit que nous allions téléphoner à notre ami François Genoud.

Mme Rudel lui demande d'aider la fille de l'ancien officier de la Gestapo. Genoud accepte.

— Tu vois, qu'on le veuille ou pas, on ne peut y échapper, dit-il à sa femme après avoir raccroché.

Immédiatement, il réfléchit à la seule défense possible : une « défense de rupture », comme celle qu'il avait préconisée, sans succès, à l'avocat d'Eichmann.

1. *Cf. L'Extrémiste*, Fayard, Paris, 1996.

Il téléphone à Jacques Vergès qui a lui aussi regardé l'émission de télévision. L'avocat reconnaît la voix de Genoud :

— Je pensais justement à vous...

— Eh bien, vous voyez : moi, quand je pense à un ami, je lui téléphone... Qu'en dites-vous ?

— C'est une affaire intéressante, mais je ne peux pas prendre de décision sur-le-champ. Laissez-moi quarante-huit heures avant de vous donner une réponse.

Au bout de quarante-huit heures, Vergès donne une réponse positive à François Genoud qui part aussitôt avec sa femme pour Munich afin d'y rencontrer Mme Rudel et la fille de Barbie. Genoud tient aux deux Allemandes ce langage :

— Maître Vergès est un communiste, un adversaire. Il était de la France libre, c'est un type courageux. C'est un homme qui n'a pas peur de choquer, et je pense qu'il serait beaucoup plus apte à défendre votre père qu'un petit avocat lyonnais...

La fille de Barbie accepte la proposition de Genoud. Celui-ci va dès lors se démener. Il donne rendez-vous à Lyon à la fille de Barbie et à son mari afin de rendre visite au prisonnier. Un accident du train en provenance de Kustein empêche les deux Allemands d'être au rendez-vous. François Genoud se présente donc seul chez le bâtonnier Servette pour l'entretenir de la défense de Barbie et lui dit :

— Je verrais bien un comité d'avocats auquel pourrait participer Me Vergès.

Finalement, Genoud prépare un projet de lettre que signera Barbie, dans laquelle il nommera Me Vergès pour défenseur. Genoud prétend avoir assumé une partie des frais en faisant la « quête » parmi les cercles nazis. Me Vergès affirme le contraire : « Non, ce n'est pas le financier néo-nazi suisse François Genoud qui a payé la facture des deux mois de Sofitel à Lyon[1]. »

Le très médiatique Jacques Vergès, que Jacques Derogy qualifiait d'« avocat extrémiste, successivement stalinien, pro-FLN, prochinois, propalestinien, pro-Baader, pro-Carlos », va devenir le grand dynamiteur de la Résistance. Abrité derrière son nouveau client, il va rouvrir à sa façon le dossier Caluire et celui

---

1. *In Le Nouvel Économiste*, n° 984 du 17 février 1995.

de l'affaire Hardy. Il commence par donner une nouvelle version de la mort de Jean Moulin et n'est pas mécontent de voir les « rentiers de la Résistance » s'offusquer. Le 12 novembre 1983, sur Antenne 2, il lance de nouvelles provocations : « L'accusé, dit-il, a intérêt à renverser les rôles. Il se fait maître des questions posées. Il ouvre le deuxième front sur le terrain choisi par lui. » Son « deuxième front », c'est la réintroduction de l'affaire Moulin dans le dossier d'instruction de Barbie. « Il sera présent à l'audience, si elle doit s'ouvrir un jour, car, figurez-vous, j'en ai décidé ainsi. » Son principal angle d'attaque : Moulin a été trahi sur ordre des responsables de la Résistance rétifs à sa tutelle.

L'arrivée de Barbie en France incite Hardy à revenir sur le devant de la scène. Aidé de Paul Ribeaud, un journaliste-aventurier, et de Claude Dubois, il rédige ses *Derniers Mots* pour se défendre une ultime fois. Paul Ribeaud réussit à organiser, en février 1984, dans une chambre de l'hôpital de Melle, dans les Deux-Sèvres, une rencontre entre René Hardy, son avocat Jean-Marc Varaut, Jacques Vergès et Claude Dubois. Hardy, qui ne peut pratiquement plus marcher, est allongé sur son lit. Vergès arrive, souriant[1].

— Est-ce que je dois vous serrer la main ? lui lance Hardy.

Finalement, il se décide et serre la main du défenseur de Klaus Barbie. C'est Vergès qui mène le débat. Il estime que la polémique entre Barbie et Hardy est stérile et cache une vérité qui les dépasse. Et il s'exclame :

— Qui a donné l'ordre à René Hardy d'aller à Caluire ? Comment se fait-il que l'on ne soupçonne jamais Aubrac d'avoir au moins été suivi, alors que, arrêté par la Gestapo et interrogé par Barbie, il avait été relâché un mois avant et qu'il était resté deux mois en prison ? Pourquoi Multon, par exemple, arrêté dans les conditions que l'on sait, a été fusillé dans les trois mois ? Multon avait des choses à dire...

---

1. Toute la scène à venir a été décrite à partir d'un projet d'article de Claude Dubois pour *Paris-Match*, je le remercie de m'avoir autorisé à reproduire son texte. Les propos des uns et des autres sont retranscrits avec toutes les réserves d'usage sur leur teneur ; il nous semble néanmoins que ce compte rendu rédigé à chaud jette un éclairage très intéressant sur les protagonistes.

Ainsi, en février 1984, Vergès avait déjà Aubrac dans le collimateur !

— Il y en a eu un autre : Bohr, condamné à mort, qui a écrit au procureur qu'il savait des choses sur mon affaire et qu'il pouvait apporter la preuve de mon innocence. Il aura été fusillé à Grenoble quarante-huit heures plus tard, relance Hardy.

Vergès continue, puis, à un moment donné, interpelle Hardy :

— Il y a également le problème des liaisons avec la Suisse, liaisons dont certaines se faisaient précisément par une traction avant immatriculée « Corps diplomatique », passant par Annemasse, et de cela Barbie était au courant. Dans cette traction avant, les gens étaient armés d'une mitraillette Sten, et les Allemands le savaient. Ils ont fermé les yeux parce que, monsieur René Hardy, vous étiez, à ce moment-là, en 1943, sur un échiquier à Lyon où vous aviez en présence, jouant aux quatre coins, Barbie et la Gestapo, le mouvement Combat et les MUR (Mouvements unis de la Résistance). L'OSS à Berne, ce n'était pas très loin. Et Max et toutes ces forces jouaient entre elles, et personne n'était certainement l'agent de l'autre, mais chacun utilisait l'autre. Et, à partir d'un certain moment, qui était l'ennemi de tout le monde ? C'était Max... Il y avait l'hostilité incontestable de certains dirigeants de Combat — je dis *certains* dirigeants, pour ne pas exagérer —, et vous aviez le jeu de l'OSS. Vous savez très bien que le jeu de l'OSS, à ce moment-là, était déjà de soutenir, contre de Gaulle, Giraud. De soutenir, contre de Gaulle, un mouvement qui soit lié aux Américains. À partir du moment où vous avez posé sur l'échiquier ces quatre facteurs, il n'est pas possible que ces facteurs n'aient pas convergé. Ceci pour dire que, dans cette affaire, il n'y a pas eu les uns servant comme agents des autres, il y a eu les uns utilisant les autres, et ce que j'expliquais tout à l'heure à table à nos amis, c'est que la notion d'*agent* est une notion de temps de paix. Par contre, en temps de guerre, cette notion d'agent est une notion beaucoup plus discutable, puisque vous avez affaire à des nomades, des gens qui n'ont pas de domicile, qui n'ont pas de famille, qui, du jour au lendemain, peuvent disparaître, et, à ce moment-là, le problème se pose d'une collaboration, d'une interaction volontaire qui dure le temps que cela doit durer...

— Mais alors, qu'est-ce qu'en pense René ? demande Claude Dubois.

— Moi, j'ai été cocu sur toute la ligne ! riposte Hardy.

Après que Vergès eut expliqué que la vérité est beaucoup plus complexe que la vérité « officielle », Dubois redemande :

— Que dit René, alors ?

— Moi, je dis qu'ils m'emmerdent depuis trop longtemps, que j'ai envie de passer tout ça à la mitraillette ! Cela me démange de temps en temps, répond celui-ci d'un ton rageur.

— Vous accréditez la thèse qu'il y a eu machination contre Jean Moulin, voire un complot ? questionne Dubois.

— Absolument, répond Vergès.

— Je ne pense pas que quiconque puisse contredire la thèse qu'il y ait eu contre Jean Moulin une machination, que Moulin était devenu insupportable aux yeux de nombreuses gens, confirme Me Varaut.

Me Vergès reprend peu après :

— Je ne comprends pas qu'à cette réunion de Caluire du 21 juin où l'on va discuter de questions essentielles, ce ne sont pas les dirigeants de Combat qui s'y rendent. On y envoie René Hardy, un jeune homme, un des responsables les plus prestigieux de la Résistance dans le secteur du sabotage, c'est-à-dire celui du risque et de l'action. C'était un piège. Ce n'était pas à lui de discuter avec Max de l'orientation du Conseil national de la résistance, du contrôle des formations militaires de la Résistance, de l'entrée du PC dans le CNR. Ce n'était pas le rôle de René Hardy, responsable du Sabotage-Fer. Cette responsabilité et ce risque incombaient aux dirigeants de Combat. Or, Frenay va prendre l'avion le 17 juin pour Alger, et Bénouville quitte Lyon le 20 juin pour aller se marier le 21 ! Je dis qu'il est *impossible* que l'un des chefs du mouvement Combat célèbre ses noces dans le Périgord au moment où René Hardy sera fait prisonnier et où Moulin subira son premier interrogatoire ! Début février 1983, Bénouville a déclaré au *Matin* que ce n'était pas une réunion « très importante », alors que celle-ci devait déterminer qui serait chef de l'AS !

— Dans une autre interview au *Matin*, le 15 novembre 1983, Bénouville est en contradiction avec sa déposition du 4 mai 1948, souligne Claude Dubois. Il déclare ne plus se souvenir, mais que ce ne pouvait être Aubry qui avait donné l'ordre à

René Hardy de se rendre à la réunion. Or, Aubry a toujours dit que Bénouville lui avait donné le feu vert pour la présence de Hardy à Caluire. René Hardy : est-ce Aubry ou Bénouville ?

Long silence de Hardy, enfin rompu par Me Vergès :

— Vous ressemblez, monsieur Hardy, en ce moment, au soldat de Sparte qui meurt aux Thermopyles pour ne pas désobéir aux lois !

— René, tu m'as bien dit qu'après ta libération par Barbie, tu avais prévenu Bénouville de ton arrestation ? lance Paul Ribeaud.

— Et alors ? répond Hardy, presque agressif.

— Alors, rien. Mais on t'a toujours accusé d'avoir caché ton arrestation à Chalon, précise Ribeaud.

— C'est mon ami..., murmure Hardy.

— La question qui vous est posée, René Hardy, n'est pas faite pour accabler Bénouville, mais pour dire que vous n'êtes pas l'inconscient, l'irresponsable que certains ont prétendu que vous étiez. Et, justement, notre entretien ouvre un nouveau débat au terme duquel les responsabilités seront réparties de manière un peu plus équitable[1]...

Reconnaissons qu'il y a, dans ce questionnement de Vergès, des éléments dignes d'intérêt. La conversation se poursuit encore pendant un quart d'heure. Puis les visiteurs partent et laissent Hardy avec ses souvenirs et sa bronchite chronique. Le photographe de *Paris-Match* qui a immortalisé la scène de la poignée de mains entre Hardy et Vergès est parti depuis longtemps.

Derniers Mots paraît chez Fayard en avril 1984. L'« affaire » fait une nouvelle fois la une de l'actualité. Hardy revient sur la visite de Jacques Vergès à l'hôpital de Melle, dit sa méfiance, remarque qu'il lui faudra choisir : « Ou attaquer Aubrac, ou attaquer Combat ; prendre les deux dans une même ligne de tir, comme il le fait, n'est pas possible... sauf s'il fournit des explications complémentaires. » Il revient surtout sur un point essentiel de la chronologie des événements qui ont conduit à Caluire. Il confirme — ce qu'il a déjà fait dans une lettre du 1er décembre 1983 —

2. Est-il utile de rappeler au lecteur que Bénouville a fermement démenti cette accusation ? Voir note 3 p. 546.

qu'après avoir été libéré dans la nuit du 10 au 11, il a déclaré le 11 juin 1943 à Bénouville avoir été arrêté par les Allemands :

> J'ai fait cette révélation, écrit-il, afin que lui, Bénouville, ne puisse être soupçonné de quoi que ce soit concernant le coup de filet du 21 juin 1943 à Caluire, dont ni le principe, ni la date, ni le lieu n'étaient d'ailleurs fixés le 11... N'ayant pas été identifié par l'ennemi comme étant Didot, ami avec Bénouville, je me suis confié à lui. **Ensemble nous avons décidé de conclure un pacte du silence sur mon arrestation** et de rechercher qui avait été à son origine, ainsi qu'à celle de l'arrestation de Delestraint, les deux étant liées. Quarante ans après, j'ai pensé que je pouvais lever le rideau, d'autant que certains n'auraient pas été mécontents de compromettre Bénouville...

Des fuites s'étant produites sur le contenu de sa lettre de décembre 1983, Bénouville, le 3 février 1984, lui envoie un pli recommandé dans lequel il parle de l'« ignominie » de son ancien ami et nie tout en bloc. Les mots de Bénouville ont plus de poids que les « derniers mots » de celui qui, depuis quarante ans, est soupçonné d'être le traître. Ce dernier attire néanmoins les regards sur le comportement de Bénouville.

Face à cette agitation, à cette boue remuée, cependant que Me Vergès a ainsi commencé à propulser sur scène un « second traître » aux côtés de René Hardy, Lucie Aubrac publie également, en septembre 1984, son « journal », intitulé *Ils partiront dans l'ivresse*, sur lequel va s'appuyer ensuite le même Vergès pour prendre en défaut le couple Aubrac.

Pendant l'instruction et le procès de Klaus Barbie, Moulin, Hardy, Caluire reviennent ainsi de manière récurrente au premier plan de l'actualité.

Me Vergès est condamné pour diffamation pour le scénario d'un film de Claude Bal intitulé *Que la vérité est amère*, dans lequel Aubrac est mis en cause.

En 1988, Daniel Cordier publie les deux premiers tomes de son énorme travail. Revêtu du beau costume de l'historien que lui accorde le gotha des gens de métier, il décoche des flèches empoisonnées contre un Frenay déjà très malade, et s'attire l'inimitié définitive des nombreux amis de ce dernier.

Le président de la République, très lié à Frenay — Henri est le parrain de Gilbert Mitterrand, et Chilina, sa femme, la marraine du même — et qui estime que l'histoire n'est pas juste avec lui et avec la Résistance intérieure, l'élève à la dignité suprême dans l'ordre de la Légion d'honneur deux jours avant qu'il n'entre à l'hôpital pour subir une grave opération. Frenay meurt peu de temps après et François Mitterrand décide de lui rendre un hommage solennel dans la cour des Invalides. Le 20 septembre 1988, le président de la République prononce sur sa dépouille un discours émouvant :

> Je n'oublie pas ce regard, ce sourire lumineux, cette force, cette autorité simple. J'avais le sentiment d'avoir rencontré l'un de ceux qui, à travers le temps, incarnent la longue aventure de la France et la trame de ses héros.

Et de revenir sur un sujet qui lui est cher, l'insuffisante reconnaissance de la Résistance intérieure par rapport à la Résistance extérieure :

> Il faut le rappeler, Henri Frenay a obstinément rassemblé les courages et préservé l'identité de la Résistance intérieure et ses aspirations communes. Mieux qu'aucun autre, il savait qu'elle ne pouvait décider à elle seule du destin de la France ; mais jamais il n'a consenti à ce qu'elle fût réduite au simple rôle de collecteur de renseignements ou de simple auxiliaire. Plus qu'aucun autre, il a fait qu'elle a pris sa place dans la Résistance nationale, et cette place est immense.

Et d'évoquer le conflit entre Moulin et Frenay, qui continue d'être présent dans toutes les mémoires :

> Tout cela s'est fait dans les conditions les plus difficiles et les plus dramatiques. Les moyens utilisés pour communiquer étaient irréguliers et précaires. Il y avait toujours un risque de malentendu, et les malentendus n'ont pas manqué. Comment ne pas citer ceux qui ont séparé deux hommes d'exception comme le furent Henri Frenay et Jean Moulin ? Il y a quelques mois, j'ai rappelé ces grands événements lorsque j'ai eu la joie de remettre à Henri Frenay les insignes de grand-croix de la Légion d'honneur. **Il me semble pourtant que nous ne lui avons pas rendu justice autant qu'il eût fallu**. Commissaire aux Prisonniers de guerre et Déportés du Comité de libération nationale, puis du gouvernement de la République, il a pris en charge le retour de millions de captifs, déportés, prisonniers, dans un pays démuni

> de tout, et l'on doit savoir qu'il fit là, en dépit des polémiques et, je le rappelle, des injustices, une œuvre capitale où ses qualités appliquées à une œuvre de paix et de regroupement des Français égalèrent celles qu'il avait déjà montrées à la tête de Combat...

Après le procès Barbie et la mort de son client, Me Vergès poursuit sa traque de ceux qu'il appelle les « rentiers de la Résistance ». Après avoir affirmé que son client révélerait de grands secrets et avoir, sur ce thème, distillé de nombreuses rumeurs, il lance une nouvelle provocation, fin septembre 1991. Il prétend que Barbie a laissé sur l'affaire de Caluire un « testament » dans lequel il met en cause d'autres personnalités de la Résistance. Quelques jours plus tard, l'ultime interrogatoire de Barbie, qui s'est déroulé le 13 décembre 1989, peu de jours avant sa mort, est publié dans la presse. Barbie met en cause Aubrac : « Raymond Aubrac, ayant été démasqué, a accepté de collaborer avec mon service, sachant qu'il risquait la peine de mort qui était en général prononcée par le Tribunal militaire. » Me Vergès a enfin lancé son venin qui, sept ans plus tard, continue d'empoisonner les relations entre résistants et à créer un climat délétère qui rend difficile la recherche de la vérité. L'avocat garde encore dans sa manche le fameux « testament ».

TF1 diffuse alors dans son journal de 20 heures un document présenté comme faisant partie du « testament » de Barbie. Cette fois, c'est Lucie Aubrac que ce bout de « testament » accuse d'avoir été un agent de liaison de la Gestapo. Diabolique, la machination continue et elle n'est pas près de s'arrêter, puisque le « testament » en question n'a pas encore fait surface. Elle a réussi à mettre les Aubrac — et, avec eux, une partie de la Résistance — sur une position défensive.

Nouveau coup dur pour Moulin avec la parution chez Grasset du livre de Thierry Wolton, *Le Grand Recrutement*, en 1993. Le livre met en évidence l'existence d'un réseau soviétique en France dirigé par Henri Robinson, dit « Harry ». La couverture du livre, où l'on voit se dessiner l'ombre de Moulin, révèle clairement l'objectif de l'auteur sans que celui-ci en fasse pourtant explicitement état : à ses yeux, Jean Moulin était un agent soviétique. Le livre est rédigé dans le même esprit que *L'Énigme Jean Moulin*, mais apporte des éléments nouveaux, notamment les papiers de Robinson entre le 24 juillet 1940 et le 24 juin 1941. On y apprend que Maurice Panier, un homme de la « bande à Cot », fit partie de ce réseau soviétique. Autre « scoop » du livre et sa pièce maîtresse : l'interrogatoire de Leopold Trepper, un des chefs de l'Orchestre rouge, le 19 novembre 1946, par le KGB, où le nom de Moulin est mentionné :

> Pour autant que je le sache, dit Trepper, le résident en France Harry a utilisé à partir de 1941 un employé du ministère des Finances, Meunier. Il collaborait ouvertement avec Harry, sachant qu'il était en relation avec un officier de renseignement soviétique.
>
> Meunier fournissait des renseignements sur l'armée allemande et certaines informations politiques.
>
> Meunier n'a pas été arrêté. Il est resté vivre à Paris et, comme je l'ai indiqué, il a continué à travailler au ministère des Finances.
>
> Harry obtenait des informations de grande valeur de la part de Moulin, ancien secrétaire au ministère de l'Air dirigé par Pierre Cot. Moulin a-t-il été recruté comme agent de renseignement par Harry ? Je pourrais difficilement le préciser, mais je sais qu'ils se rencontraient souvent et que Harry obtenait des informations de lui.
>
> Pendant l'occupation de la France, Moulin était délégué du mouvement gaulliste en France et il vivait clandestinement à Paris.
>
> En 1942, via Harry et moi-même, il a organisé une rencontre avec un représentant du comité central du Parti communiste français pour négocier l'envoi à Londres d'un délégué du PC pour résoudre les problèmes du mouvement de la Résistance en France, et, pour autant que je sache, à partir de ce moment-là, le comité central du PC a eu son représentant à Londres au sein du Comité de libération que dirigeait de Gaulle.

De tout cela, il est parfaitement impossible de déduire que Moulin était un agent soviétique. Thierry Wolton, volontairement ou involontairement, n'a pas relevé que, dans le document de « Harry », Moulin est au contraire catalogué comme *agent américain* ! Le lecteur sait par ailleurs que Moulin a rompu ses liens avec Cot et Dolivet dès 1941. Qu'il n'a pas hésité à reconstituer ses réseaux « espagnols » pendant la guerre, et savait donc parfaitement que Panier était — pour le moins — un agent du Komintern. Simplement, Moulin était un pragmatique obsédé par la victoire du général de Gaulle, n'hésitant pas plus à utiliser des agents soviétiques, en un temps où l'URSS était une alliée, qu'à essayer de faire venir l'horrible Darnand à Londres.

Wolton n'en a pas moins été suivi ou approuvé par de nombreux historiens, dont certains anciens membres du Parti communiste comme François Furet ou Annie Kriegel. Depuis lors, le soupçon continue de circuler...

Tout comme continue de se diffuser le venin inoculé par Me Vergès... Hardy mort, c'est au tour de Raymond Aubrac de se retrouver sous les feux d'une actualité plus ou moins manipulée par l'avocat. L'historien Gérard Chauvy s'est saisi à son tour du pseudo-« testament » de Barbie. Il faut préciser que ce document n'a pas été composé à partir des seuls souvenirs de Barbie, mais « fabriqué en 1989 par Me Vergès », qu'il s'agit d'« un assemblage d'informations choisies parmi les travaux d'historiens avec l'intention de confondre les Aubrac [...] et dont la seule valeur est la signature qu'il a fait apposer par son client », a souligné à bon escient Daniel Cordier[1]. Il faut reconnaître que les Aubrac ont donné prise aux attaques, à la fois par les versions successives qu'ils ont eux-mêmes fournies de leur odyssée de mars à octobre 1943, et par le goût immodéré de Lucie pour la lumière des projecteurs. Deux événements sont alors programmés pour se télescoper : la sortie du film *Lucie Aubrac*, de Claude Berri, et *Aubrac*, le livre de Gérard Chauvy. Tout le milieu médiatique attend le choc. Il va y avoir du sang ! Finalement, les Éditions Albin Michel décident de déprogrammer le livre de Chauvy. Le film sort seul, fin février 1997. Il est très mal accueilli par la critique qui n'apprécie guère que l'anecdote l'emporte sur l'Histoire. Carole Bouquet, dans le rôle de Lucie Aubrac, n'arrive pas à sauver un film qui, en définitive, va contribuer à fragiliser encore davantage les Aubrac.

2. *In Libération* du 9 juillet 1997.

Finalement, le livre de Chauvy sort en avril. L'auteur a beau écrire qu'« aucune pièce d'archives ne permet de valider l'accusation de trahison proférée par Klaus Barbie à l'encontre de Raymond Aubrac, même si, au terme de cette étude, on constate que des récits parfois fantaisistes ont été formulés », c'est le soupçon qui est retenu. La polémique reprend de plus belle. Dix-neuf résistants — de Bénouville au colonel Rol-Tanguy — soutiennent Raymond Aubrac et refusent « cette stratégie du soupçon, de l'insinuation et de la rumeur ». Puis les époux Aubrac portent l'affaire devant la justice. Gilles Perrault intervient dans la polémique et publie une contre-enquête dans *Le Monde*. Mais l'incontournable Daniel Cordier, biographe de Jean Moulin, fait entendre sa différence, choquant beaucoup de résistants. Dans une interview à *Libération* datée du 8 avril 1997, s'il affirme que les époux Aubrac sont insoupçonnables de trahison, notamment dans l'affaire de Caluire, il déclare en revanche : « Je ne pense pas que les Aubrac aient, sur l'année 1943, dit toute la vérité [...], et je souhaiterais qu'ils s'expliquent, non devant les tribunaux, bien sûr, mais face à une commission d'historiens. »

Le 16 juin 1997, le médiateur du *Monde*, Thomas Ferenczi, aiguillonné par un courrier de lecteurs probablement abondant, écrit que « la parole n'a pas été donnée à la défense, ni même à des historiens moins engagés, mais qui ne jugent pas ce débat illégitime. Ainsi Daniel Cordier, biographe de Jean Moulin, a-t-il souhaité que les Aubrac "s'expliquent", estimant que "la succession des versions données par eux [...] excède les légitimes défaillances de la mémoire que l'on constate chez tous les résistants" (*Libération* du 8 avril). Selon Jean-Pierre Azéma, "il subsiste un certain nombre de zones d'ombre que, pour des raisons qui lui sont propres, Raymond Aubrac entend ne pas dissiper" (*L'Histoire*, juin 1997). Il serait intéressant que ces points de vue s'expriment aussi dans les colonnes du *Monde*. »

Il y a déjà longtemps que *Libération* en a eu l'idée. Le 11 avril, trois jours après l'interview de Daniel Cordier dans laquelle celui-ci demandait des comptes aux époux Aubrac, Laurent Joffrin et Béatrice Vallaeys se retrouvent au domicile des Aubrac. Raymond Aubrac ne voit plus l'utilité de réunir aujourd'hui une commission qu'il avait réclamée en vain depuis six ans, mais il suggère aux journalistes de *Libération* d'organiser une « table ronde » d'historiens. L'idée plaît à Joffrin. Cette table ronde est organisée le 17 mai avec, face aux Aubrac, les historiens Jean-Pierre Azéma, François Bédarida, Henry Rousso, Dominique Veillon, Maurice Agulhon, Jean-Pierre Vernant, Laurent Douzou et Daniel Cordier. Pendant cinq heures, Lucie et Raymond Aubrac répondent au feu nourri des questions. L'ensemble des débats est publié le 9 juillet. Le résultat est intrigant, dérangeant, même s'il balaie complètement le soupçon de trahison qui paraît traverser en filigrane le livre de Chauvy. Les historiens soulignent en effet que les accusations visant les Aubrac n'ont été formulées qu'en 1987 par Me Vergès, et par Barbie en 1990, probablement à la suite d'un travail accompli par Gérard Hisard, un chercheur indépendant spécialisé dans les documents allemands. Barbie n'avait encore jamais parlé d'Aubrac, pas plus dans les interrogatoires menés par le commissaire Bibes en 1948 que dans son interview donnée à un journaliste brésilien en 1972, ou que dans ses interrogatoires avant procès. Les historiens mettent en revanche le doigt sur les nombreuses contradictions, erreurs et omissions des époux Aubrac. Ils auraient sans doute été encore plus acerbes s'ils avaient eu entre les mains le débriefing de Lucie Aubrac à Londres, que j'ai utilisé pour raconter l'arrestation de Raymond Aubrac du 15 mars 1943 : Lucie y cite un message différent pour « actionner » le procureur Ducasse (« Hannibal mange du cheval ») ; elle fait intervenir deux agents du Deuxième Bureau de Vichy dans le processus de mise en liberté provisoire ; elle parle de l'assassinat de Barbie et de son remplacement par Floreck, avec qui elle discute et qui accepte le mariage du 21 octobre contre versement de 50 000 francs ; enfin, l'Anglais est intrigué qu'elle ne fasse pas mention de la négociation entre Barbie et Aubrac, au terme de laquelle le premier avait proposé, contre 750 000 francs, de mettre des balles à blanc quand le second serait placé devant le peloton d'exécution...

Me Vergès et, après lui, Gérard Chauvy ont eu au moins le mérite de montrer que le temps de la légende était révolu et que les résistants aussi avaient un rigoureux devoir de mémoire. S'adressant à Lucie Aubrac à propos de son livre *Ils sont partis dans l'ivresse*, Daniel Cordier a dit : « Je constate qu'à l'inverse, vous avez écrit un stimulant roman d'aventures que vous avez eu l'imprudence de présenter comme vos souvenirs. Ce glissement me paraît choquant... Vous avez un devoir absolu de véracité vis-à-vis de ces oubliés de l'Histoire... Quand vous multipliez les approximations, que vous n'apportez pas de réponses claires, que vous vous contredisez, vous ne rendez service ni à l'Histoire ni à la cause que vous prétendez défendre. » Et, plus tard, d'ajouter : « Il me semble que derrière cette dérive, il y a quelque chose d'inavouable [...], un trou noir. » Puis, s'adressant aux époux, en épilogue, il a lancé durement : « Vous n'êtes pas coupables, certes, mais votre défense insensée me déçoit et vous dessert. Pour me résumer, il me revient à la mémoire le jugement que Zola, défenseur de Dreyfus, portait sur lui après l'avoir écouté à son procès : "Il y a de quoi vous dégoûter des innocents !" »

De fait, la table ronde de *Libération* n'a éclairci en rien les zones d'ombre dans le parcours des Aubrac entre mars et octobre 1943, qui, malheureusement pour eux, a croisé le destin de Jean Moulin.

Cette nouvelle « affaire Aubrac » constitue une énième péripétie du drame de Caluire. Caluire où a été arrêté un homme sans qui, probablement, l'Histoire de la France eût été différente. Tout le monde paie aujourd'hui les silences de l'après-guerre, les dissimulations, les destructions d'archives de ceux qui, dans tous les camps — l'affaire Aubrac le montre bien —, ont voulu protéger des secrets qui auraient terni la légende d'une Résistance majoritaire, consensuelle, représentant le Bien, radicalement séparée d'un ramassis de lâches et de traîtres incarnant le Mal. Aux interrogations sur l'envoi de Hardy à Caluire, aux mensonges d'un Aubry tentant de couvrir ses lâchetés, découverts au fil du temps, ont succédé aujourd'hui les débats quant aux « secrets » des Aubrac. Gageons que parmi les cartons poussiéreux des archives militaires, dorment encore grandes et petites énigmes de l'histoire de la France et des Français durant la période noire de l'Occupation...

35

La note d'Antoinette

La note rédigée par Antoinette Sachs le 26 juin 1963 a donné un autre tour à ma recherche. Elle est si essentielle pour notre récit que je la reproduis à nouveau et convie le lecteur à la lire une seconde fois avec attention :

> Blessure au bras. Renseignements formels donnés par le sous-officier allemand qui a blessé Hardy :
>
> Il s'agissait de tirer au bras de Hardy de sorte que l'os ne soit pas cassé et les nerfs ne soient pas coupés. Barbier consulte les compétences de l'hôpital allemand de Lyon et c'est le *Sanitat-renter-offizier* Brackmann qui a tiré la balle dans l'avant-bras de Hardy.
>
> Brackmann était encore vivant en 1956, mais, à l'époque, il n'a rien voulu d'écrit (communiqué par le colonel Gilbert).
>
> Hardy était en rapport depuis longtemps et travaillait pour le commissaire Richard, de la Section anticommuniste, [qui] fut fusillé en 1948.
>
> Ce Richard travaillait lui-même avec l'Abwehr IIIF (siège au Lutétia, à Paris). Avec lui, le comte Kreutz (pseudo connu : Lacroix), qui lui-même dépendait de Reile (ultra-secret, car professe encore), adjoint de l'amiral Canaris. Hardy fournissait à Richard des renseignements sur le commandement français. En échange, il était protégé par l'Abwehr. Mais les Allemands eurent à se plaindre de la manière dont Hardy menait double jeu, et Kreutz lui donna une dernière chance, faute de quoi il serait sérieusement sacqué. Cette dernière chance fut le montage de l'affaire de Caluire.

> Les Allemands qui ont donné ces renseignements ne veulent rien écrire sur ce qu'ils savent, car ils sont toujours en activité. Mais ils estiment que le gouvernement français était parfaitement au courant puisque :
>
> 1) le dossier Richard doit encore exister avec tous les détails (DST) ;
>
> 2) les témoins gênants pour Hardy (Allemands de l'Abwehr) ont été fusillés avant d'être interrogés au cours du procès.
>
> En 1956, Kreutz dirigeait un hôtel à Algésiras.

Après lecture de cette note, j'ai entamé deux enquêtes : l'une pour retrouver Brackmann, car il m'a semblé que son histoire « collait » parfaitement avec le rôle de Hardy à Caluire, à savoir que même sa blessure au bras avait été « arrangée » avec les Allemands ; l'autre pour retrouver les traces de Raymond Richard et de Kreutz.

Je n'ai pas pu retrouver la trace de Brackmann. En revanche, j'ai retrouvé celle de Raymond Richard. À partir de son dossier d'instruction devant la Cour de justice, j'ai pu vérifier que Richard était bien un agent de l'Abwehr, plus précisément du comte Alexander von Kreutz ; que René Hardy et sa fiancée Lydie Bastien étaient très proches de Raymond Richard ; enfin, que Richard et son SR-Ménétrel étaient considérés par Bénouville et Hardy comme des auxiliaires de Combat et des MUR.

Laissons de côté pour le moment la question principale, qui est de savoir si les responsabilités dans l'affaire de Caluire sont à rechercher dans les rapports entre Kreutz, Richard et Hardy ; et continuons à suivre les parcours respectifs de Kreutz et Richard.

Dans son dossier d'instruction, j'ai pu constater que « L'Équipe » de Richard a changé de rythme d'activité au début de l'année 1944. Elle a travaillé en étroite collaboration avec l'hôtel Lutétia et avec la Gestapo. Raymond Richard et ses hommes ont disposé d'une villa rue Mallet-Stevens, où ils ont torturé les résistants qu'ils arrêtaient.

Henri Ponchelet, un agent de Richard, rebaptisé « Clément » au sein du mouvement Résistance, a réussi à en identifier presque tous les membres, et, autour du 15 janvier 1944, une quinzaine d'hommes de Richard, accompagnés de von Kreutz et de trois autres Allemands, ont arrêté les agents de liaison « Marcel »,

« Nontron », « Jean-Pierre », « Fernand » et « Chantal », puis les ont conduits à la villa de la rue Mallet-Stevens.

Les mêmes ont procédé à de nombreuses arrestations à Vengeance, à Libération et à l'ORA. Sous le nom de lieutenant « Jean-Louis », Max Dumas, l'adjoint de Richard, s'est infiltré dans l'ORA et a présenté Ponchelet au chef du PC des agents de liaison, le lieutenant de Montangon, installé 15, rue du Hameau. Dumas pouvait ainsi lire tous les messages, et Ponchelet fabriquait de fausses pièces d'identité. Fin mai 1944, ayant appris qu'une importante réunion des mouvements de résistance devait avoir lieu dans un appartement de la rue Lecourbe, Richard a lancé toute une série d'arrestations.

L'équipe Richard a également arrêté Jussieu, dit « Pontcarral », le patron de l'Armée secrète (nommé par Bénouville), quelques-uns de ses adjoints, ainsi que des responsables de l'OCM. Elle a fourni à la Milice des éléments permettant de mener à bien son attaque contre le maquis du Vercors.

Richard continuait, au printemps de 1944, d'entretenir des relations avec Hardy :

> Le lieutenant Hardy, de la Résistance d'Alger, m'avait demandé de me procurer tous renseignements, notamment d'ordre militaire et économique, sur la région de Nantes. Par l'intermédiaire de Jure et de Poncin, j'avais pris contact avec un nommé E. Fournier [...]. Je faisais passer les renseignements au lieutenant Hardy, pour Alger, par l'intermédiaire de sa boîte aux lettres du boulevard Saint-Germain, mais le plus souvent par l'intermédiaire de sa femme qui se présentait à mon bureau ou me téléphonait sous le nom de Mme Pelletier. À ce propos, je puis dire qu'il avait été convenu, au cours d'un déjeuner avec M. et Mme Hardy, en mai 1944 (au restaurant Mossino, rue de Washington), qu'étant donné mes bonnes relations avec les Allemands, il me donnerait des directives pour aller en Allemagne et travailler pour eux. Je ne les ai pas revus depuis...

Comme en 1943, Mme Hardy est venue à plusieurs reprises dans le bureau de Richard. C'est Jehan de Castellane et Bénouville qui, selon Richard, auraient demandé qu'on fasse parvenir de la documentation au lieutenant Hardy, d'Alger. Richard a également affirmé avoir fourni à Hardy des renseignements qu'il aurait obtenus — par la torture — de résistants de Résistance-

Fer. C'est Raymond Richard qui aurait trouvé des faux papiers pour permettre à René Hardy et à Lydie Bastien de partir pour Alger...

Jehan de Castellane, considéré par Richard comme un agent de « L'Équipe », a plus de chance que tous les résistants traqués par « le Gros » : interpellé par la Gestapo en mars 1944, il sera libéré sur intervention de Georges Soulès et de la générale Pallud, l'amie de Laval et de Bousquet.

Poursuivant ses jeux multiples, Raymond Richard a pris une part active à la mise en place de structures qui devaient entrer en fonction après le départ des Allemands.

D'abord le « maquis blanc », qui avait pour principaux objectifs d'empêcher les communistes de prendre le pouvoir et, au contraire, de placer à la tête du gouvernement des membres influents de « L'Équipe ». Il a constitué des dépôts d'armes clandestins grâce à l'aide des SS du boulevard Flandrin. Certaines furent livrées dans un hôtel particulier, au 6 bis, avenue MacMahon, à Paris. Le « maquis blanc » était intégré à une organisation allemande qui couvrait l'Europe entière et était dirigée par le fameux Skorzeny, l'homme qui avait sauvé Mussolini. Richard toucha 200 000 francs pour s'occuper du montage de ce maquis...

Cette tâche n'empêcha pas Raymond Richard de participer activement à la création du Corps des volontaires français, constitué par un autre cagoulard, Bernonville. Il s'agissait à l'origine d'un organisme politique clandestin qui devint par la suite une sorte de police occulte, armée par les Allemands et travaillant en étroite liaison avec la police et la Gestapo. Il dénonçait des communistes, livrait des patriotes. Richard avait accepté de tenir lieu de SR du Corps des volontaires.

Peu de jours avant la défaite de l'occupant, tout en poursuivant ses relations clandestines avec les Allemands de l'organisation Skorzeny, Richard et son « Équipe » ont été mêlés à la libération de Paris grâce à Pierrot Mussetta, l'ami de Bénouville qui travaillait alors dans les rangs des FFI sous les ordres de Ravanel. « Pierrot » était logé chez Castellane. Un Castellane toujours payé par Richard avec des fonds allemands, mais qui demanda à ce dernier de prêter son réseau pour chasser l'occupant ! Richard accepta et proposa les armes entreposées avenue

Mac-Mahon... Castellane envoya deux camions, mais les gardes en faction à l'hôtel particulier s'opposèrent au chargement. Castellane mit néanmoins quelques-uns de ses camarades du MSR, dont l'ancien fasciste et agent allemand Jacques Baulin, qui le remplaçait au SR du MSR, à la disposition de « Pierrot » qui dirigeait le corps franc de la Délégation du gouvernement provisoire de la République. Richard, ayant fait la connaissance de « Pierrot », se mit lui aussi à sa disposition. Et la secrétaire de Castellane — celle qui allait chercher l'argent allemand pour Raymond Richard — devint celle de « Pierrot ».

Temps troublés qui agglutinent dans les mêmes combats de vrais résistants, de vrais collabos et des ouvriers de la vingt-cinquième heure... Jacques Baulin est tué en combattant les Allemands ; Max Dumas, principal adjoint de Richard, est tué par les FFI, le 21 août, boulevard Exelmans, à quelques dizaines de mètres de chez lui. Le Deuxième Bureau FFI perquisitionne son appartement au 67, rue Erlanger, et y trouve beaucoup d'armes, mais surtout les archives de « L'Équipe » et des Amis du Maréchal, c'est-à-dire toute l'histoire du SR-Ménétrel de Raymond Richard. Quelques jours plus tard, c'est au tour de Richard d'être arrêté par les FFI et échangé avec la Sécurité militaire qui récupère également ses archives. Jehan de Castellane est intercepté lui aussi par les FFI et interné le 15 septembre. Georges Soulès, traqué, préfère se réfugier en Suisse...

Du jour où la défaite des Allemands a paru inéluctable, Ménétrel, le patron de Richard, voulant à tout prix empêcher les communistes et leurs alliés de prendre le pouvoir au jour « J », a mené des jeux compliqués avec Giraud, certains antihitlériens et des Américains. Le mot clé était celui de « réconciliation ». Pour l'aider à mener à bien ces jeux, Ménétrel, pour une fois d'accord avec Laval, a envoyé en octobre 1943 Jean Jardin, directeur de cabinet de ce dernier, à Berne « pour occuper, dans la stratégie du Premier ministre, le poste clé de chargé d'affaires à l'ambassade de Berne, explique son ami Georges Soulès[1]. [...] À Berne, il joua un rôle considérable, notamment en ce qui

1. *In Sol invictus, op. cit.*

concerne, avec l'accord de Pierre Laval et de Ménétrel, la protection des services secrets français branchés sur Alger, qui se trouvaient ainsi couverts et payés par Vichy. » C'est Bénouville qui a assuré la sécurité du voyage de Jardin à destination de Berne...

Fin 1943, début 1944, Ménétrel s'est ainsi beaucoup dépensé pour faciliter un accord entre Giraud, l'Abwehr et les services américains. Un accord auquel Alexander von Kreutz avait poussé de son côté grâce à ses relations étroites avec Deloncle, devenu l'un de ses agents. Kreutz a même probablement dû accompagner Deloncle à Madrid pour « couvrir » ses propres rencontres avec des émissaires de Giraud et des Américains. Deux tentatives qui seront torpillées par la Gestapo. Deloncle sera d'ailleurs tué chez lui, rue Lesueur, par la Gestapo en janvier 1944.

Alexander von Kreutz et tous ses collègues du Lutétia quittèrent Paris quelques jours avant la libération de Paris. Après avoir quelque peu erré, Alexander se retrouve officier de liaison avec le gouvernement Pétain échoué à Sigmaringen. Comme en France, il est alors en relation étroite avec Beugras et Doriot. Il rencontre Ménétrel.

Soutenus par les Allemands, quelques grands collabos vont alors reprendre et relancer l'idée de Skorzeny de monter des maquis en France. À la fin de 1944, ils tentent de regrouper les nationalistes derrière le général Giraud, avec l'aide des Allemands, comme le montre un dossier de la DST intitulé « Affaire Giraud[1] ». Après son limogeage du Gouvernement provisoire d'Alger, les activités de Giraud sont devenues de plus en plus occultes. Il est venu en Suisse où sa présence a été détectée par les services secrets allemands qui le considéraient alors comme l'homme le plus capable de réaliser l'union de tous les Français désireux de barrer la route aux communistes. Des émissaires du SR allemand vont au-devant de lui... Une note de la DST précise :

> Les Allemands le considèrent comme le chef du « maquis blanc », et, comme tel, à plusieurs reprises, il a reçu plus ou moins directement l'aide du gouvernement allemand... Il résulte

1. Z6/NL 10123 A à F.

de l'examen du dossier qu'il s'agissait d'une organisation datant de la fin de l'année 1944, créée en France et ayant pour but de lutter contre le communisme et le nouveau régime français basé sur l'alliance franco-soviétique.

Des émissaires de Giraud rencontrent alors Beugras, l'ancien du MSR Filliol, et Héraud (SR de Brinon). La note du commissaire Montfort, de la DST, poursuit :

> D'après des renseignements très sûrs provenant des agents du SR attachés à l'ambassade de l'Allemagne en Suisse, le chef de cette organisation ou armée secrète, dite encore “Maquis brun”, était le général Giraud, assisté du général Béthouard. Les rapports des agents allemands en Suisse datés de l'année 1944 indiquaient la position exacte, du point de vue politique, du général Giraud : il était stipulé qu'il appartenait à l'Action française et aurait été le chef de la Cagoule locale au temps où il était gouverneur militaire de Metz. Bien que le général Giraud ait été antiallemand, était-il précisé dans le rapport, et qu'il ait tenu à ses troupes des discours antinazis et incitant à la destruction de l'Allemagne, cet officier supérieur était un adversaire du communisme, partisan d'une dictature militaire dans son pays.

La même note parle ensuite des liaisons entre Darnand et Giraud, contrôlés très sévèrement par le SRA[1] et le SD. Le commissaire Montfort indique :

> Les pourparlers Darnand-Giraud ont eu lieu ensuite en Suisse, à Genève ou Zurich, par l'intermédiaire de Dexeimer... Le SRA a accepté l'idée de parachuter des armes pour lutter contre les communistes et les FTP. Des parachutages ont été effectués notamment dans la forêt de Fontainebleau.

Le colonel Masson, du SR suisse, a naturellement suivi de près ces conversations et rapprochements.

Alexander von Kreutz reste attentif à toutes ces démarches, mais ne doit guère y croire... Il est le seul témoin de la mort de Jacques Doriot : la voiture de ce dernier a été criblée de balles par un avion allié ; Kreutz est passé quelques minutes plus tard

1. Service de renseignement allemand qui a pris la suite de l'Abwehr.

et son véhicule s'est arrêté... Il participe à la libération de Geneviève de Gaulle et prend le dernier bateau de Constance vers Bregenz... Kreutz et quelques amis de l'Abwehr se retrouvent alors en Bavière, cernés par des Russes, des Français, des Anglais et des Américains. Cachés sur une colline, ils surveillent qui va prendre la ville. Ils sont prêts à se rendre aux Alliés, mais pas aux Soviétiques. Ils se retrouvent face aux Américains. Alexander est fait prisonnier à Aurach, le 3 août 1945, et dépouillé de tout ce qu'il porte sur lui : alliance, montre et croix de Lourdes offerte par sa grand-mère.

— Ce salaud de nazi porte un Christ ! s'exclame un GI.

— Je ne suis pas un salaud ni un nazi, et si je porte un Christ, c'est que je suis chrétien, réplique Alexander.

Il est engagé le 4 mai comme interprète après avoir été « filtré » par le CIC. Le voici recruté par les services secrets américains.

Conduit en Autriche, à Salzbourg, il a tôt fait de dépasser ses fonctions d'interprète que les Américains apprécient, car il parle bien le russe, le français, l'italien, le polonais, l'anglais et l'allemand. Il apprend aux Américains les coutumes et les bonnes manières européennes. Il s'occupe de l'administration des civils allemands, des personnes déplacées, des prisonniers de guerre allemands et autres détenus. Le comte est admiré et adulé pour ses manières, son élégance, sa culture, son savoir-faire. Il habite chez Magda Schneider, près de Salzbourg. Il conduit la petite Romy à l'école. Il est l'homme-orchestre de la région, placée sous administration américaine. Il monte des spectacles, fait marcher les hôtels, assure la liaison avec les autorités autrichiennes. En octobre 1946, il devient le directeur du personnel civil du Special Service Office. Les officiers américains recherchent sa compagnie[1].

Deux notes de la DST donnent un aperçu différent sur les activités du comte. Elles affirment qu'il était un informateur du CIC-Munich, et assurait par route, assez fréquemment, une liaison entre Munich, la Suisse et la France. Il se déplaçait à

1. Toutes ces informations proviennent des dossiers de von Kreutz aimablement communiqués par sa veuve.

bord d'une BMW, séjournait parfois dans une villa appartenant à Otto Brandl (le fameux Otto, le roi du « marché noir » pendant la guerre à Paris), à Karlsfeld, près de Munich. Et il n'aurait pas été étranger à la capture de ce dernier par les Américains[1].

Pendant ce temps, Olga, sa femme, est avec son fils à Morsant, près de Sainte-Geneviève-des-Bois, dans la région parisienne, et n'a plus aucune nouvelle de son mari. Un jour, elle reçoit la visite de quatre policiers de la DST. L'un d'eux fait les cent pas dans la rue, mitraillette au poing, un autre est dans le jardin, un troisième l'interroge et le quatrième est installé devant sa machine à écrire. Ils veulent lui faire signer une demande de recherche de son mari par la Croix-Rouge. Elle refuse, estimant que c'est à lui de la recontacter et qu'elle a trop de dignité pour le faire. Et s'il avait fondé une autre famille ?... Les policiers lui apprennent que les communistes ont mis sa tête à prix : 200 000 francs à toute personne qui contribuera à le faire retrouver. Ils ont su que son mari était un grand chasseur de communistes. Olga n'en est pas étonnée, car elle n'ignore pas que son époux traquait les communistes dans la Résistance, mais elle le décrit aussi comme quelqu'un qui a sauvé beaucoup de gens. Elle cite le patron juif de la société Kaspia, le directeur du Shéhérazade. Les inspecteurs sont convaincus qu'elle a reçu chez elle, avenue Montaigne, Himmler et d'autres dignitaires nazis. Elle nie ; elle se borne à reconnaître que le comte Werner von der Schulenburg, ambassadeur d'Allemagne à Moscou jusqu'à l'attaque allemande, et partisan du pacte germano-soviétique, est bien venu chez elle, car c'était un ami de son mari. Elle ajoute que ce dernier connaissait sans doute bien le docteur Ménétrel. Les fonctionnaires de la DST reprennent le chemin de Paris et ne l'importuneront plus.

Alexander von Kreutz prend congé des Américains en mars 1947. Il voyage d'abord en Espagne où sa femme le rejoint. Puis s'en revient à Salzbourg où il travaille jusqu'en août 1948 pour une entreprise du bâtiment. Finalement, il retourne en Espagne où son ami, le duc de Bailen, est prêt à l'aider à s'installer. Olga rejoint Alexander à Madrid où ils vivront quelques années. Elle

1. Brandl a été arrêté par le CIC le 6 août 1945.

y ouvre un magasin de chapeaux. Introduits par le duc de Bailen ainsi que par une autre grande famille qui avait connu les Bobrikov à Biarritz, ils sortent dans la société huppée de la capitale. La guerre est oubliée. Grâce à son cousin Livio Zanotti[1], Alexander von Kreutz est reçu par le pape Pie XII le 23 mars 1949.

Finalement, le duc de Bailen installe le couple von Kreutz à Algésiras, à l'hôtel Solemar qui lui appartient. Alexander s'était fait à l'idée de finir paisiblement ses jours comme hôtelier — tout en rendant parfois quelques services aux services secrets allemands — quand le colonel Paillole signala à Oscar Reile que son fidèle collaborateur avait une sale affaire sur les bras. Reile écrit alors en 1963 à l'hôtelier d'Algésiras qu'un mandat d'arrêt a été lancé contre lui le 31 août 1951 par le Tribunal militaire de Paris : il était soupçonné d'avoir participé à l'assassinat, le 15 août 1944 à Domont (Val-d'Oise), au lieudit Les Quatre Chênes, de cinq résistants parmi lesquels le colonel André Rondenay et Alain de Beaufort... Le colonel Paillole avait informé des officiers de l'OTAN, lesquels avaient prévenu leurs homologues allemands qui avaient ensuite avisé Oscar Reile. Celui-ci avait promptement obtenu le double du dossier d'accusation.

L'hôtelier d'Algésiras fait un premier infarctus après lecture de la lettre d'Oscar Reile. Puis il va passer le reste de sa vie à tenter de se laver de cette accusation injuste, probablement due à une vengeance et à une erreur de nom : il n'était pas le seul, après tout, à utiliser le surnom de « Wagner »...

Le fils de Kreutz est tué dans un accident de la route en 1975. Alexander meurt en Espagne le 13 janvier 1980. Le matin même, il a écrit une lettre à l'avocat Me Doublet dans laquelle il évoque cette affaire « idiote » qui a miné sa vie depuis 1963 : « Toute cette bêtise humaine m'a gâché la vie après la guerre, quand j'étais en pleine possession de mes capacités ; maintenant, à 72 ans, je ne peux que voir le côté ridicule de cette "affaire". » Alexander et son fils, lui aussi prénommé Alexander, sont enterrés au cimetière russe de Sainte-Geneviève-des-Bois...

1. En cours de béatification.

Von Kreutz était donc hôtelier à Algésiras en 1956 : Antoinette était décidément bien informée !

Un témoignage figurant au dossier d'instruction de Raymond Richard a particulièrement attiré mon attention. Un des collègues de von Kreutz, Hugo Bleicher, raconta à la DST, le 4 décembre 1945, que « Richard, ancien maire d'une petite commune aux environs de Paris, ayant son bureau dans la rue Vignon, était un agent très rusé, un agent double, ayant beaucoup de relations dans les milieux des FFI. Il connaissait entre autres Bénouville, qu'il a failli donner. Il m'a montré une photo prise lors du mariage d'un ami de Bénouville, chef d'un réseau de cheminots [de renseignements], arrêté plus tard par lui, photo prise dans le seul but de pouvoir la fournir au comte Kreutz pour l'identification[1]. »

J'ai retrouvé la troublante histoire de ce mariage qui montre à quel point l'agent de l'Abwehr 7122, mais aussi agent du SD, était proche de Bénouville...

Le 10 octobre 1943, Raymond Richard a rédigé un long rapport à Kreutz sur un mariage célébré quarante-huit heures plus tôt entre deux grands résistants, proches collaborateurs d'Henri Frenay, en présence d'autres résistants de Combat, dont Pierre de Bénouville et Claude Bourdet. Ce rapport a été trouvé dans les archives de l'hôtel Lutétia[2]. Mieux que de longs discours, il montre à quel point l'état-major de Combat était totalement observé et infiltré par Raymond Richard. Nous le livrons ici dans son intégralité :

RAPPEL DE L'AFFAIRE :

> **Jehan de Castellane me présenta un jour son ami Bénouville Pierre** qui aurait un mandat d'arrêt lancé contre lui, tant par les Allemands que par la police française. Bénouville est compromis dans l'affaire Jacques Renouvin, actuellement à Fresnes. Bénouville me rencontra quelque temps après et j'appris qu'il était le chef d'une section importante de l'organisation gaulliste en France. Son action dans l'Armée secrète, dont il fait partie, est le

1. CARAN. Z6/530 et 531 (dossier 4760).
2. Dossier von Kreutz. Archives du ministère de la Défense.

noyautage de l'administration publique (NAP). Il est en liaison directe avec Londres et ne reçoit d'ordres que d'outre-Manche. **Bénouville me demande de rechercher tous renseignements qui pourraient intéresser les Anglais, ainsi que des hommes d'action.**

Bénouville, étant dans l'illégalité complète, ne peut me donner le moyen de le joindre directement et il faut passer la liaison par de Castellane qui sait comment le toucher.

Il est entendu que ma situation auprès du cabinet du Maréchal et mes fonctions de maire doivent servir beaucoup pour pénétrer chez les Allemands et les groupes collaborationnistes de Paris ou de la province. Quand Bénouville voudra me toucher, par contre, il m'enverra un agent de liaison ou me téléphonera.

Quelques semaines s'écoulent encore quand, un jour, il me donne rendez-vous derrière la Madeleine et me présente un de ses hommes, qu'il nomme Théllis, et me déclare que cet homme, qui a un mandat d'arrêt contre lui, voudrait se marier, et que, en ma qualité de maire, il me demande de faire ce mariage en ma mairie. Naturellement, il ne serait pas fait de publications publiques du mariage, car sa fiancée est elle aussi dans l'illégalité. J'accepte en principe de faire le mariage secret, comme la loi me le permet, mais exige les pièces d'identité nécessaires pour la proclamation du mariage, c'est-à-dire : les extraits de naissance officiels et les certificats prénuptiaux des futurs. Comme les deux futurs n'ont pas de domicile fixe, la fiancée sera domiciliée 26, rue de Montmorency, à Margency. Quant au fiancé, il déclare être domicilié chez son père (101, avenue Henri-Martin, Paris 16e).

Je fais cependant remarquer à Bénouville que, pour établir la situation de l'état civil de fin d'année, il faudrait demander au procureur de la République de Pontoise l'autorisation de ne pas publier de « bans ». Bénouville répond que cela s'est déjà fait (notamment pour son mariage) et qu'après consultation auprès de magistrats, le mariage est valable comme cela, et que, du reste, à la fin de l'année, j'aurai la Légion d'honneur par le gouvernement régulier (de Gaulle). Comme j'objecte que ma secrétaire de mairie sera dans la confidence, Bénouville me demande combien coûtera l'achat de son silence, l'important étant de ne pas se faire « pincer » au moment où le mariage aura lieu. Je déclare alors que ma secrétaire acceptera mes ordres et ne fera rien contre. Théllis doit donc m'apporter les pièces pour préparer l'acte, et nous fixerons la date du mariage.

Quinze jours s'écoulent encore et Théllis m'apporte au « 35 » les pièces (acte de naissance et certificats nuptiaux signés du docteur L. Boidin, 54, rue de Prony, à Paris, Wag 40-44, daté du 20 septembre 43).

(La copie des actes a été remise en son temps).

C'est alors que je m'aperçus que nous avions affaire à deux Juifs. Théllis n'est autre que Bernard Guy, né le 22/11/1917 à Paris, et fils d'Abraham Bernard et Marguerite Ettlinger. Tandis que la fiancée est Yvette-Jeanine Baumann, née le 17/10/1919 à Paris, et fille d'Alexandre Baumann et Alice Neuberger.

Le mariage est fixé au 8 octobre 1943 à 10 heures à la mairie de Margency, et voici les renseignements fournis pour la rédaction de l'état civil :

Sur le marié : Jean-Guy Bernard, ingénieur, né à Paris (16e) le 22 novembre 1917, domicilié 101, avenue Henri-Martin, à Paris (16e), fils de Fernand Abraham Bernard, lieutenant-colonel d'artillerie en retraite, et de Marguerite Ettlinger, son épouse, sans profession, tous deux domiciliés au 101, avenue Henri-Martin.

Sur la mariée : Yvette-Jeanine Baumann, assistante sociale, née à Paris (9e arrondissement) le 17 octobre 1919, domiciliée 26, rue de Montmorency, à Margency (Seine-et-Oise).

Le témoin du marié : Pierre Bénouville, journaliste à *L'Alerte*.

Le témoin de la mariée : Claude Bourdet, ingénieur, Les Collines, à Vence (AM).

Témoin en cas d'absence : Marcel Peck, conseil juridique, 21, quai Malaquais, à Paris.

NOTE IMPORTANTE : Je n'avais jamais posé de questions indiscrètes soit à Bénouville, soit à Théllis sur les gens indiqués plus haut, mais le mariage a été révélateur quant à cette bande. *Toutes ces personnes sont dans l'illégalité et forment l'état-major d'un groupe gaulliste important.*

NOTES RECUEILLIES LE JEUDI 7 OCTOBRE 1943

À 9 h 30, Bernard [alias « Théllis »] vient me voir au « 35 » et ignore encore si Bénouville sera rentré à temps pour son mariage de demain, car il n'est pas encore rentré d'un voyage qu'il effectue en Suisse.

La sœur de Bernard doit téléphoner au *bureau* de Bénouville entre 11 h 30 et midi pour savoir s'il est bien rentré [il a donc un bureau où on peut le joindre].

Nous bavardons et Bernard me demande si je ne peux pas me renseigner pour connaître le motif de l'arrestation de Jean Dumon, administrateur de *L'Œuvre*, qui est un de ses amis. Dumon aurait été arrêté en juillet dernier par les Allemands ; or, Bernard était entré en rapport avec lui en mai dernier et il ne semblait pas qu'il ait été gaulliste. Bernard dit encore : « J'ai connu Dumon par le banquier Marschall (juif) avant guerre, car je viens des milieux de gauche où mon père, qui était franc-maçon, avait un rôle important à jouer.

Richard : Votre père habite toujours Paris ?

Bernard : Oh non... Les Allemands l'auraient pris en otage... Il est maintenant à l'abri à la campagne. »

Comme nous parlions de Ménétrel et du cabinet du Maréchal, Bernard m'a demandé si l'on savait, à Paris, que Ménétrel était en rapport avec Groussard en Suisse. Sur ma réponse affirmative, Bernard a répondu : « Il faut démentir cela, Ménétrel est un arriviste, comme Groussard, du reste ; on ne peut être sûr d'eux...

Richard : J'ai très bien connu le colonel Groussard avant guerre ; il était bien, Bernard. Oui, j'ai travaillé avec lui en 1937 avec Deloncle... »

NOTA : Nous avions souvent eu l'impression, chez les nationaux, que Deloncle s'était entouré de Juifs. Bernard en donne la preuve aujourd'hui. D'autre part, la conversation de Bernard démontre que le clan Groussard-Ménétrel, s'il existe, est en opposition avec le groupe Bénouville, agent direct de Londres.

Bernard dit encore sa foi totale dans la victoire anglo-soviétique avant la fin de l'année, en déclarant : « Pensez toujours aux cinq millions d'hommes en armes concentrés en Angleterre et qui débarqueront sur les côtes françaises un jour ou l'autre. Sans compter l'Armée secrète constituée en France, qui agira suivant les plans de l'état-major allié. La propagande allemande "bluffe" pour masquer ses échecs. Le "péril" bolcheviste n'existe pas. »

Notre conversation reprend alors sur son mariage, que nous célébrerons demain. Je décide qu'ils se présenteront à la mairie comme une délégation de la Croix-Rouge en inspection, pour ne pas attirer l'attention du public.

MARIAGE LE VENDREDI 8 OCTOBRE

La bande se présente à la mairie à 9 h 45. Ils sont six personnes : les cinq énumérées précédemment, plus la sœur de Bernard. Noël est à son poste d'observation pour relever les signalements exacts. Les formalités s'accomplissent très vite. Bénouville donne 1 000 francs à la secrétaire de mairie, qui ne veut pas les accepter. Sur mes instances, elle les prend pour envoyer quelques douceurs à son mari prisonnier. Bénouville explique que Bernard est un officier aviateur, prisonnier de guerre, évadé d'Allemagne, et que le mariage légal ne peut se faire actuellement que dans le secret.

J'accompagne mes illégaux jusqu'à Enghien, situé à 5 kilomètres de Margency, et c'est alors que je peux converser avec les uns et les autres. À ma grande joie, ils me photographient avec eux ; c'est peut-être dangereux pour moi, mais plus encore pour eux, car je demande au photographe [Bourdet] de m'en faire parvenir une [photo] en souvenir de cette journée mémorable. C'est promis...

Voici quelques résumés du dialogue :

Bénouville : Alors, raconte-moi ton attentat[1].

Richard : Ce doit être un acte isolé.

Bénouville : Il faut que je prévienne les FTP que l'on te laisse tranquille.

R. : Oui, si tu veux, mais le mieux est de ne plus parler de cela, c'est peut-être en raison de la Francisque que je porte, et puis mes hommes ont peut-être voulu me jouer un tour...

Bénouville : Ce serait réussi, car tu serais bien vu des Allemands et de Vichy !

R. : Le principal, c'est que je sois vivant, sinon je n'aurais pu faire le mariage.

Bénouville : Oui, c'est idiot ; **je vais te procurer un laissez-passer spécial que nous donnons à ceux de nos amis qui passent pour collaborateurs et qui sont pourtant d'une très grande utilité pour nous.**

R. : Tout le monde ne peut pas le savoir.

Bénouville : Oui, il vaut mieux cela, mais il faut assurer ta protection...

---

1. Le 25 septembre 1943 à 21 heures, en sortant de la mairie, alors qu'il s'engageait dans la rue de Montmorency, Richard a été victime d'un attentat perpétré par un homme à bicyclette.

R. : Comment faire ?

Bénouville : **C'est simple, je vais faire prendre un arrêté du ministère de l'Intérieur à Alger pour te maintenir maire à l'arrivée des troupes de libération. D'autre part, tu auras soit un laissez-passer, soit un mot de passe que tu passeras à quiconque voudrait te faire mal.**

R. : Ce serait en quelque sorte un ordre de mission de Londres.

Bénouville : Oui, c'est cela.

....

Bénouville : **Je voudrais louer une maison comme la tienne.**

R. : Pour quoi faire, puisque tu voyages tout le temps ?

Bénouville : **C'est pour changer de domicile et enfin y mettre des armes ou un poste radio.** Ton village est très tranquille, ça me plairait assez ; il faut me trouver cela d'urgence à Margency. Cède-moi la tienne pendant l'hiver...

R. : Mais il n'y a pas de maison à louer à Margency !

Bénouville : Il faut que ça soit sur le territoire de ta commune, comme cela je serai plus tranquille. Il faut que cela se fasse le plus tôt possible. Nous avons beaucoup d'armes, vivres, cartes d'alimentation à entreposer.

R. : Bien, je vais chercher.

Bénouville : Je vais faire un voyage de huit jours ; à mon retour, j'espère avoir ta réponse.

R. : Comment te prévenir ?

Bénouville : Comme d'habitude, par Jehan.

....

R. : Alors, ce mariage est fait, mais je ne sais pas comment arranger cela avec le procureur de la République de Pontoise.

Bénouville : Va le voir et explique-lui. Suivant sa réponse, ou il régularisera la situation, ou alors nous interviendrons par un autre moyen.

R. : C'est un cas d'annulation de mariage.

Bénouville : Mais non, **j'en ai parlé au ministre Lemery**, ancien garde des Sceaux : c'est légal, ce que tu as fait.

R. : Tu es donc en rapport avec lui ?

Bénouville : Bien sûr, il m'avait chargé de mission à son cabinet quand il était ministre de la Justice dans le premier gouvernement Pétain.

R. : Où est-il, maintenant ?

B. : **À Paris, et je le vois souvent.**

....

R. : Et Jacques Renouvin ?

Bénouville : J'ai bien peur qu'il ait été fusillé ces jours-ci.

R. : Tu as connu Mme Stefani ?

Bénouville : Oui, que fait-elle maintenant ?

R. : Rien, elle est retirée dans la Nièvre.

Bénouville : Elle avait été arrêtée avec Rucart.

R. : Oui, alors il est à Londres, maintenant.

Bénouville : Oui, nous avons travaillé avec lui, indirectement.

R. : J'ai aussi travaillé avec lui il y a quelque temps, mais il a cru certains ragots de police et je ne l'ai pas revu.

Bénouville : On peut arranger cela, j'ai maintenant le contact direct avec lui, par Londres.

R. : La preuve que je n'ai pas travaillé contre lui : il m'avait confié une valise de documents importants que j'ai toujours en ma possession. Tu peux lui faire dire qu'il a eu tort de me laisser sans nouvelles pendant aussi longtemps. Je tiens toujours ses papiers à sa disposition. Sa façon de faire m'avait fait douter de lui, un moment.

Bourdet : C'est un malentendu. Notre chef le trouve très bien, et c'est lui qui l'a fait venir à Londres. C'est un chic type que j'ai toujours suivi, avant guerre. Que lui reprochez-vous ?

R. : Nous en reparlerons un jour, lorsque nous aurons plus de temps, mais enfin, ce que vous me dites me remplit d'aise.

....

Au cours des conversations, j'apprends que la sœur de Bernard joue un rôle important dans l'organisation et qu'elle a la charge — ainsi que la Baumann — de ravitailler 725 illégaux vraiment en danger et qui vivent isolés.

Qu'un certain Maurice laisse pousser sa barbe et portera un chapeau, car il est vraiment en danger d'être arrêté s'il ne prend pas plus de précautions.

Enfin, les rapports de leurs agents disent que la population nantaise est révoltée contre les bombardements de cette ville.

Arrivés à Enghien, nous allons dans un café prendre une collation. Bénouville et Peck [Marcel] partent en ville, reviennent rapidement avec une grosse boîte de foie gras (qu'ils ont payée 1 000 francs), une livre de beurre pour laquelle ils donnent une feuille de [tickets de] matières grasses entière. Je remarque que toute la bande a des cartes d'alimentation en quantité. Le clou de la séance est le suivant :

Bourdet commence une lettre collective qui sera envoyée au chef à Londres. Chacun signe de son prénom et met un mot amical, sans signification. La bande me demande de signer aussi : *Le maire, Raymond.*

La lettre est mise sous enveloppe et Bourdet écrit dessus : « Pour le chef Henri ».

Il n'y a plus de doute possible maintenant : toute la bande est **connue** d'un chef résidant actuellement à Londres.

Sur le rapport de Raymond Richard à Alexander von Kreutz est épinglée une note manuscrite en allemand qui est très probablement de la main de Kreutz. Une note comprenant quelques noms qui, pour l'Abwehr, ont certainement un lien :

— Jehan de Castellane Verbindung Eugène Deloncle
— Jean de Castellane
Paris, 12, rue des Marronniers, gaullist, Sohn des americanische Frank Ellis (Nicht von de Kerillis) 137.375/43 Off IIIC
— de Bénouville, journalist Bern Armée secrète 68949/439 IIIF
— Bernard Jean-Guy
identisch mit gleicher Res Off des Marine
S. Weinbach Colette IIIF Cont
— Bourdet Claude Vichy ?
Unternehmen Continent 3545/11.41 GKdos
Liberation 61.095/439 IIIF
— Peck Marcel
61.095/439 IIIF

Jehan de Castellane figure logiquement en tête, puisque c'est par lui que l'agent 7.122 (Richard) est entré en contact avec l'état-major de Combat. Il semble surtout connu de von Kreutz comme l'homme qui a fait le « lien » avec Deloncle. *Jean* de Castellane est sûrement le père de *Jehan*. Tous les membres de Combat sont connus et chacun a déjà un dossier à l'Abwehr avant octobre 1943. Kreutz sait que Bénouville se rend à Berne...

En janvier 1944, moins de trois mois après le mariage, Jean-Guy Bernard, qui a repris le contrôle du NAP-Fer à la suite de René Hardy, sera arrêté avec sa femme. Il ne reviendra pas de déportation.

Se souvenant de ce mariage, Pierre de Bénouville parle dans *Le Sacrifice du matin* du « maire complice » qui l'a arrangé.

Claude Bourdet, le « photographe », ne sait pas, de son côté, ce qu'il est advenu de ses photos. Après avoir évoqué l'arrestation de Jean-Guy et Yvette, Bourdet raconte dans son propre livre qu'ils s'étaient mariés dans la clandestinité à Lyon. S'agit-il là d'un trouble de mémoire ou bien du vague sentiment que quelque chose « ne collait pas », à Margency, ainsi qu'il l'écrit quelques lignes plus loin :

> J'ai encore des photos de ce mariage très particulier où les adjoints, leur famille et les quelques amis présents étaient tous dans la Résistance, et, pour la plupart, complètement clandestins ; ce furent les seules photos prises, à l'époque, de « résistants entre eux », et je dois dire que nous eûmes même ce jour-là quelque hésitation à laisser un ami appuyer sur l'obturateur. Mais je ne crois pas que ces clichés aient servi à la Gestapo. Aujourd'hui, c'est un témoignage rare et précieux. Comme l'arrestation de Marcel Peck, celle-ci était aussi grave et douloureuse[1]...

Le « maire complice » a bel et bien livré les photos aux Allemands. Et son rapport à Kreutz permet de saisir sur le vif le degré d'intimité qui existait alors entre Bénouville et l'« agent 7.122 ». Bénouville n'ignore pas que Richard travaille pour le cabinet du Maréchal et qu'il est en contact avec les Allemands ; s'il ne lui vient jamais à l'esprit qu'il risque de trahir, c'est à cause de la caution de son ami Jehan de Castellane et de leur intimité idéologique. Ainsi, d'après le rapport de Richard, va-t-il jusqu'à lui proposer un laissez-passer spécial et à lui demander de cacher armes et radio dans une maison comme la sienne à Margency. Par ailleurs, Bénouville semble n'avoir rien renié de ses idées et continue de voir Lémery, ancien ministre de Pétain...

Jean Moulin a-t-il été lui aussi victime, trois mois plus tôt, des liaisons dangereuses existant entre René Hardy, Lydie Bastien, Bénouville, Jehan de Castellane et Raymond Richard ? Cette élimination s'est-elle effectuée au nom de la lutte anticommuniste, dont Raymond Richard était le champion ? René Hardy a-t-il été un pion dans un jeu compliqué, associant plusieurs groupes pour éliminer un gêneur, comme le suggérait

1. *In L'Aventure incertaine*, de Claude Bourdet, Stock, Paris, 1975.

Me Vergès ? Rappelons que le drame de Caluire s'est déroulé dans la phase finale de la lutte de pouvoir engagée par des responsables de Combat pour écarter Jean Moulin de ses fonctions à la tête de la résistance intérieure ; et qu'en tout état de cause, René Hardy a été envoyé à la réunion de Caluire après son arrestation par la Gestapo. Le lecteur a déjà relevé un certain nombre de faits troublants, composés en caractères gras tout au long des chapitres précédents, mais il n'y a pas trouvé la preuve de l'affirmation contenue dans la note d'Antoinette de 1963. L'analyse du dossier d'instruction de Raymond Richard m'a néanmoins permis de relever de nombreuses anomalies dans la façon dont celle-ci a été menée. On y apprend en effet que c'est la DST qui a découvert l'affaire grâce à l'arrestation de Ponchelet, un collaborateur de Richard. La DST s'aperçoit alors que c'est le Deuxième Bureau des FFI qui garde Richard à la suite d'un « échange assez curieux de prisonniers avec la SM ». La Sécurité militaire dont il est question est le service de contre-espionnage commandé par le colonel Paillole, dont l'essentiel sera récupéré, fin novembre 1944, par la DGER dirigée par Jacques Soustelle. Wybot ne réussit pas à obtenir les archives saisies par ce Deuxième Bureau FFI, le 21 août 1944, au domicile de Max Dumas. Archives de « L'Équipe » et des Amis du Maréchal qui permettraient à la DST de reconstituer les activités de Raymond Richard et de mesurer l'importance des dégâts occasionnés par elles dans les rangs de la Résistance. La DST a d'autant plus de mal à reconstituer cette affaire que Max Dumas a été tué lors de son arrestation.

Le 20 décembre 1944, le commissaire du gouvernement écrit au général commandant la justice militaire :

> Le 21 octobre 1944, le commandant Berthot, chef du BDSI, transmettait à mon parquet, aux fins de poursuites judiciaires, un dossier concernant le « Corps des volontaires français », affaire Richard et tous autres.
>
> Le dossier fut remis pour enquête complémentaire au directeur des services de Police judiciaire, et mon parquet arrêta, d'accord avec le commissaire de Police judiciaire Moronval et le capitaine Clément, du Deuxième Bureau de la direction des Forces françaises de l'intérieur, le plan suivant lequel l'enquête serait conduite.

> Le 11 décembre dernier, le directeur des services de Police judiciaire me faisait retour du dossier, sans exécution de mes instructions, en m'indiquant que vous aviez décidé de saisir la juridiction militaire.
>
> L'examen du dossier révèle que le « Corps des volontaires français », qui était à l'origine un organisme politique clandestin, devint par la suite une sorte de police occulte armée par les Allemands et qui travaillait en liaison étroite avec la police et la Gestapo. Les auteurs de nationalité française se sont rendus coupables du crime d'attentat contre la sûreté extérieure de l'État, notamment en dénonçant des communistes, en livrant des patriotes avec l'intention de favoriser les entreprises de l'ennemi. Ces faits de collaboration paraissent tous avoir été commis entre le 16 juin 1940 et la date de la Libération.
>
> Il m'apparaît en conséquence que la Cour de justice est seule compétente pour connaître cette affaire.
>
> J'ajoute enfin que de nombreux co-auteurs ou complices de Richard se trouvent déjà poursuivis devant la Cour de Justice, que mon parquet est détenteur de documents importants concernant le CVF, et que, dans l'intérêt d'une bonne administration de la justice, il semble opportun de saisir la même juridiction du jugement de faits ayant entre eux des liens certains de connexité et même d'indivisibilité.
>
> C'est dans ces conditions que j'ai l'honneur de vous prier de bien vouloir examiner l'opportunité de permettre à mon parquet de procéder à une enquête complémentaire et d'exercer des poursuites dans les conditions qui avaient été primitivement décidées.

La DST obtient finalement que le Deuxième Bureau FFI se désaisisse de la personne de Richard, mais l'autorité militaire *se refuse à livrer ses archives.*

L'instruction de l'affaire Richard sera donc menée quasi exclusivement à partir des témoignages des uns et des autres, sans les archives de Raymond Richard, gardées jalousement par l'autorité militaire. Pourquoi le ministre de la Guerre, André Diethelm, s'est-il opposé à la transmission de ces archives ? Que contiennent-elles donc ?

L'autorité militaire a alors empêché que la vérité éclate. Antoinette et Laure avaient décelé ces manœuvres et remarqué que les militaires trop curieux et trop favorables à Moulin étaient

« saqués[1] ». Au cours de mon enquête, j'ai souvent entendu dire, sous couvert d'anonymat, que de sérieux nettoyages avaient été opérés dans les archives du ministère de la Guerre, notamment dans des dossiers qui auraient été bien utiles pour élucider tout à fait l'histoire que j'essaie de raconter.

Dans cette instruction, bancale dès l'origine, il est aisé de constater également que les enquêteurs de la DST et le juge n'ont pas fait preuve d'un grand zèle pour vérifier les affirmations de Richard et de ses collaborateurs sur Hardy et Bénouville. Pourtant, parallèlement à l'instruction sur le cas Richard se déroulait celle concernant Hardy. Il aurait été fort instructif de lier les deux affaires. Ce n'est qu'à l'automne 1946 que le juge instructeur de l'affaire Richard diligenta les gendarmes de Luzarches pour interroger René Hardy, alors en traitement au sana de Saint-Martin-du-Tertre. Le gendarme Desdion Roger dut constater que Hardy avait été transféré à Fresnes le 30 octobre 1946. Le juge ne chercha pas à l'y faire interroger...

Le juge ne fut pas plus curieux vis-à-vis de Bénouville qui s'intéressait pourtant de près à cette affaire dans laquelle son ami Jehan de Castellane était impliqué. Bénouville enrageait que son ami fût en prison. Il se démena comme un beau diable pour le sortir de là et lui délivra, le 12 décembre 1945, devant la DST, un excellent brevet de résistant :

> Jehan de Castellane a été l'agent permanent de nos SR au MSR où il est entré sur ordre en 1941. Il nous a fourni d'innombrables renseignements politiques et militaires. Grâce à lui, nous avons pu constituer un fichier complet des miliciens répartis dans les différentes milices ; nous recevions de lui presque quotidiennement les fiches des individus suspects de gaullisme que nous pouvions faire prévenir [...]. C'est dans l'exercice de ses fonctions que Jehan de Castellane a cru devoir entretenir des relations avec Richard. Il m'a fait rencontrer ce dernier, sur lequel j'ai tout de suite conçu les plus grands soupçons...

Sur ordre de Bénouville, Castellane aurait donc remis des renseignements sur des collaborateurs et des agents de l'ennemi. Bénouville connaissait les relations de Castellane avec la géné-

1. Voir *supra* p. 608.

rale Pallud, qui était elle-même en contact avec Bousquet et Laval :

> Grâce à Castellane, nous parvenions à semer la confusion parmi les collaborateurs... Castellane a fait tout son devoir dans des heures difficiles, il a sauvé un grand nombre de vies de patriotes, servi de refuge à Jacques Baumel, actuel secrétaire général du MLN, à Pierre Brossolette, à Blocq-Mascart, au général Bertin, au C[t] Dunoyer de Segonzac, Castellane aurait mis à disposition un hôtel, rue Jules-Janin, qui était destiné à loger Henri Frenay à son retour d'Alger et qui a servi de refuge à Chevance [Bertin] ... « J'estime que la libération de Castellane devra mettre fin à un internement arbitraire », conclut Bénouville.

Le lecteur a en main tous les éléments pour se faire sa propre opinion sur ce témoignage.

Bénouville est alors un général respecté. Sa parole a du poids Son ami est élargi.

Il reconnaît aujourd'hui qu'il a tout fait pour sauver Castellane : « Quand je l'ai revu libre, je l'ai engueulé, je lui ai donné un coup de pied aux fesses et lui ai dit que je ne voulais plus le revoir... » Mais, plus tard, il l'a revu et leur amitié a repris son cours, comme devant.

Le juge a, semble-t-il, interrompu son instruction quand il a estimé avoir accumulé assez de faits pour envoyer Richard et ses principaux collaborateurs devant le peloton d'exécution. Raymond Richard fut exécuté le 22 juillet 1948 à 6 h 43[1], sans avoir comblé devant la justice civile certaines des nombreuses lacunes de l'histoire que je tente de raconter... Pour faire éclater la vérité, il ne restait plus qu'à retrouver ses archives, cachées par l'autorité militaire en 1945, ou — au moins — savoir ce qu'elles étaient devenues.

Au cours de cette recherche, je suis tombé sur une note du 31 mai 1944, de la DSM de Madrid[2], les « services » dirigés par Paillole, où il est question des relations entre Hardy et Richard. Hardy était alors en route pour Alger. Il recommande Raymond

---

1. Raymond Richard a été fusillé au fort de Montrouge avec deux de ses collaborateurs, Henri Ponchelet et Jacquot. Tous trois ont été inhumés au cimetière de Thiais.

2. Note DSM N° 174/200, du 31 mai 1944, de Madrid. Archives du ministère de la Défense.

Richard à l'officier de la Sécurité militaire. Voici des extraits de cette note :

Richard est un commissaire de police chargé d'un SR privé du maréchal Pétain. Il est en relations suivies avec Darnand pour son travail et il obtient de nombreux renseignements sur l'activité des services secrets allemands par l'intermédiaire de Paul Riche, directeur de *L'Appel*, germanophile, qui est chargé par les services allemands de recruter des agents qui sont envoyés en AFN pour leur compte.

Depuis plus d'un an et demi [NDLA : c'est-à-dire depuis la fin 1942], **Richard collaborait pour la Résistance avec Frenay par l'intermédiaire de M. Hardy en lui communiquant tous les renseignements qu'il pouvait obtenir. Très au courant de ce qui se passe à l'EM du Stüpnagel (hôtel Lutétia), Richard a fourni à Hardy une documentation fort intéressante sur les mouvements de troupes allemandes (courant 1943).**

En juin 1943, Hardy est arrêté par la Gestapo et gardé dans un hôpital militaire allemand ; il s'en évade en août 1943. Il ne peut reprendre contact avec Richard qu'en janvier 1944. Entre-temps, celui-ci a manqué de liaison, mais il a renseigné Barrès [alias Bénouville] par l'intermédiaire de Jean [Jehan] de Castellane. À partir de janvier 1944, Hardy a mis en contact Richard avec Henriot [pseudo de Jean Gemähling, chef du SR des MUR], chef du SR, auquel il a fourni des renseignements précieux sur les stationnements allemands et d'autres renseignements intéressant le CE.

Il se peut qu'actuellement Richard ait déjà fourni à Henriot une liste d'anciens officiers du SR français qui travaillaient pour le SRA [NDLA : l'Abwehr] en AFN. En tout cas, il serait très facile pour Richard de faire pénétrer dans cet organisme allemand des agents W qui seraient présentés par Paul Riche pour partir en AFN.

Il est possible que Richard, qui s'est intentionnellement, et pour garder sa couverture, montré officiellement un serviteur dévoué au Maréchal, soit connu à Alger comme élément collaborateur. Néanmoins, il est connu de Frenay, par Barrès [Bénouville] et par Hardy, ainsi que par les rapports de « Béatrice » [Lydie Bastien].

On peut lui accorder une confiance absolue, car il a déjà rendu de nombreux services à la cause du CFLN, et il a payé de sa personne pour des choses très dangereuses.

À noter que Richard n'a jamais reçu de fonds et qu'il a souvent payé de sa poche des agents qui le secondent dans son activité de résistance.

À noter également qu'il a déjà fait l'objet de trois tentatives d'assassinat de la part de patriotes, mais qu'il n'a rien dit, dans le seul but de continuer dans l'incognito son activité de résistance.

On peut se présenter à lui à son domicile, 35, rue Godot-de-Mauroy, 3e étage à gauche (pas de carte de visite sur la porte). On le demandera de la part de Béatrice, mots de passe : *Madame Pelletier* et *Europe*. S'il est absent, demander sa femme et la prier de bien vouloir fixer un RV de la part de Béatrice-Europe ; mais il ne faut pas se confier à son secrétaire, ni au personnel.

Une appréciation au crayon figure sur la note : « Richard a trop de contacts "intéressants". Il n'y a plus de place pour nous... Tout au moins maintenant. »

Cette note confirme une fois de plus la liaison très étroite entre Richard, Hardy et Bénouville. Un Richard considéré comme un résistant !

Elle n'a pas été versée par l'Autorité militaire à l'instruction du procès de Raymond Richard. Elle était probablement jugée trop explosive pour les patrons de Combat. Elle confirme une nouvelle fois la plausibilité des conclusions d'Antoinette.

Une autre note de la DSM d'Alger, datée du 3 juillet 1944, figure dans l'instruction du premier procès Hardy, comme le sait déjà le lecteur, mais ne figure pas dans celui de Raymond Richard. Elle confirme le rôle de la fiancée de Hardy dans les « liaisons dangereuses » entretenues entre Combat et les milieux collaborationnistes de Paris. Interrogée par la Sécurité militaire commandée par Paillole, Lydie Bastien déclarait :

J'ai été désignée pour me rendre à Paris pour y rencontrer Jean [Jehan] Castellane, ami de Duroc [autre pseudo de Bénouville], et lui dire que Frenay et Duroc avaient résolu de soutenir Laval au lieu de le « contrer » dans les milieux collaborationnistes, ceci pour avoir une activité plus élastique. J'ai vu Castellane et lui ai transmis les ordres. Ensuite, ce dernier m'a remis d'importants papiers concernant les arrestations effectuées par la Gestapo et la Milice de Darnand. Puis je suis rentrée à Lyon.

Toujours sur la piste des archives de Raymond Richard retenues, cachées et peut-être détruites par l'autorité militaire après la guerre, j'ai trouvé la preuve qu'elles avaient été analysées par le Deuxième Bureau FFI. Une note succincte du ministère de la Guerre[1], datée du 6 décembre 1944, souligne l'importance de ces archives et explique probablement les raisons du silence qui les entoure depuis la fin de la guerre. Nous en livrons ci-après quelques extraits :

> Les « Amis du Maréchal », fondés immédiatement après l'armistice de 1940, représentent un mouvement politique d'une importance considérable si l'on en juge par l'activité de ceux de ses membres qui fondèrent l'organisme appelé « L'Équipe » et dont Raymond Richard fut l'un des principaux animateurs.
>
> « L'Équipe » constituait un vaste réseau de renseignements. Ses adhérents avaient pour tâche de déceler, de ficher, de signaler aux dirigeants du groupe tous les adversaires de la Révolution nationale, et particulièrement les gaullistes et les communistes.
>
> Ils devaient en outre sauvegarder l'ordre du gouvernement du maréchal Pétain :
>
> a) en cas de soulèvement contre les troupes d'occupation ;
>
> b) au moment de la transition du gouvernement de guerre à celui de paix ;
>
> c) lors de l'établissement définitif de la paix.
>
> R. Richard, maire de Margency, et le commissaire Pelletier, de la 1re Brigade mobile, avaient été chargés par le docteur Ménétrel d'organiser ce service de renseignement. Ils étaient subventionnés par le cabinet civil du Maréchal.
>
> Le 1er octobre 1941, d'ailleurs, Raymond Richard entrait au Service de police anticommuniste (SPAC) comme chef de la section des renseignements généraux, sous le nom de Rocher. Il en était chassé en janvier 1943 par Detmar Charles Gabriel ; plusieurs inspecteurs le suivirent...

La note explique ensuite qu'en 1943 Richard constitua son « Équipe centrale », composée de trois sections : l'une antigaulliste, l'autre anticommuniste, la troisième de renseignements généraux. Le maire de Margency entretenait avec la Milice des rapports étroits. Il s'occupait de l'embauche des miliciens et de l'établissement de fiches de renseignements sur d'éventuels

1. Archives du ministère de la Défense.

candidats. La note a prélevé quelques passages trouvés dans les archives. Ainsi :

> « L'Équipe Médéric[1] » est composée de vieux révolutionnaires et non d'opportunistes. Elle est peut-être moins malléable que ces derniers, mais les Allemands peuvent avoir confiance dans leurs sentiments, et leur chef a besoin de beaucoup de doigté pour les diriger et surtout pour obtenir d'eux ce qui est le mieux pour l'intérêt du Service. « L'Équipe Médéric » aide l'Allemagne à gagner la guerre pour que la France vive...

Mais, comme Richard estimait que la Milice n'était pas capable d'exécuter les actions policières qu'il lui demandait d'accomplir, il notait :

> En conséquence, s'il y avait la possibilité de faire exécuter certaines petites affaires par la police allemande, nous nous tenons à la disposition d'un commissaire qui sera désigné à cet effet.

La note militaire détaille quelques « affaires » réussies par Raymond Richard et raconte comment il a fait arrêter « Pontcarral » [Jussieu], chef de l'état-major national de l'Armée secrète. Le rédacteur affirme que **« L'Équipe » de Richard avait totalement noyauté les milieux de l'état-major national de l'Armée secrète et de l'OCM**. Le rédacteur cite ici le nom de Chaban-Delmas au milieu d'autres et poursuit :

> Malheureusement, les gens de « L'Équipe » connaissaient encore, grâce à leur travail souterrain, un grand nombre de patriotes français dont les noms figurent à côté de ceux auxquels il vient d'être fait allusion. Les conséquences ne se firent pas attendre.

Tous ces noms ont sans doute effrayé les militaires. Plutôt que de mener une enquête délicate, ils ont préféré refermer le dossier.

Le rédacteur militaire conclut :

> Ainsi, sous le couvert de la lutte anticommuniste, « L'Équipe » de R. Richard et tous ses adhérents n'hésitèrent pas à collaborer

1. Médéric : pseudonyme de Richard.

avec les Allemands dans la lutte qu'ils menaient contre la Résistance française.

1°) **Ils sont responsables de l'arrestation d'un nombre immense de patriotes qu'ils ont torturés et livrés à la Gestapo ;**

2°) Ils ont organisé dans de nombreux départements des groupes de choc que le SD a fournis en armes et en explosifs. Ces formations, destinées à saboter les opérations alliées et à combattre les gaullistes et les communistes, constituent à l'heure présente une grave menace pour la sécurité nationale ;

3°) Raymond Richard, appointé par les services du Lutétia, et directement placé sous les ordres d'un agent du SD, est donc coupable, comme tous ses collaborateurs, d'intelligence avec l'ennemi.

Les listes ci-jointes sont destinées à prouver la culpabilité des membres de son « Équipe » et des principaux adhérents aux « Amis du Maréchal » qui, au titre des Troïkas ou des Équipes, ont travaillé pour cet organisme franco-allemand.

Inutile d'insister sur l'intérêt considérable qu'il y aurait à retrouver l'intégralité des archives de Raymond Richard ou en tout cas à savoir ce qu'elles contenaient. Au-delà même de l'affaire de Caluire, elles permettraient probablement de dissiper de nombreuses zones d'ombre. Richard travaillait à la fois pour l'Abwehr et le SD, si bien que les renseignements fournis à lui par René Hardy pouvaient être utilisés indifféremment par l'un ou l'autre, voire par les deux services allemands. Le lecteur se rappelle par exemple qu'un certain « Raymond » était arrivé à Lyon en juin 1943 et s'était beaucoup intéressé à René Hardy ; que « K30 » travaillait à la fois pour Barbie et pour l'hôtel Lutétia...

Ces archives permettront peut-être de mieux comprendre pourquoi Hardy a trahi ; de savoir s'il était bien l'officier français dont parle le rapport Kaltenbrunner ; de comprendre enfin pourquoi Hardy, arrêté par la Gestapo quelques jours avant, a participé malgré tout à la réunion de Caluire.

Le passant qui déambule par les allées du cimetière de Passy tombe sans cesse en arrêt devant des noms qui sollicitent sa mémoire et permettent de se promener dans la petite et la grande Histoire. Peu de temps après y avoir lu les noms de Bouygues et de Dassault, il tombera sur celui de Bénouville, fidèle collaborateur de ce dernier. Le général vit toujours, mais son caveau est là. Une garde rapprochée y gît et attend sa dépouille : Jehan de Castellane et Michel de Camaret, les deux amis de toujours, tous deux anciens cagoulards. Ces deux-là étaient aussi au courant des secrets que je traque. Ils n'ont pas parlé. Et ce n'est pas du dernier compagnon abrité par « Barrès » (ou Duroc, Lahire, Bénou...) que j'aurais pu obtenir de l'aide : C'est un ancien aviateur américain de l'escadrille Lafayette qui est devenu plus tard un agent de la CIA... Si la mort n'est qu'un passage, ils pourront, quand le général les aura rejoints, se remettre à discuter du coup manqué du 6 février 1934, de ce qui aurait changé pour la France s'il avait été réussi, et de tous les autres « coups » qu'il leur arriva de fomenter ensemble...

Remerciements

Ils vont d'abord à mon vieux complice, mon vieux frère Jean-Yves Lechertier, devenu pour moi, au fil de mes livres, le « fouineur » de la BN.

Les conseils de Jean-Pierre Azéma, de Pascale Froment, de Sabine Jansen m'ont été particulièrement précieux. J'ai trouvé beaucoup d'écoute et de soutien auprès du général André Bach, patron du SHAT, de Duncan Stewart, le SOE Adviser, de Claude d'Abzac-Épezy et François Pernot, au SHAA, de Paule René-Bazin et Jean Pouëssel au CARAN, de Claude Charlot et Jean-Jacques Thiéfine aux archives de la Préfecture de Police de Paris, de Danielle Baron et Jean-Pierre Vittori à la FNDIRP, de Christine Levisse-Touzé au musée Jean-Moulin, de Jean-Marie Bockel et Éliane Michelon à Mulhouse, de Pierre Rigoulot à l'Institut d'histoire sociale, d'Olivier Corpet à l'IMEC, de Larry Mc-Donald au NARA de Washington, de Daniel Bourgeois aux Archives fédérales de Berne, de M. Dickel, à l'Institut für Zeit Geschicht de Münich, d'anonymes du Public Record Office à Londres, de l'Internationaal Instituut voor Sociale Geschiedenis à Amsterdam, de la Library of Congress, des archives du Parti communiste hongrois à Budapest, de la Bibliothèque de la SDN à Genève, du Centre de documentation du CICR, également à Genève, des archives du Parti suisse du Travail, etc.

Merci à Jean-Pierre Guérin et Claude Nedjar, à Valérie Ricquebourg, à Eszter Balász, à Jérôme Pin, à Gérard Hisard qui m'a mis sur la piste de Marie-Rose et à Claudia Decker qui a traqué M. Brackmann. Beaucoup d'autres mériteraient évidemment d'être cités.

P. P.

INDEX DES NOMS

Crédits photographiques pour le cahier d'illustrations :

Centre national Jean Moulin / diffusion Keystone : 1, 2, 4, 6, 7.
Keystone : 5, 33, 34, 42, 43.
Roger-Viollet : 8, 35.
Harlingue Viollet : 11.
Musée Jean Moulin de la ville de Paris, coll. Sasse, droits réservés : 22.
FNDIRP : 21, 26.
Droits réservés, coll. part. : 3, 9, 10, 12, 13, 14, 15, 16, 17, 18, 19, 20, 23, 24, 25, 27, 28, 29, 30, 31, 32, 36, 37, 38, 39, 40, 41.

Table des matières

Impression réalisée sur CAMERON par
BRODARD ET TAUPIN
La Flèche

pour le compte des Éditions Fayard
en décembre 1998

Imprimé en France
Dépôt légal : décembre 1998
N° d'édition : 3257 – N° d'impression : 1809V-5
ISBN : 2-213-60257-3
35-57-0457-03/8